Uma história da imaginação

Felipe Fernández-Armesto

Uma história da imaginação
Como e por que pensamos o que pensamos

Tradução:
Carlos Afonso Malferrari

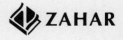

Copyright © 2019 by Felipe Fernández-Armesto

Publicado originalmente em inglês pela Penguin Books Ltd., em Londres.
O autor assegura seus direitos morais. Todos os direitos reservados.

*Grafia atualizada segundo o Acordo Ortográfico da Língua Portuguesa de 1990,
que entrou em vigor no Brasil em 2009.*

Título original
Out of Our Minds: What We Think and How We Came to Think It

Capa e ilustração
Nik Neves

Preparação
Officina de Criação

Índice remissivo
Luciano Marchiori

Revisão
Clara Diament
Nestor Turano Jr.

Dados Internacionais de Catalogação na Publicação (CIP)
(Câmara Brasileira do Livro, SP, Brasil)

Fernández-Armesto, Felipe
    Uma história da imaginação : Como e por que pensamos o que pensamos / Felipe
Fernández-Armesto ; tradução Carlos Afonso Malferrari. — 1ª ed. — Rio de Janeiro :
Zahar, 2023.

    Título original: Out of Our Minds: What We Think and How We Came to Think It.
    ISBN 978-65-5979-115-6

    1. Civilização – História 2. Filosofia da mente 3. História cultural 4. História social
1. Título.

23-155491   CDD–909

Índice para catálogo sistemático:
1. Civilização : História   909

Tábata Alves da Silva – Bibliotecária – CRB-8/9253

Todos os direitos desta edição reservados à
EDITORA SCHWARCZ S.A.
Praça Floriano, 19, sala 3001 — Cinelândia
20031-050 — Rio de Janeiro — RJ
Telefone: (21) 3993-7510
www.companhiadasletras.com.br
www.blogdacompanhia.com.br
facebook.com/editorazahar
instagram.com/editorazahar
twitter.com/editorazahar

E assim como o pensamento é imperecível — pois deixa sua marca no mundo natural, mesmo quando o pensador já deixou este mundo —, também o pensamento dos vivos tem o poder de despertar e reviver os pensamentos dos mortos — tal como esses pensamentos eram em vida...

E. Bulwer-Lytton, *The Haunted and the Haunters*

What is Mind? No matter.
*What is Matter? Never mind.**

Revista Punch (1863)

---

* Em tradução livre: "O que é a Mente? Não importa./ O que é Matéria?/ Deixa pra lá.". Notar, contudo, que em tradução literal a frase *"No Matter"* significa "Nenhuma matéria" e a frase *"Never Mind"* significa "Nunca é mente". (N. T.)

Sumário

Prefácio 9

1. Mente a partir da matéria: O manancial das ideias 17

2. Coletando pensamentos: O pensar antes da agricultura 54

3. Mentes assentadas: Pensamento "civilizado" 102

4. Os grandes sábios: Os primeiros pensadores 145

5. Fés pensantes: Ideias em tempos religiosos 194

6. Retorno ao futuro: Repensando a peste e o frio 244

7. Iluminismos por toda parte: Pensamento integrado
   em um mundo integrado 287

8. O climatério do progresso: Certezas do século XIX 331

9. A vingança do caos: Descosturando a certeza 396

10. A era da incerteza: Hesitações do século XX 423

Perspectivas: O fim das ideias? 475

Notas 479

Índice remissivo 527

Prefácio

Os PENSAMENTOS QUE BROTAM de nossas mentes podem fazer com que pareçamos estar fora de nossas mentes.

Algumas de nossas ideias mais potentes e cruciais vão além da razão, da sabedoria e do bom senso. Espreitam-nos em paragens ctônicas, emergindo de recessos inacessíveis à ciência e insondáveis à racionalidade. São distorcidas por lembranças ruins e por entendimentos aberrantes, experiências enlouquecedoras, fantasias mágicas e ilusão pura e simples. A história das ideias é repleta de remendos malucos. Existirá um modo direto de percorrê-la? Uma narrativa única que consiga dar conta de todas as tensões e contradições e ainda assim fazer sentido?

Até o empenho em encontrar tal caminho vale a pena, pois as ideias são o ponto de partida de tudo o que existiu ao longo da história. Elas moldam o mundo que habitamos. Forças impessoais fora de nosso controle — evolução, clima, hereditariedade, caos, mutações aleatórias de micróbios, convulsões sísmicas da Terra — estabelecem limites ao que conseguimos fazer, mas não nos impedem de reimaginar nosso mundo nem de trabalhar para tornar real o que imaginamos. Ideias são mais robustas do que qualquer coisa orgânica. Podemos destroçar, queimar e enterrar pensadores, mas seus pensamentos perduram.

Para entender nosso presente e descortinar possíveis futuros, precisamos de relatos verídicos do que pensamos e de como e por que pensamos: os processos cognitivos que desencadeiam as reimaginações que chamamos ideias; as pessoas, escolas, tradições e redes que as transmitem; as influências externas da cultura e da natureza que as matizam, condicionam e refinam. Este livro é uma tentativa de apresentar tal relato. Não almeja ser abrangente ou esgotar a questão e trata apenas de ideias do passado que perduram ainda hoje, formando e informando nosso mundo, tornando-o o que é e o que não é. Por "ideias" entendo pensamentos que são produtos da imaginação, que vão além da experiência e são muito mais que mera antecipação — muito mais que preconcepção, intuição ou pressentimento. Ideias diferem de pensamentos comuns não apenas porque são inéditas, mas porque implicam ver o que nunca foi visto. As ideias abordadas neste livro podem assumir a forma de visões ou de inspiração, mas são diferentes de "viagens" mentais — arroubos incoerentes ou êxtases — ou de "música" mental (a menos que ou até que seja acompanhada por palavras), pois constituem modelos para mudar o mundo. "O que pensamos e como viemos a pensar isso" é uma ideia para ser levada a sério. Alguns historiadores chamarão isso de "presentismo" e o deplorarão, mas trata-se apenas de um princípio de seleção, não de uma lente através da qual se busca refratar a luz do passado e reuni-la ao presente. Para evitar mal-entendidos, devo insistir: "O que pensamos" não se refere a todas as ocorrências ou aos processos mentais que chamamos pensamentos, mas apenas às ideias do passado a respeito das quais ainda refletimos hoje — e que, nesse sentido, constituem o arsenal mental que herdamos para enfrentar problemas persistentes ou novos. Todavia, o "nós" elíptico da frase não se refere a todos nós, pois só pretendo invocar aquelas ideias que provocaram interesse ou simpatia também fora de seu lugar de origem e que foram adotadas por todos — ou quase todos — ao redor do mundo, em todas — ou quase todas — as culturas. Essas ideias têm seus dissidentes e seus adeptos, mas ninguém pode discordar a respeito de uma ideia que não passou por sua cabeça. Muitos de nós, talvez a maioria, mal temos consciência dessas ideias selecionadas, e nosso desinteresse por elas é quase absoluto, embora façam parte da tessitura compartilhada de sabedoria ou de loucura na qual até os mais indiferentes vivem a vida.

Minha tentativa de narrar a história das ideias difere das tentativas de qualquer outro autor em três aspectos. Primeiro, dedico-me ao problema pouco explorado de como e por que temos ideias. Por que, em comparação com outros animais seletivamente semelhantes, nossa imaginação fervilha

Prefácio

com tantas novidades, sonda tão além da experiência e vislumbra tantas versões diferentes da realidade? Procuro me valer das revelações da ciência cognitiva para destacar as faculdades que, dentre espécies comparáveis, nos tornam excepcionais produtores de ideias. Leitores pouco afeitos a essas considerações preliminares podem pular para a página 54.

Segundo, em vez de seguir a rotina habitual e recorrer apenas a registros escritos, inicio a narrativa em camadas profundas de evidências, reconstruindo o pensamento de nossos ancestrais paleolíticos e, no grau limitado que as fontes permitem, buscando até mesmo ideias que surgiram da mente de espécies cognatas ou precedentes de hominínios e hominídeos. Entre as revelações que, espero, surpreenderão a maioria dos leitores estão a antiguidade de inúmeras ferramentas ideativas em que confiamos; a sutileza e a profundidade do pensamento dos primeiros *Homo sapiens*; e quão pouco acrescentamos ao estoque de ideias que herdamos do passado remoto.

Por fim, afasto-me da convenção de escrever a história das ideias como um desfile dos pensamentos de pensadores individualizados. Não posso evitar mencionar Confúcio e Cristo, Einstein e Epicuro, Darwin e Diógenes. Mas, neste livro, os heróis e os vilões são as ideias em si. Tento acompanhar suas migrações para dentro e para fora das mentes que as conceberam e as receberam. Não acho que ideias sejam autônomas. Pelo contrário, elas não operam — porque não podem operar — fora da mente. Mas só me parecem inteligíveis se reconhecermos que o gênio é apenas parte dos sistemas que as promovem, e que circunstâncias, contextos culturais e restrições ambientais — e pessoas — desempenham importante papel nesse enredo. Além disso, estou igualmente interessado na *transmissão* de ideias através de meios de comunicação, que às vezes as poluem e as modificam, e no seu *parto*, que nunca é imaculado.

Não existe uma maneira única de rastrear ideias ao longo do tempo e das culturas, pois em ritmo, direção e meios suas migrações são demasiado variadas. Às vezes, espalham-se como manchas, tornando-se mais indistintas e rasas à medida que avançam. Às vezes, alastram-se como piolhos, importunando seus hospedeiros e chamando atenção para si mesmas até que sejam percebidas. Às vezes, parecem cair como folhas em um dia sem vento e apodrecem por um tempo antes de dar início a algo novo. Às vezes, formam enxames erráticos, saem voando por aí e pousam em lugares imprevisíveis, ou então sucumbem ao vento e são sopradas por toda parte. Às vezes, comportam-se como partículas atômicas, pipocando ao mesmo tempo em lugares reciprocamente distantes, desafiando as leis normais do movimento.

Esta narrativa lembra, grosso modo, a matriz da história de forma geral, pois as ideias, como as culturas, multiplicam-se e divergem, pululam e perecem, intercambiam-se e reconvergem, sem jamais — ou, pelo menos, não de modo duradouro — progredir ou se desenvolver ou evoluir, ou ganhar simplicidade ou complexidade, ou se enquadrar em alguma fórmula.

Nas fases iniciais desta narrativa, todas as ideias que conhecemos parecem ser um bem comum da humanidade — carregadas, ao longo do tempo, de uma única cultura de origem aos ambientes continuamente mutáveis dos migrantes. Cada vez mais, contudo, por motivos que tento explorar, algumas regiões e algumas culturas demonstram peculiar inventividade. Portanto, o foco desta obra se restringe, primeiro, a partes privilegiadas da Eurásia e, mais tarde, ao que chamamos convencionalmente de Ocidente. Perto do final do livro, outras partes do mundo passam a figurar, principalmente como receptoras de ideias originárias, em sua maioria, da Europa e da América do Norte. Espero que nenhum leitor confunda isso com miopia ou preconceito: trata-se apenas de um reflexo de como as coisas eram e são. Do mesmo modo, a perspectiva globalista e o foco inconstante dos primeiros capítulos resultam não de correção política, relativismo cultural ou antieurocentrismo, mas da realidade de um mundo no qual o intercâmbio cultural ocorreu em direções diferentes. Espero que os leitores notem e reconheçam, ao longo do livro, o fato de eu examinar contribuições não ocidentais às ideias e movimentos intelectuais que, costumeira ou apropriadamente, são considerados de origem ocidental. Faço isso não por correção política, mas em deferência à verdade. Mesmo nas longas passagens que discorrem sobre

Prefácio

o Ocidente, o livro não é primordialmente sobre ideias ocidentais, mas sobre ideias que, onde quer que tenham se originado, disseminaram-se a tal ponto que, bem ou mal, hoje só são plenamente inteligíveis se vistas como parte da herança intelectual da humanidade. Do mesmo modo, obviamente, a maioria dos pensadores que menciono são homens, pois o livro trata de uma das muitas áreas do empenho humano em que um sexo sempre preponderou de maneira desproporcional. Espero que os historiadores das ideias do século XXI, quando vierem a tratar da questão com o benefício da visão retrospectiva, possam mencionar sem pestanejar muitas e muitas mulheres.

Em cada capítulo, esforço-me para manter apartadas categorias concebidas em comum, e lido separadamente com o pensamento político e a moral, a epistemologia e a ciência, a religião e as noções suprarracionais ou sub-racionais. Na maioria dos contextos, tais distinções são, na melhor das hipóteses, apenas parcialmente válidas. Respeitá-las é uma estratégia de conveniência, e procurei destacar em cada passo os intercâmbios, as sobreposições e as fronteiras indistintas entre elas.

Compressão e seleção são males necessários. A seleção sempre deixará certos leitores exasperados com omissões daquilo que lhes parece mais importante do que é para o autor: peço-lhes leniência. As ideias que identifico e seleciono serão, ao menos nas margens, diferentes daquelas que outros historiadores colocariam em um livro deste tipo caso viessem a escrevê-lo. Valho-me, portanto, da prerrogativa de todo escritor: não ter de escrever livros de outros autores no lugar deles. A compressão é, de certa forma, um recurso que sempre sai pela culatra, pois quanto mais célere for o ritmo de um livro, mais devagar os leitores precisarão lê-lo para absorver tudo. Contudo, parece-me melhor dedicar o tempo dos leitores à concisão do que desperdiçá-lo com dilação. Devo esclarecer outro princípio de seleção: este livro trata de ideias, entendidas como eventos puramente mentais (ou, talvez, cerebrais — embora, por motivos que ficarão claros, eu prefira não utilizar este termo e manter, ao menos interinamente, a distinção entre mente e cérebro). Embora eu tenha procurado abordar os motivos da importância de cada ideia, leitores interessados principalmente em tecnologias desencadeadas por ideias ou em movimentos que elas inspiram farão bem em consultar outras obras.

As páginas a seguir reúnem muito trabalho, disperso ao longo de vários anos: livros que escrevi, dúzias de artigos em periódicos ou em obras colaborativas e dezenas de ensaios e palestras proferidas em instituições acadêmicas. Como no passado dediquei bastante atenção à história ambiental e à história da cultura material, pode parecer que decidi adotar uma nova abordagem, que passa pela mente. Entretanto, o fato é que mentes mediaram ou originaram quase todas as evidências que temos do passado humano. Comportamentos mentais moldam nossas ações físicas. A cultura começa na mente e toma forma quando mentes se encontram, no aprendizado e nos exemplos que a transmitem de geração em geração. Sempre julguei que ideias são, literalmente, primordiais, e cheguei a colocá-las como protagonistas em certas ocasiões, especialmente em *Verdade: Uma história* (1997), em que tentei apresentar uma tipologia das técnicas que várias culturas adotaram para distinguir verdade de falsidade; *Ideas* (2003), coletânea de ensaios curtos, nos quais tentei isolar algumas noções importantes — 182 no total, sendo que quase todas reaparecem de alguma maneira neste livro; e *A Foot in the River* (2015), comparação de explicações biológicas e culturais para mudanças culturais. Embora alguns leitores de *Civilizations* (2001), em que abordo a história do mundo por meio de biomas, em vez de utilizar países, comunidades, regiões ou civilizações como unidades de estudo, e de *The World: A History* (2007) tenham me dito que sou um materialista, ideias também rondam e pairam sobre todos esses livros, agitando a mistura e impulsionando eventos.

Aqui, reúno de maneira inédita o que sei da história das ideias, tecendo os fios em uma narrativa universal e entrelaçando eventos mentais com os quais eu nunca lidara antes. Meus editores — Sam Carter, Jonathan Bentley-Smith e Kathleen McCully — ajudaram muito, assim como quatro leitores acadêmicos anônimos. Em todas as etapas, obtive conselhos e críticas úteis de tantas pessoas que fica até difícil mencioná-las — especialmente de alunos de graduação que, nos últimos anos, frequentaram meus

Prefácio

cursos sobre a história das ideias na Universidade de Notre Dame e muito se esforçaram para me colocar no caminho certo. Ao combinar todos esses resultados, contei com as valiosíssimas sugestões de Will Murphy. "Quero que você escreva uma história da imaginação humana", ele me disse, embora esta ainda me pareça uma imaginação inimaginavelmente grande para eu imaginar. Se tal história for possível, o que se segue é, ou inclui, uma pequena contribuição.

FELIPE FERNÁNDEZ-ARMESTO
Notre Dame, Dia de Todos os Santos, 2017

1. Mente a partir da matéria:
O manancial das ideias

Sinto-me culpado, agora que ele está morto, pois nunca consegui gostar dele. Edgar era um colega mais velho, a quem eu, quando jovem, tinha de mostrar deferência. Ele se tornara professor quando as universidades pareciam estar se expandindo irrefreavelmente e os empregos se multiplicavam mais depressa que os talentos para preenchê-los: competência, não excelência, e indiferença, não vocação, bastavam. Edgar ocultava sua inferioridade sob uma nuvem de presunção e autocongratulação. Ele intimidava seus alunos e assumia ares superiores perante os colegas. Uma das maneiras pelas quais gostava de me atazanar era depreciar meu amado cachorro: "Imagine você como quase nada acontece naquele cérebro do tamanho de ervilha", ele diria; "incapaz de pensar, reagindo apenas a pequenos estímulos sórdidos do cheiro de restos de comida deteriorada e da urina de outros cães".

"Dá para ver que ele não tem inteligência alguma", Edgar acrescentava sempre que o cachorro o desagradava, ignorando seus comandos.

Secreta e silenciosamente, sempre suspeitei que Edgar encontrava conforto comparando-se com o cachorro porque sua própria mente deixava muito a desejar, não importa com o que ela fosse comparada. Pouco a pouco, porém, fui me dando conta de que sua atitude refletia preconceitos e falácias bastante comuns sobre o modo como pensamos. Nós, humanos, tendemos a nos classificar como mais inteligentes que outras espécies, embora as inteligências em questão sejam de ordens tão diferentes que não faz o menor sentido compará-las: um cão que gastasse seu tempo concebendo algoritmos não seria mais inteligente que um humano farejando em busca de uma companheira. Tomamos por idiotice o que é, na realidade, discrepância em nossas prioridades ou incapacidade de compreendê-las. Meu desapontamento quando meu cão não reage à minha ordem de "Pega!", por exemplo, é, do ponto de vista dele, não mais intrigante do que meu desinteresse por ossos ou minha inabilidade em seguir um rasto interessante. Chamamos os animais de inteligentes quando fazem o que os mandamos fazer, mas se encontrarmos a mesma subserviência em outro ser humano haveremos de desprezá-lo por sua falta de iniciativa ou de pensamento crítico.

É impossível provar isso, claro, mas uma vida inteira observando os cães de minha família convenceu-me de que eles discriminam comandos com base em cálculos racionais de interesse. Ivan Pavlov acreditava que o comportamento canino é condicionado — e, às vezes, de fato é, como o são alguns raros exemplos de comportamento humano. Mas os cães excedem nossas expectativas quando se dedicam a resolver problemas tipicamente caninos, não quebra-cabeças elaborados por seres humanos, isto é, problemas concebidos não para aguçar nosso interesse, mas para envolvê-los. Por exemplo, certa vez vi meu cachorro tramar uma nova estratégia para capturar esquilos, após várias tentativas malsucedidas, posicionando-se em ângulo reto ao caminho entre duas árvores, num ponto equidistante de ambas. O plano não lhe rendeu nenhum esquilo, mas, não obstante, foi elaborado com inteligência. À maneira dele e para seus propósitos, como confirmam dois dos mais dedicados pesquisadores da inteligência canina, meu cão "é um gênio".[1] René Descartes decidiu que seu cão não tinha mais pensamento ou sentimento que uma máquina (e supostamente concluiu que, portanto, poderia castigá-lo sem escrúpulos morais);[2] mas desconfio que o cão, da sua parte, deve ter reconhecido Descartes como um ser afim, senciente e raciocinativo. Se assim for, qual dos dois demonstrou mais bom senso ou sabedoria prática?

Tal como ocorre com a inteligência, a maioria dos outros modos de medir a distância entre os seres humanos e os outros animais com base nas capacidades que compartilhamos está fadada ao fracasso. A alegação de que possuímos uma propriedade especial de consciência não é mais que uma ponderação, pois não há maneira satisfatória de enxergar tão

Mente a partir da matéria

a fundo a mente de outras criaturas. Para de fato saber se os humanos são os únicos seres sensíveis ou empáticos, ou existencialmente intuitivos ou conscientes do tempo, ou dotados por Deus ou pela natureza de uma faculdade privilegiada e peculiar — um "dispositivo de aquisição de linguagem",[3] por exemplo, ou um tique estético, ou um senso moral, ou um poder de discernimento discriminador, ou uma alma racional eternamente redimível, ou um nível metamental de pensar sobre o pensamento, ou uma habilidade inigualável de inferência capaz de deduzir universais a partir de particulares, ou qualquer outro suposto dote que os seres humanos se felicitam por monopolizar coletivamente —, precisaríamos conversar sobre a questão com criaturas de outras espécies ou então idealizar testes objetivos comprobatórios (um feito do qual até o momento não fomos capazes).

Até agora, tudo o que a observação e a experimentação podem garantir é que a dotação humana de faculdades mentais criativas e imaginativas que compartilhamos com outros animais é palpavelmente, visivelmente, espantosamente enorme. E faz todo sentido perguntar como e por que surgem as divergências de quantidade, independentemente de suspeitarmos ou não que haja também diferenças de qualidade.

Este livro trata daquela que julgo ser a mais evidente e conspícua dessas divergências, a de que os seres humanos superam os cães — e, até onde sabemos, todos os outros animais — em um tipo peculiar de capacidade que é, para nós, instigante e gratificante: o poder de compreender (e, em humanos excepcionalmente geniais, até mesmo de gerar) os atos imaginados (ou os produtos de tais atos) que chamamos ideias. As diferenças em criatividade entre os animais humanos e os demais animais são muito maiores do que, digamos, no manejo de ferramentas, na autoconsciência, na teoria da mente ou na eficácia da comunicação. Gostaria de poder afirmar que somente um ser humano é capaz de imaginar um Bach canino ou um Poe símio ou um Platão "literalmente" reptiliano ou um Dostoiévski cetáceo que insiste que dois vezes dois talvez seja cinco,[4] mas não estou plenamente autorizado a fazê-lo, visto que um chimpanzé, um cachorro ou um bacilo pode secretamente urdir tais seres imaginários. Entretanto, se de fato assim for, o animal nada faz a respeito, ao passo que os humanos declaram suas fantasias e as projetam no mundo, às vezes com efeitos revolucionários. Com frequência e intensidade peculiares, somos capazes de conceber para nós mesmos um mundo que difere da sua efetiva aparência ou do modo como nossos sentidos reagem a ele. Quando isso acontece, temos uma ideia, tal como entendo essa palavra.

Os resultados dessa nossa capacidade são surpreendentes e muitas vezes partimos para remodelar o mundo segundo o modo como o concebemos. E é por isso que inovamos mais do que qualquer outra espécie; criamos mais estilos de viver, mais diversidade de culturas, mais ferramentas e técnicas, mais artes e ofícios e mais mentiras deslavadas que outros animais. Um ser humano pode ouvir uma nota e compor uma sinfonia; olhar para um graveto e transformá-lo mentalmente em um míssil; contemplar uma paisagem e visualizar uma cidade; provar pão e vinho e sentir a presença de Deus; contar números e saltar para o infinito e a eternidade; suportar frustração e premeditar a perfeição; olhar para os próprios grilhões e julgar-se livre. Não vemos resultados semelhantes das fantasias que outros animais porventura tenham.

Qualquer um que queira aplicar as palavras "inteligência" ou "razão" à faculdade que torna possível ter ideias pode, é claro, fazê-lo. Mas a palavra que melhor a denota é certamente "imaginação", ou, talvez, "criatividade". Ao que tudo indica, o grau em que somos singularmente criativos é enorme quando comparados às outras maneiras pelas quais tradicionalmente dizemos que superamos outros animais.[5] Portanto, as primeiras perguntas para uma história das ideias são: "De onde vem essa ativa, poderosa e fértil imaginação?" e "Por que os seres humanos são animais peculiarmente imaginativos?".

Estranhamente, essas perguntas foram sempre deixadas de lado, talvez em parte por causa de uma premissa insatisfatória, a saber, que a imaginação é apenas um produto cumulativo do pensamento intensivo e não precisa de explicação especial (ver p. 27). Na literatura disponível, a seleção sexual é o que mais se aproxima de um relato evolucionário das origens da imaginação: segundo essa teoria, o comportamento imaginativo é exibicionismo conspícuo e visa atrair parceiros — o equivalente humano do pavão

Mente a partir da matéria

abrindo o leque de sua cauda.[6] No máximo, porém, essa teoria localiza a imaginação em uma classe de faculdades adquiridas por evolução, mas não chega a explicá-la, pois, se a imaginação se inclui entre os resultados da seleção sexual, ela ocupa um lugar bastante modesto quando comparada com a atratividade física e as considerações práticas. Se ao menos nossa musculatura mental fosse mais sexy que uma cervejinha gelada, ou um poeta mais recomendável como parceiro que um encanador! Lembro-me da história de uma das amantes de Henry Kissinger, que, quando suas predileções sexuais foram questionadas, teria dito: "Por que eu quereria um corpo capaz de parar um tanque se posso ter um cérebro capaz de parar uma guerra?". Não tecerei comentários sobre seu discernimento, sua sinceridade ou seu valor representativo.

Os neurocientistas, que gostam de exibir tomografias cerebrais feito caudas de pavão e de atribuir todo tipo de pensamento a atividades neuronais, ainda não conseguiram capturar nenhuma criatura em um momento de ideação particularmente imaginativa. Seja como for, as tomografias do cérebro têm poder explicativo limitado: as alterações elétricas e químicas mostram que eventos mentais estão acontecendo, mas a probabilidade de que sejam efeitos é no mínimo igual à de que sejam causas.[7] Não quero insinuar que evidências neurológicas sejam desprezáveis: elas nos ajudam a saber quando a memória está ativa, por exemplo, e monitoram os agentes constitutivos ou ingredientes da imaginação em ação. Contudo, até hoje nenhuma narrativa científica explicou satisfatoriamente como os seres humanos se tornaram superpotências imaginativas.

Se quisermos entender como os humanos geram as ideias que são o tema deste livro, um bom começo seria compararmos alguns recursos relevantes com os de outros animais. Isso, todavia, deve ser não mais que um ponto de partida, pois os humanos são no mínimo tão diferentes de todos os outros animais quanto todas as espécies não humanas são diferentes de todas as demais. Entretanto, na ausência de anjos e extraterrestres, as criaturas com as quais compartilhamos o planeta são os únicos objetos de estudo de que dispomos. Nossas suposições usuais sobre a excelência relativa do aparato humano não são inteiramente falsas, mas, como veremos, a comparação nos é menos vantajosa do que tendemos a admitir. Para nossos propósitos aqui, vou me concentrar no cérebro, não porque eu acredite que mente e cérebro sejam sinônimos ou coincidentes, mas porque o cérebro é o órgão no qual nosso corpo registra pensamentos. As ideias talvez existam fora do universo material, mas temos de buscar no cérebro as evidências de que as temos. Cabe, porém, ficarmos atentos, pois à medida que formos estudando as evidências um paradoxo emergirá: são justamente certas deficiências relativas de nossa capacidade cerebral ou intelectual que contribuem para nos tornar ricamente imaginativos e, portanto, produtores abundantes de ideias.

A evolução é parte inescapável da nossa formação e constituição. Ideias, no entanto, até onde sabemos, são provavelmente psíquicas, isto é, não são orgânicas nem materiais. Assim, exceto para aqueles que acreditam em "memes" (as "unidades de cultura" que, nos delírios de Richard Dawkins, se comportariam como genes),[8] as ideias não estão sujeitas às leis da evolução, mas dependem do nosso corpo: nosso cérebro as processa e as maneja, nossos membros e dígitos e músculos e órgãos da fala as aplicam e as transmitem. Tudo o que fazemos com nossos pensamentos — e, a fortiori, com nossas ideias, que são pensamentos de um tipo ou ordem especial — precisa se valer do aparato que a evolução nos deu.

Nas páginas seguintes, pretendo argumentar que a evolução nos dotou de poderes superabundantes para antever coisas, mas de memória relativamente frágil; que a imaginação emana da colisão dessas duas faculdades; que nossa fertilidade na produção de ideias foi uma consequência disso; e que nossas ideias, por sua vez, são as fontes de nossa história mutável e volátil como espécie.[9]

Cérebros grandes, grandes pensamentos?

Uma das falácias mais insistentes de Edgar era sua convicção de que quanto maior o cérebro, melhor se pensa.[10] Li certa vez que Turgêniev tinha um dos maiores cérebros já vistos, ao passo que o de Anatole France era dos menores.

Mente a partir da matéria

Não me recordo onde aprendi isso, nem tenho como verificar, mas *se non è vero è ben trovato*: os dois escritores foram grandes gênios. Mulheres têm o cérebro maior, em média e proporcionalmente ao tamanho do corpo, que homens; os neandertais tinham cérebro maior que os *Homo sapiens*; os habitantes do Paleolítico superavam os modernos na dimensão de seu cérebro. Haverá alguém que assevere que essas diferenças correspondem a diferenças na capacidade de pensar? Há alguns anos, na ilha Flores, na Indonésia, arqueólogos descobriram os restos mortais de uma criatura com um cérebro menor que o de um chimpanzé, mas ao lado de ferramentas comparáveis às que se poderia esperar encontrar em escavações de ancestrais nossos de cerca de 40 mil anos atrás, cujo cérebro era, em média, maior que o nosso.

Cérebros grandes não são necessários para grandes pensamentos:[11] um pequenino microchip é grande o bastante para realizar quase tudo de que o cérebro da maioria das pessoas é capaz. O cérebro humano chega a ser mais um estorvo que um enlevo, pois, para fazer o que um microchip faz, requer mais alimento, processa mais sangue e consome muito mais energia do que o necessário. Até onde sabemos, a maioria das células cerebrais permanece dormente a maior parte do tempo. Os neurocientistas especulam sobre a finalidade dos astrócitos aparentemente inertes, cujo número supera, em muito, o de neurônios (cuja funcionalidade é mensurável), mas não há consenso sobre a serventia da maior parte do volume cerebral, nem mesmo sobre se ela tem alguma serventia.[12]

Portanto, o tamanho do cérebro humano não é uma condição necessária para pensar à maneira humana e constituiria o que o jargão dos evolucionistas chama de *"spandrel"* — um subproduto da evolução das faculdades que nos capacitam a pensar.[13] É provável que a maior parte do cérebro humano seja, para sermos francos, mero rebotalho sem função alguma, como as amígdalas e o apêndice. Afirmar que não existiria se não fosse útil (embora não saibamos como) é obviamente falacioso — ou expressa excesso de confiança na eficiência da evolução,[14] cujos desígnios, como Darwin reconheceu, talvez em um momento de descuido, são mais insondáveis que os rumos do vento.[15]

Não é difícil perceber como o cérebro dos humanos acabou se tornando maior do que seria sob a égide de um projetista consciencioso e competente. A dieta condiciona o crescimento do cérebro: frutas são mais nutritivas, e mais difíceis para um forrageador obter, do que folhas, e carne ainda mais difícil que frutas. Como os mais onívoros dos símios, nossos ancestrais demandavam e precisavam alimentar os maiores cérebros.[16] Ou talvez células cerebrais tenham sido acrescidas para que eles pudessem viver em grupos maiores do que os de quase todas as demais criaturas. Quanto maior o nosso grupo, maior o número de dados com que temos de lidar, e, em vez de recomeçar da estaca zero e desenhar um cérebro adequado a sua finalidade, a natureza fez crescer nosso cérebro já existente, atulhando o crânio com córtices, multiplicando as dobras e carúnculas, provocando a extrusão de lóbulos. Talvez por isso o tamanho do cérebro dos símios (embora não dos primatas em geral) seja aproximadamente proporcional ao tamanho do grupo.[17] As vantagens são muitas e, em virtude disso, mais neurônios podem interagir em nosso cérebro do que nos de outras espécies (ainda que uma compressão mais eficiente pudesse provocar o mesmo efeito). Tomando os outros animais como padrão, nosso cérebro tem muito mais espaço para pensamentos e, não obstante, todas as funções cerebrais que conseguimos identificar (por exemplo, constatando o que as pessoas deixam de conseguir fazer quando esta ou aquela parte de seu cérebro falha ou é extirpada) também fazem parte do aparato de várias espécies. Em resumo, o tamanho do cérebro ajuda a explicar por que somos mais reflexivos que outros símios, mas não por que nosso pensamento é de ordem diferente.

O panorama galáctico

Em vez de nos parabenizarmos pela grandeza de nosso cérebro ou de nos congratularmos pela superioridade da inteligência humana, talvez fosse mais útil focar exatamente naquelas funções cerebrais ou ocorrências de comportamento inteligente em que nossa espécie é mais hábil ou para as quais parece ser particularmente bem-dotada.

Mente a partir da matéria

Mas imediatamente enfrentamos uma dificuldade, visto que a maioria dos seres humanos não pensa muito e implicitamente ecoa Keats: "Oh, se eu ao menos pudesse ter uma vida de sensações em vez de uma vida de pensamentos!". De modo geral, o cérebro humano é bastante subutilizado. A maioria de nós deixa que outros pensem por nós e nunca temos pensamentos além daqueles que foram inculcados por alguém em nossa cabeça — daí também o sucesso da publicidade e da propaganda. Imitação, repetição e emulação, por alguns padrões, poderiam ser classificadas como comportamentos inteligentes. Por que não obedecer ao tirano que nos alimenta? Por que não copiar aqueles que são aparentemente mais sábios ou mais fortes que nós? Para certos fins — como sobreviver em ambiente hostil ou desfrutar circunstâncias mais amenas — essas estratégias podem ser uma boa opção. Por outro lado, seres não humanos domesticados também demonstram grande inteligência desse tipo — o cão bajulador, a ovelha submissa. Se quisermos identificar o que é o pensar singularmente humano, precisamos nos voltar para a grande minoria de seres humanos que pensa muito, ou seja, aqueles responsáveis pelas grandes e ostensivas diferenças entre a nossa vida e a vida de outras criaturas.

Para entender quais são essas diferenças, precisamos mudar de perspectiva. Detectar diferenças é quase inteiramente uma questão de perspectiva. Se, por exemplo, eu pedir aos alunos de uma de minhas turmas da Universidade de Notre Dame que identifiquem as diferenças existentes entre eles, tenderão a mencionar detalhes secundários, quase insignificantes: Maura tem mais sardas que Elizabeth; Billy sempre usa mangas compridas, enquanto Armand está sempre de camiseta; Xiaoxing é um ano mais jovem que todos. Por outro lado, alguém de fora que olhe para essa classe com um grau de objetividade inatingível a quem está dentro verá o quadro geral, abordará a questão de maneira impessoal e procurará diferenças classificáveis. "Quarenta por cento são do sexo masculino e o restante, do sexo feminino", essa pessoa dirá. "A maioria dos alunos é branca, mas, a julgar por suas características, três parecem vir do Leste da Ásia, dois devem ser originários do Sul da Ásia e dois são negros. A lista de chamada parece conter um número desproporcional de nomes de origem irlandesa…" e assim por diante. Ambas as perspectivas produzem observações verdadeiras, mas, para nossos propósitos, queremos dados mais fáceis de ver por quem está de fora. Se quisermos identificar as grandes peculiaridades do pensamento humano, em comparação com o de outros animais, precisamos almejar um grau de objetividade semelhante.

Um experimento mental ajudará. Se eu tentar imaginar o ponto de vista mais objetivo que minha mente é capaz de conceber, chego a uma espécie de mirante cósmico, de onde um observador dotado de visão prodigiosa, situado a uma imensa distância de tempo e de espaço, é capaz de enxergar o planeta inteiro e a história completa de todas as espécies que nele vivem e viveram, num único olhar — como o personagem que, no "Aleph", conto de Jorge Luis Borges, percebeu simultaneamente todos os eventos do passado de todas as criaturas. Como um espectador tão privilegiado avaliaria a diferença entre nós e os outros animais? Desconfio que esse vigia cósmico diria algo como: "Basicamente, vocês todos são iguais — meros arranjos efêmeros e ineficientes de células. Mas noto algumas coisas estranhas nos humanos. Vocês fazem praticamente tudo o que as outras espécies fazem, só que em maior quantidade, ou com mais intensidade. Pelo que consigo perceber, vocês têm mais pensamentos, realizam mais tarefas, aventuram-se em mais lugares, adotam mais alimentos e elaboram mais formas políticas e sociais, com mais estratificação, mais especialização e mais atividades econômicas. Vocês desenvolvem mais modos de viver, mais ritos, mais tecnologias, mais edificações, mais fantasias estéticas, mais modificações do ambiente, mais consumo e produção, mais artes e ofícios, mais meios de comunicação; criam mais cultura e — em suma — avaliam mais ideias, mais rapidamente e em maior variedade, que qualquer outra criatura que consigo enxergar. Percebo que vocês consagram mais tempo e esforço do que outros animais à autocontemplação, à identificação de valores, a tentativas de generalizar ou analisar; dedicam vastos recursos mentais a contar histórias nunca narradas, a formar imagens de coisas jamais vistas e a compor músicas nunca apreciadas por ouvido algum. São também, em comparação com a maioria das espécies concorrentes, letárgicos e fracos, carentes de bravura, destituídos de cauda

Mente a partir da matéria

e mal equipados em termos de presas e garras (embora sejam, por sorte, bons em lançar mísseis e tenham mãos ágeis). No entanto, apesar de seus corpos maldotados e malformados, sua capacidade de enfrentar problemas, ir além de soluções mínimas e repensar o próprio futuro lhes conferiu um grau surpreendente de domínio sobre seu planeta".

Essas observações podem não fazer com que o vigia cósmico nos admire. Ele ou ela haverá de notar a singularidade de cada espécie e possivelmente não julgará que a nossa está uma ordem acima de todas as outras. Contudo, embora talvez não sejamos únicos em inovação e criatividade (o que seria outra alegação autocongratulatória desmentida pelas evidências), nossa capacidade de inovar e criar parece única em alcance, profundidade e abundância. Nesses aspectos, as diferenças entre seres humanos e não humanos nos levam além da cultura — da qual, como veremos, muitas espécies são capazes —, à singular prática humana que chamamos civilização, com a qual remodelamos o mundo ao nosso bel-prazer.[18]

Tornando-nos imaginativos

Como nossos cérebros podem ter nos ajudado rumo a esse destino improvável e sem par? O cérebro, como todo órgão evoluído, é como é porque as condições do meio ambiente favoreceram a sobrevivência e a transmissão de algumas mutações genéticas em detrimento de outras. Sua função é reagir ao mundo externo — resolver os problemas práticos que o mundo apresenta, lidar com as exigências que impõe, enfrentar as armadilhas que lança e as restrições que coloca. Mas o repertório de pensamentos que integram este livro é de ordem diferente, e constitui o tipo de criatividade que os italianos chamam encantadoramente de *fantasia*, com ressonâncias de uma ilusão que excede o que é real. Os pensamentos fantasiosos criam mundos diferentes daqueles que habitamos, mundos inverificáveis fora de nossa mente, jamais realizados na experiência existente (como futuros reformulados e passados virtuais) ou irrealizáveis (como eternidade, céu ou inferno) diante dos recursos de que, por experiência ou observação, sabemos que dispomos. V. S. Ramachandran, neurologista que tem perscrutado com valentia as diferenças entre seres humanos e outros símios, explica da seguinte maneira: "Como pode uma massa de gelatina de pouco mais de um quilo e trezentos gramas que cabe na palma da nossa mão imaginar anjos, contemplar o sentido de infinidade e até questionar seu próprio lugar no cosmo?".[19]

Há duas respostas tradicionais: uma é popular na tradição científica, a outra na metafísica. A resposta estritamente científica é que quantidade se torna qualidade quando um limiar crítico é ultrapassado: o cérebro dos seres humanos, segundo essa linha de raciocínio, é tão maior que o de outros símios que se tornou algo de um tipo diferente. Não é sequer necessário que o cérebro tenha uma função especializada para a criatividade ou a geração de ideias, pois tais eventos resultam da abundância de pensamentos mais mundanos que emanam de um cérebro de maior porte.

De outro lado, a resposta metafísica afirma que a criatividade é uma função de uma faculdade imaterial, comumente chamada mente ou alma racional, que só os seres humanos possuem ou que é de um tipo especial no nosso caso.

Uma ou outra resposta pode ser verdadeira, mas não ambas. E nenhuma delas parece plausível a todos. Para aceitar a primeira, precisaríamos ser capazes de identificar o limiar além do qual cérebros saltam da reatividade para a criatividade. Para aceitar a segunda, é preciso ter uma propensão metafísica. "Mente", de acordo com os céticos, é apenas um nome elegante dado àquelas funções do cérebro que a neurologia não consegue identificar claramente no estado atual do conhecimento.

Como podemos então aprimorar as respostas tradicionais? Proponho reformular a pergunta de modo a torná-la menos vaga, especificando qual é, exatamente, a função geradora de pensamentos que queremos explicar. O termo que melhor denota o que há de especial no pensamento humano é, talvez, "imaginação" — que abarca fantasia, inovação, criatividade, reconstrução de velhos pensamentos, o ato de ter pensamentos novos e todos os frutos da inspiração e do êxtase. Imaginação é uma palavra ampla e desalentadora, mas corresponde a uma realidade fácil de compreender: a capacidade de ver o que não existe.

Mente a partir da matéria 29

Historiadores — como eu, por exemplo — têm inevitavelmente de reconfigurar na imaginação um passado desaparecido. Visionários que fundam religiões devem evocar mundos que não se mostram. Contadores de histórias precisam ir além da experiência para narrar o que nunca aconteceu de fato. Pintores e escultores, como disse Shakespeare, devem "exceder a vida", e até fotógrafos precisam capturar perspectivas nunca vistas ou reorganizar a realidade se quiserem produzir (e não reproduzir) arte. Analistas têm de extrair conclusões invisíveis dos dados. Inventores e empreendedores precisam superar o mundo em que habitam e antever outro, que possam refazer. Estadistas e reformadores precisam repensar futuros possíveis e conceber maneiras de realizar os melhores e evitar os piores. No âmago de toda ideia digna deste nome está um ato de imaginação — a superação ou transcendência da experiência e o reprocessamento da realidade de modo a gerar algo mais do que um mero eco ou retrato.

Mas o que torna os seres humanos superimaginativos? Sugiro que três faculdades são os elementos constituintes da imaginação. Duas são inequivocamente produtos da evolução. A terceira ninguém sabe ao certo.

A primeira é a memória, uma das faculdades mentais a que nossa inventividade recorre — sempre que fazemos ou pensamos algo novo, começamos lembrando o que já pensamos ou fizemos antes. A maioria de nós deseja que nossas lembranças sejam boas — exatas, fiéis a um passado real, confiáveis como alicerces do futuro. Porém, talvez surpreendentemente, é a desmemória — as lembranças equivocadas — que mais contribui para a constituição da imaginação.

Lembranças equivocadas

Não chega a surpreender que, na maioria dos testes que comparam o pensamento humano ao de outros animais, os seres humanos obtenham boa pontuação: fomos nós, afinal, que criamos esses testes. Os humanos são relativamente bons em pensar em mais de uma coisa por vez, adivinhar o que outras criaturas podem estar pensando e lidar com grandes repertórios de símbolos selecionados por outros seres humanos.[20] A memória, no entanto, é um dos tipos de pensamento em que, mesmo por padrões humanos, outros animais conseguem rivalizar conosco ou nos superar. Lembrar informações relevantes é uma das faculdades mais notáveis em que seres não humanos se destacam. Beau, meu cão, me bate — metaforicamente, não no sentido que Descartes vislumbrava — em reter a memória de pessoas e caminhos. Ele é capaz de reconstruir, espontaneamente, qualquer trilha que já tenha percorrido. Depois de seis anos sem ver uma antiga amiga minha, ele a reconheceu em sua visita seguinte e correu para presenteá-la com um brinquedo que ela lhe dera na última ocasião. Beau me predispõe a acreditar na história de Homero segundo a qual apenas o cão da família reconheceu Odisseu quando o herói retornou de suas perambulações. Beau infalivelmente recupera brinquedos ou ossos, enquanto eu perco tempo procurando apontamentos perdidos e óculos de leitura extraviados.

Qualquer pessoa que tenha um animal de estimação ou um parceiro de trabalho não humano poderá contar histórias similares de feitos invejáveis de memória. No entanto, muitos ainda repetem a lamentável ode de Robert Burns a seu "pequenino, sedoso, assustadiço, tímido" camundongozinho que, segundo Burns, "só o presente alcança", como se o pequenino animal estivesse congelado no tempo e isolado do passado e do futuro.[21] Mas tais distinções entre memória bestial e memória humana são provavelmente outro exemplo de injustificada autocongratulação humana. Além disso, não precisamos nos fiar em casos anedóticos de cães de pensamento supostamente obscuro, pois estudos controlados confirmam que, em alguns aspectos, nossa memória é bem débil pelos padrões de outros animais.

Os gaios-do-mato-da-flórida, por exemplo, sabem quais alimentos escondem e lembram onde e quando os esconderam. Mesmo sem incitação alimentar, ratos refazem percursos em labirintos complexos, enquanto eu me embaralho todo no mais simples labirinto de jardim. Também retêm a ordem em que encontram cheiros. Claramente, portanto, passam nos testes do que os especialistas chamam de memória episódica: a suposta prerrogativa humana de recuar no tempo, por assim dizer, recordando

Mente a partir da matéria

uma sequência de experiências.[22] Clive Wynne, o apóstolo de mentes não humanas, cuja fama é fundada na vivacidade com que consegue imaginar como seria ser um morcego, resumiu alguns experimentos relevantes. Os pombos, diz ele, retêm por meses, sem degradação, a memória de centenas de padrões visuais arbitrários associáveis a comida e conseguem retornar a seus respectivos pombais após longas ausências. As abelhas recordam o paradeiro de alimentos e como encontrá-los em um labirinto. Os chimpanzés recuperam de locais aparentemente selecionados a esmo as pedras que utilizam como bigornas para quebrar nozes. Em laboratório, quando instigados por recompensas, lembram-se da ordem correta em que devem pressionar teclas na tela ou no teclado de um computador. E "morcegos-vampiros conseguem lembrar quem lhes fez uma 'doação' de sangue no passado e utilizam essa informação para decidir se devem atender algum outro que esteja implorando um pouquinho de sangue".[23]

Aqueles que depreciam a memória não humana poderão insistir, no que diz respeito à confirmação de pensamento, que as reações de muitos animais não são melhores do que a cauda abanando ou o rabo entre as pernas dos cães de Pavlov, que, na década de 1890, começavam a salivar quando viam seu alimentador — não porque se lembravam dele, como assevera a teoria que se tornou notória como "behaviorismo", mas porque a visão dele desencadeava associações psíquicas. Behavioristas (se ainda houver algum) poderão afirmar que os aparentes feitos de memória de ratos, morcegos, pombos e símios se assemelham mais a reflexos condicionados ou reações a estímulos do que a lembranças recuperadas de algum armazém permanente. Afora um viés pró-humano, não temos nenhum bom motivo para fazer tal distinção. Santo Agostinho, a quem, em muitos outros aspectos, reverencio como modelo de pensamento claro, era um behaviorista *avant la lettre*. Ele acreditava que um cavalo é capaz de rememorar um caminho enquanto o percorre, visto que cada passo engatilharia o seguinte, mas não se lembraria do percurso quando retornasse ao estábulo. Porém, nem mesmo o santo pode ter tido certeza disso. Nenhum experimento pode confirmar tal suposição e a única justificativa para Agostinho fazê-la era a convicção religiosa, isto é, a crença de que

Deus certamente não se dignaria a dar aos cavalos uma mente semelhante à de Sua espécie escolhida. Sucessores igualmente dogmáticos hoje cometem um erro semelhante. A maioria dos psicólogos deixou de acreditar que o comportamento humano pode ser controlado por condicionamento: por que manter a mesma convicção desacreditada quando se busca entender outros animais?

Para obter material diretamente comparável com a experiência humana, podemos recorrer a experimentos com chimpanzés e gorilas, os quais se assemelham a nós de várias maneiras relevantes. Podemos acessar os relatos que eles próprios fazem de seu comportamento. Conversar com eles — dentro da esfera limitada que nossos interesses em comum permitem — com uma linguagem humanamente engendrada. Suas bocas e gargantas não foram constituídas para produzir a mesma gama de sons que encontramos nas línguas faladas dos seres humanos, mas primatas não humanos são extraordinariamente bons em aprender o uso de sistemas simbólicos — ou seja, idiomas — de outros tipos. Seguindo exemplos e acatando instruções, como fazem ou deveriam fazer aprendizes humanos se forem bons alunos, os primatas conseguem se valer de muitos dos sinais manuais e letras ou imagens representativas utilizadas pelos humanos.

Panzee, por exemplo, é uma chimpanzé excepcionalmente hábil, uma verdadeira malabarista de símbolos da Georgia State University. Ela se comunica com seus cuidadores por meio de cartões, os quais brande ostensivamente, e de teclados, nos quais digita para acessar sinais específicos. Em um experimento típico, Panzee viu os pesquisadores escondendo dezenas de frutas suculentas, cobras de brinquedo, balões e formas de papel. Sem nenhuma incitação afora a apresentação sequencial dos símbolos de cada objeto, ela conseguiu recordar onde estavam os pequenos tesouros e foi capaz de guiar seus tratadores até eles. Mesmo após intervalos relativamente longos de até dezesseis horas, ela continuava se lembrando do local de mais de 90% deles. Não houve nenhum tipo de "artifício": Panzee nunca foi recompensada com comida por apontar para lugares fora de seu recinto. Seus tratadores não podiam oferecer ajuda, consciente ou inconscientemente, porque não tinham conhecimento prévio dos esconderijos.

Mente a partir da matéria

Panzee, portanto, fez mais do que mostrar que os chimpanzés têm um instinto para encontrar alimento na natureza: deixou claro que eles — ou ao menos ela — são capazes de se lembrar de eventos que ocorrem uma única vez. Além de demonstrar que possuía o que podemos chamar de destreza retrospectiva, ela exibia certa habilidade prospectiva, aplicando proficuamente sua memória para prever o futuro e antever onde os alimentos seriam encontrados.[24] Em outro experimento intrigante, utilizando o teclado ela orientou um cuidador até o paradeiro de objetos escondidos — amendoins, de preferência, mas também itens não comestíveis pelos quais não tinha interesse ativo. O chefe do laboratório, Charles Menzel, diz: "Os sistemas de memória animal sempre foram subestimados — na verdade, não conhecemos seus limites superiores".[25]

Entre os rivais de Panzee em termos de memória está Ayuma, uma chimpanzé sagaz de um centro de pesquisas em Kyoto. Ela ficou famosa em 2008 como estrela de um programa de TV, derrotando concorrentes humanos em um jogo da memória computadorizado. Os participantes tinham de memorizar números que apareciam na tela por uma pequena fração de segundo. Ayuma recordou 80% deles com precisão; seus nove rivais humanos não acertaram nenhum.[26] Com prática, os humanos talvez consigam reproduzir os feitos de Ayuma,[27] embora evidências a favor dos chimpanzés continuem se acumulando. Descontando prodígios atípicos, o ser humano normal é capaz de lembrar sequências de sete números; outros primatas conseguem recordar uma quantidade maior e apreendê-los mais rapidamente. *Ape Memory* é um videogame para membros de nossa espécie que queiram tentar alcançar o nível de excelência dos símios. King, um gorila residente na Monkey Jungle, em Miami, inspirou uma versão chamada *Gorilla Memory*. King é bom em contar. Ele se comunica com os seres humanos acenando e apontando para ícones impressos em cartões. Quando primatólogos o escolheram para realizar testes de memória, ele já tinha trinta anos — maduro demais para ser receptivo à aprendizagem de novos truques, alguém poderia pensar. Mas, graças a sua longa experiência, ele conhecia as peculiaridades humanas e mostrou que era perfeitamente capaz de ordenar eventos ocorridos no passado. Com um nível de desempenho significativamente superior ao mero acaso, conseguiu recordar cada um de três alimentos e inverter, quando solicitado a fazê-lo, a ordem em que os ingerira.[28] King consegue associar indivíduos aos alimentos que eles lhe dão, mesmo quando seus tratadores esquecem quem ofereceu qual regalo, assim como meu cão é capaz de associar, na memória, seus brinquedos às pessoas de quem os ganhou. Com tais demonstrações, tanto King como Beau seriam testemunhas muito melhores que a maioria dos humanos na identificação de um criminoso em uma fila de suspeitos.

Uma equipe resolveu colocar King à prova executando atos novos para ele — requebrar o corpo, fazer pantomimas, fingir roubar um telefone ou tocar uma guitarra imaginária. Quando lhe perguntaram quem fizera qual gesto, ele acertou a resposta em 60% das vezes. O resultado pode até parecer modesto, mas tente você fazer com que os humanos o reproduzam.[29] Os chimpanzés conseguem localizar memórias no tempo, ordená-las e utilizá-las para fazer previsões. O trabalho de Gema Martin-Ordas no zoológico de Leipzig se destaca entre os experimentos que contestam a alegação de que tais faculdades são exclusivamente humanas. Em 2009, oito chimpanzés e quatro orangotangos a observaram utilizando um longo galho para alcançar uma banana. Em seguida, ela escondeu esse galho e também um outro, curto demais para a tarefa, em locais diferentes, para que os primatas os encontrassem. Três anos depois, sem nenhum estímulo nesse ínterim, os galhos retornaram a seus lugares prévios. Uma banana também foi devidamente posicionada. Será que eles conseguiriam alcançá-la? Todos os participantes, com exceção de um orangotango, lembraram sem esforço a localização do galho certo; outros símios, que não haviam participado do exercício anterior, não conseguiram. Ou seja, capturar memórias e armazená-las para uso futuro faz parte do aparato cognitivo que os seres humanos compartilham com outros primatas.[30]

Um experimento mais sofisticado concebido pelo psicólogo Colin Camerer e pelo primatólogo Tetsuro Matsuzawa testou a capacidade de chimpanzés e seres humanos projetarem previsões a partir de eventos lembrados. Sujeitos de ambas as espécies participaram de um jogo no qual observaram os movimentos de outros indivíduos em uma tela sen-

Mente a partir da matéria

sível ao toque e, em seguida, tiveram a oportunidade de ganhar recompensas prevendo o que cada um deles escolheria a seguir. Em média, os chimpanzés se mostraram melhores que seus rivais humanos em detectar padrões, aparentemente por conseguirem se lembrar de sequências mais longas de movimentos. O jogo testava quem teria memória e capacidade estratégica superiores, o grau em que os jogadores se lembram das escolhas do adversário, quão bem detectam padrões nessas escolhas e a sagacidade com que fazem suas próprias previsões. Os resultados sugerem que pelo menos alguns chimpanzés superam alguns humanos nessas habilidades.[31]

Portanto, diante de tudo isso, Edgar estava errado ao menosprezar intelectos não humanos. Não pretendo sugerir que a memória humana seja incapaz de feitos prodigiosos. Pregadores, atores e estudantes conseguem desfilar quantidades assombrosas de dados. Espetáculos de variedades outrora incluíam vastas correntes de fatos lançadas para a plateia, como o sr. Memory na versão de Hitchcock de *Os 39 degraus*. Existem *idiots-savants* capazes de declamar uma lista telefônica inteira. Em certas funções comparáveis, contudo, em que a memória entra em cena, os animais não humanos nos superam. A maioria das pessoas se retrai quando alguém lhes diz que a memória dos seres humanos não é a melhor do planeta, mas valeria a pena fazerem uma pausa e refletirem sobre essa noção contraintuitiva. O ser humano tende a supor que toda faculdade que possa justificar nossa classificação acima de outros animais deve ser uma faculdade superior. Mas talvez devêssemos lançar um olhar para o que é inferior — inferior em alguns aspectos, ao menos — em nós. A memória não é de todo o dom mais glorioso dos humanos, comparada com a de outros animais. Pobreza, inconfiabilidade, deficiências e distorções a corroem. Podemos não gostar de admitir o fato, pois é sempre difícil abrir mão da autoestima. Valorizamos nossa memória e nos orgulhamos dela porque parece muito preciosa para nosso senso de identidade — senso que estamos apenas começando a reconhecer em outros animais.

A literatura — psicológica, forense, imaginativa — está repleta de comprovações da debilidade das lembranças da maioria dos seres humanos. Talvez a maneira mais eficaz de imbuir em nós a noção do quanto nossa memória funciona mal seja contemplar um dos quadros mais famosos de Salvador Dalí — uma paisagem desolada onde se dispersam objetos perturbadores e deformados. Ele chamou a obra de *A persistência da memória*, uma das muitas ironias típicas do artista, visto que o verdadeiro tema do quadro é como a memória se dissipa e se distorce. No fundo temos um céu crepuscular, onde a luz se esvai sobre um mar indistinto, no qual todas as características parecem se dissolver. Vemos ali um penhasco se desintegrando, como se erodisse, tal qual a memória com a passagem do tempo, e um tipo de lousa em branco, da qual todas as impressões foram apagadas. Uma árvore morta, decepada, em que toda a vida definhou, se projeta no meio plano, sobre um litoral quase sem traços. Relógios enormes, parados em horas diferentes, vergam e murcham, como se proclamassem a mutabilidade que o tempo inflige, as contradições que desenrola. Insetos aparentam carcomer o estojo de outro relógio em primeiro plano, enquanto no centro da composição uma forma monstruosa e ameaçadora parece ter saído de alguma fantasia maligna de Hieronymus Bosch. Memórias se transformam em monstros. O tempo subverte a lembrança. Recordações decaem.

As ineficiências da memória humana transpõem a diferença entre memória e imaginação. A diferença, seja como for, não é muito grande. A memória, como a imaginação, é uma faculdade que permite ver algo que não está presente aos sentidos. Se a imaginação, assim definida, é o poder de ver o que de fato não existe, a memória permite ver aquilo que não existe mais. Ela é, em certo sentido, uma forma especializada de imaginação. Opera formando representações de fatos e eventos — que é também o que a imaginação faz.

A mnemônica, a antiga "arte da memória" da qual Cícero se valia quando proferia discursos nas cortes e no senado romanos, atribui uma imagem vívida — que não precisa ser um símbolo naturalmente sugestivo — a cada tópico que o orador deseja abordar. Por exemplo, uma linda rosa ou uma fruta suculenta pode representar os vícios deploráveis do adversário do orador.[32] Observações do funcionamento do cérebro confirmam a contiguidade da

Mente a partir da matéria

memória e da imaginação, pois, até onde sabemos, ambas "acontecem" em áreas sobrepostas. Atividades elétricas e químicas quase idênticas ocorrem no cérebro quando imaginação e memória entram em ação.

Memória e imaginação se sobrepõem, mas alguns filósofos relutam em reconhecer o fato.[33] Culpo Aristóteles por isso. Ele insistia, com o bom senso de sempre, que memórias devem se referir ao passado e que o passado é fundamentalmente diferente de um evento imaginário, visto que realmente aconteceu. Às vezes, porém, a vida refuta o bom senso e, na prática, memórias e imaginações se fundem.

A memória se aproxima mais da imaginação quando é falsa. Seu poder criativo consiste em distorcer lembranças. Recordações equivocadas reconfiguram a realidade como uma fantasia e a experiência como uma especulação. Toda vez que lembramos erroneamente algo antigo, imaginamos algo novo. Misturamos e mutilamos o passado com características que ele nunca teve. Mas a vida seria insuportável de outro modo. Daniel Schacter, cientista cognitivo de Harvard que se dedica a monitorar o que ocorre no cérebro quando memórias são registradas e recuperadas, aponta que a evolução teria nos provido de uma memória deficiente para nos poupar do fardo de uma mente atulhada demais. Ou seja, temos de abrir espaço em nosso quarto de despejo, descartando dados relativamente sem importância, para focarmos melhor naquilo de que realmente precisamos.[34]

Mulheres que recordam fielmente a dor real do parto relutarão em repeti-la. Colunistas e colunáveis têm que filtrar os nomes e os rostos das pessoas de que não precisam. Soldados jamais retornariam às trincheiras se não suprimissem ou romantizassem os horrores da guerra. Idosos rememoram seus feitos — segundo Shakespeare — "com vantagens". A essas modificações interesseiras da memória podemos acrescentar multidões de erros cabais. Confundimos com cópias literais dos eventos que recordamos lembranças que imaginosamente transformamos. As memórias que julgamos "recuperar" na hipnose ou na psicoterapia podem muito bem ser fantasias ou distorções, ainda que tenham o poder de mudar nossa vida para melhor ou pior.

Podemos conviver com os deslizes e falhas imprevisíveis de nossas lembranças pessoais, mas se as compartilhamos ou registramos de forma mais duradoura, o resultado é uma memória social, isto é, uma versão recebida do passado, que pode se estender para épocas que ninguém, individualmente, pode dizer recordar. Os mesmos vícios acometem essa memória social: interesse próprio, atenuação ou distorção da realidade, pecados de transmissão. A propaganda esculpe falsidades em pedestais, as reproduz em livros didáticos, divulga-as em cartazes e as imiscui em rituais. Como consequência, a memória social costuma não reagir bem a fatos e tende a ser imune à revisão histórica. Porém, se psicólogos conseguem detectar a síndrome da memória falsa em indivíduos, historiadores também podem revelá-la em sociedades inteiras.

Quem trabalha com jurisprudência talvez faça fortes objeções a isso, pois a semelhança entre memória e imaginação subverte o valor do testemunho jurídico. Para os tribunais, seria conveniente discernir versões fantasiosas de relatos verídicos, embora saibamos que as declarações de testemunhas raramente batem na prática. Um dos textos mais citados é ficcional, mas bem fiel à realidade: "Dentro do bosque", um conto de 1922 de Ryūnosuke Akutagawa, que inspirou uma das grandes obras do cinema, *Rashomon*, de Akira Kurosawa. Testemunhas de um assassinato apresentam relatos mutuamente contraditórios e um xamã acaba por extrair o testemunho do fantasma da vítima, mas o leitor — ou o público da versão filmada — permanece não convencido. Todo julgamento, toda comparação de testemunhos, confirma a falibilidade da memória. "Vocês todas vestiam dourado", canta um envelhecido e nostálgico amante na versão musical de *Gigi*. A mulher o corrige: "Eu estava vestida de azul". "Ah, sim, eu me lembro muito bem", é a tréplica dele. Cada um à nossa maneira, todos nós lembramos igualmente mal.

Nossa memória cheia de falhas ajuda a tornar os seres humanos extraordinariamente imaginativos. Toda lembrança falsa é um vislumbre de um novo futuro possível, que, se assim desejarmos, podemos tentar criar para nós mesmos.

Antecipações precisas

As distorções da memória ampliam a imaginação, mas não a explicam inteiramente. Também precisamos do que o pesquisador biomédico Robert Arp chama de "visualização de cenários", um nome sofisticado para o que poderíamos denominar simplesmente imaginação prática. Arp a vincula a uma adaptação psicológica que talvez tenha surgido — num evento singular, segundo ele — entre nossos ancestrais hominínios quando começaram a produzir ferramentas complicadas, como apetrechos para atirar lanças numa caçada.[35] Entre as espécies sobreviventes, nenhuma outra criatura tem hoje capacidade imaginativa poderosa o suficiente para transformar uma vara em um dardo e, em seguida, em outro salto imaginativo, chegar a uma lança de arremesso.

Tal teste, expresso nesses termos, pode ser injusto: outros animais também conseguem dar outros usos a varas ou bastões: os chimpanzés, por exemplo, são capazes de ver tais apetrechos como um meio para caçar cupins, para guiar objetos flutuantes em direção à margem do rio, para quebrar nozes ou mesmo para dar mais ênfase quando empunhados em uma exibição de agressividade. Se não os veem como lanças em potencial, talvez seja porque nenhum outro animal se mostre tão hábil como os humanos no arremesso.[36] Grandes primatas não humanos, que atiram relativamente poucas coisas e com relativamente pouco efeito, encontram usos práticos para paus e galhos, todos eles envolvendo algum tipo de "visualização de cenários" ou a capacidade de antever imaginativamente uma solução. Muitos animais, em particular espécies que em seu passado evolutivo foram predadores ou presas, empregam a imaginação na resolução de problemas. Quando um rato encontra um caminho num labirinto, é razoável supor que saiba para onde está indo. Quando, por tentativa e erro ao longo de semanas em sua juventude, meu cão desenvolveu sua estratégia engenhosa (ainda que, em última análise, inútil) para capturar esquilos (ver p. 18), demonstrou uma incipiente antevisão imaginativa.

Os cães também sonham. O mesmo acontece com os gatos. Podemos vê-los se contorcendo durante o sono, mexendo as patas e fazendo barulhos consistentes com estados de agitação ou ansiedade. Seus olhos giram enquanto dormem, de maneira similar ao movimento rápido dos olhos dos humanos ao sonhar.[37] Em seus sonhos, os animais domésticos talvez estejam ensaiando ou saboreando brincadeiras ou revivendo ou antevendo aventuras com presas ou outros alimentos. Isso não significa que, quando acordados, consigam imaginar a irrealidade com a mesma liberdade exibida pela mente humana: o sono é uma forma especial e atípica de consciência que confere licença excepcional. Mas, ao sonhar, os não humanos compartilham a propriedade visionária da mente humana.

Eles também nos ajudam a entrever as circunstâncias em que nossos ancestrais adquiriram o poder da imaginação. Como os fazedores de ferramentas de Arp, meu cão caça: na verdade, cães e seres humanos têm uma longa história de caçarem juntos. Um psicólogo evolucionista canino, se existisse, identificaria mesmo no mais plácido cãozinho de colo vários comportamentos como produtos da predação: eviscerar bichinhos de pelúcia, brigar de brincadeirinha, arranhar um tapete como se estivesse tentando arrancar um coelho ou uma raposa da toca. Não quero invocar o conceito de "homem, o caçador" que a crítica feminista impugnou (embora "homem", para mim, não seja uma palavra restrita a nenhum dos sexos). Como a caça é uma forma de forrageio, "forrageador humano" pode mesmo ser um termo melhor. Ainda assim, nas espécies que atacam e são atacadas, a caça genuinamente estimula o desenvolvimento da imaginação no longo prazo. Proponho que isso ocorre porque criaturas caçadoras e caçadas precisam desenvolver uma faculdade intermediária, que chamarei de antevisão, ou melhor, de *antecipação*.

Se imaginação é a capacidade de ver o que não existe e memória é a capacidade de ver o que não existe mais, *antecipação* é algo similar: a propriedade de ser capaz de ver o que ainda não existe, de antever perigos ou oportunidades além da próxima montanha ou atrás do próximo tronco de árvore, de prever onde alimentos podem ser encontrados ou onde o perigo estará à espreita. Assim como a memória, portanto, a antecipação

Mente a partir da matéria

é uma faculdade no limiar da imaginação — e pronta para ultrapassá-lo, como um vendedor intruso ou um visitante importuno. Também como a memória, a antecipação colide com a imaginação em regiões sobrepostas do cérebro. Todas as três faculdades evocam cenas ausentes. Misture-se má memória e boa antecipação e o resultado será a imaginação.

A antecipação é provavelmente um produto da evolução, uma faculdade selecionada para garantir a sobrevivência e codificada em genes hereditários. Cerca de um quarto de século atrás, a descoberta dos "neurônios-espelhos" — partículas no cérebro de algumas espécies, incluindo a nossa, que reagem de maneira semelhante quando observamos uma ação ou a executamos — provocou grande expectativa de que eles revelariam as raízes da empatia e da imitação. Ainda mais notável, no entanto, a mensuração da atividade desses "sulcos" em macacos rhesus demonstrou que eles possuem capacidade de antecipação: em experimentos realizados em 2005, alguns rhesus viram apenas pessoas se movendo como se fossem pegar comida; outros presenciaram a ação completa. Ambos os grupos reagiram de forma idêntica.[38]

A cultura pode promover a antecipação, mas somente se a evolução fornecer o material com o qual trabalhar. Tanto predadores como presas precisam dela, pois tanto uns como outros precisam antever os movimentos alheios.

Os seres humanos, muito mais que as espécies que concorrem conosco, têm ampla capacidade de antecipação, visto que precisamos dela porque temos pouco de quase tudo o que importa. Somos lentos em escapar de predadores e em capturar presas, e dificilmente conseguimos correr mais que rivais na busca por alimentos. Por sermos desajeitados em qualquer tipo de escalada, muitos alimentos estão efetivamente fora do nosso alcance e muitos refúgios nos são negados. Não somos tão perspicazes quanto a maioria dos animais rivais. Nossa habilidade de farejar presas ou ameaças, ou de ouvir à distância, provavelmente declinou desde a época dos hominídeos, mas com certeza nunca chegou a equiparar-se à dos canídeos, digamos, ou dos felinos. Temos presas e garras lamentavelmente débeis. Nossos ancestrais tiveram de se empenhar na caça, apesar do modo como outras espécies com aparato superior dominavam o nicho: o sistema digestivo dos hominínios, da mandíbula ao intestino, era inadequado para aproveitar a maioria das plantas; com isso, o carnivorismo tornou-se compulsório há 3 ou 4 milhões de anos. Primeiro como necrófagos e gradualmente, na linha da evolução que nos produziu, cada vez mais como caçadores, os hominínios tiveram de encontrar meios de obter carne como alimento.

A evolução nos conferiu poucas vantagens físicas para compensar nossas deficiências. O bipedalismo liberou nossas mãos e ergueu nossas cabeças, mas, de modo geral, nossa agilidade continuou esmorecida e nossas extremidades inferiores, por se tornarem meramente pés, deixaram de estar disponíveis como um útil par de mãos extras. O maior ajuste que a evolução realizou a nosso favor é o fato de nenhuma espécie conseguir superar nossa habilidade média de modelar objetos e de criar ferramentas para arremessá-los; graças a isso, conseguimos lançar projéteis contra presas que não somos capazes de capturar e contra predadores que podem nos pegar. Para mirar objetos em movimento, contudo, precisamos de uma capacidade de antecipação altamente desenvolvida, a fim de prever como o alvo poderá se mover. Antecipação é uma habilidade que evoluiu em nós para minimizar nossas deficiências e maximizar nosso potencial. Muitos dos argumentos que ajudam a explicar a antecipação humana também se aplicam a outros primatas. De fato, todos os primatas parecem bem dotados da mesma faculdade. Alguns até demonstram potencial, no mínimo, para voos de imaginação reconhecivelmente semelhantes aos dos humanos. Alguns pintam quadros (como o chimpanzé Congo, cujas telas são vendidas em leilão por milhares de dólares), enquanto outros cunham palavras novas, como Washoe, do Centro Nacional Yerkes de Pesquisas sobre Primatas, que se referiu a uma castanha-do-pará como "rock-berry", usando a linguagem de sinais americana, tornando-se o primeiro primata a definir um termo para um item que seus tratadores não haviam rotulado. Ela também criou o termo "aves aquáticas" para designar cisnes, mesmo quando estavam fora da água. Outros primatas não humanos inventam tecnologias, iniciam práticas culturais e mudam a própria aparência adornando-se com o que parece ser uma sensibilidade estética multifacetada — embora nunca levem essas práticas aos mesmos níveis dos seres humanos.

Mente a partir da matéria

O que, então, nos torna os primatas mais imaginativos? Em parte, sem dúvida, a memória seletivamente superior que observamos nos chimpanzés e gorilas é responsável por essa diferença, pois, como vimos, é preciso ter má memória para ser imaginativo ao máximo. E, em parte, podemos apontar também para os diferentes níveis de habilidades físicas: precisamos de mais antecipação, em relação aos outros primatas, porque temos menos força e agilidade. A psicologia evolutiva — a disciplina da discórdia, que põe em atrito os que a defendem e aqueles que dela desdenham — pode fornecer o restante da resposta.

Dentre todos os primatas existentes, somente nós, humanos, temos uma longa história de caça em nosso passado. Nossa dependência de alimentos caçados é extrema. Os chimpanzés caçam — como também, em menor grau, os bonobos (outrora classificados como "chimpanzés-anões") — mas a caça é muito menos importante para eles que para nós. Eles são incrivelmente proficientes em rastrear presas e se posicionar para a matança, mas ninguém os observara caçando até os anos 1960: ainda que as evidências às vezes nos preparem ciladas, tudo indica que, mais ou menos nessa época, o estresse ambiental infligido por invasões humanas pode tê-los forçado a desenvolver novas fontes de alimentos. Seja como for, a caça é uma atividade marginal para os chimpanzés, ao passo que foi o fundamento da viabilidade das sociedades humanas durante 90% do tempo em que o *Homo sapiens* existiu. De modo geral, chimpanzés caçadores obtêm da caça não mais que 3% do conteúdo calorífico de sua dieta; por outro lado, um estudo de dez povos caçadores humanos típicos em ambientes tropicais similares aos preferidos pelos chimpanzés revela números imensamente maiores. Em média, quase 60% da ingestão calórica das comunidades selecionadas provinha de carne caçada.[39]

Além disso, os chimpanzés carnívoros se restringem a comer uma pequena gama de espécies, entre elas porcos selvagens e pequenos antílopes, com preferência por cólobos, ao menos no Parque Nacional de Gombe Stream, Tanzânia, onde a maioria das observações foi registrada. Todas as comunidades humanas, por sua vez, revelam predileção por uma rica variedade de presas. Talvez porque a caça ainda é uma prática relativamente pouco frequente entre os chimpanzés, e porque indivíduos jovens têm apenas poucas oportunidades de aprendizado, são necessários até vinte anos para treinar um chimpanzé a ser um caçador de primeiro calibre, capaz de interceptar cólobos em fuga ou bloquear suas rotas para apreendê-los. À maneira dos batedores de campo nas caçadas humanas, os chimpanzés aprendizes de caçador começam preparando o terreno — assustando as presas e pondo-as em fuga. Jovens humanos, por sua vez, tornam-se proficientes após algumas poucas expedições.[40] Apesar da experiência limitada como caçadores, podemos ver chimpanzés literalmente cultivando certa faculdade de antecipação, estimando a trajetória provável de uma presa, planejando e coordenando esforços para direcioná-la e bloqueá-la, com elegância. A caça aprimora a antecipação de toda criatura que a pratique, e não chega a surpreender que o *Homo sapiens* tenha a faculdade de antecipação mais desenvolvida que outros seres comparáveis — mais desenvolvida até mesmo que a de espécies sobreviventes intimamente aparentadas conosco.

Uma capacidade de antecipação altamente desenvolvida tende a preceder uma imaginação fértil. Quando antecipamos, imaginamos presas ou predadores atrás do próximo obstáculo. Adivinhamos de antemão a maneira como uma ameaça ou oportunidade se materializará. Imaginação, contudo, é mais que antecipação. É, em parte, a consequência de uma faculdade de antecipação superabundante, pois, quando conseguimos antever inimigos ou vítimas ou problemas ou resultados antes de surgirem, é possível, presumivelmente, antever outros objetos cada vez menos prováveis, culminando no que ainda não foi experimentado ou é invisível ou metafísico ou impossível — uma nova espécie, um alimento nunca antes degustado, uma música inédita, histórias fantásticas, uma nova cor, um monstro, um fantasma, um número maior que o infinito ou Deus. Podemos até pensar no Nada — possivelmente o salto da imaginação mais desafiador já empreendido, pois a ideia de Nada, por definição, não tem similitude na experiência e é inacessível na realidade. É assim, pois, que nossa capacidade de antecipação nos leva, por meio da imaginação, às ideias.

A imaginação vai além do que é acessível à antecipação e à memória. E difere dos produtos normais da evolução, pois excede as demandas de sobrevivência e não confere nenhuma vantagem competitiva. A cultura a

Mente a partir da matéria

estimula, em parte por recompensá-la e em parte por intensificá-la: louvamos o bardo, tememos o xamã, obedecemos ao padre, reverenciamos o artista. Temos visões por meio de danças e batuques e música e álcool e estimulantes e narcóticos. Espero, no entanto, que os leitores concordem em ver a imaginação como o resultado de duas faculdades que evoluíram em conjunto: nossa má memória, que distorce a experiência tão intensamente que ela própria se torna criativa; e nossa capacidade hipertrofiada de antecipação, que atulha nossa mente com um monte de imagens de que não necessitamos.

Leitores que não estiverem convencidos de que memória e antecipação constituem a imaginação fariam bem em tentar um experimento mental e imaginar como seria a vida sem elas. Sem rememorar os efeitos da memória e sem vislumbrar um futuro destituído de memória, é impossível fazê-lo. Poderão no máximo — mais uma vez valendo-se da memória — se valer de um personagem de ficção que carece de ambas essas faculdades. Para o sargento Troy, em *Longe deste insensato mundo*, de Thomas Hardy, "as memórias eram um fardo e a antecipação era supérflua". Consequentemente, sua vida mental e emocional era empobrecida, carente de verdadeira empatia pelos outros ou de realizações admiráveis para si.

Pensando com línguas

Ao lado da memória e da antecipação, a linguagem é o último ingrediente da imaginação. Por "linguagem" quero dizer um sistema de símbolos, isto é, um padrão acordado ou um código de gestos e elocuções sem semelhança óbvia necessária com as coisas significadas. Se você me mostrar a imagem de um porco, faço uma ideia daquilo a que você quer se referir, porque uma imagem é representativa e não simbólica. Mas se você me disser "porco", não saberei o que quer dizer a menos que eu conheça seu código, pois palavras são símbolos. A linguagem contribui para a imaginação nessa medida: precisamos transformar o que imaginamos (que pode assumir a forma de imagens ou de ruídos) em ideias comunicáveis. Algumas pessoas pensam ou alegam pensar que nada podemos conceber se não houver um termo que designe o que foi concebido. Uma dessas pessoas foi Jacob Bronowski, um dos últimos grandes polímatas, que acreditava veementemente que a imaginação é um dom humano por excelência. Como explicou pouco antes de sua morte, em 1974: "A capacidade de conceber coisas que não se apresentam aos sentidos é crucial para o desenvolvimento do homem. E essa capacidade requer a existência, em algum ponto no interior da mente, de um símbolo para algo que não existe".[41] Alguns tipos de pensamento dependem da linguagem. Quem fala inglês ou holandês, por exemplo, entende a relação entre sexo e gênero de maneira diferente de quem pensa em, digamos, espanhol ou francês — e que, portanto, não dispõe de palavras de gênero comum e está acostumado a designar criaturas masculinas com termos femininos e vice-versa. As feministas espanholas, parcialmente como consequência disso, cunham termos femininos para designar, por exemplo, advogadas e ministras mulheres, embora deixem intactas outras designações, enquanto suas colegas anglófonas, de maneira igualmente ilógica, abjuram as poucas palavras femininas que possuem — renunciando, por exemplo, aos termos *"actress"* [atriz] e *"authoress"* [autora].

Todavia, os estudiosos costumavam exagerar o grau em que as línguas que falamos têm efeitos mensuráveis sobre o modo como percebemos o mundo.[42] Com base nas evidências hoje disponíveis, parece ser mais frequente inventarmos palavras para expressar nossas ideias do que o inverso. Experimentos mostram, por exemplo, que bebês humanos fazem escolhas sistemáticas antes de proferir qualquer fala simbólica.[43] Talvez não saibamos explicar como haveria pensamento sem linguagem, mas é no mínimo possível conceber uma coisa primeiro e depois inventar um termo, ou outro símbolo, para ela. "Anjos", como disse Umberto Eco certa vez, resumindo Dante, "não falam. Eles se entendem por meio de uma espécie de leitura mental instantânea e sabem tudo o que lhes é permitido saber [...] não mediante qualquer uso da linguagem, mas contemplando a Mente Divina."[44] Faz tanto sentido dizer que a linguagem é o resultado da imaginação como dizer que é uma precondição necessária.

Símbolos — e a linguagem é um sistema de símbolos no qual elocuções ou outros signos representam seus referentes — são como ferramentas. Se minha tese até aqui for válida, símbolos e ferramentas são resultados

Mente a partir da matéria

de uma mesma propriedade das criaturas que os inventam, a saber, a capacidade de ver o que não está lá, isto é, de preencher lacunas na visão e de conceber uma coisa como se fosse outra. É assim que um bastão pode tomar o lugar de um membro ausente ou uma lente transformar um olho. Do mesmo modo, na linguagem, sons representam emoções ou objetos e evocam entidades ausentes. Ao escrever estas linhas, sei que minha esposa e meu cão estão a mais de 6 mil quilômetros de distância; mas posso convocá-los simbolicamente mencionando-os. Já terminei minha xícara de café, mas como a imagem dela, fumegante e transbordante, continua em minha mente, posso conjurar seu fantasma pela escrita. Obviamente, depois que dispomos de um repertório de símbolos o efeito na imaginação é libertador e fertilizador, e quanto mais abundantes os símbolos, mais prolíficos os resultados. A linguagem (ou qualquer sistema simbólico) e a imaginação se nutrem reciprocamente, mas podem ter origens independentes.

É plausível que a linguagem tenha sido o primeiro sistema de signos que as pessoas desenvolveram. Mas há quanto tempo foi isso? Falácias — ou, pelo menos, suposições injustificadas — subjazem quase tudo o que pensamos sobre linguagem. Disputas acerca da configuração da maxila e do palato dominaram a controvérsia sobre a datação da primeira linguagem, mas o aparato vocal é irrelevante: pode afetar o tipo de linguagem que utilizamos, mas não a viabilidade da linguagem em si. Seja como for, tendemos a supor que a linguagem esteja aí para permitir comunicação, facilitar o convívio, criar laços de entendimento mútuo e promover a colaboração, ou seja, seria o equivalente humano de símios catarem os piolhos uns dos outros ou de cães cheirando-se e lambendo-se. Todavia, a linguagem pode ter começado como simples autoexpressão, como algo proferido para comunicar dor, alegria, frustração ou satisfação apenas para aquele que falava. As primeiras vocalizações de nossos ancestrais foram, presumivelmente, efeitos físicos de convulsões corporais — espirros, tosses, bocejos, expectorações, exalações, flatulências. As primeiras expressões vocais com significado mais profundo podem ter sido rom-rons de satisfação, estalos labiais ou murmúrios melancólicos. E quando pela primeira vez alguém se valeu conscientemente de ruídos, gestos ou algum som gutural para tentar provar algo, esse algo quase certamente foi hostil — rosnados e gritos para espantar predadores ou rivais ou demonstrações de habilidade superior para tentar estabelecer uma parceria de natureza mais que puramente sexual.

Além disso, se a linguagem é feita para a comunicação, ela não funciona muito bem. Nenhum símbolo corresponde exatamente ao que significa. Mesmo quando são criados especificamente para se parecer com objetos, significantes costumam ser obscuros ou enganosos. Certo dia, num restaurante pretensioso, notei que alguém buscava o banheiro. Ele parou, indeciso por um momento, entre portas marcadas com fotos de um morango e de uma banana, até que a ficha caiu. Muitas vezes, pisco os olhos, confuso, sem entender os ícones que designers espalharam na tela de meu computador. Li certa vez num jornal uma matéria, talvez fantasiosa, sobre o esforço do repórter para comprar um pequeno pingente dourado em forma de cruz como presente de batismo. "O senhor quer um que venha com um homenzinho grudado?", perguntou-lhe o vendedor. Como a maioria dos signos que a linguagem utiliza é arbitrária e não tem semelhança alguma com o objeto significado, as oportunidades para equívocos se multiplicam.

Mal-entendidos — que geralmente condenamos porque rompem a paz, estragam um casamento, atravancam a sala de aula e prejudicam a eficiência — podem ser fecundos e fazer com que ideias se multipliquem. Muitas ideias novas são apenas ideias velhas entendidas mal. A linguagem contribui para a formulação de ideias e o fluxo da inovação, seja por meio de distorções e desastres, seja facilitando a boa comunicação.

Produzindo culturas

Memória e antecipação, portanto, talvez com um pouco de ajuda da linguagem, são as fábricas da imaginação. As ideias, se meu argumento estiver correto até aqui, são os produtos finais do processo. E daí? Que diferença fazem as ideias para o mundo real? Não são forças imensas — clima e doenças, evolução e meio ambiente, leis econômicas e determinantes históricos — que o moldam, fora e além da capacidade humana para mudar o que está fadado a acontecer de qualquer maneira? Não dá para ninguém fugir pelo pensamento do vasto e intricado mecanismo do cosmo. Ou será

Mente a partir da matéria

que dá? Será possível escapar por entre os vãos das engrenagens sem ser esmagado pelas rodas dentadas?

Proponho que são ideias, não forças impessoais, que constroem o mundo; que quase tudo o que fazemos começa em nossa mente, com mundos reimaginados que então tentamos construir na realidade. Quase sempre fracassamos, mas até nossos fracassos afetam os acontecimentos e levam-nos a novos patamares, novos rumos.

A estranheza de nossa experiência é óbvia se, mais uma vez, nos compararmos com outros animais. Muitas outras espécies têm sociedades: elas vivem em bandos ou rebanhos ou colmeias ou formigueiros de maior ou menor complexidade, mas — espécie por espécie e de hábitat para hábitat — a maneira como vivem é marcada por padronizações uniformes. Pelo que sabemos, o instinto regula seus relacionamentos e prediz seus comportamentos. E algumas espécies têm cultura — algo que distingo dos tipos de socialização não cultural ou pré-cultural sempre que as criaturas aprendem comportamentos por meio da experiência e os transmitem a gerações subsequentes por meio do exemplo, do ensino, do aprendizado e da tradição.

A primeira descoberta de uma cultura não humana ocorreu no Japão em 1953, quando primatólogos observaram uma jovem macaca-japonesa, a quem chamaram Imo, com comportamentos inusitados. Até aquele momento, os membros do grupo de Imo limpavam batatas-doces para comer raspando a terra grudada nelas. Imo descobriu que era possível lavá-las em uma fonte ou no mar. Seus companheiros tinham dificuldade para separar os alimentos em grão dos grãos de areia que grudavam neles, mas Imo descobriu que, mergulhando-os em água, ficava fácil separar a sujeira e recolher a matéria comestível depois que a areia mais pesada ia para o fundo. Imo não era apenas um gênio: era também uma mestra. Sua mãe, seus irmãos e, pouco a pouco, o resto do grupo aprenderam a imitar suas técnicas. Esses macacos preservaram essas práticas até hoje e tornaram-se culturais em um sentido inequívoco: ritos praticados para manter a tradição e não por qualquer benefício prático. Os macacos mergulham suas batatas-doces no mar mesmo se lhe dermos batatas já lavadas.[45]

Ao longo das últimas sete décadas, a ciência revelou um número crescente de culturas fora da esfera humana, primeiro entre os primatas, depois entre golfinhos e baleias, corvos e pássaros canoros, elefantes e ratos. Um pesquisador chegou a sugerir que a capacidade de cultura é universal e é detectável inclusive em bactérias, de modo que, potencialmente, qualquer espécie pode desenvolvê-la se tiver tempo e as pressões ou oportunidades ambientais apropriadas.[46] Contudo, pelas evidências de que dispomos hoje, nenhum animal avançou tanto na trajetória cultural quanto o *Homo sapiens*. Sabemos medir como as culturas divergem: quanto mais variação, maior a quantidade total de mudança cultural, mas somente os seres humanos exibem material em quantidade suficiente para estudarmos esse aspecto. As baleias têm praticamente as mesmas relações sociais onde quer que vivam. O mesmo acontece com a maioria das outras espécies sociais. Os chimpanzés exibem divergência: em alguns lugares, por exemplo, quebram nozes com pedras; em outros, empunham paus para capturar cupins. Mas as diferenças humanas superam de longe esses casos. Os hábitos de acasalamento dos babuínos abrangem uma gama interessante, desde uniões monogâmicas a congregações sultânicas de haréns e poligamia em série, mas novamente estão longe de fazer jus à variedade de uniões sexuais humanas.

As culturas de outros animais não são estagnadas, embora assim pareçam quando comparadas com as nossas. Existe hoje toda uma subdisciplina acadêmica dedicada à arqueologia dos chimpanzés. Julio Mercader, da Universidade de Calgary, e seus colegas e alunos escavam locais frequentados há milhares de anos por chimpanzés e, embora tenham encontrado continuidades notáveis na seleção e na utilização de ferramentas, não há até o momento muitos indícios de inovação desde que os animais começaram a quebrar nozes com a ajuda de pedras. A política dos chimpanzés é também um rico campo de estudo. Frans de Waal, do Centro Yerkes, especializou-se no estudo do que chama de "maquiavelismo dos chimpanzés".[47] E, como não poderia deixar de ser, as sociedades de chimpanzés passam por mudanças políticas, na forma de disputas por liderança, que geralmente produzem violentas reviravoltas na sorte de um ou outro macho alfa, assim como na sina das gangues de valentões que cercam e apoiam um ou outro candidato ao papel de líder.

Às vezes conseguimos vislumbrar o potencial de revolução dos chimpanzés — por exemplo, quando um indivíduo inteligente usurpa, por um tempo, o papel do macho alfa. O caso clássico é o de Mike, um chimpanzé

Mente a partir da matéria

pequenino e fracote, porém inteligente, de Gombe, que tomou o poder sobre seu grupo em 1964. Para dar ainda mais ênfase a suas demonstrações de agressividade, ele batia com força em grandes latões que havia surrupiado do acampamento do primatólogo, intimidando à submissão o antigo macho alfa e permanecendo no controle por seis anos.[48] Ele foi o primeiro revolucionário chimpanzé que conhecemos e não apenas usurpou a liderança como também mudou a maneira como um líder surge. Logo, podemos supor que revoluções semelhantes tenham ocorrido no longínquo passado hominídeo. Entretanto, nem mesmo Mike foi esperto o bastante para inventar algum modo de transferir o poder sem a intervenção de um novo "golpe de Estado" liderado por outro macho alfa ressurgente.[49]

Uma extraordinária transformação da cultura política ocorreu entre alguns babuínos em 1986, quando toda a elite foi exterminada, talvez por ter comido lixo contaminado de uma esterqueira humana, talvez por tuberculose. Nenhum novo macho alfa surgiu para tomar o poder: em seu lugar, despontou um sistema amplo de compartilhamento do poder, no qual as mulheres exerciam papéis importantes.[50] Bandos de chimpanzés às vezes se desmembram quando machos jovens se retiram na esperança de encontrar fêmeas fora do grupo. Com frequência isso provoca guerras entre os secessionistas e a "velha guarda". Seja como for, essas flutuações ocorrem segundo um padrão geral de continuidade quase imperturbada e as estruturas das sociedades dos chimpanzés praticamente não se alteram. Comparada à rápida rotatividade e à incrível diversidade dos sistemas políticos humanos, a variação na política de outros primatas é minúscula.

O poder do pensamento

Portanto, o problema que historiadores são convocados a resolver é: "Por que a história acontece?". Por que a história da humanidade é tão cheia de mudanças, tão atulhada de incidentes, enquanto o modo de vida de outros animais sociais e culturais diverge apenas ligeiramente, quando muito, de lugar para lugar e de época para época?

Duas teorias tentam explicar isso. Para a primeira, tudo diz respeito à matéria; para a segunda, tudo diz respeito à mente. Costumava-se pensar que mente e matéria eram tipos muito diferentes de coisas. O satirista que cunhou o chiste da *Punch* que aparece como epígrafe deste livro expressou a perfeita exclusão mútua dos conceitos: mente não é matéria e matéria não é mente. Mas, como está também implícito no chiste, nada disso importa e devemos deixar de lado, ou seja, tal distinção não mais se mostra confiável. Estudiosos e cientistas rejeitam o que chamam de "dualismo mente-corpo". Hoje sabemos que, quando temos ideias — ou, de modo mais geral, sempre que pensamentos surgem em nossa mente —, processos físicos e químicos as acompanham no cérebro. Além disso, nosso modo de pensar está atado ao mundo físico. Não podemos escapar das restrições de nosso meio ambiente e das pressões e tensões externas a nós que permeiam nossa liberdade de pensar. Somos prisioneiros da evolução — limitados às faculdades com que a natureza nos dotou. Ocorre ainda que impulsos materiais — fome, desejo, medo — têm efeitos mensuráveis em nosso metabolismo e invadem e distorcem nossos pensamentos.

Não creio, contudo, que o comportamento humano possa ser explicado apenas como uma reação a demandas materiais urgentes. Primeiro, porque os mesmos estresses que surgem da estrutura física da vida também afetam outros animais e, portanto, não podem ser invocados para explicar o que é peculiarmente humano; e, segundo, porque o ritmo das mudanças na evolução e no ambiente tende a ser relativamente lento ou intermitente, ao passo que a sucessão de novos comportamentos nos seres humanos é estonteantemente rápida.

Em vez disso, ou adicionalmente, proponho que a mente — e com isso quero dizer apenas a propriedade de produzir ideias — é a principal causa de mudança, o lócus onde a diversidade humana começa. Nesse sentido, mente não é o mesmo que cérebro, nem é uma parte dele ou uma partícula nele incrustada. Assemelha-se mais, talvez, a um processo de interação de funções cerebrais — o lampejo e o estrépito criativos que vemos e ouvimos quando memória e antecipação brotam e colidem uma com a outra. Dizer que criamos nosso próprio mundo é assustador para

Mente a partir da matéria

aqueles dentre nós que temem as terríveis responsabilidades que decorrem da liberdade. Superstições atribuem nossas ideias às instâncias de diabretes ou anjos, demônios ou deuses, ou imputam as inovações de nossos ancestrais a prestidigitadores e manipuladores extraterrestres. Para marxistas e outros historicistas, nossa mente é mero joguete de forças impessoais, condenada ou destinada ao curso da história, ao qual o melhor mesmo é assentir, já que não podemos impedi-lo nem revertê-lo. Para sociobiólogos, só podemos pensar o que está em nossos genes. Para memeticistas, ideias são autônomas e evoluem segundo uma dinâmica própria, invadindo nosso cérebro como vírus invadem nosso corpo. Todas essas evasões, a meu ver, evitam confrontar nossa real experiência com ideias: temos ideias porque as concebemos pelo pensamento, não devido a alguma força externa a nós. Talvez nossa maneira instintiva de conseguir que as coisas façam sentido seja acumular e justapor informações. Chega um ponto, porém, em que o "sentido" que fazemos do conhecimento transcende toda a nossa experiência ou em que o prazer intelectual que esse sentido nos proporciona excede a necessidade material. É nesse ponto que nasce uma ideia.

As maneiras de viver dos seres humanos são voláteis por mudar à medida que reagem a ideias. O recurso mais extraordinário de nossa espécie, quando comparada com o restante da criação, é nossa capacidade de gerar ideias tão poderosas e persistentes que nos insuflam a buscar maneiras de aplicá-las, a modificar nosso entorno e a gerar novas mudanças. Em outras palavras, nós concebemos nosso mundo — imaginando um abrigo mais eficiente do que a natureza nos oferece, ou uma arma mais poderosa que nossos braços, ou posses em maior abundância, ou uma cidade, companheiros diferentes, um inimigo morto ou vida após a morte. Quando temos essas ideias, esforçamo-nos para realizá-las se nos parecerem desejáveis ou para frustrá-las se nos inspirarem medo. De um modo ou de outro, inflamamos mudanças. É por isso que ideias são importantes: elas são a verdadeira fonte da maioria dos outros tipos de mudança que distinguem a experiência humana.

2. Coletando pensamentos:
O pensar antes da agricultura

SE O QUE AFIRMEI ATÉ AQUI estiver correto, a conclusão lógica é que a história do pensamento precisa incluir também as criaturas não humanas. Entretanto, temos pouco ou nenhum acesso aos pensamentos até mesmo dos animais com quem interagimos mais de perto. Não obstante, o fato é que espécies extintas de predecessores de hominídeos ou de ancestrais hominínios deixaram sinais instigantes de suas ideias.[1]

Canibais moralistas: As primeiras ideias?

O mais antigo indício que conheço jaz entre os detritos de um banquete canibal degustado cerca de 800 mil anos atrás em uma caverna em Atapuerca, na Espanha. Os especialistas discutem sobre como classificar os convivas do evento, que provavelmente pertenciam a uma espécie ancestral da nossa, mas que a antecede por um período tão longo — cerca de 600 mil anos — que é espantoso terem algo em comum conosco. Embora ali se quebrassem os ossos de membros da própria espécie para lhes sugarem a medula, o banquete envolvia mais do que fome ou gula, pois aqueles eram canibais pensantes. Nós nos habituamos a recuar horrorizados diante do canibalismo e a vê-lo como uma traição contra a própria espécie, uma forma de selvageria sub-humana. As evidências, no entanto, sugerem o oposto: o canibalismo é tipicamente — poderíamos quase dizer de maneira peculiar ou até mesmo definidora — humano e cultural. Sob as pedras de todas as civilizações jazem ossos humanos quebrados e sugados. Hoje,

Coletando pensamentos

quase todos nós, tal como os chimpanzés contemplando ocasionais aberrações canibais entre seus pares, reagimos ao canibalismo sem compreender. Mas na maioria das sociedades humanas, ao longo da maior parte do passado, nós o teríamos aceitado como algo normal, parte do modo como a sociedade funcionava. Nenhum outro mamífero pratica a antropofagia com tanta regularidade ou em escala tão grande como nós; na verdade, todos os demais mamíferos tendem a evitá-la, exceto em circunstâncias extremas — o que sugere que nossos ancestrais não começaram a comer a carne de seus confrades "naturalmente": eles tiveram de refletir a respeito.

De acordo com quase tudo o que sabemos sobre a natureza do canibalismo, é coerente supor que os canibais de Atapuerca estivessem praticando um ritual pensado de antemão e ao qual subjazia uma ideia: o desejo de alcançar algum efeito imaginado, fosse aumentar o poder dos comensais, fosse restaurar sua natureza. Às vezes, canibais comem pessoas para sobreviver à fome ou à privação ou para complementar dietas deficientes em proteína.[2] Porém, de modo esmagador, são metas mais reflexivas — morais ou mentais, estéticas ou sociais — que os inspiram: autotransformação, apropriação de poder, ritualização da relação entre comedor e comido, vingança ou os imperativos éticos da vitória. Normalmente, onde ela é normal, a antropofagia ocorre na guerra, como um ato que simboliza a dominação sobre os derrotados. De maneira alternativa, a carne humana pode ser um alimento dos deuses e o canibalismo seria uma forma de comunhão divina.

Em 1870, em frenesi ensandecido, os aldeões de Hautefaye, em Dordonha, na França, devoraram um de seus vizinhos depois que um boato insano o identificara erroneamente como um invasor ou espião "prussiano". Nada exceto o canibalismo pôde saciar a fúria que os moradores do lugar sentiam.[3] Para o povo orokaiva, de Papua-Nova Guiné, a antropofagia — até que as autoridades da ilha a proibissem, na década de 1960 — era sua maneira de "capturar espíritos" para compensar guerreiros perdidos. Os huas da Nova Guiné comiam seus mortos para preservar fluidos vitais, pois acreditavam que estes não se renovam naturalmente. Nas mesmas montanhas, as mulheres dos gimis costumavam garantir a renovação da própria fertilidade consumindo homens mortos. "Jamais deixaríamos um homem apodrecer!", era sua rogativa tradicional. "Nós nos apiedamos! Entre em mim, para que não apodreça no solo, e deixe seu corpo dissolver-se dentro de mim!"[4] Sem o saber, ecoavam os brâmanes, que, segundo relato anedótico de Heródoto, defendiam a antropofagia com o argumento de que outras maneiras de se desfazer dos mortos eram ímpias.[5] Até serem "pacificados" na década de 1960, os huaris da Amazônia comiam não só seus inimigos massacrados, por vingança, mas também seus parentes próximos, por "compaixão", isto é, a fim de poupá-los da indignidade da putrefação. Os guerreiros astecas ingeriam nacos do corpo dos que haviam sido capturados em batalha para adquirir sua virtude e valor.[6] Assim, os hominídeos de Atapuerca inauguraram uma verdadeira aventura no pensamento.[7]

Esta ideia é a primeira que conseguimos recuperar, registrada nas camadas mais profundas da estratigrafia cognitiva: a ideia de que um pensador é capaz de mudar a si mesmo, apropriar-se de qualidades que não são suas e tornar-se algo diferente do que é. Todas as ideias subsequentes ecoam das paredes das cavernas de Atapuerca: nós continuamos tentando nos refazer e refazer nosso mundo.

Cerca de 300 mil anos atrás — ainda muito antes do advento do *Homo sapiens* —, quando um deslizamento de terra selou a boca da caverna e transformou Atapuerca em uma espécie de cápsula do tempo, os habitantes locais empilhavam os ossos de seus mortos de acordo com padrões identificáveis. O que seus ritos queriam dizer nos é insondável, mas eram certamente ritos. Possuíam significado. Sugerem, no mínimo, a existência de outra ideia — a distinção entre vida e morte — e, talvez, de um tipo de sensibilidade religiosa que trata os mortos como merecedores da honra ou do empenho dos vivos.

Pressentimentos de vida após a morte

Há evidências semelhantes, de interpretação mais fácil, nos sepulcrários de cerca de 40 mil anos atrás. São recentes o suficiente para coincidir com

Coletando pensamentos

o *Homo sapiens*, mas, na verdade, abrigam resquícios de uma espécie distinta que chamamos de neandertais. Não há, em princípio, nenhum bom motivo para supormos que os neandertais fossem menos imaginativos ou menos produtores de ideias que os seres humanos da nossa espécie. Em 2018, valendo-se de técnicas de urânio-tório recém-aplicadas a materiais paleoantropológicos, uma redatação do material atribuiu ao septuagésimo milênio a.C. algumas das pinturas rupestres representacionistas e simbólicas do norte da Espanha (como as examinadas na seção anterior). Esse material inclui esboços de animais, marcas de mãos e desenhos geométricos de tipos anteriormente atribuídos a artistas *Homo sapiens* de cerca de 30 mil ou 40 mil anos atrás.[8] As mesmas técnicas de datação estimaram que certos artefatos de conchas e pigmentos foram produzidos perto de 115 mil anos atrás.[9] Se tais releituras forem válidas, os artistas responsáveis pertenciam a uma espécie que antecedeu em muito as mais antigas evidências de *Homo sapiens* nessas regiões, na época já habitadas por neandertais. Todavia, indícios de imaginação ativa e de pensamento vigoroso em tumbas neandertais não deveriam nos surpreender.

Em uma sepultura em La Ferrassie, na França, por exemplo, dois adultos de sexos diferentes jazem encolhidos na posição fetal típica dos túmulos neandertais. Três crianças entre três e cinco anos e um bebê recém-nascido jazem nas proximidades, em meio a ferramentas de sílex e fragmentos de ossos de animais. Os restos mortais de dois fetos foram enterrados com a mesma dignidade. Outros neandertais mortos foram agraciados com apetrechos sepulcrais ainda mais valiosos: um par de chifres de íbex acompanhou um jovem na morte, salpicos de ocra adornaram outro. Em Shanidar, no que é hoje o Iraque, jaz um idoso — que sobreviveu por muitos anos graças aos cuidados de sua comunidade após a perda do uso de um braço, incapacitação severa de ambas as pernas e cegueira em um olho — em meio a vestígios de flores e ervas medicinais. Estudiosos céticos tentaram "explicar e negar" esses e muitos outros casos do que parecem ser enterros rituais como resultados de acidentes ou de fraude, mas existem tantas dessas sepulturas que o bom senso não pode senão reconhecê-los consensualmente como genuínos. No outro extremo, porém, inferências irresponsáveis atribuem aos neandertais uma concepção ampliada de humanidade, um sistema incipiente de previdência social, crença na imortalidade da alma e uma estrutura política dominada por filósofos gerontocratas.[10]

Seja como for, enterros revelam grande tenacidade de pensamento, não apenas voltado para fins materiais (como proteger os mortos dos necrófagos ou dissimular sua putrefação), mas também para diferenciar a vida da morte, distinção que é mais sutil do que normalmente se supõe. Afora a concepção, contestada por alguns, nenhum momento pode ser definido como o começo da vida. E comas impenetráveis dificultam, ainda hoje, afirmar quando ela termina. Mas 30 mil ou 40 mil anos atrás, os neandertais faziam a mesma distinção conceitual que nós fazemos, marcando a vida por ritos que a diferenciam dos mortos. Celebrações da morte santificam a vida, e ritos fúnebres são mais do que uma simples valorização instintiva da existência; aqueles que os realizam demonstram confiar que a vida merece reverência, e esta é a base de toda ação moral humana.

É tentador interpretar os enterros cerimoniais como confirmação de que os povos que os praticam acreditam na vida após a morte. Entretanto, os sepultamentos talvez não sejam mais do que atos memoriais ou gestos de respeito. O propósito de objetos tumulares pode ser urdir neste mundo alguma magia propiciatória. Por outro lado, em todo o mundo habitado cerca de 35 mil ou 40 mil anos atrás, kits completos de sobrevivência — alimentos, roupas, objetos de valor negociáveis e ferramentas do ofício do falecido — já acompanhavam os mortos, como que guarnecendo a vida no túmulo ou além dele. Cadáveres de níveis bem modestos da sociedade mereciam, no mínimo, presentes de ocra em sua sepultura; os de posições mais elevadas recebiam ferramentas e objetos decorativos, presumivelmente de acordo com seu status.

A ideia de que é possível sobreviver à morte deve ter ocorrido facilmente àqueles que primeiro a conceberam. As constantes transformações que observamos em nosso corpo vivo nunca parecem prejudicar nossa identidade individual. Sobrevivemos à puberdade, à menopausa e a lesões traumáticas sem deixarmos de ser nós mesmos. A morte é apenas mais uma dessas mudanças, ainda que seja a mais radical. Por que acreditar que

Coletando pensamentos

marque nossa extinção? A julgar pelos objetos que se costumavam escolher para serem enterrados, os sobreviventes do falecido certamente esperavam que o outro mundo se parecesse de algum modo com a vida cotidiana que conheciam. O que importava era a sobrevivência do status, não da alma. Nenhuma mudança desse princípio é detectável até o primeiro milênio a.C. — e, mesmo assim, somente em algumas partes do mundo.[11]

Refinamentos posteriores modificaram a ideia de vida após a morte com a expectativa de recompensa ou punição no além-mundo ou, talvez, a oportunidade de reencarnar ou ter uma presença renovada na Terra. A ameaça ou a promessa de vida após a morte tornou-se então uma fonte de influência moral no mundo presente e, nas mãos certas, um meio de moldar a sociedade. Se, por exemplo, for correto ver a sepultura de Shanidar como prova de que um indivíduo fisicamente mutilado e meio cego sobreviveu durante anos graças ao acalento de seus companheiros neandertais, inferimos que ele pertencia a uma sociedade que prescrevia cuidar dos mais fracos. E isso implica que já vigorava então o dispendioso tipo de código moral que os sociais-democratas defendem hoje, ou que os cuidadores daquele idoso deformado queriam assegurar acesso a sua sabedoria ou a seu conhecimento esotérico.

Ética primeva

Qualquer pessoa, a qualquer momento, pode indicar motivos práticos para o que faz. Mas por que temos escrúpulos tão fortes que chegam a sobrepujar considerações práticas? De onde vem a ideia de código moral, isto é, de um conjunto sistemático de regras para distinguir o bem do mal? Essa ideia é tão comum que é provável que seja extremamente antiga. Nos mitos de origem da maioria das sociedades, a discriminação moral inclui-se entre as primeiras descobertas ou revelações dos seres humanos. No livro do Gênesis, aparece em terceiro lugar entre os feitos de Adão — depois da aquisição da linguagem e da sociedade — e o "conhecimento do bem e do mal" é o seu passo mais importante, que dominará o restante da narrativa.

Para tentar determinar o surgimento da moralidade, vale a pena vasculhar o registro arqueológico em busca de evidências de atos aparentemente desinteressados. Todavia, é possível que haja variáveis que o registro não esclarece; por exemplo, podemos prestar homenagem ao altruísmo dos neandertais simplesmente por não dispormos de informações sobre o toma lá dá cá envolvido na assistência prestada pelos cuidadores de Shanidar. Além disso, muitos animais não humanos praticam atos desinteressados sem ter, até onde sabemos, um código de ética (embora, às vezes, fiquem deprimidos se seus esforços não são recompensados. Há uma história crível sobre cães de resgate em terremotos que perderam a confiança em si após um longo período sem ninguém para salvar; seus tratadores precisaram convocar atores para se fingir de sobreviventes). O altruísmo pode nos enganar e nos levar a inferir uma ética quando talvez seja apenas um mecanismo de sobrevivência que impele todos nós a ajudar uns aos outros em troca de algum retorno material ou por colaboração. A moral pode ser uma forma de egoísmo e a "moralidade", um termo magnanimamente enganoso para vantagens premeditadas em segredo. Talvez nos comportemos bem não porque tenhamos concebido uma moralidade para nós mesmos, mas porque determinantes evolutivos a impuseram a nós. Talvez o "gene egoísta" nos torne altruístas para preservar nosso pool genético. A confirmação de distinções entre certo e errado nunca é inequívoca em fontes pré-letradas, a não ser num sentido prático.

Ainda hoje continuamos ambíguos acerca dessas distinções. Certo e errado, de acordo com uma formidável tradição filosófica, são palavras que atribuíamos a proporções específicas de prazer e de dor. Bem e mal, numa tradição cética, são noções esquivas que podem ser definidas como aspectos da busca do interesse próprio. Até mesmo filósofos que conferem à moralidade o status de um código sincero às vezes argumentam que ela é também uma fonte de fraqueza que impede as pessoas de maximizarem sua potência. O mais provável é que a bondade seja como qualquer grande meta: raramente alcançada, mas propícia ao esforço, à disciplina e ao autoaperfeiçoamento.[12] Os benefícios são incidentais: cidadãos dedicados em sociedades enriquecidas pela lealdade e pelo autossacrifício. Podemos

Coletando pensamentos

chegar perto dos primeiros pensamentos identificáveis sobre bem e mal (assim como sobre quase tudo) atentando para a explosão de evidências — ou, pelo menos, de evidências que sobreviveram — de cerca de 170 mil anos atrás. Pode parecer recente pelos padrões de Atapuerca, mas é um tempo muito mais distante no passado do que as histórias anteriores das ideias ousaram ir.

Identificando os pensamentos primordiais do *Homo sapiens*

Quanto mais antiga uma ideia, mais tempo ela teve para modificar o mundo. Portanto, para identificar as mais influentes, devemos começar com o passado mais remoto possível de reconstruir ou imaginar. É difícil recuperar ideias da antiguidade longínqua, em parte porque as evidências esvaecem e em parte porque fica fácil confundir ideias e instintos. Ideias surgem na mente. Os instintos já estão lá: inatos, presumivelmente implantados pela evolução ou, para outras teorias, como respostas iniciais a condições ambientais ou a experiências acidentais. Foi assim que Charles Lamb imaginou a descoberta da arte culinária, a consequência de um porco parcialmente imolado num incêndio doméstico. Darwin descreveu o início da agricultura da mesma maneira, quando um "velho e sábio selvagem" notou sementes brotando de um monturo (ver p. 108).

Nesses, como em todos os casos nascituros de ideias emergentes, nosso discernimento está fadado a confiar em informações imperfeitas. Será que falamos e escrevemos porque a ideia de linguagem (isto é, símbolos empregados sistematicamente para significar coisas outras que eles) ocorreu a algum ancestral ou ancestrais? Ou será porque "está em nós" a expressão simbólica? Ou porque símbolos são produtos de um "subconsciente" humano coletivo?[13] Ou porque a linguagem evoluiu de uma propensão inexplicável para gestos e contorções faciais?[14] Será que a maioria de nós se veste e adorna o entorno porque nossos ancestrais imaginaram um mundo vestido e adornado? Ou será porque ímpetos animais levam quem busca calor e abrigo a certos expedientes dos quais a arte é um subproduto?

O fato é que algumas de nossas noções mais antigas podem ter se originado "naturalmente", sem interferência humana.

A tarefa que temos pela frente neste capítulo é, portanto, configurar meios de avaliar as evidências disponíveis, determinando a antiguidade dos primeiros registros de pensamento, a utilidade de artefatos como indícios de pensamento e a aplicabilidade de observações recentes de antropólogos sobre forrageadores. Desse modo, poderemos enumerar as ideias que se formaram, imobilizadas como pingentes de gelo, nas profundezas da última era glacial.

Colisão de símbolos

A possibilidade de partir de um passado tão remoto chega a parecer surpreendente, visto que não poucos supõem que o ponto de partida óbvio para uma história das ideias seria um tempo bem mais recente, o primeiro milênio a.C., na Grécia antiga.

Não há dúvida de que os gregos dos séculos VIII-III a.C., aproximadamente, exerceram influência desproporcional ao seu número. Como os judeus, bretões e espanhóis em diferentes épocas — e talvez também a população de Florença no Quattrocento, a de Manchester no século XIX ou a de Chicago no século XX —, os gregos antigos certamente têm de figurar na lista de qualquer historiador como um dos povos mais surpreendentemente pujantes do mundo. Entretanto, a contribuição deles ocorreu de modo tardio na história humana. O *Homo sapiens* já existia havia quase 200 mil anos quando os gregos entraram em cena, e, é claro, bastante pensamento já havia ocorrido até então. Algumas das melhores ideias do mundo apareceram muitos milênios antes.

Já que estamos buscando registros confiáveis, talvez devamos começar a narrativa pelas origens da escrita. Há três motivos para fazê-lo. Todos são ruins.

Primeiro, as pessoas supõem que somente evidências escritas podem revelar ideias. Contudo, na maioria das sociedades, ao longo da maior parte

Coletando pensamentos

do passado, a tradição oral sempre atraiu mais admiração do que a escrita. Além disso, ideias foram registradas de outras maneiras. Arqueólogos as extraem de achados fragmentários. Psicólogos conseguem exumá-las do fundo da estratigrafia — as camadas bem enterradas — subconsciente das mentes modernas. Antropólogos às vezes as extraem das práticas que sociedades tradicionais preservaram do passado longínquo. Nenhuma evidência é tão boa como a que podemos ler em formas explicitamente documentadas, mas a maior parte do passado ocorreu sem elas. Excluir tanta história seria um sacrifício injustificável, e, ainda que aos pedaços, podemos dar clareza à opacidade do pensamento pré-letrado utilizando cuidadosamente os poucos dados que temos.

Segundo, existe a suposição impertinente — da qual quase todos no Ocidente costumavam compartilhar — de que povos "primitivos" ou "selvagens" são confundidos por mitos, com poucas ou nenhuma ideia digna de nota.[15] O pensamento "pré-lógico", ou superstição, os torna atrasados ou tolhe seu desenvolvimento. "Para a mente primitiva", afirmou em 1910 Lucien Lévy-Bruhl, um dos fundadores da antropologia moderna, "tudo é um milagre, ou melhor, nada é; e, portanto, tudo é crível e não existe nada impossível ou absurdo."[16] No entanto, nenhuma mente é primitiva em termos literais: todas as comunidades humanas têm o mesmo cabedal mental, acumulado ao longo do mesmo período; elas pensam coisas diferentes, mas todas, em princípio, têm a mesma propensão a pensar com clareza, perceber a verdade ou cair em erro.[17] A selvageria não é uma propriedade do passado; é apenas um defeito de algumas mentes que abjuram as prioridades do grupo ou as necessidades ou as sensibilidades alheias.

Terceiro, noções de progresso podem ser enganosas. Até investigações não enviesadas por desprezo pelos nossos antepassados remotos podem ser vulneráveis à doutrina de que os melhores pensamentos são os mais recentes — como o último apetrecho eletrônico ou alguma droga novíssima — ou, pelo menos, de que o que é mais novo e brilhante é melhor. O progresso, no entanto, mesmo quando ocorre, não invalida tudo o que é antigo. O conhecimento se acumula, por certo, e pode ir se empilhando tão alto que acaba rompendo o teto outrora acatado para novos pensamentos — como se invadisse um sótão nunca acessado. Como veremos repetidamente no decorrer deste livro, as ideias se multiplicam quando as pessoas trocam opiniões e experiências, de tal modo que alguns períodos e lugares — como a Atenas antiga, a Florença renascentista, a Viena secessionista ou qualquer outra encruzilhada da cultura — são mais produtivos em criatividade que outros. Todavia, é falso supor que o pensamento melhore com o desenrolar do tempo ou que sua direção é sempre rumo ao futuro. A moda oscila. Revoluções e renascimentos olham para trás. Tradições revivem. O esquecido é recuperado com um frescor mais surpreendente que o das inovações genuínas. A noção de que tenha havido um tempo do qual nada vale a pena recordar é contrária à experiência.

Seja como for, embora nada que possamos facilmente reconhecer como escrita tenha sobrevivido à Era do Gelo, símbolos representativos aparecem com clareza inconfundível na arte de 20 mil a 30 mil anos atrás: um léxico de gestos e posturas humanos que se repetem com tanta frequência que podemos ter certeza de que significavam algo na época — no sentido de, no mínimo, evocar respostas uniformes em quem os via.[18] Peças de arte da época costumam desfilar o que parecem ser anotações, incluindo pontos e chanfros que sugerem números, bem como marcas convencionais enigmáticas, mas inegavelmente sistemáticas. Ninguém hoje é capaz de ler, por exemplo, um fragmento de osso de Lortet, na França, ornado com regrados losangos entalhados sobre uma esmeradíssima figura em relevo de uma rena atravessando um vau; contudo, é possível que o artista e seu público compartilhassem um entendimento do que as marcas significavam. Uma figura espiralada que lembra um P aparece com certa frequência na arte rupestre, levando pretensos decifradores a notarem uma semelhança com as curvas sinuosas que artistas traçam para evocar a forma do corpo feminino. Pode ser fantasioso interpretar uma forma de P como "feminino", mas é irresistível reconhecê-la como um símbolo.

A ideia de que uma coisa pode significar outra coisa parece estranha (embora para nós, que estamos acostumados com ela, tal estranheza nos

Coletando pensamentos

evade e requer um momento de autotransposição para um mundo sem símbolos onde só se vê o que as coisas são, nada mais, como uma biblioteca para um analfabeto ou um ferro-velho cheio de placas de trânsito sem estrada). É de supor que a ideia de símbolo desenvolveu-se a partir de associações — a descoberta de que alguns eventos indicam outros, ou de que alguns objetos anunciam sua proximidade de outros. Associações mentais são produtos do pensamento, ruídos de cadeias conturbadas de ideias. Quando a ideia de representação simbólica surgiu pela primeira vez, os criadores de símbolos tiveram um meio de transmitir informações e disponibilizá-las para um exame crítico, dando aos seres humanos uma vantagem sobre espécies rivais e, por fim, um meio de ampliar a comunicação e estender algumas formas de memória.

A presença de um signo levanta a questão de sua confiabilidade, isto é, sua conformidade com os fatos que foi concebido para representar. Quando chamamos a atenção para um evento ou lançamos um alerta, digamos, diante da aproximação de um mastodonte ou de um tigre-dentes-de-sabre, ou ante a ameaça de fogo ou de rachaduras no gelo, detectamos o que pensamos ser real. Representamos sua realidade com palavras (ou com gestos, grunhidos, caretas ou marcas arranhadas em alguma superfície — um trecho de areia, talvez, ou a casca de uma árvore ou a face de uma pedra). Damos um "nome" a ela, como fez o primeiro ser humano em tantos mitos ao tentar encontrar seu rumo na alvorada do mundo. Segundo o livro do Gênesis, nomear foi a primeira coisa que Deus fez à luz, às trevas, ao céu e ao mar após criá-los. Em seguida, delegou a nomeação das criaturas vivas para Adão. Perigo ou oportunidade parecem ser comunicáveis sem intenção consciente da parte de um animal que uiva ou gesticula — o entendimento se dá, por exemplo, por uma sensação, um ruído ou uma pontada de dor. Em muitas espécies, somente o instinto transmite a ciência de perigo de um indivíduo para outro.

Entretanto, uma criatura que queira conscientemente transmitir a outra a realidade do perigo, da dor ou do prazer estará se lançando em uma busca pela verdade, isto é, por um meio de expressar fatos. Assim, é justo indagar acerca dos primeiros povos, como também dos indivíduos mais filosoficamente sofisticados da modernidade: "Como eles separavam a verdade da falsidade? Como decidiam se e quando uma afirmação era verdadeira?".

A Idade da Pedra moderna: Mentes forrageadoras

Se os símbolos dos antigos povos forrageadores resistem à interpretação, o que mais poderia nos ajudar a detectar seus pensamentos? Os artefatos materiais, para começar, são suscetíveis a leitura mediante técnicas do que os especialistas chamam de "arqueologia cognitiva". E observações antropológicas modernas podem fornecer orientação adicional.

Dentre verdades proferidas em tom de brincadeira, os Flintstones tinham algumas das mais engraçadas. As traquinagens da "família moderna da Idade da Pedra" do estúdio Hanna-Barbera chegaram às telas de televisão do mundo inteiro no início dos anos 1960, revivendo em suas cavernas as aventuras cotidianas da classe média americana moderna. A concepção era fantástica; as histórias, tolas. Mas a série emplacou, em parte porque os "homens das cavernas" realmente eram como nós: tinham o mesmo tipo de mente e muitos dos mesmos tipos de pensamentos.

Em princípio, portanto, não há motivo para que as pessoas da era dos caçadores-coletores não possam ter ideias que antecipem as nossas. Seu cérebro era no mínimo tão grande quanto o nosso, embora, como vimos, haja apenas uma relação vaga entre tamanho do cérebro e capacidade intelectual. Ao longo de toda a história de nossa espécie, bem ou mal, nenhum indício de uma mudança generalizada pode ser discernido na habilidade com que os seres humanos pensam. Talvez tenha havido uma época, bem antes do surgimento do *Homo sapiens*, em que a vida era "pobre, sórdida, embrutecida e curta" e em que os hominídeos detritívoros não tinham tempo nem sequer para raciocinar; mas, nas centenas de milhares de anos subsequentes, todos os nossos ancestrais, até onde sabemos, foram forrageadores, e não mais detritívoros sôfregos e rapinantes.[19] Os artefatos que deixaram são pistas que indicam mentes criativas. Desde cerca de

Coletando pensamentos

70 mil anos atrás, e profusamente desde 40 mil anos depois, a arte revela um repertório de símbolos que sugere como os povos da Era do Gelo reimaginavam o que viam.[20] Peças de arte são documentos. Se quisermos saber o que as pessoas pensavam no passado, basta contemplar sua arte, antes mesmo de ler seus escritos, pois a arte literalmente retrata para nós o mundo das sociedades antigas tal como elas o vivenciaram.

Em aliança com a arte, muitas escavações fornecem pistas concretas sobre o que se passa na mente humana. Um teste simples determina as possibilidades: se observarmos hoje o que as pessoas comem, como elas ornam seu corpo e como decoram suas casas, podemos tirar conclusões bem-informadas sobre suas religiões, por exemplo, ou sua ética ou seus pontos de vista sobre a sociedade, a política ou a natureza. Elas têm troféus de caça empalhados nas paredes e peles de animais como tapetes diante da lareira? Ou será que gostam de filó e tecidos estampados de algodão, ou de tapeçarias e frisos de carvalho, ou de azulejos e fórmica? Dirigem um Lincoln ou um Lada? Os gostos paleolíticos nos dão pistas semelhantes. Por exemplo, na Era do Gelo, há mais de 20 mil anos, os povos que caçaram os mamutes, até a extinção, nas estepes do que é hoje o sul da Rússia, construíram moradias abobadadas com o marfim desses animais. Com uma planta circular, entre três e cinco metros de diâmetro, essas casas de ossos parecem triunfos sublimes da imaginação. Os construtores tomaram a natureza dos mamutes e a reconstruíram, humanamente reimaginada, talvez para adquirir a força dos animais ou invocar poder mágico sobre eles. Ver um mamute e imaginar seus ossos transformados em moradia requer um compromisso de criatividade tão estonteante quanto qualquer inovação de época posterior. As pessoas dormiam, comiam e seguiam a rotina da vida familiar dentro de estruturas de ossos. Mas nenhuma habitação é puramente prática. Nossas casas refletem nossas ideias sobre nosso lugar no mundo.

Além da arte e da arqueologia cognitiva, a antropologia comparada também pode fornecer pistas. Ao proporcionar um meio de medir a antiguidade das ideias, os antropólogos contribuem para a interpretação das evidências da arte e de outras relíquias materiais. A rigor, assim como não há mentes primitivas, também não existem povos primitivos: todos nós habitamos este planeta por um período igualmente longo, isto é, nossos ancestrais evoluíram para algo reconhecidamente humano há um tempo igualmente longo. Alguns povos, não obstante, têm, em certo sentido, pensamentos mais primitivos que outros — não necessariamente mais retardados, mais simplistas ou mais supersticiosos, nem mais toscos ou inferiores ou menos abstratos: apenas pensamentos que ocorreram pela primeira vez há mais tempo. Sociedades decididamente conservadoras, resistentes à mudança, em íntimo contato com suas tradições passadistas, tendem a preservar melhor que outras seus pensamentos mais antigos. Para verificar ou explicar as evidências dos achados arqueológicos, podemos nos valer das práticas e crenças das sociedades mais consistentemente retrospectivas e mais resolutamente conservadoras que sobrevivem ainda hoje: aquelas que ainda vivem da caça e da coleta.

O fato de povos caçadores-coletores atuais terem certas ideias não significa que pessoas de cultura semelhante os anteciparam dezenas ou centenas de milhares de anos atrás, mas levanta essa possibilidade e ajuda a tornar inteligíveis os resquícios arqueológicos. De modo geral, quanto mais difundida uma ideia for, mais antiga é provável que seja, por ter sido comunicada ou transportada por viajantes, mercadores ou migrantes de vários lugares. O preceito não é infalível, pois, como vimos com a expansão acelerada da globalização em nossos dias, ideias tardias podem se espalhar por contágio — como hambúrgueres "saltando" de St. Louis para Beijing ou tecnologias da informação do Vale do Silício para o estreito de Sunda. Sabemos bastante sobre como, na história recente, as ideias se espalharam graças à transmissão de culturas ao redor do mundo por tecnologias de alcance global. Podemos identificar a popularidade global do jazz, dos jeans, do futebol ou do café como resultado de eventos relativamente recentes. Mas quando encontramos características universais da cultura que precedem períodos bem documentados, podemos ter razoável certeza de que se originaram antes de o *Homo sapiens* deixar a África e que foram transmitidos por migrantes que povoaram grande parte do mundo entre 15 mil e 100 mil anos atrás, aproximadamente.

Arquivos congelados: Meio ambiente e evidências de ideias na Era do Gelo

As migrações em questão ocorreram, grosso modo, durante a última grande era glacial — uma época da qual sobreviveram muitas notações simbólicas e pistas materiais e à qual observações antropológicas modernas podem ser suficientemente aplicáveis para tentarmos reconstruir boa parte do pensamento coetâneo — às vezes com espetacular detalhamento.

Precisamos saber o que tornou essa época propícia à criatividade e por que o clima frio parece ter sido um tonificante para a mente. Podemos associar o surgimento do *Homo sapiens* a um período frio cerca de 150 mil a 200 mil anos atrás. A dispersão para uma área de extensão sem precedentes do globo, cerca de 100 mil anos atrás, coincidiu com a glaciação do hemisfério norte, que alcançou regiões tão ao sul como o curso inferior atual dos rios Missouri e Ohio, e tão ao longe como as Ilhas Britânicas. O gelo cobriu a Escandinávia e, cerca de 20 mil anos atrás, a maior parte do resto da Europa era tundra ou taiga. Na Eurásia central, a tundra alcançou quase as latitudes atuais do mar Negro. Estepes roçavam as margens do Mediterrâneo. No Novo Mundo, tundra e taiga estenderam-se até onde hoje é o estado norte-americano da Virgínia.

Enquanto o gelo ia cobrindo grande parte do mundo, os migrantes do "berço" da humanidade na África Oriental portavam artefatos que podemos associar com pensamentos e sensibilidades semelhantes aos nossos: joias feitas de conchas e tábuas de ocra entalhadas com motivos decorativos. Na caverna Blombos, na África do Sul, onde os migrantes da África Oriental iam se fixando na época, existem restos de cadinhos de conchas e espátulas para misturar pigmentos.[21] Do mesmo período, há objetos de arte delicados demais para uso prático: fragmentos de cascas de ovos de avestruz meticulosamente estampados com desenhos geométricos, encontrados no abrigo rochoso de Diepkloof, 180 quilômetros ao norte da Cidade do Cabo. Na mesma época, na caverna Rhino, nas colinas de Tsodilo, em Botsuana, decoradores de pontas de lança moeram pigmentos e coletaram pedras coloridas a muitos quilômetros de distância. Que os criadores desses objetos tinham uma "teoria da mente" — consciência da própria consciência — é uma proposição difícil de refutar na presença de tantas evidências de imaginações tão criativas e construtivas. Eles tinham o aparato mental necessário para conseguir reimaginar-se.[22] Caso contrário, como a maioria dos outros símios sobreviventes, teriam permanecido no ambiente em que seus ancestrais haviam evoluído, ou em biomas contíguos e bastante similares, ou em espaços adjacentes onde as circunstâncias — conflitos ou predação ou mudança climática, por exemplo — os forçaram a se adaptar. Os recém-chegados à caverna Blombos fizeram algo muito mais inventivo: transpuseram ambientes desconhecidos, como se fossem capazes de antever mudanças nas circunstâncias, enxergaram um novo mundo à sua frente e avançaram a largos passos em direção a ele.

O frio que suportaram pode não parecer propício ao lazer — hoje em dia associamos frio a efeitos entorpecedores, deficiência energética e trabalho árduo —, mas temos de repensar nossa imagem da Era do Gelo e reconhecer que as pessoas daquela época viveram um período produtivo que permitiu o sustento de elites especializadas e muito pensamento inventivo e trabalho criativo.[23] O frio era realmente auspicioso para alguns indivíduos. Para os caçadores na enorme tundra que cobria grande parte da Eurásia, as margens do gelo eram o melhor lugar para morar: podiam viver das carcaças abatidas de grandes mamíferos que haviam se adaptado para armazenar com eficiência a própria gordura corporal. Ao longo da maior parte da história a maioria das pessoas buscou sofregamente uma dieta gorda, que depois adquiriu má reputação. A gordura animal é a fonte de alimento que mais produz energia: gera, em média, três vezes mais potência calorífica por unidade de massa do que qualquer outro tipo de alimento. Em partes da tundra, havia animais pequenos que seres humanos tinham condições de explorar: a lebre do Ártico era facilmente capturada, por exemplo, e criaturas vulneráveis a arcos e flechas apareceram cerca de 20 mil anos atrás. Na maior parte das vezes, contudo, os caçadores da Era do Gelo preferiam espécies grandes, cheias de gordura, que forneciam alimento para muitas bocas durante os longos períodos em que a baixa temperatura mantinha fresca a carne morta. Animais gregários, como mamutes e alces, bois e veados do Ártico, eram especialmente fáceis de apreender. Os caçadores podiam matá-los em grande número empurrando-os para falésias, pântanos ou lagos.[24] Para os matadores, enquanto durasse o estoque, o resultado era uma verdadeira bonança adiposa, obtida com gasto relativamente modesto de esforço.

Em média, eram mais bem-nutridos do que a maioria das populações posteriores. Todos os dias, em algumas comunidades da Era do Gelo, as pessoas comiam cerca de dois quilos de comida. Ingeriam cinco vezes mais vitamina C que um cidadão americano atual, pois colhiam quantidades relativamente grandes de frutas e raízes, embora não desprezassem os grãos ricos em amido que conseguissem obter, absorvendo bastante ácido ascórbico das carnes e sangue dos órgãos de animais. Boa nutrição e longos dias de lazer, inigualados na maioria das sociedades subsequentes, significavam que as pessoas tinham tempo para observar a natureza e refletir sobre o que viam.

As escolhas estéticas, emocionais e intelectuais refletiam as preferências na culinária. Para os artistas da Era do Gelo, a gordura era linda. Com quase 30 mil anos de idade, a Vênus de Willendorf é uma das obras de arte mais antigas do mundo: uma escultura pequenina e rotunda de uma mulher admirável, batizada com o nome do lugar na Alemanha onde foi encontrada. Classificadores rivais a chamaram de deusa, ou de soberana, ou, como ela parece que pode estar grávida, de um artefato para conjurar fertilidade. Por outro lado, sua sósia um pouco mais recente, a Vênus de Laussel, que foi esculpida em relevo na parede de uma caverna na França cerca de 25 mil anos atrás, evidentemente engordou à maneira de todos nós: divertindo-se e entregando-se a seus desejos. Ela nos contempla da parede da caverna, erguendo um chifre — literalmente, uma cornucópia, presumivelmente cheia de comidas ou bebidas.

Nas profundezas da Era do Gelo, um modo de vida engenhoso foi tomando forma. Vinte mil a 30 mil anos atrás, pintores de cavernas rastejavam por túneis sinuosos para trabalhar em segredo sob a cintilante luz de tochas em cavernas profundas. Labutavam em andaimes laboriosamente erguidos para ajustar suas composições aos contornos da rocha. Sua paleta continha apenas três ou quatro tipos de lama e corante. Seus pincéis eram feitos de galhos e cordéis e ossos e cabelos. Não obstante, desenhavam livre e firmemente, observando com perspicácia seus temas, capturando-os com sensibilidade e fazendo com que a aparência e a leveza dos animais saltassem à mente. Uma tradição madura, por meio de mãos especializadas e tarimbadas, produziu essas imagens. O resultado, de acordo com Picasso e muitos outros observadores modernos sensíveis e bem-informados, nunca foi superado em épocas posteriores.[25] Entalhes da mesma época — incluindo esculturas realistas de vulto em marfim — são igualmente bem-formadas. Cavalos de 30 mil anos em Vogelherd, no sul da Alemanha, por exemplo, arqueiam o pescoço com elegância. Em Brassempouy, na França, o retrato de uma beldade impecavelmente penteada, cerca de 5 mil anos depois, mostra-nos seus olhos amendoados, nariz recurvado e as covinhas de seu queixo. No mesmo período, criaturas da caça foram esculpidas nas paredes de cavernas ou gravadas em ferramentas. Um forno de 27 mil anos de idade em Vicestonice, na República Tcheca, deflagrou modelos de barro de ursos, cães e mulheres. Obras de arte em outros lugares certamente se apagaram das faces expostas das rochas em que foram pintadas, ou pereceram com os corpos ou couros nos quais foram emplastradas, ou desapareceram, com o vento, do pó em que foram raspadas.

A função da arte da Era do Gelo é, e provavelmente sempre será, objeto de debates sem resolução. Mas é certo que ela contava histórias, acompanhava rituais e evocava magia. Em algumas pinturas rupestres, as imagens dos animais eram repetidamente riscadas ou perfuradas, como num sacrifício simbólico. Outras parecem recursos mnemônicos para caçadores: o repertório de imagens dos artistas inclui formas de cascos, rastos de bichos, hábitos sazonais e preferências alimentares dos animais. Pegadas e marcas de mãos amolgadas em terra ou areia podem ter sido as fontes primordiais de inspiração, pois o estêncil e a impressão de mãos eram técnicas comuns na Era do Gelo. Marcas de mãos salpicam as paredes das cavernas, como se buscassem a magia escondida na rocha. Os estênceis de 20 mil anos de idade de mãos e ferramentas humanas hoje esvaecem da face de uma rocha em Kenniff, na Austrália. No entanto, o efeito estético, comunicado através dos tempos, transcende a função prática. Talvez não se tratasse de arte pela arte, mas era certamente arte: um novo tipo de poder que, desde então, foi capaz de despertar espíritos, capturar imaginações, inspirar ações, representar ideias e espelhar ou desafiar a sociedade.[26]

Desconfiando dos sentidos: Solapando o materialismo tosco

As fontes que os artistas nos deixaram abrem janelas para dois tipos de pensamento: o religioso e o político. Tomemos a religião primeiro. Surpreendentemente, talvez, para a sensibilidade moderna, a religião começa com ceticismo, isto é, dúvidas sobre a realidade singular da matéria ou, em dialeto mais contemporâneo, se o que se vê é, de fato, como as coisas são. Portanto, devemos começar com o ceticismo primordial antes de nos voltar, no restante deste capítulo, às ideias subsequentes sobre espíritos, magia, feitiçaria, totens, mana, deuses e Deus.

Acerca do quê, afinal, os primeiros céticos do mundo eram céticos? Obviamente, da ortodoxia dominante. Menos óbvio, porém, é o fato de que a ortodoxia dominante era provavelmente materialista e que os pensadores que a contestaram foram os primeiros que nutriram especulações acerca do sobrenatural. Hoje tendemos a condenar tais especulações como infantis ou supersticiosas (como se fadas só habitassem a mente dos excêntricos), especialmente quando ocorrem na forma de pensamento religioso remanescente de um passado remoto. Grupos poderosos se felicitam por terem escapado para a ciência, em particular os ateus proselitistas, críticos filosóficos das noções tradicionais de "consciência", neurocientistas deslumbrados com a atividade química e elétrica no cérebro (que alguns deles confundem com pensamento) e entusiastas da "inteligência artificial", cuja predileção recai em um modelo de mente-como-máquina outrora popularizado por materialistas do século XVIII e início do XIX.[27] Soa inteligente ou, em alguns vocabulários científicos, "brilhante"[28] afirmar que mente é a mesma coisa que cérebro, que pensamentos são descargas eletroquímicas, que emoções são efeitos neurais e que o amor, como disse Denis Diderot, "é uma irritação intestinal".[29]

Em suma, alguns de nós pensamos que é moderno ser materialista. Mas será que é mesmo? É mais provável que seja a maneira mais antiga de ver o mundo — a maneira das larvas ou dos répteis, formada de lama e lodo, pela qual o que pode ser sentido absorve toda a atenção disponível. Nossos ancestrais hominínios eram necessariamente materialistas. Tudo o que conheciam era físico. Impressões da retina foram seus primeiros pensamentos. Suas emoções começaram como tremores nos membros e agitações das tripas. Para criaturas de imaginação limitada, o materialismo é o senso comum. Como os discípulos do cientificismo que rejeitam a metafísica, eles confiavam na evidência de seus sentidos, não reconheciam outros meios rumo à verdade e sequer percebiam que pode haver realidades que não podemos ver ou tocar ou ouvir ou provar ou cheirar.

Entretanto, superfícies raramente divulgam o que está dentro. "A verdade está no íntimo", como disse Demócrito de Abdera, no século v a.C.[30] É impossível saber quando se suspeitou pela primeira vez que os sentidos são ilusórios, mas talvez tal pressentimento seja no mínimo tão antigo quanto o *Homo sapiens* — uma criatura tipicamente preocupada em comparar experiências e extrair inferências delas, o que vale dizer provavelmente capaz de perceber que um sentido contradiz outro, que os sentidos acumulam percepções por ensaio e erro, e que, portanto, jamais podemos supor ter chegado ao fim da aparência.[31] Uma grande tora de pau-de-balsa é surpreendentemente leve; uma lasca de mercúrio é impossível de pegar. Uma refração é enganosamente angular. Confundimos formas à distância. Sucumbimos a uma miragem. Uma reflexão distorcida nos intriga ou nos aterroriza. Existem venenos doces, remédios amargos. Em sua forma extrema, o materialismo não convence: a ciência, desde Einstein, tornou difícil deixar forças estritamente imateriais (como energia e antimatéria) fora de nossa imagem do universo. Portanto, nesse aspecto, talvez os primeiros animistas fossem mais atualizados que os materialistas modernos. Talvez tenham antecipado melhor o pensamento atual.

Coletando pensamentos

Os seres humanos precisaram conjecturar longamente para exceder o alcance dos sentidos e supor que deve haver mais no mundo, ou além dele, do que podemos observar, tocar, cheirar ou provar. A ideia de que não precisamos nos fiar apenas em nossos sentidos foi uma ideia-mestre — uma chave capaz de dar acesso aos mundos espirituais. Com ela, abriram-se infinitos panoramas de especulação — domínios do pensamento que religiões e filosofias posteriormente colonizaram.

É tentador procurar adivinhar como os pensadores chegaram a uma teoria mais sutil que o materialismo. Teria ela sida sugerida por sonhos? Teriam alucinógenos — bulbos de gladíolos selvagens, por exemplo, ou "cogumelos sagrados" ou peiote ou sementes de glória-da-manhã — confirmado isso? Para os tikopias, das ilhas Salomão, sonhos são "intercursos com espíritos". Entre os leles, da região do rio Kasai, na República Democrática do Congo, os adivinhos são sonhadores.[32] Os desapontamentos dos quais a imaginação humana é vítima nos levam além dos limites do material: por exemplo, um caçador que anteveja uma caçada bem-sucedida poderá recordar o triunfo imaginado enquanto uma experiência da realidade física, como enxergar a sombra de uma presença adiante da entidade. O caçador que fracassa, por outro lado, sabe que aquilo que estava em sua mente nunca aconteceu fora dela. Ele se torna alerta à possibilidade de eventos puramente mentais. Os pintores da Era do Gelo, para os quais, como vimos, eventos imaginados colidiam com os observados e lembrados, certamente tiveram tais experiências.

Quando os descobridores de mundos invisíveis começaram a subverter suposições oriundas da percepção sensorial e a suspeitar que os dados captados pelos sentidos podiam ser ilusórios, eles se tornaram filósofos. Eles anunciaram os dois problemas supremos que ocupam a filosofia desde então: como distinguir a verdade da falsidade, e o certo do errado. A autocomparação com animais que os artistas da Era do Gelo admiravam talvez possa ter ajudado, reforçando a consciência de que os seres humanos têm sentidos relativamente débeis. A maioria dos nossos concorrentes animais possui órgãos de olfato imensamente melhores; muitos deles veem mais longe e mais nitidamente do que nós. Vários conseguem ouvir sons muito além do nosso alcance. Como abordamos no capítulo 1, precisamos compensar nossas deficiências físicas de maneiras imaginosas. Daí, talvez, nossos ancestrais terem se dado conta de que sua mente podia levá-los mais longe que seus sentidos. Suspeitar dos sentidos em prol da confiança em dons imaginativos era perigoso, mas sedutor. Era um convite ao desastre, mas levou a grandes conquistas.

A julgar por sua onipresença, esse salto ocorreu há muito tempo. Os antropólogos estão sempre topando, em lugares inesperados, com povos que rejeitavam o materialismo tão cabalmente que descartavam o mundo como uma ilusão. Os maoris tradicionais, por exemplo, concebiam o universo material como uma espécie de espelho que meramente refletia o mundo real dos deuses. Antes de o cristianismo influenciar o pensamento nas planícies norte-americanas, os pajés dos dakotas vaticinavam que o verdadeiro céu é invisível e que o que vemos é uma projeção azul dele. Por certo refletiam sobre o céu de modo mais inquisitivo do que autores de livros didáticos de ciências, os quais nos informam que a luz azul é predominante porque é facilmente refratada. Quando contemplamos a terra e as rochas, sustentavam os dakotas, vemos apenas seu *tonwampi* — geralmente traduzido como "semblante divino".[33] Tal percepção, que lembra o pensamento de Platão sobre o mesmo tema, pode não estar correta, mas era mais reflexiva e mais profunda que a dos materialistas que contemplam enfatuados a mesma terra e as mesmas rochas e nada buscam além delas.

A descoberta do imperceptível

A ideia de ilusão libertou a mente para descobrir ou adivinhar que existem realidades invisíveis, inaudíveis, intocáveis — porque imateriais —, inacessíveis aos sentidos, mas alcançáveis pelos seres humanos por outros meios. Com ela surgiu outra possibilidade, a de que seres incorpóreos animam o mundo ou infestam as coisas percebidas e as tornam vivazes.[34] Embora muitos sejam eloquentes ao repudiar a crença espiritual como mero balbucio de mentes selvagens, tal crença foi um passo inicial bastante

Coletando pensamentos

perspicaz na história das ideias. Quando se começa a rejeitar o mundo dos sentidos, começa-se a suspeitar da presença de forças vivas que fariam os ventos soprarem, as flores dançarem, as chamas tremeluzirem, as marés fluírem e refluírem, as folhas murcharem. Metaforicamente, ainda utilizamos a linguagem de um universo animado — é parte do grande legado dos primeiros pensadores — e nos referimos a ele como se estivesse vivo. A terra geme, o vento canta, riachos murmuram, pedras dão testemunho.

Atribuir ações vigorosas a espíritos é, provavelmente, um equívoco, mas não tosco ou "supersticioso": pelo contrário, é uma inferência, embora não verificável, a partir de como o mundo é. Uma propriedade ativa é uma fonte crível da inquietação do fogo, por exemplo, ou das ondas ou do vento, ou da persistência da pedra ou do crescimento de uma árvore. Tales, o sábio de Mileto — científico o bastante para prever o eclipse de 585 a.C. —, explicou o magnetismo atribuindo aos ímãs almas que incitavam atração e provocavam repulsão. "Todas as coisas", ele disse, "estão cheias de deuses."[35] O pensamento, assim como a observação, sugere a ubiquidade dos espíritos. Se algumas qualidades humanas são imateriais — mente, digamos, ou alma ou personalidade ou seja lá o que nos torna substancialmente nós mesmos —, jamais poderemos ter certeza de quem ou o que mais as possui: outras pessoas, com certeza; indivíduos de fora do grupo que reconhecemos como nosso, talvez; e até mesmo, num grau maior de improbabilidade, animais, plantas e rochas. E, como os brâmanes perguntam em *Uma passagem para a Índia*, o que dizer de "laranjas, cactos, cristais e lama"? Se formos além do materialismo, o mundo inteiro parece ganhar vida.

A ciência expulsou os espíritos do que chamamos matéria "inanimada": o epíteto significa literalmente "sem espírito". Ao mesmo tempo, porém, proliferaram espíritos desencarnados ou "espectros", conhecidos no Ocidente como fadas e demônios e por inumeráveis outras designações. Mesmo em sociedades cientificamente sofisticadas, eles ainda vagam na mentalidade de alguns. Os espíritos, quando pressagiados pela primeira vez, foram concebidos de modo surpreendente e sutil. Representavam um enorme avanço na perspectiva de vida daqueles que eram capazes de imaginá-los. Criaturas outrora submissas às restrições da vida em um mundo material podiam agora desfrutar a liberdade de um futuro infinitamente multiforme e infinitamente imprevisível. Um hábitat vivo é mais estimulante do que o universo enfadonho que os materialistas habitam. Inspira poesia e convida à reverência. Resiste à extinção e insinua suposições de imortalidade. Podemos apagar o fogo, quebrar ondas, derrubar árvores, esmagar rochas, mas o espírito vive. A crença espiritual faz as pessoas hesitarem em intervir na natureza: os animistas costumam pedir licença à vítima antes de arrancar uma árvore ou matar uma criatura.

Os pensadores da Era do Gelo estavam convictos, ou achavam que estavam convictos, da realidade de criaturas imperceptíveis aos sentidos quando as pintavam e esculpiam. Podemos confirmar isso recorrendo novamente a dados comprobatórios dos antropólogos. A analogia com pintores de rochas e cavernas de períodos posteriores nos ajuda a entender que a arte da Era do Gelo era um meio de acessar mundos além do mundo, espírito além da matéria. Retratava um âmbito imaginado, acessado por transe místico e habitado pelos espíritos dos animais de que as pessoas precisavam e os quais admiravam.[36] Nas paredes das cavernas encontramos, em efígie, pessoas destacadas do resto do grupo como especiais. Máscaras de animais — corniformes ou parecidas com leões — transformavam quem as vestia. Em muitos casos documentados historicamente, xamãs mascarados esforçam-se para se comunicar com os mortos ou com os deuses. Nos espasmos da autotransformação psicotrópica, ou com a consciência alterada pela dança ou pelo percutir de tambores, eles viajavam em espírito a encontros extracorpóreos. Quando um xamã se disfarça de animal, espera se apropriar da velocidade ou da força de uma espécie exótica ou então identificar-se com um "ancestral" totêmico. Seja como for, é plausível que animais não humanos sejam mais inteligíveis, por mais próximos dos deuses que os homens, o que explicaria sua força ou agilidade ou dons sensoriais superiores, por exemplo. Em estados de extrema exaltação, os xamãs se tornam os médiuns pelos quais os espíritos conversam com este mundo. Seus ritos lembram os que Virgílio descreveu com grande vivacidade no sexto livro da *Eneida*, ao relatar os arroubos da sibila de Cumas,

Coletando pensamentos

"o semblante inflamado, os estranhos sons, um tanto inumana, enquanto o sopro do deus fluía em suas entranhas [...]. De súbito, o tom de seus desvarios muda — seu rosto, sua cor, seus cabelos esvoaçantes. Seu peito infla. Dentro dele, rodopia selvagem seu coração desvairado".[37] A mesma tradição de performances xamânicas persiste hoje nas pradarias da Eurásia, em templos japoneses, nas madrassas de dervixes e na tundra boreal, onde os chukchis do norte da Sibéria seguem um modo de vida semelhante ao dos artistas da Era do Gelo, mas num clima ainda mais frio. E são apenas algumas de muitas outras sociedades em que xamãs ainda vivenciam suas visões como jornadas imaginadas.

Juntando pistas como estas, podemos construir um quadro da primeira religião documentada do mundo: a tarefa dos xamãs, que ainda dançam nas paredes de cavernas, incansáveis diante da passagem do tempo, era manter contato com deuses e ancestrais alojados no fundo das rochas. De lá os espíritos emergiam, deixando vestígios nas paredes das cavernas, onde os pintores avivavam seus contornos e aprisionavam sua energia. Visitantes pressionavam as mãos manchadas de ocra sobre algumas marcas próximas, talvez porque a ocra que adornava as sepulturas fosse interpretada como "sangue para os fantasmas" (como o que Odisseu ofereceu aos mortos nos portões do Hades). Vestígios do que pode ser outra dimensão da religião são as esculturas da Era do Gelo, com suas confidentes figuras esteatopígicas e estilizadas, como as Vênus de Willendorf e de Laussel: por muitos milhares de anos, nos mais variados locais de uma vasta região, chegando até o leste da Sibéria, escultores imitaram suas bulbosas barrigas e seus avultados quadris. Em algum lugar do cosmo mental da Era do Gelo, mulheres poderosas — ou, talvez, um culto à deusa — eram representadas nessas esculturas de quadris volumosos.

Outras evidências nos levam além da religião, no sentido estrito, ao que poderíamos chamar de filosofia primeva, e provêm do trabalho de campo de antropólogos que tentam entender como os povos tradicionais explicavam a natureza e as propriedades das coisas. "O que torna reais os objetos da percepção?" parece uma pergunta capciosa de uma prova de filosofia. O mesmo vale para indagações sobre como é possível mudar e continuar sendo a mesma pessoa, ou como um objeto pode mudar e manter sua identidade, ou como eventos podem se desenrolar sem romper a continuidade do meio em que ocorrem. Mas o fato é que os primeiros seres humanos faziam todas essas perguntas, investigando a diferença entre o que algo é e as propriedades que possui, cientes de que aquilo que esse algo "é" — sua essência ou "substância", no jargão filosófico — não é o mesmo que sua "acidência" ou "aparência". Explorar a relação entre o que uma coisa é e como ela se apresenta a nós requer perseverança de pensamento. Espanhol e português deixam isso bem claro, distinguindo entre os verbos *ser*, que denota a essência do que é referido, e *estar*, que se refere apenas ao estado mutável de um objeto ou a suas características transitórias. No entanto, os falantes dessas línguas raramente alcançam a importância dessa distinção, que deveria tornar ciente qualquer pessoa de que sua beleza (*ser*) pode perdurar mais que sua bela aparência (*estar*) ou até coexistir com sua feiura. Do mesmo modo, em princípio, por exemplo, nossa mente pode ser separável do cérebro, mesmo que tanto a mente como o cérebro estejam unidos em cada um de nós.

Com isso, duas perguntas vêm à tona. O que torna uma coisa o que ela é? E o que faz com que ela aparente ser o que aparenta ser? Para os articuladores do animismo primevo, "espíritos" podia ser a resposta para ambas as questões. No entanto, se espíritos existem, eles podem estar em toda parte — mas estar em toda parte não é o mesmo que ser universal. Espíritos são peculiares aos objetos que eles habitam; todavia, outra ideia no mínimo tão antiga, ampla e convictamente atestada na literatura antropológica é que uma presença invisível infunde tudo.

Essa noção surge racionalmente quando alguém pergunta, por exemplo, "O que torna o céu azul ou a água molhada?". O azul não parece essencial para o céu, que não deixa de ser céu quando muda de cor. Mas e a propriedade molhada da água? Parece algo diferente, uma propriedade essencial, pois água seca não seria água. Talvez uma única substância, subjacente a todas as propriedades, possa resolver a tensão aparente. Quando produzimos uma lança ou uma vara de pescar, sabemos que ela funciona. Entretanto, se continuarmos indagando por que a lança ou

Coletando pensamentos

a vara funciona, estaremos fazendo uma pergunta profundamente filosófica sobre a natureza do objeto em questão. Se pudermos nos fiar em evidências antropológicas, uma das primeiras respostas foi que a mesma força única, invisível e universal é responsável pela natureza de tudo e torna todas as operações efetivas. Para batizar essa ideia, os antropólogos tomaram emprestada a palavra "mana" das línguas dos Mares do Sul.[38] É o mana da rede de pescar que captura peixes. É o mana dos peixes que os torna capturáveis. É o mana da espada que provoca ferimento. É o mana das plantas que cura o ferimento. Conceitos idênticos ou semelhantes são encontrados em outras partes do mundo, como tema de histórias e rituais, sob vários nomes, como *arungquiltha* em partes da Austrália ou *wakan*, *orenda* e *manitou* em partes da "América Nativa".

Se estivermos certos em inferir antiguidade do grau de dispersão, é provável que a ideia de mana seja bem antiga. Contudo, seria mera conjectura tentar datar sua primeira aparição. A arqueologia é incapaz de detectá-la; somente tradições não registradas até o passado recente conseguiriam fazê-lo. O sectarismo desvirtua e perverte toda a discussão devido à ferocidade da controvérsia sobre o que veio antes: espíritos ou mana. Se foi o mana, o animismo parece uma atitude relativamente "desenvolvida" perante o mundo — e bem mais do que meramente "primitivo": posterior à magia e, portanto, mais maduro. Porém, tais questões podem permanecer pendentes: espírito e mana podem ter sido imaginados um antes do outro, ou simultaneamente.

Magia e feitiçaria

Uma pergunta comum — mas, para todos os efeitos, irrespondível — é: "Podemos alterar, influenciar ou comandar o mana?". Teria ele sido o ponto de partida da magia, originária das tentativas de adulá-la ou controlá-la? Bronislaw Malinowski, o primeiro ocupante da primeira cátedra de antropologia social do mundo, acreditava que sim. "Embora a ciência", escreveu mais de cem anos atrás, "se baseie na concepção de forças naturais, a magia brota da ideia de certo poder místico e impessoal [...] chamado mana por alguns melanésios [...] uma ideia quase universal onde quer que a magia tenha florescido."[39] Os primeiros seres humanos conheciam a natureza com suficiente intimidade para perceber que tudo é interconectado, e, como tudo o que é sistemático pode ser alavancado controlando-se qualquer uma de suas partes, a magia foi um dos mais antigos e longevos métodos inventados para manipular a natureza. "Os primeiros cientistas", de acordo com duas das principais figuras da antropologia do início do século xx, "eram magos [...] A magia emana da vida mística por mil fissuras [...]. Tende ao concreto, enquanto a religião tende ao abstrato. A magia era em essência uma arte de fazer as coisas."[40] Henri Hubert e Marcel Mauss estavam certos: magia e ciência fazem parte de um só continuum. Ambas pretendem dominar a natureza intelectualmente para submetê-la ao controle humano.[41]

A ideia de magia compreende dois pensamentos distintos. Primeiro, é possível que efeitos decorram de causas que os sentidos não conseguem perceber mas que a mente é capaz de conceber; segundo, é possível que a mente possa invocar e aplicar tais causas. Ou seja, obtém-se poder sobre o palpável acessando o invisível. A magia é genuinamente poderosa — sobre seres humanos, ainda que não sobre o resto da natureza —; ela emerge em todas as sociedades. Não há desapontamento que consiga mudar isso. Ela não funciona, ou pelo menos nunca funcionou até hoje, e, no entanto, apesar de seus fracassos, os magos sempre insuflaram esperanças, incutiram medos e obtiveram deferência e recompensas.

A pré-história da magia provavelmente antecede as primeiras evidências que temos dela, num lento processo de realimentação entre observação e imaginação nas profundezas do passado hominídeo. Quando buscamos evidências, nos concentramos naquilo a que os magos aspiram, a saber, processos transformadores capazes de transmutar uma substância em outra. Acidentes podem provocar transformações aparentemente mágicas. Por exemplo, matéria dura, supostamente não comestível, torna-se digerível sob a influência de bactérias benignas. O fogo colore alimentos, caramelizando-os e tostando-os. Argila úmida endurece no calor. Empu-

Coletando pensamentos

nhamos inadvertidamente um bastão ou um osso e ele se transforma em uma ferramenta ou uma arma. Transformações acidentais podem ser imitadas. Outros tipos de transformação, porém, só são iniciados mediante atos radicais de imaginação. É o caso da tecelagem, tecnologia milagrosa que combina fibras para obter força e compostura inatingíveis por um fio único. Os chimpanzés fazem isso de maneira rudimentar quando torcem galhos ou talos e os combinam em ninhos — evidência de uma longa história cumulativa que remonta a origens pré-humanas. Medidas práticas improvisadas para atender a necessidades materiais podem, em casos análogos, estimular o pensamento mágico: aquelas casas feitas de ossos de mamute nas estepes da Era do Gelo, por exemplo, parecem mágicas no modo como transformam ossos em edifícios suficientemente grandiosos para serem templos. Embora a época e o contexto em que a magia surgiu sejam irremediavelmente distantes, as evidências da Era do Gelo estão repletas de indícios dela. A ocra vermelha, a mais antiga substância que aparenta ter tido um papel ritualístico, foi talvez o primeiro apetrecho mágico, a julgar por achados arqueológicos com mais de 70 mil anos, adornados com marcações em cruz, na caverna Blombos (ver p. 69). A cor vivaz da ocra, que imita o sangue, acompanhava os mortos — talvez como uma oferenda dos vivos, talvez para reinfundir vida aos cadáveres.

Em princípio, a magia pode ser ou boa/moralmente indiferente, ou maligna. Mas para alguém que pensa que causa e efeito estão invisivelmente ligados e são manipuláveis por mágica, outra ideia também é possível: que a magia maligna pode causar ruína e devastação. Se é admissível valer-se dela para mudar a natureza, é possível produzir tanto o mal como o bem. O que vale dizer que as pessoas que a praticam podem ser ou tentar ser feiticeiros. A feitiçaria é uma das ideias mais difundidas do mundo. Em algumas culturas, é a primeira explicação que se dá para todos os males.[42] Na década de 1920, o trabalho de campo antropológico pioneiro de E. E. Evans-Pritchard concentrou esforços acadêmicos para compreender a feitiçaria dos azandes do Sudão, cujas práticas e crenças são bastante incomuns.[43] Para eles, a feitiçaria é uma condição física herdada: literalmente, uma bola no trato digestivo, a qual é a fonte da feitiçaria, não apenas um sinal dela. Nenhum feiticeiro ou feiticeira precisa invocar conscientemente seu poder; o poder existe e está ali. A autópsia revela sua presença. "Oráculos venenosos" revelam sua ação: quando uma vítima ou outra pessoa acusa um feiticeiro de algum ato maligno, a verdade ou a falsidade da acusação é testada por meio de venenos, que são forçados goela abaixo de uma galinha. Se a galinha for poupada, o suposto feiticeiro é absolvido. Outras culturas têm maneiras comuns de detectar feiticeiros, como peculiaridades ou deformidades físicas — as bruxas sem dedos do pé dos livros de Roald Dahl aludem a essas tradições — ou feiura, que alguns povos veem como a causa da propensão de um feiticeiro para o mal.

Novas ideias sobre feitiçaria surgem em todas as épocas.[44] Na literatura imaginativa mais antiga do mundo, a da Mesopotâmia no segundo milênio a.C., recitações ritualísticas contra ela tendiam a invocar deuses ou fogo ou agentes químicos mágicos, como sal e mercúrio; e somente pessoas e animais podiam ser vítimas de feiticeiros — a Terra e o céu eram imunes.[45] As bruxas da Roma antiga, tal como representadas na literatura que chegou até nós, eram especializadas em subjugar e emascular os homens.[46] Na Europa do século xv, era um pacto diabólico que conferia às bruxas seu suposto poder. Estudos modernos evitam explicar a feitiçaria e preferem tentar entender por que as pessoas acreditam nela. Seriam resquícios do paganismo, segundo uma teoria, ou um meio de controle social[47] ou ainda mero delírio da mente.[48] A primeira teoria é quase certamente falsa: embora no passado os perseguidores da feitiçaria e do paganismo costumassem denunciar tanto uma quanto o outro como "adoração ao diabo", não há evidências de conexão ou sobreposição real entre ambos. A segunda teoria foi proposta por Paracelso, o inovador e egotista médico do século xvi. Nas décadas de 1560 e 1570, o médico holandês Johann Weyer publicou o histórico clínico de pacientes com problemas mentais que se julgavam feiticeiros. Em 1610, o inquisidor Salazar confirmou a teoria: trabalhando entre supostas bruxas do País Basco, descobriu que eram vítimas de suas próprias fantasias. E passou a duvidar que feitiçaria existisse.[49] Todavia, na Europa e nas Américas do século xvii, perseguidores com excesso de

Coletando pensamentos

zelo ainda interpretaram equivocadamente muitos casos de imaginação ensandecida, histérica ou superestimulada.

Mais recentemente, historiadores têm esquadrinhado — e, às vezes, aprovado — a teoria de que a feitiçaria é um mecanismo social, isto é, um recurso autoempoderador do qual pessoas à margem da sociedade se valem quando as instituições da justiça as desiludem ou simplesmente não lhes estão disponíveis. Outros estudiosos, reconhecendo que a feitiçaria é um engodo, preferem se concentrar na perseguição de supostas bruxas como um meio de erradicar indivíduos socialmente indesejáveis — decorrência, mais uma vez, da falta de tribunais e leis capazes de lidar com todas as disputas que surgem entre vizinhos. A distribuição das perseguições à feitiçaria nos primórdios do Ocidente moderno confirma essa explicação: foram intensas em regiões protestantes, mas relativamente infrequentes na Espanha, onde a Inquisição ofereceu um mecanismo alternativo e barato para denunciantes pobres ou interesseiros que quisessem iniciar processos vexatórios contra vizinhos, senhores, parentes ou rivais odiosos que eram intocáveis pelos trâmites normais. De fato, as perseguições parecem ter proliferado onde quer que as instituições judiciais fossem inadequadas para resolver tensões sociais. Quanto a suas origens, porém, parece-me que a feitiçaria pode ser adequadamente explicada como uma inferência mais do que razoável da ideia de magia.

Seria a feitiçaria uma coisa do passado? Praticantes autointitulados e seguidores, supostamente 1 milhão nos Estados Unidos, afirmam ter resgatado a "wicca", beneficente e pagã. Uma escritora que se aventurou numa odisseia pelos submundos pagãos contemporâneos observou um ladrão de corpos, visitou "Lesbianville", identificou a "dissonância cognitiva" das bruxas e festejou com adeptos do estilo de vida pagão que têm "ossos de animais como grampos de cabelo inteligentes, cabelos pela cintura e barbas que chegam aos mamilos". Uma única piada, repetida sem cessar, alivia um pouco essa ladainha patética: toda bruxa parece ter um emprego diurno comicamente incongruente, incluindo tatuadora, dançarina do ventre e quituteira. Mas não há muito mais que seja característico das bruxas, afora a nudez (por causa da "crença de que o corpo humano nu pode emanar poder bruto"), a fé em "consagrar" o sexo e a absurda alegação de que wiccanos sustentam uma tradição pagã ininterrupta desde a Era do Bronze.[50]

As variantes, ao que parece, continuam se multiplicando. Mas, entendida, na acepção mais geral, como a capacidade de alguém causar dano por meios sobrenaturais, a crença na feitiçaria é encontrada em quase todas as sociedades — fato que empurra suas prováveis origens para o mais longínquo passado.

Imersão na natureza: Mana, deus e totemismo

Mana — para quem acredita nele — é o que torna real o mundo percebido. Outra pergunta mais profunda seria: "É válido?". Não "A ideia do mana é a melhor maneira de compreender a natureza?", e sim "É uma maneira que mentes inteligentes possam ter plausivelmente planejado para explicar fatos?". Talvez ajude se a compararmos com um paradigma moderno que utilizamos hoje para explicar os mesmos fatos. Embora façamos uma distinção fundamental entre matéria orgânica e inorgânica, pensamos que toda matéria é caracterizada por relações essencialmente similares entre partículas. As cargas quânticas, por serem dinâmicas e formativas, lembram o mana na medida em que são uma fonte de "força" (ainda que careçam de um propósito, como parece acontecer com o mana na maioria das versões). Seja como for, com base no que vimos até aqui neste capítulo, é razoável descrever o mana como um conceito intelectual impressionante.

Surge, contudo, outra questão: no que o pensamento sobre o mana contribuiu (se é que contribuiu) para a gênese de uma ideia que teremos de considerar oportunamente (visto ser uma das mais intrigantes e, ao que parece, mais persuasivas do mundo): a ideia de um Deus único e universal? Os missionários na América do Norte e na Polinésia do século XIX achavam que Deus e o mana eram idênticos. É no mínimo tentador dizer que o mana pode ter sido a ideia — ou uma das ideias — a partir da qual a ideia de Deus se desenvolveu. Há, porém, um paralelo mais próximo, a saber,

Coletando pensamentos

algumas das crenças inusitadas ou esotéricas que ainda parecem inextirpáveis da mente moderna: "aura", por exemplo, que surge nos discursos da medicina alternativa; ou a esquiva "energia cósmica orgânica" que os proponentes da "nova física" influenciada pelo Leste Asiático detectam em toda parte na matéria;[51] ou filosofia vitalista, que intui a vida como uma qualidade inerente aos seres vivos.

Essas noções, que, grosso modo, a maioria das pessoas provavelmente classificaria como religiosas, e que são quase certamente falsas, são também científicas, porque surgem de observações reais e de conhecimentos confiáveis de como as coisas são na natureza. A antropologia comparada revela outras ideias igual ou quase igualmente antigas que podemos classificar como científicas em um sentido um pouco diferente, porque dizem respeito à relação dos seres humanos com o restante da natureza. Por exemplo o totemismo, que é a ideia de que um relacionamento íntimo com plantas ou animais — geralmente expresso como ancestralidade comum e, às vezes, como uma forma de encarnação — determina o lugar de um indivíduo na natureza. Tal ideia é obviamente científica, visto que a própria teoria da evolução afirma algo semelhante: que todos nós descendemos de outra biota. De maneira imprecisa, o totemismo é utilizado para denotar praticamente qualquer pensamento que una seres humanos e outros sujeitos naturais (especialmente animais); em sua forma mais poderosa — considerada aqui —, o totem é um artifício para se reimaginar as relações sociais humanas. Aqueles que compartilham um totem formam um grupo unido por uma identidade em comum e obrigações mútuas, distinguível do resto da sociedade à qual pertence. Pessoas que compartilham uma mesma ascendência, supositiva ou genuína, conseguem se manter atentas umas às outras. O totem gera vida ritual comum, cujos participantes respeitam tabus peculiares — em particular, abster-se de comer o seu totem. Podem ser obrigados a se casar dentro do grupo, de modo que o totem serve também para identificar a gama de possíveis parceiros. O totemismo permite, igualmente, às pessoas não unidas por laços de sangue, que ajam entre si como se o fossem, pois é possível juntar-se a um "clã" totêmico independentemente das circunstâncias de nascimento. Na maioria das sociedades totêmicas, os sonhos revelam (e se repetem para confirmar) os totens dos sonhadores, embora o modo como as conexões efetivamente começam e o significado da escolha dos objetos totêmicos (se houver) sejam tópicos de discussões acadêmicas inconclusivas. Todas as teorias têm uma característica sensata em comum, e o totemismo abrange duas categorias primevas de pensamento: "natureza" (que animais e plantas totêmicos representam) e "cultura" (os relacionamentos que unem os membros do grupo). O totemismo, em suma, é uma ideia primordial eficaz para forjar a sociedade.[52]

Mesmo com animismo, totemismo, mana e todos os recursos úteis que as pessoas imaginaram para conduzir a vida, desconfiar das percepções sensoriais traz perigos. Tal desconfiança induz as pessoas a transferirem sua fé para fontes de insights — visões, imaginários, delírios de loucura e êxtase — que só parecem convincentes porque não podem ser testados. Embora frequentemente enganosos, são também sempre inspiradores. Descortinam possibilidades que vão além da experiência e, portanto, por mais paradoxal que possa parecer, possibilitam o progresso. Até ilusões podem fazer o bem, lançando noções que promovem esforço e dedicação em transcendência, magia, religião e ciência. Alimentam as artes. E podem ajudar a tornar concebíveis ideias inalcançáveis pela experiência — como eternidade, infinito e imortalidade.

Imaginação e ordem: O pensamento político da Era do Gelo

Visões também engendram a política. O pensamento político da Era do Gelo nos é quase inacessível, embora seja possível dizer algo sobre liderança, ideias gerais de ordem e o que poderíamos chamar de economia política daquele período.

Obviamente, as sociedades de hominídeos, hominínios e incipientes *Homo sapiens* tinham líderes. É de presumir, por analogia com outros primatas, que machos alfa impusessem seu mando por intimidação e violência (ver pp. 50-1), mas que revoluções políticas tenham multiplicado as manei-

Coletando pensamentos

ras de atribuir autoridade e selecionar chefes. As pinturas e esculturas da Era do Gelo revelam um novo pensamento político — o surgimento de novas formas de liderança, nas quais visões conferem poder aos visionários, favorecem o carisma sobre a força bruta e dão aos espiritualmente dotados preferência sobre os fisicamente poderosos.

As paredes das cavernas de Les Trois Frères, no sul da França, são um bom lugar para se começar a rever as evidências. Figuras que lembram sacerdotes, com disfarces de deuses ou animais, empreendendo jornadas fantásticas ou exercendo ameaças como caçadores, são indícios da ascensão de indivíduos com um poder inédito: o de entrar em contato com os espíritos, os deuses e os mortos — as forças responsáveis por tornar o mundo como ele é. De um outro mundo, a partir do qual o nosso é plasmado, os xamãs conseguem ter acesso privilegiado a informações confidenciais sobre o que acontece e acontecerá. São até capazes de influenciar deuses e espíritos a mudar seus planos, induzindo-os a reordenar o mundo a fim de torná-lo agradável aos seres humanos — provocando chuva, estancando inundações, fazendo o sol brilhar para amadurecer os frutos da terra.

Os xamãs das imagens rupestres exerceram tremenda influência social. Para obter o favor de uma elite em contato com os espíritos, as pessoas dispunham-se a retribuir com presentes, deferência, serviço e obediência. O talento do xamã pode ser uma fonte espantosa de autoridade, içando-o acima dos machos alfa ou dos patriarcas gerontocráticos. Quando examinamos as cavernas, vemos uma classe conhecedora, armada com o dom da comunicação com os espíritos, emergindo ao lado de uma antiga classe que primava por suas proezas e desafiando ou substituindo os fortes pelo vidente e pelo sábio. A entronização do dom de se comunicar com os espíritos foi claramente uma das primeiras alternativas — talvez a primeira — à submissão a um leviatã que se distinguia pela força física e não por outra característica mais potente em termos morais.

Desse modo, o acesso especial ao divino ou aos mortos foi uma parte importante de formas longevas e poderosas de legitimidade política, e os profetas valeram-se dele para reivindicar poder — mais ou menos como igrejas pretenderam supremacia temporal e como reis supuseram-se sacros. Na Mesopotâmia do segundo milênio a.C., os deuses eram os governantes nominais das cidades onde haviam fixado morada. A seus procuradores humanos as divindades cívicas confiavam visões que transmitiam ordens: iniciar uma guerra, erguer um templo, promulgar uma lei. Os exemplos mais vívidos — embora bastante tardios — são encontrados na arte e na epigrafia maias dos séculos VII, VIII e IX, no que hoje são a Guatemala e suas cercanias. Os governantes de Yaxchilán (atual sul do México) no século VIII ainda podem ser vistos, em relevos esculpidos, inalando fumaça psicotrópica de tigelas onde queimavam cascas de árvore embebidas em drogas e nas quais recolhiam o sangue extraído de suas línguas por meio de tiras com cravos pontiagudos (se fossem rainhas) ou perfurando seus órgãos sexuais com facas ou espinhos de cactos. O rito induzia visões de espíritos ancestrais que geralmente surgiam da mandíbula de uma serpente e convocavam para a guerra.[53]

A arqueologia cognitiva revela que, ao longo dos últimos milênios da Era do Gelo, surgiu um outro e novo mecanismo de liderança: a hereditariedade. Todas as sociedades humanas enfrentam o problema de como transferir poder, riqueza e cargos sem provocar conflitos. Como impedir que toda disputa de liderança derrame sangue e desencadeie guerra civil? Em termos mais gerais, como regular as desigualdades em todos os níveis da sociedade sem luta de classes e sem multiplicar atos violentos de ressentimento individual? A hereditariedade, se um consenso a seu favor puder ser estabelecido, é um meio de evitar ou limitar disputas sucessórias. Mas não há paralelos no reino animal, exceto quando a Disney o retrata, e a excelência dos pais não garante o mérito de ninguém, enquanto a liderança conquistada em competição pode ser justificada objetivamente. Não obstante, na maioria das sociedades, durante a maior parte do passado — na verdade, até o século XX adentro — a hereditariedade foi o caminho normal para se chegar aos altos níveis de comando. Como e quando isso começou?

Embora não possamos ter certeza sobre a natureza do poder de classe hereditário na Era do Gelo, sabemos que ele existiu devido às flagrantes desigualdades no modo como as pessoas eram enterradas. Em um cemitério

Coletando pensamentos 91

de aproximadamente 28 mil anos atrás em Sunghir, perto de Moscou, um senhor idoso jaz enterrado com dádivas prodigiosas: um chapéu costurado com dentes de raposa, milhares de contas de marfim costuradas em suas vestes e cerca de vinte braceletes de marfim — recompensas, talvez, de uma vida ativa. Nas proximidades, porém, um menino e uma menina, de entre oito e doze anos, esfarelam-se ao lado de ornamentos ainda mais espetaculares: esculturas de animais e armas magnificamente fabricadas, incluindo lanças de marfim de mamute, cada uma com mais de 1,80 m, bem como pulseiras e colares de marfim e botões de dente de raposa. Sobre cada criança, os coveiros polvilharam cerca de 3,5 mil contas de marfim finamente trabalhadas. Tais riquezas dificilmente devem ter sido por mérito: os ocupantes da sepultura eram jovens demais para acumular tantos troféus e pelo menos um deles sofria de leve deformidade dos membros inferiores, o que deve ter prejudicado sua eficiência em tarefas físicas ou sua admirabilidade como espécime de destaque físico em seu grupo.[54] Isso tudo evidencia uma sociedade que distribuía riquezas de acordo com critérios desvinculados de méritos objetivos. Era, pois, um sistema que destinava líderes à grandeza desde a infância, no mínimo.

Ao que parece, portanto, a hereditariedade já desempenhava um papel na seleção de indivíduos de posição social elevada. A teoria genética hoje nos oferece explicações sofisticadas para algo que pode ser comumente observado: muitos atributos mentais e físicos são herdáveis, incluindo, talvez, alguns que produzem bons governantes. Um sistema que favorece os filhos daqueles que se tornaram líderes por valor próprio é, portanto, racional. O instinto de proteger a prole pode exercer papel importante. Pais que desejam passar adiante seus bens (incluindo posição, status ou cargo) para seus filhos tendem a endossar o princípio hereditário. Por criar disparidades de tempo livre entre as classes, a especialização libera os pais em funções especializadas a treinar seus filhos para sucedê-los. Acima de tudo, em contextos políticos, o princípio hereditário conduz à paz por dissuadir concorrentes. Retira as elites de arenas conflituosas e exime-as de atividades políticas corruptoras. Para não precisar abrir mão de tais benefícios, algumas nações ainda mantêm chefes de Estado hereditários (e, no caso do Reino Unido, uma legislatura parcialmente hereditária). Já que precisamos de líderes, a hereditariedade não é, por padrões práticos, uma maneira ruim de escolhê-los.[55]

Em nossa tentativa de entender quem detinha o poder nas sociedades da Era do Gelo, as derradeiras evidências são migalhas das mesas dos ricos. Embora banquetes possam ocorrer espontaneamente quando necrófagos deparam-se com uma inesperada carniça ou caçadores conseguem matar um grande animal, tais festanças tendem a ser alguma celebração política em que um líder mostra prodigalidade para mediar o poder e forjar alianças. Como envolvem muito esforço e grandes despesas, banquetes precisam de justificativa: simbólica ou mágica, em um nível, ou prática, em outro. As primeiras evidências indubitáveis encontram-se nos restos de plantas e presas deixados por comensais em Hallan Çemi Tepesi, na Anatólia, cerca de 10 mil ou 11 mil anos atrás, de povos que começavam a produzir alimentos em vez de depender totalmente da caça e da coleta. Entretanto, existem concentrações sugestivas, anteriores, de evidências semelhantes em sítios no norte da Espanha quase duas vezes mais antigos que os de Hallan Çemi. Na Altamira espanhola, por exemplo, arqueólogos descobriram cinzas de culinária em grande escala e restos calcificados de alimentos de talvez 23 mil anos atrás, juntamente com uma possível contabilidade dos gastos, marcados como riscos em paus de contagem. Analogias com os povos caçadores modernos sugerem que alianças entre comunidades podem ter sido celebradas em tais ocasiões. Camaradagem ou convívio masculino provavelmente não era o pretexto: se fosse, os banquetes ocorreriam longe dos principais locais de moradia, para manter mulheres e crianças afastadas. Nas primeiras sociedades agrárias e pastorais, por outro lado, os chefes utilizavam as festas para supervisionar a distribuição do excedente de produção entre a comunidade e, assim, aumentar seu poder ou status ou rede de apadrinhados, ou para criar laços de reciprocidade entre os convivas, ou para concentrar o trabalho onde os anfitriões desejassem. Em alguns casos, em época posterior, banquetes privilegiados, com acesso limitado, definiam as elites e lhes proporcionavam oportunidades para forjar vínculos.[56]

Ordem cósmica: Tempo e tabus

Elites especializadas e privilegiadas, que desfrutavam a continuidade de poder que a hereditariedade lhes garantia, tinham tempo para dedicar ao pensar. Podemos detectar alguns pensamentos que lhes ocorreram ao vasculhar os céus em busca de informações necessárias a seu trabalho. Na ausência de livros, o céu era uma leitura fascinante para os primeiros seres humanos. Para alguns olhos, as estrelas eram furos de alfinete no véu dos céus, através dos quais vislumbrava-se a luz de um paraíso inacessível. Entre as descobertas desses primeiros contempladores dos céus estava uma ideia revolucionária de tempo.

O tempo foi uma das grandes ideias inovadoras na história do pensamento. A maioria de nós compartilha o desespero de Santo Agostinho diante de sua incapacidade de defini-lo. (Ele sabia o que era, afirmou, até que alguém lhe pedisse para explicá-lo.) A melhor maneira de entender isso é refletir sobre a mudança. Se nada muda, não há tempo. Abordamos ou refletimos um senso de tempo sempre que calculamos os possíveis efeitos de processos encadeados de mudança — quando, por exemplo, aceleramos o passo para escapar de um perseguidor ou para capturar uma presa, ou quando percebemos que uma baga estará madura para a colheita antes de um tubérculo. Quando comparamos mudanças, na realidade estamos medindo ritmos ou graus respectivos. Desse modo, podemos definir o tempo como o ritmo com que uma série de mudanças ocorre, medidas umas em relação às outras. Uma medida universal não é necessária. Podemos medir a passagem de uma gota de chuva pela vidraça a partir do movimento de um relógio — mas, na ausência de um relógio, podemos nos valer do deslocamento de uma nuvem ou do rastejar de uma criatura. Como veremos no capítulo 4, os nueres calculam a passagem do tempo de acordo com o ritmo de crescimento de seu gado, enquanto outras culturas utilizam todo tipo de medidas irregulares, incluindo mudanças de dinastia ou de governante ou "quando Quirino era governador da Síria". Os lakotas da América do Norte tradicionalmente iniciavam uma nova "longa contagem" com a primeira neve do ano.[57]

Ainda assim, se quisermos um padrão de medida infalivelmente regular, basta observar o céu. As congruências entre os ciclos celestes e outros ritmos naturais — especialmente os de nosso próprio corpo e dos ecossistemas a que pertencemos — tornaram possíveis os primeiros sistemas de cronometragem universal. "Foi a visão do dia e da noite", disse Platão, "e dos meses e dos circuitos dos anos que deu origem aos números e nos proporciona a noção de tempo."[58] O ciclo do sol, por exemplo, é adequado às exigências de sono e vigília. A lua corresponde aos intervalos da menstruação. As vacas engordam com a marcha das estações, que por sua vez o sol determina. Os padrões celestes são tão previsíveis que podem servir para cronometrar todo o resto. O tempo estelar — o ciclo de Vênus, por exemplo, que ocupa 584 anos — é valorizado em culturas propensas a manter registros de longo prazo e à aritmética de grandes números. Algumas sociedades, como a nossa, tentam conciliar os ciclos do sol e da lua, enquanto outras mantêm os dois conjuntos de cálculos em imperfeita sintonia. Até onde sabemos, todos os povos acompanham o decurso do dia solar, do ano solar e do mês lunar.

Quando a ideia de utilizar o movimento celeste como padrão universal de mensuração surgiu pela primeira vez, revolucionou a vida das pessoas que o aplicaram. Nós humanos tínhamos agora um modo exclusivamente nosso de organizar a memória e a antecipação, de priorizar tarefas e de coordenar os esforços colaborativos. Desde então, temos nos valido dele como fundamento para organizar todas as ações e registrar todas as experiências. As observações celestes permaneceram como a base da cronometragem — e, portanto, da coordenação de todos os empreendimentos colaborativos — até nossos dias (quando as substituímos pela cronometragem baseada em átomos de césio). As observações celestes nos tornaram conscientes de que algumas mudanças — em particular as posições relativas dos astros — são regulares, cíclicas e, portanto, previsíveis. Mas a percepção de que elas poderiam ser utilizadas como um padrão para medir outras mudanças transcende a observação: foi um ato de gênio comum, que ocorreu em todas as sociedades humanas há tanto tempo que, ironicamente, não conseguimos datá-lo.

O mais antigo artefato que lembra um calendário é um osso achatado inscrito com uma sequência de crescentes e círculos, sugestivos das fases da lua, datando de cerca de 30 mil anos atrás, encontrado na Dordonha. Objetos com incisões regulares aparecem com frequência em sítios meso-

Coletando pensamentos

líticos, mas podem ser meros "rabiscos" ou vestígios de jogos ou ritos ou alguma contagem ad hoc. Evidências posteriores de cálculos de calendário incluem apetrechos para marcar o horizonte deixados entre os megálitos do quinto milênio a.C., quando se começou a erguer grandes pedras contra as quais o sol projetava sombras digitiformes, ou por entre as quais sua luz reluzia em estranhos santuários. Ao mediar com os céus, os governantes se tornaram guardadores do tempo. Ideias políticas dizem respeito não apenas à natureza e às funções dos líderes, mas também ao modo como eles regulam a vida de seus seguidores. Qual é o primeiro momento na história em que podemos detectar o surgimento do pensamento político nesse sentido? A vida cotidiana dos primeiros hominídeos presumivelmente se assemelhava à dos bandos de primatas, unidos por parentesco, força e necessidade. Quais foram as primeiras leis que transformaram esses bandos em um novo tipo de sociedade regulada por ideias?

Uma hipótese de trabalho é que um senso de ordem cósmica inspirou as primeiras noções de como organizar a sociedade. Por trás ou dentro do aparente caos da natureza, um pouco de imaginação permite enxergar uma ordem subjacente. Não é necessária muita reflexão para percebê-la. Até insetos, digamos, ou bovinos — criaturas pouco renomadas por sua capacidade mental — conseguem ver conexões entre fatos que são importantes para eles: presas mortas e alimento disponível, por exemplo, ou a perspectiva de abrigo na aproximação da chuva ou do frio.

Criaturas dotadas de memória suficiente conseguem ir além dos insetos e bisões. Seres humanos conectam as ocorrências esporádicas de ordem que percebem na natureza: as regularidades do ciclo da vida, por exemplo, o metabolismo humano, as estações do ano e as revoluções das esferas celestes. O andaime sobre o qual os primeiros pensadores erigiram a ideia de um universo ordenado era formado por tais observações. Todavia, consciência de relações organizadas é uma coisa, mas é preciso dar um enorme salto mental para inferir que a ordem é universal. A maior parte do tempo, o mundo mostra-se caótico e a maioria dos eventos parece aleatória. Portanto, a imaginação desempenhou um papel na conjuração da ordem. É necessária uma mente vivaz para ver que, como Einstein supostamente teria dito, "Deus não joga dados".

A ideia de ordem é antiga demais para ser datada; mas, depois que surgiu, tornou o cosmo imaginável. Conclamou mentes a envidar esforços para imaginar tudo em um único sistema. Os primeiros diagramas cósmicos que chegaram até nós — artísticos, religiosos ou mágicos — capturam as consequências disso. Um rosto numa caverna, por exemplo, em Jaora, em Madhya Pradesh, Índia, ilustra como o mundo se mostrava para o pintor: dividido em sete regiões e circundado por evocações de água e ar. Uma tigela egípcia de 4 mil anos de idade oferece uma visão alternativa de um mundo cercado em zigue-zague, que lembra duas pirâmides presas entre o nascer e o pôr do sol.

O "tempo onírico" dos aborígenes australianos, no qual o tecido inseparável do universo inteiro foi engendrado, é um eco de descrições anteriores. O mesmo acontece, nos mais diversos locais, com a pintura rupestre ou a arte corporal: os cadiuéus do vale do Paraguai, por exemplo, cuja imagem do mundo é composta de quatro quadrantes distintos e equipolentes, pintam seus rostos em quartis simétricos. Um mundo de quatro quadrantes também aparece em rochas decoradas pelos pastores dogons, no Máli. Quando oleiros do Kongo preparam rituais de iniciação ao seu ofício, eles pintam vasos com as imagens que têm do cosmo. Sem noções prévias de ordem cósmica, dispostas em sequências previsíveis — e, portanto, possivelmente manipuláveis — de causa e efeito, é difícil imaginar como a divinação mágica e oracular poderia ter se desenvolvido.[59]

Em política, ordem pode significar coisas diferentes para povos diferentes. Mas num nível mínimo podemos detectá-la em todos os esforços para regular a sociedade, isto é, para conformar o comportamento das pessoas a um modelo ou padrão. É possível identificar regulamentos sociais de grande antiguidade — tão disseminados que é provável que sejam anteriores ao povoamento do mundo. A partir de evidências antropológicas, é provável que os primeiros regramentos tenham sido de dois tipos: tabus alimentares e proibições de incesto.

Comecemos pelos tabus alimentares, que incontestavelmente pertencem ao plano das ideias: é improvável que os seres humanos tenham sido instintivamente melindrosos em matéria de comida. E, obviamente, não

Coletando pensamentos

é natural privar-se de nutrição. No entanto, todas as sociedades proíbem certos alimentos.

Os batlokwas, um povo pastoral de Botsuana, apresentam o caso mais instrutivo e podem nos ajudar a entender os motivos disso. Eles proíbem uma gama singularmente vasta e variada de alimentos. Nenhum indivíduo pode comer carne de *aardvark*, ou de porco. Laranjas cultivadas nas proximidades são proibidas, mas não as adquiridas via comércio. Outros alimentos estão sujeitos a restrições de acordo com a idade e o sexo de quem os ingerirá. Somente os idosos podem consumir mel, tartarugas e galinhas-d'angola. A gravidez impede a mulher de desfrutar alguns tipos de miúdos. Certos tabus só valem em algumas estações do ano, e outros apenas em condições peculiares, como a presença de crianças doentes. Em conversas durante o trabalho de campo, os batlokwas apresentam aos antropólogos explicações não sistemáticas, atribuindo as proibições alternadamente a questões de saúde, higiene ou sabor, cuja complexidade, apesar de extrema, é representativa da variedade de tabus alimentares em todo o mundo.[60] Todas as tentativas de racionalizá-los fracassaram.

O caso clássico são os escrúpulos codificados em um dos textos antigos mais famosos, as escrituras hebraicas. Eles desafiam qualquer análise. As criaturas da lista proibida nada têm em comum (exceto, paradoxalmente, que são anômalas, como apontou a antropóloga Mary Douglas, em alguns métodos de classificação, incluindo, presumivelmente, os dos hebreus antigos). A mesma aparente falta de sentido torna todos os demais casos impermeáveis a uma análise abrangente. Até as teorias mais renomadas malogram: na maioria dos casos conhecidos, questões de economia e de higiene — ou seja, que os tabus existem para preservar fontes valiosas de alimentos ou para proibir substâncias nocivas — simplesmente não dão conta do recado.[61] Explicações racionais e materialistas falham porque as restrições alimentares são essencialmente suprarracionais. Os significados atribuídos à comida são, como todos os significados, convenções acordadas sobre o uso. Os tabus alimentares unem aqueles que os respeitam e estigmatizam quem os quebra. As regras não pretendem fazer sentido. Se fizessem, pessoas de fora as seguiriam — mas elas existem precisamente para excluir pessoas de fora e dar coesão ao grupo. Alimentos permitidos fomentam a identidade; alimentos excluídos ajudam a defini-la.[62]

Na busca dos primeiros regulamentos sociais, as proibições de incesto são a alternativa mais provável aos tabus alimentares. Toda sociedade humana conhecida possui tais impedimentos, numa variedade de formas quase tão surpreendente quanto as regras alimentares dos batlokwas. Em algumas culturas, irmãos podem se casar, mas não primos. Outras permitem casamentos de primos, mas apenas de gerações distintas. Mesmo quando não há laços de sangue, proibições às vezes se aplicam, como as relações estritamente formais entre parentes por afinidade no direito canônico.

Desse modo, se quisermos entender como as proibições de incesto se originaram, precisamos levar em consideração tanto sua onipresença como sua variedade. A mera repulsa — mesmo que fosse verdade que os seres a sintam com frequência — não seria, portanto, uma explicação adequada. "Devemos experimentar tudo pelo menos uma vez", recomendou o compositor Arnold Bax, "exceto o incesto e a dança folclórica." Todavia, nenhuma dessas atividades é detestável para todos. Tampouco é convincente representar a discriminação no controle do impulso sexual como um instinto que evoluiu para preservar a espécie dos efeitos supostamente malignos da consanguinidade: na maioria dos casos conhecidos, tais efeitos não existem. De modo geral, crianças saudáveis resultam de uniões incestuosas. Também não se pode dizer que uma eugenia primitiva seja responsável: em quase todas as épocas, a maioria das pessoas da maior parte das sociedades sempre soube pouco e se importou menos ainda com as supostas virtudes genéticas da exogamia. Algumas sociedades impõem proibições a parentes distantes que dificilmente seriam maus reprodutores. Outras, por sua vez, autorizam uniões de familiares surpreendentemente próximos, entre os quais efeitos genéticos infelizes são mais prováveis: irmãos da realeza egípcia, por exemplo, ou as filhas de Ló, que tinham o dever de "deitar-se com seu pai". Primos em primeiro grau podem legalmente contrair matrimônio em 26 estados norte-americanos, onde outras formas de incesto são proibidas. Em contraste com a maioria dos outros cristãos, os amish incentivam primos a se casar. Em algumas sociedades árabes tradicionais, tios têm o direito de tomar suas sobrinhas como esposas.

Coletando pensamentos

Claude Lévi-Strauss, escrevendo na década de 1940, concebeu a explicação mais famosa e plausível para a ubiquidade e a complexidade das regras do incesto. Ele teria chegado a ela observando como seus compatriotas franceses superavam o possível embaraço social quando tinham de dividir uma mesa em um bistrô lotado: trocando taças idênticas do vinho da casa. Ninguém saía ganhando com essa transação superficialmente cômica, ao menos não de modo mensurável; mas, como todas as trocas de presentes aparentemente desinteressadas, o gesto mútuo criava uma relação entre as partes. A partir de sua observação no bistrô, Lévi-Strauss formulou um argumento sobre o incesto: as sociedades obrigam as famílias que as constituem a intercambiar mulheres. Com isso, linhagens potencialmente rivais formam vínculos e se predispõem a cooperar entre si. Como consequência, sociedades formadas por muitas famílias ganham coesão e vigor. As mulheres são vistas como mercadorias valiosas (infelizmente, a maioria das pessoas na maioria das sociedades é tratada como mercadoria, isto é, exploráveis e negociáveis por exploradores), dotadas de corpos mágicos que ecoam os movimentos dos céus e produzem bebês. A menos que sejam forçados a permutá-las, seus homens preferem monopolizá-las. Como os tabus alimentares, os tabus sexuais existem não porque façam sentido em si, mas porque ajudam a construir o grupo. Ao regular o incesto, as sociedades se tornaram mais colaborativas, mais unidas, maiores e mais fortes. O motivo pelo qual as proibições de incesto são universais talvez seja bem simples: sem elas as sociedades estariam mal preparadas para sobreviver.[63]

Intercâmbio de ideias: A primeira economia política

Se as primeiras ideias que surgiram para regular a sociedade levaram a tabus de comida e de sexo, o que dizer da regulação das relações entre sociedades? O comércio é o contexto óbvio para buscar uma resposta.

Os economistas costumam pensar no comércio como um sistema bem calculado para descarregar produção excedente. No entanto, quando o comércio principiou, como troca de presentes (à maneira dos controles sobre o incesto), tinha mais a ver com necessidades ritualísticas do que com conveniência material ou mero lucro. Com base em evidências arqueológicas ou inferência antropológica, é possível dizer que, ao que parece, os primeiros bens trocados entre comunidades incluíam o fogo (o qual, talvez devido a inibições rituais, alguns povos nunca acendiam, preferindo obtê-lo de fora do grupo) e a ocra, o elemento mais disseminado e mais indispensável para os ritualistas na Era do Gelo. Há não muito tempo, arqueólogos consideravam que cabeças de machado com padrões peculiares ou pederneiras britadas de modo intrigante eram apenas uma confirmação de que alguém os produzira; hoje seus sucessores reconhecem que, mesmo na antiguidade mais remota de que se tem notícia, esses artefatos podem ter sido objetos de comércio[64] — ainda que não no sentido que o Walmart entenderia, visto que os primeiros negociantes trocavam mercadorias para fins exclusivamente rituais. Como Karl Polanyi, um dos grandes críticos do capitalismo, escreveu em 1944:

> A mais importante descoberta nas pesquisas históricas e antropológicas recentes *é que a economia do homem*, enquanto regra, está submersa em suas relações sociais. Ele age assim para garantir não seu interesse individual na posse de bens materiais, e sim sua situação social, suas exigências sociais, seu patrimônio social. O homem só valoriza os bens materiais na medida em que servem a seus propósitos.[65]

Não só os bens rituais são parte de redes comerciais bem estabelecidas como o próprio comércio, em grande parte do mundo, é praticado como se fosse uma espécie de rito.

Na década de 1920, no mar de Salomão, leste da Nova Guiné, os antropólogos descobriram e difundiram o que se tornaria um de seus exemplos emblemáticos. Lá os habitantes carregavam laboriosamente, de ilha para ilha, ornamentos e utensílios de concha polida, seguindo rotas consagradas pelo costume.[66] A tradição regulava as condições de pagamento. Os bens não existiam com outra finalidade senão a de ser trocados e mal variavam em forma ou substância de lugar para lugar. Objetivamente, não havia diferença de valor, embora os itens mais antigos valessem mais. Entretanto, o sistema atribuía a cada objeto um caráter e um custo peculiares, segundo uma escala aparentemente arbitrária, mas reconhecida por todos. O "kula", como esse sistema é chamado, mostra como produtos sem nada digno de nota em termos de raridade ou utilidade podem se tornar objetos de comércio. O trabalho antropológico de Mary W. Helms ao redor do mundo demonstrou como, em uma vasta gama de ambientes culturais, mercadorias ganham valor com a distância percorrida, pois incorporam associações simbólicas com horizontes divinos ou a santificação da peregrinação: a tutela de Hermes sobre artesãos, músicos e atletas estendia-se também a mensageiros, mercadores e "profissionais que cruzam fronteiras".[67] De forma bem atenuada, as práticas comerciais modernas retêm algo dessa aura primitiva. No supermercado da esquina perto de onde moro, o queijo parmesão nacional custa um terço do preço do produto importado da Itália, mas desafio qualquer gastrônomo a perceber alguma diferença entre um e outro depois de salpicados sobre o espaguete. O que não impede que a clientela fique feliz em pagar um ágio pela virtude adicional do exotismo inquantificável. "Todo homem torna-se, de certo modo, um comerciante", escreveu Adam Smith.[68] Entretanto, embora nos pareça evidente, a ideia de que o comércio agrega valor às mercadorias e pode ser praticado com fins lucrativos nem sempre foi óbvia para todos. Houve um tempo em que pareceu uma inovação surpreendente.

Apesar da antiguidade e da opacidade de grande parte do material, a lição deste capítulo é clara: antes de findar a Era do Gelo, algumas das melhores ideias do mundo já haviam adquirido vida e transformado o planeta: comunicação simbólica, distinção entre vida e morte, a existência de mais de um cosmo material, a acessibilidade de outros mundos, espíritos, o mana, talvez até Deus. O pensamento político já produzira várias maneiras de escolher líderes — não só por bravura ou destreza, mas também por carisma e hereditariedade — e uma série de mecanismos para regular a sociedade, incluindo tabus relativos a alimentos e sexo, e o intercâmbio ritualizado de bens. Mas o que aconteceu quando o gelo recuou e desapareceram os hábitats que as pessoas valorizavam? Quando o planeta voltou a aquecer, entre 10 mil e 20 mil anos atrás, ameaçando o conforto familiar dos modos de vida tradicionais, como as pessoas reagiram? Que novas ideias surgiram em resposta ou como indiferença às mudanças no meio ambiente?

3. Mentes assentadas: Pensamento "civilizado"

ELES SENTIRAM UMA CORRENTE DE AR vinda do interior daquela pilha de pedras. Eliette Deschamps era magra o suficiente para, contorcendo-se, ir adentrando aos poucos, enquanto seus colegas espeleólogos iam aumentando a brecha de entrada. Ao ver um túnel à sua frente, Eliette chamou Jean-Marie Chauvet e Christian Hillaire para se juntarem a ela. Os três gritaram na escuridão, criando um eco, para terem uma noção das dimensões da caverna. Um imenso vazio engoliu o som.

Eles haviam tropeçado na maior gruta já descoberta em Ardèche, no sul da França, onde cavernas e corredores entremeiam o calcário como favos. Numa câmara adjacente, uma visão ainda mais surpreendente os aguardava. Um urso se erguia, pintado em ocra vermelho, preservado por sabe-se lá quantos milhares de anos.[1]

A caverna de Chauvet, como batizaram a descoberta que fizeram em 1994, é uma das mais antigas, mais vastas e mais bem preservadas coleções de arte da Era do Gelo existentes no mundo. Abriga imagens que algumas autoridades calculam ter mais de 30 mil anos.[2] Nas paredes, bisões e auroques atacam, cavalos debandam, renas pasmam e pastam. Há íbices em correria, rinocerontes protegendo seus filhotes e criaturas fugindo de uma caçada ou sucumbindo a ela. Até então, estudiosos haviam suposto que a arte "evoluíra" de rabiscos "primitivos" primordiais para as sublimes imagens da Era do Gelo tardia já bem conhecidas em Lascaux, na França; na técnica e na habilidade, porém algumas obras em Chauvet são tão consumadas quanto as pinturas feitas em ambientes semelhantes milênios depois. Evidências de antiguidade comparável em outras obras de arte, que sobreviveram apenas como vestígios ou frag-

Mentes assentadas

mentos em cavernas tão distantes umas das outras como as da Espanha e de Celebes, na Indonésia, tornam verossímil a datação primeva de Chauvet. No entanto, algumas das cenas ali encontradas poderiam ser transpostas, sem parecer deslocadas, para os "estúdios" inquestionavelmente posteriores de Lascaux, na França, por exemplo, ou de Altamira, no norte da Espanha. Se os pintores de Lascaux tivessem visto as obras de seus antecessores em Chauvet, com certeza teriam ficado tão surpresos como nós com as semelhanças.

A Era do Gelo favoreceu não apenas abundância material e elites com tempo livre, mas também sociedades estáveis. Se a arte é o espelho da sociedade, as pinturas revelam uma surpreendente continuidade. Na época, sem dúvida, as poucas mudanças que ocorriam pareciam dinâmicas. Em retrospectiva, porém, não chegam aos pés da inquietação e do corre-corre febril da vida moderna. Em arte, parecemos incapazes de manter um estilo por dez minutos, quanto mais dez séculos ou dez milênios. Os habitantes da Era do Gelo eram resolutamente conservadores e valorizavam demais sua cultura para mudá-la: pelo que já vimos da produção de suas mentes, qualquer estagnação que tenha havido não foi por falta de iniciativa; mantiveram seu modo de viver e seu panorama porque gostavam das coisas tal como eram.

Mas mudanças climáticas ameaçaram seu mundo. Podemos nos solidarizar com eles. Também habitamos um mundo que está se aquecendo de maneira preocupante. As flutuações de lá para cá trouxeram períodos de frio prolongado ou profundo, e as atividades humanas intensificam as tendências atuais. De uma perspectiva de longo prazo, porém, o aquecimento que pôs fim à Era do Gelo ainda prossegue. Quando a tendência ascendente das temperaturas do mundo começou, durante uma época de instabilidade climática cerca de 10 mil a 20 mil anos atrás, as pessoas reagiram, de modo geral, de duas maneiras: algumas comunidades migraram em busca de ambientes que lhes fossem mais habituais; outras permaneceram e tentaram se adaptar.

Depois do gelo: A mente mesolítica

Podemos começar seguindo os migrantes, delineando onde e por que paravam para tentar decifrar seu modo de pensar ao longo do caminho. Suas rotas acompanhavam ou seguiam o recuo dos quadrúpedes nutritivos e cheios de gordura que viviam no limiar do gelo. A caça continuou sendo a base do modo de vida dos migrantes, mas podemos recuperar evidências de pelo menos uma nova ideia que lhes ocorreu à medida que as circunstâncias mudavam.

Em 1932, no norte da Alemanha, Alfred Rust estava escavando acampamentos que haviam sido ocupados por caçadores de renas cerca de 10 mil anos antes. Embora não tenha encontrado nenhuma das grandes obras de arte que esperava, em três lagos da região ele escavou os restos de trinta grandes animais que não haviam sido esquartejados. Cada um deles fora ritualmente talhado até a morte e esmagado com uma grande pedra presa entre as costelas. Não havia precedentes para esse tipo de abate. As matanças ritualísticas anteriores precediam festas, ou visavam leões, tigres ou outros predadores rivais. Essas mortes à beira dos lagos foram diferentes: os matadores não comeram as bestas abatidas. Estavam praticando um sacrifício puro, totalmente autoabnegado, depositando alimento aos pés dos deuses, mas fora do alcance da comunidade. Os restos desenterrados por Rust são os primeiros indícios de uma nova maneira de pensar a transcendência: a ascensão de deuses zelosos e esfaimados e o surgimento de uma religião que aparentemente pretendia apaziguá-los.

De modo geral, em sacrifícios posteriores, até onde sabemos os sacrificantes e os deuses compartilhavam os benefícios de modo mais equitativo. A comunidade pode consumir a matéria sacrificada, ingerir os alimentos que os deuses desprezaram, habitar edifícios erguidos para a glória deles ou explorar o trabalho oferecido em seu louvor. A antropologia tem uma explicação convincente: presentes tendem a estabelecer reciprocidade e consolidar relações entre os humanos, de modo que uma dádiva também pode melhorar relacionamentos além da humanidade, vinculando deuses ou espíritos a suplicantes humanos, conectando divindades ao mundo

Mentes assentadas

profano e alertando-as quanto às necessidades e aos interesses terrenos. Se o sacrifício ocorreu inicialmente como uma forma de troca de presentes com deuses e espíritos, é possível que esse gesto fizesse sentido para os praticantes no contexto das trocas que já realizavam entre si.

É provável que a ideia de sacrifício tenha ocorrido pela primeira vez bem antes das evidências mais antigas que chegaram até nós. Não seria descabido conectá-la a reações à crise provocada por mudanças climáticas e ao surgimento de novos tipos de religião, com a criação de centros de culto permanentes e de novos rituais propiciatórios requintados. O primeiro templo que conhecemos — o primeiro espaço comprovadamente dedicado à veneração — é ainda anterior ao sacrifício que Rust identificou: mede cerca de três por seis metros e fica no fundo de Jericó, no que é hoje a parte palestina de Israel. Dois blocos de pedra, perfurados para segurar algum objeto de culto desaparecido, estão firmados sobre o chão que os fiéis varriam assiduamente.

Talvez a ideia de sacrifício tenha atraído os possíveis praticantes porque bodes expiatórios desviam violência potencialmente destrutiva para canais controláveis.[3] Críticos — especialmente no judaísmo, no islamismo e no protestantismo — costumam desancar sacrifícios como tentativas semi-mágicas de manipular Deus, o que não impediu a maioria das religiões dos últimos dez milênios de adotá-los. Ao longo desse processo, o sacrifício passou a ser entendido de maneiras contraditórias ou complementares: como penitência pelo pecado, ou ação de graças, ou reverência aos deuses, ou uma contribuição para alentar ou harmonizar o universo; ou generosidade sacralizada — honrando ou imitando Deus mediante uma oferenda para, ou em prol de, outros.[4]

Pensando com lama: A mente dos primeiros agricultores

Os seguidores do gelo se apegaram a seus meios tradicionais de subsistência nas novas latitudes. Outros povos, porém, aos quais agora nos voltamos, preferiram permanecer onde estavam e se adaptar. Enfrentaram a mudança climática mudando com ela. Por terem se fixado em um lugar, acumularam camadas de evidências que a arqueologia pôde detectar. Podemos, pois, falar muito sobre o que pensavam, a começar por suas ideias econômicas; em seguida, após uma excursão entre os profissionais incumbidos da maior parte dessa reflexão, poderemos nos voltar ao pensamento político e social; e, por fim, examinaremos questões mais profundas de moral e metafísica.

O aquecimento global abriu novos nichos ecológicos para os seres humanos explorarem. Depois do gelo, houve lama. Dos solos fáceis de cultivar surgiu a maior e mais duradoura nova ideia econômica da época: cultivar para comer, ou seja, domesticar plantas e animais que são fontes de alimento. Onde água e sol fossem abundantes e os solos, friáveis, povos que possuíssem as tecnologias rudimentares dos sachos e das varas de escavação podiam ir deixando de forragear e começar a cultivar. Isso ocorreu de modo independente, com especializações variadas, em regiões bem separadas do mundo. O cultivo do inhame na Nova Guiné começou pelo menos 7 mil anos atrás, talvez 9 mil.[5] O plantio de trigo e cevada no Oriente Médio, de tubérculos no Peru e de arroz no Sudeste da Ásia é no mínimo igualmente antigo. O cultivo do painço veio em seguida na China, o mesmo ocorrendo com a cevada no vale do Indo e com o tefe, uma espécie de relva cultivada como cereal na Etiópia. Nos dois ou três milênios seguintes, a agricultura se espalhou — ou iniciou-se de forma independente — em quase todos os locais onde as tecnologias disponíveis a tornaram viável. A invenção da agricultura mergulhou o mundo num cadinho de alquimista, revertendo milhões de anos de evolução. Antes, a seleção natural havia sido o único meio de diversificar a criação. Agora, uma "seleção não natural", empreendida por agentes humanos para fins humanos, ia produzindo novas espécies.

Suspeito que os primeiros alimentos escolhidos e criados para melhorar as reservas alimentares tenham sido caracóis e moluscos similares. Em certa medida, este é apenas um palpite lógico, visto que faz mais sentido começar com uma espécie fácil de manejar do que com quadrúpedes grandes e impetuosos ou com plantas de cultivo laborioso. Os caracóis

Mentes assentadas

podem ser escolhidos à mão e contidos com tecnologia não mais sofisticada do que uma vala. Não é preciso apascentá-los ou treinar cães ou animais de pastoreio para mantê-los sob controle. Eles já vêm prontos em suas próprias conchas. Há bastante evidência para corroborar essa lógica. Em monturos antigos do mundo inteiro, onde quer que as condições ecológicas favorecessem a multiplicação da população de caracóis, encontramos conchas, em níveis estratigráficos profundos formados há cerca de 10 mil anos, geralmente em camadas mais profundas do que as de alguns alimentos caçados que exigiam tecnologia sofisticada para capturar.[6] Os moluscos que essas conchas abrigavam pertenciam, em alguns casos, a variedades hoje extintas, maiores do que as que sobreviveram — o que sugere que as pessoas realizavam seleção por tamanho.

A agricultura foi uma revolução. Mas terá sido uma ideia? Uma prática tão manual, tão enlameada, tão carnal e física, deveria figurar na história intelectual do mundo? Entre as teorias que a negam ou a menosprezam, há uma segundo a qual a agricultura aconteceu "naturalmente", num processo gradual de coevolução, no qual seres humanos compartilharam ambientes específicos com outros animais e plantas, desenvolvendo pouco a pouco uma relação de mútua dependência.[7] De certo modo, a transição para a agricultura parece ter sido um processo lento demais para que uma fagulha mental repentina a houvesse inflamado. Os forrageadores costumavam replantar certas culturas, selecionando-as à medida que iam avançando. Os aborígenes forrageadores da Austrália replantam talos de marsíleas no solo. Os papagos, no deserto da Califórnia, semeiam favas ao longo de suas rotas de transumância. Qualquer um que os observe perceberá que longas continuidades podem estabelecer um elo entre forrageio e agricultura: um pode se transmutar na outra e vice-versa, sem muito envolvimento mental dos praticantes. Caça pode se transmutar em pecuária quando os caçadores encurralam e classificam suas presas. Novas lavouras podem surgir espontaneamente perto de acampamentos humanos em meio a sobras enriquecidas por refugo. Alguns animais tornaram-se dependentes do cuidado humano ou vulneráveis ao pastoreio realizado por humanos por compartilharem hábitats favoritos de seres humanos. Em um processo exemplar de coevolução, é possível que cães e gatos tenham adotado seres humanos para seus próprios fins — indo atrás de petiscos, acompanhando a caçada ou explorando concentrações de pequenos roedores que rondavam acampamentos humanos atrás de lixo e sobras de alimentos — e não o contrário.[8]

Uma teoria rival faz da agricultura o resultado do determinismo ambiental: o aumento da população ou o esgotamento dos recursos exigiu novas estratégias de geração de alimentos. Épocas recentes e historicamente documentadas estão cheias de exemplos de povos que adotaram a agricultura para sobreviver.[9] Entretanto, é inverossímil que o estresse possa decorrer simultaneamente do aumento da população e da escassez de recursos, visto que esta última frustraria o primeiro. E não há evidências disso em momentos relevantes da história do surgimento da agricultura. Pelo contrário, no Sudeste da Ásia a agricultura nasceu em um período de abundância de recursos tradicionais, o que proporcionou às elites o lazer de pensar em novas formas de multiplicar as fontes de alimento.[10] A agricultura foi uma ideia concebida por pessoas, não um espasmo involuntário ou uma reação inevitável.

De acordo com outra teoria outrora popular, a agricultura começou por acidente, quando forrageadores inadvertidamente deixaram cair sementes em solo fértil. Uma mulher — os adeptos dessa teoria tendem a colocar uma mulher em primeiro plano, talvez por causa de seu papel, adotado ou atribuído, de nutridora — ou algum "selvagem velho e sábio", como Charles Darwin acreditava, teria dado a largada para as primeiras experiências de nossos ancestrais com agricultura, quando, nas palavras de Darwin, "ao notar uma variedade silvestre e invulgarmente boa de plantas nativas [...] ele a transplantaria e semearia suas sementes". Nessa narrativa, a agricultura é, de fato, produto de uma ideia, mas, como Darwin continua, "dificilmente implica mais premeditação do que seria de esperar em um período incipiente e bruto da civilização".[11] Poder-se-ia colocá-la no mesmo nível de novas estratégias alimentares inventadas e disseminadas em comunidades de símios, como as inovações de Imo com batata-doce entre macacos-japoneses.

Mentes assentadas

Três contextos intelectuais tornam inteligíveis os primórdios da lavoura. Comida e bebida, afinal, servem para mais do que nutrir corpos e saciar a sede; também alteram estados mentais e conferem poder e prestígio. Podem simbolizar identidade e engendrar rituais. Em sociedades organizadas hierarquicamente, as elites quase sempre exigem mais comida do que conseguem comer, não apenas para garantir sua segurança, mas também para exibir riqueza esbanjando suas sobras.[12] Portanto, devemos levar em conta as influências políticas, sociais e religiosas sobre as estratégias alimentares.

Banquetes, por exemplo, são eventos políticos. Estabelecem uma relação de poder entre aqueles que fornecem a comida e aqueles que a ingerem. Celebram a identidade coletiva ou consolidam relações com outras comunidades. Em festas competitivas — do tipo que, como vimos, as pessoas já praticavam antes do advento da agricultura — os líderes trocam comida por lealdade. A estratégia só é exequível quando há grandes concentrações de alimentos disponíveis. As sociedades unidas por tais festividades, portanto, sempre favorecem a agricultura intensiva e o armazenamento maciço de alimentos. Mesmo onde as formas de liderança são mais frouxas ou a tomada de decisões é coletiva, o banquete pode ser um incentivo poderoso para usar a força, se necessário, para aumentar a produção de alimentos e acumular estoques substanciais. Seja como for, a ideia de agricultura é inseparável do interesse próprio das mentes diretoras.[13]

Do mesmo modo, ou alternativamente, a religião pode ter fornecido parte da inspiração. Nos mitos da maioria das culturas, o poder de fazer os alimentos crescerem é uma dádiva ou maldição divina, ou um segredo que um herói roubou dos deuses. O trabalho é um tipo de sacrifício que os deuses recompensam com nutrição. Plantio como ritual de fertilidade, irrigação como libação, cercamento como um ato de reverência a uma planta sagrada: são todas noções imagináveis. As pessoas domesticaram animais para uso em sacrifícios e profecias, não só como alimento. Muitas sociedades cultivam plantas para o altar, não para a mesa. Incenso e drogas extasiantes ou alucinatórias são exemplos, assim como o milho sacrificatório de algumas comunidades andinas e o trigo que nas tradições cristãs ortodoxas é o único grão permitido para a Eucaristia. Se a religião inspirou a agricultura, a capacidade de o álcool induzir o êxtase pode ter aumentado sua atratividade de selecionar plantas apropriadas à fermentação. Arar ou revolver o solo, semear sementes e irrigar plantas podem ter começado como ritos de nascimento e nutrição para o deus que se vai alimentar. Em suma, onde as safras são deuses, a agricultura é adoração. A agricultura pode ter nascido na mente de guias sacerdotais — que, obviamente, podem também ter sido líderes seculares.

Por fim, o conservadorismo talvez tenha tido importância, também, de acordo com o arqueólogo Martin Jones, que sugeriu que, em ambientes em aquecimento, forrageadores estabelecidos eram forçados a labutar cada vez mais nas lavouras ameaçadas pelo clima. Para preservar seu modo de vida, as pessoas precisavam carpir, cuidar, regar e peneirar, incentivando os espécimes de alto rendimento, canalizando água para eles e até transplantando-os para locais mais favoráveis. Práticas similares, como pastorear com zelo cada vez maior, ajudaram a preservar as espécies caçadas. Com o tempo, os humanos e as espécies que eles comiam acabaram presos num tipo de dependência mútua — uns incapazes de sobreviver sem os outros. Os povos que se esforçaram para manter intactas suas fontes de alimentos em um clima em transformação não queriam um novo modo de vida; queriam perpetuar o antigo. A agricultura foi uma consequência não pretendida. O processo que a fez surgir foi um processo mental, ainda direcionado a outros fins.[14]

Entretanto, a agricultura não era para qualquer um. Trabalho extremamente árduo e concentrações pouco salutares de pessoas foram algumas das consequências funestas. Outras incluíram o aumento ecologicamente perigoso da população, o risco de fome provocado pela dependência excessiva de poucas lavouras, a deficiência vitamínica quando um ou dois alimentos básicos monopolizavam a dieta do dia a dia e as novas doenças em novos nichos ecológicos, onde animais domésticos formavam — como ainda formam — verdadeiros depósitos de infecção. Não obstante, onde os novos modos de vida se firmaram, novas ideias os acompanharam e novas formas de organização social e política os seguiram, às quais podemos agora nos voltar.

A política dos agricultores: Guerra e trabalho

A agricultura exigia mais do que apenas as condições materiais certas, pois foi também o produto de um ato da imaginação — a consciência de que mãos humanas podiam remodelar a terra à imagem da geometria, com campos cultivados, marcados por bordas retas e segmentados por sulcos e valas de irrigação. Mentes alimentadas pela agricultura imaginaram cidades monumentais. Novos Estados fortes surgiram para gerir, regular e redistribuir os excedentes alimentares sazonais. Chefes deram lugar a reis. Elites especializadas proliferaram. Oportunidades de patrocínio se multiplicaram para artistas e estudiosos, estimulando o ciclo de ideias. O trabalho, organizado em escala gigantesca, tinha de ser submisso e armazéns precisavam ser policiados. O elo, pois, entre agricultura e tirania é inevitável. As guerras quase certamente se agravaram quando sedentários puseram-se a brigar entre si por terra. Os exércitos cresceram e o investimento correu solto para melhorar as tecnologias de combate.

Rituais de troca ajudavam a manter a paz. Contudo, quando fracassavam, a guerra obrigava os participantes a conceber novos tipos de comportamento. Muito se argumenta que os seres humanos são criaturas "naturalmente" pacíficas, que tiveram de ser arrancadas à força de algum tipo de era dourada de paz universal por processos sociais corruptores: a guerra, segundo a influente antropóloga Margaret Mead, "é uma invenção, não uma necessidade biológica".[15] Até recentemente, havia escassez de evidências para combater essa teoria, dado o registro arqueológico relativamente escasso de conflitos intercomunitários durante o Paleolítico. Hoje, porém, este parece ser um ponto de vista indefensável: evidências da onipresença da violência vêm se acumulando graças a estudos sobre guerras entre símios, guerras em sociedades de forrageadores sobreviventes, agressões psicológicas e sangue derramado e ossos quebrados na arqueologia da Idade da Pedra.[16] Isso corrobora as ideias do marechal de campo Bernard Law Montgomery, que, quando indagado sobre as causas de conflito, recomendava a leitura de *A vida das formigas*, de Maurice Maeterlinck.[17]

A agressão é, portanto, natural, e a violência ocorre com facilidade.[18] Como forma de obter vantagem na competição por recursos, a guerra é mais antiga que a humanidade, mas a ideia de guerrear para exterminar o inimigo é surpreendentemente tardia. Guerrear para obter ou defender recursos, para afirmar autoridade ou para amenizar temores ou prevenir ataques não requer muito esforço mental; são motivos de violência observáveis entre bestas de carga. Mas conceber uma estratégia de massacre demanda um intelectual. Chacinas implicam um objetivo visionário: um mundo perfeito, uma utopia livre de inimigos. Perfeição é uma ideia difícil de acessar, pois é muito distante da experiência cotidiana. Os relatos de perfeição da maioria das pessoas são monótonos: sempre mais do mesmo, mera saciedade ou excesso. Quase todas as visões do paraíso parecem enjoativas. Mas os primeiros perpetradores de etnocídio e de genocídio, os primeiros teóricos da carnificina, foram utopistas verdadeiramente radicais. Em algumas versões do destino dos neandertais, foi nossa espécie que os exterminou. William Golding reimaginou tal encontro — romanticamente, mas com estranha intuição de como teriam sido as florestas de faias de 40 mil anos atrás — no que considerava seu melhor romance, *Os herdeiros*: seus neandertais são pessoas simples e confiantes, enquanto as "novas pessoas" lembram invasores alienígenas sinistros e assustadores — incompreensíveis, impiedosos, estranhamente violentos até mesmo no ato de amor. Os neandertais de Golding parecem incapazes de suspeitar da estratégia de extermínio dos recém-chegados antes que seja tarde demais.

As evidências são insuficientes para confirmar o quadro traçado por Golding ou qualquer outra alegação de que nossos ancestrais planejaram a extinção dos neandertais. E guerras menores, do tipo que os chimpanzés empreendem contra tribos vizinhas, ou do tipo de grupos secessionistas que ameaçam acabar com as reservas de alimentos ou as mulheres de seus inimigos, são difíceis de identificar nos registros arqueológicos.[19] Não parece haver dúvida de que houve guerras anteriores às mais antigas evidências de guerra: a primeira batalha em grande escala que conhecemos foi travada em Jebel Sahaba, em algum momento entre 11 mil e 13 mil anos atrás, em um contexto em que a agricultura estava na infância. Mulheres e

Mentes assentadas 113

crianças estavam entre as vítimas, muitas das quais com sinais de múltiplos ferimentos. Certa mulher foi esfaqueada 22 vezes. Os motivos dos assassinos não nos são detectáveis, mas o cenário agrário leva à suposição de que o território — o pré-requisito básico da sobrevivência e da prosperidade dos agricultores — era valioso o suficiente para ser atacado e defendido pela força.[20] Por outro lado, os 27 homens, mulheres e crianças massacrados em Nataruk, no que é hoje o Quênia, há talvez cerca de 11 mil anos, eram forrageadores, embora isso não os tenha poupado das flechas e clavas que perfuraram sua carne e esmigalharam seus ossos.[21] A maneira como os agricultores fortificaram seus assentamentos aponta para a intensificação do conflito. O mesmo acontece com as "valas da morte" em que centenas de vítimas de massacres foram empilhadas 7 mil anos atrás, em território que hoje são Alemanha e Áustria.[22] Os povos que hoje praticam uma agricultura rudimentar são, com frequência, expoentes da estratégia do massacre. Quando os maring da Nova Guiné atacam uma vila inimiga, normalmente tentam acabar com a população inteira. As sociedades "avançadas" dificilmente se mostram muito diferentes nesse aspecto, exceto que suas tecnologias de massacre tendem a ser mais eficientes.

Novas formas de trabalho foram outras consequências da revolução agrícola. O trabalho se tornou uma "maldição". A agricultura exigia tarefas pesadas, enquanto governantes exploradores se mostraram hábeis em formular justificativas requintadas para fazer os outros labutarem. Na época de fartura da Idade da Pedra (ver p. 66), dois ou três dias de caça e forrageio por semana eram suficientes para alimentar a maioria das comunidades. Pelo que sabemos, os forrageadores não concebiam sua labuta como uma rotina, mas a praticavam como um ritual, com todas as cerimônias e jogos que a acompanhavam. Não tinham motivo nem oportunidade para separar lazer e trabalho.

A agricultura parece ter mudado tudo isso ao "inventar" o trabalho e compartimentá-lo como um departamento da vida distinto do lazer e do prazer. Muitas sociedades agrárias simples ainda revelam o legado do modo de ser dos caçadores e tratam a lavoura do solo como um ritual coletivo, muitas vezes divertido.[23] A maioria dos primeiros agricultores, por outro lado, não podia se dar ao luxo de manter os níveis de relaxamento do Paleolítico. Via de regra, os solos que podiam trabalhar com ferramentas rudimentares eram secos ou úmidos demais. Por isso, precisavam de valas de irrigação, escavadas com enorme esforço, ou de barragens, dragadas de modo extenuante, para elevar a plantação acima da linha d'água. As horas de esforço dedicado foram se estendendo. O trabalho tornou-se cada vez mais suscetível aos ritmos de semeadura e colheita e das tarefas diárias: capinar o solo, manter valas e diques. Cerca de 4 mil anos atrás, as "sociedades hidráulicas"[24] e os "despotismos agrários" de Mesopotâmia, Egito, vale do Indo e China da antiguidade inverteram a quantidade de tempo dedicado ao trabalho e ao lazer, forçando grande parte da população à produção incessante de alimentos, interrompida apenas, à medida que as estações se sucediam umas às outras, por gigantescas obras públicas que mantinham os camponeses e peões ocupados demais para se rebelar.

A "classe ociosa", aquela com direito a lazer, foi crescendo. Para os trabalhadores, no entanto, as consequências políticas foram terríveis. Ao contrário do que se costuma acreditar, a "ética do trabalho" não é uma invenção moderna do protestantismo ou da industrialização, mas sim um código que as elites tiveram de impor quando o trabalho deixou de ser agradável. Poetas da China e da Mesopotâmia antigas cantaram a labuta incansável nos campos. "Seis dias trabalharás" foi a maldição imposta aos expulsos do Éden. A lúgubre vocação de Caim foi lavrar a terra.[25] As mulheres parecem ter sido as que mais saíram perdendo, ao menos por um tempo: nas sociedades caçadoras, os homens tendem a se especializar em atividades relativamente perigosas, que requerem grande esforço físico, para obter alimentos. No trabalho agrícola incipiente, por outro lado, as mulheres eram no mínimo tão competentes quanto os homens em roçar, carpir e armazenar. Desse modo, à medida que a agricultura foi se disseminando, as mulheres tiveram de fazer contribuições adicionais como provedoras, sem nenhum alívio de suas inescapáveis funções na criação dos filhos e nas tarefas domésticas. A vida sedentária significou que elas podiam procriar, alimentar e criar mais bebês do que suas antepassadas nômades. É possível que fossem poupadas de certas tarefas nos campos,

Mentes assentadas

como manejar arados pesados e lidar com animais recalcitrantes, mas, em muitos aspectos, a maldição do trabalho nunca arrefeceu para nenhum dos sexos. Um paradoxo das sociedades "desenvolvidas" é que o aumento do lazer nunca nos liberta; apenas torna o trabalho uma tarefa desagradável e multiplica o estresse.

Vida cívica

A agricultura impôs problemas horrendos, mas também deu margem a oportunidades extraordinárias. As novas elites, desobrigadas de trabalhar, puderam dedicar mais tempo que nunca a pensar. Ainda que as sociedades agrárias sofressem fomes recorrentes, o contexto rotineiro era de abundância. A agricultura tornou possível o surgimento de cidades, ao tornar viável a alimentação de agrupamentos grandes o bastante para abranger toda forma de atividade econômica especializada, em que tecnologias podiam ser refinadas e melhoradas. "Um instinto social", asseverou Aristóteles, "é implantado em todos os homens pela natureza e, no entanto, quem primeiro fundou a cidade foi o maior dos benfeitores."[26]

A cidade é o meio mais radical que a mente humana idealizou para modificar o meio ambiente, sobrepondo à paisagem um novo hábitat, totalmente reimaginado e criado para propósitos que somente seres humanos poderiam conceber. Obviamente, nunca houve uma era de ouro de inocência ecológica. Até onde sabemos, as pessoas sempre exploraram seu ambiente e extraíram dele tudo o que pudessem obter. Os caçadores da Era do Gelo parecem ter se disposto a perseguir à extinção as espécies das quais dependiam. Agricultores sempre esgotaram e provocaram a erosão do solo. Ambientes construídos representam um grau extremo da ideia de desafiar a natureza — de travar guerra com outras espécies, reconfigurar a terra, remodelar o meio ambiente, reformular o ecossistema adequando-o a usos humanos e à imaginação humana. Desde o décimo milênio a.C., as habitações de tijolos em Jericó parecem oprimir a Terra com paredes de sessenta centímetros de espessura e alicerces profundos de pedra. A Jericó antiga cobria apenas 0,04 quilômetro quadrado. Cerca de três milênios depois, no que hoje é a Turquia, Çatalhüyük era mais de três vezes maior e lembrava uma colmeia, com casas semelhantes a favos interligadas não por ruas como as entendemos, mas por passarelas sobre telhados planos. As casas eram uniformes, com formatos e tamanhos padronizados para painéis, portas, lareiras, fornos e até tijolos de escala e modelo uniformes. Um retrato de uma cidade semelhante pintado em um dos muros sobrevive até hoje.

Os moradores de tais lugares talvez já imaginassem que a cidade seria o lugar ideal para passar o resto da vida. No terceiro milênio a.C., essa era certamente a opinião predominante na Mesopotâmia, onde a sabedoria tradicional definia o caos como uma época em que "tijolo algum havia sido assentado [...] cidade alguma havia sido construída".[27] Por volta do ano 2000 a.C., noventa por cento da população do sul da Mesopotâmia vivia em cidades. Só hoje o resto do mundo está quase chegando lá. Esse é o tempo que demoramos para estar perto de resolver os problemas de saúde, segurança e viabilidade que as cidades desencadeiam sobre seus habitantes. Estamos nos tornando uma espécie urbanita, mas não sabemos se conseguiremos evitar as calamidades que acometeram todas as civilizações citadinas até hoje e deram a elas a mesma sina de Nínive e Tiro.[28]

Liderança em Estados emergentes

Além de estimular a cidade, a agricultura solidificou o Estado. Os dois efeitos foram interligados. Para melhor gerir a mão de obra e policiar os estoques de alimentos, as comunidades fortaleceram os governantes. Quanto mais aumentava a produção de comida, mais bocas havia para alimentar e mais mão de obra para gerir. Poder e nutrição entrelaçavam-se como uma trepadeira, em uma espiral ascendente. Os cientistas políticos costumam distinguir entre "chefia" — a estrutura de autoridade política típica das culturas forrageadoras — e "Estado", que as sociedades agrícolas e pecuárias preferem. Na chefia, as funções do governo são

Mentes assentadas

indivisíveis: os governantes exercem todas elas — fazendo leis, resolvendo disputas, brandindo justiça, conduzindo vidas. O Estado, por outro lado, distribui essas mesmas funções entre vários especialistas. Segundo Aristóteles, o Estado foi uma resposta ao crescimento populacional: a primeira sociedade foi a família, depois a tribo, a vila e, por fim, o Estado. A vila constituiu uma fase crucial: a transição para a vida sedentária, a substituição da caça e da coleta pela pecuária e a agricultura. O Estado foi a culminação: "a união de famílias e aldeias em uma vida perfeita e autossuficiente".[29] Ainda confiamos nesse tipo de narrativa sobre um passado longínquo e desconhecido. Segundo o modelo usual dos sociólogos e cientistas políticos, os chefes governavam "bandos" itinerantes, mas quando as pessoas se fixaram os bandos se tornaram Estados e as chefias se tornaram reinados.

Seja como for, ideias rivais de Estado podem ser discernidas em imagens políticas desde o terceiro e segundo milênios a.C. No Egito antigo, por exemplo, a imagem mais comum era a do Estado como um rebanho, do qual o rei cuidava como um pastor, refletindo, talvez, uma diferença efetiva entre as ideias políticas dos pastores e dos forrageadores. A agricultura aumenta a competição por espaço e, portanto, fortalece as instituições de governo, visto que disputas e guerras se multiplicam; num conflito, líderes eletivos qualificados por sua coragem, destreza ou sagacidade tendem a expulsar patriarcas e anciãos do comando supremo. Em tais circunstâncias, a "liberdade primitiva", se alguma vez existiu, levaria a um executivo forte. Textos mesopotâmicos da época prescrevem obediência a impositores draconianos — ao vizir nos campos, ao pai na casa, ao rei em tudo. "A palavra do rei é certa", diz um texto representativo; "sua palavra, como a de um deus, não pode ser alterada."[30] O rei se eleva sobre qualquer outra pessoa retratada nos relevos da Mesopotâmia, enquanto come e bebe; ele recebe suplicantes e tributários, e iça tijolos para construir cidades e templos. Era prerrogativa do rei dar forma ao primeiro tijolo feito de lama para qualquer edifício público. Os fornos do Estado estampavam tijolos com nomes da realeza, e era a magia dessa realeza que transformava lama em civilização. Entretanto, a autocracia existia para servir aos cidadãos, mediar com os deuses, coordenar a lavoura e a irrigação, armazenar alimentos para tempos difíceis e distribuí-los para o bem comum.

Até o Estado mais benigno tiraniza alguém, pois a boa cidadania exige adesão — às vezes por consentimento, mas sempre pela força — ao que os cientistas políticos chamam de contrato social: a renúncia, para a comunidade, a algumas das liberdades que um indivíduo solitário esperaria desfrutar. Contudo, ninguém até hoje encontrou maneira mais justa ou prática de regular as relações entre grande número de pessoas.[31]

Cosmologias e poder: Binarismo e monismo

Para controlar Estados cada vez mais populosos, os governantes precisavam de novos quadros de servidores profissionais e de formas convincentes de legitimar seu poder. Seu ponto de partida foi a imagem de mundo que os agricultores haviam herdado dos forrageadores que os precederam. Em todas as épocas, as pessoas buscam coerência, isto é, o entendimento que resulta da harmonia de sentimentos ou de percepções com outras informações. A busca de um padrão universal — um modelo significativo no qual se encaixem todas as informações disponíveis sobre o universo — percorre a história do pensamento. Pelo que sabemos, a primeira ideia que as pessoas tiveram para dar sentido a tudo que existe foi dividir o cosmo em dois. Chamo essa ideia de binarismo (ou dualismo, embora seja melhor evitar essa confusa designação tradicional já utilizada para muitas outras ideias).

O binarismo concebe o universo em duas partes — satisfatoriamente simétrico e, portanto, ordenado. Na maioria dos modelos, dois princípios conflitantes ou complementares são responsáveis por tudo o mais. O equilíbrio entre eles regula o sistema, e a fluência ou fluxo torna-o mutável. A ideia provavelmente surgiu de uma ou de ambas as seguintes vivências. Primeiro, tão logo pensamos em algo, nós o dividimos e o separamos de todo o resto: temos, pois, duas categorias complementares que, juntas, abrangem tudo. Tão logo concebemos x, implicamos uma segunda classe, a classe não x, digamos. Como alguém espirituoso observou certa vez: "Existem duas clas-

Mentes assentadas

ses de pessoas no mundo: aquelas que acham que o mundo é dividido em duas classes de pessoas e aquelas que não acham". Segundo, o binarismo surge da observação da vida — que num exame superficial parece ser, toda ela, ou masculina ou feminina — ou do meio ambiente, que pertence, todo ele, ou à terra ou ao ar. Os sexos se interpenetram. Céu e terra se beijam e colidem. Os elementos do binarismo impressionam mentes observadoras.

O binarismo molda os mitos e a moral daqueles que acreditam nele — e, a julgar pelos registros antropológicos de cosmologias em comum, tais pessoas foram e ainda são numerosas, habitando um mundo concebido por seus mais remotos antepassados. Entre as muitas descrições conflitantes do cosmo, uma das imagens mais frequentes é a de equilíbrio instável ou complementaridade entre forças duais, como luz e trevas ou mal e bem. Uma geração passada de estudiosos interpretou as pinturas rupestres da Era do Gelo na Europa como evidência de que os caçadores classificavam mentalmente todas as coisas que viam em duas categorias conforme o gênero de cada uma[32] (embora os falos e as vulvas que os estudiosos detectaram nos desenhos possam muito bem ser armas e cascos, ou parte de algum código desconhecido de símbolos). Alguns dos primeiros mitos de criação que conhecemos representam o mundo como resultado de um ato de procriação entre a terra e o céu. Uma imagem desse tipo de união criativa continuava influente na Atenas clássica. Um personagem de uma peça de Eurípides afirma que "ouvi de minha mãe como o céu e a terra eram uma só forma e, ao se separarem, parturejaram todas as coisas e criaram a luz, árvores, coisas voadoras, bestas, criaturas do mar salino e a espécie humana".[33] A maioria dos novos sistemas de pensamento que, nos últimos 3 mil anos, alegou descrever o universo rejeitou o binarismo, apesar de exceções, como o taoismo, que teve influência formativa na China e muito contribuiu para a história do pensamento onde quer que a influência chinesa tenha tocado. No judaísmo convencional, o universo é uno, mas Deus começou a criá-lo separando a luz das trevas. O cristianismo rejeita formalmente o binarismo, mas absorveu muita influência dele, incluindo a noção, ou pelo menos as imagens, de potestades angélicas da luz em combate perpétuo com forças satânicas das trevas.

Em data desconhecida, uma nova cosmologia surgiu para desafiar o binarismo: o monismo, a doutrina de que há na verdade apenas uma só coisa, que abarca toda a aparente diversidade do cosmo. No primeiro milênio a.C., essa ideia tornou-se corriqueira. Sábios pré-socráticos que afirmavam o mundo como uno provavelmente estavam sendo literais: tudo faz parte de todo o resto. Em meados do século VI a.C., Anaximandro de Mileto acreditava haver uma realidade infinita e eterna para "abranger todos os mundos".[34] Uma ou duas gerações depois, Parmênides, a quem encontraremos novamente como um dos primeiros expoentes do racionalismo puro, diria: "Não há e não haverá nada além do que é […]. Tudo é contínuo, pois o que é mantém-se próximo do que é".[35] De acordo com essa linha de raciocínio, não há nenhum número entre o um e o infinito, que são iguais um ao outro e compartilham os limites um do outro, vinculando e imbricando tudo. Todos os números supostamente intermediários são ilusórios ou meros dispositivos clássicos que adotamos por questão de conveniência. Dois são um par; três, um trio; e assim por diante. Podemos enumerar cinco flores, mas não existe "cinco" independentemente das flores ou de seja lá o que estiver em questão. A "cinquicidade" não existe, mas a "unicidade" sim. Um satirista de cerca de 400 a.C. reclamou dos monistas de sua época: "Eles afirmam que tudo o que existe é um, é simultaneamente um e tudo — mas não são capazes de concordar sobre como chamá-lo".[36] Todavia, os monistas parecem imunes à sátira. Onde quer que ideias tenham sido documentadas, o monismo aparece. "Identifique-se com a não distinção", afirmou o lendário taoista Zhuangzi.[37] No século IV a.C., Hui Shi expressou o mesmo tipo de pensamento: "Zele indiscriminadamente pelas miríades de coisas: o universo é um".[38]

A ideia monista foi tão proeminente durante os séculos formativos da história do pensamento eurasiano que é tentador supor que deve ser muito, muito antiga. A primeira menção a ela está nos Upanishades — documentos notoriamente difíceis de datar. O Kenopanishade é um dos primeiros, consagrando tradições que remontam ao segundo milênio a.C. Conta a história de uma rebelião cósmica. Os poderes da natureza se revoltaram contra a própria natureza e deuses menores desafiaram a supremacia de

Mentes assentadas

Brama. Mas o fogo não era capaz de queimar palha sem Brama. O vento não era capaz de soprar a palha sem Brama. Por si sós, esses textos talvez não sugiram mais do que a doutrina de que Deus é onipotente ou de que existe um deus onipotente: ensinamentos semelhantes aos do judaísmo, do cristianismo e do islamismo. Em contexto, porém, uma convicção mística mais genérica parece estar em ação: a unicidade do universo, infinito e eterno — uma "teoria de tudo" sem precedentes em civilizações anteriores. Nos Upanishades posteriores, "Brama" é, de fato, definido claramente como a realidade única que abrange tudo.

Nascido talvez em algum lugar da Índia, o monismo se espalhou para a Grécia e a China durante o primeiro milênio a.C. Tornou-se uma doutrina principal do hinduísmo — poderíamos dizer até que é a doutrina que o define. A unicidade de tudo e a equação "infinito = um" continuaram exercendo seu fascínio. O monismo, por conseguinte, é uma daquelas ideias antigas que nunca deixaram de ser modernas. Hoje, o monismo prático é chamado holismo e consiste na crença de que, como tudo está interconectado, nenhum problema pode ser enfrentado isoladamente. É uma boa receita para nunca se fazer nada a respeito de nada. Uma forma atenuada de holismo, no entanto, tornou-se hoje extremamente influente na resolução de problemas: tudo é visto como parte de um sistema maior e interconectado, e toda dificuldade deve ser resolvida pensando-se no todo sistemático.[39] Não modifique a legislação tributária, um holista moderno poderia dizer, sem levar em conta a economia como um todo; não estenda o alcance do código criminal sem pensar no sistema judicial como um todo; não trate doenças físicas sem ter em mente efeitos psíquicos.

À primeira vista, o monismo pode não ter consequências políticas, sociais ou econômicas óbvias. No entanto, suscita outras ideias sobre como o mundo funciona, com consequências políticas. Se tudo é interconectado, indícios de eventos em uma esfera devem ser encontrados em outra. Se, por exemplo, o voo dos pássaros, as estrelas, o clima e as fortunas individuais estão todos ligados, esses vínculos podem ser rastreáveis. Este é o raciocínio por trás da adivinhação oracular.

Oráculos e reis: Novas teorias de poder

Intimidade com os espíritos confere tremendo poder aos médiuns. Diante disso, a maioria das sociedades desenvolveu meios alternativos de se comunicar com os deuses e com os mortos, buscando fendas no muro da ilusão, através das quais penetrariam raios de luz vindos de um mundo que parece mais real — mais próximo da verdade — que o nosso. Desses novos métodos, o primeiro que conhecemos foram os oráculos, legíveis "no livro da natureza". O santuário mais antigo dos gregos ficava em um bosque de Dodona, onde era possível ouvir os deuses no gorgolejar do riacho e no farfalhar das folhas. Aberrações — afastamentos das normas naturais — também podem codificar mensagens. A literatura remanescente mais antiga do mundo, da Mesopotâmia, no segundo milênio a.C., é repleta de alusões a presságios: os deuses revelam agouros em anomalias climáticas ou em alinhamentos raros de corpos celestes. Irregularidades semelhantes tipificam outras fontes de sabedoria oracular. Manifestações raras ou mutações no céu noturno podem ser reveladoras. O mesmo vale para guinadas súbitas no voo dos pássaros ou para pontos estranhos nas vísceras de animais sacrificados, de tal modo que, para os mesopotâmicos antigos, fígados de carneiros eram "tábuas dos deuses". Mensagens da mesma fonte divina podiam ser vociferadas em vulcões, terremotos ou chamas de aparente combustão espontânea. O comportamento de criaturas especialmente designadas para tal fim, como os gansos sagrados da Roma antiga ou as galinhas envenenadas dos feiticeiros dos azandes no Sudão nilótico, pode ter profecias a revelar. As folhas de chá dos ciganos são resquícios de uma tradição de libações para os deuses. Alguns oráculos antigos deixaram registros de seus pronunciamentos. Na China, por exemplo, centenas de milhares de documentos do segundo milênio a.C. sobreviveram no lodo da grande curva do rio Amarelo: fragmentos de ossos e de conchas aquecidos até se romperem e revelarem segredos, como mensagens rabiscadas em tinta invisível. Previsões anunciadas ou lembranças confidenciadas por espíritos ancestrais eram legíveis no formato das rachaduras. Intérpretes ou seus assistentes

Mentes assentadas 123

muitas vezes rabiscavam leituras ao lado das fissuras, como se as traduzissem. Autores de crimes são revelados, juntamente com indicações de tesouros escondidos e o nome das pessoas que os deuses escolheram para tal cargo.

A maioria dessas leituras, como os oráculos celestes da Mesopotâmia, são mensagens oficiais, evidentemente enredadas para legitimar políticas de Estado. Tais oráculos eram inestimáveis para partes contendentes de sociedades em que o poder crescente do Estado desafiava as elites sacerdotais por influência sobre a vida dos súditos. Ao quebrar o monopólio dos xamãs como mensageiros espirituais, os oráculos diversificaram as fontes de poder e potencializaram a competição política, pois podiam ser lidos por sacerdotes especializados ou governantes seculares, que encontravam neles recomendações diferentes daquelas que os xamãs afirmavam receber dos deuses. As autoridades políticas podiam controlar santuários e manipular as mensagens. Do mesmo modo como, em virtude de seu acesso ao mundo espiritual, os xamãs paleolíticos dançavam e percutiam para chegar a posições de comando, também os reis dos Estados agrários se apropriavam da autoridade dos xamãs e usurpavam suas funções. A ascensão dos oráculos pode ser considerada uma das primeiras grandes revoluções políticas do mundo. Fortalecidos pelos oráculos, os Estados pouco a pouco deixaram de amparar os médiuns espirituais e os submeteram a controle ou perseguição. Os xamãs resistiram — e na China, enquanto o império perdurou, continuaram intervindo na tomada de decisões políticas conforme os caprichos deste ou daquele imperador —, mas cada vez mais foram se retirando ou sendo excluídos da política. Tornaram-se mediadores ou guias da magia popular e profetas dos pobres.[40]

Reis divinos e ideias de império

"Os lábios do rei falam como um oráculo", diz um dos provérbios do Antigo Testamento. Os governantes que adquiriam funções oraculares ocupavam uma posição essencial entre os homens e os deuses, e essa relação levou-os a uma reivindicação ainda mais enfática: a de que um governante é um deus. Antropólogos e historiadores antigos reuniram centenas, talvez milhares de exemplos. Tal mecanismo é uma maneira prática de legitimar o poder e proscrever a oposição. Como isso aconteceu?

O bom senso nos sugere uma sequência provável: os deuses vieram primeiro; os reis os seguiram; esses reis então se reclassificaram como deuses a fim de reforçar seu poder. Contudo, é claro que os eventos nem sempre estão em conformidade com o bem comum. Alguns historiadores pensam que os governantes inventaram deuses para entorpecer e desarmar a oposição. Foi o que Voltaire insinuou, foi no que Karl Marx acreditou. E, em alguns casos, eles parecem estar certos. "Ouvi vós minhas palavras", diz uma inscrição faraônica típica, que, como a maioria das primeiras declarações escritas de governantes, captura o timbre de fala e evoca a presença do rei. "Eu vos falo e vos digo que sou o filho de Rá, e vim de seu corpo. Sento-me em seu trono e regozijo-me. Pois ele me fez rei."[41] É difícil entender o que os egípcios queriam dizer quando afirmavam que seu rei era um deus. Um faraó podia ostentar o nome e exercer as funções de muitos deuses, de modo que não havia uma identidade unívoca com essa ou aquela divindade. Algo que talvez nos ajude a entender melhor é o hábito egípcio antigo de criar imagens e erguer santuários como lugares onde os deuses, se quisessem, poderiam se manifestar. A imagem "era" o deus quando o deus escolhia se mostrar ao habitá-la. Em certas caracterizações — incluindo talvez algumas das mais antigas —, o deus supremo, Ísis, era seu próprio trono deificado. E o faraó podia ser um deus nesse mesmo sentido: talvez os autores do Gênesis insinuassem algo semelhante quando afirmaram que o homem é a imagem de Deus.

A ideia de um deus-rei tornou o poder real mais genuíno e mais eficaz. Na antiga correspondência diplomática conhecida como Cartas de Amarna, a linguagem abjeta dos tributários do Egito é quase audível. "Ao rei, meu senhor e meu deus-Sol", escreveu um governante de Siquém, em Canaã, em meados do século XIV a.C. "Sou Lab'ayu, vosso servo e o chão em que pisais. Aos pés do meu rei e meu deus-Sol sete vezes e sete vezes eu me prostro."[42] Por volta de 1800 a.C., o tesoureiro Sehetep-ib-Rá escreveu

Mentes assentadas

"um desígnio da eternidade e um modo reto de viver" para seus filhos. O rei, afirmou, era o deus-Sol Rá, só que melhor: "Ele ilumina o Egito mais que o sol e mais que o Nilo torna a terra verdejante".[43]

O modelo egípcio de realeza divina tornou-se comum mais tarde. Em sua época, porém, outras formas de governo prevaleciam em outras civilizações. Não restaram evidências de reis no vale do Indo, onde grupos colaborativos, alojados em palácios semelhantes a dormitórios, administravam os Estados. Na China e na Mesopotâmia, os monarcas não eram deuses (embora os deuses os legitimassem e justificassem suas guerras). A ascensão dos governantes rumo aos céus ajudou-os a preservar horizontes mais vastos, pois mediavam com o paraíso celeste, asseguravam o obséquio divino e agiam com base nos sinais do futuro que os deuses consentiam em lhes confiar. Os deuses adotavam os reis, elevando-os não necessariamente ao status divino, mas ao de seus representantes, e à oportunidade ou à obrigação de reivindicarem para si direitos divinos no mundo. Os governantes escolhidos recebiam não apenas as heranças que lhes eram devidas, mas também o título de domínio sobre o mundo. Na Mesopotâmia, costuma-se atribuir a Sargão, rei de Acádia por volta de 2350 a.C., o primeiro império de aspiração universal. De fortalezas localizadas nas terras altas, seus exércitos avançaram rio abaixo em direção ao golfo Pérsico. "Pujantes montanhas com machados de bronze eu conquistei",[44] declarou Sargão num fragmento de crônica que chegou até nós. Ele desafiou os reis que o sucederiam a fazer o mesmo. Na China, durante o segundo milênio a.C., o crescimento do Estado para além das regiões centrais do curso médio do rio Amarelo estimulou as ambições políticas, que se tornaram ilimitadas.

Religião e filosofia conspiraram para que isso acontecesse. O céu era uma deidade irresistível: vasto, aparentemente incorpóreo, mas repleto de dádivas de luz, calor e chuva, e também de ameaças de tempestade, fogo e inundação. Os limites do céu eram visíveis no horizonte, conclamando os Estados a alcançá-los e a cumprir uma espécie de "destino manifesto" — um reflexo da ordem divina. O imperialismo convinha ao monismo. Um mundo unificado corresponderia à unidade do cosmo. Na época do Reino do Meio, os egípcios acreditavam que seu Estado já abrangia todo o mundo que importava: além de suas fronteiras havia apenas selvagens subumanos. Na China, por volta do início do primeiro milênio a.C., a expressão "mandato do céu" entrou em uso. Na Ásia central, os amplos horizontes, as imensas estepes e os vastos céus encorajavam ideias semelhantes. Gengis Khan evocou uma tradição antiga quando proclamou: "Assim como o céu é um reino, a Terra deve ser um império".[45]

Por centenas, talvez milhares de anos, todos os impérios da Eurásia aspiraram ao universalismo. Todo conquistador que reunificou uma parte substancial da China, da Índia ou da Europa adotou o mesmo programa após cada dissolução. Alguns, como Alexandre, o Grande, no século IV a.C., ou Átila, no século V d.C., conseguiram realizá-lo ou, pelo menos, estabelecer impérios que ultrapassaram brevemente os limites tradicionais. Mesmo após os colapsos de Roma e da Pérsia, a cristandade medieval e o islã herdaram a ambição de abarcar o mundo inteiro. Na China, os governantes aceitaram que havia reinos "bárbaros" fora de seu alcance, mas mesmo assim afirmaram supremacia teórica sobre eles. Ainda hoje, quando a experiência amarga dos universalismos fracassados tornou a pluralidade política a única realidade viável para o planeta, idealistas continuam revivendo o "governo mundial" como parte de uma visão para o futuro. Seus primeiros proponentes foram os governantes da Antiguidade, que pretendiam chegar a ele por meio da conquista.

O advento dos profissionais: Intelectuais e legistas nos primeiros Estados agrários

Estados precisam de intelectuais para conduzir o governo, maximizar recursos, persuadir súditos, negociar com Estados rivais e barganhar com fontes rivais de autoridade. Não conhecemos o nome de nenhum pensador político antes do primeiro milênio a.C. (a menos que os próprios governantes pensassem por si, o que não é impossível porém seria incomum), mas podemos detectar algumas de suas ideias graças a uma tecnologia desen-

Mentes assentadas

volvida por profissionais: a notação simbólica sistemática, o que chamamos "escrita". A nova tecnologia permitia inscrever as ordens e experiências dos reis em monumentos, comunicá-las em missivas e torná-las imortais. Podia estender o alcance de um governante muito além do âmbito de sua presença física. Desde então, todas as ideias de alguma importância foram expressas por escrito.

Fora da esfera política, a maioria das pessoas vê na escrita uma qualidade misteriosa e fascinante, e a considera uma das ideias mais inspiradoras e libertadoras de todos os tempos. A escrita desencadeou a primeira explosão de informações. Conferiu novos poderes de comunicação e autoexpressão. Ampliou a comunicação. Deu início a todas as revoluções subsequentes do pensamento. Permitiu estender a memória de maneira inédita (ainda que não necessariamente precisa). Contribuiu para a acumulação do conhecimento. Sem ela, o progresso estagnaria ou seria muito mais lento. Mesmo com emojis e multinacionais de telecomunicações, não encontramos um código melhor. A escrita mostrou-se algo tão poderoso que, nos mitos registrados da maioria dos povos, sua origem é atribuída aos deuses. Teorias modernas sugerem que ela se originou nas hierarquias políticas ou religiosas, que precisavam de códigos secretos para se manter no poder e registrar sua magia, suas adivinhações e suas supostas comunicações com os deuses.

As verdadeiras origens da escrita, contudo, são surpreendentemente prosaicas.

Sem fascínio ou mistério algum, foi uma invenção mundana que, até onde podemos dizer, teria surgido entre mercadores cerca de 5 mil a 7 mil anos atrás. Se desconsiderarmos os sistemas de símbolos encontrados na arte paleolítica, os primeiros exemplos de escrita aparecem em três discos de argila enterrados há cerca de 7 mil anos na Romênia, sem indicação alguma de para que serviam. Na maioria das civilizações, os primeiros exemplos conhecidos são, indiscutivelmente, etiquetas ou rótulos de comerciantes, ou anotações de tipos, quantidades e preços de mercadorias feitas por coletores de impostos ou tributos. Na China, onde os primeiros exemplos conhecidos de escrita foram descobertos recentemente, as marcas foram feitas em potes e vasos; na Mesopotâmia, outrora aclamada como o berço da escrita, símbolos semelhantes a cunhas eram pressionados em finas placas de argila; no vale do Indo, utilizavam-se selos com inscrições para marcar fardos de produtos agrícolas. Em suma, a escrita começou com propósitos triviais, para registrar coisas insípidas que não mereciam ser guardadas na memória.

A boa literatura e os registros históricos importantes eram valiosos o suficiente para ser aprendidos de cor e transmitidos de boca em boca. As obras-primas dos bardos e o discernimento dos sábios começam como tradições orais e, quase sempre, séculos passam até que os admiradores os consignem à escrita, como se a própria caligrafia fosse profanação. Os tuaregues do Saara, que têm escrita própria, continuam deixando seus melhores poemas por escrever. Quando surgiu a escrita, os hierofantes a trataram com desconfiança ou desprezo. No relato jocoso de Platão sobre a invenção da escrita:

"Esta é uma instrução, ó rei, que fará os egípcios mais sábios e de melhor memória. Pois foi descoberta como uma droga para a memória e sabedoria." A que o outro [Tamos] respondeu: "Engenhoso Theuth, um é aquele capaz de engendrar as artes, mas outro o que julga qual o lote de dano e utilidade trará a quem delas se servir. E tu, sendo o pai da escrita e por querer-lhe bem, dizes agora o contrário do poder que ela tem. Pois, por descuidar da memória, a escrita produzirá esquecimento nas almas dos que se instruírem, posto que, por uma persuasão exterior e pela ação de sinais estranhos, e não mais do interior de si e por si mesmos, recordarão. Portanto, descobriste uma droga não para a memória, mas para as recordações".[46]

A resposta já antevia queixas que ouvimos hoje em dia sobre os computadores e a internet. Não obstante, a escrita foi uma tecnologia irresistível universalmente. A maioria das pessoas que sabem escrever o faz para cada pensamento, sentimento ou fato que deseja preservar ou comunicar.[47]

Os profissionais que adaptaram a escrita às necessidades do Estado também tiveram a ideia de codificar a lei. Os primeiros códigos não so-

Mentes assentadas

breviveram, mas é provável que fossem generalizações de casos exemplares transformadas em preceitos aplicáveis a classes inteiras de casos. No Egito, como a lei continuou na boca do faraó divino, a codificação não foi necessária. Os primeiros códigos conhecidos vêm da Mesopotâmia, onde, como vimos, o rei não era um deus. Dos códigos de Ur, do terceiro milênio a.C., apenas listas fragmentárias de multas sobreviveram. Mas o código do rei Lipit-Ishtar, da Suméria e Acádia, do início do século XIX a.C., é uma tentativa de regulamentação abrangente da sociedade. Esclarece leis inspiradas e ordenadas "de acordo com a palavra" do deus Enlil, a fim de fazer "os filhos sustentarem o pai e o pai, os filhos [...], abolir a inimizade e a rebelião, eliminar o pranto e a lamentação [...], propiciar justiça e verdade e proporcionar bem-estar a Suméria e Acádia".[48]

Um acidente levou Hamurabi, governante da Babilônia, na primeira metade do século XVIII a.C., a ser injustificadamente celebrado: como seu código foi levado para a Pérsia como despojo de guerra, sobrevive intacto, gravado em pedra, encimado por um relevo que mostra o rei recebendo o texto das mãos de um deus. O epílogo deixa claro o motivo de colocar tudo por escrito: "Que cada homem oprimido que tenha uma causa justa venha à presença da estátua de mim, o rei da justiça, leia atentamente a inscrição em minha pedra e atente às minhas ponderadas palavras. Possa o meu monumento esclarecer-lhe sua causa".[49] O código, a pedra do código, estava lá como substituto da presença física e do pronunciamento do governante.

A noção de uma aliança divina estava obviamente presente nesses primeiros códigos de direito. As "Leis de Moisés", no entanto — códigos hebraicos do primeiro milênio a.C. —, tinham uma característica nova: foram lançadas como um tratado que um legislador humano negociara com Deus. Embora Moisés a houvesse mediado, a lei ainda dependia da sanção divina para legitimidade. Deus redigiu no mínimo alguns dos mandamentos "com seu próprio dedo" e até se dignou a emitir uma segunda edição, por assim dizer, depois que Moisés quebrou as tábuas originais. Segundo o capítulo 24 do Livro do Êxodo, que possivelmente traz uma versão alternativa ou, talvez, um relato dos meios de transmissão de algumas outras leis, o amanuense de Deus anotou o restante dos preceitos ditados por Ele. Em todos os outros lugares que conhecemos, a identificação da lei com a vontade divina prevaleceu, até que teorias seculares da jurisprudência surgiram na China e na Grécia em meados do primeiro milênio a.C.

Até nossos dias, ideias rivais colidem com o direito codificado: ou a lei é um corpo de tradição herdado de nossos antepassados, cuja codificação pode provocar redução e rigidez, ou é uma expressão da justiça e pode ser aplicada e reaplicada independentemente em todos os casos, por referência a princípios. Na prática, a codificação se mostrou insuperável: ela torna as decisões dos juízes verificáveis objetivamente mediante comparação com o código; se as circunstâncias exigirem, ela pode ser revista e revisada; adapta-se bem às democracias, porque transfere o poder dos juízes (os quais, na maioria das sociedades, são, em graus variados, uma elite que se autoelege) para os legisladores, que supostamente representam o povo. Aos poucos, quase todas as leis acabaram codificadas. Mesmo quando princípios de jurisprudência entram em conflito — como na Inglaterra e em outros lugares onde, graças à maneira como o Império Britânico moldou as tradições da jurisprudência, equidade e costume ainda têm um lugar privilegiado nas decisões dos juízes —, estatutos por escrito tendem a prevalecer sobre o costume e os princípios na formação das decisões judiciais.

O rebanho e o pastor: Pensamento social

O direito é um elo entre política e sociedade: são os meios pelos quais os governantes tentam influenciar o modo como as pessoas se comportam umas com as outras. Mesmo nas multiformes burocracias que redigiram leis e produziram novas justificativas, às vezes aterradoras, do poder do Estado, podemos vislumbrar novas ideias sociais. De um modo geral, as doutrinas em questão refletem os objetivos benignos de muitos dos primeiros códigos de leis, a maioria dos quais se preocupava em regular as relações entre classes, sexos e gerações.

Mentes assentadas

A ideia da igualdade de todas as pessoas é um exemplo disso. Julgamos que seja um ideal moderno. É verdade que esforços sérios para realizá-la só foram empreendidos de maneira sistemática nos últimos duzentos anos, mas a ideia desponta em todas as épocas. Quando ela surgiu?

Uma doutrina da igualdade foi registrada pela primeira vez em um famoso texto egípcio saído dos lábios de Amon-Rá: o deus diz que criou "todos os homens como seus semelhantes" e enviou ventos "para que todo homem pudesse respirar como seus semelhantes" e inundações "para que os pobres possam ter direitos em si como os ricos".[50] Todavia, más ações haviam produzido desigualdades, as quais eram, no entanto, responsabilidade exclusivamente humana. O texto aparece com frequência nos caixões egípcios do segundo milênio a.C., mas é possível que tenha uma longa pré-história. Alguns estudiosos argumentam que se trata de uma espécie de memória coletiva de uma fase primordial, uma "era de ouro" de inocência primitiva, quando as desigualdades eram menores do que nos tempos históricos, ou de um passado pré-social, como Rousseau imaginava, ou de um passado supostamente comunitário de forrageadores. A noção tem algumas mentes de alto calibre do seu lado. Como bom cristão e bom marxista, Joseph Needham, o insuperável historiador da ciência chinesa, compartilhava o ódio aos senhorios tão comum nas canções chinesas do século VII a.C. Como acusou certo cancionista referindo-se aos senhorios: "Vocês não semeiam. Vocês não colhem. Então, de onde vocês tiram os produtos dessas trezentas fazendas?".[51] Para Needham, as canções seriam ecos de "um estágio da sociedade primeva anterior ao [...] protofeudalismo da era do bronze e à instituição da propriedade privada".[52]

Nunca houve tal época para ser lembrada; ela, contudo, pode muito bem ter sido imaginada. A maioria das culturas invoca algum mito dos bons e velhos tempos para denunciar os vícios do presente: "os tempos que vieram depois dos deuses", como a antiga sabedoria proverbial egípcia os chamava, quando "os livros sapienciais eram suas pirâmides: há alguém aqui como [eles]?".[53] Na Mesopotâmia, no segundo milênio a.C., o *Gilgamesh*, a epopeia mais antiga do mundo a sobreviver, delineia um tempo antes de canais, superintendentes, mentirosos, doenças e senectude.

O *Mahabharata*, supostamente o poema mais longo do mundo, condensou antigas tradições indianas sobre o mesmo assunto no século IV ou V a.C.: um mundo ainda não dividido entre ricos e pobres, no qual todos são igualmente abençoados.[54] Pouco depois, o livro chinês conhecido como *Os escritos de Chuang Tsu* descreveu um antigo "estado de pura simplicidade", quando todos os homens e todas as criaturas eram um só, antes que sábios, altos funcionários e artistas corrompessem a virtude e a liberdade natural.[55] No resumo que Ovídio faz da correspondência entre as tradições grega e romana, os primeiros humanos viviam a vida em plena serenidade, tendo apenas a razão — a lei codificada em seus corações — para regê-los; a hierarquia não faria o menor sentido.[56]

A ideia de igualdade se originou em mitos, exaltada por muitos, acreditada por poucos. Quando, vez ou outra, os idealistas a levaram a sério, quase sempre provocou rebeliões violentas dos desfavorecidos contra a ordem dominante. A igualdade é impraticável, mas é mais fácil massacrar os ricos e poderosos do que elevar os pobres e oprimidos. Chamamos rebeliões bem-sucedidas de "revoluções", as quais costumam proclamar a igualdade, especialmente em tempos modernos, como veremos aqui e ali no restante deste livro. Mas nenhuma revolução alcançou a igualdade por muito tempo.[57]

Logo, os igualitaristas em geral se esforçam apenas para reduzir a desigualdade ou combatê-la seletivamente. As mulheres estão entre as pessoas que eles comumente parecem não levar em conta. Teorias que pretendem explicar ou justificar a inferioridade feminina surgem com frequência nas fontes dos terceiro e segundo milênios a.C. que sobreviveram, em aparente tensão com as evidências (ou, no mínimo, afirmações frequentes) de que o culto a uma deusa-mãe foi a — ou uma — religião universal primordial. Muitas feministas gostariam que essas afirmações fossem verdadeiras, mas será que são?

Os caçadores paleolíticos, como vimos, esculpiam figuras femininas, e é tentador ver nelas representações de uma Mãe Terra primeva. Mas essas esculturas poderiam muito bem ter sido talismãs, ou acessórios em rituais de nascimento, ou oferendas de fertilidade ou falos artificiais. As

Mentes assentadas

primeiras sociedades agrárias, por outro lado, honravam deidades femininas; em muitos casos sobreviventes, os retratos de deusas apresentam traços notavelmente consistentes.

No que pode ser chamado de um dos primeiros sítios urbanos escavados, Çatalhüyük, na Anatólia, uma mulher verdadeiramente magnífica, com barriga de grávida, seios pendentes e quadris esteatopígios, nua exceto por um filete ou diadema, está sentada em trono de leopardo. Suas mãos repousam sobre a cabeça de grandes felinos, cujas caudas se enrolam em torno dos ombros dela. Imagens semelhantes de "amantes de animais" sobrevivem em todo o Oriente Próximo. Em Tarxien, em Malta, um dos primeiros templos de pedra do mundo abriga uma personificação semelhante de maternidade divina sendo atendida por figuras femininas menores, apelidadas de "belas adormecidas" pelos arqueólogos. Textos mesopotâmicos do segundo milênio a.C. aclamam certa deusa como "o útero-mãe, criadora dos homens".[58] Os pensadores da Antiguidade parecem não endossar a notória opinião de Nietzsche de que "a mulher foi o segundo erro de Deus".[59]

A existência de um único culto universal parece inerentemente improvável; mas as evidências de uma maneira bastante difundida de entender e venerar a mulher são incontestáveis. Até em culturas sem nenhuma conexão conhecida entre si, o mesmo corpo estilizado, de quadril grande (familiar no mundo artístico contemporâneo para aqueles que conhecem o trabalho do artista colombiano Fernando Botero), aparece na arte indígena americana e na arte aborígene australiana. A arqueologia das deusas estimulou a elaboração de duas teorias influentes, mas pouco sólidas: a primeira, de que os homens suprimiram o culto às deusas quando assumiram o controle da religião há milhares de anos; a segunda, de que o cristianismo se apropriou do que restara da tradição das deusas e incorporou-o ao culto da Virgem.

Por mais implausíveis que essas teorias possam parecer, é provável que, de fato, os homens tenham sido responsáveis pela ideia de que as mulheres são inferiores. Parece contraintuitivo. As mulheres conseguem fazer quase todas as mesmas coisas que os homens. Exceto nos extremos, onde há homens fisicamente mais fortes do que qualquer mulher, elas são capazes de fazer tudo, em média, igualmente bem. Em seu papel na reprodução da espécie, a maioria dos homens é estritamente supérflua. As mulheres são literalmente mais preciosas, pois uma sociedade pode dispensar quase todos os seus homens e ainda se reproduzir: é por isso que os homens costumam ser bucha de canhão nas guerras. Sempre foi fácil considerar, certo ou errado, as mulheres como sagradas, dada a maneira como seus corpos ecoam os ritmos dos céus. No primeiro tipo de especialização econômica sexual que incumbia primordialmente os homens da caça e as mulheres da coleta, o trabalho feminino era com certeza mais produtivo se considerarmos o valor calórico por unidade de energia gasta. No entanto, a ideia que hoje chamamos "sexismo" (que, em sua forma extrema, é a doutrina segundo a qual as mulheres são intrinsecamente inferiores pelo fato de serem mulheres) parece fortemente incorporada a algumas mentes. Como isso começou?

Temos três pistas indicativas: a passagem da descendência matrilinear para sistemas patrilineares (isto é, passou-se a herdar o status do pai, não da mãe); aumentos rápidos na taxa de natalidade, que podem ter forçado as mulheres a se dedicar à criação dos filhos e eliminado-as da competição por outras funções; e a arte retratando-as em posição servil. Dançarinas lânguidas e amuadas do vale do Indo do segundo milênio a.C. estão entre as primeiras. A única coisa sobre a subordinação das mulheres com que todos parecem concordar é que os homens são responsáveis por isso. Uma esposa, diz o *Livro das instruções* egípcio, "é um campo rendoso. Não contenda com ela nos tribunais e não a deixe obter controle".[60] Eva e Pandora — ambas responsáveis, em suas respectivas culturas, por todos os males do mundo — são ainda mais ameaçadoras: flertando com o diabo no caso de Eva, teimosa e desonesta no caso de Pandora.[61] Sexismo é uma coisa, misoginia, outra; mas a última provavelmente adveio do primeiro, ou no mínimo compartilham origens comuns.

A evidência mais antiga da ideia de casamento como um contrato do qual o Estado é parceiro ou executor também vem do segundo milênio a.C., num resumo bastante detalhado do que claramente já eram tradições de longa data no Código de Hamurabi. O casamento é definido como um relacionamento solenizado por contrato escrito, dissolúvel por qualquer uma das partes em caso de infertilidade, deserção e o que hoje chamaríamos de colapso irreversível. "Se uma mulher odeia seu marido a ponto de dizer: 'Você não pode me ter', o conselho da cidade deverá investigar [...] e se a culpa não for dela [...] ela poderá pegar seu dote e retornar para a casa de seu pai", afirma o código. O adultério, seja quem for que o cometa, é punível com morte.[62] Isso não significa, é claro, que antes disso ninguém houvesse formalizado as parcerias sexuais.

Considerado de certo ponto de vista, o casamento não é uma ideia, mas um mecanismo evolutivo: uma espécie como a nossa, altamente dependente de informações, precisa dedicar bastante tempo a cuidar de seus jovens e instruí-los. Ao contrário da maioria das outras fêmeas primatas, as mulheres costumam criar mais de um bebê de cada vez. Portanto, precisamos de alianças de longo prazo entre os pais, que colaboram na propagação da espécie e na transmissão do conhecimento acumulado para a geração seguinte. As funções da criação dos filhos são compartilhadas de várias maneiras, conforme o lugar e a época, mas a "família nuclear" — um casal especializado em criar seus próprios filhos — existe desde os tempos do *Homo erectus*. A vida sexual normalmente não precisa do envolvimento de ninguém externo ao casal e nenhum grau de solenidade garante uma parceria contra o rompimento. Entretanto, talvez como efeito colateral da ideia de Estado, ou em parte em resposta à complementaridade dos papéis masculino e feminino nas sociedades agrárias, os profissionais que escreveram os mais antigos códigos de leis que chegaram até nós parecem ter concebido uma ideia nova: o casamento como algo mais do que um arranjo privado, que exige o compromisso compulsório dos indivíduos contratantes e, em certo sentido, o consentimento da sociedade. As leis passaram a tratar de problemas que contratos não compulsórios podiam deixar pendentes: o que acontece, por exemplo, se os parceiros sexuais discordarem sobre o status de seu relacionamento ou obrigações mútuas, ou se renunciarem à responsabilidade por seus filhos, ou ainda se o relacionamento terminar ou mudar quando um terceiro ou subsequente parceiro for introduzido ou substituído?

O casamento é uma instituição surpreendentemente robusta. Na maioria das sociedades, o poder de controlá-lo foi disputado com avidez — especialmente no Ocidente moderno — entre a Igreja e o Estado, embora as justificativas subjacentes sejam problemáticas, exceto para pessoas com convicções religiosas, que podem, se quiserem, solenizar sua união de acordo com suas crenças, sem referência ao mundo secular. É difícil entender por que o Estado haveria de privilegiar certas uniões sexuais em detrimento de outras. O envolvimento estatal no casamento foi mantido no mundo moderno mais, talvez, pela inércia da tradição do que por qualquer utilidade duradoura.

Algumas feministas supõem que a subordinação das mulheres fosse um metaprincípio que regia outro tipo de raciocínio — uma ideia-mestra que moldava os patriarcados em que a maioria das pessoas vivia. Contudo, em várias épocas e lugares, as mulheres foram cúmplices em sua própria sujeição formal, preferindo, como uma das heroínas rivais da obra-prima feminista de G. B. Shaw, *Major Barbara*, exercer poder informal por meio de seus homens. Papéis diferenciados conforme o sexo são convenientes para sociedades em que crianças são um recurso importante e exigem uma força de trabalho especializada, quase sempre feminina, para criar e educar. Hoje em dia, quando o valor econômico das crianças é parco — por exemplo, o trabalho infantil e até juvenil é proibido, ou a mente ou o corpo das crianças é imaturo demais para ser eficiente, ou (como ocorre na maior parte do Ocidente) elas custam aos pais somas enormes em cuidados e educação —, as mulheres não são instadas a produzir grande número delas. Assim como ocorre com mercadorias inanimadas, a lei da oferta e da demanda passa a vigorar; a oferta de crianças diminui com a demanda. Com isso, os homens podem desviar as mulheres para outros tipos de produção. A liberação das mulheres para trabalhos outrora exercidos por homens na sociedade industrial e pós-industrial parece, na prática, ter convindo muito bem aos homens e imposto às mulheres ainda mais responsabilidades do que anteriormente. Na medida em que as mulheres têm de fazer mais e trabalhar com ainda mais afinco, a contribuição relativa dos homens ao lar e à família diminui, e seu lazer e egoísmo aumentam. O feminismo ainda busca uma fórmula que seja justa para as mulheres e aproveite melhor seus talentos.[63]

Mentes assentadas

Frutos do lazer: Pensamento moral

A chamada classe ociosa, que dispunha de tempo de lazer e que elaborou leis, definiu o Estado, inventou novas noções de governo e atribuiu às mulheres e casais novos papéis e responsabilidades, obviamente também tinha tempo para especulações menos urgentes, que poderíamos classificar como filosóficas ou religiosas. Podemos começar com três noções inter-relacionadas, advindas do segundo milênio a.C., que situam os indivíduos que especulam sobre o cosmo: as ideias de destino, de imortalidade e de recompensa e punição eternas.

Comecemos pelo destino. A experiência cotidiana sugere que, no mínimo, alguns eventos são predeterminados, no sentido de estarem fadados a acontecer algum dia. Embora possamos deter certo poder para agilizar ou retardar alguns deles, a deterioração, a morte, o ciclo das estações e outros ritmos recorrentes da vida são genuinamente inevitáveis. Isso suscita certos problemas, que não devem ter escapado à atenção dos pensadores em nenhuma época: como as mudanças inevitáveis estão relacionadas entre si? Uma única causa as determina? (A maioria das culturas responde "sim" e chama isso de "destino" ou algo equivalente.) De onde vem o poder que torna uma ação irreversível? Quais são seus limites? Tal poder controla tudo ou algumas possibilidades são suscetíveis ao empreendimento humano? Ou são deixadas ao acaso? Podemos domar o destino ou, pelo menos, dominá-lo temporariamente ou induzi-lo a suspender suas operações?

De modo geral, a natureza humana se rebela contra o destino. Queremos restringi-lo ou negá-lo por completo, pois, caso contrário, temos pouco incentivo para as realizações construtivas que parecem mais propriamente humanas. Em termos práticos, porém, os resultados são desalentadores.

Entre as evidências mais antigas estão os mitos dos embates de heróis contra o destino. O deus sumério Marduk, por exemplo, arrebatou dos céus as tábuas em que a história havia sido previamente inscrita. Essa narrativa é duplamente interessante: mostra não apenas que, no mais antigo mito relevante conhecido, o destino é objeto de uma luta cósmica por poder, mas também que o poder do destino é distinto do poder dos deuses. A mesma tensão é uma característica marcante dos mitos gregos antigos, em que

Zeus digladia as Parcas, controlando-as às vezes, mas com mais frequência submetendo-se a elas. No Egito, os primeiros textos traziam a crença esperançosa de que o destino é manipulável, mas essa convicção logo arrefeceu. Por volta do século XVII a.C., os egípcios se tornaram pessimistas acerca da liberdade de uma pessoa moldar sua vida. "Uma coisa é a palavra que o homem profere; outra é o que o destino decreta." Ou ainda: "Destino e fortuna foram estampados no homem com o buril dos deuses". Uma máxima do Reino Médio diz: "Não lance seu coração na busca de riquezas, pois não há como ignorar o destino ou a fortuna. Não invista emoção em realizações mundanas, pois a hora de todo homem há de chegar".[64]

A ideia de destino, por si, não pode mudar o mundo. Mas o fatalismo pode, impedindo a ação. A asserção de que algumas culturas são mais propensas ao fatalismo do que outras costuma surgir quando se tentam explicar as diferentes taxas de desenvolvimento. Por exemplo, que o "fatalismo oriental" tenha retardado a civilização muçulmana foi tema do que alguns estudiosos hoje chamam de escola orientalista de escritos ocidentais sobre o islã, no final do século XIX e início do XX. O jovem Winston Churchill, que, a respeito disso, refletia perfeitamente o espírito do que lia sobre o assunto e as evidências do que observava, atribuiu "os hábitos imprevidentes, os sistemas desleixados de agricultura, os métodos indolentes de comércio e a incerteza quanto à propriedade" que detectara nos muçulmanos à "terrível apatia fatalista [...] onde quer que os seguidores do Profeta governem ou vivam".[65] A repulsa dos ocidentais pela suposta passividade oriental parece ter sido resultado de um genuíno mal-entendido do conceito muçulmano de "decreto de Deus". Esse artifício filosófico isenta Deus, quando Ele assim o deseja, das restrições das leis da ciência ou da lógica. Não significa que as pessoas renunciem ao livre-arbítrio, um dom conferido por Deus. *Inshallah* não deve ser interpretado literalmente nem no islã nem na cristandade, onde também ninguém leva a sério o hábito de inserir o proverbial *Deo volente** em expressões de esperança.[66]

---

* *Inshallah* e *Deo volente* são expressões, respectivamente árabe e latina, que significam "Se Deus quiser". (N. T.)

Mentes assentadas

O fatalismo faz sentido em uma concepção de tempo — provavelmente falsa, mas aceita por muitos — segundo a qual todo evento é causa e efeito, ou seja, há um entrelaçamento infindável que torna tudo, por mais transitório que pareça, parte de um padrão eterno. Esse contexto ajuda a explicar a popularidade entre as elites antigas de uma outra ideia: a de imortalidade. A grande pirâmide de Quéops, que exibe essa ideia em escala gigantesca, ainda é a maior estrutura feita pelo homem e uma das mais minuciosamente planejadas. Ela contém cerca de 2 milhões de pedras, que pesam até cinquenta toneladas cada uma, sobre uma base tão perfeitamente quadrada que o erro máximo no comprimento de um dos lados é inferior a 0,002 milímetro. A orientação da pirâmide no eixo norte-sul varia menos de um décimo de grau. Ainda hoje, fulgurando na névoa do deserto, ela deixa uma impressão de força espiritual ou — em mentes suscetíveis — de energia mágica: uma montanha numa planície, alvenaria colossal num areal sem fim, ferramentas de precisão com nada mais acurado que o cobre. Quando foi construída, calcário liso e brilhante recobria todo o edifício, sob uma cumeeira reluzente, provavelmente de ouro, no vértice.

O que fez Quéops desejar um monumento de proporções tão estarrecedoras e de formato tão original? Hoje tendemos a supor que liberdade artística é essencial para produzir boa arte, mas durante a maior parte da história o oposto era verdade. Em quase todas as sociedades, realizações monumentais precisam do poder exorbitante e do egoísmo monstruoso de tiranos ou elites opressivas para provocar entusiasmo e mobilizar esforço e recursos. Uma inscrição em uma pedra angular feita para um faraó posterior resume o propósito da pirâmide: "Que o rosto do rei se abra para que ele possa ver o Senhor do Céu ao cruzar o céu! Que ele faça o rei fulgurar como um deus, senhor da eternidade e indestrutível!". Em outra pirâmide, do século XXI a.C., lê-se: "Ó Rei Unas, não partiste morto; partiste vivo".[67] Uma forma de idealismo inspirou e moldou a maioria dos edifícios monumentais da Antiguidade remota: o desejo de espelhar e alcançar um mundo transcendente e perfeito.

Para os construtores das pirâmides, a morte era a coisa mais importante na vida. Heródoto relata que os egípcios expunham caixões em jantares sociais para relembrar os convivas da eternidade. O motivo pelo qual as tumbas dos faraós sobreviveram, enquanto seus palácios pereceram, é que foram construídas com máxima solidez com vistas à eternidade, sem desperdício de esforço em habitações frágeis para esta vida transitória. Uma pirâmide alçava seu ocupante rumo ao céu, para fora do reino da imperfeição e da corruptibilidade em direção ao domínio imaculado e imutável das estrelas e do sol. Ninguém que tenha visto uma pirâmide delineada à luz do poente pode deixar de associar essa visão às palavras que um faraó imortalizado dirigiu ao sol: "Preparei para mim vossos raios como uma escada sob meus pés".[68]

Como os faraós, aqueles que conceberam as primeiras ideias sobre uma vida após a morte parecem ter suposto, de modo geral, que ela seria de certa forma um prolongamento desta vida. Tal suposição, contudo, provou ser questionável. Os primeiros artigos tumulares, como vimos, foram objetos estimados e um kit de ferramentas úteis — ferramentas de pedra e osso, presentes de ocra e cordões de contas de osso —, pois espera-va-se que o outro mundo fosse uma réplica deste. Mas uma nova ideia da vida após a morte surgiu em data incerta — um outro mundo criado para retificar os desequilíbrios do nosso. Fontes egípcias antigas exemplificam essa mudança: a maioria da elite egípcia parece ter mudado de atitude em relação à vida após a morte no final do terceiro milênio a.C., entre os períodos dos Impérios Antigo e Médio. As tumbas do Império Antigo são antecâmaras de um futuro para o qual este mundo é, na prática, apenas uma preparação; para os mortos do Império Médio, a vida vivida era uma oportunidade moral, não prática, de preparo para a outra vida, e seus túmulos eram locais de interrogação. Nas paredes pintadas, deuses pon-deram as almas dos mortos. Via de regra, Anúbis com cabeça de chacal, deus do submundo, supervisiona a balança: o coração do falecido em um dos pratos, uma pena no outro. O equilíbrio é impossível, exceto para um coração sem o peso da maldade. Em relatos dos julgamentos dos mortos nos tribunais dos deuses, a alma examinada geralmente abjura uma longa lista de pecados de sacrilégio, perversão sexual e abuso de poder contra os fracos. Surgem então as boas ações: obediência às leis humanas e à vontade divina, e atos de misericórdia, como oferendas para deuses e espíritos, pão

Mentes assentadas

para os famintos, roupas para os nus e "uma balsa para aqueles que naufragaram".[69] Uma nova vida em companhia de Osíris, antigo governante do cosmo, aguarda os que são aprovados nesse exame. Para os que são reprovados, o castigo é a extinção. Noções semelhantes, embora expressas com menos vividez, aparecem em provérbios. "O caráter do homem de coração justo é mais aceitável que o boi do malfeitor."[70]

A ideia de recompensa e punição eternas é tão arrebatadora que brotou de modo independente na maioria das grandes religiões. É, provavelmente, uma das ideias que os gregos pegaram dos egípcios, embora preferissem atribuir tal ensinamento a Orfeu — o lendário profeta cuja música sublime lhe conferia poder sobre a natureza. A mesma ideia forneceu aos hebreus antigos uma solução conveniente para o problema de um Deus onipotente e benevolente permitir injustiça neste mundo: no final, tudo daria certo. Os taoistas do mesmo período (primeiro milênio a.C.) imaginavam um pós-mundo requintadamente compartimentado entre tortura e recompensa conforme as virtudes e os vícios da alma. Hoje, os turistas no rio Yang-tsé podem se deslumbrar com as esculturas sangrentas da "Cidade Fantasma" de Fengdu, onde as cenas da tortura dos mortos — serrados, espancados, pendurados em ganchos de carne, mergulhados em tonéis ferventes — agora gratificam em vez de aterrorizar. Também para os primeiros budistas e hindus, o erro presente poderia ser corrigido no além-mundo. O resultado mais surpreendente da ideia de justiça divina é ela ter tido tão parco resultado. Os materialistas costumam alegar que as elites políticas a conceberam como um meio de controle social: usar a ameaça de retribuição sobrenatural para suplementar o poder anêmico dos Estados e valer-se da esperança para induzir responsabilidade social e coibir dissensão. Se foi assim que a ideia surgiu, parece ter sido um fracasso quase absoluto.[71]

Interpretando os sonhos de Deus: Cosmogonia e ciência

Não obstante, destino, imortalidade e punição eterna parecem ideias concebidas para ter utilidade social. Duas concepções igualmente grandiosas, mas ambas aparentemente inúteis, que examinaremos uma de cada vez, parecem ter saído dos mesmos círculos de intelectuais profissionais: a ideia de que o mundo é ilusório; e a noção que anima este livro: a ideia do poder criativo do pensamento, resultante do respeito quiçá interesseiro dos pensadores pelo pensamento.

Uma coisa é notar que algumas percepções são ilusórias, como fizeram os pensadores da Era do Gelo, segundo o que vimos no capítulo 1; outra é suspeitar que todo o mundo da experiência é uma ilusão. Um mundo espiritual no qual a matéria é uma miragem é uma das inovações mais antigas e insistentes do pensamento indiano. Nos *Upanishades* e em hinos arcaicos que constam do *Rig Veda*, o âmbito dos sentidos é ilusório; ou, mais precisamente, a distinção entre ilusão e realidade é falaz. O mundo é o sonho de Brama: a criação é como um adormecer. Os órgãos dos sentidos não podem nos dizer nada que seja verdadeiro. A fala é enganosa, pois depende de lábios, línguas e gânglios; somente a inarticulabilidade que místicos posteriores chamaram "noite escura da alma" é real. O pensamento não merece confiança, porque ocorre no corpo — ou, pelo menos, passa por ele. A maioria dos sentimentos é falsa, pois são nervos e tripas que os registram. A verdade pode ser vislumbrada apenas em visões puramente espirituais ou em tipos de emoção sem nenhum registro físico de sentimento, como o amor abnegado e a tristeza difusa.[72]

Mas estamos no mundo, seja ele ilusório ou não. Portanto, exceto como incentivo à inércia, parece improvável que a doutrina de que a ilusão permeia tudo tenha efeitos práticos. Poucas pessoas acreditam nela, ainda que a suspeita de que possa ser verdade nunca está totalmente ausente. Ela altera o modo como algumas pessoas se sentem e encoraja o misticismo e o ascetismo. Divide as religiões: os "gnósticos" cristãos e uma longa série de heresias sucessoras a adotaram, provocando cismas, perseguições e cruzadas. E indispõe alguns pensadores contra a ciência e o secularismo.

É preciso ou um intelectual ou um idiota para perceber o poder enganador do pensamento, é claro. Seu poder criativo, por outro lado, parece plausível a todos depois de apontado por alguém inteligente o bastante para notá-lo. A experiência cotidiana mostra que o pensar é um estímulo poderoso à ação.

Mentes assentadas   143

"O que é mais rápido que o vento?", pergunta o *Mahabharata*, que responde: "A mente é mais rápida que o vento. O que é mais numeroso que as folhas de relva? Os pensamentos são mais numerosos".[73] A "imaginação" à qual atribuí poder criativo no primeiro capítulo é — ou realiza — um certo tipo de pensar. A busca por maneiras de aproveitar o poder do pensamento para agir à distância — seja tentando modificar coisas ou conferir-lhes existência pensando nelas, seja alterando o mundo concentrando-se em mudá-lo — inspirou muitos esforços, quase todos provavelmente quiméricos: pensamento positivo, força de vontade, meditação transcendental e telepatia são alguns exemplos. Mas de quanta criatividade o pensamento é efetivamente capaz?

Na Antiguidade, os pensadores do Egito e da Índia parecem ter sido os primeiros a considerar o pensamento como o ponto de partida da criação — o poder que fez tudo existir. Uma doutrina conhecida como teologia menfita consta de um documento egípcio do Museu Britânico.[74] Embora o texto sobrevivente date de cerca de 700 a.C. apenas, seu relato da criação supostamente já tinha milhares de anos quando foi registrado: Ptah, o caos personificado mas dotado da capacidade de pensar, "deu à luz os deuses". Valeu-se de seu "coração" — que deveríamos chamar de mente, o trono de pensamento — para conceber o plano, e de sua "língua" para realizá-lo. "Em verdade", diz o texto, "toda a ordem divina veio a ser por meio do que o coração pensou e a língua ordenou."[75] O poder da fala já era bem conhecido, mas a primazia do pensamento sobre a fala — criação apenas por meio do pensamento — não é mencionada em nenhum texto anterior conhecido. O *Mundaka*, um dos primeiros e decerto um dos mais poéticos textos dos *Upanishades*, datado provavelmente do final do segundo milênio a.C., talvez se refira a algo semelhante quando representa o mundo como uma emissão de Brama, aquele que é real, infinito e eterno — como faíscas de uma chama ou "como a aranha expele e tece seu fio, como fios de cabelo brotam de um corpo vivo, assim também daquilo que é imperecível surge tudo o que aparece".[76] Entretanto, por mais atraente que seja, é difícil efetivamente compreender a ideia do pensamento como criador de todo o resto. Por certo, algo em que pensar ou com que pensar — mente ou palavras, por exemplo — tem de ser um pré-requisito.[77]

De várias maneiras, os intelectuais profissionais do período abordado neste capítulo levantaram muitos problemas filosóficos ou protofilosóficos — ou, pelo menos, os registraram pela primeira vez — enquanto refletiam sobre muitas novas ideias políticas e sociais. No entanto, em comparação com períodos posteriores, a produção total de ideias parece pequena e decepcionante. Entre a invenção da agricultura e o colapso ou a transformação das grandes civilizações agrícolas geradoras da maior parte das evidências que examinamos, cerca de oito ou nove milênios transcorreram. Se compararmos as ideias concebidas ou registradas pela primeira vez nesse período com a quantidade de ideias surgidas no milênio seguinte, assunto do próximo capítulo, as novidades parecem relativamente tímidas ou apáticas. Por motivos pouco compreendidos, os pensadores foram notavelmente retrospectivos, tradicionais e estáticos — ou mesmo estagnados em suas ideias. Talvez a fragilidade ecológica da agricultura incipiente os tenha tornado cautelosos e feito sua mente voltar-se para estratégias conservadoras. O problema é que essa explicação é insatisfatória, pois o Egito e a China possuíam regiões com ecologias divergentes e, portanto, adquiriram certa imunidade contra desastres ambientais. Talvez ameaças externas tenham induzido mentalidades defensivas e restritivas: os Estados egípcio e mesopotâmico viviam se embatendo e todas as civilizações sedentárias tinham de enfrentar a cupidez dos povos "bárbaros" em suas fronteiras. Contudo, conflito e competição geralmente promovem novos pensamentos. Seja como for, só teremos a medida do conservadorismo das primeiras mentes agrárias ao avançarmos para a era seguinte e virmos o quanto ela foi mais produtiva.

4. Os grandes sábios: Os primeiros pensadores

FOI UM MAU MOMENTO para a civilização: no final do segundo milênio a.C., um prolongado climatério — ou "crise", no contestado jargão dos historiadores e arqueólogos — acometeu regiões que antes fervilhavam com novas ideias. Catástrofes ainda hoje misteriosas retardaram ou impediram o progresso. As economias centralizadas, antes controladas nos labirintos do palácio, desapareceram. O comércio de longa distância fraquejou ou foi interrompido. Assentamentos se esvaziaram. Monumentos tombaram, sobrevivendo às vezes apenas na memória, como os muros de Troia e o labirinto de Cnossos, ou em ruínas, como os zigurates da Mesopotâmia, para inspirarem sucessores distantes.

Calamidades naturais tiveram parte nessa história. No vale do Indo, mudanças na hidrologia transformaram cidades em pó. Em Creta, cinzas vulcânicas e camadas de pedras-pomes expostas as soterraram. Migrações traumáticas, que ameaçavam destruir o Egito, aniquilaram os Estados da Anatólia e do Levante, às vezes com espantosa rapidez: quando a cidade-Estado de Ugarit, na Síria, estava prestes a cair (para nunca mais ser reocupada), mensagens urgentes e incompletas imploraram o envio de reforços por mar. Ninguém sabe de onde os migrantes vieram, mas o senso de ameaça parece ter sido bastante difundido. Em Pilos, no sul da Grécia, cenas de combate retratando selvagens vestidos com peles foram pintadas nas paredes de um dos muitos palácios despedaçados. No Turcomenistão, no flanco norte do planalto iraniano, pastores devastaram assentamentos fortificados onde oficinas de bronze e ouro haviam florescido.

As sortes variavam, é claro. Na China, por volta do início do primeiro milênio a.C., o Estado Shang, que unira os vales dos rios Amarelo e Yang-tsé, dissolveu-se, sem, ao que parece, prejudicar a continuidade da civilização chinesa: na verdade, a competição entre cortes antagônicas multiplicou as oportunidades de patrocínio real para eruditos e funcionários cultos. No Egito, o Estado sobreviveu, mas o novo milênio era cultural e intelectualmente árido em comparação com o que houve antes. Em outras regiões afetadas, seguiram-se "idades das trevas" de duração variável. Na Grécia e na Índia, a arte de escrever foi esquecida e teve de ser reinventada do zero depois de um lapso de centenas de anos. Como sempre, quando guerras ocorrem e Estados digladiam, o progresso tecnológico acelera — com fornalhas mais quentes e armas e ferramentas mais duras e afiadas. Mas não houve inovações identificáveis nas ideias.

O reflorescimento, quando e se houve, tendia a ocorrer em novos lugares e com novos povos, após longo intervalo. A civilização indiana, por exemplo, foi deslocada para longe do Indo. Por volta da metade do primeiro milênio a.C., a literatura criativa, a matemática e a ciência especulativa ressurgiram no vale do Ganges. Nas margens do mundo grego, a civilização cristalizou-se em ilhas e ramificações ao redor do mar Jônico. Na Pérsia, foi a região de Fars, remota e outrora inerte, que desempenhou papel similar.

As circunstâncias eram pouco auspiciosas, mas tornaram possível um novo começo. Enquanto perduraram, as antigas civilizações investiram na continuidade e no statu quo. Ao desmoronarem, suas herdeiras puderam olhar para a frente e se abrir a novidades. Crises e climatérios sempre inspiram o pensamento que busca soluções. Lentamente, ao longo do tempo e com a fragmentação dos impérios, novos Estados passaram a privilegiar novos quadros intelectuais. Indivíduos com aspirações políticas precisavam de propagandistas, árbitros e diplomatas. Oportunidades de treinamento profissional multiplicaram-se à medida que os Estados tentavam sair do desastre por meio da educação. Como consequência, o primeiro milênio antes de Cristo foi uma época de escolas e sábios.

Um panorama da época

Em períodos anteriores, ideias surgiam anonimamente. Se atreladas a um nome, era o nome de um deus. Por outro lado, as novas ideias do primeiro milênio a.C. costumavam ser obra de (ou atribuídas a) indivíduos renomados. Profetas e santos emergiam de sua vida ascética para se tornar autores ou inspiradores de textos sagrados. Líderes carismáticos compartilhavam visões e geralmente tentavam impô-las a todos. Intelectuais profissionais ministravam cursos para candidatos a cargos públicos ou a carreiras eruditas. Alguns buscavam o patronato dos governantes ou posições como conselheiros políticos.

Eles anteciparam e influenciaram o modo como pensamos hoje. Depois de todo o progresso técnico e material dos últimos 2 mil anos, ainda dependemos do pensamento de uma época distante, ao qual acrescentamos surpreendentemente pouco. Talvez não mais do que uma dúzia de ideias subsequentes se comparam, em sua capacidade de mudar o mundo, com as dos seis séculos anteriores à morte de Cristo. Os sábios definiram os sulcos da lógica e da ciência em que ainda vivemos. Levantaram problemas referentes à natureza humana que ainda nos preocupam e propuseram soluções que ainda hoje implantamos e descartamos alternadamente. Fundaram religiões de poder duradouro. O zoroastrismo, que ainda tem devotos, apareceu em data incerta, talvez na primeira metade do milênio. O judaísmo e o cristianismo forneceram os ensinamentos que mais tarde se tornariam o fundamento do islã: hoje, cerca de um terço da população mundial pertence à tradição "abraâmica" dessas três religiões. O jainismo e o budismo foram outras inovações da época, assim como a maioria dos textos que constituíram as escrituras do hinduísmo. No século VI a.C., Confúcio formulou ensinamentos sobre política e ética que continuam a influenciar o mundo. O taoismo remonta à virada do século V para o século IV a.C. No mesmo período, as realizações em ciência e filosofia das "cem escolas de pensamento" chinesas e da escola Nyaya de filósofos na Índia foram comparáveis às dos sábios gregos. Toda a filosofia ocidental desde a época clássica de Atenas costuma ser enunciada como "notas de rodapé a Platão". A maioria de nós ainda segue as regras de pensamento correto que seu aluno, Aristóteles, inventou.

Se algumas pessoas desse período nos parecem instantaneamente inteligíveis é porque pensamos como elas, com as ferramentas que nos legaram, as habilidades que desenvolveram e as ideias que propalaram. Mas os fatos de suas vidas e circunstâncias nos esquivam. Professores heroicos inspiraram intimidante reverência que nos impede de vê-los como eram. Seus seguidores os concebem como super-homens ou mesmo deuses e propagam lendas e quimeras sobre suas reputações. Para entender suas obras e por que elas se mostraram tão marcantes, precisamos começar reconstruindo o contexto: os meios — redes, rotas, elos, textos — que comunicavam ideias e às vezes as modificavam ao longo do caminho. Poderemos então esboçar os formuladores das ideias principais e sua sabedoria religiosa e secular e suas panaceias morais e políticas.

Elos com a Eurásia

Índia, Sudoeste da Ásia, China e Grécia eram regiões bem separadas que produziram pensamentos comparáveis sobre questões semelhantes. Não foi mera coincidência. Em toda a Eurásia, as pessoas tiveram acesso às ideias umas das outras.[1] Gênios irrompem quando intelectuais se reúnem em instituições de ensino e pesquisa, onde podem conversar. Quanto mais amplo o fórum, melhor. Quando culturas dialogam, ideias parecem se reproduzir, enriquecendo-se mutuamente e gerando novas maneiras de pensar. É por isso que o cinturão central do mundo — o arco densamente povoado de civilizações que atravessava, com interrupções, a Eurásia — pulsava com tanto gênio no milênio antes de Cristo: contatos punham suas respectivas culturas em contato com as demais.

A existência de textos escritos certamente ajudou.[2] Muitos sábios eram indiferentes ou hostis ao ensino escrito. *Upanishades*, que significa algo como "o assento próximo ao mestre", é um nome que evoca uma época em que a sabedoria, tida como sagrada e digna de ser memorizada, era transmitida de boca em boca porque confiá-la à escrita seria indecoroso. Cristo, até onde sabemos, nada escreveu, exceto palavras rabiscadas com o dedo no chão, para serem dissipadas pelo vento. Somente após séculos os budistas foram levados a compilar uma versão alegadamente não distorcida dos ensinamentos do fundador. Como ainda acontece, uma das consequências foi a demanda por manuais com soluções rápidas, que surgiu da competição entre gurus e livros sagrados "multiuso", presumivelmente contendo toda a verdade de que os fiéis necessitavam.

Revelações supostamente divinas precisam de amanuenses humanos. Todas as escrituras são selecionadas pela tradição, modificadas pela transmissão, distorcidas na tradução e mal compreendidas na leitura. Que elas sejam ou possam ser as palavras inconspurcadas de deuses — "inscritas pelo dedo de Deus", como a Bíblia diz acerca dos Dez Mandamentos — é ou uma metáfora, ou uma mentira. Escrituras trazem maldições e bênçãos. Os protestantes da Reforma pensaram que poderiam substituir a autoridade da Igreja pela autoridade das Escrituras, mas demônios espreitam nas entrelinhas e páginas da Bíblia, esperando que alguém abra o livro. Para um leitor racional e sensato, textos tidos como sagrados só podem ser decodificados interinamente e à custa de enorme investimento em estudos. Interpretações anti-intelectuais e literais alimentam movimentos fundamentalistas, muitas vezes com efeitos violentos. Renegados, terroristas, tiranos, imperialistas e messias autoproclamados usam e abusam de tais textos. Falsos profetas santificam a própria leitura perversa que fazem deles. Não obstante, algumas escrituras foram extraordinariamente bem-sucedidas e hoje aceitamos sem titubear a ideia de que a escrita é um meio adequado para mensagens sagradas. Pretensos gurus vendem sua sabedoria como "guias práticos"; grandes textos, por outro lado — os *Upanishades*, os sutras budistas, a Bíblia e o Corão —, oferecem orientação e inspiração e se tornaram a base das crenças religiosas e da vida ritual da maioria das pessoas. Influenciaram profundamente as ideias morais até mesmo daqueles que rejeitam a religião. Outras religiões os imitam.

Textos não podem cruzar abismos por si próprios; eles precisam ser carregados. As ideias dos sábios se espalharam pela Eurásia ao longo de rotas que transportavam sedas chinesas a Atenas e a cemitérios no que hoje são Hungria e Alemanha, por volta da metade do primeiro milênio a.C. Comércio, diplomacia, guerra e peregrinação levavam as pessoas para longe de casa e criavam redes. Por volta do terceiro século daquele milênio, navegadores e mercadores começaram a carregar narrativas budistas para aspirantes à iluminação no litoral dos mares da Ásia, onde pilotar um navio "pelo conhecimento das estrelas" era considerado uma dádiva divina. Nessas narrativas, o Buda protege os marinheiros das endiabradas sedutoras do Sri Lanka e recompensa um explorador devoto com um barco que não afunda. Uma divindade guardiã salva vítimas de naufrágios que, piedosamente, conciliavam comércio e peregrinação ou que "veneravam seus pais".[3] Lendas semelhantes em fontes persas incluem a história de Jamshid, o rei construtor de navios que cruzou os oceanos "de região a região com grande velocidade".[4]

Por trás dessas histórias, havia relatos de viagens genuínas empreendidas nos meados do milênio, como a missão naval que Dario I da Pérsia enviou pela Arábia, do extremo norte do mar Vermelho até a foz do Indo, ou o comércio no "mar da Eritreia", como os comerciantes gregos o chamavam, de onde traziam para casa incenso, mirra e cássia (um sucedâneo da canela da Arábia). Portos marítimos para comércio no oceano Índico pipocavam nas costas da Arábia. A antiga cidade arábica de Thaj, protegida por uma muralha de pedra com quase 2,5 quilômetros de circunferência e 4,5 metros de espessura, era um bom local para armazenar produtos importados, como ouro, rubis e pérolas que adornam uma princesa enterrada no final do período. Em Gerrha, os mercadores descarregavam manufaturas indianas. De um epitáfio gravado num caixão de pedra do século III a.C. sabemos que certo comerciante de Ma'in forneceu incenso aos templos egípcios.[5]

A regularidade do sistema eólico das monções tornou possível uma longa tradição de travessias marítimas ousadas do oceano Índico. Acima da linha do equador, os ventos nordeste prevalecem até o fim do inverno; o ar então se aquece e sobe, sugando o vento rumo às terras asiáticas do sul e do oeste. Graças a isso, os marinheiros sabiam que poderiam contar

Os grandes sábios 151

com ventos favoráveis tanto na ida como na volta. Por mais estranho que possa parecer aos iatistas modernos que adoram uma boa brisa nas costas, a maioria dos exploradores marítimos ao longo da história partia contra o vento, para melhor garantir suas chances de retorno. O sistema de ventos das monções libera os navegadores para aventuras.

Comparado às rotas terrestres, o mar sempre transporta mercadorias mais rapidamente, por custo menor e em maiores variedade e quantidade. Mas negócios de longa distância, como o que havia na Eurásia da Antiguidade, sempre começaram em pequena escala, com produtos de alto valor e quantidade limitada sendo comercializados por mercados e intermediários. Desse modo, as rotas terrestres que atravessavam grandes extensões de terra também contribuíram para criar as redes do primeiro milênio a.C., reunindo pessoas de culturas diferentes, facilitando o fluxo de ideias e transportando bens e obras de arte capazes de mudar o gosto das pessoas e influenciar seu estilo de vida. Quando Alexandre, o Grande, marchou pela estrada real da Pérsia até a Índia, estava seguindo rotas comerciais estabelecidas. As colônias que disseminou ao longo do caminho tornaram-se empórios de ideias. O reino de Báctria foi uma delas. Por volta de 139 a.C., Zhang Qian foi enviado para lá como embaixador da China. Quando viu tecidos chineses à venda e "perguntou como obtinham aquelas peças, disseram-lhe que haviam sido compradas por mercadores bactrianos na Índia". A partir de então, "espécimes de coisas estranhas começaram a chegar" à China "vindos de todas as direções".[6] No final do milênio, manufaturas chinesas fluíam do mar Cáspio para o Negro e para reinos ricos em ouro no extremo oeste da estepe eurasiana.

Em Dunhuang, cidade situada além das fronteiras ocidentais da China, em uma região desértica e montanhosa, "as estradas para o oceano ocidental" convergiam como "veias na garganta", de acordo com um poema inscrito em uma caverna que servia de abrigo a viajantes.[7] Ali, uma geração após a missão de Zhang Qian, o vitorioso general chinês Wudi ajoelhou-se diante de "homens de ouro" — ídolos capturados e possivelmente confundidos com Budas — para celebrar seu sucesso em obter cavalos em Fergana.[8] Em Dunhuang, as chamadas Rotas da Seda contornavam o deserto de Taklamakan em direção a reinos situados depois da cordilheira Pamir, ligando-se a estradas que se ramificavam pelo Tibete e a Índia ou se estendiam pelo planalto iraniano. Levavam-se trinta dias para atravessar o Taklamakan, avançando pelas bordas do deserto, onde alguma água escorria das montanhas circundantes. Em relatos chineses dessa jornada desalentadora, demônios uivantes tocando tambor personificam os ventos ferozes, mas pelo menos o deserto também dissuadia bandidos e nômades predadores que viviam além das montanhas. Viagens e comércio teceram uma rede por toda a Eurásia e alguns sábios e mestres, verdadeiras celebridades da época, parecem ter sido pegos nela. Podemos vislumbrar esses peixes graúdos lampejando brevemente, para então desaparecer entre os cardumes de discípulos quase nunca identificáveis. Como eles ou seus seguidores costumavam viajar como peregrinos ou missionários ou coletores ou disseminadores de textos sagrados, faz sentido tentarmos isolar o pensamento religioso desses sábios antes de passarmos a tópicos seculares.

Novas religiões?

Para chegar ao pensamento genuíno desses sábios, precisamos levar em conta a baixa confiabilidade das fontes. Os textos atribuídos a eles geralmente datam de gerações após sua morte e sobrevivem apenas porque seus seguidores deixaram de confiar na autenticidade da transmissão oral. Falsificações, feitas por devoção ou lucro, abundam. As cronologias tendem a ser vagas. Zoroastro, que dominou o pensamento oficial do Irã por mil anos e influenciou outras religiões eurasianas, é um bom exemplo disso: com datação bastante incerta, ele teria florescido do final do sétimo e início do sexto século a.C. Nada de certo pode ser dito de sua vida ou das conjunturas que o produziram. Os textos atribuídos a ele são tão parciais, corrompidos e obscuros que não podemos reconstruí-los de modo fidedigno.[9] Segundo a tradição, Zoroastro pregava uma doutrina que lembra o dualismo das tradições anteriores: forças conflitantes do bem e do mal moldaram o mundo; uma divindade boa, Ahura Mazda, habita o fogo e a luz.

Os grandes sábios

Os ritos em sua homenagem evocavam o amanhecer e acendiam o fogo. A noite e as trevas, por sua vez, seriam província de Ahriman, deus do mal. Quase igualmente inacessível é o sábio Mahavira, supostamente um príncipe rico, desgostoso com o mundo, que, no século VI a.C., renunciou às riquezas: os primeiros textos do jainismo, a tradição religiosa que o venera como fundador, nem sequer o mencionam. O jainismo é um modo de vida ascético que visa libertar a alma do mal por meio de castidade, desapego, verdade, abnegação e irrestrita caridade. Embora atraísse seguidores leigos e ainda conte com milhões deles, é tão exigente que só pode ser praticado com pleno rigor em comunidades religiosas: um religioso jainista prefere a morte pela fome a uma vida não generosa, e varrerá o chão em que pisa para evitar esmagar um único inseto. O jainismo nunca atraiu seguidores fora da Índia, exceto em comunidades de migrantes de origem indiana.

Além de reconhecer a imperfeição das evidências das novas religiões, temos de levar em conta a possibilidade de que o que parece religioso para nós possa não o ter sido para os sábios; também devemos resistir à suposição de que a religião, como a entendemos hoje, teria lançado todas as novas divergências intelectuais da época. Num período em que ninguém reconhecia uma distinção clara e inequívoca entre religião e vida secular, é difícil determinar, por exemplo, se Confúcio fundou uma religião. Embora preceituasse ritos de veneração a deuses e antepassados, ele denegava interesse por outros mundos que não o nosso. Seu admirador dissidente, Mozi, clamava por amor universal por motivos seculares (como veremos) quatrocentos anos antes da versão religiosa dos cristãos. Assim como as doutrinas de Confúcio e Mozi, as transmitidas por Sidarta Gautama ficam no limiar do que costumamos considerar religião, em suas andanças de ensinamento por uma região incerta do leste da Índia, provavelmente entre meados do século VI e início do século IV a.C. (estudos recentes tornam impossível a precisão cronológica).[10] Como Mahavira, ele, ao que parece, queria libertar os devotos das aflições deste mundo. Seus discípulos, que o chamavam de "Buda" ("Iluminado"), aprenderam a buscar a felicidade deixando de lado o desejo. Com intensidade variável de indivíduo para indivíduo, conforme suas vocações nesta vida, a meditação, a oração e o altruísmo poderiam levar os praticantes mais privilegiados a suprimir todo o senso de si em um estado místico chamado nirvana (ou "extinção da chama"). A linguagem do Buda evitava ecoar termos convencionalmente religiosos. Ele parece nunca ter feito afirmação alguma sobre Deus. Negava a noção de que há algo essencial ou imutável em uma pessoa — e é por isso que os budistas hoje evitam a palavra "alma".

Mas os atrativos do pensamento religioso permearam o budismo. A noção de que o eu sobrevive à morte do corpo — e, talvez, a muitas mortes no curso de um longo ciclo de morte e renascimento — ressoa nos primeiros escritos budistas. Em um texto famoso, registrado na China do século VIII, Buda prometeu que o justo pode nascer como imperador por centenas ou milhares de éons. Esse objetivo de autolibertar-se do mundo, seja por autoaprimoramento individual, seja por desprendimento e abnegação, era comum nas religiões indianas, ainda que fosse um empreendimento de longa duração. O que distinguia o relato que os budistas faziam desse processo era o elemento ético: o renascer era governado pela justiça. A alma habitaria um corpo "superior" ou "inferior" em cada vida sucessiva, recompensada por suas virtudes ou derrogada devido a seus vícios.

Os devotos do Buda se reuniam em mosteiros para ajudarem-se mutuamente na busca dessa forma bastante indistinta de iluminação, mas mesmo em contextos mundanos as pessoas também podiam alcançá-la — incluindo, em muitas histórias budistas, comerciantes, marinheiros e governantes. Essa flexibilidade ajudou a criar grupos ricos, poderosos e ramificados de defensores do budismo — que a partir do século III a.C. incluíram governantes dispostos a impô-lo à força, dando pouca atenção ao pacifismo do próprio Buda. Em 260 a.C., por exemplo, o imperador indiano Ashoka lamentou as consequências sangrentas de sua conquista do reino de Kalinga: 150 mil deportados, 100 mil mortos "e muitos múltiplos desses números que pereceram [...]. O rufar de tambores tornou-se o som da doutrina do Buda, revelando ao povo imagens de carruagens celestes, elefantes, bolas de fogo e outras formas divinas".[11] Também nesse aspecto, o budismo se assemelha a outras religiões, que podem ter mérito mas raramente conseguem tornar boas as pessoas.

Os grandes sábios 155

Algumas das ideias mais inequivocamente religiosas, incluindo as do último dos grandes sábios, a quem costumamos chamar de Cristo, surgiram de povos que viriam a ser conhecidos como judeus (hebreus, israelitas e outros nomes foram adotados em diferentes períodos por diferentes autores): nenhum grupo de tamanho comparável fez mais para moldar o mundo. Eles e seus descendentes contribuíram de maneira transformadora e duradoura em quase todos os aspectos da vida das sociedades ocidentais e, portanto, mediante uma espécie de efeito indireto, do resto do mundo — especialmente nas artes e nas ciências, no desenvolvimento econômico e, acima de tudo, na religião. O pensamento religioso judaico moldou o cristianismo (que começou como uma heresia judaica e acabou se tornando a religião mais disseminada do mundo). Mais tarde, o judaísmo afetou profundamente o islã; como veremos, permeou a mente de Maomé. Ao longo do tempo, o cristianismo e o islamismo espalharam a influência judaica por todo o mundo. É assombroso que alguns seguidores das três tradições pensem ser inimigos mútuos ou desconheçam tudo que têm em comum.

Cristo, que morreu por volta do ano 33, era um rabino judeu de ideias independentes, com uma mensagem radical. Alguns de seus seguidores o viam como a culminância da tradição judaica, incorporando-a, renovando-a e até mesmo substituindo-a. *Cristo*, o nome que lhe deram, é uma corruptela de uma tentativa grega de traduzir o termo hebraico *ha-mashiad*, ou Messias, que significa "o ungido", utilizado pelos judeus para designar o tão esperado rei que traria o céu à terra, ou, no mínimo, expulsaria os conquistadores romanos das terras de Canaã. Os seguidores de Cristo foram praticamente os únicos que deixaram algum registro de sua vida. Muitas das histórias que contam a seu respeito não podem ser tomadas literalmente, pois derivam de mitos pagãos ou de profecias judaicas. Seus ensinamentos, no entanto, são bem atestados, graças às coletâneas de seus ditos, preservadas trinta ou quarenta anos após sua morte. Ele fez algumas exigências verdadeiramente aterradoras: um sacerdócio judaico purgado da corrupção, o templo em Jerusalém "purificado" de práticas rapaces e a abdicação do poder secular em prol de um "reino" que não é "deste mundo". Pôs abaixo hierarquias, convocou os ricos ao arrependimento e louvou os pobres.

Ainda mais controversa foi a doutrina que alguns de seus seguidores lhe atribuíram: a de que os humanos não poderiam obter favor divino recorrendo a uma espécie de barganha com Deus — a "Aliança" da tradição judaica. De acordo com a ortodoxia judaica, Deus responde quando Suas leis e regras são obedecidas; os cristãos preferiram acreditar que, por mais que nos comportemos com retidão, continuamos dependentes da graça concedida livremente por Deus. Se Cristo disse isso, desbravou um novo território para a ética, pois expressou uma verdade que parece esquiva até que seja enunciada: a bondade só é boa se não esperarmos recompensa; caso contrário, é apenas interesse próprio disfarçado. Nenhuma figura subsequente foi tão influente até Maomé, o fundador do islã, que morreu seis séculos depois, e nenhuma depois dele, por no mínimo mil anos.

Os céticos às vezes afirmam que os grandes sábios prescreviam uma velha magia, não uma nova religião; que os esforços para "escapar do mundo" ou "extinguir o eu" ou alcançar a "união com Brama" eram tentativas pomposas e pretensiosas de alcançar a imortalidade; que a prática mística seria um tipo de medicina alternativa destinada a prolongar ou melhorar a vida; e que a oração e a abnegação talvez fossem técnicas para adquirir o poder de autotransformação dos xamãs. A linha entre religião e magia às vezes é tão tênue ou obscura quanto aquela existente entre ciência e feitiçaria. O Buda se dizia um curador ou curandeiro, além de mestre. Lendas da época associam os fundadores de religiões ao que parecem ser sortilégios. Os seguidores de Empédocles, por exemplo, que ensinava uma forma obscura de binarismo em meados do século v a.C. na Sicília, importunavam-no atrás de remédios mágicos para doenças e mau tempo.[12] Os discípulos costumavam descrever os sábios, de Pitágoras a Cristo, como taumaturgos e, embora milagres não sejam magia, mentes com pouco discernimento confundem-nos facilmente. Do mesmo modo, a imortalidade não é necessariamente uma aspiração mundana, mas é concebível na magia como o resultado de encantamentos. Escritos atribuídos a Lao-Tsé, que fundou o taoismo, afirmam explicitamente: a busca da imortalidade é uma forma de desprendimento do mundo em meio às inseguranças da vida provocadas por Estados em guerra. O desapego conferiria ao taoista poder sobre o sofrimento — poder como o da água, que sobrepuja mesmo quando parece ceder, Lao-Tsé teria dito: "Nada é mais suave e brando para atacar o que é rígido e duro".[13] Alguns de seus leitores se esforçaram para alcançar a imortalidade com poções e fórmulas mágicas.

Por mais que as novas religiões devessem à magia tradicional, elas propuseram maneiras genuinamente novas de regular a relação entre ser humano e natureza, ou entre ser humano e o que quer que seja divino. Além de seus rituais formais, todas elas defendiam a prática moral. Em vez de simplesmente sacrificar ofertas prescritas a Deus ou a deuses, elas exigiram mudanças na ética dos adeptos. Atraíram seguidores oferecendo programas de progresso moral individual, não ritos para apaziguar a natureza. Prometeram a perfeição da bondade, ou a "libertação do mal", fosse neste mundo ou, após a morte, pela transformação no final dos tempos. Eram religiões de salvação, não apenas de sobrevivência. Suas ideias sobre Deus são o melhor ponto para começarmos um exame detalhado do novo pensamento que elas inspiraram.

Nada e Deus

Deus importa. Se você acredita Nele, Ele é a coisa mais importante no cosmo ou além. Se não acredita, Ele importa pelo modo como a crença n'Ele influencia aqueles que creem. Entre os volumes que os sábios acrescentaram ao pensamento anterior sobre Deus, três novas noções se destacam: a ideia de um criador divino responsável por tudo o que há no universo; a ideia de um Deus único, singularmente divino ou divino de maneira singular; e a ideia de um Deus que se envolve ativamente na vida do mundo que criou. Podemos examiná-las uma por vez.

Para nossa mente conceber a ideia de criação, devemos partir de uma ideia ainda mais fugaz. Se a criação aconteceu, nada a precedeu. O nada pode parecer desinteressante, mas, de certo modo, é o que o torna tão interessante. Mais do que qualquer outra ideia neste livro, o nada extenua a imaginação e a leva a paragens insondáveis. Ele é uma ideia além da experiência, nos limites mais extremos do pensamento. É exasperantemente esquiva. Não podemos sequer perguntar o que ele é, porque ele não é. Tão logo concebemos o nada, ele deixa de ser o que é e torna-se algo. Pessoas que têm noções básicas de contagem e aritmética estão acostumadas a lidar com o zero. Mas zero, na notação matemática, não implica o conceito de nada: significa apenas que não existem dezenas ou unidades ou qualquer que seja a classe de números em questão. Mesmo assim, o zero apareceu surpreendentemente tarde na história da aritmética e foi visto pela primeira vez em inscrições do século VII no Camboja. O verdadeiro zero é um coringa aritmético, indiferente às funções em que aparece ou apto a destruí-las.[14]

Portanto, talvez seja apropriado que as origens da ideia de nada sejam indetectáveis. Os *Upanishades* falam de um "Grande Vazio" e textos chineses de meados do primeiro milênio a.C. fazem referência a uma noção geralmente traduzida como "vacuidade". Mas tudo isso parece ser bem mais do que nada, pois o vazio estaria localizado em um espaço além do universo material, ou nos interstícios das esferas celestes, onde, nos escritos chineses, "ventos" se agitam (embora talvez devêssemos interpretá-los metaforicamente).

Não obstante, entendemos que os sábios dos *Upanishades* tinham um conceito de não ser, pois seus textos repetidamente escarnecem sua pretensa coerência. "Como pode ser", zomba certa escritura, "que o ser se produza a partir do não ser?"[15] Ou como o rei Lear disse à filha na peça de Shakespeare: "Nada virá do nada. Fale outra vez!". Podemos presumir que pensadores que postularam o grande "vazio" estivessem tentando explicar o movimento, pois como algo pode se mover sem resistência exceto no nada? A maioria daqueles que ofereceram respostas a essa pergunta rejeitou essa noção por dois motivos: primeiro, a descoberta de ar nas frinchas entre objetos lançou dúvida sobre a necessidade de imaginar o vazio; segundo, uma lógica aparentemente irretorquível, tal como a formulada na Grécia do século V a.C. por Leucipo, levanta objeções: "O vazio é um não ser; e nada do ser é um não ser, pois ser, estritamente falando, é plenamente um ser".[16] Ainda assim, quando a mente consegue apreender o conceito de

Os grandes sábios 159

nada, tudo é possível. Podemos eliminar realidades inconvenientes classificando-as de não seres, como Platão e outros idealistas fizeram com toda a matéria. Como alguns dos pensadores modernos ditos existencialistas, podemos ver o nada como a quintessência da existência: a fonte e o destino da vida e o contexto que lhe confere sentido. A ideia de nada torna possível até imaginar a criação a partir do nada — ou, mais precisamente, a criação da matéria a partir da não matéria. Esta é a chave de uma tradição de pensamento crucial para a maioria das religiões dos seres humanos modernos.

A maioria das narrativas de criação mencionadas no capítulo anterior não é efetivamente sobre criação; apenas buscam explicar como um cosmo material existente, mas diferente, tornou-se do jeito que é. Pelo que sabemos, até o primeiro milênio a.C., a maioria das pessoas que pensavam sobre a questão supunha que o universo sempre existiu. Os mitos do antigo Egito que citamos no último capítulo descrevem um deus que transformou o caos inerte; mas o caos já estava lá para ele trabalhar. Brama, como vimos, não criou o mundo do nada. Ele o expeliu de si mesmo, como uma aranha tece sua teia. Embora alguns poemas gregos antigos descrevam a gênese a partir do nada, a maioria da filosofia clássica recuou dessa ideia. O Deus Criador de Platão apenas reorganizou o que já lhe estava disponível. A teoria do Big Bang assemelha-se a essas cosmogonias primevas, descrevendo a matéria como infinitesimalmente comprimida e já presente ao ser redistribuída e expandida pelo grande estouro e tornar-se o universo reconhecível. Em tentativas mais radicais de explicar cientificamente a criação, haveria já algum protoplasma a ser moldado, ou cargas elétricas, ou energia incorpórea, ou flutuações aleatórias no vácuo, ou "leis do surgimento".[17] A criação a partir do nada parece problemática, mas o mesmo vale para a matéria eterna, visto que a mudança não pode ocorrer na ausência de tempo e, portanto, a matéria eterna permaneceria imutável na eternidade, exigindo algum outro agente igualmente problemático para torná-la dinâmica. Muito raramente, a antropologia encontra mitos da criação em que uma entidade puramente espiritual, emocional ou intelectual precede o mundo material, e a matéria surge espontaneamente ou é evocada ou é engendrada a partir da não matéria. De acordo com os winnebagos, povo da América do Norte, por exemplo, o Criador da Terra percebeu por experiência que seus sentimentos se tornavam coisas: em sua solidão, verteu lágrimas, que se tornaram as águas primevas.[18] À primeira vista, portanto, o mito lembra a maneira como Brama produziu o cosmo de si mesmo, embora não devamos pensar nas lágrimas literalmente, pois na sabedoria dos winnebagos a emoção era a fonte do poder criativo que fez o mundo material. Para alguns sábios gregos antigos, o pensamento funcionaria da mesma maneira. De fato, sentimento e pensamento podem ser definidos um em relação ao outro: sentimento é pensamento não formulado, pensamento é sentimento expresso de modo comunicativo. O Evangelho de São João tomou emprestada da filosofia grega clássica a noção misteriosa de um mundo gerado por um ato intelectual: "No princípio era o Logos" — literalmente, o pensamento, que traduções da Bíblia costumam interpretar como "o Verbo" ou "a Palavra".

O autor do Evangelho pôde fundir os pensamentos grego e judaico porque o Antigo Testamento (tal como entendido por comentadores a partir da segunda metade do primeiro milênio a.C.) traz o mais antigo e mais instigante relato desse tipo de criação: o mundo é produto do pensamento — nem mais nem menos — exercido em um âmbito sem matéria além do ser e do nada. Esse modo de entender a criação acabou por convencer a maioria das pessoas que refletiram sobre ela e tornou-se a premissa impensada da maioria dos que nunca pensaram a respeito.[19]

Outra ideia nova — um Deus único e criativo — é inseparável dela. A cronologia da relação entre ambas não é clara, pois nenhuma foi documentada de forma convincente até a segunda metade do primeiro milênio. Não sabemos se os pensadores que a conceberam começaram com a singularidade de Deus e deduziram a criação a partir dela, ou se partiram de uma história da criação e inferiram dela a unicidade de Deus. Seja como for, as ideias eram interdependentes: Deus estava sozinho até criar todo o resto e tinha poder sobre tudo (pois o que fazemos sempre podemos refazer e desfazer). Isso tornou-o puramente espiritual — ou, mais que isso, indescritível, inominável, incomparável com qualquer outra coisa. Esse criador único, que produziu tudo a partir de nada e monopoliza o poder

Os grandes sábios

sobre a natureza, nos é hoje tão familiar que não podemos mais sentir o quão estranho Ele deve ter parecido quando concebido pela primeira vez. Um certo ateísmo pop deturpa Deus como uma ideia infantil, mas chegar a tal noção de Deus exigiu muito pensamento extenuante. Os simplórios — que outrora, como sempre e como agora, achavam que só o que é visível e tátil existe — certamente reagiram com surpresa. Mesmo pessoas capazes de imaginar um mundo invisível — além da natureza e suscetível a ser controlado — supunham que a supernatureza fosse diversificada, isto é, repleta de deuses, visto que a natureza era repleta de criaturas. Gregos agrupavam e ordenavam os deuses. Os persas, como vimos, os reduziram a dois — um bom, um mau. No "henoteísmo" indiano, uma multiplicidade de deuses, juntos, representava a unidade divina. Os hindus tendiam a reagir ao monoteísmo com uma objeção lógica: se um deus sempre existiu, por que não outros? Os tipos conhecidos de unidade são, quase todos, divisíveis. Podemos esfacelar uma pedra ou refratar a luz nas cores do arco-íris. Talvez, se Deus for único, Sua singularidade seja desse tipo. Ou talvez de um tipo mais abrangente, como a natureza é abrangente, a somatória singular de todo o resto, incluindo muitos outros deuses. Ou outros deuses poderiam fazer parte da criação de Deus.

A formulação mais enfática da singularidade divina foi elaborada nos escritos sagrados dos judeus. Em data desconhecida, provavelmente no início da primeira metade do milênio a.C., Iahweh, a divindade tribal judaica, era ou tornou-se seu único Deus: "Não tereis outros deuses que rivalizem comigo", proclamou Ele. Paradoxalmente, a decepção com Iahweh foi o ponto de partida de Sua ulterior transformação em um ser singular e todo-poderoso. Após serem derrotados em guerra e deportados em massa de sua terra natal por volta de 580 a.C., os judeus reagiram interpretando seus sofrimentos como provações de fé, exigências divinas por crença e adoração intransigentes. Começaram a chamar Iahweh de "ciumento", por não querer conceder status divino a nenhum rival. A implacável imposição de um direito exclusivo à adoração fez parte de uma suposta "aliança", na qual Iahweh prometeu favor em troca de obediência e veneração. Ele não era apenas o único Deus para o Seu povo; no final do processo, tornou-se o único Deus do mundo.[20]

Junto com Deus: Outras ideias judaicas

Entre os efeitos colaterais, houve três outras noções às quais ainda aderimos: tempo linear, um Deus amoroso e uma ordem natural hierárquica confiada por Deus aos senhores ou intendentes humanos.

Em geral, como vimos, as pessoas moldam seus modos de medir o tempo nas intermináveis e repetitivas revoluções dos céus. Em muitas culturas, por outro lado, em vez de os indivíduos relacionarem mudanças lineares às cíclicas — a minha idade (linear), digamos, ao comportamento (cíclico) do sol — os "guardadores do tempo" comparam duas ou mais sequências de mudanças lineares. Os nueres do Sudão — que, como vimos, relacionam todos os acontecimentos às taxas de crescimento do gado ou das crianças — são um bom exemplo: a data de uma fome, guerra, inundação ou peste pode ser expressa como "quando meu bezerro era dessa altura" ou "quando essa geração foi iniciada na idade adulta".[21] Os cronistas costumam recorrer a ambos os métodos: no Egito antigo e em quase todo o passado da China, utilizavam-se sequências de reinos e dinastias como base para medir outras mudanças. Todo leitor do Antigo Testamento pode ver como seus autores tendem a evitar ciclos astronômicos ao atribuir datas a eventos, preferindo as gerações humanas como unidades de periodização.

Diferentes técnicas de mensuração podem dar origem a diferentes conceitos de tempo. Seria o tempo cíclico e interminável? Ou seria como uma linha, com uma trajetória única e não repetível?[22] Nos textos sobreviventes, a primeira aparição do conceito linear está no primeiro livro da Bíblia hebraica, em que o tempo é desencadeado em um ato único de criação. A história do Gênesis não tornou inevitável uma narrativa persistentemente linear, pois o tempo poderia ter começado como uma seta lançada ou um mecanismo de relógio posto a funcionar, exibindo propriedades de ambos. Os judeus, no entanto, e todos os que adotaram suas Escrituras, mantiveram um modelo primordialmente linear, com um começo e, podemos presumir, um fim: alguns eventos podem reincidir ou se repetir, mas a história como um todo é singular. Passado e futuro nunca mais podem voltar a ser o que foram.

Os grandes sábios

A influência dos judeus na cristandade e no islamismo garantiu que o mundo moderno herdasse um senso linear de tempo. Para os cristãos, um modelo cíclico é impossível, porque a encarnação ocorreu uma só vez e o sacrifício de Cristo foi suficiente para todos os tempos. Sua Segunda Vinda não será uma reencenação, e sim a cortina se fechando no final do espetáculo. O tempo linear provou ser algo inspirador e assustador. Provocou movimentos milenaristas, incitando as pessoas à ação por acreditarem que o fim do mundo estaria próximo. Fomentou a convicção de que a história é progressiva e que todas as suas dores e labutas valem a pena. Líderes e ideólogos, espicaçados com a possibilidade de vivenciar o avanço da história rumo a um objetivo ou clímax, desencadearam movimentos tão distintos como as revoluções americana e francesa, o marxismo e o nazismo.

Os judeus raramente tentaram impor suas ideias aos outros; pelo contrário, ao longo de quase toda a história, trataram sua religião como um tesouro precioso demais para ser compartilhado. Entretanto, três realidades tornaram o Deus dos judeus o Deus favorito do mundo.[23] Primeiro, a história "sagrada" dos sacrifícios e sofrimentos judaicos proporcionou aos leitores do Antigo Testamento um exemplo irresistível de fé. Segundo, Cristo fundou um grupo judeu dissidente que abriu suas fileiras a não judeus e desenvolveu uma tradição vigorosa (e às vezes agressiva) de proselitismo. Graças em parte a um "evangelho" persuasivo de salvação, o cristianismo tornou-se a religião mais difundida do mundo. Por fim, no início do século VII, o profeta Maomé, tendo absorvido muito do judaísmo e do cristianismo, incorporou o entendimento judaico de Deus à religião rival que fundou, a qual, no final do segundo milênio, tinha atraído quase tantos fiéis como o cristianismo. Embora o islã tenha se desenvolvido de maneiras distantes das origens judaicas e das influências cristãs, o Deus das três tradições permaneceu — e permanece até hoje — reconhecidamente um e o mesmo. Tal como cristãos e muçulmanos O conceberam, o culto de Deus exigia propagação — e até consentimento — universal. Uma longa história de conflitos culturais e guerras sangrentas se seguiu. Além disso, no legado que ambas as religiões receberam do judaísmo, Deus exige que os seres humanos cumpram demandas morais estritas, as quais muitas vezes conflitam com prioridades práticas e mundanas. Desse modo, a ideia de Deus concebida pelos judeus na Antiguidade continuou moldando vidas pessoais, códigos de conduta coletivos e lutas intercomunitárias. Em um nível ainda mais profundo de sensibilidade, suscitou conflitos internos de consciência e, talvez em consequência disso, inspirou extraordinárias obras de arte em todas as sociedades que tocou.

A ideia de que Deus (segundo a maioria das definições) existe é perfeitamente razoável. A ideia de que o universo é uma criação divina demanda intelectualmente, embora não seja impossível. Mas Deus pode ter criado o mundo por capricho, ou por engano, ou por algum motivo tão inescrutável quanto Ele mesmo e que seria perda de tempo tentar entender. A noção, pois, de que Deus teria interesse permanente na criação parece precipitada e especulativa. A maioria dos pensadores gregos da era clássica ignorou-a ou repudiou-a, incluindo Aristóteles, que descreveu Deus como perfeito e, portanto, carente de nada, sem propósitos incompletos e sem motivo para sentir ou sofrer. No entanto, o pensamento — se foi de fato responsável pela criação — certamente torna a criação intencional.

Afirmar que Deus tem interesse por Sua criação é uma coisa, mas afirmar que Seu interesse é voltado particularmente para a humanidade chega a ser inquietante. Que o cosmo seja "para" nós — uma espécie insignificante, apegada a um pequenino torrão solto no espaço — parece uma hipótese suspeitosamente centrada no ego do ser humano.[24] Que o interesse de Deus por nós seja um interesse amoroso é ainda mais estranho. O amor é a mais humana das emoções. Ele nos torna fracos, causa-nos sofrimento e nos inspira ao sacrifício. Nas noções triviais de onipotência, não há espaço para tais falhas. "Ouso dizer que Deus é amor. Mas como é travesso esse diabo de amor!", brincou Samuel Butler.[25] Contudo, a imagem de um Deus amoroso tem um atrativo intelectual e emocional insuperável.

De onde vem essa ideia? Quem foi o primeiro a concebê-la? "A coroa do Ocidente é misericordiosa se alguém clama por ela"[26] era um dito egípcio da época do Reino do Meio, mas expressaria a justiça divina, não o amor divino. Os textos chineses de meados do primeiro milênio a.C. mencionam com frequência "a benevolência do céu", mas a expressão parece

Os grandes sábios

denotar algo muito distante do amor. Mozi antecipou a evocação cristã do amor mais de quatrocentos anos antes de Cristo: como até seus inimigos admitiam, ele "exauriria todo o seu ser em benefício da humanidade".[27] Todavia, sua visão da humanidade unida pelo amor não era de inspiração teológica; na verdade, ele tinha em mente a imagem romântica de uma suposta idade de ouro de "Grande União" no passado remoto. Não era em nada parecida com o que Cristo quis dizer quando instou seus discípulos: "Amai-vos uns aos outros de todo o coração". Mozi recomendava uma ética prática, uma estratégia útil para que o mundo funcionasse, não um mandamento divino ou a consequência de um desejo de imitar Deus. Seu conselho lembra a Regra de Ouro: se você ama, disse, a retribuição do amor alheio o recompensará. Os ensinamentos do Buda sobre o tema eram semelhantes, mas distintos e flexíveis em novas formas. Enquanto Mozi propugnava o amor em prol da sociedade, o Buda o instava para nosso próprio bem. Mestres da tradição budista conhecida como maaiana foram ainda mais longe no segundo século a.C.: ao insistir que o amor só era meritório se fosse altruísta e sem recompensas, como uma dádiva gratuita dos iluminados a todos os seres humanos, eles se aproximaram bastante da doutrina de Cristo sobre o amor desinteressado. Muitos estudiosos conjecturam que o budismo influenciou Cristo; se isso de fato aconteceu, Cristo deu-lhe um toque distintivo, tornando o amor abnegado um dos atributos de Deus.

Para entender as origens da doutrina, talvez devêssemos buscar além do catálogo de pensadores e da litania de seus pensamentos. É de se presumir que o pensamento de Cristo tenha se originado na antiga doutrina judaica da criação. Se Deus criou o mundo, o que Ele tinha a ganhar com isso? O Antigo Testamento não revela a resposta, mas insiste que Deus tem um relacionamento especial com Seu "povo escolhido": às vezes, os compiladores das Escrituras chamaram isso de "amor eterno e fiel", que comparavam aos sentimentos de uma mãe por seus filhos. Com mais frequência, porém, falavam de um acordo ou "aliança", e não de um amor sem nada em troca. Contudo, no final do primeiro milênio a.C., como revelaram os textos fragmentários encontrados em uma caverna perto do mar Morto na década de 1950, alguns grupos judeus estavam tentando redefinir Deus. Na versão deles, o amor tomou o lugar da aliança. Ao invocar uma emoção poderosa, espiritual e criativa que todos já vivenciaram, esses grupos tornaram Deus inteligível ao ser humano. Ao identificar Deus e amor, Cristo e seus seguidores adotaram a mesma abordagem dos autores dos manuscritos do mar Morto. Fazendo o amor de Deus abraçar todos indiscriminadamente — em vez de favorecer uma raça escolhida —, acrescentaram-lhe um enlevo universal. Com isso, a criação pôde ser expressa como um ato de amor consistente com a natureza de Deus.

A doutrina de um Deus amoroso resolveu muitos problemas, mas levantou outro: o porquê d'Ele permitir o mal e o sofrimento. Os cristãos produziram respostas engenhosas. A natureza própria de Deus é sofrer: o sofrimento é parte de um bem maior, inquietantemente compreensível àqueles imersos nele. O mal é a outra face do bem, sem o qual este não teria sentido; privada do mal, a criação não seria boa — seria insípida. A liberdade, incluindo a liberdade de fazer o mal, é — por motivos conhecidos apenas por Deus — o bem maior. O sofrimento é duplamente necessário: para castigar o vício e para aperfeiçoar a virtude, pois o bem só é perfeitamente bom se não for recompensado. A chuva molha também os justos.[28]

A ideia do amor de Deus pela humanidade teve outra consequência importante, ainda que, em retrospecto, aparentemente irônica: a ideia de que a humanidade é superior ao restante da criação. O anseio de se diferenciar do resto da natureza é obviamente parte da identidade humana, mas os primeiros seres humanos parecem ter sentido — acertadamente — que faziam parte do grande continuum animal. Eles adoravam animais ou deuses zoomórficos, adotaram ancestrais totêmicos e enterraram alguns animais com cerimonial igual ao dos humanos. Até onde sabemos, a maioria de suas sociedades não tinha um conceito abrangente de humanidade: relegavam todos os de fora da tribo à categoria de bestas ou subumanos.[29] No Gênesis, por outro lado, Deus torna o homem o clímax da criação e lhe confere domínio sobre outros animais. "Enchei a terra e submetei-a; dominai sobre os peixes do mar, as aves do céu e todos os animais que rastejam sobre a terra" foi seu primeiro mandamento. Ideias semelhantes aparecem em textos de toda a Eurásia na segunda metade do primeiro milênio a.C. Aristóteles esquematizou uma hierarquia de almas viventes, na qual a do homem foi julgada superior à das plantas e animais por possuir a faculdade racional além da vegetativa e sensível. Os budistas, cuja percepção sensível abrangia todas as formas de vida, classificaram os seres humanos como superiores às demais para fins de reencarnação. A fórmula chinesa, tal como expressa por exemplo por Xunzi no início do século seguinte, era: "O homem tem espírito, vida e percepção, e senso de justiça; portanto, é o mais nobre dos seres terrestres".[30] Desse modo, as criaturas mais fortes foram legitimamente submetidas aos seres humanos. Houve tradições dissidentes. Mahavira achava que há almas investidas em tudo e que as convicções de superioridade dos humanos impunham-lhes a obrigação de cuidar de todo o resto da criação; criaturas com almas "animais" deveriam ser tratadas com respeito especial, pois eram as que mais se assemelhavam a pessoas. Seu quase contemporâneo no sul da Itália, Pitágoras, ensinou que "todas as coisas que nascem com vida devem ser tratadas como coisas afins".[31] A superioridade humana significa privilégio ou responsabilidade? Domínio ou intendência? Foi o começo de um longo e ainda não resolvido debate sobre a medida em que o ser humano pode explorar outras criaturas para seu benefício.[32]

Gracejando com Pilatos: Meios seculares para chegar à verdade

Ao lado das ideias religiosas do primeiro milênio a.C., surgiram outras noções, que poderíamos classificar de seculares. Na época, não creio que alguém teria feito tal distinção. A dificuldade que ainda temos hoje ao classificar as doutrinas, digamos, de Buda ou Confúcio é testemunha disso. Porém, jamais entenderemos a religião se exagerarmos seu alcance ou importância. Faz pouca ou nenhuma diferença para a vida da maior parte das pessoas, mesmo daquelas que se dizem religiosas. Infelizmente, exceto em seus espasmos de consciência, a maioria ignora as injunções de seus deuses e invoca a religião apenas quando quer justificar o que se propõe a fazer de qualquer maneira — tipicamente, guerra, caos e opressão.

Os grandes sábios refletiam sobre Deus em seu tempo livre. Em seus ofícios cotidianos, tinham de estar a serviço de clientes, alunos e do público em geral, que, como a maioria dos "clientes" da educação hoje, queriam — lamentavelmente! — cursos profissionalizantes e bom valor por seu dinheiro. Alguns sábios eram ricos o suficiente para ser independentes ou para ensinar por prazer ou autoglorificação. Buda e Mahavira vieram de famílias principescas. Platão era um aristocrata rico que fazia doações pródigas a sua própria academia. A maioria dos demais, no entanto, compunha-se de profissionais forçados a colocar em primeiro plano o pensamento prático pelo qual eram remunerados. E, especialmente onde o mundo político também era físsil e competitivo, como na Grécia e na China das Cem Escolas, eles priorizavam as necessidades dos governantes: regras de argumentação para fortalecer embaixadores, ou de persuasão para aprimorar a propaganda, ou de lei para reforçar comandos, ou de justiça para orientar as decisões da elite, ou de direitos para amparar as reivindicações dos governantes. Platão, que podia se dar ao luxo das ideias elevadas, denunciou mercenários e bajuladores que comercializavam as artes úteis da retórica em vez de cursos para aprimorar a virtude.

Inevitavelmente, contudo, alguns sábios levaram seu pensamento além dos limites do que os clientes julgavam útil, e o dirigiram para áreas de especulação que tangiam a transcendência e a verdade. Ser, Brama e realidade, por exemplo, são o tema dos ensinamentos coletados nos *Upanishades*. "Do irreal levai-me ao real", implora uma das orações.[33] Reflexões sobre tais assuntos não eram desinteressadas: é provável que tenham começado como investigações da técnica retórica com vistas a tornar os alunos proficientes em detectar falsidades alheias e mascarar as próprias. A preocupação em expor falsidades concentrou o pensamento no que parecia ser o mais fundamental dos problemas: o que é real? O acesso ao conhecimento de tudo o mais — neste mundo e em todos os outros — não dependia dessa resposta?

Entre as consequências estavam algumas das ideias mais veementes que ainda moldam nosso mundo ou, no mínimo, o modo como pensamos sobre ele: metafísica, realismo, relativismo, racionalismo puro e lógica —

Os grandes sábios

os assuntos desta seção; e a reação representada pelas ideias que aborda-remos a seguir: ceticismo, ciência e materialismo.

Realismo e relativismo

O ponto de partida desses eventos mentais foi a ideia de que todos os objetos da percepção sensorial e até do pensamento podem ser ilusórios. Como vimos, isso foi enfaticamente expressado nos *Upanishades* e pode ter se espalhado pela Eurásia a partir da Índia. É uma ideia tão esquiva que aguça nossa curiosidade de saber como e quando foi pensada pela primeira vez e qual a diferença que pode realmente ter feito para aqueles que a pensaram ou para seus sucessores que a adotaram.

Os defensores da noção de ilusão onipresente embatiam-se com a sabedoria recebida. A intensidade com que argumentaram mostra isso. Na China, em meados do século IV a.C., Zhuangzi sonhou que era uma borboleta e, ao acordar, perguntou-se se não seria de fato uma borboleta sonhando ser um homem. Pouco antes, as sombras que Platão viu na pa-rede de uma caverna haviam despertado suspeitas semelhantes. "Supo-nhamos homens em uma morada subterrânea em forma de caverna [...]. Semelhantes a nós, veem apenas a própria sombra, ou as sombras uns do outros, que o fogo projeta na parede da caverna."[34] Somos todos trogло-ditas mentais cujos sentidos nos enganam. Como podemos ver o que há fora de nossa caverna?

Para Platão e muitos outros sábios, o melhor caminho parecia envol-ver níveis de generalização: podemos estar convencidos, por exemplo, da realidade de um homem em particular; mas e quanto ao "Homem"? Como passar de particularidades palpáveis e conhecíveis para conceitos vastos que estão além da visão e dos sentidos, como ser e Brama? Quando dizemos, por exemplo, "O homem é mortal", podemos estar apenas nos referindo a todos os homens individualmente; era o que afirmavam os filósofos da escola Nyaya do século IV a.C. na Índia. Mas será que "Homem" é apenas um nome para o conjunto ou classe de homens, ou haveria um sentido em que Homem é uma realidade que existe independentemente da ocorrência de cada homem? Platão e a maioria de seus sucessores no Ocidente acreditavam que sim, haveria. O idealismo visceral de Platão, sua repulsa às marcas e cicatrizes da experiência comum transparecem em sua linguagem: "Pense como a alma pertence ao divino e imortal e eterno, e deseja estar com eles. Pense no que a alma poderia ser se, liberta, os alcançasse. Ela irromperia do lodo da vida". Platão acreditava que apenas os universais são reais e que as coisas particulares são projeções imperfeitas, como as sombras que a luz do fogo lançava na caverna: "Podemos dizer que aqueles que contemplam o absoluto e eterno e imutável têm conhecimento real, e não mera conjectura".[35]

A maioria dos colaboradores chineses e indianos desse debate concordava. No século III a.C., no entanto, Gongsun Long, que se dizia estudioso dos "caminhos dos antigos reis" (ou, como talvez disséssemos hoje, um historiador), cunhou um apotegma surpreendente — "Um cavalo branco não é um cavalo"[36] — para expressar um problema profundo: nossos sentidos, na medida em que são confiáveis, nos garantem que o cavalo branco existe, juntamente com muitas outras criaturas particulares que chamamos cavalos; mas o que dizer do cavalo referido pelo termo geral "cavalo de outra cor", que não é cinza, castanho ou palomino, nem é diferenciado por outras particularidades que definem um cavalo como diferente dos demais? Para seus críticos, o paradoxo de Gongsun Long não passa de uma "peleja com palavras". Na verdade, porém, tem implicações perturbadoras, pois sugere que talvez apenas o cavalo particular de fato exista e que termos genéricos nada denotem de real. O universo se torna incompreensível, exceto em pedaços, fragmento por fragmento. Verdades supostamente universais se dissolvem. Preceitos morais universais desmoronam. Impérios com aspirações universais cambaleiam. A doutrina tem inspirado radicais em todas as épocas desde que surgiu. Nos séculos XVI e XVII, ajudou Lutero a desafiar a Igreja e colocou os individualistas contra as antigas noções orgânicas da sociedade. No século XX, alimentou a rebelião existencialista e pós-moderna contra a ideia de um sistema coerente em que todos têm um lugar.

Os grandes sábios

O nominalismo, como essa doutrina veio a ser chamada, mostra quão difícil é formular a verdade, isto é, conceber uma linguagem que corresponda à realidade — tão difícil que alguns sábios propuseram simplesmente evitar a questão. A verdade é uma ideia abstrata, mas uma questão prática: queremos que decisões e ações tenham um fundamento válido. Mas como escolher entre formulações rivais? Protágoras tornou-se notório na Grécia antiga por descartar a questão, alegando que não existe um teste objetivo. "O homem", disse ele, "é a medida de todas as coisas, da existência das coisas que são e da inexistência das coisas que não são." Sócrates, a voz da sabedoria nos diálogos de Platão, sabia exatamente o que essa afirmação enigmática significava: relativismo, a doutrina de que a verdade para uma pessoa é diferente da verdade para outra.[37] Também havia relativistas na China antiga. No início do século III a.C., Zhuangzi ressaltou: "Macacos preferem árvores. Qual hábitat pode ser considerado absolutamente certo? Corvos se deliciam com ratos, peixes fogem diante de mulheres que os homens julgam lindas. De quem é a preferência certa, em termos absolutos?".[38]

Pouquíssimos pensadores se dispuseram a aceitar que, embora o relativismo possa se aplicar a questões de gosto, não pode ser estendido a questões de fato. O filósofo moderno Roger Scruton expôs com requinte a objeção principal: "O homem que diz 'Não existe verdade' está pedindo para não acreditarmos nele. Portanto, não acreditemos". Há também um paradoxo igualmente divertido de Hilary Putnam, lógico de Harvard: "O relativismo não é verdadeiro para mim".[39] Aqueles que, no entanto, preferem permanecer com Protágoras foram capazes de abraçar conclusões radicais: todos têm sua própria realidade, como se cada indivíduo incorporasse um universo separado; a verdade é apenas um floreio retórico, um elogio que prestamos a afirmações que aprovamos ou uma alegação que lançamos para suprimir dissidentes. Todos os pontos de vista são igualmente sem valor. Não há árbitros adequados para conflitos de opinião — nem bispos, nem reis, nem juízes, nem tecnocratas. O populismo é, portanto, a melhor política. Pensadores que querem responder ao relativismo costumam apelar para os números: cinco flores são reais.

E cinco? Cinco não é real também? Os números não existiriam mesmo se não houvesse nada para contar? A julgar pelas marcações entalhadas em paus ou riscadas nas paredes das cavernas durante o Paleolítico, os seres humanos logo aprenderam a contar coisas para organizar a experiência. Mas a matemática oferecia mais: a chave para um mundo de outra forma inacessível, mais precioso para aqueles que o vislumbram em pensamento do que o mundo que percebemos através de nossos sentidos. A geometria mostrou como a mente pode alcançar realidades que os sentidos obscurecem ou distorcem: um círculo perfeito e uma linha sem magnitude são invisíveis e intocáveis, mas reais. Aritmética e álgebra revelaram números inalcançáveis — zero, números negativos, proporções que nunca poderão ser determinadas com precisão mas que parecem subjazer ao universo: por exemplo π ($22 \div 7$), que determina o tamanho de um círculo, ou o que matemáticos gregos chamam de número áureo ($[1 + \sqrt{5}] \div 2$), que representaria perfeição de proporção. Os números irracionais, como a raiz quadrada de dois, são ainda mais misteriosos: não podem ser expressos sequer como uma proporção (daí o seu nome).

Pitágoras foi figura crucial na história da exploração do mundo dos números. Nascido em uma ilha jônica em meados do século VI a.C., ele percorreu todo o mundo grego, ensinando, durante a maior parte da vida, até fixar-se em uma colônia na Itália. Sempre atraiu histórias: ele se comunicaria com os deuses; teria uma coxa dourada (talvez um eufemismo para uma parte adjacente da anatomia). Para seus seguidores, mais do que um simples homem, ele era um ser único entre o humano e o divino. Duas ideias relativamente triviais garantiram sua fama entre os jovens modernos: que as harmonias musicais ecoam proporções aritméticas e que o comprimento dos lados dos triângulos retângulos tem sempre a mesma proporção. Sua real importância é muito mais profunda.

Ele foi o primeiro pensador, até onde sabemos, a afirmar que números são reais.[40] Eles obviamente são modos que temos de classificar objetos — duas flores, três moscas. Pitágoras, porém, achava que os números existem à parte dos objetos que enumeram. São, por assim dizer, não apenas adjetivos, mas substantivos. E foi além: números são a arquitetura pela

Os grandes sábios

qual o cosmo é construído. Determinam formas e estruturas: ainda hoje falamos de quadrados e cubos. Proporções numéricas subjazem a todas as relações — "Todas as coisas são números".[41]

Em seu tempo, a civilização ainda cinzelava campos e ruas inspirada na natureza, estampando uma matriz geométrica na paisagem, de modo que a ideia de Pitágoras fazia sentido. Nem todos os sábios compartilhavam seu parecer: "Busquei a verdade em medidas e números", disse Confúcio, conforme um de seus seguidores, "mas depois de cinco anos eu ainda não a encontrara".[42] Mas a realidade dos números arraigou-se na tradição erudita que se espalhou da Grécia antiga para todo o mundo ocidental. Com isso, a maioria das pessoas aceitou a possibilidade de que outras realidades possam ser igualmente invisíveis, intocáveis e, não obstante, acessíveis à razão: essa foi a base de uma aliança volátil, mas duradoura, entre ciência, razão e religião.

Racionalismo e lógica

Se acreditarmos que os números são reais, acreditaremos que existe um mundo suprassensível. Como disse Bertrand Russell, "É natural ir além e argumentar que o pensamento é mais nobre que os sentidos, e os objetos do pensamento mais reais que os da percepção sensorial".[43] Um círculo perfeito ou um triângulo perfeito, por exemplo, ou uma linha perfeitamente reta, é como Deus: ninguém jamais os viu, embora aproximações toscas feitas pelo homem sejam comuns. Os únicos triângulos que conhecemos estão em nosso pensamento e as versões que desenhamos no papel ou no quadro de giz simplesmente nos ajudam a trazê-los à memória, como um céu de Van Gogh sugere a luz das estrelas ou um soldado de brinquedo sugere um soldado. Talvez o mesmo se aplique a tudo. Árvores podem ser como triângulos. A árvore real é a árvore em que pensamos, não a árvore que vemos.

O pensamento não precisa de objetos externos e pode constituir os seus próprios — daí o poder criativo que alguns sábios lhe atribuíram. Razão é racionalismo casto, não violado pela experiência. Isso é o que pensava Hui Shi, o escritor mais prolífico da China do século iv a.C. Tantos eram seus livros que enchiam carroças. Ele apresentou paradoxos atordoantes e ofuscantes: "O fogo não é quente. Os olhos não veem".[44] Hui Shi quis dizer que a ideia de fogo é a única coisa efetivamente quente que de fato sabemos e que os dados atuam diretamente na mente. Só então nós os sentimos. O que realmente vemos é uma impressão mental, não um objeto externo. Encontramos a realidade em nossa mente. A razão, por si só, é o único guia capaz de nos levar à verdade.

Entre os racionalistas que conhecemos pelo nome, o primeiro foi Parmênides, que viveu em uma colônia grega do sul da Itália no início do século v a.C., buscando a autoexpressão na poesia e no paradoxo. Ele sofreu — pelo menos é assim que eu o imagino — a agonia de uma grande mente aprisionada em linguagem imperfeita, como um palestrante frustrado por um microfone defeituoso. Ele percebeu que aquilo que podemos pensar limita o que conseguimos dizer, que por sua vez é restrito pelo alcance da linguagem que somos capazes de conceber. No único caminho para a verdade, devemos deixar de lado o que é sentido em prol do que é pensado. As consequências são perturbadoras. Se, digamos, uma rosa vermelha é real em virtude de ser um pensamento e não um objeto sensível, então uma rosa azul também o é. Se pensarmos em algo, esse algo efetivamente existe. Não é possível falar da não existência de nada.[45] Poucos racionalistas estão dispostos a ir tão longe, mas, de fato, a razão parece possuir um poder que escapa à observação e ao experimento. Ela pode abrir as cavernas secretas da mente, onde verdades jazem enterradas, não maculadas pelas desfigurações nas paredes da caverna de Platão. Essa ideia contribuiu para tudo que há de melhor e de pior na história subsequente do pensamento: de melhor, porque a confiança na razão fez as pessoas questionarem dogmas e perscrutarem mentiras; de pior, porque às vezes inibiu a ciência e incentivou especulações autocongratulatórias. No geral, porém, os efeitos devem ter sido neutros. Em teoria, a razão deve informar as leis, moldar a sociedade e melhorar o mundo. Na prática, contudo, nunca foi muito atraente, exceto para as elites. Raras vezes, ou nunca, fez grandes contribuições para

Os grandes sábios 175

o modo como as pessoas se comportam. Nos livros de história, os capítulos sobre a "Era da Razão" acabam tratando de outra coisa. Todavia, o renome da razão ajudou a moderar ou restringir sistemas políticos baseados em dogmas, carisma, emoções ou no poder nu e cru. Ao lado da ciência, da tradição e da intuição, a razão faz parte de nosso conjunto de ferramentas essenciais para descobrir verdades.

Para alguns racionalistas, a razão tornou-se um recurso escapista — uma maneira de sobrepujar ou menosprezar o mundo aborrecido em que efetivamente vivemos. O caso mais extremo do uso da razão para zombar do cosmo foi a mente paradoxista de Zenão de Eleia, que precedeu os paradoxos de Hui Shi com enunciados semelhantes. Ele viajou para Atenas por volta da metade do século V a.C. para exibir sua técnica, atordoar os atenienses autossatisfeitos e desconcertar os críticos de seu mestre, Parmênides. Desfilou, entre outros, o argumento irritante de que uma flecha em voo está sempre em repouso, pois ocupa um espaço igual a seu próprio tamanho. Afirmou também que um percurso nunca poderá ser concluído, pois metade da distância restante sempre precisará ser percorrida antes que se chegue ao fim. Num exemplo surpreendentemente parecido com um dos ditos de Hui Shi — segundo o qual uma tira de bambu cortada ao meio todos os dias durará para sempre —, Zenão afirmou de modo espirituoso que a matéria tem de ser indivisível: "Se uma vara for encurtada todos os dias à metade de seu comprimento, ainda restará algo dela depois de dez mil gerações".[46]

Suas conclusões nada práticas, mas nem por isso menos assombrosas, levaram à separação entre razão e experiência. Outros sábios tentaram preencher a lacuna. O melhor representante dessas tentativas foi Aristóteles, filho de um médico do norte da Grécia, que estudou com Platão e, como todos os melhores alunos, progrediu indo contra os ensinamentos de seu mestre. Walter Guthrie, estudioso de Cambridge cujo conhecimento de filosofia grega jamais foi igualado, relembra como, na escola, foi obrigado a ler Platão e Aristóteles. A prosa de Platão impressionou-o tanto pela beleza como pela ininteligibilidade. Ainda garoto, porém, surpreendeu-se ao conseguir entender Aristóteles perfeitamente. Supôs que o pensador estava "à frente" do seu tempo e houvesse milagrosamente antecipado o pensamento da época do jovem Walter. Somente mais tarde, quando chegou à maturidade e à sabedoria, ele percebeu a verdade: não é porque Aristóteles pensou como nós que nós o compreendemos, e sim porque nós pensamos como ele. Aristóteles não era moderno; nós, modernos, é que somos aristotélicos.[47] O filósofo traçou os sulcos da lógica e da ciência nos quais os nossos pensamentos ainda circulam.

O processo que levou à lógica teve início em meados do primeiro milênio a.C., quando mestres na Índia, na Grécia e na China tentavam criar cursos de retórica prática: como pleitear nos tribunais, argumentar entre embaixadas, convencer os inimigos, exaltar os patronos. As regras para o uso correto da razão foram um subproduto da arte dos persuasores. Mas, como colocou o Fausto de Christopher Marlowe: "Será a boa argumentação o fim máximo da lógica? Não ambiciona esta arte milagre maior?". Aristóteles sugeriu propósitos mais puros e concebeu um milagre maior: um sistema para discernir verdade e falsidade, submetendo o senso comum a regras práticas. Ele mostrou que todo argumento válido pode ser analisado em três fases: duas premissas, estabelecidas por demonstração ou acordo prévio, levam, como num floreio de varinha de condão, a uma conclusão necessária. No que se tornou o exemplo clássico de "silogismo", se "Todos os homens são mortais" e "Sócrates é homem", segue-se que Sócrates é mortal. As regras se assemelham à matemática: assim como dois e dois são quatro, não importa que sejam dois ovos e dois ferros ou dois ratos e dois homens, a lógica produz os mesmos resultados, qualquer que seja o assunto; na verdade, podemos suprimir completamente o assunto e substituí-lo por símbolos de estilo algébrico. Enquanto isso, na Índia, a escola Nyaya de comentaristas de textos antigos estava envolvida em projeto semelhante, analisando processos lógicos desmembrados em cinco estágios. Havia uma diferença fundamental em relação a Aristóteles, no entanto: os indianos viam a razão como uma espécie de percepção extraordinária, concedida por Deus. Tampouco eram racionalistas estritos, pois acreditavam que, em vez de surgir na mente, o significado provém de Deus, que o confere aos objetos de pensamento por meio da tradição

Os grandes sábios

(ou consenso). Claramente, a lógica é imperfeita, visto que depende de axiomas, isto é, proposições consideradas verdadeiras que não podem ser postas à prova dentro do sistema. Depois de Aristóteles, não parecia restar muito a fazer para os lógicos ocidentais, exceto refinar suas regras. E os exageros e excessos acadêmicos começaram. Quando esses refinadores terminaram, haviam classificado todos os argumentos lógicos possíveis em 256 tipos distintos.[48]

Não deve haver conflito entre razão e observação ou experiência: são modos complementares de estabelecer a verdade. Mas as pessoas tomam partido, algumas desconfiam da "ciência" e duvidam da confiabilidade das evidências, outras rejeitam a lógica em prol da experiência. A ciência incentiva a desconfiança da razão, colocando o experimento em primeiro lugar. Como os sentidos não são confiáveis, de acordo com o modo de ver as coisas dos racionalistas, a observação e a experiência são artes inferiores: o melhor laboratório é a mente e os melhores experimentos são os pensamentos. O racionalismo, por outro lado, em uma mente intransigentemente científica, é metafísico e sem raízes na experiência.

O recuo da razão pura: Ciência, ceticismo e materialismo

Os pensadores do primeiro milênio a.C. tentavam conciliar ciência e razão em seus esforços para sair da caverna de Platão. Nos conflitos que surgiram, podemos discernir as origens das guerras culturais do nosso tempo, que lançam a ciência dogmática — "cientificismo", como os oponentes a chamam — contra os estilos espirituais de pensar. Ao mesmo tempo, os céticos cultivavam dúvidas sobre a existência de alguma técnica capaz de expor os limites da falsidade. Entre razão e ciência abriu-se um rombo que nunca foi preenchido.

Em certo sentido, a ciência começa com uma forma de ceticismo: desconfiar dos sentidos. Seu objetivo é penetrar as aparências superficiais e expor verdades subjacentes. No século III a.C., a enciclopédia *Lushi Chunqiu* — um dos compêndios preciosos da época, que visava preservar os ensinamentos chineses dos predadores bárbaros e de épocas obscurantistas — aponta paradoxos instrutivos. Metais que parecem macios podem ser combinados em ligas duras; a laca parece líquida, mas a adição de outro líquido a seca; ervas aparentemente venenosas podem ser misturadas para fazer remédios. "As propriedades de uma coisa não podem ser conhecidas conhecendo-se apenas as propriedades de seus componentes."[49]

No entanto, como todo texto que classificamos de científico, *Lushi Chunqiu* busca identificar o que é confiável para fins práticos. O sobrenatural não aparece, não porque seja falso, mas porque é inútil e inverificável. Quando Aristóteles exigiu o que chamou de fatos, não meros pensamentos, ele estava se rebelando intelectualmente contra os refinamentos arcanos de seu mestre, Platão. Mas uma revolta mais antiga e mais profunda também atuava na ciência da época, que rejeitava apelos a espíritos invisíveis e indetectáveis como fonte das propriedades dos objetos e do comportamento das criaturas (ver pp. 81-2). Os espíritos inibiram a ciência, pois podiam ser invocados para explicar mudanças perfeitamente inteligíveis como resultados de causas naturais.

Até onde sabemos, antes do primeiro milênio a.C. ninguém traçava uma linha separando o natural e o sobrenatural: a ciência era sagrada; a medicina era mágica. A confirmação mais antiga dessa distinção vem da China, em 679 a.C., quando o sábio Shenxu teria explicado os fantasmas como exalações do medo e da culpa daqueles que os viam. Confúcio, que dissuadiu seus seguidores de pensarem "sobre os mortos enquanto não conhecerem os vivos",[50] recomendava um respeito arredio por deuses e demônios. Para os confucionistas, os assuntos humanos — política e ética — têm precedência sobre o resto da natureza; todavia, sempre que praticavam o que chamamos de ciência, desafiavam o que consideravam superstição. Negavam que substâncias inanimadas pudessem ter sentimentos e vontades. Duvidavam da noção de que espíritos infundem toda a matéria. Ridicularizavam a afirmação — propugnada até por alguns pensadores sofisticados com base na interconexão cósmica — de que o mundo natural reage ao pecado ou à retidão humana. "Se não se conhecem as causas, é como se não se soubesse nada", diz um texto confucionista de cerca de

239 a.C. "O fato de a água deixar as montanhas não se deve a nenhum malquerer por parte da água, mas é o efeito da altitude. O trigo não tem desejo de crescer ou de ser recolhido em celeiros. Portanto, o sábio não pergunta sobre bondade ou maldade, mas sobre razões."[51]

As causas naturais, em maior ou menor grau em diferentes partes da Eurásia, expulsaram a magia da arena da natureza no discurso culto. Contudo, a ciência não pôde dessacralizar por completo a natureza: a retirada dos espíritos e demônios deixou-a, na mente da maioria dos sábios, nas mãos de Deus. A religião reteve um papel irreprimível nas relações dos seres humanos com seu ambiente. Na China, os imperadores ainda realizavam ritos idealizados para manter a harmonia cósmica. No Ocidente, as pessoas ainda oravam por consolo diante de desastres naturais e imputavam calamidades ao pecado. A ciência nunca se separou por completo da religião: ambas colonizaram impertinentemente o território uma da outra. Mesmo hoje, certos hierofantes tentam modificar o currículo científico, enquanto alguns cientistas defendem o ateísmo como se fosse uma religião, a evolução como se fosse a Providência e Darwin como se fosse um profeta.

A ideia de ciência não foi suficiente para a ciência avançar. As pessoas precisavam observar a natureza sistematicamente, testar as hipóteses decorrentes e classificar os dados resultantes.[52] O método a que chamamos empirismo atendeu a essas necessidades. De onde surgiu? Podemos detectar suas origens intelectuais em doutrinas taoistas sobre a natureza e suas primeiras aplicações na medicina.

As práticas mágicas e divinatórias do taoismo primevo privilegiavam a observação e o experimento. Os confucionistas tendem a descartar o taoismo como mero palavrório mágico, embora os ocidentais o reverenciem como místico. O fato é que a única palavra taoista para templo significa literalmente "torre de vigia" — uma plataforma da qual se estuda a natureza. Observações corriqueiras lançam ensinamentos taoistas. A água, por exemplo, reflete o mundo; permeia todas as outras substâncias; cede, envolve e muda de forma com um leve toque; e, todavia, corrói a mais dura das rochas. Assim, tornou-se o símbolo do Tao, que tudo molda, tudo abarca e tudo imbui. Na imagem taoista de um círculo dividido pela metade por uma linha sinuosa, o cosmo é representado como duas ondas mesclando-se. Para os taoistas, a sabedoria só é alcançável mediante a acumulação de conhecimento. Eles arredam a magia tratando a natureza como um animal a ser domado ou um adversário a ser dominado: é preciso conhecê-la primeiro. O taoismo incita hábitos empíricos, que provavelmente chegaram ao Ocidente vindos da China. A ciência chinesa sempre foi fraca em teoria e forte em tecnologia, e provavelmente não é coincidência que a tradição moderna de ciência experimental tenha florescido no Ocidente no primeiro milênio a.C., quando ideias iam e vinham por toda a Eurásia, até ser retomada — e nunca mais revertida — no século XIII, em uma época, como veremos, de exacerbação do contato entre as extremidades do continente, quando numerosas ideias e invenções chinesas chegavam à Europa através das estepes e das Rotas da Seda.[53]

Algumas das primeiras evidências de empirismo na prática podem ser identificadas na tradição médica.[54] Que toda doença tem uma explicação física é inquestionável hoje em dia, mas era uma ideia estranha quando foi proposta pela primeira vez. Como qualquer estado anormal, incluindo loucura, a doença podia ser resultado de possessão ou infestação por um espírito. Algumas doenças teriam causas materiais; outras, espirituais. Ou uma mistura de ambas poderia ser a responsável. Ou a doença poderia ser retribuição divina pelo pecado. Na China e na Grécia, em meados do primeiro milênio a.C., médicos profissionais tentaram chegar ao equilíbrio. A controvérsia entre magia e medicina foi uma decorrência; ou teria acontecido apenas entre formas rivais de magia? Em certo incidente na China, ocorrido em 540 a.C. segundo o cronista que o registrou, um alto funcionário disse a seu príncipe que confiasse na dieta, no trabalho e na equanimidade pessoal para desfrutar saúde corporal, não nos espíritos de rios, montanhas e estrelas. Quase duzentos anos depois, o estudioso confucionista Xunzi escarneceu de um homem que, "sofrendo de reumatismo causado pela umidade, bate em um tambor e ferve um bacorinho como oferenda aos espíritos". Resultado: "um tambor carcomido e um porco perdido, e sem a felicidade de se recuperar da doença".[55] Na Grécia, no final do século V a.C., médicos seculares competiam com rivais ligados

Os grandes sábios

a templos. A escola leiga condenava os pacientes a eméticos, sangrias e dietas excêntricas, pois acreditava-se que a saúde era essencialmente um estado de equilíbrio entre quatro substâncias no corpo humano: sangue, fleuma, bile negra e bile amarela. Ao ajustarmos o equilíbrio entre elas alteraríamos o estado de saúde do paciente. A teoria estava errada, mas era genuinamente científica, pois seus defensores a embasavam na observação das substâncias que o corpo expelia na dor ou na doença. Supunha-se que a epilepsia fosse uma forma de possessão divina até que um tratado, às vezes atribuído a Hipócrates, propôs uma explicação naturalista. O texto adianta uma prova bizarra de sua conclusão impressionante: encontrar um bode com sintomas como os da epilepsia.

> Abra-se sua cabeça e descobrir-se-á que o cérebro está [...] cheio de líquidos e de mau cheiro, prova convincente de que é a doença e não a divindade que está fazendo mal ao corpo. [...] Não acredito que a Doença Sagrada seja mais divina ou sagrada que qualquer outra enfermidade, mas, pelo contrário, tem características específicas e uma causa definida. [...] Acredito que corpos humanos não possam ser poluídos por um deus.[56]

Curas em templos sobreviveram lado a lado com a medicina profissional. As explicações religiosas das doenças certamente não perdiam adeptos quando os profissionais seculares se mostravam perplexos — o que costumava acontecer com frequência: ainda hoje, medicina popular, homeopatia, cura pela fé, charlatanismo, milagres e psicanálise podem ajudar quando as terapias convencionais fracassam. Não obstante, os médicos do primeiro milênio a.C. revolucionaram a arte da cura, falavam e agiam em nome da ciência e lançaram um pressuposto que só ganhou terreno desde então: nada precisa ser explicado em termos sobrenaturais. Biologia, química e física podem explicar — ou, com um pouco mais de tempo, dar conta de — tudo.

A ciência acha difícil detectar propósitos. Ela levanta a suspeita de que o mundo não tem propósito — e, nesse caso, muitas ortodoxias primevas desmoronariam. Se o mundo é um evento aleatório, não foi feito para seres humanos. Somos reduzidos à nossa insignificância. O que Aristóteles chamou de causa final — o propósito de uma coisa, que explica sua natureza — torna-se uma noção incoerente. Pensadores materialistas ainda afirmam, com orgulho, que a noção de propósito é, em si, supersticiosa e que não faz sentido perguntar por que o mundo existe ou por que é como é. Por volta de 200 a.C., na China, o sábio Liezi antecipou-se a eles. Valeu-se de um jovem garoto, em um caso anedótico, como porta-voz da falta de propósito, presumivelmente para evitar os críticos ortodoxos de uma ideia tão perigosa. Segundo essa história, quando um anfitrião piedoso louvou a generosidade divina por tão pródigas provisões, o garoto observou: "Mosquitos chupam sangue humano e lobos devoram carne humana, mas nem por isso afirmamos que os Céus criaram o homem para benefício deles". Cerca de trezentos anos depois, Wang Chong, sem dúvida o maior expoente de um cosmo sem propósito, expressou-se com maior liberdade. Os seres humanos no cosmo, disse ele, "vivem como piolhos nas dobras de uma roupa. Nem temos consciência das pulgas que zumbem em nossos ouvidos. Como poderia então Deus sequer ouvir os homens, quanto mais conceder-lhes seus desejos?".[57]

Num universo sem propósito, Deus é redundante. O ateísmo se torna concebível.[58] "Diz o tolo em seu coração: 'Deus não existe'", cantou o salmista. Mas o que isso queria dizer? Acusações de ateísmo na Antiguidade raramente equivaliam à total negação de Deus. Anaxágoras, em meados do século V a.C., foi o primeiro filósofo processado sob as leis antiateístas de Atenas; mas seu credo não era ateísmo tal como o entendemos hoje. Seu único suposto crime foi chamar o Sol de pedra quente e afirmar que a Lua era "feita de terra". Se Protágoras era ateu, usava a máscara do agnosticismo. Ele teria dito: "Com relação aos deuses, não sei se existem ou não. Pois muitos são os obstáculos ao conhecimento: a obscuridade da questão e a brevidade da vida humana".[59] Sócrates foi condenado por ateísmo apenas porque o deus que ele admitia era sutil demais para o gosto popular ateniense. Diógenes de Sínope, um bufão ascético irrepreensivelmente cético, teria trocado ditos espirituosos com Alexandre, o Grande, e depenado uma galinha para desacreditar a definição de homem dada por

Sócrates: um bípede implume. Seus ouvintes e leitores na Antiguidade consideravam suas alusões aos deuses irônicas.[60]

Por volta do final do século I, Sexto Empírico, que se especializou em detonar as ideias alheias, já podia expressar sua rejeição inequívoca da fé. Ele é a prova de como Marx foi pouco original ao descartar a religião como o ópio das massas. Citando um ditado que já tinha meio milênio, Sexto Empírico sugeriu que "algum homem astuto inventou o medo dos deuses" como meio de controle social. Onipotência e onisciência divinas seriam ardis inventados para suprimir a liberdade de consciência. "Se dizem que Deus controla tudo, fazem dele o autor do mal. Falamos dos deuses, mas não expressamos crença alguma e evitamos o mal dos dogmáticos", concluiu.[61]

A rejeição a Deus é inteligível em contextos mais amplos: recuo diante do racionalismo, reabilitação da percepção sensorial como um norte para a verdade, restauração do materialismo. O materialismo é o estado padrão das mentes destituídas de curiosidade intelectual e, como vimos, antecede a maioria dos outros "ismos" deste livro (ver pp. 73-4). Tosco, simplório e, portanto, possivelmente rejeitado de longa data, o materialismo estava pronto para reafirmar-se em meados do primeiro milênio a.C. quando Ajita Kesakambala, um sábio indiano obscuro mas intrigante, o recuperou. Denúncias posteriores de críticos budistas afrontados são as únicas fontes que sobreviveram; a confiarmos nelas, Ajita teria negado a existência de qualquer mundo além do aqui e agora. Tudo, incluindo os seres humanos, era físico, composto de terra, ar, fogo e água, asseverava ele. "Quando o corpo morre, tolos e sábios são igualmente extintos e perecem. Não sobrevivem após a morte." Quando afirmou que não há sentido na conduta piedosa nem diferença real entre ações "boas" e "más", também antecipou com perfeição uma tradição talvez distinta, mas próxima: o sistema de valores que coloca bens quantificáveis, como riqueza e prazer físico, acima da moral ou dos prazeres intelectuais ou estéticos, e afirma que os últimos são apenas manifestações mal compreendidas dos primeiros.[62] As linhagens principais do budismo, do jainismo e do hinduísmo nunca conseguiram suprimir por completo o materialismo indiano.

Enquanto isso, uma tradição materialista semelhante persistia na Grécia, representada e talvez iniciada por Demócrito de Abdera, um estudioso errante que viveu na virada do século v para o século iv a.C. Ele geralmente recebe o crédito de ter sido o primeiro a negar que a matéria é contínua, alegando que tudo é feito de minúsculas partículas distintas, que diferenciam as substâncias umas das outras, revolvendo-se em padrões diferentes, como poeira sob raios de sol. A doutrina era notável porque se parece muito com o mundo que a ciência moderna retrata; de fato, consideramos a teoria atômica como ciência-modelo: um guia confiável da verdadeira natureza do universo. E, no entanto, Demócrito e seus colaboradores chegaram a ela meramente pela contemplação. O argumento que julgaram decisivo foi que, visto que as coisas se movem, tem de haver espaço entre elas, ao passo que, se a matéria fosse contínua, não haveria espaço. Não chega a surpreender que poucos oponentes tenham se deixado convencer. O consenso científico no mundo ocidental permaneceu hostil à teoria atômica ao longo da maior parte dos 2,5 mil anos seguintes.

Epicuro, que morreu em 270 a.C., fazia parte de uma minoria dissidente. Seu nome está hoje indelevelmente ligado à busca do prazer físico, que ele recomendava, embora com muito mais moderação do que na imagem popular do epicurismo como entrega sôfrega aos apetites. Sua interpretação da teoria atômica foi mais importante na história das ideias, pois no mundo que imaginou — monopolizado por átomos e vazios — não há espaço para espíritos. Também não há espaço para o destino, pois os átomos estão sujeitos a "deslocamentos aleatórios". Tampouco podem existir almas imortais, uma vez que átomos, que são matéria perecível, a tudo abrangem. Deuses não existem, exceto em fantasias das quais nada temos a temer ou esperar. Os materialistas nunca deixaram de se valer dos argumentos formidáveis de Epicuro.[63]

Os materialistas eram simplificadores que deixavam à margem grandes questões irrespondíveis sobre a natureza da realidade. Outros filósofos reagiram concentrando-se em questões práticas. Pirro de Elis foi um deles. Pirro foi um desses grandes excêntricos que inspiram anedotas. Ao acompanhar Alexandre à Índia, teria imitado a indiferença dos sábios nus que lá conheceu. Era distraído e propenso a acidentes, o que o fazia parecer ingênuo ou ultramundano. A bordo do navio no retorno para casa, admirou e imitou a atitude serena de um porco que não demonstrara pânico durante uma tempestade. Voltou-se para a razão com a mesma indiferença. Podemos encontrar argumentos igualmente bons para oferecer a ambos os lados de qualquer discussão, disse. O homem sábio, portanto, pode muito bem renunciar ao pensamento e julgar pelas aparências. Pirro também apontou que todo raciocínio parte de suposições; portanto, nada que se pensa é seguro. Mozi tivera insight semelhante na China por volta do início do século IV a.C.: ele asseverou que a maioria dos problemas eram questões de dúvida, pois nenhuma evidência era efetivamente corrente. "Quanto ao que agora sabemos", perguntou, "não provém principalmente de experiências passadas?"[64] Foi a partir de tais linhas de pensamento que o ceticismo avançou: em sua forma extrema, é a ideia de que nada é conhecível e que a própria noção de conhecimento é ilusória.

Por mais paradoxal que pareça, ciência e ceticismo prosperaram lado a lado, pois, se razão e experiência são igualmente pouco confiáveis, talvez melhor mesmo seja dar preferência à experiência e às vantagens práticas que ela pode ensinar. Na China do século II a.C., por exemplo, *O Tao dos Mestres de Huainan* fala de Yi, o arqueiro: a conselho de um sábio, ele foi buscar a erva da imortalidade nas terras longínquas do oeste, sem saber que as plantinhas cresciam no beiral de sua porta. A sabedoria inviável na prática é inútil, por mais bem-informada que seja.[65] Entre os personagens favoritos dos autores taoistas estão os artesãos que conhecem seu ofício e os racionalistas que os convencem a trabalhar de outra forma, com resultados devastadores.

Moral e política

Se os esforços dos sábios levaram à ciência e ao ceticismo, outra vertente incentivou o pensamento sobre ética e política: mentes que não se preocupam com a distinção entre verdade e falsidade podem se voltar para aquela entre o bem e o mal. Para tornar os homens bons ou refreá-los do mal, um expediente óbvio é o Estado.

Na Grécia, por exemplo, depois que Platão e Aristóteles aparentemente exauriram o interesse pela epistemologia, os filósofos se voltaram para os problemas de como oferecer as melhores opções práticas para a felicidade pessoal ou para o bem da sociedade. Altruísmo, moderação e autodisciplina foram os componentes identificados no estoicismo. Disse Epicteto, um ex--escravo que se tornou professor famoso na Roma de Nero: "Mostre-me alguém doente e todavia feliz, em perigo e todavia feliz, morrendo e toda-via feliz, em exílio ou desonra e todavia feliz; pelos deuses, eu te mostrarei um estoico!".[66] A felicidade é difícil de encaixar em uma história das ideias porque muitos pensadores e outros tantos hedonistas pouco reflexivos a buscaram e a definiram de maneiras contrastantes, mas os estoicos foram seus defensores mais efetivos no Ocidente: seu pensamento teve profundo efeito sobre os cristãos, que estimavam uma lista semelhante de virtu-des e adotavam uma fórmula semelhante para a felicidade. Na verdade, o estoicismo foi a fonte dos princípios norteadores da ética da maioria das elites ocidentais desde seu surgimento. Outras prescrições estoicas, como o fatalismo e a indiferença como remédio para a dor, não eram muito com-patíveis com o cristianismo, mas lembravam os ensinamentos do extremo da Eurásia, especialmente os de Buda e seus seguidores.[67]

Quase todas as ideias tratadas até aqui, neste capítulo, foram deriva-ções ou acessórias ao ofício principal dos sábios, tal como seus patronos e alunos o concebiam: a política. Mas todo pensamento político é moldado por premissas morais e filosóficas. Podemos prever o lugar de um pensador no espectro político observando quão otimista ou pessimista ele é acerca da condição humana. De um lado, os otimistas, que pensam que a natu-reza humana é boa, querem liberar o espírito humano para que possa se realizar. De outro, os pessimistas julgam os humanos irremediavelmente maus ou corruptos, e preferem instituições restritivas ou repressivas que mantenham as pessoas sob controle.

Os seres humanos gostam de dizer que possuem uma consciência mo-ral sem par no reino animal. A prova disso estaria em nossa consciência do bem e em nossa disposição de praticar o mal. Então, somos equivocadamente benévolos ou inerentemente malignos? Essa era uma pergunta fundamental para os sábios, e ainda estamos enredados nas consequências de suas respostas. A maioria deles pensava que a natureza humana é essencialmente boa. Confúcio representa os otimistas. Ele achava que o objetivo do Estado era ajudar as pessoas a realizar seu potencial. "O homem nasce para a retidão. Se ele a perde e ainda assim vive, é mera sorte", afirmou.[68] Daí as doutrinas políticas do confucionismo exigirem que o Estado liberasse os súditos para realizar seu potencial; e da democracia grega, que conferia aos cidadãos voz em assuntos de Estado, mesmo aos pobres ou pouco instruídos. Do outro lado estavam os pessimistas. "A natureza do homem é má — sua bondade é adquirida apenas por treinamento", disse Xunzi, por exemplo, em meados do século III a.C. Para ele, os seres humanos emergiram moralmente maculados de um pântano primevo de violência. Lentamente, dolorosamente, o progresso os purificou e os elevou. "Daí a influência civilizadora de mestres e leis, a orientação dos ritos e da justiça. A cortesia então se revela, o comportamento culto é observado e o bom governo é a consequência."[69] Otimismo e pessimismo continuam na raiz das respostas políticas modernas ao problema da natureza humana. O liberalismo e o socialismo enfatizam a liberdade e, com ela, a liberação da bondade humana; o conservadorismo enfatiza a lei e a ordem de modo a restringir a iniquidade humana. Pois então, o homem — entendido como substantivo de gênero comum — é bom ou mau? O livro do Gênesis nos dá uma resposta muito bem aceita, mas logicamente ladina. Deus nos fez bons e livres, mas o abuso da liberdade nos tornou maus. Entretanto, se o homem era bom, como poderia ter usado a liberdade para o mal? Os apologistas do otimismo saem pela tangente adicionando um componente diabólico. A serpente (ou outros agentes demoníacos em outras tradições) corrompeu a bondade. Portanto, mesmo que os humanos não sejam inerentemente maus, não podemos confiar que sejam bons sem coerção. Desde então, os criadores de sistemas políticos têm se esforçado — e fracassado — para equilibrar liberdade e força.[70]

Pessimismo e exaltação do poder

Um Estado forte é um remédio óbvio contra a maldade dos indivíduos. Contudo, quando os seres os humanos passaram a comandar e administrar Estados, não poucos sábios propuseram que se tentasse incorporar a ética às leis, as quais vinculariam tanto os governantes como os governados. Confúcio defendeu a primazia da ética sobre a lei nos casos de conflito — um preceito mais fácil de proferir do que de consumar. Regras e direitos estão sempre em tensão. Na prática, a lei pode atuar sem respeitar a ética. Pensadores conhecidos como legalistas, que formaram uma escola na China do século IV a.C., priorizaram a lei e deixaram a ética se virar sozinha. Chamaram-na de "verme que corrói", capaz de destruir o Estado. A bondade, argumentaram, é irrelevante. A moralidade é uma bobagem. Tudo o que a sociedade exige é obediência. Como disse o mais rematado porta-voz legalista, Han Fei, no começo do século III a.C., "benevolência, retidão, amor e generosidade são inúteis, mas punições severas e sanções terríveis mantêm o Estado em ordem". Para ter lei e ordem valeria a pena contar com tirania e injustiça. O único bem é o bem do Estado.[71] Essa foi uma reviravolta extraordinária: antes disso, pensadores haviam tentado tornar a lei humana mais moral, alinhando-a à lei "divina" ou "natural". Legisladores, como vimos, esforçaram-se para escrever códigos em conformidade com princípios de equidade. Os legalistas derrubaram a tradição. Escarneceram dos sábios que haviam acreditado na bondade inata das pessoas. Para eles, a lei servia apenas à ordem, não à justiça. Os melhores castigos eram os mais severos: decepar o malfeitor pelo pescoço ou cintura, perfurar um buraco em seu crânio, assá-lo vivo, fatiar-lhe as costelas ou amarrá-lo a carroças puxadas a cavalo para, literalmente, desmembrá-lo.

Os terrores da época moldaram o legalismo. Após gerações de disputas desastrosas entre os Reinos Combatentes, durante as quais o pensamento ético dos confucionistas e taoistas não deu em nada, a ascensão dos legalistas infligiu tanto sofrimento que por vários séculos suas doutrinas foram malvistas na China. Contudo, nascidas em um momento de grande calamidade civil, essas doutrinas, ou algo semelhante a elas, têm ressur-

Os grandes sábios 189

gido em momentos de crise desde então. O fascismo, por exemplo, ecoa o legalismo chinês antigo ao defender e glorificar a guerra, recomendar a autossuficiência econômica ao Estado, denunciar o capitalismo, exaltar a agricultura sobre o comércio e insistir na necessidade de suprimir o individualismo em prol da unidade do Estado.[72]

Os legalistas encontraram um equivalente ocidental, embora mais moderado, em Platão. Nenhum método de escolher governantes é imune a abusos, mas Platão acreditou que poderia realizar seu "objetivo na construção do Estado: a máxima felicidade do todo, não de uma ou outra classe". Ele pertencia a uma patota ateniense de intelectuais cultos e ricos melindrados com a democracia e que se julgava qualificada para o poder. Alguns de seus amigos e colegas remuneravam ou integravam esquadrões da morte que ajudavam a manter os oligarcas no cargo. Sua vocação eram as teorias de governo, não as infâmias de exercê-lo, e quando escreveu suas prescrições para o Estado ideal em *A república*, estas mostraram-se cruéis, reacionárias e tacanhas. Censura, repressão, militarismo, arregimentação, comunismo e coletivismo extremos, eugenia, austeridade, rígida estrutura de classes e a ativa e contínua enganação do povo pelo Estado são alguns dos seus aspectos objetáveis que tiveram ruinosa influência sobre pensadores subsequentes. Tudo isso, porém, era incidental: a ideia principal de Platão era que todo poder político deveria caber a uma classe autoeleita de filósofos-governantes. A superioridade intelectual qualificaria esses "guardiões" para o cargo. Bom sangue, refinado por instrução em altruísmo, tornaria exemplar a vida privada dos guardiões e lhes proporcionaria uma visão semidivina do que era bom para os cidadãos. "Enquanto os filósofos não forem reis nas cidades, ou enquanto não forem filósofos genuínos e capazes aqueles que agora se chamam reis e soberanos [...], não haverá trégua nos males para as cidades e nem mesmo, julgo eu, para o gênero humano."[73] A ideia de que a educação filosófica dos governantes os tornará bons é comovente. Todo professor é suscetível a esse tipo de húbris. Eu inicio cada aula convencido de que, graças a meu empenho, os alunos aprenderão a descartar a paleografia medieval ou a interpretar a epigrafia mesoamericana e sairão de lá não só dominando essas matérias arcanas mas também com seu próprio valor moral aprimorado. Platão foi tão persuasivo que seu raciocínio vem fascinando os construtores de Estados — e, com certeza, seus mestres — desde então. Os guardiões platônicos são os protótipos de elites, aristocracias, aparelhos partidários e super-homens autonomeados cuja justificativa para tiranizar os outros sempre foi a de que eles é que sabem das coisas.[74]

Otimismo e inimigos do Estado

A despeito da atração dos governantes pelo legalismo e do vigor dos argumentos de Platão, os otimistas continuaram a predominar. Quando Confúcio convocou governantes e elites à lealdade ordenada pelos céus, quis dizer que deveriam aquiescer aos desejos e à sabedoria do povo. "Os céus", afirmou Mêncio, "veem como as pessoas veem e ouvem como as pessoas ouvem."[75] Os pensadores chineses e indianos da época tendiam a concordar que os governantes devem consultar interesses e pontos de vista das pessoas e, em caso de tirania, devem se sujeitar ao direito de rebelião dos governados. Todavia, chegavam a questionar a justeza da monarquia. Se o Estado deve refletir o cosmo, sua unidade não pode ser transigida.

Por outro lado, a maneira mais óbvia de maximizar a virtude e a destreza do governo é multiplicar o número de pessoas envolvidas. Com isso, sistemas republicanos ou aristocráticos, e até mesmo democráticos, assim como a monarquia, tiveram defensores e ocorrências na Antiguidade. Na Grécia, onde os Estados eram tidos, sem sombra de misticismo, como mecanismos práticos que deveriam se ajustar às necessidades, os experimentos políticos desdobravam-se com desconcertante variedade. Aristóteles fez um levantamento magistral deles. Admitiu que a monarquia seria a melhor organização desde que fosse possível garantir que o melhor homem estivesse sempre no comando. O governo aristocrático, compartilhado por um número administrável de homens superiores, era mais prático, mas vulnerável à apropriação por plutocratas ou panelinhas hereditárias. A democracia, na qual todos os cidadãos participam, desfrutou de um longo,

Os grandes sábios 191

embora oscilante, período de sucesso em Atenas desde o início do século VI a.C. Aristóteles denunciou-a por sua suscetibilidade a ser explorada por demagogos e degenerar-se em oclocracia — a lei da turba.[76] Para ele, no melhor sistema a aristocracia predominaria, sob o estado de direito. No geral, o Estado romano da segunda metade do milênio incorporou suas recomendações e, por sua vez, tornou-se modelo para a maioria dos ressurgimentos e reavivamentos republicanos da história ocidental. Mesmo quando Roma, em 23 a.C., abandonou o governo republicano e restaurou o que era, para todos os efeitos, um sistema monárquico sob o domínio de Augusto, os romanos continuaram se referindo ao Estado como uma república e ao imperador como mero "magistrado" ou "chefe" — *princeps* em latim — de Estado. Os modelos gregos e romanos tornaram o republicanismo permanentemente respeitável na civilização ocidental.[77] As cidades-repúblicas medievais do Mediterrâneo imitaram a Roma antiga, assim como, no final do século XVIII, os Estados Unidos e a França revolucionária. A maioria dos novos Estados do século XIX foram monarquias, mas no século XX a disseminação do ideal republicano tornou-se uma das características mais visíveis da política em todo o mundo. Em 1952, segundo um caso anedótico que não quer calar, o rei do Egito previu que em breve restariam apenas cinco reis na face da Terra — e quatro deles seriam os do baralho de cartas.[78]

O pensador político mais otimista de todos foi, talvez, Cristo, que acreditava em uma natureza humana redimível por graça divina e pregou uma forma sutil de subversão política. Um novo mandamento substituiria todas as leis. O reino dos céus importava mais do que o império de Roma. Cristo contou uma das melhores piadas da história quando os fariseus tentaram levá-lo a cometer uma indiscrição política perguntando-lhe se era lícito para os judeus pagarem impostos romanos. "Dai a César o que é de César", disse ele, "e a Deus o que é de Deus." Não entendemos mais por que isso foi tão engraçado. Todos os regimes adotaram essa chacota literalmente e utilizaram-na para justificar suas demandas tributárias. Carlos I da Inglaterra, ao combater rebeldes recalcitrantes ao fisco, mandou bordar *Give Caesar His Due* [Dai a César o que lhe é devido] em sua bandeira de guerra. Mas os auditores de Cristo certamente estavam às gargalhadas, rolando de rir com o humor rabínico de nosso Senhor. Para um judeu dos dias de Cristo, nada era propriamente de César. Tudo pertencia a Deus. Ao denunciar os impostos e insinuar a ilegitimidade do Estado romano, Cristo estava sendo caracteristicamente demagógico. Recebia de braços abertos párias, prostitutas, pecadores, samaritanos (a quem seus compatriotas desprezavam) e coletores de impostos — a forma mais baixa de vida aos olhos do público de então. Demonstrou predileção por marginais, sofredores, crianças, enfermos, coxos, cegos, prisioneiros, excluídos e todos os inadimplentes e sonegadores consagrados nas Bem-Aventuranças. Com violência revolucionária, açoitou agiotas e os expulsou do templo de Jerusalém. Não chega a surpreender, no contexto desse tipo radical de política, que as autoridades romanas e judaicas tenham se unido para matá-lo. Ele deixara bem claro quais eram suas simpatias políticas. Mas a mensagem transcendia a política e seus seguidores abriram mão do ativismo político para se dedicar ao que creio ser genuinamente sua proposta principal: a salvação pessoal em um reino que não é deste mundo.

Escravidão

A antiguidade da escravidão como instituição é insondável. A maioria das sociedades a praticou; muitas dependiam dela e consideravam-na — ou a algum sistema muito semelhante de trabalho forçado — perfeitamente normal e moralmente incontestável. Nossa sociedade atual é anômala por abjurá-la formalmente, ainda que a perpetue em fábricas sanguessugas, em bordéis e abusando do trabalho de imigrantes "ilegais" que não são livres para mudar de emprego ou contestar suas condições de trabalho. Até mesmo Cristo não questionou a escravidão, embora prometesse que não haveria nem cativos nem libertos no céu; Paulo, o apóstolo escolhido postumamente, confiou um papel missionário a um escravo, cujo mestre não era obrigado a libertá-lo, apenas a tratá-lo como um irmão amado. A escravidão é o padrão. Aristóteles, porém, introduziu uma ideia nova

Os grandes sábios 193

sobre como justificá-la. Ele via a tensão que há entre servidão forçada e valores como o mérito soberano de todo ser humano e o valor moral da felicidade. Mas argumentou que algumas pessoas são inerentemente inferiores; para elas, a melhor sina na vida é servir a seus superiores. Se os naturalmente inferiores resistissem à conquista, por exemplo, os gregos poderiam capturá-los e escravizá-los. Ao desenvolver essa ideia, Aristóteles também formulou uma doutrina da guerra justa: algumas sociedades consideram a guerra algo normal, ou mesmo uma obrigação da natureza ou dos deuses, mas, para ele, uma guerra é justa se as vítimas da agressão forem pessoas inferiores que deveriam ser governadas por seus agressores. Seus ensinamentos serviram pelo menos para tornar a guerra um tópico de investigação moral, embora isso deva ter sido pouco consolador para suas vítimas.[79]

Enquanto a escravidão permaneceu inquestionável, a doutrina de Aristóteles parecia irrelevante e os senhores podiam admitir, sem prejuízo de seus interesses, que os escravos eram iguais em tudo, exceto em seu estatuto legal. Entretanto, os juristas decidiram exumar esse argumento quando tiveram de responder aos críticos da escravização de nativos americanos. O jurista escocês John Mair escreveu em 1513: "Alguns homens são por natureza escravos e outros por natureza livres. E é justo [...] e adequado que um homem seja senhor e outro obedeça, pois a qualidade da superioridade também é inerente ao senhor natural".[80] Uma vez que todo escravo era classificado como inferior, a doutrina provou ser um forte estímulo ao racismo.[81]

5. Fés pensantes: Ideias em tempos religiosos

A RELIGIÃO DEVE nos tornar bons, não é? Deve transformar nossa vida. As pessoas que dizem ter sido transformadas às vezes alegam ter nascido de novo. Porém, quando vemos o modo como se comportam, os efeitos de tal transformação quase sempre parecem mínimos. Pessoas religiosas mostram-se, em média, tão capazes de perversidade quanto as demais. Posso frequentar a igreja assiduamente, mas pouco mais do que faço é virtuoso. Se a religião é um artifício para melhorar as pessoas, por que não funciona?

Não há uma resposta clara para essa pergunta. Contudo, estou certo de que, embora a religião não modifique nosso comportamento tanto quanto gostaríamos, ela afeta o modo como pensamos. Este capítulo versa sobre as grandes religiões dos cerca de 1500 anos após a morte de Cristo e, em particular, sobre como pensadores inovadores exploraram a relação entre razão, ciência e revelação, e o que tiveram a dizer acerca do relacionamento entre religião e vida cotidiana. Em suma, trata daquilo que a religião pode fazer para nos tornar bons — se é que pode.

"Grandes religiões" aqui são aquelas que transcenderam sua cultura de origem e alcançaram o mundo inteiro. A maioria das religiões é culturalmente específica e incapaz de atrair pessoas de fora. Portanto, temos de começar tentando compreender por que o cristianismo e o islamismo (e, em menor grau, o budismo) contrariaram a norma e demonstraram notável elasticidade. Começamos pelo modo como elas superaram as restrições iniciais.

Fés pensantes 195

Cristianismo, islamismo, budismo: Superando os empecilhos

Novas religiões abriram as áreas mais ricas para novos pensamentos: o cristianismo — novo no início do período — e o islã, que surgiu no século VII d.C. Problemas semelhantes apareceram nas duas. Ambas devem muito ao judaísmo. Os discípulos que Cristo cultivou ao longo de sua carreira de rabino freelancer eram judeus; ele disse a uma mulher samaritana que "a salvação vem dos judeus"; referências a escrituras judaicas saturam seus ensinamentos registrados; seus seguidores o viam como o Messias predito pelos profetas judeus e os autores dos evangelhos refletiam tais profecias nos relatos de sua vida. Maomé não era judeu, mas passou uma parte formadora de sua vida ao lado de judeus; tradições o colocam na Palestina, onde, em Jerusalém, ele fez sua célebre ascensão ao céu; todas as páginas do Corão — as revelações que um anjo sussurrou em seus ouvidos — mostram influência judaica (e, em menor grau, cristã). Cristãos e muçulmanos adotaram as principais ideias do judaísmo: a unicidade de Deus e a criação a partir do nada.[1]

Entretanto, ambas as religiões modificaram a ética judaica: o cristianismo ao substituir a lei pela graça como meio de salvação; o islã ao substituí-la por suas próprias leis. Enquanto os cristãos julgavam a tradição judaica legalista demais e tentavam reduzir ou eliminar as regras da religião, Maomé teve a ideia de colocá-las de volta, em posição central. A reconfiguração das relações entre lei e religião foi uma das consequências em ambas as tradições. Além disso, cristãos e muçulmanos vieram a ocupar terras no cerne e arredores da antiguidade grega e romana. Seguiu-se uma longa série de discussões sobre como combinar as tradições judaicas com as da cultura clássica grega e romana, incluindo a ciência e as filosofias do último capítulo.

Para cristãos e muçulmanos, o contexto social tornou a tarefa mais difícil. Zombadores condenaram o cristianismo como uma religião de escravos e de mulheres, adequada apenas para vítimas de exclusão social. Durante os dois primeiros séculos do cristianismo, convertidos de alto escalão foram afrontados e menosprezados. Os evangelhos conferem a

Cristo uma linhagem divina e régia, mas insistem ao mesmo tempo na humildade de seu nascimento e de sua vocação humana. Ele escolheu assistentes de classes humildes ou desprezadas, como pescadores, mulheres decaídas e — para os judeus da época, níveis ainda mais vis de degradação e poluição moral — coletores de impostos, além de colaboradores do Império Romano. A linguagem vulgar dos livros sagrados dos cristãos inibia a comunicação com os eruditos. O islã primitivo enfrentou problemas semelhantes para conquistar o respeito das elites da Arábia do século VII. Maomé veio de um ambiente próspero, urbano e mercantil, mas se marginalizou — excluiu-se da companhia de seus pares ao aceitar o exílio no deserto, adotar práticas ascéticas e uma vocação profética. Não foi nas ruas civilizadas de Meca e Medina que ele encontrou aceitação, mas entre os beduínos nômades que os habitantes das cidades desprezavam. Demorou muito tempo para o cristianismo se tornar intelectualmente estimado. Os talentos e a educação dos autores dos evangelhos convidavam o desprezo das classes cultas. Mesmo o autor do Evangelho de São João, que injetou marcante conteúdo intelectual nas narrativas um tanto monótonas de seus antecessores, não conseguiu conquistar a admiração de leitores pedantes.

"A loucura de Deus", disse São Paulo, "é mais sábia do que a sabedoria dos homens." Os escritos de Paulo — por mais profusos e brilhantes que fossem — continham desfigurações embaraçosas, especialmente na forma de longas sequências de frases no particípio que retóricos sofisticados execravam. Apesar de ser o apóstolo mais instruído, seu intelecto pouco impressionou os esnobes do seu tempo e até do nosso: quando eu era garoto, meu professor indicava minha inépcia no uso do particípio nas redações em grego anotando π (de "paulino") nas margens. Para mentes de educação clássica, o Antigo Testamento era ainda mais tosco e embaraçoso. No *scriptorium* do papa na Roma do final do século IV, Jerônimo, um tradutor meticuloso e aristocrático, achava repulsiva a "rudeza" dos profetas e fascinante a elegância dos clássicos pagãos. Em uma visão, disse a Cristo que era cristão. "Tu mentes", disse Cristo. "És seguidor de Cícero."[2] Jerônimo prometeu nunca mais ler bons livros. Quando traduziu a Bíblia para o latim (a versão que permanece sendo o texto padrão da Igreja católica até os dias de hoje), ele deliberadamente escolheu um estilo vulgar, das ruas mesmo, muito inferior ao latim clássico que utilizava e recomendava em suas próprias cartas. Mais ou menos na mesma época, Agostinho julgava inúmeros textos clássicos ofensivamente eróticos. "Não fora por eles, jamais compreenderíamos termos como 'chuva dourada', regaço, sedução."[3]

A elite pagã acabou sucumbindo ao cristianismo, quase como se mudar de religião fosse adotar um novo modismo na cultura instável do final do Império Romano, quando nem os velhos deuses nem a velha erudição pareciam capazes de deter o declínio econômico ou evitar crises políticas.[4] A literatura clássica era boa demais para ser excluída do currículo — como reconheceu são Basílio: "À vida eterna as Sagradas Escrituras nos levam [...]. Mas [...] exercitamos nossas percepções espirituais nos escritos profanos, que não são inteiramente diferentes, e nos quais percebemos a verdade como se fosse em sombras e espelhos"[5] — e jovens estudantes nunca foram totalmente poupados dos rigores de uma educação clássica. Duzentos anos depois de Jerônimo e Agostinho, a reviravolta nos valores, pelo menos, estava completa: o papa Gregório Magno denunciou o uso dos clássicos no ensino, pois "não há espaço na mesma boca para Cristo e Júpiter".[6] No século XIII, os seguidores de são Francisco, que prescreviam uma vida de pobreza, renunciaram ao aprendizado com a justificativa de que o saber seria uma espécie de riqueza: pelo menos é o que alguns deles afirmavam, embora na prática se tornassem padroeiros das universidades que começavam a organizar o saber ocidental na época.

Desde o século XI, no mínimo, uma tendência semelhante afetou o islã, exaltando a sabedoria popular e o discernimento místico acima da filosofia clássica, "provas abstratas e classificação sistemática [...]. Ao invés disso", escreveu al-Ghazali, um dos grandes apologistas muçulmanos do misticismo, "a crença é uma luz que Deus concede [...], às vezes por meio de uma explicável convicção vinda de dentro, às vezes por meio de sonhos, às vezes por meio de um homem piedoso [...], às vezes por meio do estado de bem-aventurança em si".[7] Segundo al-Ghazali, os seguidores que Maomé congregou em sua época conheciam pouco — e menos ainda importavam-se com — a lógica e o saber clássicos que filósofos muçulmanos mais tarde viriam a apreciar com tanta admiração.

Em todos esses casos, era uma ironia fácil e obviamente autogratificante que homens instruídos afetassem desconfiança da erudição; entretanto, sua retórica teve efeitos reais, alguns dos quais foram ruins: até hoje, no mundo ocidental, ouvimos a tacanhez de filisteus ser elogiada como honestidade e a estupidez ser aplaudida por sua inocência ou "autenticidade". Na política ocidental, ignorância não é impedimento. Alguns efeitos mais imediatos dessa celebração da sapiência popular foram bons: na Idade Média na Europa, os bobos da corte sempre podiam contar verdades desconcertantes para os governantes e desafiar a sociedade por meio da sátira.[8]

Nesse meio-tempo, a disseminação da terceira grande fé de alcance mundial, o budismo, fraquejou e parou. Uma das grandes perguntas sem resposta é: por quê? No século III a.C., quando as escrituras budistas foram codificadas, o império de Ashoka (onde, como vimos, o budismo era, para todos os efeitos, a religião do Estado) poderia ter se tornado um trampolim para uma expansão mais ampla, como o Império Romano foi para o cristianismo ou o califado dos séculos VII e VIII foi para o islã. Durante o que pensamos ser o início da Idade Média, quando a cristandade e o islã alcançaram proporções gigantescas, o budismo demonstrou elasticidade similar. Tornou-se a maior influência na espiritualidade do Japão. Colonizou grande parte do sudeste da Ásia. Adquiriu número enorme de seguidores na China, onde alguns imperadores demonstraram tanta predileção por ele que poderia ter tomado conta da corte chinesa e se tornado uma religião imperial no Estado mais poderoso do mundo. No entanto, nada disso aconteceu. Na China, instituições taoistas e confucionistas mantiveram o budismo à distância. O clero budista nunca conquistou a adesão duradoura dos Estados, exceto em lugares relativamente pequenos e marginais como Birmânia, Tailândia e Tibete. Em outras regiões, o budismo continuou a prestar grandes contribuições à cultura, mas em quase toda a Índia e em partes da Indochina o hinduísmo tomou seu lugar ou confinou-o, enquanto no resto da Ásia, onde novas religiões haviam desafiado com sucesso as tradições pagãs, o cristianismo e o islã cresceram e o budismo estagnou

Fés pensantes 199

ou declinou. Somente no final do século xvi, graças ao patronato de um cã mongol, o budismo retomou a expansão na Ásia Central.[9] E foi apenas no século xx (por razões que veremos no devido momento) que competiu com o cristianismo e o islã em todo o mundo.

A narrativa deste capítulo é, portanto, cristã e muçulmana. É mais cristã que muçulmana, pois ao longo do tempo o cristianismo demonstrou maior adaptabilidade cultural — maior flexibilidade em se autorredefinir e se adequar a diferentes povos em diferentes épocas e em diferentes lugares. O islã, tal como seus apologistas costumam apresentá-lo, é um modo de vida com rigorosas prescrições sobre sociedade, política e direito — sendo bastante adequado para algumas sociedades e impraticável em outras. Migrações recentes estenderam o alcance do islã para regiões outrora intocadas; no caso da América do Norte, isso foi ajudado pela redescoberta, por algumas pessoas de ascendência escravizada, de suas supostas raízes islâmicas. Entretanto, ao longo da maior parte de seu passado, o islã esteve basicamente confinado a um cinturão bastante restrito do Velho Mundo, em uma região de culturas e ambientes razoavelmente compatíveis, dos limites da zona temperada do hemisfério norte até os trópicos.[10] O cristianismo é menos prescritivo. Seu código mais maleável é mais apto para penetrar em praticamente qualquer tipo de sociedade em praticamente qualquer ambiente habitável. Cada ajuste modificou a tradição cristã, admitindo ou despertando muitas novas ideias.

Redefinindo Deus: O desdobramento da teologia cristã

A primeira tarefa, ou uma das primeiras, para pessoas religiosas que desejam estender o atrativo de seu credo é propor um Deus crível, ajustado à cultura dos futuros convertidos. Os seguidores de Cristo e de Maomé representavam seus ensinamentos como divinos: no caso de Cristo, por ele ser Deus; no de Maomé, por Deus tê-lo privilegiado como o profeta definitivo. No entanto, para crescer e perdurar, ambas as religiões tiveram de responder às tradições pagãs antecedentes e conquistar as elites que haviam recebido uma educação clássica. Ambas, portanto, enfrentaram o problema de conciliar escrituras imutáveis e inquestionáveis com outras maneiras de chegar à verdade; em particular, a razão e a ciência.

Para os pensadores cristãos, a tarefa de definir a doutrina foi especialmente árdua, pois Cristo, ao contrário de Maomé, não deixou escritos próprios. Os Atos dos Apóstolos e as cartas que compõem a maior parte dos livros subsequentes do Novo Testamento mostram a ortodoxia lutando para encontrar seu discurso: a Igreja era judia ou universal? Sua doutrina fora confiada a todos os apóstolos ou apenas a alguns? Cristãos conquistavam a salvação ou esta lhes era concedida por Deus, independentemente de sua virtude pessoal? A maioria das religiões oferece a seus adeptos, de modo ardiloso, uma lista de doutrinas, quase sempre atribuída a um fundador com autoridade sublime, e admite ou coíbe dissensão. Na realidade, porém — e ostensivamente no caso do cristianismo —, é a heresia que costuma vir antes e a ortodoxia é refinada a partir de opiniões conflitantes.[11]

Algumas das questões mais controversas do cristianismo primitivo diziam respeito à natureza de Deus: qualquer fórmula bem-sucedida teria de se encaixar nas três Pessoas de Deus, designadas pelos termos Pai, Filho e Espírito Santo, sem violar o monoteísmo. Há artifícios para contornar tais problemas, como no credo de santo Atanásio, ao qual a maioria dos cristãos ainda adere e que define enigmaticamente as Pessoas da Trindade como "não três incompreensibilidades, mas [...] uma incompreensibilidade". Diante disso, outras doutrinas cristãs de Deus parecem igualmente inescrutáveis e absurdas: Deus teria — ou, em algum sentido, seria — um Filho, nascido de uma virgem; o Filho seria inteiramente Deus e plenamente humano; Deus seria onipotente, mas abnegado e perfeito, e todavia sujeito ao sofrimento; Seu sacrifício seria único no tempo e, no entanto, perpétuo; Ele teria efetivamente morrido e todavia sobrevivido à morte; Sua presença terrena, em carne e osso, seria encarnada na Igreja. Os teólogos levaram muito tempo para elaborar fórmulas apropriadas que fossem consistentes e, para a mente da maioria, razoáveis no que tange aos pontos mais controversos. Os autores dos Evangelhos e São Paulo parecem ter pressentido que Cristo participou, de maneira profunda e peculiar, da natureza de Deus. O Evangelho de São João não narra apenas a história de um filho humano de Deus, ou mesmo de um homem que representou Deus com perfeição, mas do Logos encarnado: o pensamento ou a razão que existia antes do começo do tempo. "Filitude" é uma metáfora que expressa a encarnação da divindade incorpórea. Contudo, as tentativas dos primeiros cristãos para explicar essa noção foram ambíguas, vagas ou obscurecidas por mistério intencional. Nos dois ou três séculos seguintes, ao tornar a encarnação inteligível, a teologia proveu o cristianismo com um Deus atraente (por ser humano), solidário (por sofrer) e convincente (por estar exemplificado na experiência que todos nós temos de contato, compaixão e amor humanos).

Para entendermos como fizeram isso, o contexto ajuda. O cristianismo pode ser definido como a religião que afirma uma pessoa histórica específica como Deus encarnado. Mas a ideia de que um deus capaz de se tornar carne era bem conhecida milhares de anos antes dos tempos de Cristo. Os xamãs antigos "tornavam-se" os deuses cujos atributos assumiam. Os faraós egípcios eram deuses, no sentido peculiar que vimos. Mitos de reis divinos e deuses disfarçados de ser humano são comuns. O Buda era mais que humano na opinião de alguns de seus seguidores: a iluminação o elevara à transcendência. Antropólogos com uma atitude cética em relação ao cristianismo, de sir James Frazer no século xix a Edmund Leach no final do século xx, encontraram dezenas de casos de encarnação, culminando muitas vezes em um sacrifício do homem-deus semelhante ao de Cristo.[12] No século iv, uma ideia hindu comparável veio à tona: Vishnu teve várias vidas humanas, abrangendo concepção, nascimento, sofrimento e morte. Seitas islâmicas (ou originalmente islâmicas), especialmente nas tradições xiitas, às vezes enaltecem Ali como uma encarnação divina ou adotam imames ou heróis no mesmo papel.[13] Os drusos do Líbano aclamam como o Messias vivo um califa louco do século xi, al-Hakim, que se autodenominava encarnação de Deus. Akbar, o imperador mogol, concentrou o culto em si mesmo na religião que concebeu no século xvi, numa tentativa de conciliar as crenças conflitantes de seu reino.

Quão nova, então, foi a ideia cristã? Se foi algo singular, teria permanecido como tal?

Em todos os casos rivais, como as muitas reencarnações de deuses e budas que permeiam a história do sul, do leste e do centro da Ásia, um espírito "entra" no corpo humano — alternadamente antes, durante ou depois do nascimento. Mas, na concepção cristã, o corpo em si é divinizado: fora da tradição cristã, todas as encarnações registradas "expulsam" a humanidade do indivíduo divinizado ou "instalam" nele uma natureza divina paralela. Em Cristo, por outro lado, as naturezas humana e divina se fundem, sem distinção mútua, em uma só pessoa. "O Verbo se fez carne e habitou entre nós", na memorável fórmula do capítulo de abertura do Evangelho de são João, "e vimos a Sua glória [...] cheio de graça e de verdade."

A teologia cristã ortodoxa sempre insistiu nessa fórmula contra hereges que desejam tornar Cristo meramente divino, ou meramente humano, ou manter suas naturezas humana e divina separadas. A doutrina é, na verdade, peculiarmente cristã — e é por isso que a Igreja lutou tanto para preservá-la. A ideia inspirou imitadores: um fluxo constante de supostos Messias reivindicou os mesmos atributos — ou a eles lhes foram atribuídos por seus apoiadores. Mas o entendimento cristão de encarnação de Deus parece ser uma ideia não reciclável. Desde Cristo, nenhum pretendente conseguiu convencer grande número de pessoas ao redor do mundo.[14]

No longo prazo, os teólogos cristãos foram extraordinariamente bem-sucedidos em amalgamar a sabedoria judaica que se impregnara na longa linhagem do cristianismo, juntamente com ideias gregas e romanas antigas, criando religião razoável, que temperara o Deus severo e irritadiço do Antigo Testamento — remoto, julgador, "ciumento" e exigente — com uma filosofia mais maleável. O resultado onerou a Igreja com uma grande desvantagem: uma teologia desconcertantemente complexa, que exclui aqueles que não a entendem e divide os que a entendem. No início do século IV, um conselho de bispos e teólogos, sob a presidência de um imperador romano, idealizou uma fórmula para superar esse problema (ou, no mínimo, uma ideia que, sem resolver todos os problemas, criou uma estrutura na qual todos se encaixassem). O Concílio de Niceia estabeleceu o credo que a maioria das comunidades que se dizem cristãs ainda subscreve. A palavra que utilizou para definir o relacionamento de Pai e Filho foi *homoousion*, traduzida tradicionalmente como "consubstancialidade" e com bastante imprecisão, em algumas versões modernas, como "de um só ser" ou "de uma natureza". A fórmula descartou sugestões que poderiam enfraquecer a mensagem cristã: por exemplo, que Cristo era Deus apenas em algum sentido metafórico; ou que sua "filitude" devesse ser tomada literalmente; ou que sua humanidade era imperfeita ou seu sofrimento ilusório. Os cristãos continuaram discordando sobre como o Espírito Santo se encaixava nesse quadro, mas a ideia de *homoousion* fixou os limites do debate também sobre essa questão. A identidade compartilhada do Pai e do Filho teve de abraçar o Espírito Santo. Como afirmou o papa Dionísio no final do século III, "o verbo divino deve ser um com o Deus do Universo e o Espírito Santo deve permanecer e habitar em Deus, e por isso é necessário que a Trindade Divina seja reunida e fundida na unidade".[15]

Quem concebeu a ideia de *homoousion*? A palavra foi uma das muitas consideradas pelos teólogos da época. Segundo relatos sobreviventes do Concílio, foi o imperador romano Constantino que tomou a decisão de adotá-la de modo oficial e inconteste. Ele se dizia "igual aos apóstolos" e insistira em presidir o conselho. Era um convertido recente ao cristianismo, teologicamente analfabeto. Mas era um hábil negociador, conhecia os meandros do poder e soube discernir qual seria a fórmula para uma negociação bem-sucedida.

Os pregadores ecoavam os teólogos e elaboravam imagens afáveis e singelas da natureza inseparavelmente única das pessoas da Trindade. As mais famosas foram o trevo de são Patrício — uma planta, três folhas; uma natureza, três pessoas — e o tijolo, feito de terra, água e fogo, que são Espiridão esmagou diante de sua congregação, milagrosamente se dissolvendo em seus elementos constituintes. A maioria dos cristãos se valeu dessas imagens caseiras para tentar entender doutrinas inescrutáveis.[16]

Religiões como sociedades: Ideias cristãs e muçulmanas

Sutilezas teológicas, de modo geral, não movem moinhos. A maioria das pessoas não tem o intelecto em alta conta e, portanto, não exige religiões intelectualmente convincentes: o que querem é se sentir acolhidas. Cristo mostrou como isso poderia ser feito. Na ceia da véspera de sua morte, deixou a seus convivas a ideia de que, coletivamente, eles poderiam perpetuar sua presença na Terra. De acordo com uma tradição registrada de maneira confiável por São Paulo logo após o evento, e repetida nos Evangelhos, Cristo sugeriu que estaria presente em carne e sangue sempre que seus seguidores se reunissem para compartilhar uma refeição de pão e vinho. De duas maneiras essa refeição significa a corporificação perpétua do fundador. Primeiro, no culto, o corpo e o sangue de Cristo, respectivamente quebrado e derramado, reunificam-se ao ser compartilhados e ingeridos. Segundo, os membros da Igreja se representam como o corpo de Cristo espiritualmente reconstituído. Ele estaria, conforme disse, "sempre convosco" no pão consagrado e nos que o compartilham.[17] "Já que há um único pão", nas palavras de São Paulo, "nós, embora muitos, somos um só corpo, visto que todos participamos desse único pão." Era uma nova maneira de manter viva a tradição de um sábio. Outrora, os sábios haviam indicado ou adotado os melhores iniciados como guardiões privilegiados da doutrina; ou, no caso dos judeus, a custódia pertencia a todo um "povo escolhido", porém bastante limitado.

Cristo utilizou ambos os métodos para transmitir ensinamentos: confiou sua mensagem a um corpo de apóstolos que selecionara e a congregações judaicas que o consideravam o Messias profetizado de longa data. Entretanto, ao longo das primeiras gerações cristãs, a religião foi incluindo um número crescente de gentios. Era necessário um novo modelo: o da igreja, que encarnava a presença contínua de Cristo no mundo e falava com sua autoridade. Líderes, chamados vigias [epíscopos] ou (para usar a palavra latinizada que significa a mesma coisa) bispos, passaram a ser escolhidos por "sucessão apostólica", a fim de manter viva a ideia de uma tradição de apostolado. Enquanto isso, ritos de batismo, que garantiriam

Fés pensantes 205

um lugar entre os eleitos de Deus (literalmente, aqueles escolhidos para a salvação), mantinham nas comunidades cristãs o senso de pertencer a um povo escolhido. Depois que os romanos destruíram o templo de Jerusalém, no ano 70, os cristãos reforçaram sua posição como guardiões da tradição judaica, adotando muitos dos ritos sacrificiais do templo; de certo modo, percebe-se melhor como teria sido a adoração judaica antiga em uma igreja antiquada do que em uma sinagoga moderna.

Em termos de atratividade e durabilidade, a Igreja foi uma das instituições mais bem-sucedidas na história do mundo, tendo sobrevivido à perseguição externa e a cismas e deficiências internas. De modo que a ideia deu certo, embora fosse problemática. É difícil conciliar o batismo como garantia de tratamento preferencial aos olhos de Deus com a noção, igualmente ou ainda mais cristã, de uma divindade universal benigna que deseja salvação para todos. Em teoria, a Igreja era o corpo unido de Cristo; na prática, os cristãos estavam sempre divididos sobre como interpretar sua vontade. Cismáticos contestaram e rejeitaram os esforços para preservar o consenso. Muitos dos grupos que se separaram da Igreja desde a época da Reforma questionaram ou modificaram a noção de participação coletiva em sacramentos unificadores, evadindo-se da Igreja com apelo direto às escrituras, enfatizando o relacionamento individual com Deus ou insistindo que a verdadeira Igreja era formada por eleitos conhecidos apenas por Ele.

Em certos aspectos, a alternativa do islã parece mais atraente aos possíveis convertidos vindos da maioria das formas de paganismo. Um mecanismo simples, sem toda a teologia complicada e os credos enfastiantes dos cristãos, confere identidade comum aos muçulmanos: o crente faz uma profissão de fé de uma sentença e realiza alguns rituais simples, embora exigentes. Por outro lado, os rituais exigentes são um estorvo no islã: a circuncisão, por exemplo, que é habitual (e, na maioria das comunidades islâmicas, efetivamente inevitável), ou as ferrenhas rotinas de oração, ou as regras restritivas de abstinência alimentar. Embora o cristianismo e o islã venham competindo em maior ou menor grau há quase um milênio e meio, ainda é cedo para dizer qual funciona melhor no sentido de ampliar suas respectivas congregações. Apesar de fases de crescimento estupendo, o islamismo nunca alcançou a gama global de culturas e ambientes naturais que alimentaram o cristianismo.

Problemas morais

Como conjunto de ferramentas para espalhar uma religião, teologia e eclesiologia são insuficientes; também é preciso haver um sistema de ética forte o bastante para convencer o público de que os crentes serão beneficiados e o mundo melhorará. Cristãos e muçulmanos responderam a esse desafio de maneiras contrastantes, mas igualmente eficazes. Tomemos a moral cristã primeiro. A contribuição mais radical de São Paulo ao cristianismo foi também sua ideia mais inspiradora e problemática. Ele mereceu elogios e recebeu acusações por criar ou corromper o cristianismo. É possível que as maneiras como desenvolveu a doutrina surpreendessem Cristo.[18] Contudo, tenha ou não capturado o verdadeiro pensamento de seu mestre quando expressou a ideia da graça, o fato é que projetou um legado indelével. Deus, acreditava ele, concede salvação independentemente do merecimento dos que a recebem. "Pela graça fostes salvos", escreveu aos efésios — não, como asseverava constantemente, por algum mérito próprio. Numa forma extrema da doutrina, que Paulo parece ter preferido em certos momentos e que a Igreja sempre confirmou formalmente, todo bem que fazemos é resultado do favor de Deus. "Pois não há diferença. Todos pecaram e todos estão privados da glória de Deus, e são justificados, gratuitamente, por Sua graça", escreveu Paulo aos romanos.

Para alguns, tal ideia — ou o modo como Paulo a coloca, com pouco ou nenhum lugar para a liberdade humana — é sombria e debilitante. Outros, a maioria, no entanto, a julgam atraente e libertadora. Ninguém pode se autocondenar pelo pecado. Ninguém é irredimível se Deus decide o contrário. O valor do modo como uma vida é vivida é calibrado não pela conformidade externa a regras e ritos, mas pela profundidade da resposta de cada um à graça. Uma peça do século XVII (*El condenado por desconfiado*, que meu filho ator representou no Teatro Nacional de Londres), escrita por um monge conhecedor das coisas do mundo, Tirso de Molina, deixa isso bem claro: um ladrão sobe ao céu no clímax, apesar dos muitos assassinatos e estupros dos quais se jacta, porque ecoa o amor de Deus ao amar o próprio pai; meu filho interpretou o eremita irascível mas religiosamente escrupuloso que não confia em Deus, não ama ninguém e está marcado para o inferno. Entretanto, a confiança na graça pode ser levada longe demais. "O livre-arbítrio de um homem serve apenas para levá-lo ao pecado se o caminho da verdade lhe estiver oculto",[19] apontou Santo Agostinho na virada do século IV para o V. São Paulo martelou sua afirmação de que Deus escolheu aqueles que receberiam Sua graça "antes da fundação do mundo [...]. Os que Ele conheceu, esses também predestinou [...]. E os que predestinou, também os chamou; e os que chamou, também os justificou". Essa decisão aparentemente prematura da parte de Deus faz o mundo parecer sem propósito ou sentido. Os hereges valiam-se da disponibilidade da graça como uma licença para fazer o que bem quisessem: se estivessem em estado de graça, seus crimes não eram pecados, mas algo santo e irrepreensível; se não estivessem, suas iniquidades não fariam diferença em sua danação eterna.

Alguns dos outros apóstolos desaprovavam uma doutrina que aparentemente exonerava os cristãos de fazer o bem. São Tiago — candidato à liderança da Igreja primitiva, cujos contemporâneos ou quase contemporâneos chamavam de "o justo" e "o irmão" de Cristo — emitiu o que marqueteiros modernos chamariam de esclarecimento. Ele (ou alguém utilizando seu nome) insistia que amar o próximo como a si mesmo era uma regra inelutável e que "fé sem obras é inútil". Uma longa controvérsia dividiu aqueles que viam a graça como um empreendimento colaborativo, no qual o indivíduo tem papel ativo, daqueles que se recusavam a diminuir a onipotência e o amor de Deus concedendo qualquer iniciativa ao pecador. Na Reforma, o último grupo abandonou a Igreja, citando São Paulo em apoio a seus pontos de vista. Outros problemas permaneceram. Cristo veio para redimir os pecadores em determinado momento no tempo: por que aquele momento? O que aconteceria com os pecadores que perderam a chance por terem vivido e morrido antes? Ainda mais desconcertante, se Deus é onisciente, deve saber o que faremos antes que nós o façamos; o que acontece então com o livre-arbítrio, que deveria ser uma de Suas preciosas dádivas para nós? E se Ele soubesse desde antes do início dos tempos, como dizia São Paulo, quem estava destinado ao céu, o que dizer de todos os demais? Como Deus pode ser justo e reto se os condenados não têm chance alguma de salvação? São Paulo imaginou seus correspondentes perguntando: "Como Ele haveria de culpar alguém se ninguém pode se opor a Sua vontade?". A resposta do santo foi estarrecedoramente lógica: se todos são pecadores, a justiça exige que todos sejam condenados. Deus mostra louvável clemência eximindo os eleitos.

Os cristãos que prezavam Deus por misericórdia, não por justiça, acharam essa solução, aprovada por Santo Agostinho, repugnante e pouco amorosa. E surgiu uma resposta melhor, do próprio Agostinho, em seus esforços para resolver o problema do tempo. No final do século IV, ele escreveu um diálogo notável com sua própria mente, no decorrer do qual confessa que julga saber o que é o tempo, "mas se quiser explicar a quem indaga, já não sei". Ele nunca chegou a ser taxativo sobre a questão, mas após muita reflexão, concluiu: "O tempo nada mais é que uma extensão; mas extensão de quê eu não saberia dizer e seria de admirar que não fosse extensão da própria alma".[20] Para todos os efeitos, disse Agostinho, o tempo não é parte do mundo real, mas é o que chamaríamos hoje de construto, uma construção puramente mental, uma maneira que concebemos para organizar a experiência. Para entender o tempo, pensemos em uma viagem: viajando por terra, sentimos que Washington ou Moscou precede, digamos, Kansas City ou Berlim, que por sua vez precede Austin e Los Angeles, ou Amsterdam e Paris. De uma altura divina, por outro lado, de onde se vê o mundo como ele realmente é, todos esses destinos aparecem simultaneamente. Em *Amadeus*, sua peça sobre a vida de Mozart, Peter Shaffer imaginou Deus ouvindo música de maneira semelhante: "Milhões de sons ascendendo de uma só vez e misturando-se em Seu ouvido e se tornando uma música sem fim, inimaginável para nós". Para Deus, o tempo é assim: os eventos não são enfileirados em sequência. Algumas gerações depois de Agostinho, o filósofo Boécio, senador e burocrata romano da velha guarda a serviço de um rei bárbaro, valeu-se da percepção do santo para propor uma solução ao problema da predestinação, enquanto aguardava na prisão que seu empregador o condenasse à morte por suspeitar que estivesse conspirando para restaurar o Império Romano. Deus, avaliou Boécio, pode nos ver hoje, ou no que pensamos ser hoje, enquanto nós fazemos escolhas livres no que pensamos ser amanhã.

Outras tentativas de resolver o problema buscaram separar a presciência da predestinação. Deus sabe antecipadamente o que nosso livre-arbítrio nos induzirá a fazer. Em *Paraíso perdido*, de meados do século XVII, John Milton busca "justificar aos homens os desígnios de Deus" e coloca na boca de Deus uma explicação divina de como a queda de Adão e Eva era previsível, mas não preordenada. "Se eu antevi", diz Deus, "a antevisão em nada influiu na culpa deles." A fórmula de Milton parece quase inteligível. Seja como for, parece desnecessário ver a liberdade humana como uma violação da onipotência de Deus: o livre-arbítrio pode muito bem ser uma concessão que Ele escolheu fazer mas tem o poder de revogar, como um chefe de polícia que promulga uma "anistia a armas de fogo" ou um general que autoriza uma cessar-fogo.

Graças a esses atos de equilibrismo mental, o pensamento cristão sempre conseguiu harmonizar o livre-arbítrio e a predestinação: de um lado, uma visão idealista da natureza humana não poluída pelo pecado original; de outro, a resignação desolada diante da inevitabilidade da danação eterna. Mesmo assim, extremistas de um lado ou de outro estão sempre abandonando a comunhão com seus irmãos cristãos: os calvinistas se afastaram dos católicos no século XVI e, no século XVII, os arminianistas romperam com os calvinistas acerca do alcance do livre-arbítrio. Inenarráveis controvérsias sobre o mesmo problema fenderam o islã. Além de ecoarem todos os polemistas cristãos que encontraram maneiras de inserir o livre-arbítrio em um mundo regulado por um Deus onisciente e onipotente, os xiitas formularam uma ideia ferozmente contestada: *bada*, a alegação de que Deus é capaz de mudar seu julgamento em favor de um pecador arrependido.[21]

Enquanto isso, o cristianismo enfrentava um novo e insigne desafio de pensadores intolerantes com as imperfeições do mundo. No cômputo geral, na luta entre bem e mal a criação parece estar do lado do diabo. Quando Platão contemplou o mundo, viu a sombra imperfeita da perfeição. Alguns de seus leitores estenderam essa noção para além de sua conclusão lógica e inferiram que o mundo é mau. Zoroastro, Lao-Tsé e muitos pensadores menores do primeiro milênio a.C. achavam que conseguiam detectar o bem e o mal oscilando em equilíbrio instável e totalizante no cosmo inteiro — e, nesse caso, nosso mundo sórdido e triste certamente deveria estar do lado mau da balança. A matéria, na melhor das hipóteses, é corruptível; o corpo é propenso a poluição e dor. O Príncipe das Trevas, em uma tradição compartilhada por judeus, cristãos e muçulmanos, fez do mundo o seu reino ao invadir o Éden e seduzir a humanidade. Faz perfeito sentido ver o mundo, a carne e o diabo como uma tríade imoralmente íntima ou torpemente discordante.[22]

Pessoas que pensavam desse modo por volta da virada do primeiro milênio chamavam sua crença de *gnose* — literalmente, "conhecimento". Os cristãos tentaram guiná-la para a Igreja, mas fracassaram, ou mesmo burilar a Igreja a fim de criar um nicho para a gnose. Mas era incompatível com a doutrina da encarnação: o diabo talvez pudesse se tornar carne, mas não Deus. Extrusão sangrenta de um útero em um extremo da vida e crucificação aviltante e brutal no outro eram indignidades nem um pouco divinas. O simples estar no mundo já significava uma derrogação para um Deus puro e espiritual. "Aquele que reconhece o Cristo crucificado", nas palavras que santo Irineu atribuiu ao líder gnóstico Basílides, "é um escravo e súdito dos demônios que criaram nossos corpos."[23] Os gnósticos demonstraram impressionante agilidade mental para evitar ou se desviar das dificuldades: o corpo de Cristo era uma ilusão; ele apenas parecia ter sido crucificado; não foi ele quem de fato sofreu na cruz, mas um bode expiatório ou simulacro. Para os gnósticos extremos, Deus não poderia ter criado algo tão perverso quanto o mundo: um "demiurgo", ou um deus rival, é quem deve tê-lo feito. Porém, se Deus não é o criador universal, não é ele mesmo. Se não assumiu por inteiro a natureza humana, incluindo os fardos do corpo e o definhamento e os sofrimentos da carne, o cristianismo não fazia sentido.

Fés pensantes

A Igreja, contudo, ao rejeitar o gnosticismo, reteve certa influência gnóstica. A tradição católica sempre foi um tanto melindrosa em relação ao corpo. Cristãos ascetas odiavam seu corpo a ponto de maltratá-lo: castigando-o com sujeira, açoitando-o com chicote, esfaimando-o com jejuns e penitenciando-o com cilício, não apenas por razões de disciplina, mas por verdadeira repulsa à carne. A Igreja primitiva, que poderia ter incentivado a procriação para ampliar sua congregação, nutria um surpreendente viés em prol do celibato, que continua sendo um requisito da vida religiosa formal. Durante toda a Idade Média, os hereges perpetuaram a influência do gnosticismo, revivendo a vertente celibatária e tornando-a um preceito: não aceda aos anseios da carne; não gere recrutas para o diabo. O culto ao martírio também parece dever muito à aversão gnóstica ao mundo, por ser um fardo, e ao corpo, por ser o cárcere da alma. Como disse Gerard Manley Hopkins: "O espírito que esteia o homem em sua casa de ossos, em sua casa vil, habita". O martírio é uma fuga de uma prisão da qual Satanás é o carcereiro.

Reagindo a isso, o cristianismo católico oficial enfatizou a percepção do corpo como um templo, da natureza como bela, do sexo como seletivamente santificado, do martírio como sacrifício indesejável, do celibato como restrito à vida religiosa. Isso certamente ajuda a explicar o espantoso atrativo de uma religião que pouco a pouco se tornou a mais popular do mundo.

Não obstante, uma atitude ambígua em relação ao sexo permaneceu na tradição cristã. As pessoas são ambíguas em relação ao sexo por vários motivos: é melhor mantê-lo privado e funcional; provoca ansiedade envolvendo higiene, saúde, desordem, moral e controle social. Mas por que as objeções de algumas pessoas são religiosas? Obsessões por fertilidade dominam muitos cultos e é tentador afirmar que a maioria das religiões recomenda o sexo. Algumas o celebram, como nas exortações tântricas que supostamente santificam a cópula, ou nas instruções hindus que maximizam os prazeres e as variedades do carma, ou na tradição taoista do fang-chungshu, na qual as "artes da câmara interior" conferem imortalidade. O cristianismo está entre as religiões que aceitam e até enaltecem o amor físico autorizado como uma metáfora do amor mútuo entre Deus e sua criação, por exemplo, ou entre Cristo e a Igreja. Quase todas as religiões prescrevem convenções para regular a conduta sexual de maneiras supostamente favoráveis à comunidade: isso explica por que tantas delas condenam práticas sexuais específicas; masturbação e homossexualidade, por exemplo, atraem objeções porque são inférteis; o incesto é antissocial; promiscuidade e infidelidade sexual são objetáveis porque subvertem instituições, como o casamento, concebidas para acalentar os jovens. Por outro lado, o celibato e a virgindade podem ser valorizados por qualidades positivas, como sacrifícios feitos a Deus, e não como repúdio ao sexo. Santo Agostinho introduziu — ou, pelo menos, formulou claramente — uma nova objeção ao sexo como tal, com o argumento de que não conseguimos controlar nossos impulsos sexuais, levando-nos assim a violar o livre-arbítrio que Deus nos deu. De modo que o diabo deve ser o culpado. Uma maneira moderna de dizer isso é que, porque o sexo é instintivo e, portanto, animal, realçamos nossa humanidade quando resistimos a suas tentações. Na juventude, antes de sua conversão ao cristianismo católico, Agostinho foi maniqueísta — seguidor do ensinamento de que toda a matéria é má. Os maniqueístas desprezavam a reprodução, vista como um meio de perpetuar o poder diabólico, e tinham uma estima negativa pelo sexo. "Da lodosa concupiscência de minha carne", lemos em uma das autorrecriminações de Agostinho, "o fervilhar da puberdade levantava-se como que em uma névoa que obscurecia [...] a ponto de não discernir a serena amizade da tenebrosa libido."[24] Talvez por isso a moralidade ocidental tenha se preocupado tanto com o sexo desde então. É possível que a Igreja houvesse adotado de qualquer modo uma atitude bastante intervencionista em relação à vida sexual das pessoas. Afinal, é uma questão de grande importância para a maioria de nós e, portanto, de grande poder para qualquer um que consiga controlá-la. Assim, o embate entre Igrejas e Estados no Ocidente moderno sobre quem deve ter o direito de licenciar e registrar casamentos talvez acontecesse mesmo que Agostinho nunca houvesse voltado sua mente para o problema do sexo.[25]

No pensamento moral, como em muitos outros aspectos, o islã, que significa literalmente algo como "submissão" ou "resignação", produziu formulações mais simples e práticas que o cristianismo. Cristo convidou indivíduos a reagirem à graça, mas Maomé, sem tantos rodeios, os chamou a obedecer às leis de Deus. Ele foi um governante, além de profeta, e produziu um plano para um Estado, além de uma religião. Uma consequência disso foi que, se Cristo proclamara uma nítida distinção entre o secular e o espiritual, os muçulmanos não reconhecem diferença alguma. O islã é ao mesmo tempo um modo de adoração e um modo de vida. As responsabilidades do califa — literalmente, o "sucessor" de Maomé — abrangiam ambos. Se Moisés legislou para um povo escolhido e Cristo para um reino de outro mundo, Maomé visou um código de comportamento universal abarcando todos os departamentos da vida: a *sharia* — literalmente, "o caminho que conduz o camelo à água". "Demos a ti uma *sharia* na religião", disse ele. "Segue-a, pois, e não as paixões daqueles que não a conhecem." Todavia, não conseguiu deixar um código que fosse minimamente abrangente. Escolas de jurisprudência, fundadas por mestres dos séculos VIII e IX, propuseram-se a preencher as lacunas, começando com os pronunciamentos que Maomé teria feito ao longo da vida e generalizando a partir delas, com a ajuda, em alguns casos, da razão, do bom senso ou dos costumes. Os mestres divergiam, mas os seguidores de cada um tratavam suas interpretações como guiadas por Deus e, portanto, imutáveis. Com o mesmo zelo de qualquer genealogista, aprendizes de cada tradição guardaram os registros da sucessão de mestres através dos quais os ensinamentos do fundador foram preservados — remontando a Abu Hanifa, por exemplo, que tentou incorporar a razão, ou a Bin Malik, que integrou o antigo direito consuetudinário, ou a Ibn Hanbal, que tentou expurgar ambas as influências e chegar à raiz do que Maomé almejava.

Os problemas práticos eram tão grandes como na cristandade, mas diferentes. Abordagens rivais tiveram de ser conciliadas; as oportunidades de desenvolvimento que surgiram em decorrência levaram a centenas de cismas e subdivisões. Métodos incompatíveis de eleger o califa fenderam o islã entre as várias facções. A fenda que se abriu menos de uma geração após a morte de Mohammad nunca se fechou. Cismas cresceram e se multiplicaram até que, com o tempo, na maior parte do islã, governantes ou Estados arrogaram para si o califado ou, no mínimo, um semicalifado. Sempre que se deixava de observar a *sharia* por causa de práticas egoístas — ou, mais recentemente, por causa de "tendências modernizadoras" ou "ocidentalizantes" —, os revolucionários, com frequência cada vez maior, tendiam a impugnar os governantes "apóstatas" acenando o manto do Profeta como bandeira e seu livro como arma.[26] Como qualquer sistema, a *sharia* precisa se adaptar a mudanças no contexto social e no consenso — mesmo hoje, em um mundo cada vez mais interconectado, onde o que se costuma entender por direitos humanos deve muito à influência cristã e humanista. Contudo, mesmo os muçulmanos que veem a necessidade de reinterpretar a *sharia* não conseguem concordar sobre quem deve fazer esse trabalho. Teocratas conquistam o poder em Estados que priorizam o islã na criação e na aplicação de leis; movimentos islâmicos ou fanáticos terroristas ameaçam os modernizadores.

Reflexões estéticas de pensadores cristãos e muçulmanos

Cristãos e muçulmanos herdaram a repulsa a "imagens de ídolos" junto com o restante da lei judaica, mas diferiram sobre como reagir. Códigos que a Bíblia datou da época de Moisés proscrevem imagens religiosas pois Deus é santo demais, ou distante demais do que é cognoscível, para sequer ser nomeado — quanto mais representado. A idolatria, além disso, em algumas mentes, é incompatível com a unidade de Deus: mesmo que somente Ele seja representado, a adoração de imagens diversas Dele compromete sua unicidade. Esse talvez seja um dos motivos pelos quais os judeus, tão eminentes em tantas realizações eruditas e estéticas, têm menos destaque nas artes visuais do que na música ou nas letras.

Se ditos atribuídos a Maomé após sua morte forem confiáveis, parte do que ele aprendeu com mestres judeus foi a percepção de estátuas como algo abominável. Ele teria supostamente ameaçado os construtores de imagens com um ajuste de contas no Dia do Juízo. Todavia, o islã primitivo não se opunha a toda e qualquer arte representativa. Imagens realistas adornam

Fés pensantes

a cabana de caça de um dos primeiros califas, onde ainda é possível ver as cenas um tanto lúbricas de mulheres nuas que entretiveram al-Walid I em seu banho.[27] No século X, Abu Ali al-Farisi recorreu a um Corão não comentado a fim de interpretar com precisão as supostas restrições de Maomé, que teria proibido imagens de divindades para evitar a idolatria, mas não condenado todas as representações do mundo natural e de suas criaturas. Em algumas obras de arte muçulmanas medievais, notadamente nas pinturas remanescentes do Irã do século XIV, Maomé aparece em pessoa em cenas de sua vida, incluindo seu nascimento, inconfundivelmente modeladas na iconografia cristã da natividade de Cristo. Em um manuscrito da História Universal de Rashid al-Din, produzido em Tabriz em 1307, anjos cantam docemente sobre o pequeno Maomé, os reis magos se curvam e José parece caminhar discretamente de um lado para outro.[28] No entanto, a maioria dos muçulmanos considera o realismo sacrílego e, em vista disso, os artistas do islã tendem a se ater a temas não representativos.

Os cristãos poderiam ter seguido a mesma linha e, de fato, às vezes, em alguns lugares, o fizeram. Em Bizâncio, em 726, o imperador Leão III, que ainda reivindicava autoridade nominal em toda a cristandade, baniu imagens de Cristo e da Virgem e ordenou que os exemplos existentes fossem destruídos — talvez uma reação literal às proibições bíblicas, talvez para proteger os fiéis da heresia de que é possível retratar a pessoa humana de Cristo à parte de sua natureza divina. No século XII, no Ocidente, ordens monásticas rivais contendiam se obras de arte eram um bom uso do dinheiro da Igreja. Nos séculos XVI e XVII, alguns protestantes destruíram ou desfiguraram todas as imagens em que conseguiam pôr as mãos, enquanto outros apenas proibiram práticas que associavam à "mais detestável ofensa da idolatria", como beijar imagens ou oferecer-lhes velas ou ex-votos. A maioria dos cristãos, no entanto, se aprouve com o bom senso: imagens são úteis, desde que não se tornem ídolos. Elas auxiliam na devoção, como também as relíquias — e imagens até podem ser relíquias. A relíquia mais preciosa da catedral medieval de Constantinopla era um retrato da Virgem "não pintado por mãos humanas" e sim por um anjo que apareceu para são Lucas enquanto ele repousava.[29] Congregações de pouca escolaridade nas igrejas ocidentais poderiam remediar seu analfabetismo contemplando pinturas nas paredes — os "livros dos analfabetos" — que tornavam memoráveis os feitos dos habitantes do céu. Como "a devoção conferida à imagem transfere-se para o original", os fiéis poderiam, sem idolatria, canalizar adoração e reverência através de quadros e esculturas.[30] O argumento antecipado por Plotino, o filósofo do século III que parece ter reverenciado Platão mais que Cristo, era irretorquível: "Quem contempla arte [...] é profundamente tocado ao reconhecer nela a apresentação do que é inteligível, e é, portanto, chamado a reconhecer a verdade — a experiência em si da qual o Amor nasce".[31]

Essa maneira de pensar fez da Igreja a maior patrona das artes na cristandade — e praticamente sua única fonte durante muito tempo. À sua própria e diminuta maneira, os artistas medievais compartilharam da natureza dos sacerdotes e dos santos, pois proporcionaram às pessoas uma noção de como era o céu e de como seus habitantes aprimoravam a Terra. Nenhuma obra de santa Herlinda de Maaseik sobreviveu, mas os bordados que fez no século VIII foram suficientemente inspirados para santificá-la. A lápide de Petrus Petri, o mestre arquiteto da catedral de Toledo, garante aos visitantes que, "graças ao admirável edifício que construiu, ele não sofrerá a ira de Deus". Santa Catarina de Bolonha e o beato Tiago de Ulm Griesinger eram objetos de devoção popular muito antes de sua elevação formal. Quando artistas franciscanos começaram a pintar paisagens, no século XIII, foi a devoção, não o romantismo, que os inspirou. Glorificar a Deus retratando a criação era um propósito quase inconcebível para um muçulmano ou um judeu.

Expandindo as fronteiras intelectuais da fé

Munidos de uma ética prática, um Deus crível e maneiras coerentes de representá-lo, cristãos e muçulmanos mesmo assim enfrentaram grandes dificuldades intelectuais: adequar suas religiões a sistemas potencialmente rivais, como ciência e fé pessoal na experiência religiosa dos indivíduos;

Fés pensantes 217

ajustá-las a contextos políticos diversos e mutáveis; e elaborar estratégias de evangelização em um mundo violento, onde corações e mentes são mais suscetíveis à coerção que à convicção. Veremos como uns e outros se desincumbiram dessas tarefas.

A síntese feita por pensadores cristãos das ideias clássicas e judaicas parece ter atingido um ponto de inflexão depois do ano 325, quando a Igreja proclamou a doutrina da *homoousion* ou consubstancialidade (mesma essência) do Pai e do Filho. A respeitabilidade social e intelectual do cristianismo tornou-se inquestionável, exceto para alguns pagãos persistentes. A elite produzia um número cada vez maior de convertidos. O imperador Juliano, "o apóstata", que lutou para reverter essa tendência, morreu em 363, após supostamente conceder vitória a Cristo. Na época da adoção definitiva do cristianismo como a única religião dos imperadores em 380, o paganismo parecia provinciano e antiquado. Entretanto, no caos crescente do século v, o mundo em que Cristo e os clássicos se encontravam parecia ameaçado. Fanáticos religiosos ameaçavam a sobrevivência do antigo saber secular — como também as incursões bárbaras, o afastamento das elites tradicionais da vida pública, o empobrecimento e o abandono das antigas instituições educacionais pagãs. Na China, no século iii a.C., os compiladores haviam instruído os invasores, de modo que o mundo romano talvez precisasse de compêndios da sabedoria da Antiguidade para manter a erudição viva numa situação de sítio.

Boécio, a quem conhecemos como mediador das concepções de Agostinho sobre tempo e predestinação, e que jamais aludiu às diferenças entre os pensamentos pagão e cristão, produziu uma contribuição vital: seu guia — praticamente um guia para idiotas — da lógica de Aristóteles. Ao longo de toda a Idade Média, permaneceu a principal referência para os pensadores cristãos, que pouco a pouco foram adornando-o e tornando-o cada vez mais complicado. Cerca de cem anos depois de Boécio, são Isidoro de Sevilha compilou preceitos científicos de fontes antigas que corriam risco de extinção. Com aprimoramentos sucessivos, sua obra alimentou a dos enciclopédicos cristãos nos mil anos seguintes. Nas partes do Império Romano que os muçulmanos conquistaram nos cerca de cem anos subsequentes, a sobrevivência da cultura clássica parecia de início fadada à obliteração por fanáticos nascidos no deserto. Todavia, os líderes muçulmanos logo reconheceram a utilidade das elites existentes e do saber do passado grego e romano que elas detinham. No islã, portanto, os estudiosos coletaram e cotejaram textos e os transmitiram a seus colegas cristãos. Um dos efeitos disso foi o "Renascimento" dos séculos XII e XIII no Ocidente, quando o intercâmbio entre a cristandade e o islã foi prolífico. Enquanto isso, novos e renovados contatos propiciados pelo comércio e por viagens pelas estepes, Rotas da Seda e corredores favoráveis da Eurásia enriqueceram o pensamento, como ocorrera no primeiro milênio a.C.

Como resultado, alguns pensadores cristãos e muçulmanos da época eram tão familiarizados com a razão e a ciência da Antiguidade que, naturalmente, julgavam os saberes secular e religioso não só compatíveis, mas também mutuamente reflexivos e simbióticos. Dois exemplos serão úteis como ilustrações do que se tornou possível no Ocidente. Em harmonia com os sentimentos de nossos dias, Pedro Abelardo é hoje mais celebrado por seu caso amoroso com sua pupila Heloísa. Os dois trocaram algumas das cartas mais comoventes que sobreviveram da Idade Média. Ele era menos apaixonado que sua amante, cujas cartas — dolorosas em seu desespero, ternas em suas repreensões, sinceras em seus sentimentos — registram percepções de extrema sensibilidade de como os afetos levam a melhor sobre a moral convencional. Em lógica, porém, Abelardo era insuperável. Sua castração pelo tio ultrajado de Heloísa confinou-o à esfera apropriada a um professor, enquanto sua amada tornou-se o sumo da vida religiosa. Ele expôs as tensões entre razão e religião em uma série notável de paradoxos, e o propósito evidente de seu longo prefácio de autoexculpação é que, com a devida humildade e cautela, o aluno pode identificar erros em tradições aparentemente veneráveis. Anselmo, o santo seu contemporâneo, ainda que mais idoso, também registrou pensamentos sobre Deus valendo-se da razão como seu único guia, sem recorrer às escrituras, à tradição ou à autoridade da Igreja. Ele costuma ser creditado por "provar" a existência de Deus, mas esse não era seu intuito. Na verdade, o que fez foi ajudar a mostrar que a crença em Deus é razoável. Ele justificou e confirmou a crença católica de que os poderes da razão seriam não só conferidos por Deus como também permitiriam descobri-lo. Partiu da suposição de Aristóteles de que as ideias devem ter origem em percepções de realidades, premissa questionada por outros pensadores, mas no mínimo instigante: se temos uma ideia sem esteio na experiência, de onde ela vem? O argumento de Anselmo, em termos bem (talvez excessivamente) simples, é que a perfeição absoluta, se formos capazes de imaginá-la, tem de existir, pois se não existisse conseguiríamos imaginar um grau de perfeição que a excede — o que é impossível. Em grande parte do restante de sua obra, Anselmo dedicou-se a mostrar que Deus, se existir, é inteligível tal como os ensinamentos cristãos o descrevem: humano, amoroso, sofredor. É algo que merece reflexão: se a natureza de Deus não for humana e sofredora, por que a condição humana é tão torturada e o mundo, tão perverso?

Houve outros pensadores cristãos igualmente brilhantes em tornar o cristianismo racional e científico. O século e meio após a época de Anselmo e Abelardo foi um período vibrante de inovação científica e tecnológica na Europa Ocidental. No final do período, Tomás de Aquino, atendo-se à razão como um guia para chegar a Deus, resumiu o saber da época com espantosa amplitude e clareza.[32] Entre suas demonstrações de que a existência de Deus é uma hipótese razoável, nenhuma ressoou na literatura posterior mais do que a afirmação de que a criação é a melhor explicação para a existência do mundo natural. Críticos e antagonistas simplificaram a tal ponto sua doutrina que a tornaram uma paródia de si mesma, supondo que ele pensasse que tudo o que existe precisa ter uma causa. Na realidade, ele afirmou o contrário: que nada existiria se tudo o que é real fosse contingente — como nossa existência, digamos, depende da de nossos pais, que nos deram à luz e nos criaram. Deve haver uma realidade não criada, que poderia ser o próprio universo, mas que também pode ser anterior e além da natureza contingente. Podemos chamá-la de Deus.

Assim como Anselmo, Tomás de Aquino estava mais preocupado em entender como Deus haveria de ser, uma vez admitida a possibilidade de que a divindade existe. Em particular, confrontou o problema das leis da lógica e da ciência e até que ponto elas se estenderiam ao domínio de um criador. Agrilhoou a onipotência divina com correias lógicas ao decidir que havia certas coisas que Deus não seria capaz de fazer por serem incompatíveis com Sua vontade. Deus não poderia, por exemplo, tornar lógicas as ilogicidades ou consistentes as inconsistências. Não poderia ordenar o mal. Não poderia alterar as regras da aritmética e fazer com que dois vezes três fosse algo que não seis. Não poderia se extinguir. Ou, no mínimo, talvez, se teoricamente fosse capaz de tais coisas, Ele não as faria, pois quer que utilizemos os dons da razão e da ciência que nos deu e — embora nos conceda a liberdade para errar — nunca nos iludirá ou subverterá as verdades acerca de si mesmo. Tomás de Aquino insistiu: "O que nos é divinamente ensinado pela fé não pode ser contrário ao que aprendemos com a natureza [...]; como recebemos ambas de Deus, Ele seria a causa de nosso erro, o que é impossível".[33]

Tomás de Aquino fazia parte do que, sem medo de errar, poderíamos chamar de "movimento científico" — talvez mesmo uma revolução ou renascimento científico — na Alta Idade Média europeia. Ele seguia os preceitos de um de seus luminares — seu próprio mestre, são Alberto Magno, cuja estátua nos observa através do vão de uma porta no prédio de ciências da minha universidade, e que alegava que Deus age primordialmente por meio de leis científicas — ou "causas naturais", na terminologia da época. O empirismo então fazia furor, talvez porque a intensificação do intercâmbio cultural com o islã reintroduzira os textos de Aristóteles e de outros pensadores antigos de índole científica, e talvez porque os contatos renovados com a China, propiciados por condições excepcionalmente pacíficas na Ásia Central, haviam restaurado as circunstâncias da última grande era do empirismo ocidental em meados do primeiro milênio a.C., quando, como vimos, as rotas transeurasianas estavam repletas de comerciantes, viajantes e guerreiros. A confiança na experimentação chegou ou ultrapassou as raias do absurdo em meados do século XIII, como mostra a obra de Frederico II, imperador da Alemanha e da Sicília. Ele era um tipo extremo de aficionado da ciência e o experimentador mais inflexível de seu tempo. A fim de investigar os efeitos do sono e do exercício sobre a digestão, diz a lenda que ele mandou estripar dois homens. Ao se envolver

Fés pensantes

numa discussão sobre a natureza "original" ou "natural" da linguagem humana, obrigou crianças a serem criadas em absoluto silêncio "para resolver a questão [...]; mas foi em vão, pois todas as crianças morreram", afirmou um narrador contemporâneo, escrevendo mais para provocar escândalo, talvez, do que esclarecimento.[34]

No terceiro quartel do século XIII, professores parisienses desenvolveram uma espécie de teologia da ciência. A natureza era obra de Deus; logo, a ciência era uma obrigação sagrada, revelando a maravilha da criação e, desse modo, desvendando Deus. Uma questão inevitável era saber se ciência e razão, quando estivessem de acordo, sobrepujavam as escrituras ou a tradição ou a autoridade da Igreja como meio de revelar a mente de Deus. Sigério de Brabante e Boécio de Dácia, colegas na Universidade de Paris e colaboradores nas décadas de 1260 e 1270, apontaram que as doutrinas da Igreja sobre a criação e a natureza da alma estavam em conflito com a filosofia clássica e a evidência empírica. "Toda questão controversa", argumentaram, "deve ser determinada por argumentos racionais." Tal proposição era ao mesmo tempo concludente e perturbadora. Alguns pensadores — pelo menos segundo os críticos que os reprovavam ou ridicularizavam — buscaram refúgio em uma ideia esquiva: a "dupla verdade", de acordo com a qual coisas verdadeiras na fé podem ser falsas na filosofia e vice-versa. Em 1277, o bispo de Paris, aproveitando a oportunidade para interferir nos negócios da universidade, condenou essa doutrina (juntamente com uma miscelânea de magia, superstição e citações de autores muçulmanos e pagãos).[35]

Enquanto isso, outro professor da Universidade de Paris, Roger Bacon, servia à causa da ciência condenando o excesso de deferência à autoridade — incluindo sabedoria ancestral, costumes e consenso — como uma causa de ignorância. Por outro lado, afirmava a experiência como fonte confiável de conhecimento. Bacon era um frade franciscano cujo entusiasmo pela ciência estava ligado, talvez, à reabilitação da natureza empreendida por são Francisco: o mundo merecia ser observado porque torna manifesto "o senhor de todas as criaturas". Bacon insistiu que a ciência poderia ajudar a validar as escrituras ou melhorar nossa compreensão dos textos sagrados.

Ressaltou que experiências médicas poderiam ampliar o conhecimento e salvar vidas. Chegou a alegar que a ciência poderia intimidar e converter infiéis, citando o exemplo das lentes com as quais Arquimedes pôs fogo na frota romana durante o cerco a Siracusa.

Os frades podem parecer arautos inverossímeis de um amanhecer científico. Mas dificilmente poderia haver exemplo melhor que o próprio são Francisco, se o entendermos corretamente. Estudiosos superficiais e devotos olham para ele e veem apenas um homem de fé tão intensa e cabal que a razão lhe parece irrelevante e as evidências, fúteis. Mas sua irracionalidade era teatral. Ele transformou sua renúncia aos bens materiais em uma performance quando se despiu na praça pública de sua cidade natal. Pregou aos corvos para mostrar seu descontentamento com as plateias humanas. Abjurou grande riqueza para ser um mendigo. Assumiu o papel de um anti-intelectual, denunciando o saber como uma espécie de riqueza e fonte de orgulho. Agia como um tolo santo. Proclamou uma fé tão sobrenatural que o conhecimento deste mundo de nada valia. Por outro lado, a natureza realmente importava para Francisco. Ele abriu seus olhos — e os nossos — para a santidade da criação de Deus, mesmo as burlas e turvações por vezes sórdidas e aparentemente brutais do mundo e das criaturas que o habitam. Sua contribuição para a história das sensibilidades nos alertou para a maravilha de todas as coisas belas e luzidias: o encanto das paisagens, o potencial dos animais, a fraternidade do Sol e a irmandade da Lua. Sua imagem conscienciosa e realista da natureza era parte da tendência científica de sua época. Observação e compreensão eram tão importantes para ele como para os cientistas. Podemos ver quais eram suas prioridades na arte que ele inspirou: o realismo das pinturas que os franciscanos fizeram ou encomendaram para suas igrejas, o novo senso paisagístico do plano de fundo anteriormente sufocado pela douração, as cenas da história sagrada transpostas para a natureza.

Há muito se pensa que o espírito de experimentação da Alta Idade Média e uma nova desconfiança de autoridades dúbias tenham sido a força propulsora do grande salto da ciência, que, ao longo do tempo, viria a prover a civilização ocidental com conhecimentos e tecnologias superiores

Fés pensantes 223

aos de suas rivais.[36] Na verdade, outras influências parecem ter sido mais importantes, como as viagens de descoberta do século xv em diante, as quais abriram os olhos europeus para visões intrigantes do mundo, repletas de material bruto para a ciência — amostras, espécimes, imagens e mapas das magníficas câmaras de conhecimento que os governantes europeus nos séculos xvi e xvii compilaram. A busca mágica de poder sobre a natureza transbordou para a ciência: o desejo de aprender dos magos da Renascença (simbolizado pelo dr. Fausto, o personagem ficcional que vendeu a alma ao diabo em troca de conhecimento) fundiu-se com todo tipo de investigação. Renascimentos sucessivos familiarizaram as elites europeias com o empirismo antigo. Uma "revolução militar" expulsou as aristocracias do campo de batalha, liberando o estudo do manejo de armas e as fortunas nobres para a prática da ciência.

As ideias de Roger Bacon e de outros pensadores científicos do século xiii foram importantes pela reação que provocaram. "Como o sobrenatural pode se conformar às leis da natureza?", perguntaram os críticos. Se a obra de Deus tem de ser inteligível para a ciência, o que acontece com os milagres? Em parte, o recuo assumiu a forma de rejeição da razão e da ciência. Um Deus redutível à lógica, acessível à razão, alheio à revelação é, para algumas sensibilidades, um Deus em que não vale a pena acreditar — destituído de paixão, abstrato, distante da carne e do sangue, da dor e da paciência que Cristo encarnava. A razão confina Deus. Se Ele tem de ser lógico, o efeito é a limitação de sua onipotência.

Muitos filósofos, na esteira de Tomás de Aquino, odiaram o que chamavam "necessitarismo grego" — a ideia de um Deus constrangido pela lógica. Sentiram que, ao conciliar o cristianismo com a filosofia clássica, Tomás de Aquino o poluíra. O professor Guilherme de Ockham, morto em 1347, liderou um forte movimento desse tipo. Ele acusou os lógicos e os apóstolos da razão de forçar o comportamento de Deus para os canais permitidos pela lógica. Cunhou paradoxos aterradores. Deus, disse, pode ordenar que cometamos um assassinato, se assim desejar, tal é a medida de sua onipotência; e "Deus pode recompensar o bem com o mal". Ockham, é claro, não estava sendo literal, mas expressando uma ideia para mostrar as limitações da lógica. Por algum tempo, o ensino de Aristóteles foi suspenso até que seus erros fossem "expurgados".[37] Suspeitar da razão subverte um dos nossos principais meios de firmar acordos uns com os outros. Debilita a crença — que foi e continua sendo forte na tradição católica — de que a religião deve ser razoável. Fortalece o dogmatismo e torna difícil debater com pessoas obstinadas. Alimenta o fundamentalismo, que é explícita e essencialmente irracional. Muitos protestantes da Reforma rejeitaram a razão juntamente com a autoridade ao se voltarem para as escrituras como o único fundamento da fé. A posição mais extrema foi alcançada pelos muggletonianos, seita do século XVIII segundo a qual a razão era um subterfúgio diabólico para enganar a humanidade, o fruto da serpente a que Deus nos havia advertido a resistir.

Enquanto isso, a Igreja, outrora patrona da ciência, iniciou um longo relacionamento de desconfiança com ela. Exceto nas faculdades de medicina, as universidades do final da Idade Média abandonaram o interesse pela ciência. Embora algumas ordens religiosas — especialmente os jesuítas, nos séculos XVII e XVIII — continuassem patrocinando importantes trabalhos científicos, inovações tendiam a ser repudiadas a princípio e aceitas só com relutância. O padre Ted Hesburgh, o lendário reitor da minha universidade, que treinou como astronauta a fim de ser o primeiro celebrante da missa no espaço e que representou a Santa Sé na Comissão Internacional de Energia Atômica, costumava dizer que, se ciência e religião parecem estar em conflito, deve haver algo errado ou com a ciência ou com a religião, ou com ambas. A ideia de que ciência e religião são inimigas é falsa: elas dizem respeito a esferas distintas, ainda que sobrepostas, da experiência humana. Mas essa presunção se mostrou extremamente difícil de superar.

A fronteira do misticismo

Afora a rejeição da razão e da ciência, outros pensadores da Idade Média procuraram maneiras de contorná-las com abordagens melhores da ver-

Fés pensantes 225

dade. Seu grande trunfo foi o que chamamos de misticismo, ou, em termos mais brandos, a crença de que a indução de estados mentais anormais — êxtase, transe ou fervor visionário — permite que se alcance um senso de união com Deus, a autoidentificação emocional com sua natureza amorosa. Podemos apreender Deus diretamente por meio de uma espécie de linha direta com Ele. Para aqueles de nós que nunca as tivemos, experiências místicas são difíceis de expressar, compreender e apreciar. Portanto, talvez seja proveitoso abordar os problemas por meio das experiências de um outro não místico: Santo Agostinho, que, apesar de acolher a lógica, dominar o saber clássico e ser um dos pensadores mais sutis e compreensíveis da história do pensamento, contribuiu profundamente para a história do misticismo cristão. Até onde sabemos, ele nunca teve uma experiência mística. Certa vez, segundo ele mesmo relatou, teve uma visão, talvez mais bem descrita como um sonho: estava refletindo sobre a doutrina da Trindade quando um garotinho, cavando na praia, o confrontou. Quando Agostinho lhe perguntou qual era a finalidade do buraco, o garoto respondeu que pretendia drenar o mar para lá. Agostinho apontou que, pelas leis da física, isso seria impossível. "Tão impossível quanto você entender a Trindade", respondeu o menino escavador.[38] Por certo essa história encantadora não qualifica seu autor como um visionário. Foi a trajetória inteira de sua vida, não algum evento repentino, que moldou o pensamento de Agostinho. Em suas *Confissões*, ele descreve como foi essa jornada, desde os sentimentos infantis de culpa por seu egoísmo, passando por dilemas púberes com o advento da sensualidade, rumo à dependência de Deus.

Não obstante, talvez sua maior contribuição para a história das ideias tenha sido o que os estudiosos chamam de sua doutrina da iluminação: a asserção de que existem verdades conhecidas por apreensão direta de Deus. Agostinho disse que os axiomas matemáticos, por exemplo, a noção de beleza e talvez a própria existência de Deus fossem ideias desse tipo, juntamente com todos os fatos inacessíveis à razão, à percepção sensorial, à revelação ou à memória. Ele percebeu que precisaria haver alguma outra fonte de validação de tais conhecimentos, "no íntimo recesso de meus pensamentos", escreveu, "sem auxílio de lábios ou de língua, sem ruído de sílabas".[39] Sua linguagem é uma pista para seu pensamento: o aprofundamento da autoconsciência lhe veio pelo hábito — incomum na época — da leitura silenciosa. Sua personalidade ajudou. A humildade seletiva, que aflige muitas pessoas de gênio, fez com que desconfiasse da possibilidade de discernir todos os mistérios obscuros da vida sem lampejos divinos de iluminação.[40] Seu pensamento a esse respeito é comparável à antiga crença grega de que o conhecimento é acessado de dentro de nós, não adquirido pelo que vem de fora. A palavra grega para verdade é *aletheia*, literalmente "coisas não esquecidas". O conhecimento é inato — Platão afirmou algo parecido. A educação nos faz recordá-lo. A memória nos torna cientes dele. Nós o recuperamos de dentro de nós mesmos. Na noção de Santo Agostinho, por outro lado, contamos com impressões externas. O misticismo já era praticado entre os cristãos desde o tempo dos apóstolos: São Paulo descreve duas vezes o que parecem ser experiências místicas. Entretanto, antes de Agostinho pronunciar-se a respeito, os místicos tinham de se virar por conta própria, por assim dizer; eram obrigados a tornar suas mensagens convincentes sem dispor de uma teoria geral à qual recorrer para se autojustificar. Agostinho forneceu a justificativa. Autorizou os místicos a representar seus arrebatamentos como revelações. Para os cristãos, abriu um novo meio de conhecimento: o misticismo uniu razão, experiência, escritura e tradição. As consequências foram seriíssimas. O misticismo ocidental tornou-se, em grande parte, uma questão de meditação introspectiva. A alternativa — o misticismo da natureza ou a contemplação do mundo externo voltada para despertar uma resposta mística — permaneceu uma busca marginal. Mais grave foi o misticismo ter incitado a heresia, pois os místicos podem transcender a razão, transpor a ciência, ignorar as escrituras e evadir a Igreja.

A ideia agostiniana de iluminação tem afinidades com a tradição budista que conhecemos pelo nome japonês, o zen. Como vimos, tradições acerca da natureza ilusória das percepções — o ponto de partida do zen — eram comuns na Índia e na China no primeiro milênio a.C. Nagarjuna, que a maioria dos estudiosos e iniciados considera o progenitor intelectual da tradição que levou ao zen, sistematizou-as no início do século II. "Como um sonho ou um relâmpago: é assim que devemos considerar todas as coisas, que são apenas relativas", sugeriu.[41] Nos cem ou duzentos anos subsequentes, seus adeptos seguiram à risca esse conselho, a ponto de incorporar um paradoxo aparentemente autófago e de duvidar da realidade, ou pelo menos da individualidade, da mente que duvida. Estritamente falando — como Descartes mais tarde apontaria (ver p. 263) —, é logicamente impossível duvidar de nossas próprias dúvidas. O zen, no entanto, deleita-se com paradoxos. Para alcançar a iluminação budista perfeita, precisamos suspender o pensamento, renunciar à linguagem e obliterar todo senso de realidade. Há consequências louváveis: se renunciamos à consciência, evitamos o subjetivismo. Se abrimos mão da linguagem, podemos expor o inefável. Quando o mestre Bodidarma chegou à China no início do século VI, anunciou que a iluminação é, literalmente, inexplicável. Um texto japonês do século XII define sua doutrina por meio de uma fórmula compatível com o modo como Agostinho escreveu sobre iluminação: "uma transmissão especial, fora das escrituras, não fundamentada em palavras ou letras, que permite penetrar a natureza das coisas apontando diretamente para a mente".[42]

As narrativas tradicionais dos mestres zen, de Bodidarma em diante, conduziam os alunos à iluminação por meio da perplexidade — respondendo às suas perguntas com réplicas aparentemente irrelevantes, ou ruídos sem sentido ou gestos enigmáticos. Era possível oferecer a mesma resposta para perguntas diferentes. Uma só pergunta podia provocar respostas mutuamente contraditórias ou nenhuma resposta. Hoje, o zen é popular no Ocidente entre os que se aprazem na incerteza, pois faz com que todas as perspectivas pareçam evanescentes e nenhuma seja objetivamente correta.[43] É, portanto, mais atraente que a indiferença dos antigos céticos gregos e romanos, que professavam contentamento com as coisas tal como elas pareciam ser, com o argumento de que as aparências podiam tomar o lugar de verdades que ninguém é capaz de conhecer. Por outro lado, o "esquecer-se do céu, esquivar-se do vento" do zen constitui um afastamento radical da realidade percebida — como consequência da autoextinção, da inércia do não ser, além do pensamento e da linguagem.

O zen é uma tentativa de meros seres humanos alcançarem a realidade e a objetividade de um torrão ou de uma pedra. Não temos "desejo errante algum", diz Robert Pirsig, autor de Zen e a arte de manutenção de motocicletas; "apenas realizamos os atos da [...] vida sem desejo".[44]

O zen não parece uma tentativa de ser prático, mas teve enormes consequências práticas. Ao incentivar seus praticantes à disciplina, à autoabnegação e à disposição de abraçar a extinção, contribuiu para o éthos marcial do Japão medieval e moderno; a arte que o zen ajudou a inspirar incluía jardins de meditação e poemas místicos; e no final do século xx, como veremos (p. 263), o encanto do zen foi uma das influências do Leste e do Sul da Ásia que reconfiguraram o mundo mental dos intelectuais ocidentais.

Fé e política

Os pensadores religiosos fizeram um trabalho bom, consciencioso, mas imperfeito, ao conciliar razão e ciência. E quanto aos outros problemas de harmonizar a religião "não deste mundo" com a vida real? Os pensadores do período contribuíram com ideias que transformaram o mundo nesse sentido de duas maneiras. Primeiro, refletindo sobre o Estado — como sacralizá-lo? Como legitimar a autoridade apelando à investidura divina dos poderes constituídos? Ou até mesmo como santificar a guerra? Segundo, pensando no problema que abriu este capítulo: como conceber maneiras de aplicar a religião para melhorar o comportamento.

Tomemos o pensamento político primeiro. Vimos como a tradição interpretou mal o humor de Cristo. A injunção "Dai a César o que é de César e a Deus o que é de Deus" não só foi aplicada para reforçar a cobrança de impostos, como também foi abusada de modo mais geral, como se dissesse "Respeitai a distinção entre os reinos secular e espiritual". Mas terá sido isso que Cristo quis dizer? Não chega a surpreender que ele tenha sido radicalmente mal compreendido — a ironia é a forma de humor mais difícil de atravessar os abismos do tempo e da cultura.

Fés pensantes 229

A Igreja sempre tendeu a enfatizar a segunda metade da sentença de Cristo e a insistir que "a Deus o que é de Deus" envolve coisas que não estão sujeitas ao Estado. Com isso, o clero desfrutou de imunidade sob a lei em alguns Estados cristãos, ou de direito a julgamento em tribunais próprios; os bens da Igreja frequentemente eram e são isentos de impostos ou, no mínimo, têm status fiscal privilegiado. A longa história de disputas em torno dessas liberdades começou em Milão, no final do século IV, quando o bispo Ambrósio recusou-se a entregar uma igreja aos expropriadores imperiais. "Respondi que se o imperador solicitasse de mim o que era meu, eu não o recusaria. Mas as coisas que são de Deus não estão sujeitas ao imperador."[45] Havia uma luta pelo poder em andamento. O papa Bonifácio VIII, que argumentava com tanta veemência quanto qualquer clérigo, resumiu-o no final do século XIII: "Que há leigos hostis à Igreja é claro desde a Antiguidade [...]. Nem percebem que poder sobre o clero lhes é proibido".[46]

Outras pessoas religiosas, sem estômago para tais querelas, se fecharam para o mundo. Em meados do século III, o teólogo e historiador eclesiástico Orígenes julgou que as palavras de Cristo obrigavam o povo de Deus a se retirar do Estado e, no máximo, obedecer-lhe passivamente; muitos outros pensavam e ainda pensam o mesmo. No início do século V, Santo Agostinho estabeleceu uma distinção entre dois mundos, ou cidades, como os chamou: a de Deus e a do Estado, sendo que esta última era de pouco interesse para os cristãos. Os ascetas se retiraram literalmente, fundando eremitérios no deserto ou em ilhas remotas, dando início ao monasticismo cristão. Mas Igreja e Estado parecem sempre se enredar. Por causa de sua pureza e objetividade, homens santos não conseguiam escapar do mundo, pois as pessoas viviam lhes trazendo seus problemas. Monges se tornaram magistrados; anacoretas, administradores; e papas, para todos os efeitos, fizeram e ainda fazem o trabalho de imperadores.[47]

Desse modo, Cristo — para evidente decepção de alguns de seus seguidores — tentou se afastar da política; em algumas partes do mundo onde os cristãos são minoria e na maior parte do mundo ortodoxo, as igrejas conseguiram permanecer assim. Na Europa Ocidental, à medida que o Império Romano se dissolvia, a Igreja foi assumindo cada vez mais as funções do Estado. Bispos administravam órgãos públicos abandonados por burocratas. Homens santos substituíam juízes e árbitros profissionais onde o sistema de justiça entrava em colapso.[48] Durante grande parte do que hoje consideramos os primórdios da Idade Média, os papas tinham a melhor chancelaria da Europa — e portanto, para todos os efeitos, a maior e mais abrangente rede de inteligência e influência. O governo precisava da Igreja: era aqui que as pessoas mais instruídas e menos egoístas podiam ser recrutadas. A Igreja queria influência sobre o governo: leis propícias à salvação de almas, acordos que mantivessem a paz dentro da cristandade, cruzadas que redirecionassem a agressividade contra os infiéis.

Os teóricos reagiram a esse cenário prático com argumentos em prol de uma Igreja politicamente engajada e — em última análise — com a ideia de que a Igreja deveria governar o mundo. No século v, o papa Gelásio propôs a imagem de Duas Espadas: quando Cristo disse a Pedro que embainhasse sua espada, esta continuou pronta para agir. A Igreja tinha um direito residual de governar. No século VIII, os clérigos que forjaram a Doação de Constantino foram ainda mais longe e alegaram que o poder imperial havia sido rendido ao papa por ocasião da conversão do primeiro imperador romano cristão. No século XIII, o papa Inocêncio III concebeu uma nova imagem: a Igreja era o sol e o Estado a lua, possuindo apenas poder refletido. Em 1302, o papa Bonifácio VIII fez a proclamação mais incisiva dessa tradição:

> Na verdade, quem nega que a espada temporal esteja a serviço do poder de Pedro entende mal as palavras do Senhor [...]. Ambas as espadas estão a serviço do poder da Igreja, a espiritual e a material. Esta última deve ser utilizada por reis e capitães, mas somente por vontade e com a permissão dos padres [...]. A autoridade temporal deve estar sujeita à espiritual.[49]

Tal posição era insustentável na prática: os Estados simplesmente tinham batalhões maiores que as igrejas. Mas o cristianismo permaneceu enredado em política. O papa foi útil como árbitro nas disputas de poder entre Estados, impondo tréguas, organizando cruzadas, definindo fron-

Fés pensantes

teiras contestadas. Modernamente, as igrejas continuaram a interferir na política, apoiando partidos ou movimentos, organizando sindicatos e endossando ou condenando publicamente políticas conforme se conciliassem ou não com os evangelhos e se adequassem aos interesses ou aos preconceitos dos cristãos.[50]

A história ainda não terminou. "Quantas divisões tem o papa?", escarneceu Josef Stálin; e a impotência ou a pusilanimidade papal diante dos grandes ditadores durante a Segunda Guerra pareciam mostrar que a Igreja não detinha mais poder na política secular. Entretanto, no longo e dramático pontificado de João Paulo II, que se estendeu do século XX ao XXI, a Igreja reingressou na arena política com nova confiança. Em parte, o envolvimento político foi resultado de iniciativas do próprio papa para subverter os regimes comunistas, desafiar os capitalistas, revigorar o serviço diplomático papal e renovar o papel do papado na arbitragem internacional. Em parte, foi também uma iniciativa popular de ativistas políticos com engajamento religioso — às vezes com desaprovação papal —, como os revolucionários latino-americanos que, inspirados na Teologia da Libertação, exigiam direitos para os camponeses pobres e as comunidades nativas desfavorecidas. E em parte, o ressurgimento político da Igreja resultou de eleitores em países democráticos buscarem uma "terceira via" — nem um comunismo desacreditado nem um capitalismo insensível — e encontrá-la na tradição social católica.

Nos conflitos com a Igreja ao longo da maior parte da Idade Média, os governantes seculares tiveram uma grave desvantagem: dependiam da Igreja para educar e, muitas vezes, até para remunerar os homens que empregavam para administrar seus órgãos públicos, escrever sua propaganda e defender em público sua legitimidade. "Os poderes constituídos foram estabelecidos por Deus", disse São Paulo; mas como se transmitiu tal legitimação? Teria descido do céu sobre o ungido ou emergido do povo por eleição popular — "a voz de Deus"? Todos no Ocidente medieval ouviam — e os católicos devotos até hoje ouvem — continuamente sentimentos políticos revolucionários proferidos nas orações da Igreja a um Deus que derrubará os poderosos, exaltará os mansos e destruirá os reis no dia da ira. A Igreja, no entanto, sempre tendeu a deixar as implicações revolucionárias aos heresiarcas e milenaristas, e procurou maneiras práticas de conciliar a predileção de Deus pelos pobres com a preferência do mundo pelos poderosos.

Na cristandade latina do século XIII, o dilema foi resolvido na prática ao tomar-se emprestado um modelo da Antiguidade clássica: o governo "misto", recomendado originalmente por Aristóteles[51] e modificado para combinar elementos monárquicos, aristocráticos e populares. Na opinião de Aristóteles, "o Estado será melhor se composto de elementos mais numerosos".[52] Via de regra, os monarcas medievais consultavam "a comunidade do reino" por meio de assembleias representativas nas quais magnatas (conselheiros naturais do rei) e seus pares reuniam-se com deputados de outros "estamentos" — geralmente, o clero e o povo comum (definidos de várias formas de país para país).

No início do século XIV, numa época em que o papado digladiava com reis por poder e dinheiro, Marsílio de Pádua trabalhou como propagandista contra Roma. Ele viveu em um mundo de cidades-repúblicas italianas que lembravam as entidades políticas de Aristóteles: pequenos Estados em que cidadãos e senadores governavam. Para Marsílio, essa não era apenas uma escolha de Aristóteles, mas de Deus: Deus escolhia o povo e o povo escolhia seus delegados, que poderiam ser assembleias ou monarcas. Marsílio aplicou o modelo de governo misto também à Igreja, defendendo a colegialidade entre bispos, na qual o papa não tem privilégios ou apenas preside. Ele chegou a levantar a questão da possível eleição popular dos bispos. Tais recomendações eram, evidentemente, o programa interesseiro de alguma parte específica, mas brotavam de uma tradição profundamente democrática no cristianismo, que remonta aos ensinamentos de Cristo: ele veio chamar publicanos e pecadores, convocou os ricos à pobreza e acolheu pescadores e prostitutas como discípulos. Para Cristo, ninguém era humilde demais para merecer o amor de Deus.

Desse modo, cada passo no progresso dos papas a um poder único na Igreja teve de ser ratificado pelos bispos em um colegiado, protegido de ser revertido apenas pela tradição de que decisões "ecumênicas" são inspiradas por Deus e, portanto, irreversíveis. O conciliarismo continua

Fés pensantes

vivo e forte, revigorado pelo fato de papas recentes terem recorrido aos conselhos eclesiásticos para lançar e guiar seus respectivos programas de reforma. Os argumentos de Marsílio foram adotados por reformadores que queriam apenas melhorar o governo da Igreja, não confiá-lo a governantes seculares, embora a Reforma parecesse mostrar que o papa era uma garantia necessária da independência da Igreja: onde a mensagem de Lutero foi ouvida e acatada, Estados seculares vitoriosos usurparam as funções tradicionais do papa. O conciliarismo, que se originou como a apropriação de um modelo secular para a Igreja, influenciou por sua vez o pensamento político secular. Isso começou e ficou evidente no século xv, no Império alemão, onde os grandes príncipes reivindicaram para si papel análogo ao dos bispos da Igreja. E continuou com o surgimento de instituições representativas em vários Estados europeus reivindicando paridade com os reis na elaboração de leis e na cobrança de impostos. No longo prazo, ocorrências como essas nutriram e aceleraram as ideias que moldaram a política moderna: soberania popular e democracia.[53]

No início do século xv, a Igreja foi o foco principal do pensamento político de Jean Gerson, que almejava justificar o ponto de vista de que os bispos, coletivamente, e não o papa em particular, exerciam a autoridade de Cristo na Terra. Contudo, ao comparar os governos secular e eclesiástico, Gerson acabou formulando uma teoria das origens do Estado que afetou a política do mundo ocidental desde então. O Estado surgiu por causa do pecado: fora do Éden, não havia limites para a iniquidade humana, exceto os que os próprios homens estabelecessem, por acordo, para compartilhar recursos e vincular a liberdade aos interesses da paz. O processo foi natural e razoável. O acordo dos cidadãos é o único fundamento legítimo do Estado. Em contraste com a Igreja, que foi dada por Deus, o Estado é uma criação do livre-arbítrio humano, firmado por um contrato histórico e mantido pela renovação implícita desse contrato. No caso da monarquia, o poder do governante nada deve a Deus e sim ao contrato pelo qual o povo confia seus direitos à guarda imperial.

O governante é simplesmente o ministro desse contrato histórico e o curador de direitos que ele não pode revogar ou anular. O poder soberano permanece com o povo; o governante apenas o exerce em seu nome. E o povo pode recuperá-lo nos casos em que o governante rompe o contrato ou dele abusa. Quem governa não está acima da comunidade; é parte dela. Não tem direitos sobre a sociedade, seus membros ou seus bens, exceto por consentimento comum. Um governante "absoluto", que afirma ter o direito de mudar a lei por conta própria ou de dispor da vida ou dos bens dos súditos, não pode ser um governante legítimo e as pessoas têm o direito de expulsá-lo.

Para quem valoriza a liberdade ou crê que a colaboração em sociedade civil é natural para nossa espécie, o Estado é uma limitação ou mesmo um fardo quase incompreensível. Os problemas de explicá-lo e justificá-lo convergiram na teoria do contrato social. A ideia da fundação contratual do Estado alimentou o constitucionalismo e a democracia; ao fornecer uma justificativa para o Estado sem referência a Deus, mostrou-se particularmente útil no mundo moderno e secular. Havia, porém, pontos falhos cruciais na ideia, tal como Gerson a concebera, pois ele tornou o governante parte do contrato — deixando em aberto a possível objeção de que o governante, na verdade, estaria fora dele e, portanto, não estaria comprometido com seus termos (ver p. 307). Além disso, Gerson fez suposições questionáveis sobre as cláusulas do contrato: os apologistas do absolutismo poderiam argumentar que as demais partes não colocaram seus direitos sob a curadoria do Estado, mas cederam-nos a ele.[54]

A ideia de que o governante é absoluto tem certa lógica a seu favor — como um legislador pode ser submisso à lei? —, mas precisou ser reafirmada no Ocidente moderno após de ter sido efetivamente suprimida na Idade Média. O poder soberano dos governantes medievais era limitado, em teoria, de quatro maneiras: primeiro, foi concebido essencialmente como uma questão de jurisdição — o ministério da justiça. A legislação (isto é, o direito de fazer e desfazer leis, que hoje consideramos a característica que define a soberania) era uma atividade relativamente secundária numa época em que tradição, costume, lei divina e lei natural cobriam todo o campo e deixavam pouco espaço para inovação. Segundo, o poder real era limitado, como vimos, pela noção de comunidade da cristandade, na qual o rei de um país não era a autoridade suprema: o papa tinha, no mínimo, uma supremacia

Fés pensantes 235

paralela. Terceiro, persistira a noção de que o Império Romano nunca havia terminado e que a autoridade do imperador sobre a cristandade continuava a repousar na pessoa do papa ou do chefe eleito do Reich alemão, que na verdade era chamado "imperador romano". Por fim, os reis eram senhores entre senhores, obrigados a consultar seus "conselheiros naturais", isto é, os nobres, que em alguns casos auferiam seu poder do beneplácito real, mas, em outros, às vezes também diziam obtê-lo diretamente de Deus.

No final da Idade Média, os reis desafiaram sistematicamente essas limitações. Os monarcas franceses e castelhanos do século XIV e um inglês do século XVI chamaram seus respectivos reinos de impérios e propuseram ser "imperadores em seus próprios reinos". A imagística da majestade os circundava — estratégias ideológicas elaboradas por propagandistas. A função do rei francês era miraculosa e o monarca era dotado por Deus de "virtude tal que realizava milagres no decorrer de sua vida".[55] O mais antigo retrato reconhecível de um rei francês — o de João, o Bom, de meados do século XIV — lembra a representação de um imperador romano em um medalhão e de um santo com uma auréola de glória. O próprio Ricardo II da Inglaterra fizera-se retratar num campo de ouro, em majestática contemplação, recebendo o corpo de Cristo das mãos da Virgem. Mas a ideia nunca se materializou plenamente na prática. "Tens o poder de fazer o que quiseres", disse o presidente Guillart, do Parlamento de Paris, dirigindo-se ao rei Francisco I no início do século XVI; "mas não podes nem deves desejá-lo."[56] Não obstante, com reveses ocasionais, os reis foram ganhando poder progressivamente dos séculos XIV a XVIII na maior parte da Europa, à custa de outras fontes tradicionais de autoridade: a Igreja, as aristocracias e os patriciados das cidades.[57]

Pensamento social no cristianismo e no islã: Fé, guerra e ideias de nobreza

Um dos motivos de filósofos moralistas dedicarem tanto esforço ao pensamento político é a suposição antiga, que Aristóteles endossou e tornou quase inquestionável, de que o propósito do Estado é facilitar ou promover a virtude. Na prática, no entanto, os Estados não parecem ser mais competentes nisso que as religiões. Os pensadores medievais, portanto, trataram diretamente do problema de como influenciar o comportamento individual para melhor. Toda a vida e a obra de Cristo mostram um desejo impávido de santificar a vida real e fazer com que a existência das pessoas neste mundo se conforme ao que chamou "reino dos céus". No conjunto, porém, seus ensinamentos mais venerados eram os mais impraticáveis e até mesmo seus seguidores mais entusiásticos acharam difícil praticar amor ao próximo, mansidão, humildade, sofrimento jubiloso, fidelidade conjugal e fome e sede em prol da justiça. Como Cristo reconheceu, a dificuldade de agir bem aumenta com a riqueza, que tapa o buraco de uma agulha, e com o poder, que corrompe. Portanto, o comportamento humano era, de modo geral, um problema para as elites. Como impedi-las de explorar o povo, oprimir vassalos e infligir umas às outras, como faziam os aristocratas na guerra, níveis pavorosos de violência (como atestam os ossos mutilados que arqueólogos escavam em campos de batalha medievais)?

A melhor resposta encontrada foi a cavalaria. O modelo religioso sugeriu a ideia de que a vida leiga pode ser santificada — como a dos monges e freiras — pela obediência a regras. A primeira dessas regras ou códigos de cavalaria apareceu no século XII. Três autores as formularam: são Bernardo, o abade austero que invectivava contra o clero rico e indolente; o papa Eugênio II, que estava sempre buscando maneiras de mobilizar mão de obra laica para a Igreja; e o nobre piedoso Hugo de Payens. Eles perceberam que os guerreiros eram propensos à selvageria no calor da batalha, na adrenalina do medo e na euforia da vitória. Os cavaleiros precisavam ser civilizados. A disciplina poderia salvá-los. As primeiras regras refletiam os votos religiosos de castidade, pobreza e obediência, mas virtudes leigas foram ganhando proeminência. A bravura que fortalecia o cavaleiro contra o medo poderia ser adaptada para a luta contra tentações, e as virtudes práticas poderiam ser voltadas contra pecados mortais: generosidade contra a ganância, equanimidade contra a ira, lealdade contra a mentira e a luxúria.[58]

Fés pensantes

A cavalaria tornou-se o grande éthos que unia as aristocracias da época. Nas histórias da literatura barata do final da Idade Média, os heróis régios de uma era anterior à cavalaria — incluindo Alexandre, Artur, Péricles e Bruto de Troia — foram transformados em modelos de valores cavaleiros. Até a Bíblia chegou a ser vasculhada e o rei Davi e Judas Macabeu se juntaram ao cânone. Macabeu aparece em iluminuras e pinturas de paredes como um expoente da arte da justa.[59] Os rituais dos torneios medievais e da ordenação de cavaleiros tornaram-se ocasião para exibicionismo político em todas as cortes principescas.

A cavalaria medieval foi uma força poderosa. Talvez não conseguisse tornar os homens bons, como pretendia, mas era capaz de vencer guerras e moldar relações políticas. Foi provavelmente o principal ingrediente da singular cultura europeia de expansão ultramarina, tornando a cristandade uma sociedade mais dinâmica e mais expedita na exploração e no expansionismo que vizinhos mais bem equipados ao leste, como o islã e a China. A cavalaria inspirou aventureiros como Cristóvão Colombo e o infante dom Henrique, que buscavam desfechos pessoais de seus próprios romances de cavalaria.[60] O éthos é mais poderoso que a ideologia na moldagem de comportamentos, pois fornece padrões para as pessoas ajustarem e avaliarem suas ações. A cavalaria cumpriu essa função na Europa medieval e continuou incitando os atos e a autopercepção do Ocidente desde então. No século XIX, foi responsável por confinar fidalgos vitorianos a mal lubrificadas reproduções de armaduras. "A Era da Cavalaria não findará enquanto houver uma única injustiça sem reparação na Terra", observou o grande sentimentalista Charles Kingsley.[61] No século XX, alcunhas cavaleiras ainda conseguiam compensar as origens sociais predominantemente modestas dos "cavaleiros do ar" da Batalha da Grã-Bretanha. A cavalaria ainda era o modelo dos heróis da época de ouro de Hollywood. Foi definhando, porém, e hoje é quase nada.[62]

A cavalaria era, em certo sentido, um pedido de desculpas pela guerra, pois oferecia uma rota de salvação a guerreiros profissionais que tivessem de se apresentar manchados de sangue nos portões do céu. Mas não era capaz de justificar a guerra: isso requeria a atenção infatigável dos pensadores.

238 *Uma história da imaginação*

A guerra como obrigação religiosa foi legitimada na história sagrada dos judeus antigos, cujo Deus amontoava cadáveres e espalhava cabeças por toda parte. Como vimos, Ashoka, o imperador indiano do século III a.C., chegou a justificar guerras "pelo budismo". Mas uma coisa é usar a religião para justificar a guerra, outra é fazer a guerra parecer algo bom. As tradições islâmica e cristã produziram justificativas de guerra tão indiscriminadas e santificantes que tiveram consequências assustadoras perenes.

Jihad significa, literalmente, "empenho" ou "luta". "Aqueles que acreditam com o Profeta", diz o Corão, "lutam com suas riquezas e vida. Alá preparou-lhes jardins onde os rios correm [...]. Este é o triunfo supremo." Maomé utilizou a palavra em dois contextos: primeiro, para se referir à luta interior contra o mal que os muçulmanos devem travar por si mesmos; segundo, para denotar uma guerra real, empreendida contra os inimigos do islã. Estes devem ser inimigos genuínos e constituir uma ameaça genuína. Porém, como nos dias de Maomé a comunidade que ele liderava estava frequentemente em guerra, esses termos de referência sempre foram interpretados de maneira generosa. O capítulo 9 do Corão parece legitimar a guerra contra todos os politeístas e idólatras. Após a morte do Profeta, a doutrina foi voltada contra os apóstatas que deixaram o acampamento, acreditando que suas obrigações para com o líder haviam expirado com sua morte. Foi então utilizada para proclamar uma série de guerras de agressão muito bem-sucedidas contra Estados árabes e os impérios romano e persa. A retórica da *jihad* foi abusada com frequência para justificar guerras entre os próprios muçulmanos. É utilizada até hoje para dar dignidade a brigas odiosas, como as de tiranos tribais no Afeganistão e as de terroristas contra pessoas inocentes em áreas identificadas como inimigas por autoproclamados líderes islâmicos.

Não obstante, a expressão "guerra santa" parece uma tradução apropriada de *jihad*: a iniciativa é santificada pela obediência ao que se julga serem os mandamentos do Profeta e recompensada pela promessa do martírio.[63] Segundo um dito tradicionalmente atribuído a Maomé, o mártir em batalha vai direto para o mais alto escalão do paraíso, o mais próximo ao trono de Deus, e tem o direito de interceder pelas almas de seus entes

Fés pensantes 239

queridos. Vale observar, porém, que a maioria das tradições legais islâmicas estabelece leis estritas de guerra, que certamente deveriam definir uma *jihad*, e incluem indenização pelas vidas e bens de não beligerantes, mulheres, crianças, doentes e não resistentes. Essas limitações efetivamente proíbem todo tipo de terrorismo e grande parte da violência do Estado.

Abusos à parte, a ideia de *jihad* tornou-se influente de duas maneiras principais. Primeiro, e mais importante, fortaleceu os guerreiros muçulmanos, especialmente nas primeiras gerações da expansão do islã. No século e pouco após a morte de Maomé, é difícil imaginar como o islamismo poderia ter alcançado seus grandes sucessos — que transformaram a maior parte do Mediterrâneo em um lago muçulmano — sem ela. Segundo, a ideia de *jihad* acabou sendo copiada pela cristandade. Os cristãos lançaram as Cruzadas com duas noções comparáveis: a de guerra justa, travada para recuperar terras supostamente usurpadas por seus ocupantes muçulmanos, e a de peregrinação armada, empreendida como uma obrigação religiosa de fazer penitência pelo pecado. Até que os cruzados começassem a se ver em termos análogos aos aplicados aos guerreiros islâmicos — como mártires em potencial para os quais, segundo *A canção de Rolando*, "o sangue dos sarracenos lava os pecados" —, não existia a ideia de guerra santa, embora o objetivo fosse consagrado no sentido de que o território disputado recebera o sangue e as pegadas de Cristo e dos santos.[64]

No final da Idade Média no Ocidente, com o declínio das Cruzadas e a política e a lei oferecendo novos caminhos para o poder e a riqueza, a noção de nobreza desvinculou-se da guerra. A descoberta da pólvora foi pouco a pouco diminuindo a necessidade de uma aristocracia guerreira e dos altos custos de treiná-la em combates a cavalo com espada e lança. Uma sociedade de oportunidades jamais poderia vir a se desenvolver livremente se riquezas antigas ou sangue velho continuassem determinando a hierarquia social e as elites continuassem impenetráveis, exceto por indivíduos de bravura, virtudes ou gênio excepcional. A China, nesse e em muitos outros aspectos, estava bem à frente do Ocidente na Idade Média, porque a elite imperial era selecionada por meio de exames, com um rigoroso currículo humanístico, e clãs podiam se unir para pagar pelo treinamento de parentes pobres mas inteligentes. No Ocidente, onde não existia tal sistema, o governo conheceu uma revolução nos séculos xiv e xv pelo uso do papel e, em seguida, da impressão. Os comandos dos príncipes podiam agora ser transmitidos de maneira rápida e econômica para os confins mais distantes de qualquer Estado. A burocratização resultante criou um caminho adicional de avanço social, afora as trajetórias tradicionais por meio da Igreja, da guerra, do comércio e da aventura. Em toda parte, as fileiras de magnatas dos países ocidentais foram suplementadas — e, em certas regiões, quase totalmente substituídas — por novos homens. Para acomodar sua nova autopercepção, os moralistas ocidentais partiram para a redefinição da nobreza.

"Somente a virtude é a verdadeira nobreza", proclamava o brasão de armas de um embaixador veneziano. Um acadêmico parisiense declarou em 1306 que o vigor intelectual preparava melhor um homem para exercer poder sobre os demais. Um místico alemão, alguns anos depois, descartou a nobreza carnal como pré-requisito para cargos públicos, por ser inferior à nobreza da alma. Segundo um humanista espanhol do século xv, as letras enobrecem o homem mais completamente que as armas. Gian Galeazzo Visconti, o violento governante que tomou Milão em 1395, pôde ser bajulado por uma comparação imprópria com o herói exemplar dos humanistas, Cícero. Antonio de Ferraris, um humanista de Otranto cuja própria obscuridade é garantia de que ele era um homem típico, declarou que nem a riqueza de Creso nem a antiguidade do sangue de Príamo podiam substituir a razão como o principal ingrediente da nobreza. "Somente a virtude é a essência da glória e molda os homens com verdadeira nobreza", declarou o Tamerlão de Marlowe.[65]

Contudo, essa doutrina encontrou resistência na Europa Oriental. Na Boêmia, pertencer à nobreza significava tão somente ter sangue antigo. No Reino da Hungria, apenas nobres constituíam a nação; seus privilégios eram justificados por sua suposta descendência dos hunos e dos citas, cujo direito de governar era fundamentado no direito da conquista — as demais classes eram contaminadas por sua ignominiosa ascendência de escravos naturais que haviam renunciado a seus direitos. Mesmo lá, no entanto, a doutrina foi moderada pela influência do humanismo. István Werböczy, chanceler do reino no início do século XVI e grande apologista do regime aristocrático, admitiu que a nobreza era adquirida não apenas pelo "exercício da disciplina marcial", mas também por "outros dons da mente e do corpo", incluindo o aprendizado. Mas ele via isso como um meio de recrutar indivíduos para algo que, essencialmente, era uma casta — e não, como no pensamento dos humanistas ocidentais, um método de abrir um patrimônio da sociedade.[66] Essa bifurcação da Europa teve consequências importantes. O termo "Europa Oriental" veio a ter um sentido pejorativo no Ocidente, denotando uma terra indolente, com desenvolvimento social atrofiado, mantida no atraso por um período feudal prolongado, com um campesinato servil e uma elite bastante fechada.[67]

Conquista espiritual

Com o fracasso das guerras santas — pelo menos para os praticantes cristãos expulsos da Terra Santa — e a diversificação das aristocracias, surgiu uma nova ideia. Poderíamos chamá-la de conquista espiritual. Uma das tendências mais evidentes da história moderna foi a ascensão do cristianismo à posição de religião proselitista mais bem-sucedida do mundo. A julgar pela atratividade do Deus hebreu, o judaísmo poderia ter se antecipado a ele ou superado-o para se tornar uma grande religião mundial; contudo, o número de adeptos permaneceu pequeno, pois os judeus tendem a rejeitar o proselitismo. O islã cresceu lentamente até atingir suas enormes dimensões atuais: Richard W. Bulliet, que criou o único método de cálculo que desfruta hoje de algo como uma ampla aprovação acadêmica, estima para o Irã que 2,5% da população havia se convertido ao islã em 695, 13,5% entre 695 e 762, 34% entre 762 e 820, outros 34% de 820 a 875 e o restante entre 875 e 1009.[68] Além de crescer lentamente, o islã, como vimos, manteve sua especificidade cultural: extremamente popular em um cinturão do mundo que se estende por uma faixa ampla, mas limitada, e praticamente incapaz de penetrar em outros lugares, exceto pela migração.

O budismo parece infinitamente elástico, a julgar pelo interesse mundial que desperta hoje, mas ficou contido por um longo tempo. A cristandade primitiva era inflamada com zelo missionário, que esmoreceu depois do século xi. As Cruzadas converteram poucos.

A ideia de conquista espiritual foi fundamental para reviver a evangelização. A injunção das palavras de Cristo nos Evangelhos foi, talvez, a principal fonte de inspiração. "Ide pelos caminhos e trilhas e obrigai as pessoas a entrar" foi a ordem do mestre a seus servos na parábola do banquete de casamento. As palavras precisaram ser reinterpretadas no final da Idade Média, quando um novo senso de missão tomou corpo na Igreja: a nova convicção das obrigações da elite piedosa de espalhar uma consciência cristã mais ativa, comprometida e mais bem-informada sobre os dogmas a partes da sociedade e a lugares do mundo onde, até então, a evangelização mal chegara ou penetrara apenas superficialmente.

O resultado foi uma nova estratégia de conversão, voltada para dois tipos de público. Primeiro, as massas não evangelizadas e subevangelizadas da própria cristandade: os pobres, os sem raízes ou laços, o povo do campo negligenciado, os habitantes das florestas, pântanos e montanhas distantes do brilho das velas das igrejas, bem como as massas degredadas das cidades em crescimento, apartadas da disciplina e da solidariedade da vida paroquial rural. Segundo, havia o vasto e infiel mundo revelado ou sugerido pelas explorações e pela ampliação do conhecimento geográfico. A ascensão das ordens mendicantes, com suas vocações especiais para missões entre os pobres, os incrédulos e os subcatequizados, contribuiu para essa tendência, além do interesse crescente em restaurar os hábitos apostólicos da Igreja, um tema proeminente desde a criação das ordens de frades até a Reforma. Essa pulsão para fora foi revigorada por uma nova concepção do significado da conversão, formulada no final do século xiii e início do xiv pelo maiorcano Raimundo Lúlio. Ele percebeu que o proselitismo precisava ser adaptado a cada cultura. É preciso conhecer a cultura das pessoas que se pretende converter e fazer os ajustes apropriados. Acima de tudo, é preciso dirigir-se a elas em seus próprios termos. Para tanto, Lúlio instituiu o ensino de idiomas a missionários. Quanto aos elementos

Fés pensantes

indiferentes da cultura nativa, esses podiam continuar intocados. Havia precedentes apostólicos: São Paulo decidira que os gentios convertidos não precisavam ser circuncidados; e São Pedro decretara que poderiam deixar de lado as leis alimentares judaicas. Com isso, o cristianismo das sociedades convertidas tendeu a apresentar características originais, que podem ser entendidas como exemplos de um intercâmbio cultural de mão dupla.[69]

Essa época fervilhava com pregadores e profetas populares que sacralizavam a insurreição e santificavam os pobres em reações muitas vezes violentas à opressão das elites. No final dos tempos, Deus corrigiria todas as desigualdades da sociedade. Para os revolucionários, o milênio significava algo mais imediato. Os pobres poderiam precipitá-lo tomando as coisas em suas próprias mãos e tentando realizar no aqui e agora os desígnios de Deus para o mundo. Os problemas de desigualdades monstruosas e ameaçadoras mostraram-se insolúveis por esses meios. O futuro traria uma nova maneira de olhar e proporia novas respostas.

6. Retorno ao futuro: Repensando a peste e o frio

A JULGAR PELOS EPISÓDIOS tradicionalmente salientados nas histórias dos séculos XVI e XVII, os intelectuais governavam. Renascença, Reforma e Revolução Científica se sucederam, marcando o mundo mais profundamente do que as mudanças de dinastia e as fortunas da guerra. Até mesmo a "Era da Expansão" — nome convencional do período — foi produto de mentes que se expandiam: "a descoberta do mundo e do homem". Por trás de tudo, é claro, havia também outras forças em ação: pestes recorrentes, frio desalentador, transmutações e realocações de formas de vida ("biota" no léxico dos cientistas) destituídas de mente — plantas, animais, micróbios — em uma verdadeira revolução ecológica global.

As mudanças da biota alteraram a face do planeta mais do que qualquer inovação desde a invenção da agricultura. Mais ou menos como a agricultura modificou a evolução, introduzindo o que poderíamos chamar de seleção não natural, as mudanças iniciadas no século XVI foram muito além e reverteram um padrão evolutivo de longa data. Desde cerca de 150 milhões de anos atrás, quando a Pangeia se desmembrou e os oceanos começaram a separar os continentes uns dos outros, as formas de vida em cada uma das massas de terra foram se tornando cada vez mais distintas. Com o tempo, o Novo Mundo acabou gerando espécies desconhecidas em outros lugares. A flora e a fauna australianas tornaram-se singulares, sem paralelo nas Américas ou na Afro-Eurásia. De modo espantosamente repentino, 150 milhões de anos de divergência evolutiva cederam lugar a uma tendência convergente, que dominou os últimos séculos, espalhando formas de vida similares por todo o planeta. Hoje existem lhamas em parques ingleses e o kiwi é parte importante da economia de minha região

Retorno ao futuro

na Espanha. As cozinhas "nativas" da Itália e de Sichuan, de Bengala e do Quênia dependem de plantas de origem americana — chilis, batatas, milho "indiano", tomates —, enquanto as refeições de grande parte da América seriam irreconhecíveis sem o vinho e as vacas que vieram da Europa, o café da Arábia ou o arroz e o açúcar da Ásia. Um único universo de doenças cobre o planeta: podemos pegar qualquer doença transmissível praticamente em qualquer lugar.

As viagens de circum-navegação dos colonizadores e exploradores europeus deram à biota uma "carona" pelos oceanos. Em alguns casos, plantadores e fazendeiros transferiam raças e espécies deliberadamente, na tentativa de explorar novos solos ou criar novas variedades. Nesse sentido, a revolução se conformou ao argumento deste livro, de que as pessoas reinventaram o mundo e trabalharam para concretizar sua ideia. Contudo, muitas sementes vitais, germes, insetos, predadores e animais de estimação clandestinos também empreenderam o que a Disney poderia chamar de "jornadas incríveis" nas dobras, nas costuras e nos bolsos dos viajantes, ou nos depósitos ou porões dos navios, para novos ambientes onde seus efeitos foram transformadores.[1]

Enquanto isso, uma era de pestes afligia o mundo.[2] Teve início no século XIV, quando a Peste Negra dizimou um grande número de pessoas — um terço da população nas regiões mais afetadas — na Eurásia e no Norte da África. Nos trezentos anos seguintes, pestilências enigmáticas ocorreram repetidamente em todas essas áreas. O DNA do bacilo que parece ter sido responsável é quase idêntico ao agente que causa o que hoje chamamos peste bubônica. Mas com uma diferença crucial: a peste bubônica gosta de ambientes quentes. O mundo dos séculos XIV a XVIII foi excepcionalmente frio e os historiadores do clima chamam-no Pequena Era do Gelo.[3] As pestes mais virulentas geralmente coincidiam com períodos de frio intenso. As paisagens invernais que artistas holandeses pintaram nos séculos XVI e XVII, quando o frio atingiu o ápice, nos dão uma pálida noção de como essa era deve ter sido. Além disso, no século XVI, algumas doenças do Velho Mundo, especialmente a varíola, espalharam-se para as

Américas, matando cerca de 90% da população indígena nas regiões onde seus efeitos foram mais concentrados.

Foi, portanto, uma época em que o ambiente superou o intelecto no que diz respeito ao impacto no mundo. Ninguém ainda conseguiu explicar um paradoxo evidente: por que tanto progresso — ou o que consideramos progresso — ocorreu em circunstâncias tão pouco propícias? Como as vítimas da peste e do frio puderam lançar os movimentos que chamamos de Renascença e Revolução Científica? Como vieram a explorar o mundo inteiro e juntar continentes apartados? Talvez tenha sido o que Arnold Toynbee, o grande historiador, hoje démodé, chamou de "desafio e resposta". Talvez nenhuma explicação geral possa dar conta e seja preciso examinar separadamente as circunstâncias específicas de cada iniciativa. Seja como for, mesmo em uma época em que forças impessoais impuseram terríveis restrições à criatividade humana, é certo que o poder da mente ainda conseguiu imaginar mundos transformados, conceber ideias de como transformá-los e gerar iniciativas de transformação. E, de fato, em certos lugares a produção de ideias inovadoras parece ter sido mais rápida do que nunca e com certeza mais acelerada do que em qualquer período anterior similarmente bem documentado.

As novas ideias concentraram-se, de maneira desproporcional, na Europa. Em parte por causa dessa fertilidade intelectual e em parte por causa da exportação de ideias pelo comércio e o imperialismo europeus, a era das pestes e do frio foi também um longo período de mudança gradual, mas inconfundível, no equilíbrio mundial de inventividade, inovação e pensamento influente. Por milhares de anos, a iniciativa histórica — isto é, a capacidade de certos grupos humanos influenciarem outros — esteve concentrada em civilizações da Ásia, como a Índia, o mundo do islã e sobretudo a China. Em tecnologia, a China produziu a maioria das invenções mais impressionantes do mundo: papel e impressão, fundamentos das comunicações modernas; papel-moeda, base do capitalismo; pólvora, que deflagrou a guerra moderna; alto-forno, onde a sociedade industrial foi forjada; bússola, leme e a antepara estanque, que tornaram possíveis a navegação moderna e toda sorte de empreendimentos marítimos. Por

Retorno ao futuro 247

outro lado, a fabricação do vidro era a única tecnologia essencial em que o Ocidente possuía clara superioridade (talvez também a fabricação de relógios mecânicos, possivelmente uma invenção chinesa, mas com certeza uma especialidade ocidental).[4]

No final do século XVII, no entanto, acumulavam-se os sinais de que a supremacia chinesa vinha sendo pressionada pela concorrência europeia. O evento representativo — talvez não fosse exagero chamá-lo "ponto de virada" — ocorreu em 1674, quando o imperador chinês tirou o controle do observatório astronômico imperial das mãos de estudiosos nativos e entregou-o aos jesuítas. Ao longo desse período — e, em alguns aspectos, até o século XIX — os europeus continuaram a buscar na China ideais estéticos e filosóficos e a "basear nossos modelos na sapiência chinesa".[5] A superioridade econômica chinesa (medida pela balança comercial da Eurásia, sempre favorável à China) só foi revertida na década de 1860. Não obstante, ficava cada vez mais evidente que as grandes novas ideias que desafiavam hábitos e transformavam sociedades começavam a surgir esmagadoramente no Ocidente. Se a Pequena Era do Gelo, o Intercâmbio Colombiano e o fim das pestilências foram as três primeiras características notáveis dos primórdios do mundo moderno, o grande salto da Europa foi a quarta.

É, portanto, na Europa que devemos começar a procurar as principais ideias da época. Podemos iniciar com as ideias didáticas, filosóficas e estéticas que geralmente agrupamos e rotulamos de "Renascença". que precederam e talvez tenham ajudado a moldar a Revolução Científica.

Devemos principiar identificando o que foi e o que não foi a Renascença, localizar onde ela ocorreu e de onde veio, antes de nos voltarmos, na seção seguinte, ao problema de saber para onde ela foi.

Avançando para o passado: A Renascença

Se dependesse de mim, eliminaríamos a palavra "Renascença" do nosso léxico histórico. O termo foi cunhado em 1855 por Jules Michelet, um historiador francês que queria enfatizar a recuperação ou o "renascimento" do saber antigo, dos textos clássicos e da herança artística da Grécia e de Roma no modo de pensar e imaginar o mundo. Michelet era um escritor de imensos dons, mas, como muitos historiadores, sua inspiração provinha de reflexões sobre seu próprio tempo, ou seja, ele tendia a usar a história para explicar o presente e não o passado. Em 1855, estava de fato ocorrendo um renascimento. Mais garotos aprendiam latim — e inumeráveis outros aprendiam grego — do que nunca. Estudiosos disponibilizavam textos antigos em boas edições numa escala sem precedentes. As histórias e os personagens que revelavam tornaram-se temas de obras de arte e inspiração de escritores. Michelet detectou em sua época uma afinidade com a Itália do século xv. Para ele, a modernidade que via lá fora seria transmitida à França pelos exércitos que iam e vinham durante as guerras que levaram invasores franceses repetidamente para a Itália entre as décadas de 1490 e 1550. Sua teoria tornou-se a ortodoxia dos livros didáticos e foi desenvolvida pelos historiadores que o sucederam, os quais atribuíram tudo que julgavam "moderno" à mesma época e à mesma parte do mundo. Lembro-me, quando menino, de um professor escrevinhando na lousa com sua caligrafia lenta e arredondada: "1494: Começo dos tempos modernos". Críticos vêm rechaçando essa poderosa ortodoxia e demonstrando que a estética clássica era uma preferência minoritária na maior parte da Itália do século xv. Mesmo em Florença, onde a maioria de nós julga estar o cerne da Renascença, os patronos preferiam as pinturas espalhafatosas e berrantes de Gozzoli e Baldovinetti — cujas obras se assemelham às glórias dos miniaturistas medievais que reluziam com pigmentos caros — à arte clássica. Boa parte do que os artistas florentinos julgavam ser clássico em sua cidade era espúria: o Batistério era, na verdade, do início da Idade Média. A Basílica de San Miniato, que os peritos pensavam ser um templo romano, havia sido construída no século xi. Quase tudo o que eu e provavelmente você, caro leitor, aprendemos sobre a Renascença na escola é falso ou enganoso.[6]

Por exemplo: "Ela inaugurou os tempos modernos". Não: toda geração tem sua própria modernidade, que nasce do passado. "Foi algo sem precedentes." Não: estudiosos já detectaram muitos outros renascimentos ante-

Retorno ao futuro

riores. "Foi secular" ou "Foi pagã". Não inteiramente: a Igreja permaneceu como patrona da maior parte das artes e dos estudos. "Foi arte pela arte." Não: políticos e plutocratas a manipularam. "Sua arte era realista de uma maneira nova." Não totalmente: a perspectiva foi uma técnica nova, mas muita arte pré-renascentista era realista na representação de emoções e anatomias. "A Renascença elevou o artista." Sim, mas apenas em certo sentido: artistas medievais podiam alcançar a santidade; a riqueza e os títulos mundanos que alguns artistas renascentistas recebiam eram, em comparação, aviltantes. "Destronou a escolástica e inaugurou o humanismo." Não: o humanismo renascentista nasceu do humanismo escolástico medieval. "Foi platonista e helenófila." Não: havia laivos de platonismo, como antes, mas poucos eruditos eram mais do que atabalhoados em grego. "Redescobriu a Antiguidade perdida." Na verdade, não: a Antiguidade nunca foi perdida e a inspiração clássica nunca esvaeceu (embora tivesse recrudescido no século xv). "Descobriu a natureza." Nem de longe: não havia pintura paisagística pura na Europa anteriormente, mas a natureza era praticamente cultuada no século xiii, quando são Francisco descobriu Deus nela. "Foi científica." Não: para cada cientista, como veremos, havia um feiticeiro.[7]

Ainda assim, houve realmente uma aceleração do interesse duradouro ou intermitente em reviver as supostas glórias da Antiguidade no Ocidente medieval e suponho que iremos continuar chamando-a Renascença, mesmo que estudiosos tenham descoberto ou vindicado avivamentos de ideias, estilos e imagens clássicas em quase todos os séculos, do v ao xv. Houve, por exemplo, um "renascimento" da arquitetura clássica entre os construtores de basílicas em Roma antes mesmo da morte do último imperador romano ocidental. Os historiadores costumam falar de um renascimento visigótico na Espanha do século vii, um renascimento nortúmbrio na Inglaterra do século viii, um renascimento carolíngio na França do século ix, um renascimento otoniano na Alemanha dos séculos x e xi e assim por diante. O "renascimento do século xii" é reconhecido no léxico utilizado no dia a dia pelos historiadores da cristandade latina.

De certa maneira, a tradição clássica nunca precisou ser reavivada: escritores e artistas quase nunca deixaram de explorar os textos e modelos clássicos sempre e onde quer que pudessem obtê-los.[8] Dípticos consulares inspiraram o decorador de uma igreja em Oviedo, no século VIII. Na Frómista do século XI, no norte da Espanha, o entalhador de um capitel não tinha em mãos nenhum exemplar da famosa representação grega antiga de Laocoonte, mas baseou sua obra na descrição feita por Plínio. Construtores florentinos do mesmo período copiaram tão bem um templo romano que enganaram Brunelleschi. Um escultor de Orvieto no século XIII fez uma imitação convincente de um sarcófago romano. O que costumamos chamar arquitetura "gótica" da Alta Idade Média era muitas vezes decorada com imitações de esculturas clássicas. Ao longo de todo o período que esses exemplos abrangem, autores de filosofia moral e natural continuaram ecoando as obras de Platão e Aristóteles que conseguissem obter, e os literatos frequentemente buscavam os modelos mais clássicos que pudessem encontrar.

À medida que renascimentos se multiplicam na literatura ocidental, assim também aparecem com cada vez mais frequência em relatos acadêmicos sobre episódios de renascimento de valores antigos em outros lugares.[9] Previsivelmente, renascimentos também se tornaram parte do vocabulário dos historiadores de Bizâncio, em particular no contexto do reavivamento do saber humanista e das artes retrospectivas em Constantinopla no final do século XI. Os artífices bizantinos que trabalhavam com marfim, os quais tendiam a evitar temas pagãos ou lascivos, foram capazes, numa breve aurora, de produzir artesanato de grande delicadeza, como o caixão de Veroli, cuja temática de alta selvageria é domada por arte, amor e beleza. Hércules assenta-se para planger a lira acompanhado de querubins cabriolantes. Centauros tocam para a dança das mênades. Europa posa lindamente no dorso de seu touro, fazendo beiço a seus perseguidores e acenando com brandura sua frágil estola.[10] A transmissão de modelos clássicos partiu da cristandade oriental, especialmente por meio de traduções siríacas de textos clássicos e da arte e erudição bizantinas, de regiões em torno do leste do Mediterrâneo, onde foi mais fácil preservar a tradição clássica do que no Ocidente.

Os muçulmanos ocuparam grande parte da área central da Antiguidade clássica no mundo helenístico e no antigo Império Romano. Tinham, portanto, acesso ao mesmo legado dos cristãos latinos. Na verdade, a disponibilidade de textos e monumentos intactos da Antiguidade greco-romana foi maior no islã, que ocupara partes relativamente menos espoliadas e devastadas da região. Desse modo, em princípio, não só é razoável buscar renascimentos no mundo islâmico, como seria surpreendente se eles não existissem. E, de fato, alguns dos textos dos quais a cristandade latina voltou a tomar conhecimento na Renascença haviam passado antes por mãos muçulmanas e traduções para o árabe, sendo só então recuperados por copistas e retradutores ocidentais.

Caçadores de renascimentos podem encontrá-los na China, onde reavivamentos neoconfucionistas ocorreram periodicamente ao longo do que pensamos ser a Idade Média e o início do período moderno no Ocidente. Poderíamos, sem muito artifício, citar também estudos retrospectivos realizados no período Edo (especificamente, o século XVII europeu), que reconstruíram textos clássicos, redescobriram valores esquecidos e buscaram versões autênticas de poemas xintoístas de meio milênio de idade, os quais se tornaram a base de um xintoísmo renovado, despojado das acreções que foram sendo incluídas ao longo dos séculos.

A Renascença foi importante menos por reviver o que era antigo — pois essa era uma atividade bastante comum — do que por inaugurar o que era novo. Na arte, isso significou elaborar princípios que, no século XVII, eram chamados "clássicos" e aplicados como regras pelas academias artísticas. Essas regras incluíam a proporção matemática, que tornava a música harmoniosa, como o segredo que produz beleza. Assim, arquitetos e arqueólogos privilegiaram formas que variavam de tempos em tempos e de escola para escola: o círculo, o triângulo e o quadrado nos séculos XV e XVI; do século XVI em diante, o retângulo "áureo" (com os lados menores medindo dois terços do comprimento dos maiores); e, mais tarde, a espiral e a "linha serpentina". Outras regras determinavam que se observasse uma perspectiva calculada matematicamente (explicada pela primeira vez por Leon Battista Alberti em uma obra de 1418); que se incorporassem ideias filosóficas antigas, como as de Platão, acerca da forma ideal, ou as de Aristóteles, sobre a substância interior que uma obra de arte pareceria extrair do aspecto da natureza que representasse; que se exigisse de um artista, como disse Shakespeare, "superar a vida" ao retratar a perfeição; e, acima de tudo, que o realismo significasse mais do que a mera imitação da natureza — deveria, antes, ser uma tentativa de alcançar a realidade transcendente. "Não é apenas a natureza que os devotos dos gregos encontram nas obras destes, mas algo mais, algo superior à natureza; belezas ideais, imagens nascidas na mente", disse J. J. Winckelmann, que codificou o classicismo em uma obra de 1755, na versão de seu primeiro tradutor.[11]

No aprendizado, do mesmo modo, o que houve de novo no Ocidente medieval tardio não foi tanto um renascimento como uma apartação genuinamente nova. As escolas da França e do norte da Itália no final do século XIV e ao longo do século XV mudaram o currículo para uma família de matérias dita "humanista", concentrando-se em assuntos "humanos", não em abstrações da lógica formal ou no horizonte sobre-humano da teologia e da metafísica, ou nos objetos infra-humanos das ciências naturais. O currículo humanista privilegiava a filosofia moral, a história, a poesia e a linguagem. Esses eram os estudos que Francis Bacon tinha em mente quando afirmou que não eram apenas para ornamentação, mas também para uso.[12] O objetivo era preparar os alunos para a eloquência e a argumentação — habilidades vendáveis em um continente cheio de Estados êmulos e uma península repleta de cidades rivais, exatamente como ocorrera na China dos Reinos Combatentes, ou na Grécia das cidades antagonistas.

Tudo isso afetou o modo como os estudiosos viam o mundo. Para os humanistas, não foi difícil adotar certa perspectiva histórica: a consciência de que a cultura está sempre mudando. Para entender textos antigos — os clássicos, digamos, ou a Bíblia — temos de considerar a maneira como os significados das palavras e a teia de referências culturais mudaram desde então. O interesse dos humanistas pelas origens da linguagem e o desenvolvimento das sociedades fez com que seus estudos se voltassem para fora, para os novos mundos e as culturas remotas reveladas pelos exploradores da época. Boccaccio canibalizou o léxico dos novos idiomas dos viajantes. Marsilio Ficino, padre e médico florentino que trabalhou para os Médici,

Retorno ao futuro

debruçou-se atônito sobre os hieróglifos egípcios. Ambos queriam saber qual língua Adão falava no Éden e de onde veio a primeira escrita.

A Renascença não surgiu pronta e acabada na Itália ou em alguma parte do Ocidente. É necessário insistir nesse ponto porque o eurocentrismo acadêmico — a crença na singularidade dos feitos do Ocidente e seu impacto incomparável no resto do mundo — faz da Renascença uma das dádivas do Ocidente para o resto do mundo. Grandes movimentos culturais geralmente não ocorrem por partenogênese. A fecundação cruzada quase sempre contribui e seu papel é, com frequência, vital. Vimos quanto os contatos transeuroasiáticos contribuíram para as novas ideias do primeiro milênio a.C. É difícil aceitar que o florescimento de ideias e tecnologias na Alta Idade Média da Europa Ocidental não tenha sido estimulado por influências provenientes da "Paz Mongol". Como veremos no próximo capítulo, o Iluminismo do século XVIII tomou emprestados modelos estéticos e políticos da China, da Índia e do Japão, e valeu-se dos contatos com culturas mais remotas, nas Américas e no Pacífico, para algumas de suas novas ideias. Se a Renascença ocorresse na Europa sem influências externas similares, a anomalia seria chocante.

Não obstante, o argumento de que a Renascença foi um evento dissociado de fontes extraeuropeias de influência é, à primeira vista, forte.[13] Os contatos transeuroasiáticos entraram em colapso justamente quando a Renascença se tornava discernível nas obras de Petrarca e Boccaccio e na arte dos sucessores sienenses e florentinos de Giotto e Duccio. Na década de 1340, Ambrogio Lorenzetti incluiu alguns chineses em uma cena de martírio franciscano. Mais ou menos na mesma época, Francesco Balducci Pegolotti escreveu um guia para mercadores italianos ao longo das Rotas da Seda. Uma miniatura italiana do mesmo período na British Library mostra um plausível cã mongol banqueteando enquanto músicos tocam e cachorros pedem comida. Menos de uma geração depois, Andrea da Ferrara retratou a ordem dominicana pregando o Evangelho na parte do mundo então conhecida pelos ocidentais, com o que parecia destinado aos participantes chineses e indianos em cena. Porém, o colapso da dinastia Yuan em 1368 pôs fim à Paz Mongol, ou pelo menos reduziu as rotas que policiava. Roma perdeu contato com a missão franciscana na China, que parecia já haver definhado em 1390, com a morte de seus integrantes. O Ocidente estava basicamente isolado durante o período formativo da Renascença, mantendo poucos ou nenhum dos contatos enriquecedores com a China, a Ásia Central e a Índia, que haviam inseminado movimentos anteriores com noções e representações exóticas ou lhes conferido tecnologias e conhecimentos úteis ou ideias inspiradoras. Quando Colombo partiu rumo à China em 1492, as informações de que seus patronos reais dispunham sobre o país estavam tão desatualizadas que lhe forneceram credenciais diplomáticas endereçadas ao Grande Cã, que não governava a China havia um século e um quarto.

A despeito da interrupção dos antigos contatos transeuroasiáticos, algumas transmissões ocorreram na Eurásia, ou em partes substanciais dela, no século XV, por meios críveis e documentados, via islã. O mundo muçulmano preencheu — e, em certa medida, eliminou — a lacuna entre a Europa e o Sul e o Leste da Ásia. Artefatos chineses e indianos, que se tornaram modelos para imitadores europeus, chegaram às cortes europeias como presentes diplomáticos de embaixadas de potentados muçulmanos. Qa'it Bey, sultão do Egito no final do século XV, era prolífico em oferecer presentes de porcelana. Desse modo, alguns europeus privilegiados podiam contemplar cenas chinesas. A cerâmica islâmica transmitiu algumas imagens indiretamente. Sem a influência geral do islã na transmissão de textos clássicos, na comunicação de conhecimentos e práticas científicas (especialmente em astronomia), na apresentação de artistas ocidentais à arte islâmica por meio de tecidos, tapetes, vidraria e cerâmica, e no intercâmbio de artesãos, as artes e os livros da Europa renascentista teriam aparência e conteúdo muito diferentes e teriam sido menos enriquecedores.

Propagando a Renascença: Exploração e ideias

Por menos ou mais que a Renascença deva às influências externas à cristandade, podemos dizer sem equívocos que, em seus efeitos, foi o primeiro movimento intelectual global na história das ideias — isto é, o primeiro cujos efeitos ressoaram nos dois hemisférios e penetraram a fundo nos interiores continentais dos dois lados da linha do equador. A Renascença pôde ser levada — como a biota do Intercâmbio Colombiano — para novos destinos. Derivadas do estudo da Antiguidade clássica ou do desejo de imitá-la, as maneiras como os ocidentais entendiam a linguagem, representavam a realidade e moldavam a vida acompanharam o currículo humanista ao redor o mundo. Os valores e a estética dos gregos e romanos antigos tornaram-se mais disponíveis, e em mais lugares, do que qualquer repertório anterior de textos, objetos e imagens.

Na folha de guarda de seu exemplar da obra de Vitrúvio sobre arquitetura — um texto que ensinou aos arquitetos renascentistas quase tudo o que sabiam sobre modelos clássicos —, Antonio de Mendoza, primeiro vice-rei da Nova Espanha, registrou que "li este livro na Cidade do México" em abril de 1539. Nessa época, os professores franciscanos do vizinho Colégio de Santa Cruz de Tlatelolco ensinavam jovens astecas nobres a escrever como Cícero, enquanto a Cidade do México ia tomando a forma de grade planejada ao redor do vice-rei, como um exemplo vivo dos princípios urbanísticos de Vitrúvio. Mais tarde, no mesmo século, os jesuítas presentearam Akbar, o Grande, com gravuras que Albrecht Dürer dera para os artistas da corte mogol copiarem. Pouco mais de uma geração depois, o missionário italiano Matteo Ricci apresentou aos mandarins chineses a retórica, filosofia, astronomia, geografia e mnemônica da Renascença, bem como a mensagem cristã. A Renascença, como um redator de manchetes talvez dissesse, "globalizou-se". Estamos hoje acostumados à globalização cultural. Moda, comida, jogos, imagens, pensamentos e até gestos cruzam fronteiras na velocidade da luz. Naquela época, porém, o sucesso da Renascença em penetrar regiões remotas do mundo foi algo totalmente inédito.

As explorações tornaram possível projetar a influência europeia por todo o mundo. E os exploradores estabeleceram as rotas pelas quais o intercâmbio ecológico global se deu. O mundo tal como Colombo o imaginava — pequeno e, portanto, navegável por inteiro com a tecnologia à sua disposição — era uma ideia com potencial excepcionalmente influente. Até então, o que se sabia ou se imaginava da imensidão do mundo sempre tolhera a exploração. Ao imaginar um mundo pequeno, Colombo inspirou esforços para cingir a Terra inteira. "O mundo é pequeno", insistiu em uma de suas últimas retrospecções sobre sua vida. "A experiência confirmou-o. E eu pus prova por escrito [...] com citações das Sagradas Escrituras [...] digo que o mundo não é tão grande como geralmente se supõe [...] com a mesma certeza de que estou aqui."[14] Mas seu exemplo foi o mais produtivo de todos os tempos sobre como uma ideia equivocada pode mudar o mundo. Eratóstenes, um bibliotecário de Alexandria, havia calculado o tamanho do globo com notável precisão por volta de 200 a.C., utilizando uma mistura de trigonometria, que era infalível, e mensuração, que deixava margem a dúvidas. A controvérsia permaneceu acadêmica até Colombo propor novos cálculos, segundo os quais o mundo seria cerca de 25% menor do que realmente é. Seus números estavam todos irremediavelmente errados, mas o convenceram de que o oceano que banhava a Europa Ocidental era mais estreito do que se pensava. Essa foi a base de sua crença de que seria capaz de atravessá-lo.

Ele foi salvo do desastre apenas porque um hemisfério inesperado surgiu em seu caminho: se a América não estivesse ali, Colombo teria pela frente uma viagem inavegavelmente longa. Seus erros de cálculo levaram à exploração de uma rota nunca antes percorrida ligando o Novo Mundo à Europa. Os europeus jamais haviam conseguido alcançar o hemisfério ocidental, exceto pela inviável rota marítima dos vikings, que dependia das correntes certas para contornar o Ártico e ir da Noruega ou da Islândia à Newfoundland, a Terra Nova. A rota de Colombo valia-se dos ventos — e era, portanto, rápida — e ligava regiões com potencial de exploração econômica, grandes populações, fartos recursos e vastos mercados. As consequências, entre as quais estava evidentemente o início do intercâmbio ecológico intercontinental, também reverteram outras grandes tendências históricas. O equilíbrio mundial do poder econômico, que havia muito favorecia a China, começou pouco a pouco a mudar em prol dos europeus ocidentais depois que eles puseram as mãos nos recursos e nas oportunidades das Américas. Missionários e migrantes revolucionaram o

Retorno ao futuro

equilíbrio mundial da devoção religiosa, tornando o Novo Mundo majoritariamente cristão. Antes, a cristandade era uma espécie de recanto sitiado; doravante, o cristianismo se tornaria a maior religião de todas. Ocorreram vastas migrações — algumas forçadas, como as de negros escravizados da África; outras voluntárias, como as dos colonizadores cujos descendentes fundaram e defenderam os Estados das Américas modernas. Uma ideia falsa acerca do tamanho do globo terrestre foi o ponto de partida de todos esses processos. Seus efeitos ainda ressoam, à medida que a influência do Novo Mundo sobre o Velho se torna cada vez mais completa e profunda.[15]

Historiadores, que tendem a supervalorizar tudo que é acadêmico, exageraram o grau em que Colombo teria sido um estudioso e até um humanista. Ele leu alguns dos textos geográficos clássicos que a Renascença descobrira ou difundira, mas não há indício de que tenha lido a maioria deles até depois de realizar sua primeira viagem transatlântica, quando decidiu buscar corroboração erudita para suas teorias. As leituras que de fato o influenciaram eram, por certo, bem antiquadas: a Bíblia, hagiografias e o equivalente da época aos livros de ficção de aeroporto: histórias de ousadas aventuras marítimas, nas quais quase sempre havia um herói nobre ou régio que, privado de seus direitos de nascença, vai para o mar, descobre ilhas, salva-as de monstros ou ogros e conquista uma posição privilegiada na sociedade. Exatamente a trajetória que Colombo buscou em sua vida.

Sua indiferença à autoridade textual fez dele, na verdade, um precursor da Revolução Científica, pois, como os cientistas modernos, preferiu evidências observadas à autoridade escrita. Vivia exclamando, cheio de orgulho, que provara que Ptolomeu estava errado. O humanismo impeliu alguns estudiosos em direção à ciência ao incentivar uma abordagem crítica de obras escritas, mas apenas isso não teria bastado para provocar uma revolução científica.[16] Um estímulo adicional veio, em parte, dos conhecimentos que foram se acumulando com o grande número de explorações que ocorreram depois de Colombo. Ao retornar, os exploradores trouxeram consigo relatos de regiões outrora desconhecidas e ambientes nunca antes vivenciados, uma abundância de amostras de flora e fauna, além de espécimes e dados etnográficos: da primeira viagem transatlântica de Colombo em diante, os exploradores sequestravam indivíduos para expô-los em "zoológicos humanos" na Europa. No século XVII, já era normal que exploradores confeccionassem mapas e desenhos da paisagem das terras que visitavam. Dois exemplos vívidos revelam os efeitos: os mapas-múndi (que nessa época deixaram de ser objetos devocionais concebidos não para mostrar como o mundo era mas para evocar admiração pela criação) e os *Wunderkammern*, ou gabinetes de curiosidades — salas onde colecionadores da elite reuniam amostras que os exploradores traziam e das quais nasceu a ideia de museu. Assim, chegamos à ciência, o campo ou grupo de campos no qual os pensadores ocidentais deram o salto mais notável no século XVII — alcançando, primeiro, paridade com seus colegas da Ásia (que por muito tempo haviam exercido sua superioridade) e, em alguns aspectos, superando-os.

Revolução científica

A extraordinária aceleração da atividade científica no Ocidente no final do século XVI e no século XVII — entre, digamos, a publicação da teoria heliocêntrica do universo por Copérnico em 1543 até a morte de Newton em 1727 — levanta um problema semelhante ao da Renascença. A Revolução Científica teria sido concebida no Ocidente? Ela dependia de que as pessoas tivessem acesso a um mundo maior e foi precisamente graças ao conteúdo dos *Wunderkammern* e aos registros e mapas de expedições de longo alcance que os cientistas ocidentais obtiveram uma vantagem inédita. Foram os europeus que inspiraram e lideraram essas viagens. As "curiosidades" e observações que constituem a matéria-prima da investigação científica no Ocidente foram identificadas por mentes ocidentais e reunidas por mãos ocidentais. A revolução ocorreu em uma época de renovados contatos transeuroasiáticos e, de fato, a abertura de vias diretas de comunicação marítima entre a Europa e a China, na segunda década do século XVI, aumentou enormemente o potencial de intercâmbio. Contudo, todas as tentativas de demonstrar que esses contatos informaram a ciência ocidental de

Retorno ao futuro

maneira significativa fracassaram. Houve algum intercâmbio nos pontos em que as fímbrias do islã e da cristandade se entrelaçavam, no Levante, onde estudiosos cristãos buscavam a versão original do Livro de Jó ou os textos perdidos de Pitágoras e adquiriam conhecimentos árabes sobre medicina ou astronomia.[17] Copérnico talvez conhecesse, e provavelmente adaptou, as especulações de astrônomos muçulmanos anteriores sobre a forma do cosmo.[18] A ótica ocidental também se beneficiou da incorporação do trabalho de muçulmanos.[19] Todavia, essas contribuições saltam aos olhos por sua escassez. E, embora Leibniz pensasse ter detectado paralelos chineses ao seu trabalho em teoria binomial, indícios de influência chinesa ou do Extremo Oriente na ciência ocidental são totalmente inexistentes.[20] A Revolução Científica foi notável não apenas pelo acúmulo acelerado de conhecimentos úteis e confiáveis, mas também por ter desequilibrado as potencialidades de poder e riqueza em toda a Eurásia: o século XVII foi uma espécie de "ponto de inflexão" nas relações entre China e Europa. O outrora gigante um tanto presunçoso do Oriente teve de dar o braço a torcer aos bárbaros que anteriormente desprezara e que, como João escalando o pé de feijão, haviam se erguido e demonstrado inusitada superioridade: em 1674, o imperador chinês entregou o observatório astronômico imperial aos jesuítas. Cinco anos depois, quando Leibniz resumiu aspectos do saber chinês relatados pelos estudiosos jesuítas, o grande polímata concluiu que a China e a cristandade latina eram civilizações equipolentes, tendo muito a aprender uma com a outra, mas que o Ocidente estava à frente em física e em matemática.[21]

As mudanças sociais, que aumentaram a quantidade de lazer, investimentos e trabalhadores instruídos disponíveis para a ciência, foram outro aspecto da conjuntura ocidental.[22] A maioria dos profissionais medievais, como vimos, pertencia ao clero. Outros eram artesãos (ou artistas, cujo status social não era muito melhor). No século XVII, porém, a ciência foi se tornando uma ocupação respeitável para nobres leigos à medida que as atividades econômicas das aristocracias se diversificavam. Como vimos no capítulo anterior, a guerra não os ocupava mais, em parte graças ao desenvolvimento das armas de fogo, que qualquer um podia empunhar com galhardia com um pouco de treinamento; a necessidade de manter uma dispendiosa classe vitalícia disponível para o exercício das armas desapareceu. A educação tornou-se um caminho para o enobrecimento. A multiplicação de meios comerciais de adquirir riqueza, agora que os exploradores iam abrindo rotas comerciais globais, liberou gerações burguesas para os tipos de serviço em que os aristocratas haviam se especializado e, indiretamente, liberou também os aristocratas para a ciência. Robert Boyle, um nobre, pôde dedicar sua vida à ciência sem qualquer menosprezo. Para Isaac Newton, filho de um agricultor arrendatário, a mesma vocação tornou-se caminho para um título de cavaleiro.

As origens estritamente intelectuais da Revolução Científica podem ser encontradas, em parte, em uma tradição de pensamento empírico que foi se acumulando gradual ou intermitentemente após ressurgir no Ocidente na Alta Idade Média. De importância no mínimo igual foi o interesse crescente pela magia e, é claro, pela prática dela. Vimos muitos elos entre a ciência e a magia em épocas anteriores. Esses elos continuavam fortes. A astronomia confundia-se com a astrologia, a química com a alquimia. O dr. Fausto foi um personagem fictício, mas um caso representativo de como aspirantes ao saber expunham-se a tentações. Ele vendeu sua alma ao diabo em troca de acesso mágico ao conhecimento. Se a sabedoria foi um presente de Deus a Salomão, o conhecimento oculto foi o presente de Satanás para Fausto. Talvez mais energia cerebral tenha sido despendida em magia na Renascença do que em qualquer outra época anterior ou posterior.

Ao desencavar textos de magia da Antiguidade tardia, os estudiosos julgaram poder discernir uma grande era de magos ou feiticeiros no passado pré-clássico, mas ainda assim recuperável: os encantamentos de Orfeu para a cura dos doentes; os talismãs do Egito faraônico para dar vida a estátuas ou ressuscitar múmias, num estilo popularizado posteriormente por Hollywood; os métodos que antigos cabalistas judeus inventaram para invocar poderes normalmente reservados a Deus. Marcílio Ficino foi o principal dos muitos escritores renascentistas que argumentaram que a magia era algo bom se atendesse às necessidades dos enfermos ou contribuísse para o conhecimento da natureza. Textos mágicos antigos, outrora condenados como despropositados ou ímpios, tornaram-se leituras legítimas para os cristãos.

Na busca de uma sabedoria mais antiga que a dos gregos, a atração do Egito tornou-se irresistível, mas sua tradição era impossível de verificar. Os hieróglifos eram indecifráveis; a arqueologia, ainda incipiente. Sem uma fonte confiável de conhecimento, aprendizes sôfregos encontraram um cabedal espúrio, porém sedutor, de ensinamentos: o corpus de Hermes Trismegisto, supostamente originário do Egito antigo, mas na verdade obra de um falsificador bizantino não identificado. Ficino encontrou-o em uma remessa de livros adquiridos na Macedônia para a Biblioteca Médici em 1460. Como alternativa ao racionalismo austero do saber clássico, provocou uma verdadeira sensação.

Nos últimos anos do século XVI e início do XVII, "Novo Hermes" foi o título que magos conferiram ao sacro imperador romano Rodolfo II (1552-1612), que apadrinhava as artes esotéricas em seu castelo em Praga. Astrólogos, alquimistas e cabalistas lá se reuniam para extrair segredos da natureza e praticar o que chamavam "pansofia" — a tentativa de classificar todo o conhecimento e, assim, obter acesso ao domínio do universo.[23] A distinção entre magia e ciência como meio de tentar controlar a natureza quase desapareceu. Muitas das grandes figuras da Revolução Científica do mundo ocidental nos séculos XVI e XVII vieram da magia ou sempre mantiveram interesse por ela. Johannes Kepler era um dos protegidos de Rodolfo. Newton era um alquimista de meio período. Gottfried Wilhelm Leibniz foi estudioso de hieróglifos e da notação cabalista. Os historiadores costumavam pensar que a ciência ocidental nascera do racionalismo e do empirismo da tradição ocidental; até pode ser que sim, contudo ela também deve muito à magia renascentista.[24]

Nenhuma mágica funcionava, mas o esforço para manipular a magia não foi em vão. A alquimia desembocou na química, a astrologia na astronomia, a cabala na matemática e a pansofia na classificação da natureza. Os magos construíam o que chamavam de "teatros do mundo", nos quais todo o conhecimento era compartimentado, junto com os *Wunderkammern*, para exibir tudo que existia na natureza — ou, no mínimo, tudo aquilo que os exploradores podiam fornecer. O resultado disso foram métodos de classificação de formas de vida e idiomas que utilizamos ainda hoje.

Além da magia, ou lado a lado com ela, as obras de Aristóteles — que permaneceram *hors de pair* entre os objetos que os intelectuais ocidentais respeitam — promoveram a confiança na observação e na experimentação como meios de chegar à verdade. O efeito de Aristóteles foi paradoxal, pois, ao inspirar o esforço de sobrepujar toda autoridade, encorajou experimentadores a tentarem provar que ele estava errado. Francis Bacon, segundo a maioria dos relatos, representou essa vertente do pensamento científico e expressou à perfeição o temperamento científico do início do século XVII. Ele foi um revolucionário improvável: um advogado que chegou a presidir a Câmara dos Lordes da Inglaterra. Sua vida foi sempre enredada em burocracia, da qual suas investigações filosóficas eram uma diversão brilhante, até ser processado por corrupção, aos sessenta anos de idade. Sua defesa — de que não fora influenciado pelos subornos que recebeu — foi típica de sua mente sóbria e robusta. A frase "Conhecimento é poder" costuma ser atribuída a ele e suas contribuições à ciência refletem a ambição de um mago de tomar para si as chaves da natureza, bem como o desejo natural de um chefe dos lordes de conhecer suas leis. Ele valorizava a observação mais que a tradição e teria morrido como um mártir da ciência, ao pegar uma gripe testando os efeitos do "endurecimento" por baixa temperatura em uma galinha. Parece um fim apropriado para um cientista que recomendou que "ocorrências de frio devem ser coletadas com máxima diligência".[25]

Bacon concebeu o método pelo qual os cientistas transformam observações em leis gerais: a indução, pela qual uma inferência geral é feita a partir de uma série de observações uniformes e, em seguida, testada. O resultado, se der certo, é uma lei científica, que pode então ser utilizada para fazer previsões.

Por mais de trezentos anos após Bacon, os cientistas, de modo geral, alegaram trabalhar indutivamente. "A grande tragédia da ciência", como diria mais tarde o escudeiro de Darwin, Thomas Huxley, "é o assassínio de uma bela hipótese por um fato feio".[26] A realidade é muito diferente

Retorno ao futuro

de uma alegação: ninguém jamais começa a fazer observações sem já ter uma hipótese para testar. O melhor critério para determinar se uma proposição é científica foi identificado por Karl Popper: ele argumentou que cientistas começam com uma teoria e tentam provar sua falsidade. Uma teoria é científica se existir um teste capaz de falseá-la; ela se torna uma lei científica se o teste fracassar.[27]

Para Bacon, a experiência é um guia melhor que a razão. Ele compartilhava com o cientista holandês J. B. van Helmont um lema incisivo — "A lógica é inútil para fazer descobertas científicas"[28] —, consistente com a tensão crescente entre razão e ciência que vimos no pensamento medieval tardio. Mas uma última vertente do pensamento da época ajudou a reconciliá-las. René Descartes fez da dúvida a chave para a única certeza possível. Esforçando-se para evadir a suspeita de que todas as aparências são ilusórias, ele argumentou que a realidade de sua mente era comprovada por suas próprias dúvidas.[29] Em certos aspectos, Descartes foi um herói ainda mais improvável que Bacon. A preguiça mantinha-o na cama até o meio-dia. Alegava (falsamente) que evitava ler para não ofuscar seu brilhantismo ou atulhar sua mente com as ideias inferiores de outros autores. Estudiosos apontam semelhanças suspeitas entre seu suposto pensamento originalíssimo e textos que santo Anselmo escrevera meio milênio antes. O ponto de partida, para Descartes, era o velho problema da epistemologia: como sabemos que sabemos? Como distinguimos verdade da falsidade? Suponhamos, disse, que "algum gênio maligno tenha empregado toda a sua capacidade em enganar-me". Pode ser que "não exista nada no mundo que seja certo"; mas, observou: "Não há, portanto, nenhuma dúvida de que eu sou, se ele me engana; e, por mais que ele me engane, enquanto eu pensar ser algo ele nunca poderá fazer com que eu nada seja". A doutrina de Descartes costuma ser resumida como "Penso, logo existo", porém talvez seja mais útil reformulá-la como "Duvido, logo existo". Ao duvidarmos de nossa própria existência, provamos que existimos. Resta mais um problema: "Mas o que sou, portanto? Algo que pensa. O que é algo que pensa? É algo que duvida, que concebe, que afirma, que nega, que quer, que não quer, que também imagina e que sente".[30]

O pensamento que proveio de tal convicção estava fadado a ser subjetivo. Por exemplo, quando Descartes inferiu a existência da alma e de Deus, fez isso supondo, para a alma, que ele poderia duvidar da realidade de seu corpo mas não de seus pensamentos, e, para Deus, que seu conhecimento da perfeição precisaria ter sido implantado "por um Ser verdadeiramente mais perfeito que eu". As prescrições políticas e sociais formuladas com base em Descartes tenderam, portanto, a ser individualistas. Embora noções orgânicas de sociedade e Estado nunca tivessem chegado a desaparecer na Europa, a civilização ocidental, em comparação com outras culturas, é a morada do individualismo. A Descartes cabe grande parte do mérito ou da culpa por isso. O determinismo continuou sendo atraente para os construtores de sistemas cósmicos: nas gerações posteriores a Descartes, Baruch Espinosa, o ex-judeu materialista e provocador intelectual que mereceu a distinção de ser censurado por autoridades tanto católicas como judaicas, negou implicitamente o livre-arbítrio. Até Leibniz, que dedicou grande esforço a refutar Espinosa, eliminou o livre-arbítrio de seus pensamentos íntimos e desconfiou que Deus, em sua bondade, concedera-nos a ilusão de que nós o possuímos. No século seguinte, contudo, o determinismo tornou-se uma heresia marginalizada, numa época que tomara a liberdade como seu valor máximo de uma gama estritamente limitada de "verdades autoevidentes". Descartes contribuiu com algo ainda mais sagrado para nossa modernidade: reabilitou a união entre razão e ciência. Sua época nos legou todas as ferramentas aparentemente necessárias ao pensamento — ciência e razão realinhadas.

Além desse aparato mental, ou por trás dele, grande parte da nova ciência que os exploradores desencadearam dizia respeito à Terra. Localizar a Terra no cosmo era uma tarefa inextricavelmente entrelaçada com a tecnologia cartográfica que se desenvolvia rapidamente. Quando textos de Ptolomeu, o grande geógrafo alexandrino do século II a.C., começaram a circular no Ocidente, no século xv, logo dominaram o modo como as pessoas cultas concebiam o mundo. Mesmo antes de traduções para o latim começarem a circular, os cartógrafos ocidentais absorveram uma das grandes ideias de Ptolomeu: a confecção de mapas baseada em coordenadas de longitude e latitude. A latitude voltou os olhos dos cartógrafos para os céus, pois um modo relativamente fácil de corrigi-la era observar o Sol e a estrela polar. A longitude fez o mesmo, pois exigia observações celestes minuciosas e complicadas. Enquanto isso, os dados astronômicos continuaram tendo grande importância em dois campos tradicionais: astrologia e meteorologia. Uma das consequências foi a melhora da tecnologia astronômica; desde o início do século XVII, o telescópio tornara visíveis partes do céu que antes não podiam ser observadas. Relógios cada vez mais precisos ajudaram a registrar o movimento celestial. Daí, em parte, a vantagem dos astrônomos jesuítas, que chegaram à China, sobre os profissionais locais. Os chineses conheciam a vidraria, mas não se interessaram em desenvolvê-la, por preferirem a porcelana. Conheciam o relógio, mas não tinham utilidade para mecanismos de medir tempo independentes do Sol e das estrelas. Já os ocidentais, por motivos devocionais, queriam as tecnologias que a China negligenciara: vidro, para orlar igrejas com janelas imagéticas capazes de transmutar a luz; relógios, para regularizar os horários da oração monástica.[31]

Contudo, a grande ideia que surgiu em cosmologia naquele momento não teve nada a ver com inovações técnicas e tudo a ver com reavaliar dados tradicionais com a mente aberta: em 1543, o astrônomo polonês Nicolau Copérnico propôs reclassificar a Terra como um dos vários planetas que giram em torno do Sol. A imagem mental predominante do cosmo não fora resolvida até então. De um lado, a vastidão de Deus apequenava o universo material como a eternidade apequenava o tempo. De outro, nosso planeta e, portanto, nossa espécie estavam no centro do universo observável — e os demais planetas, o Sol e as estrelas pareciam circundá-lo, como cortesãos rodeiam um soberano ou como tendas em volta de uma fogueira. Os gregos antigos questionaram o modelo geocêntrico, mas a maioria o confirmou. Com a síntese mais influente da astronomia antiga, Ptolomeu assegurou que o geocentrismo seria a ortodoxia dos mil anos seguintes. No final do século X, al-Biruni, o grande geógrafo persa, questionou o modelo, como fizeram teóricos posteriores escrevendo em árabe (cujas obras, pelo menos algumas, Copérnico quase certamente conhecia).[32] No século XIV, em Paris, Nicole d'Oresme julgou que os argumentos estavam requintadamente equilibrados. No século XVI, tantas observações contrárias haviam se acumulado que uma nova teoria parecia imprescindível.

A sugestão de Copérnico foi uma formulação provisória, propagada com discrição e disseminada lentamente. Ele recebeu a primeira edição de seu grande livro sobre os céus já deitado em seu leito de morte, semiparalítico, com a mente e a memória arruinadas. Demorou quase cem anos para reformular em moldes copernicanos o modo como as pessoas viam o universo. Em conjunto com o trabalho de Johannes Kepler, que mapeou órbitas ao redor do Sol no início do século XVII, a revolução copernicana expandiu os limites do céu observável, substituiu um sistema estático por um dinâmico e imputou ao universo percebido uma nova forma, assentada nos percursos elípticos dos planetas.[33]

Essa mudança de enfoque — da Terra para o Sol — foi extenuante para olhos acostumados com uma perspectiva galáctica geocêntrica. Seria equivocado, no entanto, supor que a "mente medieval" fosse focada nos seres humanos. O centro da composição total era Deus. O mundo era minúsculo comparado aos céus. A parte da criação habitada pelo homem era uma ínfima bolota no canto de uma imagem de Deus trabalhando na criação: Terra e firmamento, juntos, eram um pequeno disco preso no compasso divino, como um pedaço de felpa preso em uma pinça. No entanto, em um universo heliocêntrico os seres humanos são no mínimo tão insignificantes quanto pareciam ser nas mãos de Deus; e talvez ainda mais, pois Copérnico retirou o planeta em que vivemos de sua posição central. Toda revelação subsequente da astronomia reduziu as dimensões relativas de nossa morada e macerou sua aparente importância em fragmentos cada vez menores.

É fácil encaixar Deus no cosmo. O problema da religião é onde encaixar o homem. Como todo novo paradigma científico, o heliocentrismo obrigou a Igreja a se adaptar. A religião tende a adotar a noção de que tudo foi feito para nós e que os seres humanos ocupam uma posição privilegiada na ordem divina. A ciência tornou esse cosmo pouco crível. Portanto — seria tentador concluir —, a religião não tem mais propósito

Retorno ao futuro

e será incapaz de sobreviver às descobertas da ciência. De que forma, então, o modo como os cristãos entendem o valor do ser humano sobreviveu ao heliocentrismo?

Suspeito que a religião não seja necessariamente uma inferência a partir da ordem do universo. Talvez seja uma reação contra o caos, uma contestação da desordem. Se assim for, o desafio do copernicanismo, que explicava melhor a ordem cósmica, não foi difícil de acomodar. A ilusão de que o copernicanismo conflita com o cristianismo decorreu das circunstâncias peculiares de um caso muito mal compreendido. Galileu Galilei, o primeiro a efetivamente utilizar o telescópio para observação astronômica, foi um eloquente professor da teoria heliocêntrica. Ele se expôs à perseguição inquisitorial ao longo do que era, na verdade, uma disputa de demarcação acadêmica. Atreveu-se a tomar parte da crítica textual das Escrituras, que se valia da teoria copernicana para elucidar o trecho do Êxodo em que as orações de Josué fazem o Sol parar em seu curso celestial. Foi proibido de retomar o assunto. Mas o copernicanismo em si era perfeitamente ortodoxo, como o próprio Galileu afirmava, e outros estudiosos, incluindo clérigos e até alguns inquisidores, continuaram a lecioná-lo. Na década de 1620, o papa Urbano VIII não hesitou em reconhecer que Copérnico estava certo sobre o sistema solar e incentivou Galileu a romper seu silêncio e publicar uma obra que conciliasse os quadros heliocêntrico e geocêntrico recorrendo ao antigo paradigma de dois tipos de verdade — a científica e a religiosa. Entretanto, o tratado que o cientista produziu não fez tais concessões ao geocentrismo. Nesse ínterim, a política da corte papal alertou facções rivais, especialmente dentro da ordem jesuíta, quanto à possibilidade de exploração do debate astronômico, uma vez que os copernicanos eram bastante sobrerrepresentados em uma das facções. Galileu foi pego no fogo cruzado, condenado em 1633 e confinado a sua casa, enquanto a suspeita de heresia ia maculando o heliocentrismo. Na época, todos os que se deram ao trabalho de pensar seriamente a questão perceberam que a síntese copernicana era a melhor descrição disponível do universo observado.[34] A versão pop desse episódio — religião obscurantista versus brilho da ciência — é uma bobagem.

Depois dos trabalhos de Galileu e Kepler, o cosmo pareceu ainda mais complexo, mas não menos divino nem mais desordenado. A gravidade, que Isaac Newton descobriu num surto impetuoso de ideias e experimentos iniciado nos anos 1660, reforçou a impressão de ordem. Pareceu confirmar a ideia de um universo concebido intencionalmente, que refletia a mente do criador. Este era, para aqueles que o percebiam, o segredo subjacente que tudo permeava, mas escapou aos magos da Renascença. Newton imaginou o cosmo como um dispositivo mecânico — a exemplo dos sistemas solares mecânicos, de dar corda, feitos de latão e madeira envernizada, que se tornaram brinquedos populares nas bibliotecas de cavalheiros. Um engenheiro celeste o regulara. Uma força onipresente o fizera girar e o estabilizara. Era possível ver Deus atuando no oscilar de um pêndulo ou na queda de uma maçã, bem como nos movimentos de luas e planetas.

Newton era uma figura tradicional: um humanista da velha guarda e um enciclopedista, um estudioso bíblico obcecado pela cronologia sagrada — e, em suas fantasias mais delirantes, até mesmo um mago caçando o segredo de um universo sistemático ou um alquimista buscando a pedra filosofal. Foi também uma figura representativa de uma vertente do pensamento de sua época: o empirismo, doutrina benquista na Inglaterra e na Escócia de seu tempo, segundo o qual a realidade pode ser observada e verificada pela percepção sensorial. O universo, tal como os empiristas viam, consistia em eventos "cimentados" por causalidade, dos quais Newton fizera uma descrição científica e cujas leis expusera. "As leis da natureza", segundo o epitáfio escrito por Alexander Pope, "ocultavam-se na noite" até que "Deus disse: 'Faça-se Newton!' E a Luz se fez." Esse acabou se revelando um ato de auto-obliteração divina. Newton julgou que a gravidade fosse a maneira de Deus preservar a coesão do universo, mas muitos de seus seguidores não concordaram com isso. O deísmo prosperou no século XVIII na Europa em parte porque o universo mecânico poderia dispensar o relojoeiro divino depois que ele houvesse dado a corda inicial. No final do século, Pierre-Simon Laplace, que interpretava quase todos os fenômenos físicos conhecidos usando a atração e a repulsão de partículas, podia se gabar de ter reduzido Deus a "uma hipótese desnecessária". De acordo com

Retorno ao futuro

a descrição que Newton fez de si mesmo, "tenho a impressão de ter sido apenas como um garoto brincando na praia [...] enquanto o imenso oceano da verdade se estendia, inexplorado, diante de mim". Como veremos nos próximos capítulos, os navegadores que o seguiram oceano adentro não se sentiram obrigados a acompanhar seu curso.[35]

Pensamento político

O novo pensamento político na época da Renascença e da Revolução Científica seguiu uma trajetória semelhante à da ciência, começando por reverenciar a Antiguidade, ajustando-se ao impacto de novas descobertas e terminando em revolução.

Principiou-se olhando para os gregos e romanos, mas novas ideias foram inventadas em resposta a novos problemas: a ascensão de Estados soberanos e de novos e inauditos impérios forçou o pensamento a novos feitios. Os novos mundos revelados pelas explorações instigaram não só a imaginação científica, mas também a política. Terras ideais, imaginadas como críticas implícitas a países reais, sempre figuraram no pensamento político. Na sociedade ideal imaginária de Platão, as artes eram proibidas e os bebês, abandonados às intempéries. *Liezi*, obra concluída por volta de 200 a.C., fala de uma terra perfumada descoberta por um lendário imperador, que também era um grande explorador, onde "as pessoas eram gentis e seguiam a Natureza sem discórdia",[36] praticando o amor livre e dedicando-se à música. Zhou Kangyuan, no século XIII, narra a história de viajantes que retornavam, saciados, do paraíso e julgavam o mundo real vazio e desolado. A maioria dos povos tem mitos de uma idade áurea de harmonia, amizade e abundância. Alguns humanistas, ao ouvir relatos das descobertas de Colombo, supuseram que ele houvesse tropeçado em alguma Idade do Ouro, tal como decantada pelos poetas clássicos, a qual sobrevivera incorrupta desde um passado remoto em ilhas afortunadas. Os povos que Colombo relatou pareciam quase pré-lapsarianos. Viviam nus, como se evocassem o Éden e a total dependência de Deus. Trocavam ouro por bugigangas sem valor. Eram "dóceis" — código de Colombo para facilmente escravizáveis — e naturalmente reverentes.

Uma obra modelar que batizou todo um gênero literário foi a *Utopia* de Thomas More, de 1529. Segundo o crítico Sidney Lee, falando em nome da maioria dos intérpretes de More, "não existe um só esquema de reforma política ou social que não tenha sido prenunciado de forma definitiva nas páginas de More".[37] Mas Utopia era um lugar estranhamente desalentador, onde havia penicos de ouro mas nenhum bar, onde um regime comunista e sem classes oferecia educação sem emoção, religião sem amor e contentamento sem felicidade. Uma série de outros lugares maravilhosos seguiram-se, inspirados pelos eldorados reais que os exploradores divulgavam na época. Cada um parecia menos atraente que o outro. Em *A cidade do sol*, de Tommaso Campanella, publicada em 1580, as uniões sexuais precisavam ser autorizadas por astrólogos. O *Paraíso perdido* de Milton teria entediado até a morte qualquer habitante jovial. Louis-Antoine de Bougainville julgou ter encontrado uma utopia sexual de verdade no Taiti do século XVIII, mas descobriu, ao partir, que as tripulações de seus navios haviam sido prostradas por doenças venéreas. No século seguinte, na colônia projetada por Charles Fourier, que ele chamou Harmonia, as orgias seriam organizadas com um grau de detalhamento burocrático garantido a extinguir a paixão. Nos Estados Unidos, tal como John Adolphus Etzler se propôs a remodelar em 1833, as montanhas seriam aplanadas e as florestas "reduzidas a pó" para fazer cimento de construção (algo assim de fato ocorreu em partes dos Estados Unidos modernos). Em Icaria, a utopia que Étienne Cabet lançou no Texas em 1849, as roupas tinham de ser feitas de elástico para que o princípio da igualdade "se adequasse a pessoas de tamanhos diferentes". Na utopia feminista de Elizabeth Corbett, mulheres empoderadas mostravam-se terrivelmente satisfeitas com curas para rugas.[38]

Na imaginação pessoal dos ocidentais, em suma, a maioria das utopias revelou-se distopias disfarçadas: profundamente repulsivas, embora defendidas com impressionante sinceridade. Todos os utopistas demonstram fé equivocada no poder da sociedade de melhorar seus cidadãos. Todos querem que nos submetamos a figuras paternas fantasiosas que certamente

Retorno ao futuro

tornariam a vida miserável: guardiões, ditadores, proletários, computadores intrusivos, teocratas sabichões ou sábios paternalistas que pensariam por nós, super-regulariam nossa vida e nos levariam à força ou pela mão a um desconsolado ou detestável conformismo. Toda utopia é uma espécie de leito de Procusto. No mundo real, as visões utópicas que mais chegaram perto de uma concretização duradoura foram as construídas no século xx por bolcheviques e nazistas. A busca de uma sociedade ideal é como a busca da felicidade: é melhor viajar cheio de esperanças, porque a chegada é sempre uma decepção.

O realismo de Nicolau Maquiavel costuma ser visto como um contraste perfeito para a fantasia de More, mas a imaginação de Maquiavel foi muito mais inventiva. Ele desacreditou tudo o que se pensara antes no Ocidente sobre governo. Os antigos moralistas haviam decretado que o propósito do Estado é tornar bons os cidadãos. Teóricos políticos da Antiguidade e da Idade Média recomendaram vários tipos de Estado, mas todos concordavam que este deve ter um intento moral: aumentar a virtude, a felicidade ou ambas. Até a escola legalista da China antiga defendia a opressão em prol do interesse maior dos oprimidos. Em 1513, quando Maquiavel escreveu seu manual para mandatários, *O príncipe*, o livro pareceu chocante aos leitores não apenas porque o autor recomendava a mentira, a trapaça, a crueldade e a injustiça, mas porque aparentemente não fazia concessão alguma à moralidade. Maquiavel cortou todas as referências a Deus de suas descrições de política e fez apenas menções zombeteiras à religião. A política era um deserto selvagem e sem lei, onde um governante "precisa ser uma raposa para conhecer as armadilhas e um leão para afugentar os lobos".[39] O único critério na tomada de decisões é o interesse do próprio governante e sua única responsabilidade é manter-se no poder. Ele deve preservar a fé somente quando lhe convier. Deve simular virtude. Deve fingir ser religioso. Pensadores posteriores tiraram duas consequências disso: primeiro, a doutrina da Realpolitik, ou seja, o Estado não está sujeito a leis morais e serve apenas a si próprio; segundo, a alegação de que os fins justificam os meios e que todo excesso é permitido para a sobrevivência do Estado, ou para garantir a segurança pública, como algumas formulações posteriores colocam. Enquanto isso, "maquiavélico" tornou-se um termo pejorativo e, em inglês, uma das alcunhas do diabo é "Velho Nic".

Mas será que Maquiavel realmente quis dizer o que disse? Afinal, ele foi um mestre da ironia e escreveu peças sobre comportamentos tão revoltantes e imorais que até podiam tornar os homens bons. Seu livro para governantes está cheio de exemplos contemporâneos de monarcas de má reputação, que muitos leitores teriam desprezado; no entanto, com descarada impassibilidade, são retratados como modelos a serem imitados. O herói do livro é César Bórgia, um aventureiro esbodegado que não conseguiu montar um Estado para si e cujo fracasso Maquiavel desculpa e atribui à má sorte. O catálogo de imoralidades do livro parece tão adequado a condenar os príncipes que as praticam como a servir de regras de conduta a quem quiser imitá-los. A verdadeira mensagem talvez esteja escondida na exortação final, em que Maquiavel enaltece a fama como um fim pelo qual vale a pena lutar e exige a unificação da Itália, com a expulsão dos "bárbaros" franceses e espanhóis que haviam conquistado partes do país. É significativo que *O príncipe* trate, explicitamente, apenas de monarquias. Em suas outras obras, o autor claramente prefere repúblicas e julga que monarquias seriam adequadas somente para períodos degenerados da história cíclica das civilizações. As repúblicas seriam melhores porque um povo soberano é mais sábio e mais fiel que um monarca. Por outro lado, se *O príncipe* pretendia ser irônico, seguiu-se uma ironia ainda maior: a obra foi levada a sério por quase todos que a leram e deu início a duas tradições que permaneceram influentes até os dias de hoje: uma tradição maquiavélica que exalta os interesses do Estado e uma missão antimaquiavélica para trazer a moral de volta à política. Todas as nossas discussões sobre a responsabilidade do Estado pelo bem-estar, a saúde e a educação da população remontam a ele ser ou não responsável por tornar os cidadãos bons.[40]

Talvez, mais do que o maquiavelismo, a grande contribuição de Maquiavel para a história tenha sido *A arte da guerra*, na qual propôs que exércitos cidadãos seriam melhores. Havia apenas uma coisa errada com essa ideia: era impraticável. O motivo pelo qual os Estados dependem de mercenários e soldados profissionais é que manter um exército é um ne-

Retorno ao futuro

gócio altamente técnico; não só é difícil manusear bem os armamentos como a experiência é um ingrediente essencial em combate. Gonzalo de Córdoba, o "Grande Capitão" dos exércitos espanhóis que conquistaram boa parte da Itália, convidou Maquiavel para instruir suas tropas: o resultado foi uma balbúrdia total no campo de treinamento. Mesmo assim, em certos aspectos, o cidadão pode ser um soldado superior: mais econômico, mais dedicado e mais confiável que os mercenários, que evitam batalhas e prolongam guerras para estender seu emprego. A consequência foi um "momento maquiavélico" na história do mundo ocidental em que, por motivos essencialmente ideológicos, foram mantidas tropas de voluntários e milícias de eficácia duvidosa lado a lado com exércitos profissionais regulares.

Nesse caso, a influência de Maquiavel contribuiu para a instabilidade política no início do Ocidente moderno. Cidadãos armados podiam se tornar — e às vezes se tornavam — bucha de canhão para a revolução. No final do século XVIII, no entanto, o jogo havia mudado. Armas de fogo tecnicamente simples podem ser eficazes mesmo em mãos mal treinadas. O impacto de grandes massas de tropas e do intenso poder de fogo valia mais que a experiência. A guerra revolucionária americana foi um conflito de transição em que milícias defenderam a revolução com a ajuda de forças profissionais francesas. Quando eclodiu a Revolução Francesa, os "cidadãos" recém-libertados tiveram de lutar por si mesmos. A "nação armada" venceu a maioria das batalhas e teve início uma era de recrutamento compulsório em massa. Ela durou até o final do século XX, quando rápidos avanços técnicos tornaram redundantes as grandes forças de conscritos, embora alguns países mantivessem um "serviço nacional" para assegurar uma reserva de mão de obra de defesa ou por acreditar que a disciplina militar é boa para os jovens. Outra relíquia aparentemente inerradicável do momento maquiavélico é uma instituição peculiar dos Estados Unidos: a frouxidão das leis sobre a posse de armas, geralmente justificada com o argumento de que uma regulamentação rígida desse comércio infringiria o direito constitucional dos cidadãos de portarem armas. Poucos norte-americanos hoje se dão conta de que estão admirando uma doutrina de Maquiavel quando citam com satisfação a Segunda Emenda à Constituição: "Sendo necessária uma milícia bem-organizada para a segurança de um Estado livre, o direito do povo de possuir e portar armas não será infringido".[41]

Em um aspecto, Maquiavel foi um admoestador fiel a seu tempo. O poder dos Estados e de seus governantes vinha aumentando e o ideal da unidade política ocidental desaparecia à medida que os Estados solidificavam sua independência política e exerciam mais controle sobre seus habitantes. Na Idade Média, as esperanças de tal unidade se concentraram na possibilidade de restaurar a união do antigo Império Romano. Aliás, o termo "Império Romano" sobreviveu no nome formal de um grupo de Estados primordialmente alemães: o Sacro Império Romano-Germânico. Quando o rei da Espanha foi escolhido para ser o imperador Carlos V, em 1519, as perspectivas de unir a Europa pareciam favoráveis. Por herança de seu pai, Carlos já era monarca dos Países Baixos, da Áustria e de grande parte da Europa Central. Seus propagandistas especulavam que ou ele ou seu filho seria o "Último Imperador Mundial" predito nas profecias, cujo reinado inauguraria a era final do mundo antes da segunda vinda de Cristo. Naturalmente, porém, a maioria dos outros Estados resistiu a tal ideia ou buscou reivindicar esse papel para seus próprios governantes. A tentativa de Carlos V de impor uniformidade religiosa a seu império fracassou, demonstrando os limites de seu poder real. Após sua abdicação em 1556, ninguém mais reafirmou de maneira convincente a perspectiva de um Estado universal durável segundo a tradição de Roma.

Enquanto isso, governantes sobrepujavam quem rivalizasse sua autoridade e ampliavam seu poder sobre os próprios cidadãos. Embora a maioria dos Estados europeus tenha vivido guerras civis nos séculos XVI e XVII, os monarcas geralmente saíam vitoriosos. Cidades e igrejas entregavam a maior parte de seus privilégios de autogoverno. A Reforma, nesse aspecto e na maioria dos outros, foi um espetáculo secundário: o fato é que a Igreja cedeu ao Estado, não importa onde tenha havido heresia ou cisma. As aristocracias — cujos integrantes iam se renovando à medida que as velhas famílias morriam e os governantes elevavam novas famílias

Retorno ao futuro

à nobreza — tornaram-se colaboradoras íntimas do poder real, e não mais rivais, como ocorrera tantas vezes no passado. Cargos conferidos pela Coroa tornaram-se sinecuras cada vez mais lucrativas, somando-se à renda que os aristocratas auferiam de suas propriedades herdadas.

Os países que haviam sido difíceis ou impossíveis de reger antes de suas respectivas guerras civis tornaram-se fáceis de governar quando seus elementos violentos e irrequietos se exauriram ou se tornaram dependentes de recompensas e nomeações reais. A facilidade de governar pode ser medida pelo rendimento da tributação. Luís xiv, da França, transformou seus nobres em cortesãos, eliminou as instituições representativas, encarou a coleta de impostos como a arte de "depenar o ganso com um mínimo de grasnidos" e proclamou: "O Estado sou eu". Inglaterra e Escócia haviam sido particularmente difíceis de tributar no século xvi e início do xvii. A chamada Revolução Gloriosa de 1688-9, cujos líderes aristocráticos representaram como um golpe contra a tirania real, na verdade transformou a Grã-Bretanha no Estado com a coleta de impostos mais eficiente da Europa. No lugar de uma dinastia comprometida com a paz, a revolução instalou governantes que travaram guerras dispendiosas. Os impostos triplicaram durante o reinado dos monarcas coroados pelos revolucionários britânicos.

Junto com o crescimento do poder do Estado, o modo como as pessoas pensavam a política também mudou. Tradicionalmente, a lei era um corpus de sabedoria transmitido do passado (ver pp. 128, 234); agora, passou a ser vista como um código que reis e parlamentos poderiam modificar e recriar infinitamente. A legislação substituiu a jurisdição como a principal função do governo: na Lituânia, um decreto de 1588 redefiniu a natureza da soberania exatamente nesses termos. Em outros países, tal mudança simplesmente se deu sem declaração formal, embora um filósofo político francês, Jean Bodin, tenha formulado a nova doutrina da soberania em 1576. A soberania define o Estado, que tem o direito exclusivo de fazer leis e distribuir justiça a seus súditos. A soberania não pode ser compartilhada: não é possível dar uma parcela à Igreja nem a outro grupo de interesse, nem a algum poder externo. Com uma enxurrada de novas leis, o poder dos Estados subsumiu novas e vastas áreas da vida pública e do bem-estar comum: relações trabalhistas, salários, preços, formas de posse da terra, mercados, suprimento de alimentos, criação de gado e até mesmo, em alguns casos, quais adornos as pessoas poderiam usar.

Historiadores gostam de buscar as origens do "Estado moderno" — quando a autoridade da aristocracia se reduziu à insignificância, a Coroa impôs um monopólio efetivo da jurisdição do governo, a independência das cidades definhou, a Igreja submeteu-se ao controle real e a soberania passou a ser cada vez mais identificada com o poder legislativo supremo enquanto as leis se multiplicavam. Contudo, em vez de vasculhar a Europa atrás de um modelo desse tipo de modernidade, talvez faça mais sentido procurar mais longe, no âmbito do experimento que o imperialismo ul-tramarino colocou aos pés dos governantes europeus. O Novo Mundo realmente era novo. A experiência espanhola na região foi uma das maio-res surpresas da história: a criação do primeiro grande império mundial terrestre e marítimo, e o único, em escala comparável, erigido sem auxí-lio da tecnologia industrial. Um novo cenário político tomou forma. De modo geral, os grandes nobres estavam ausentes da administração colonial espanhola, composta de burocratas profissionais de formação universitá-ria, que a Coroa nomeava e remunerava. Os conselhos municipais eram formados em grande parte por indicações reais. O padroado da Igreja es-tava exclusivamente à disposição da Coroa. Com algumas exceções, os direitos de propriedade feudais — que envolviam não apenas a posse da terra mas também a autoridade judiciária — foram banidos. Embora os espanhóis que desfrutavam do trabalho ou dos tributos dos nativos ameri-canos fingissem viver numa espécie de feudalismo fantasioso, referindo-se informalmente a seus "vassalos", de modo geral era-lhes negado o direito legal formal de governar ou ministrar justiça, e os vassalos em questão eram súditos apenas do rei. Enquanto isso, uma verdadeira torrente legis-lativa regulava — ou, com maior ou menor sucesso, tentava regular — a nova sociedade nas Américas. O Império espanhol nunca foi eficiente, por causa das vastas distâncias que a autoridade real tinha de percorrer. Como Samuel Johnson recomendou, referindo-se a um cachorro andando nas patas traseiras, não devemos exigir que o faça bem, mas aplaudimos

Retorno ao futuro 277

o fato de que consiga fazê-lo. Administradores distantes, embrenhados no interior americano e nas ilhas do Pacífico, podiam ignorar — e muitas vezes ignoravam — os comandos reais. Em emergências, os habitantes locais improvisavam métodos de governo sui generis baseados em laços de parentesco ou em recompensas compartilhadas. Entretanto, se olharmos para o Império espanhol como um todo, veremos que ele se assemelha a um Estado moderno, porque era burocrático e regido por leis.

A China já exibia alguns desses mesmos traços — e o fazia havia séculos, com uma aristocracia dócil, clérigos subalternos, uma classe administrativa profissional, uma burocracia notavelmente uniforme e um código legal à mercê do imperador. Essas características eram antecipatórias da modernidade, mas não garantiam eficiência: as jurisdições dos magistrados costumavam ser tão grandes que boa parte do poder permanecia, para todos os efeitos, em mãos locais; e a administração era tão dispendiosa que a corrupção grassava. Em meados do século XVII, a China tombou diante de invasores manchus — uma mistura de silvícolas e habitantes de planície, que os chineses desprezavam como bárbaros. O choque fez os intelectuais chineses reavaliarem o modo como entendiam a legitimidade política e, assim, surgiu a doutrina da soberania do povo, semelhante às que vimos circular no final da Idade Média na Europa. Huang Zongxi, um moralista rigoroso que dedicou grande parte de sua carreira a vingar o assassinato judicial de seu pai nas mãos de inimigos políticos, preferiu exilar-se a se submeter ao domínio estrangeiro. Postulou um estado de natureza em que "cada homem cuidava de si" até indivíduos benevolentes criarem o império. A corrupção se instalou e "o interesse próprio do governante tomou o lugar do bem comum [...]. O governante extrai até a medula dos ossos dos súditos e toma-lhes as filhas e os filhos para servirem à sua devassidão".[42] Lü Liuliang, um companheiro mais jovem que também se exilou e cujo desgosto pelos bárbaros dominava seu pensamento, foi além: "O homem comum e o imperador estão enraizados na mesma natureza [...]. Poderia parecer que a ordem social desce ao homem comum", mas, da perspectiva do céu, "o princípio origina-se no povo e ascende para o governante", afirmou. E acrescentou: "A ordem do céu e a justiça do céu não são coisas que governantes e ministros possam tomar para si".[43]

No Ocidente, esse tipo de raciocínio ajudou a justificar repúblicas e a engendrar revoluções. Mas nada comparável aconteceu na China até o século XX, quando a forte influência ocidental já fizera seu trabalho. Houve muitas rebeliões camponesas nesse meio-tempo, mas, como sempre ocorrera no passado chinês, elas visavam renovar o império, substituindo a dinastia, e não pôr fim ao sistema, transferindo o Mandato Celestial do monarca para o povo. Ao contrário do Ocidente, a China não tinha exemplos de republicanismo ou democracia para buscar na história ou idealizar em mitos. Ainda assim, o trabalho realizado por Huang, Lü e os teóricos que os acompanharam e os seguiram não careceu de consequências práticas, pois foi incorporado à tradição confucionista, serviu para manter viva a crítica radical ao sistema imperial e ajudou a preparar as mentes chinesas para, mais tarde, receberem as ideias revolucionárias ocidentais.[44]

Os estudiosos chineses também não precisavam refletir sobre direito internacional, que, como veremos em breve, foi uma preocupação obsessiva no início do Ocidente moderno. "Império do Meio", ou "País Central", é um dos nomes mais persistentes que os chineses deram à sua terra. Em certo sentido, é uma designação modesta, pois reconhece implicitamente um mundo além da China, ao contrário de certos nomes alternativos, como "Tudo sob o Céu" ou "Tudo entre os Quatro Mares". Todavia, possui inconfundíveis conotações de superioridade: uma visão do mundo em que a orla bárbara não merece os benefícios — e sequer compensa o incômodo — da conquista chinesa. "Quem exauriria os recursos da China para contender com serpentes e suínos?", perguntou Ouyang Xiu, eminente confucionista do século XI.[45] O confucionismo ortodoxo esperava que os bárbaros se sentissem atraídos pela maneira chinesa de governar pelo exemplo, ou seja, a consciência da superioridade manifesta da China os induziria à submissão sem o uso da força. Em certa medida, essa fórmula improvável funcionou. A cultura chinesa atraiu povos vizinhos: muitos coreanos e japoneses a adotaram e numerosos povos da Ásia Central e do Sudeste foram profundamente influenciados por ela.

Retorno ao futuro

279

Conquistadores da China vindos de fora sempre foram seduzidos por essa cultura.

A dinastia Zhou, que tomou o poder na China no final do segundo milênio a.C., é geralmente considerada a primeira a adotar o termo "Império do Meio". A China era tudo o que importava no mundo; os demais seres humanos, do ponto de vista chinês, eram forasteiros que se agarravam às fímbrias da civilização ou invejavam-na de fora dela. De tempos em tempos, o quadro se modificava e um reino bárbaro seria reclassificado como menos ou mais próximo da perfeição única da China. De tempos em tempos, também, poderosos governantes bárbaros exigiam tratados em pé de igualdade ou atraíam títulos de igual sonoridade. Dos imperadores chineses dispostos a comprar segurança diante de ameaças, potências estrangeiras conseguiam muitas vezes extorquir tributos devidos a patronos de posição igual ou até superior, embora os chineses se ativessem à conveniente ficção de que pagavam tais encargos apenas como atos de condescendência.

No que pensamos ser a Idade Média, o nome Império do Meio refletia uma imagem de mundo tendo o monte Chongshan, na província de Henan, bem no centro, mas cuja verdadeira natureza era bastante debatida entre os estudiosos. No século XII, por exemplo, a opinião prevalecente era que o mundo, sendo esférico, teria seu centro como uma expressão puramente metafórica. Nos mapas mais detalhados do século XII que sobreviveram, o mundo é dividido entre a China e um residual bárbaro — a imagem que persistiu. Embora em 1610 Matteo Ricci, o jesuíta visitante que introduziu a ciência ocidental na China, tenha sido criticado por não haver colocado a China no centro de seu Grande Mapa dos Dez Mil Países, isso não significava que os estudiosos chineses tivessem uma visão de mundo irreal, mas sim que a natureza simbólica da centralidade da China devesse ser reconhecida nas representações do mundo. Todavia, convenções cartográficas nos dizem algo a respeito da autopercepção daqueles que as concebem — como a fixação do meridiano de Greenwich, segundo o qual é a distância da capital do Império Britânico que define o lugar em que se está no mundo, ou a projeção de Mercator, que exagera a importância dos países do Norte.[46]

O pensamento político japonês foi fortemente influenciado pelos textos e as doutrinas chinesas e, portanto, era igualmente indiferente aos problemas de como regular as relações entre Estados. Desde a primeira grande era de influência chinesa no Japão, no século VII, os intelectuais japoneses se submeteram à superioridade cultural chinesa, tal como os bárbaros ocidentais à de Roma antiga. Absorveram o budismo e o confucionismo, adotaram caracteres chineses para sua língua e escolheram o chinês como o idioma da literatura que escreviam. Entretanto, nunca aceitaram que essas formas de lisonja implicassem deferência política. A imagem de mundo dos japoneses era dual. Primeiro, em parte, era budista e o mapa-múndi convencional fora tomado da cosmografia indiana, na qual a Índia ficava no meio e o monte Meru — talvez uma representação estilizada do Himalaia — era o ponto focal do mundo. A China era um dos continentes exteriores e o Japão consistia em "grãos dispersos na borda do campo". Por outro lado, isso também conferiu ao Japão uma vantagem crucial: como o budismo chegou tarde, o país foi o lar de sua fase mais madura, onde, pensavam os budistas japoneses, nutriam-se doutrinas purificadas.[47]

Segundo, havia uma tradição endógena segundo a qual os japoneses descendiam de uma progenitora divina. Em 1339, Kitabatake Chikafusa iniciou a tradição de chamar o Japão de "país divino", reivindicando para sua terra natal uma superioridade limitada: a proximidade com a China o tornava superior a todas as outras terras bárbaras. A reação japonesa à cobrança de tributos no período Ming contestou as premissas chinesas com uma visão alternativa de um cosmo politicamente plural e um conceito de soberania territorial: "O céu e a terra são vastos; não são monopólio de um só governante. O universo é grande e amplo, e os vários países criados têm, cada um, uma parcela em seu governo".[48] Na década de 1590, o ditador militar japonês Hideyoshi podia sonhar em "esmagar a China como a um ovo" e "ensinar aos chineses os costumes japoneses".[49] Foi uma notável, embora não duradoura, reversão das normas anteriores.

As tradições foram resumidas pelo astrônomo confucionista Nishikawa Joken (1648-1724), que ainda lhes deu um empurrãozinho a mais, orientado por seus contatos com o Ocidente e informado pela vastidão do mundo revelada na cartografia ocidental. Ele ressaltou que nenhum país poderia ser, de fato, central em um mundo redondo, mas que o Japão era genuinamente divino e inerentemente superior por motivos semicientíficos: o clima de lá era melhor, o que provava a predileção dos céus. Desde a época da restauração Meiji em 1868, uma ideologia construtora do Estado reciclava elementos tradicionais em um mito de concepção moderna, segundo o qual todos os japoneses são descendentes da deusa do Sol. O imperador é seu descendente mais graduado por linhagem direta. Sua autoridade é a de um chefe de família. A Constituição de 1889 designou-o "sagrado e inviolável", produto de uma continuidade sucessória "ininterrupta desde as épocas eternas". Segundo o comentário mais influente sobre a Constituição, "o Trono Sagrado foi estabelecido quando os céus e a terra se separaram. O Imperador é o Céu, descendido, divino e sagrado".[50] Ao admitir a derrota após a Segunda Guerra, o imperador Hirohito teria repudiado, segundo a tradução considerada oficial pelas forças de ocupação dos Estados Unidos, "a falsa noção de que o imperador é divino e o povo japonês é superior a outras raças". Mas alusões à divindade do imperador e do povo não cessam de ressurgir no discurso político, na cultura popular, na retórica religiosa e até nos quadrinhos, que, no Japão, são um respeitável entretenimento adulto.[51]

No Ocidente, depois que a noção de império universal desmoronou, mesmo como ideal teórico, tornou-se impossível uma visão tão limitada das relações entre Estados como na China ou no Japão. Nos Estados fervilhantes da Europa, era essencial haver uma maneira de evitar relações internacionais caóticas e anárquicas. Quando Tomás de Aquino resumiu o Estado tradicional no pensamento do mundo ocidental no século XIII, distinguiu as leis de cada Estado daquilo que era praxe chamar *ius gentium*, a Lei das Nações, a que todos os Estados têm de obedecer e que rege as relações entre eles. Entretanto, nunca chegou a dizer onde ou como essa *ius gentium* poderia ser codificada. Não era a mesma coisa que os princípios básicos e universais de justiça, pois estes excluíam a escravidão e a propriedade privada, ambas reconhecidas pela Lei das Nações. Muitos outros juristas supuseram que fosse idêntica ao direito natural, o qual, contudo, também é difícil de identificar em casos complexos. No final do século XVI, o teólogo jesuíta Francisco Suárez (1548-1617) resolveu o problema de maneira radical: a Lei das Nações "difere em sentido absoluto", explicou, "do direito natural" e "é simplesmente um tipo de lei humana positiva" — ou seja, ela afirma o que as pessoas concordam que ela deve afirmar.[52]

Essa fórmula tornou possível erigir uma ordem internacional em conformidade com as linhas propostas pela primeira vez no início do século XVI por um dos antecessores de Suárez na Universidade de Salamanca, o dominicano Francisco de Vitória, que defendia leis "criadas pela autoridade do mundo como um todo" — não meros pactos ou acordos entre Estados. Em 1625, o jurista holandês Hugo Grotius elaborou o sistema que prevaleceria até o final do século XX, cuja meta era a paz. Ele deplorou o uso da guerra como uma espécie de reação automática de Estados que declararam hostilidades com despreocupado belicismo, sem "nenhuma reverência pela lei humana ou divina, como se um único édito deslanchasse uma súbita loucura". E argumentou que o direito natural obrigava os Estados a respeitarem a soberania alheia, pois suas relações eram reguladas por leis mercantis e marítimas que eles haviam ratificado ou tradicionalmente sempre adotaram, e por tratados assinados entre si, os quais possuíam a força de contratos e podiam ser impostos por meio da guerra. Tal sistema não exigia concordância ideológica para se manter. Poderia abarcar o mundo além da cristandade. Segundo Grotius, permaneceria válido mesmo que Deus não existisse.[53]

Durou um tempo razoável, mas não foi tão duradouro quanto Grotius talvez tenha levado seus leitores a esperar. O sistema teve bastante sucesso e contribuiu para limitar o derramamento de sangue no século XVIII. Por um tempo, a lei pareceu ter limitado a selvageria da guerra. O grande compilador de leis de guerra, Emer de Vattel, acreditava que o combate pudesse ser civilizado. "Um homem de alma exaltada não sente outras emoções que não compaixão pelo inimigo derrotado que se submeteu a suas armas", escreveu. "[...] Jamais devemos esquecer que nossos inimigos são homens. Embora reduzidos à desagradável necessidade de promover nossos direitos pela força das armas, não nos despojemos da caridade que

Retorno ao futuro 283

nos conecta com toda a humanidade." Esses sentimentos piedosos não protegeram todas as vítimas de batalhas, especialmente no caso de guerrilha e de agressão contra inimigos não europeus. Mas a lei tornou o combate mais humano. Durante grande parte do século XIX, quando os generais abandonaram todo e qualquer senso de contenção e buscaram a "guerra total", os princípios de Grotius mesmo assim contribuíram para a paz e a mantiveram — ao menos na Europa. Entretanto, os horrores do século XX, e em particular os massacres genocidas que pareceram se tornar rotineiros, evidenciaram a necessidade urgente de reformas. No início, quando os governos dos Estados Unidos propuseram uma "nova ordem internacional" após a Segunda Guerra, a maioria das pessoas supôs que haveria um sistema colaborativo no qual as relações internacionais seriam intermediadas e compelidas pelas Nações Unidas. Na prática, porém, significou a hegemonia de uma única superpotência atuando como polícia do mundo. Tal como exercido pelos Estados Unidos, esse papel se revelou insustentável porque, embora a política norte-americana fosse de modo geral benigna, não podia estar imune às distorções do interesse próprio nem escapar à indignação daqueles que se sentiam tratados injustamente. No século XXI, ficou óbvio que o monopólio americano do status de superpotência estava chegando ao fim. O poderio dos Estados Unidos — medido como uma proporção da riqueza do mundo — entrou em declínio. Hoje buscamos um sistema internacional que suceda à tutela americana, e não há nenhuma solução à vista.[54] Grotius deixou outro legado que continua relevante e sugestivo: ele tentou dividir em zonas de movimentação livre e restrita os oceanos do mundo, que eram arenas de conflitos cada vez mais intensos entre impérios marítimos europeus rivais. Sua iniciativa foi desenhada de modo a favorecer o império holandês sobre os demais e acabou rejeitada por legistas da maioria dos outros países. Não obstante, definiu os termos da discussão que ainda anima controvérsias quanto à internet ser ou não como o oceano, ou seja, se é uma zona livre em toda parte ou um recurso partível que Estados soberanos poderão controlar se quiserem ou dividir se desejarem.[55]

Redefinindo a humanidade

No século xvi, outra consequência da construção de impérios extraeuropeus foi o retorno do pensamento político a considerações mais amplas que transcendiam os limites dos Estados. "Todos os povos da humanidade são humanos", disse o reformador moral espanhol Bartolomeu de Las Casas em meados do século.[56] Pode parecer um truísmo, mas expressava uma das ideias mais inauditas e poderosas dos tempos modernos: a unidade da humanidade. Reconhecer que todos os que agora chamamos de humanos pertenciam a uma única espécie não foi, de modo algum, uma conclusão inequívoca. Insistir, como fez Las Casas, que todos somos parte de uma única comunidade moral foi algo visionário.

Pois na maioria das culturas, na maioria das épocas, tal conceito não existia. Monstros lendários, muitas vezes confundidos com produtos de imaginações férteis, são na verdade o oposto: indícios da limitação mental das pessoas, de sua incapacidade de conceber o outro nos mesmos termos que a si mesmas. A maioria das línguas não tem um termo para "humano" que inclua os que estão fora do grupo: a maioria dos povos se refere a forasteiros pelo nome de "bestas" ou "demônios".[57] Embora os sábios do primeiro milênio a.C. houvessem discorrido sobre a unidade da humanidade e o cristianismo fizesse da crença em nossa ascendência comum uma ortodoxia religiosa, ninguém nunca sabia ao certo onde traçar a linha entre os seres humanos e as supostas subespécies. A biologia medieval imaginou uma "cadeia de seres" na qual, entre os humanos e as bestas selvagens, havia uma categoria intermediária e monstruosa de *similitudines hominis* — criaturas semelhantes aos homens, mas não inteiramente humanas. Algumas delas apareciam vividamente à imaginação de cartógrafos e iluminadores, pois o naturalista romano Plínio as catalogara em uma obra de meados do século i a.C., que os leitores da Renascença trataram com toda a credulidade que um texto antigo deveria merecer. Plínio listou homens com cabeça de cachorro; os nasamones, que se enrolavam em suas orelhas enormes; os ciápodes, que pulavam em uma perna só; pigmeus e gigantes; indivíduos com pés virados para trás e oito dedos; outros que, carecendo

Retorno ao futuro

de boca, se alimentavam por inalação, ou que tinham rabo ou não tinham olhos; homens verde-mar que lutavam contra grifos; gente peluda; as amazonas; e "os antropófagos e homens cuja cabeça cresce sob seus ombros" (que estavam entre os adversários que o Otelo de Shakespeare enfrentou).

Os artistas medievais tornaram as imagens de tais criaturas algo familiar. Deveriam ser classificadas como bestas? Ou homens? Ou algo intermediário? No pórtico da igreja-mosteiro de Vézelay, do século XII, muitas delas aparecem em procissão, aproximando-se de Cristo para serem julgadas no dia do despertar dos mortos. Ou seja, os monges claramente pensavam que criaturas estranhas eram passíveis de salvação, embora outros examinadores, com a autoridade de santo Alberto Magno, negassem que essas aberrações pudessem possuir alma racional ou se qualificar para a bem-aventurança eterna. Naturalmente, os exploradores estavam sempre atentos a tais criaturas. Foi preciso uma bula papal para convencer certas pessoas de que os nativos americanos eram verdadeiramente humanos (mesmo assim, alguns protestantes negaram, sugerindo que deve ter havido na América uma segunda criação de uma espécie diferente ou um engendramento demoníaco de criaturas ilusoriamente humanoides). Dúvidas semelhantes foram levantadas acerca de negros, hotentotes, pigmeus, aborígenes australianos e qualquer descoberta estranha ou surpreendente que a exploração trouxesse à luz. Houve um prolongado debate sobre símios no século XVIII e o jurisconsulto escocês lorde Monboddo chegou a reivindicar que o orangotango devesse ser considerado humano.[58] Não devemos condenar as pessoas que achavam difícil reconhecer seu parentesco com outros seres humanos nem ridicularizar aquelas que pressentiam humanidade nos demais grandes primatas: as evidências nas quais baseamos nossas classificações atuais levaram muito tempo para acumular e os limites entre as espécies são mutáveis.

Onde traçar as fronteiras da humanidade é uma questão de vital importância: basta perguntar àqueles que, injustamente classificados, perderiam os direitos humanos. Embora nos últimos duzentos anos tenhamos ampliado cada vez mais o traçado dos limites da humanidade, o processo talvez ainda não tenha terminado. Darwin complicou-o. "A diferença entre o homem selvagem e o civilizado [...] é maior que entre um animal silvestre e um domesticado", escreveu.[59] A teoria da evolução sugere que não há uma ruptura da linhagem hereditária dividindo os seres humanos do restante da criação. Os defensores dos direitos dos animais concluíram que mesmo a atual amplidão de nossa categoria de humanidade é, nesse aspecto, rígida demais. Até que ponto nossa comunidade moral, ou pelo menos nossa lista de criaturas com direitos seletivos, deve ser estendida para além de nossa espécie e incluir outros animais?

Surge outro problema: até que momento do passado devemos projetar nossa categoria humana? E quanto aos neandertais? E aos primeiros hominídeos? Podemos jamais encontrar um neandertal ou um *Homo erectus* num ônibus, mas de seus túmulos eles nos exortam a interrogar os limites de nossas comunidades morais. Mesmo hoje, tendo estabelecido fronteiras de humanidade talvez mais generosas do que em qualquer outro momento do passado, nós na realidade apenas modificamos os termos do debate: não há neandertais nos ônibus, mas há casos análogos — os nascituros nos úteros, os moribundos sob cuidados paliativos — que são mais imediatamente desafiadores, pois pertencem inquestionavelmente à nossa espécie. Teriam direito a direitos humanos? Teriam direito à vida (sem o qual todos os outros direitos não fazem sentido)? Se não têm, por que não? Qual é a diferença moral entre seres humanos em diferentes estágios da vida? Podemos detectar essa diferença mais pronta ou objetivamente do que a que existe entre seres humanos com, digamos, pigmentação diferente ou narizes menos ou mais longos?

Uma visão ampla de humanidade; uma visão estreita das responsabilidades morais do Estado; confiança dúbia em Estados soberanos como base viável para o mundo, sem vultosos impérios ou teocracias; valores e estética classicistas; e fé na ciência e na razão como meios aliados de chegar à verdade: essas foram as ideias que fizeram o mundo que a Renascença e a Revolução Científica legaram ao século XVIII, o mundo no qual o Iluminismo aconteceu.

7. Iluminismos por toda parte: Pensamento integrado em um mundo integrado

REFLETIDO E REFRATADO nas rochas e no gelo, o brilho ofuscante fez do Ártico "um lugar de fadas e espíritos",[1] segundo o diário de Pierre Louis Moreau de Maupertuis, que montou acampamento em Kittis, no norte da Finlândia, em agosto de 1736. Ele participava do experimento científico mais requintado e mais dispendioso realizado até então. Desde a Antiguidade, os cientistas ocidentais haviam suposto que a Terra é uma esfera perfeita, mas os teóricos do século XVII começaram a ter dúvidas. Isaac Newton argumentou que, assim como o impulso que sentimos na borda de um carrossel em movimento tende a nos lançar para fora da plataforma giratória, a força centrífuga também devia distender a Terra no equador e achatá-la nos polos. Mais do que a uma bola de basquete, ela devia se assemelhar a uma laranja levemente amassada. No entanto, os cartógrafos que trabalhavam em um levantamento geral da França não concordaram. Suas observações indicavam que o mundo tinha a forma de um ovo — distendido na direção dos polos. A Academia Real Francesa de Ciências propôs resolver a polêmica enviando Maupertuis para a borda do Ártico e, simultaneamente, uma expedição ao equador para medir o comprimento de um grau ao longo da superfície da circunferência da Terra. Se as medidas no fim do mundo correspondessem às do meio, o globo seria esférico. Qualquer diferença entre elas indicaria onde o mundo era abaulado.

Em dezembro de 1736, Maupertuis começou a trabalhar "num frio tão extremo que, sempre que tomávamos um pouco de conhaque, a única bebida que conseguíamos manter líquida, nossas línguas e lábios congelavam na caneca e só desgrudavam ensanguentados". A baixa temperatura "congela as extremidades do corpo, enquanto o restante, devido ao esforço excessivo, fica banhado de suor".[2] Precisão absoluta era impossível em tais condições, mas a expedição ao Ártico fez leituras sobre-estimadas em menos de um terço de 1%, ajudando a convencer o mundo de que o planeta tinha o formato previsto por Newton — achatado nos polos e abaulado no equador. No frontispício de suas obras reunidas, Maupertuis aparece de chapéu de pele e cachecol sobre uma legenda elogiosa: "Era o seu destino determinar a forma do mundo".[3]

Porém, empedernido pela experiência, Maupertuis, como muitos exploradores científicos, descobriu os limites da ciência e a grandeza da natureza. Ele começou como empirista e terminou como místico. Na juventude, acreditava que toda verdade era quantificável e que todo fato podia ser interpretado pelos sentidos. Perto da morte, ocorrida em 1759, asseverou que "não se pode perseguir Deus na imensidão dos céus ou nas profundezas dos oceanos ou nos abismos da Terra. Talvez ainda não seja hora de entendermos o mundo sistematicamente, apenas de contemplá-lo e nos maravilharmos". Em 1752, publicou *Lettre fur le progrès des sciences*, prevendo que o próximo tópico que a ciência abordaria seriam os sonhos. Com o auxílio de drogas psicotrópicas — "certas poções das Índias" —, experimentadores poderiam aprender o que há além do universo. Talvez, especulou, o mundo percebido seja ilusório. Talvez apenas Deus exista e as percepções sejam somente propriedades de uma mente "sozinha no universo".[4]

Um panorama da época

A peregrinação mental de Maupertuis entre certeza e dúvida, ciência e especulação, racionalismo e revelação religiosa, reproduziu em miniatura a história do pensamento europeu no século XVIII. Primeiro, um grande arroubo de otimismo despertou confiança na perfectibilidade do homem, na infalibilidade da razão, na realidade do mundo observado e na suficiência da ciência. Na segunda metade do século, o Iluminismo bruxuleou: os

Iluminismos por toda parte

intelectuais elevaram os sentimentos sobre a razão e as sensações sobre os pensamentos. Por fim, a sanguinolência e a guerra revolucionárias pareceram por um tempo ter apagado definitivamente a tocha. Mas algumas brasas restaram: fé persistente de que a liberdade é capaz de atiçar a bondade humana, de que vale a pena buscar a felicidade nesta vida e de que a ciência e a razão — apesar de suas limitações — podem deslanchar o progresso e melhorar a vida.

As mudanças ambientais favoreceram o otimismo. A Pequena Era do Gelo findou e as manchas solares, cujo número e atividade haviam sido inconstantes no século XVII, retomaram seus ciclos normais.[5] Entre 1700 e 1760, todas as geleiras do mundo das quais restaram mensurações começaram a encolher. Por motivos ainda obscuros, que desconfio que possam ser atribuídos ao reaquecimento global, o mundo da evolução microbiana modificou-se — e em prol da humanidade. As pestes recuaram. A população disparou em quase todos os lugares, especialmente em alguns dos pontos outrora afligidos por doenças, como a Europa e a China. Os historiadores tradicionalmente atribuíram esse salto demográfico à sagacidade humana: a melhoria da alimentação, da higiene e da ciência médica, privando micróbios mortíferos de nichos ecológicos nos quais pulular. Hoje, porém, vamos tomando consciência de que essa explicação não serve: áreas com má alimentação, higiene e medicina se beneficiaram quase tanto quanto as mais avançadas nesses aspectos. Mesmo onde a Revolução Industrial propagou cortiços e favelas, ambientes ideais para a proliferação de germes, a taxa de mortalidade declinou. O número de pessoas continuou aumentando inexoravelmente. A principal explicação reside nos próprios micróbios, que parecem ter diminuído de virulência ou abandonado seus hospedeiros humanos.[6]

A situação política e comercial do mundo tornou-se propícia à inovação. A Europa estava em contato mais próximo do que nunca com outras culturas, pois os exploradores haviam tornado praticamente contíguos todos os litorais habitáveis do mundo. A Europa Ocidental estava perfeitamente situada para receber e irradiar novas ideias: a região era o empório do comércio global e o local onde os fluxos de influência do mundo inteiro se concentravam e disseminavam. Como nunca antes, a Europa tornou-se berço da iniciativa, isto é, da capacidade de influenciar o resto do mundo. Mas os ocidentais jamais teriam tido esse papel reformador do mundo não fosse a reciprocidade dos impactos. A China ainda exercia mais influência que nunca, em parte graças ao crescente descompasso comercial em detrimento da Europa; e a expansão dos negócios com chá, por exemplo, porcelana e ruibarbo (que talvez não seja mais um medicamento de parar o trânsito, mas era muito procurado como um dos primeiros profiláticos modernos) acrescentou novos semimonopólios às tradicionais vantagens da China. O século XVIII foi, na súmula de um historiador, o "século chinês" do mundo.[7] Jesuítas, embaixadores e comerciantes propagaram imagens da China e processaram seus modelos de pensamento, arte e vida para consumo ocidental. Em 1679, Leibniz, cujas contribuições para a ciência incluíram o cálculo e a teoria binomial, refletiu sobre a nova proximidade das extremidades da Eurásia em *Novissima sinica*, seu compêndio de notícias da China, provenientes principalmente de fontes jesuítas. "Talvez", refletiu, "a Suma Providência tenha ordenado esse arranjo para que, à medida que os povos mais cultivados e distantes estendem os braços um para o outro, as nações intermédias possam gradualmente ser conduzidas a um modo de vida melhor."[8]

O fascínio pela China mudou o gosto da elite europeia. A adoção de esquemas decorativos em estilo chinês começou com um projeto de Jean-Antoine Watteau para um apartamento de Luís XIV. A moda espalhou-se por todos os palácios da dinastia Bourbon, onde ainda são abundantes os quartos revestidos de porcelana e envoltos em motivos chineses. Das cortes dos Bourbon, o visual chinês espalhou-se por toda a Europa. Na Inglaterra, o filho do rei George II, o duque de Cumberland, navegava indolentemente num barco de recreio chinês falso quando não estava justificando sua alcunha de "Açougueiro Carniceiro" e massacrando adversários políticos. *Chinese and Gothic Architecture* (1752), de William Halfpenny, foi o primeiro de muitos livros a tratar a arte chinesa como equivalente à europeia. Sir William Chambers, o arquiteto britânico mais badalado de sua época, projetou um pagode para o Jardim Botânico de Kew, em Londres, e móveis

Iluminismos por toda parte

chineses para lares aristocráticos, enquanto o principal marceneiro da Inglaterra, Thomas Chippendale — "o chinês", como seus contemporâneos o haviam apelidado —, popularizou a mobília de inspiração chinesa. Em meados do século, gravuras de paisagens chinesas podiam ser encontradas até em casas de classe média na França e na Holanda. Em jardins ou ambientes internos, todas as pessoas de bom gosto queriam viver cercadas por imagens da China.

Pensamento eurocêntrico: A ideia de Europa

De acordo com praticamente todos os parâmetros de sucesso — dinamismo econômico e demográfico, desenvolvimento urbano, progresso técnico, produtividade industrial —, a China sobrepujou a Europa por cerca de um milênio e meio.[9] Mas se o século XVIII foi o século chinês, também foi uma época de oportunidades e inovação no Ocidente. Em alguns aspectos, a Europa tomou o lugar da China e tornou-se novamente, na famosa frase de abertura da *Declínio e queda do Império Romano*, de Edward Gibbon, "a mais bela parte da terra", abrigando "o segmento mais civilizado da humanidade".[10] De certo modo, "Europa", em si, foi uma ideia nova ou recém-revivida. Era um nome geográfico familiar entre os gregos antigos para designar a vasta terra que admiravam ao norte e a oeste. "Devo começar pela Europa", escreveu Estrabão cerca de meio século antes do nascimento de Cristo, antecipando a índole autocongratulatória de europeus posteriores, "porque variadas são suas formas e admirável sua dotação pela natureza para a formação de excelência em homens e governos."[11] Um semiesquecimento se seguiu, contudo, durante o longo período em que o Império Romano foi esvaecendo e as comunicações dentro e fora da Europa enfraqueciam. Pessoas em diferentes regiões tinham pouco ou nenhum contato entre si para promover ou manter uma identidade comum. As terras litorâneas do Mediterrâneo e do Atlântico, que o Império Romano unira, se separavam em obediência aos ditames da geografia, pois um vasto sistema hidrológico de montanhas e pântanos as divide, estendendo-se dos planaltos espanhóis, passando pelos Pireneus, o Maciço Central, os Alpes, os montes Cárpatos e pântanos de Pripet. O quebra-mar sempre foi difícil de atravessar. A Igreja latina assegurou que peregrinos, estudiosos e clérigos percorressem grande parte do oeste do continente e manteve vivo um único idioma para os cultos e a cultura (o que, por outro lado, foi frustrante para aqueles que tentavam cruzar as fronteiras entre línguas vernáculas). A Igreja latina se espalhou a norte e a leste apenas lentamente. A Escandinávia e a Hungria permaneceram fora de seu alcance até o século XI; a Lituânia e a costa leste do Báltico, até o século XIV. Foi o máximo que ela conseguiu se expandir.

O nome e a ideia de Europa reviveram entre os séculos XV e XVIII, lado a lado com a recuperação da autoconfiança europeia. As divisões existentes não cicatrizaram; pelo contrário, as coisas só pioraram, pois a Reforma e a fragmentação entre Estados soberanos mutuamente hostis (ou, no mínimo, ambiciosos e invejosos uns dos outros) multiplicaram os ódios. Nunca se alcançou um acordo sobre onde deveriam ficar as fronteiras da região. Não obstante, o sentimento de pertencer a uma comunidade europeia e de compartilhar uma cultura europeia foi pouco a pouco tomando conta das elites, que passaram a se conhecer pessoalmente e por obras impressas. A uniformidade do gosto esclarecido no século XVIII tornou possível transitar entre fronteiras bem separadas umas das outras, com deslocamento cultural pouco maior do que um viajante moderno sente ao passar por uma sucessão de salas de espera nos aeroportos. Gibbon — devoto leitor de Estrabão, a ponto de pedir a sua madrasta que lhe enviasse um exemplar para estudar enquanto estava em um campo de treinamento militar — havia concluído metade de seu *Declínio e queda do Império Romano* quando formulou uma ideia europeia: "É dever de um patriota preferir e fomentar exclusivamente o interesse e a glória de sua pátria; mas um filósofo se permite alargar suas vistas e considerar a Europa como uma grande república cujos diversos habitantes já quase atingiram o mesmo nível de civilidade e refinamento".[12] Alguns anos depois, o estadista britânico Edmund Burke, que em breve reencontraremos como um pensador influente da relação entre liberdade e ordem, repercutiu o mesmo: "Nenhum europeu pode ser um exilado completo se estiver em alguma parte da Europa".[13]

Como Estrabão, a crença de Gibbon em uma cultura europeia comum era inseparável da convicção da superioridade europeia, que se "distingue tão vantajosamente [...] do resto da humanidade". O ressurgimento da ideia de Europa veio pleno de ameaças para o resto do mundo, embora os impérios ultramarinos fundados ou ampliados a partir da Europa nos séculos XVIII e XIX tenham se mostrado frágeis — seu histórico moral não foi bom o suficiente para sustentar a noção de superioridade europeia. Na primeira metade do século XX, a ideia de uma única Europa dissolveu-se em guerras e arrefeceu nas fissuras de tremores ideológicos. Tornou-se um lugar-comum afirmar que "Europa" é um termo elástico, uma construção mental que não corresponde a uma realidade geográfica objetiva e não tem fronteiras naturais. A Europa, disse Paul Valéry, é apenas "um promontório da Ásia". Para Gibbon, a forma como a ideia foi revivida no movimento da União Europeia no final do século XX seria irreconhecível: seus princípios unificadores foram a democracia e um mercado interno livre, mas o modo como os Estados-membros escolheram definir "Europa" e decidiram a quem excluir de seus benefícios continuou tão interesseiro e egoísta como sempre fora.[14]

O Iluminismo: A obra dos *philosophes*

Para entender o contexto do novo pensamento, a *Encyclopédie* era a obra-mestra: a bíblia secular dos *philosophes* — como eram chamados os intelectuais iluministas da França — que, por um tempo, principalmente no terceiro quartel do século XVIII, ditaram o gosto intelectual do resto da elite da Europa. Dezessete volumes de textos e onze de gravuras foram publicados ao longo de um período de vinte anos, a partir de 1751. Em 1779, 25 mil exemplares haviam sido vendidos. O número pode parecer pequeno, mas, por meio de circulação e relatos detalhados, foi grande o bastante para atingir toda a intelligentsia europeia. Inúmeras obras derivadas, sumários, resenhas e imitações tornaram a *Encyclopédie* conhecida em toda parte, respeitada com altivez e, em círculos conservadores e clericais, profundamente temida.

Ela possuía o que é talvez o subtítulo mais útil da história dos livros — *Dicionário razoado das ciências, das artes e dos ofícios* —, revelando claramente as prioridades dos autores: a referência a um dicionário evoca a intenção de agrupar e ordenar o conhecimento, e a lista de tópicos abrange conhecimentos úteis e abstratos em um único conspecto. Segundo seu editor-chefe, Denis Diderot, um radical parisiense que combinava fama como pensador, eficiência como gerente de projetos, mordacidade como satirista e perícia como pornógrafo, o objetivo era "começar do homem e a ele retornar". Conforme escreveu no verbete sobre enciclopédias em sua obra homônima, ele pretendia "reunir todo o conhecimento disseminado pela face da Terra para que não morramos sem acolher o bem da humanidade". A ênfase foi prática — sobre comércio e tecnologia, como as coisas funcionam e agregam valor. "Há mais intelecto, sabedoria e consequência em um tear para fazer meias do que em um sistema de metafísica", declarou Diderot.[15] A ideia de máquina estava no cerne do Iluminismo, não apenas por sua utilidade prática, mas também por ser uma metáfora do cosmo — como o modelo mecânico do sistema solar dramaticamente iluminado do quadro que Joseph Wright pintou na década de 1760, em que luas e planetas, feitos de latão reluzente, giram previsivelmente de acordo com um padrão perfeito e invariável.

Os autores da *Encyclopédie*, de modo geral, concordavam quanto à primazia da máquina e à natureza mecânica do cosmo. Também compartilhavam a convicção de que razão e ciência são aliadas. Os filósofos ingleses e escoceses das duas gerações anteriores haviam convencido a maioria dos intelectuais do resto da Europa de que esses dois percursos gêmeos para a verdade são compatíveis. O frontispício alegórico da *Encyclopédie* retrata a Razão tirando um véu dos olhos da Verdade. Os autores estavam unidos tanto em sua hostilidade como em seu entusiasmo: eram, quase todos, críticos de monarcas e aristocratas, e recorriam aos escritos do inglês John Locke, um apologista da revolução que, na virada do século XVII para o

XVIII, exaltou o valor das garantias constitucionais da liberdade contra o Estado. Embora exceções viciassem seus princípios — ele acreditava na liberdade de religião, mas não para os católicos; na liberdade do trabalho, mas não para os negros; e nos direitos de propriedade, mas não para os nativos americanos — os *philosophes* aderiram mais aos princípios de Locke que às suas exceções.

Mais que dos monarcas e dos aristocratas, os autores da *Encyclopédie* desconfiavam da Igreja. Insistindo na superioridade moral média dos ateus e na beneficência superior da ciência sobre a graça, Diderot proclamou que "a humanidade não será livre até que o último rei seja estrangulado com as tripas do último padre".[16] Voltaire, uma voz persistente do anticlericalismo, foi certamente o homem com os melhores contatos do século XVIII. Ele se correspondia com Catarina, a Grande, corrigiu poemas do rei da Prússia e influenciou monarcas e estadistas de toda a Europa. Suas obras eram lidas na Sicília e na Transilvânia, plagiadas em Viena e traduzidas para o sueco. Voltaire ergueu seu próprio templo ao "arquiteto do universo, o grande geômetra", mas considerava o cristianismo uma "superstição infame a ser erradicada — não digo entre a ralé, que não é digna de ser esclarecida e é apta para todo jugo, mas entre os civilizados e os que almejam pensar".[17] O progresso do Iluminismo pode ser medido em atos anticlericais: a expulsão dos jesuítas de Portugal em 1759; a secularização pelo czar de um grande portfólio de bens da Igreja em 1761; a abolição da ordem jesuíta na maior parte do resto do Ocidente entre 1764 e 1773; as 38 mil vítimas forçadas a deixar casas religiosas e a retomar a vida leiga na Europa na década de 1780. Em 1790, o rei da Prússia proclamou autoridade absoluta sobre o clero em seu reino. Em 1795, um ministro espanhol propôs o confisco da maior parte das terras remanescentes da Igreja. Enquanto isso, nos níveis mais rarefeitos da elite europeia, o culto à razão assumiu características de uma religião alternativa. Nos ritos da maçonaria, uma hierarquia profana celebrava a pureza de sua própria sabedoria, que Mozart evocou de modo brilhante em *A flauta mágica*, executada pela primeira vez em 1791. Em 1793, comitês revolucionários baniram o culto cristão em algumas partes da França e ergueram placas em portões de cemitério proclamando "A morte é um sono eterno". Por um curto tempo, no verão de 1794, o governo de Paris tentou substituir o cristianismo por uma nova religião, o culto a um Ser Supremo de suposta "utilidade social".

Os inimigos do cristianismo não prevaleceram — pelo menos não exclusivamente ou por muito tempo. Na segunda metade do século XVIII, reavivamentos religiosos espantaram a ameaça. As igrejas sobreviveram e, em muitos aspectos, se recuperaram, geralmente apelando às pessoas comuns e às emoções afetivas despertadas, por exemplo, pelos hinos comoventes de Charles Wesley na Inglaterra, pelo culto pungente do Sagrado Coração na Europa católica, pelo carisma lacrimoso das pregações revivalistas ou pelo valor terapêutico da oração silenciosa e da submissão ao amor de Deus. Mas o anticlericalismo da elite permaneceu uma característica da política europeia. Em particular, tornou-se um preceito inerradicável a alegação de que, para ser liberal e progressivo, o Estado precisa ser secular — a tal ponto que não se pode usar um véu em sala de aula na *France laïque* ou um crucifixo sobre um uniforme de enfermeira em um hospital do NHS britânico, nem rezar em uma escola pública dos Estados Unidos. Por outro lado, se continuarmos olhando para o futuro por um instante, podemos ver que as tentativas modernas de reabilitar o cristianismo na política, como o catolicismo social, o evangelho social e o movimento democrata-cristão, tiveram algum sucesso eleitoral e influenciaram a retórica política sem reverter os efeitos do Iluminismo. E, de fato, o país em que a retórica cristã é mais ruidosa na política é o que tem a Constituição e as instituições públicas mais rigorosamente seculares e a tradição política mais representativa do Iluminismo: os Estados Unidos da América.[18]

Confiança no progresso

No século XVIII, uma perspectiva ou hábito mental progressista alicerçava o temperamento dos *philosophes*. Os enciclopedistas podiam se proclamar radicais diante dos poderes vigentes no Estado e na Igreja graças a sua crença subjacente no progresso. Pois, para contestar o statu quo, é preciso

Iluminismos por toda parte

acreditar que as coisas vão melhorar. Caso contrário, resta apenas lamentar junto com os arquiconservadores: "Reforma? Reforma? As coisas já não estão ruins o suficiente?".

Era fácil para os observadores do século XVIII se convencerem de que estavam rodeados por sinais evidentes de progresso. À medida que aumentava a temperatura em todo o mundo, as pestes retrocediam e o intercâmbio ecológico expandia a quantidade e a variedade de alimentos disponíveis; a prosperidade parecia só crescer. Como veremos, a taxa de inovação em ciência e tecnologia ia revelando novos panoramas ao conhecimento e fornecia novas e poderosas ferramentas para explorá-los. Quando foi fundada, em 1754, a instituição que mais do que qualquer outra personificou o Iluminismo na Inglaterra, a Real Sociedade para o Fomento das Artes, Manufaturas e Comércio, seu nome capturou os valores práticos, utilitários e técnicos da época. James Barry pintou uma série de telas intituladas *O progresso da cultura humana* para as paredes da sede da sociedade, começando com a invenção da música, atribuída a Orfeu, e a agricultura grega antiga. Seguem-se cenas da ascensão da Grã-Bretanha moderna à equivalência com a Grécia antiga, culminando com vistas da Londres na época de Barry e na visão final de um novo Elísio, no qual heróis das artes, manufaturas e comércio (a maioria deles, coincidentemente, ingleses) desfrutam de etérea bem-aventurança.

Entretanto, a ideia de que, de modo geral, ainda que com alguma flutuação, tudo está sempre — e, talvez, necessariamente — melhorando vai contra a experiência comum. Ao longo da maior parte do passado, as pessoas atentavam ao que viam e supunham estar vivendo em tempos de declínio ou em um mundo em decadência — ou, na melhor das hipóteses, de mudanças indiferentes — no qual a história nada mais é que uma desgraça após outra. Ou, como sábios antigos que julgavam a transformação ilusória, elas negavam as evidências e afirmavam que a realidade é imutável. No século XVIII, mesmo aqueles que acreditavam no progresso temiam que fosse apenas uma fase; a época em que viviam podia desfrutá-lo, mas tratava-se de algo excepcional pelos padrões da história em geral. O marquês de Condorcet, por exemplo, julgava enxergar "a raça humana [...] avançando com passo firme no caminho da verdade, da virtude e da felicidade" apenas porque as revoluções políticas e intelectuais haviam subvertido os efeitos paralisantes da religião e da tirania sobre o espírito humano, "emancipado-o de seus grilhões" e "libertando-o do império da fatalidade".[19] Ironicamente, ele escreveu seu endosso ao progresso enquanto estava sob sentença de morte pelas autoridades revolucionárias francesas.

Contudo, a ideia de progresso sobreviveu à guilhotina. No século XIX, fortaleceu e alimentou-se do "avanço das melhorias" — a história da industrialização, a multiplicação de riqueza e potência muscular, as vitórias tíbias mas encorajadoras do constitucionalismo contra a tirania. Tornou-se possível acreditar que o progresso é irreversível, a despeito das falhas humanas, porque teria sido programado na natureza pela evolução. Foram necessários os horrores do final do século XIX e do século XX — um catálogo de fomes, fracassos, inumanidades e conflitos genocidas — para tirar essa ideia da mente da maioria das pessoas.

Isso não significa que a ideia de progresso foi apenas uma imagem mental dos bons tempos em que ela prevaleceu. Suas origens mais remotas são duas outras ideias bem antigas: a de bondade humana e a de uma divindade providencial que cuida da criação. Ambas implicavam algum tipo de progresso: a confiança de que, apesar das intervenções periódicas do mal, a bondade acabaria triunfando no final — talvez literalmente no final, em algum clímax milenarista.[20] Mas o milenarismo, por si, não bastaria para tornar possível a ideia de progresso: afinal, tudo pode piorar (e, na expectativa de alguns profetas, irá piorar) antes da redenção final. A confiança no progresso dependia, portanto, de uma propriedade ainda mais profunda da mente: o otimismo. Era preciso ser um otimista para embarcar em um projeto tão longo, desconcertante, trabalhoso e perigoso como a *Encyclopédie*.

Como é difícil ser otimista quando se está cara a cara com as dores do mundo, alguém precisou conceber uma maneira de compreender o mal que tornasse o progresso crível. De algum modo, desgraças e desastres tinham de parecer ser para o melhor. Os teólogos incumbiram-se dessa

Iluminismos por toda parte

tarefa, mas nunca satisfizeram os ateus com as respostas que deram à pergunta: "Se Deus é bom, por que o mal existe?". Possíveis respostas incluem reconhecer que o sofrimento é bom (uma proposição que a maioria dos que sofrem rejeita), ou que a própria natureza de Deus é sofrer (que muitos julgam ser um consolo inadequado), ou que o mal é necessário para dar sentido ao bem (nesse caso, dizem os dissidentes, estaríamos em melhor situação com um equilíbrio mais propício ou mundo moralmente neutro), ou que a liberdade, que é o bem maior, implica liberdade para o mal (ao que algumas pessoas retrucariam que seria melhor então abrir mão da liberdade). No século XVII, o crescimento do ateísmo fez com que a tarefa dos teólogos se tornasse mais urgente, embora a filosofia secular não parecesse mais apta a dar conta da coisa, porque uma noção secular de progresso é tão difícil de coadunar com desastres e reveses quanto o providencialismo. "Justificar aos homens os desígnios de Deus" era o objetivo que Milton se impôs em seu grande poema épico, *Paraíso perdido*. Mas uma coisa é ser poeticamente convincente, outra é produzir um argumento bem fundamentado.

Em 1710, Leibniz fez exatamente isso. Foi o polímata mais consumado de sua época, combinando contribuições extraordinárias a filosofia, teologia, matemática, linguística, física e jurisprudência com suas funções de cortesão em Hanôver. Partiu de uma verdade expressa pela tradição e confirmada pela experiência cotidiana: bem e mal são inseparáveis. A liberdade, por exemplo, é boa, mas tem de incluir a liberdade de praticar o mal; o altruísmo é bom apenas se o egoísmo for uma opção. Mas, de todos os mundos concebíveis em termos lógicos, o nosso possui, por decreto divino, disse Leibniz, o maior excedente possível do bem sobre o mal. Daí, na frase que Voltaire utilizava para escarnecer essa teoria, "tudo é para o melhor no melhor de todos os mundos possíveis". No *Cândido, o otimista*, o satírico romance picaresco de Voltaire, Leibniz é representado pelo personagem do dr. Pangloss, o tutor do herói, cujo irritante otimismo se apresenta ante qualquer desastre.

Leibniz formulou seu argumento na tentativa de mostrar que o amor de Deus é compatível com o sofrimento humano. Não foi seu propósito endossar o progresso, e seu "melhor dos mundos" poderia ter sido interpretado como um mundo de equilíbrio estático, no qual a quantidade ideal de mal estaria incorporada. Entretanto, em aliança com a crença convicta na bondade humana compartilhada pela maioria dos pensadores do Iluminismo, as afirmações de Leibniz validaram o otimismo. Tornaram possível um milênio secular, ao qual as pessoas poderiam se dedicar utilizando sua liberdade para ajustar o equilíbrio, pouco a pouco, em favor do bem.[21]

Pensamento econômico

Otimismo gera radicalismo. Como vimos ao examinar o pensamento político do primeiro milênio a.C., a crença no bem geralmente antecede a crença na liberdade, liberando as pessoas a exporem suas boas qualidades naturais. Se elas são naturalmente boas, o melhor é deixá-las livres. Ou será que precisam de um Estado forte para resgatá-las da maldade natural? No século XVIII, foi difícil obter um consenso sobre o valor da liberdade na política. Em economia, foi bem mais fácil.

Entretanto, era preciso primeiro derrubar os dois séculos anteriores de pensamento econômico no Ocidente. A ortodoxia conhecida como mercantilismo se tornara um grande obstáculo. Um moralista espanhol, Tomás de Mercado, assim a formulou em 1569: "Um dos principais requisitos da prosperidade e da felicidade de um reino é reter sempre em si grande quantidade de dinheiro e abundância de ouro e prata".[22] A teoria fazia sentido à luz da história que as pessoas conheciam. Durante séculos, pelo menos desde que Plínio efetuou os primeiros cálculos relevantes no século I a.C., as economias europeias atuaram sob o fardo de uma balança de pagamentos adversa com China, Índia e Oriente Próximo. Foi motivo de preocupação na Roma antiga. Levou os exploradores da Idade Média tardia a atravessar oceanos em busca de novas fontes de ouro e prata. No século XVI, quando um número relativamente grande de viajantes europeus pôde lançar olhares cobiçosos para as riquezas do Oriente, a balança de pagamentos adversa induziu duas obsessões na mente ocidental: que o

Iluminismos por toda parte

ouro é a base da riqueza e que, para enriquecer, uma economia deve ser manejada como um negócio e vender mais do que compra.

Segundo Mercado, o que "destrói [...] a abundância e causa pobreza é a exportação de dinheiro".[23] Todos os governos europeus passaram a acreditar nisso. Consequentemente, tentaram evitar o empobrecimento acumulando barras de ouro, segurando o dinheiro dentro do reino, limitando importações e exportações, regulando preços, desafiando as leis da oferta e da demanda e fundando impérios para criar mercados controláveis. Os resultados foram lastimáveis. Investir no exterior — exceto no caso de empreendimentos imperiais ou de compras para venda posterior — era algo desconhecido. A proteção do comércio promovia a ineficiência. Recursos tiveram de ser desperdiçados em policiamento. A competição por mercados protegidos provocou guerras e, consequentemente, desperdício, como se o dinheiro fosse drenado e saísse de circulação. Duas preocupações da era mercantilista subsistem até hoje. A primeira, que poucos economistas tratam como um índice infalível de retidão econômica, tem a ver com o balanço de pagamentos entre o que uma economia recebe de outras economias e o que paga a fornecedores externos de bens e serviços. A segunda tem a ver com manter uma "moeda forte" não mais atrelada a ouro e prata cunhados ou a promessas impressas em notas promissórias, mas sim — em governos fiscalmente responsáveis — ao desempenho da economia como um todo.[24] Ainda supervalorizamos, de maneira irrefletida, o ouro — que, na verdade, é um material bastante inútil e não deveria merecer sua posição privilegiada como a mercadoria em relação à qual todas as outras mercadorias, inclusive o dinheiro, ainda costumam ser valoradas. Entretanto, é difícil dizer se isso é uma relíquia do mercantilismo ou da antiga e mágica reputação do ouro como substância imaculável.[25]

Mesmo enquanto o mercantilismo reinava, alguns pensadores defendiam uma maneira alternativa de entender a riqueza, medida em bens e não em moeda. A ideia de que o preço é uma função da oferta monetária foi o ponto de partida dos teólogos da Escola de Salamanca em meados do século XVI. Domingo de Soto e Martín de Azpilcueta Navarro estavam particularmente interessados no que hoje chamaríamos de problemas da moralidade do capitalismo. Ao estudar métodos de negócios, notaram uma relação entre o fluxo de ouro e prata vindo do Novo Mundo e a inflação de preços na Espanha. Observou Navarro: "Na Espanha, em épocas em que o dinheiro era mais escasso, bens e trabalho passíveis de serem vendidos eram entregues por muito menos do que após a descoberta das Índias, que inundou o país com ouro e prata. O motivo disso é que o dinheiro vale mais onde e quando é escasso do que onde e quando é abundante".[26] Em 1568, a mesma observação foi feita na França por Jean Bodin, que acreditava ter sido o primeiro, embora os teóricos de Salamanca o tenham antecedido em alguns anos. Havia três explicações para o fenômeno que observaram: ou que o valor é um construto puramente mental e reflete a estimativa irracionalmente diferente que o mercado aplica a produtos equivalentes, de modo intrínseco, em diferentes épocas e lugares; ou que o preço depende da oferta e da procura de bens, não de dinheiro; ou que o valor "justo" é fixado pela natureza e que a flutuação de preços é resultado da ganância.

Os pensadores de Salamanca mostraram que o dinheiro é como as outras mercadorias. Podemos trocá-lo, segundo Navarro, por um lucro moderado, sem desonra. "Toda mercadoria fica mais cara quando está em grande demanda e há pouca oferta, e [...] dinheiro [...] é mercadoria e, portanto, também fica mais caro quando está em grande demanda e há pouca oferta", escreveu ele.[27] Ao mesmo tempo, a teoria reforçou antigos preconceitos morais sobre dinheiro: é possível ter dinheiro demais; dinheiro é a raiz do mal; a riqueza de uma nação consiste em bens produzidos, não em dinheiro coletado. A inquietação atual com a substituição das manufaturas pelos serviços e o fato de o financiamento parecer levar fábricas e minas à miséria é um eco desse modo de pensar. No século XVI, os críticos denunciaram o império, não apenas pela injustiça contra os povos indígenas, mas também por empobrecer a Espanha ao inundar o país com dinheiro. Martín González de Cellorigo, um dos economistas mais refinados do período, cunhou um famoso paradoxo:

O motivo de não haver dinheiro, ouro ou prata na Espanha é que há dinheiro, ouro e prata em demasia, e a Espanha é pobre por ser rica [...]. A riqueza foi

Iluminismos por toda parte 303

e ainda é exacerbada por papéis e contratos [...], prata e ouro, e não por bens, que [...] em virtude de seu valor agregado atraem para si riquezas do exterior, suprindo assim nosso povo em casa.[28]

Ironicamente, os historiadores da economia hoje desconfiam das observações da Escola de Salamanca e suspeitam que a inflação do século XVI tenha sido resultado do aumento da demanda, não do crescimento da oferta monetária. Seja como for, a teoria, independentemente da solidez de seus fundamentos, teve imensa influência. O capitalismo moderno sequer seria imaginável sem a noção de que o dinheiro está sujeito às leis de oferta e procura. No final do século XVIII, a doutrina ajudou a desalojar o mercantilismo como a grande premissa comum dos teóricos da economia, graças em parte à influência que a Escola de Salamanca exerceu sobre um professor escocês de filosofia moral, Adam Smith, cujo nome foi associado à causa da liberdade econômica desde que publicou *A riqueza das nações* em 1776.

Smith tinha em alta conta a importância da relação entre oferta e demanda, e acreditava que ela afetava mais do que apenas o mercado. "O esforço natural de um indivíduo para melhorar sua condição"[29] foi a base de todos os sistemas políticos, econômicos e morais. Os impostos seriam mais ou menos um mal: primeiro, como uma violação da liberdade; segundo, como fonte de distorção no mercado. "Não há arte que os governos aprendam mais rapidamente ao observarem uns aos outros do que arrancar dinheiro do bolso do povo."[30] Pode-se confiar que o interesse de cada indivíduo servirá ao bem comum. "Não esperamos que nosso jantar venha da benevolência do açougueiro, do cervejeiro ou do padeiro, e sim da consideração que eles têm por seu interesse pessoal [...]. Não obstante seu egoísmo e sua propensão rapace naturais", declarou Smith, os ricos "são levados por uma mão invisível a distribuírem as necessidades da vida praticamente do modo que elas teriam sido distribuídas caso a Terra fosse dividida em partes iguais entre todos que nela vivem".[31] No longo prazo, porém, essa expectativa se provou falsa: a Revolução Industrial do século XIX e a economia do conhecimento do século XX criaram descompassos ostensivos de riqueza entre classes e países. Era possível outrora acreditar que o mercado poderia corrigir essas lacunas de riqueza, assim como é capaz de ajustar a oferta à demanda, pois durante longo tempo no século xx as diferenças de riqueza diminuíram. Era como se os patrões houvessem percebido que trabalhadores prósperos são benéficos para os negócios, ou que tenham pressentido que apenas sendo justos conseguiriam evitar a ameaça da revolta proletária. Entretanto, ao que parece, os capitalistas são incapazes de contenção duradoura: a guerra, e não as forças do mercado, foi responsável pela propensão temporária a recompensas justas e, no final do século xx e início do século xxi, o descompasso de riqueza aumentou novamente para níveis nunca vistos desde antes da Primeira Guerra.[32]

Na época, é claro, as previsões de Smith não podiam ser falseadas. Francis Hirst observou que, para os admiradores contemporâneos de Smith, ele "deixou a reclusão de uma cátedra de moral [...] para sentar-se na câmara do conselho dos príncipes".[33] Sua palavra foi "proclamada por agitadores, estudada por estadistas e impressa em milhares de leis". Por um longo período, a fórmula de Smith pareceu apenas ligeiramente exagerada: os ricos da Era Industrial, por exemplo, aumentaram o salário de seus trabalhadores para estimular a demanda; por um tempo, os economistas tiveram séria esperança de eliminar a pobreza, assim como pesquisadores médicos esperavam eliminar as doenças.

A riqueza das nações foi publicado no ano da Declaração de Independência dos Estados Unidos e deve ser incluído entre os documentos fundadores da nação. O livro incentivou a revolução, pois Smith afirma que as regulações governamentais que limitavam a liberdade de colônias de se envolver na produção manufatureira ou no comércio eram "uma violação manifesta dos direitos mais sagrados da humanidade". Ainda hoje, os Estados Unidos continuam sendo a pátria do liberalismo econômico e um exemplo apenas levemente maculado de como o laissez-faire pode funcionar. Inversamente, o progresso econômico fracassou onde quer que o planejamento, a regulação governamental ou a economia centralizada tenham tomado o lugar das doutrinas de Smith. O capitalismo, a julgar pelas evidências disponíveis até agora, é o pior sistema econômico, com exceção de todos os demais.

Iluminismos por toda parte

Mas será mesmo? Em quase todos os aspectos, a influência de Smith foi benigna. Por outro lado, representar o interesse próprio como uma atitude esclarecida é como dizer que ganância e cupidez são coisas boas. Para Smith, não há lugar para o altruísmo em economia. Ele achava que comerciantes e usurários servem a seus semelhantes comprando barato e vendendo caro. Esse é um defeito de seu pensamento. Outro foi supor que podemos confiar que as pessoas saberão prever quais são seus interesses numa situação de mercado. Na realidade, porém, as pessoas agem de maneira irracional e impulsiva com muito mais frequência do que de modo racional ou consistente. O mercado é mais como um antro de apostas do que como um círculo mágico. Sua imprevisibilidade gera apuros e colapsos, inseguranças e medos. Os princípios de Smith, se interpretados estritamente, deixariam até a educação, a religião, a medicina, a infraestrutura e o meio ambiente à mercê do mercado. Em alguns aspectos, em especial nos Estados Unidos, isso já aconteceu. Gurus se tornaram empresários, supostas universidades se assemelham a empresas, a conservação é um custo, rodovias são "patrocinadas" e é possível comprar saúde mesmo em sistemas expressamente concebidos para tratá-la como um direito. O mundo ainda está buscando uma "terceira via" entre a não regulamentação e a super-regulamentação do mercado.[34]

Filosofias políticas: As origens do Estado

Os benefícios da liberdade econômica sempre parecem mais fáceis de projetar do que os da liberdade política — como vemos em nossos dias na China e na Rússia, onde persiste um sistema político iliberal apesar do relaxamento dos controles econômicos. A doutrina de Smith tornou-se aceitável em toda parte porque foi capaz de atrair igualmente libertadores, que acreditam na bondade humana, e repressores, que não têm a natureza humana em boa conta. Afinal, seu argumento é que a eficiência econômica decorre do interesse próprio: a moralidade dos atores econômicos é irrelevante.

Na esfera política, doutrinas desse tipo não funcionam. Libertar as pessoas só faz sentido quando se confia em sua benevolência essencial, e na Europa dos séculos XVI e XVII desdobravam-se e acumulavam-se evidências que subvertiam tal confiança. As descobertas dos exploradores e os relatos de etnógrafos nas Américas e no Pacífico sugeriram a alguns leitores, como a muitos que viviam nas colônias e haviam deparado com algum desconcertante adversário estranho, que o "homem natural", nas palavras de Shakespeare, é apenas "um pobre animal nu e fendido", possivelmente incapaz de se conformar ao comportamento exigido pelos impérios. Nesse meio-tempo, revelações de reinos da Ásia outrora desconhecidos ou pouco conhecidos apresentaram aos europeus novos modelos de poder político. O melhor percurso para entender esse material começa com os efeitos que as novas evidências tiveram sobre o que antes se pensava acerca das origens dos Estados; em seguida, o modo como os modelos da China e outros países asiáticos afetaram as noções de poder e fundaram novas escolas de absolutismo; por fim, os efeitos contrariantes sobre os europeus da descoberta de povos ditos selvagens, cujos feitos por vezes surpreendentes e extraordinários promoveram ideias radicais, e até mesmo revolucionárias, culminando em argumentos em prol da igualdade, dos direitos universais e da democracia.

A partir da premissa de que o Estado se originou de um contrato — uma tradição que, como vimos, se tornou forte no Ocidente no final da Idade Média — surgiram pressupostos sobre como e por que as pessoas precisam do Estado, para começar. No passado remoto, a condição da humanidade deve ter sido bastante lúgubre, ou assim supunham os confortáveis intelectuais e literatos europeus: a miséria induz as pessoas a se unir e a sacrificar a liberdade pelo bem comum. No início da segunda metade do século XVII, reflexões desse tipo conjuminaram-se na mente de Thomas Hobbes, um monarquista extremo em política e um materialista extremo em filosofia. Suas inclinações naturais eram autoritárias: tendo vivido toda a sanguinolência e a anarquia da guerra civil inglesa, ele manteve forte predileção pela ordem, não pela liberdade. Imaginou o estado de natureza que precedeu o Estado político como "uma guerra de todos contra todos", na qual "força e fraude são as duas virtudes cardeais".

Iluminismos por toda parte 307

Esse quadro, que em 1651 ele confiou às passagens mais famosas de seu clássico *Leviatã*, contrastava com a da teoria política tradicional, na qual o estado natural era apenas uma época que teria presumivelmente prevalecido no passado remoto, quando a legislação humana ainda era inútil: as leis da natureza ou as regras da razão forneciam toda a regulação necessária. Hobbes apresentou um contraste revigorante ao mito de uma era de ouro da inocência primitiva em que as pessoas viviam em harmonia, incorrompidas pela civilização. Ele acreditava que, ao contrário das formigas e das abelhas, que formam sociedades instintivamente, os seres humanos têm de sair tateando em busca do único caminho viável para escapar da insegurança: concordar entre si a ceder sua liberdade a uma espécie de executor que os obrigue à observância do contrato mas que não seja uma de suas partes. Em vez de um pacto entre governantes e governados, o convênio fundador do Estado seria uma promessa de obediência. Pelo fato de pertencer ao Estado, os súditos renunciam à liberdade. Quanto a direitos, a autopreservação é o único que os súditos retêm — aliás, nunca tiveram outros a que renunciar, pois, no estado de natureza, não havia propriedade nem justiça. As pessoas tinham apenas o que conseguiam agarrar pela força. Há certa corroboração desse ponto de vista na obra de Aristóteles, que admitiu que "o homem, quando aperfeiçoado, é o melhor dos animais, mas quando separado da lei e da justiça, é o pior de todos".[35]

A ideia de Hobbes mudou a linguagem da política para sempre. A teoria do contrato social perdeu sua preponderância sobre o poder do Estado: o soberano (fosse um homem, fosse uma "assembleia de homens"), para as mentes que Hobbes convenceu ou ampliou, estava fora do contrato e, portanto, não era obrigado a ater-se a ele. Os seres humanos podiam ser iguais — e, de fato, Hobbes supunha que todos somos naturalmente iguais — e ainda assim estavam à mercê do Estado: igualdade de sujeição é um destino familiar aos súditos de muitos regimes igualitários. Por fim, a doutrina de Hobbes teve implicações desalentadoras para a política internacional, pois os governos encontram-se em estado de natureza uns em relação aos outros. Não há restrições à sua capacidade de infligir danos mútuos, exceto as limitações de seu próprio poder. De uma perspectiva, isso justificava

308 *Uma história da imaginação*

as guerras de agressão; de outra, exigia algum arranjo contratual para garantir a paz (veremos em capítulos futuros propostas para esse arranjo).

Influências asiáticas e elaboração de tipos rivais de despotismo

Durante a maior parte do século XVIII, o debate parecia equilibrado entre libertadores e repressores: confirmações da bondade ou da malevolência da natureza humana eram ambíguas. Portanto, em vez de discutir sobre um passado remoto inverificável, os contendores se concentraram nos exemplos de outras culturas revelados pelos intercâmbios de longa distância da época. A China foi o exemplo mais eminente. Seus admiradores defendiam limites à liberdade e uma elite com poderes para liderar, enquanto os entusiastas da liberdade rejeitavam a noção de que a China poderia ser um modelo para os Estados ocidentais. Voltaire, durante grande parte de sua vida, foi um importante sinófilo.[36] O confucionismo o atraíra como uma alternativa filosófica à religião organizada, que ele execrava. Solidarizava-se com a convicção chinesa de que o universo é ordenado, racional e inteligível através da observação. No hábito chinês de deferência política a estudiosos e eruditos, viu um endosso do poder da classe de intelectuais profissionais à qual pertencia; e no poder absoluto do Estado chinês, enxergou uma força para o bem.

Nem todos na elite intelectual da Europa concordavam. Em 1748, em *O espírito das leis*, obra que inspirou reformadores constitucionais em todo o continente, o barão de Montesquieu afirmou que "é o bastão que governa a China" — afirmação endossada por relatos dos jesuítas sobre hábitos chineses de justiça severa e tortura judicial — e condenou-a como "um estado despótico, cujo princípio é o medo". Uma diferença fundamental de opinião dividia Montesquieu e Voltaire. O primeiro defendia o estado de direito e recomendava que salvaguardas constitucionais restringissem os governantes. O segundo nunca chegou a de fato confiar no povo e preferia governos fortes e bem assessorados. Montesquieu, além disso, elaborou uma teoria influente, segundo a qual as tradições políticas ocidentais eram

Iluminismos por toda parte 309

benignas e tendiam à liberdade, ao passo que os Estados asiáticos concentravam o poder nas mãos de tiranos. "Esse é o grande motivo para a fraqueza da Ásia e a força da Europa, para a liberdade da Europa e a servidão da Ásia", escreveu. "Despotismo oriental" tornou-se um termo padrão de abuso na literatura política ocidental.[37]

Enquanto Diderot ecoou e até superou Montesquieu na defesa do sujeito contra o Estado, François Quesnay, colega de Voltaire, ecoou a idealização da China. O "despotismo esclarecido", a seu ver, favoreceria o povo, não as elites. Em sua época, as ideias de Quesnay foram mais influentes que as de Montesquieu e ele chegou a persuadir o herdeiro do trono francês a imitar o rito imperial chinês de lavrar pessoalmente a terra a fim de dar um bom exemplo aos agricultores. Na Espanha, dramaturgos apresentavam à corte exemplos de boa realeza, traduzidos ou copiados de textos chineses.[38] "Despotismo esclarecido", e "despotismo oriental", passaram a fazer parte do vocabulário político, e muitos governantes europeus da segunda metade do século XVIII se esforçaram para personificá-los. De uma maneira ou de outra, os modelos chineses pareciam dar forma ao pensamento político europeu.

O resultado foi uma bifurcação na política do Ocidente. Governantes reformadores seguiram os princípios do despotismo esclarecido, enquanto o esclarecimento radical de Montesquieu influenciou os revolucionários. Ambas as tradições, contudo, não poderiam senão levar a revoluções vindas de cima, criadas ou infligidas por déspotas ou por uma classe de guardiões platônicos do Iluminismo, que, como disse um deles, "forçaria os homens a serem livres". O abade Raynal, herói dos *philosophes*, garantiu aos "sábios da Terra, filósofos de todas as nações, que somente vocês devem fazer as leis, indicando aos demais cidadãos o que é necessário e esclarecendo seus irmãos".[39] Como, então, foi acontecer uma revolução de verdade, sangrenta e descontrolada, "rubra em presas e garras"? O que induziu parte da elite a relaxar o controle e confiar no comportamento arriscado e imprevisível do "homem comum"? Novas influências surgiram no século XVIII, fazendo com que alguns *philosophes* desafiassem a ordem estabelecida tão profundamente que até questionassem seu controle sobre ela.

O nobre selvagem e o homem comum

As ideias subversivas tinham uma longa história atrás de si. A civilização sempre teve seus descontentamentos. Os moralistas sempre renhiram uns com os outros valendo-se de exemplos de forasteiros virtuosos, ou de virtudes naturais que compensam as deficiências na educação, ou da bondade da vida simples corrompida pelo comércio e pelo conforto. Nos séculos xv e xvi, a exploração ultramarina europeia foi acumulando exemplos de modos de vida supostamente próximos do homem natural — nu, sem instrução, forrageador, dependente de Deus — que, todavia, a princípio pareceram decepcionantes. Não se conseguia encontrar a idade de ouro da inocência primitiva em lugar algum. Investigadores sagazes, no entanto, lograram identificar traços redentores em "selvagens". Em meados do século xvi, o cético Michel de Montaigne argumentou que mesmo uma prática tão repugnante como o canibalismo trazia lições morais para os europeus, cujas barbaridades eram muito piores. No século xvii, alguns missionários acreditaram realmente ter encontrado o bom selvagem da lenda entre os hurons, os indígenas estadunidenses que praticavam barbaridades terríveis e torturavam as vítimas de sacrifício humano, mas cujos valores igualitários e proficiência técnica, em comparação com seus vizinhos ainda mais perversos, faziam-nos parecer cheios de sabedoria natural. No início do século xviii, Louis-Armand de Lahontan — um aristocrata amargurado e espoliado que escapou para o Canadá a fim de evitar humilhações em sua terra natal — fez de um huron imaginário o porta-voz de seu radicalismo anticlerical. Voltaire transformou em herói um "huron dito ingênuo" que criticava reis e sacerdotes. Joseph-François Lafitau elogiou os hurons por praticarem o amor livre. Em uma comédia baseada na obra de Voltaire e encenada em Paris em 1768, um huron lidera uma tomada da Bastilha. Do nobre selvagem aclamado pelos *philosophes* para o homem comum idolatrado pelos revolucionários foi apenas um pequeno passo.[40]

O inebriante potencial social do mito dos hurons só aumentou, à medida que mais nobres selvagens iam surgindo com a exploração dos Mares do Sul, um paraíso de liberdade e licenciosidade para voluptuários.[41] Crian-

Iluminismos por toda parte 311

ças ferais, pelas quais os iluministas ficaram obcecados como espécimes de primitivismo não socializado, supostamente corroboravam esse mito. Lineu, o botânico sueco que concebeu o método moderno de classificar as espécies, supôs que crianças selvagens fossem uma espécie distinta do gênero *Homo*. Arrebatadas de quaisquer florestas em que fossem encontradas, afastadas à força das tetas de substitutas vulpinas, tornaram-se experimentos de civilização. Eruditos tentavam lhes ensinar linguagem e boas maneiras, mas todos os esforços falharam. Garotos supostamente criados por ursos na Polônia do século XVII continuaram preferindo a companhia de ursos. Peter, o Garoto Selvagem, pelo qual membros rivais da família real inglesa se digladiaram para ter como animal de estimação na década de 1720 e cujo retrato nos contempla inexpressivamente em afrescos do Palácio de Kensington, odiava roupas e camas e nunca aprendeu a falar. A "menina selvagem" sequestrada na floresta perto de Songi em 1731 gostava de comer sapos frescos e rejeitava os petiscos da cozinha do Castelo d'Epinoy. Durante muito tempo, imitava o canto dos pássaros melhor do que falava francês. O caso mais famoso de todos foi o do Garoto Selvagem de Aveyron, que, raptado e levado para a civilização em 1798, aprendeu a vestir-se e a jantar com elegância, mas nunca a falar ou a gostar do que lhe havia acontecido. Seu tutor descreveu-o certa noite bebendo água diligentemente na janela da sala após o almoço, "como se nesse momento de felicidade este filho da natureza tentasse unir as duas únicas coisas boas que haviam sobrevivido à sua perda de liberdade: um gole de água límpida e a vista do sol e do campo".[42]

Entretanto, o Éden selvagem revelou-se cheio de serpentes. Os hurons morreram todos, dizimados por doenças europeias. Comércio e doenças contagiosas devastaram os Mares do Sul. A despeito das decepções, contudo, em algumas mentes filosóficas o nobre selvagem transmudou-se no homem comum e a ideia de sabedoria natural legitimou a de soberania popular. Sem os hurons, os ilhéus dos Mares do Sul e as crianças-lobo, a Revolução Francesa talvez fosse inconcebível.[43]

Uma das consequências foi o ímpeto renovado que o nobre selvagem deu a uma ideia antiga: a igualdade natural. "A mesma lei para todos" era um princípio preconizado pelos estoicos antigos. A justificativa era que os homens são naturalmente iguais, que as desigualdades são acidentes históricos e que o Estado deve tentar corrigi-las. Muitas reflexões religiosas antigas, bem articuladas no início do cristianismo, baseavam-se nas noções de que todas as pessoas são iguais aos olhos divinos e que a sociedade está obrigada, por lealdade a Deus, a tentar corresponder a essa visão. Alguns pensadores e — esporadicamente e apenas por breves momentos — algumas sociedades foram ainda mais longe e exigiram igualdade de oportunidades, ou de poder, ou de bem-estar material. Na prática, a decorrência tende a ser o comunismo, pois a propriedade comunitária é a única garantia absoluta contra a distribuição desigual de bens.

Entre os séculos xv e xix, muitos projetos foram lançados para criar utopias igualitárias na Europa e nos Estados Unidos, geralmente por fanáticos religiosos da tradição cristã. A maioria deu muito errado. Em 1525, por exemplo, quando o profeta anabatista Jan de Leiden decidiu criar em Münster uma utopia que ele próprio idealizara, a corrupção do poder transformou-o em um tirano monstruoso que montou um harém, organizou orgias e massacrou inimigos. Quase sempre tudo se consumava em violência. Quando o partido dos levellers aproveitou a guerra civil inglesa para recriar o que imaginava ser a igualdade apostólica, seu projeto terminou em sangrenta supressão. Outras tentativas simplesmente naufragaram sob sua própria impraticabilidade. As utopias socialistas rurais construídas no Meio-Oeste dos Estados Unidos no século xix estão hoje em ruínas. Gilbert e Sullivan satirizaram magistralmente o igualitarismo em sua ópera cômica, *Os gondoleiros*:

O conde, o duque e o marquês,
o noivo, o mordomo e o cozinheiro,
o aristocrata com grande conta bancária,
o aristocrata que limpa as botas...
todos haverão de ser iguais.*

---

* Tradução livre de *"The earl, the marquis and the duke,/ the groom, the butler and the cook,/ the aristocrat who banks with Coutts,/ the aristocrat who cleans our boots.../ They all shall equal be"*. (N. T.)

Iluminismos por toda parte 313

Ninguém nunca recomendou, a sério, igualdade de capacidade cerebral, idade, beleza, estatura, gordura, capacidade física ou sorte: algumas desigualdades são genuinamente naturais. É digno tentar remediar seus efeitos, mas um nobre que busca a igualdade acaba sempre sendo condescendente.

Ainda assim, houve um momento no século XVIII em que a igualdade parecia realizável, desde que o Estado a garantisse. De certo modo, a noção era razoável: o Estado sempre tenta resolver desigualdades crassas; por que não todas as desigualdades? Para aqueles que acreditam na igualdade natural de todos, o Estado existe para realizá-la; para quem não acredita, o governo tem apenas um papel moral de "aplainar arestas", corrigindo distorções entre fortes e fracos, ricos e pobres. É uma ideia perigosa, porque a igualdade imposta às custas da liberdade pode ser tirânica.

A ideia de que essa função do Estado supera todas as outras em importância não é mais antiga que o pensamento de Jean-Jacques Rousseau. Ele foi o mais influente dos pensadores que romperam com a perspectiva da *Encyclopédie* na segunda metade do século XVIII. Era um andarilho irrequieto que amava o submundo e os prazeres da vida na sarjeta. Mudou sua fidelidade religiosa formal duas vezes sem parecer sincero em nenhuma delas. Traía suas amantes, brigava com seus amigos e abandonou seus filhos. Moldou sua vida numa dependência viciosa de suas próprias sensibilidades. Em 1750, no ensaio premiado que fez seu nome, repudiou um dos princípios mais sagrados do Iluminismo — "que as artes e as ciências beneficiaram a humanidade". Que a questão pudesse sequer ser proposta mostra o ponto a que chegara a desilusão com o otimismo iluminista. Rousseau denunciou a propriedade e o Estado. Não ofereceu nada em seu lugar, só uma cantilena sobre a bondade da condição natural primeva dos seres humanos. Voltaire abominava as ideias de Rousseau: quando as lemos, "queremos sair andando de quatro", disse. Rousseau abjurou outros dísticos do Iluminismo, incluindo o progresso. "Ousei desnudar a natureza do homem e mostrei que seu suposto aprimoramento é a fonte de todas as suas desgraças", alegou.[44] Ele antecipou a sensibilidade pós-iluminista dos românticos, que tenderiam a valorizar os sentimentos e a intuição acima da razão. Foi o herói por excelência dos realizadores e das turbas da Revolução

Francesa, que desfilaram sua efígie pelas ruínas da Bastilha, invocaram seu "santo nome" e estamparam seu retrato sobre alegorias revolucionárias.[45]

Rousseau via o Estado como uma corporação, ou mesmo como uma espécie de organismo no qual as identidades individuais estão submersas. Inspirado pelos relatos dos naturalistas sobre os hábitos dos orangotangos (a quem Rousseau chamou de gorilas e os quais classificou no gênero *Homo*, como muitos comentaristas igualmente subinformados), imaginou um estado de natureza pré-social em que os seres humanos eram viandantes solitários.[46] Em dado momento irrecuperável, raciocinou, ocorreu um ato "pelo qual o povo é um povo [...], o verdadeiro fundamento da sociedade". O povo se torna um único ser: "Cada um de nós dispõe em comum da sua pessoa e de todo o seu poder sob a suprema direção da vontade geral". Cidadania é fraternidade — um vínculo tão orgânico quanto o sangue. Quem for coagido a obedecer à vontade geral é forçado a ser livre: "quem se recusar a obedecer à vontade geral será forçado a fazê-lo por todo o corpo, o que significa que será forçado a ser livre".[47] Rousseau manteve-se vago sobre como dar sustentação moral a essa doutrina obviamente perigosa. No final do século, Immanuel Kant forneceu uma justificativa precisa. Kant era avesso a mudanças, solitário como um orangotango e, supostamente, uma criatura tediosa de hábitos previsíveis, raramente se afastando do percurso habitual nas caminhadas que dava por sua cidade natal, Königsberg. Seu pensamento, por outro lado, era inquieto e ilimitado. Ele sugeriu que a razão, substituindo a vontade ou os interesses individuais, consegue identificar metas objetivas cujo mérito qualquer um é capaz de ver.

A submissão à vontade geral limita nossa liberdade em deferência à liberdade alheia. Em teoria, a "vontade geral" é diferente de unanimidade, de interesses seccionais e de preferências pessoais. Na prática, porém, significa apenas a tirania da maioria, pois, como Rousseau admitiu, os votos do maior número sempre obrigam os demais. Ele queria proibir os partidos políticos para que não houvesse "opinião parcial no Estado".[48] A lógica de Rousseau, que proibiria sindicatos, comunidades religiosas e movimentos reformistas, era uma licença ao totalitarismo. Todos os movimentos ou governos que ela influenciou — os jacobinos e a Comuna de Paris, os bol-

Iluminismos por toda parte 315

cheviques russos, os fascistas e nazistas modernos, os defensores da tirania por plebiscito — suprimiram a liberdade individual. Entretanto, a paixão com que Rousseau invocou a liberdade tornou difícil para muitos de seus leitores ver o quão despótico e iliberal seu pensamento realmente é. Os revolucionários adotaram as palavras de abertura de seu ensaio de 1762 — "O homem nasce livre mas por toda parte encontra-se acorrentado!" —, mas livraram-se do slogan mais facilmente que das correntes.

Direitos universais

Rousseau compartilhava um dos axiomas da corrente principal do Iluminismo: a doutrina, como dizemos agora, de direitos humanos, inferida da igualdade natural. Ali estava a alquimia capaz de transformar súditos em cidadãos. Ao defender os rebeldes americanos contra a Coroa britânica, Thomas Paine, articulista de todas as causas radicais, formulou a ideia de que existem liberdades fora do alcance do Estado, direitos importantes demais para o Estado indeferir. A asserção de Paine foi o clímax de uma longa busca da parte de pensadores radicais por maneiras de limitar o poder absoluto dos governantes sobre seus súditos. Revolucionários na França e nos Estados Unidos tomaram a ideia para si. Entretanto, é mais fácil afirmar os direitos humanos do que dizer o que eles são. A Declaração de Independência dos Estados Unidos nomeou-os: "Vida, liberdade e busca da felicidade". Todos os Estados ignoraram o primeiro e continuaram matando pessoas quando isso lhes convinha. O segundo e o terceiro direitos pareciam, a princípio, vagos demais para mudar o curso da história e podiam ser ignorados sob o argumento falacioso de que as pessoas têm definições conflitantes de liberdade e felicidade. Na França, os revolucionários ecoaram com entusiasmo a Declaração americana. Os governos iliberais, por outro lado, deixaram de lado repetidamente, até o século xx, os direitos que o documento proclamava. Napoleão estabeleceu uma espécie de padrão, conseguindo praticar a tirania — incluindo assassinatos judiciais, manipulação arbitrária das leis e conquistas sangrentas — e, ao mesmo tempo, encarnar princípios revolucionários aos olhos de seus admiradores: até hoje, nenhum gabinete liberal parece estar completo sem o seu busto em bronze. Mesmo nos Estados Unidos, os escravizados e seus descendentes negros tiveram por muito tempo negados os direitos que, de acordo com a Declaração fundadora, eram universais.

A ideia de direitos dos quais todas as pessoas são dotadas atuou de maneiras inesperadas no mundo. No final do século XIX e ao longo do século XX, foi o fundamento do sonho americano, segundo o qual, nos Estados Unidos, todos poderiam buscar a suposta felicidade, na forma de prosperidade material, com incentivo (em vez da interferência usual) do Estado. Em parte como consequência disso, os Estados Unidos se tornaram o país mais rico e, portanto, o mais poderoso. Na virada do milênio, eram um modelo admirado pela maior parte do mundo, que tentava copiar as instituições — livre mercado, constituição democrática e estado de direito — que tornavam possível o sonho americano.[49]

No mesmo período, um acordo, assinado pela maioria dos Estados com graus variados de sinceridade e comprometimento no Processo de Helsinki de 1975 a 1983, definiu outros direitos humanos: imunidade a prisão arbitrária, tortura e expropriação; integridade familiar; associação pacífica para fins culturais, religiosos e econômicos; participação na política, incluindo o direito à autoexpressão dentro dos limites exigidos pela ordem pública; imunidade a perseguição por raça, sexo, credo, doença ou incapacidade; educação; e um nível básico de abrigo, saúde e subsistência. Vida e liberdade, no entanto, os outros ingredientes seletos da fórmula dos pais fundadores dos Estados Unidos, continuaram problemáticas: vida, devido às incessantes disputas sobre se criminosos, nascituros e vítimas de eutanásia merecem ser incluídos; liberdade, por causa das disparidades de poder. Nenhum desses direitos pode ser garantido em Estados predadores, organizações criminosas e corporações ricas. A retórica dos direitos humanos triunfou em quase todos os lugares, mas a realidade ficou para trás. Mulheres que trabalham ainda são rotineiramente defraudadas; o direito das crianças a viverem com suas famílias é frequentemente alienado, muitas vezes para o Estado, assim como o direito dos pais de criar seus filhos; imigrantes não conseguem vender seu trabalho pelo valor real ou mesmo escapar da servidão efetiva se não tiverem os documentos que os Estados lhes negam sem pestanejar. Empregados sem acesso à negociação coletiva, que as leis muitas vezes proíbem, não estão em situação melhor. Alvos de crimes costumam receber proteção ou reparação proporcional a sua riqueza ou influência. Acima de tudo, de nada adianta tagarelar sobre direitos humanos para as vítimas já sem vida da guerra, da negligência, do aborto, da eutanásia e da pena de morte.

Os revolucionários franceses costumavam se referir a direitos inalienáveis como "os direitos do homem e do cidadão". Um efeito secundário disso foi um novo interesse pelos direitos e a cidadania das mulheres. A esposa de Condorcet organizava um salão na Paris revolucionária onde os convidados não debatiam, mas declamavam a doutrina de que as mulheres, coletivamente, constituem uma classe da sociedade, oprimida ao longo da história e merecedora de emancipação. Olympe de Gouges e Mary Wollstonecraft lançaram uma tradição, reconhecível no feminismo de hoje, em duas obras de 1792, *Declaração dos direitos da mulher e da cidadã* e *Reivindicação dos direitos da mulher*, respectivamente. Ambas as autoras lutaram para ganhar a vida; ambas tiveram vida sexual irregular; ambas tiveram fim trágico. De Gouges foi guilhotinada por defender o rei da França; Wollstonecraft morreu no parto. Ambas rejeitaram toda a tradição anterior da apologia à mulher, que louvava virtudes supostamente femininas — De Gouges e Wollstonecraft admitiram vícios e culparam a opressão masculina —, e ambas rejeitaram a adulação em favor da igualdade. "A mulher pode subir ao cadafalso", observou Gouges; "também deve poder subir à tribuna."[50]

De início, o impacto foi quase imperceptível. Pouco a pouco, porém, nos séculos XIX e XX, um número crescente de homens passou a apreciar o feminismo como justificativa para reincorporar as mulheres ao mercado de trabalho e, assim, explorar sua produtividade com mais eficiência. Depois que duas guerras mundiais demonstraram a necessidade e a eficácia das contribuições do sexo feminino em áreas anteriormente reservadas ou privilegiadas para homens, tornou-se moda entre pessoas de ambos os sexos exaltar mulheres fortes e aclamar a adequação das mulheres ao que ainda era considerado "trabalho de homem". Simone de Beauvoir, a indomável amante de Jean-Paul Sartre, lançou uma nova mensagem em 1946, quando disse: "Pus-me a refletir sobre mim mesma e fiquei surpresa que a primeira coisa que eu tinha a dizer era, 'Sou uma mulher'".[51] Na segunda metade do século, pelo menos no Ocidente e em comunidades de outras regiões influenciadas pela moda intelectual ocidental, tornou-se ideia corrente que as mulheres podem desempenhar as responsabilidades da liderança em qualquer campo, não por serem como homens, mas por serem humanas — ou até mesmo, na mente de feministas que poderíamos chamar de extremistas, por serem mulheres.

Algumas feministas afirmaram ser capazes de forçar os homens a mudar as regras a favor das mulheres. Com mais frequência, porém, elas se dirigiam às mulheres, a quem instavam a aproveitar ao máximo as mudanças e oportunidades que teriam ocorrido de qualquer maneira. Mas houve alguns efeitos imprevistos: ao competir com os homens, as mulheres abriram mão de algumas vantagens tradicionais — a deferência masculina e muito poder informal; ao ingressar na força de trabalho, acrescentaram outro nível de exploração às suas funções como donas de casa e mães, com o consequente estresse e o excesso de trabalho; algumas mulheres que queriam ficar em casa e se dedicar a seus maridos e filhos viram-se duplamente em desvantagem: exploradas pelos homens e criticadas pelas "irmãs". A sociedade ainda precisa encontrar o equilíbrio certo: libertar todas as mulheres para levarem a vida que desejam sem terem de se conformar a papéis criados para elas por intelectuais de qualquer dos sexos.

Tateando rumo à democracia

Soberania popular, igualdade, direitos universais, vontade geral: a conclusão lógica do Iluminismo, nesses aspectos, foi a democracia. Resumidamente, em 1793, a França revolucionária tinha uma Constituição democrática, redigida basicamente por Condorcet. O sufrágio universal masculino (Condorcet queria incluir as mulheres, mas cedeu ao rogo alarmado dos

Iluminismos por toda parte 319

colegas), com eleições frequentes e provisão para um plebiscito eram os ingredientes essenciais. Contudo, na democracia, nas palavras de Diderot, "o povo pode estar louco, mas sempre tem o poder".[52] Loucura e poder formam uma combinação assustadora. Democracia sem estado de direito é tirania. Mesmo antes de a Constituição revolucionária da França entrar em vigor, um golpe levou Maximilien de Robespierre ao poder. Em condições emergenciais de guerra e terror, foi a virtude — o termo de Robespierre para força bruta — que forneceu a direção decisiva que a razão não conseguira proporcionar. A Constituição foi suspensa após apenas quatro meses. O Terror ensopou o Iluminismo de sangue. Levou quase cem anos para que a maioria das elites europeias superasse a aversão que a palavra "democracia" inspirara. O destino da democracia revolucionária na França prenunciou exemplos do século XX: o sucesso eleitoral do fascismo, do nazismo e do comunismo, o culto a personalidades carismáticas, o abuso de plebiscitos e referendos, as misérias de viver em "democracias populares".

Os Estados Unidos, no entanto, mantiveram-se relativamente isolados dos horrores que extinguiram o Iluminismo na Europa. A Constituição americana foi elaborada em conformidade com princípios semelhantes aos seguidos por Condorcet, com grau similar de dívida para com o Iluminismo. Com pouca violência, exceto nos estados escravocratas, progressivas ampliações do direito constitucional ao voto acabaram transformando os Estados Unidos em uma democracia. Com o tempo, a maior parte do resto do mundo passou a seguir esse modelo reconfortante, que parecia mostrar que o homem comum era capaz de assumir o poder sem negociá-lo com ditadores ou encharcá-lo de sangue. A democracia que conhecemos hoje — governo representativo eleito por sufrágio universal ou quase universal sob um estado de direito — foi invenção dos Estados Unidos. Tentativas de equivalê-la ao sistema grego antigo de mesmo nome ou ao regime que nasceu com a Revolução Francesa são românticas e ilusórias. O que tornou essa democracia peculiarmente estadunidense ainda é uma questão bastante controversa. O protestantismo radical, que prosperou mais nos Estados Unidos do que nos países do Velho Mundo de onde os radicais fugiram, pode ter contribuído com tradições de tomada de decisões comunitária e rejeição da hierarquia;[53] a expansão do país para o Oeste, onde se congregaram aqueles que almejavam evadir a autoridade e onde as comunidades foram forçadas a se autorregular, pode ter ajudado.[54] Com certeza foi decisivo o fato de que o Iluminismo, com seu respeito pela soberania popular e pela sabedoria do povo, sobreviveu nos Estados Unidos enquanto fracassava na Europa.

A democracia amadureceu nos Estados Unidos, embora quase todos na Europa a vituperassem. Pensadores prudentes hesitavam em recomendar um sistema que Platão e Aristóteles haviam condenado. Rousseau detestava-a. Assim que representantes são eleitos, pensava ele, "o povo é escravizado [...]. Se houvesse uma nação de deuses, ela se governaria democraticamente, mas um governo tão perfeito não é adequado para os homens".[55] Edmund Burke — a voz da moralidade política na Inglaterra do final do século XVIII — chamou o sistema de "o mais desavergonhado do mundo".[56] Até Immanuel Kant, que já a havia defendido, renegou a democracia em 1795, tachando-a de despotismo da maioria. A história política da Europa no século XIX é uma história de "edifícios em desintegração" escorados e democracia protelada, na qual as elites sentiam o terror das carroças de condenados e a ameaça das turbas.

Nos Estados Unidos, por outro lado, a democracia "simplesmente cresceu", atraindo visitantes europeus para observá-la, refinar a ideia e recomendá-la de forma convincente aos leitores do velho continente. Quando Alexis de Tocqueville, o sagaz observador francês, viajou aos Estados Unidos para estudar a democracia, na década de 1830, o país tinha uma franquia democrática exemplar (exceto em Rhode Island, onde ainda era aplicado com rigor o estatuto de que só proprietários de terras podiam votar) no sentido de que quase todos os homens brancos adultos tinham direito a voto. Tocqueville foi sábio o suficiente para perceber que democracia significava algo mais profundo e mais sutil do que amplo direito ao voto: "Uma sociedade em que todos, vendo a lei como obra sua, a amariam e se submeteriam a ela sem custo", onde "entre todas as classes se estabeleceria uma confiança vigorosa e uma espécie de condescendência recíproca, tão distante do orgulho como da baixeza". Enquanto isso, "a associação livre dos cidadãos" deixaria "o Estado ao abrigo da tirania e do arbítrio". A democracia, concluiu ele, era inevitável. "A mesma democracia que reina nas sociedades americanas" parecia "na Europa avançar mais rapidamente para o poder", e era obrigação da velha classe dominante adaptar-se a ela: "instruir a democracia, se possível reavivar suas crenças, purificar seus costumes, regular seus movimentos" — em suma, domá-la sem a destruir.[57]

Os Estados Unidos nunca chegaram a exemplificar com perfeição a teoria. Tocqueville foi franco acerca das deficiências, algumas das quais ainda continuam evidentes: o alto custo e a baixa eficiência do governo; a venalidade e a ignorância de muitos funcionários públicos; a excessiva grandiloquência política; a tendência a que o conformismo contrabalance o individualismo; a ameaça de um panteísmo intelectualmente débil; o perigo da tirania da maioria; a tensão entre materialismo crasso e entusiasmo religioso; o risco de uma plutocracia ascendente e sedenta de poder. James Bryce, professor de jurisprudência em Oxford, reforçou a mensagem de Tocqueville na década de 1880, apontando outros defeitos, por exemplo, o modo como o sistema corrompia juízes e xerifes, levando-os a barganhar votos. Mesmo assim, recomendou o modelo americano como inevitável e desejável, pois as vantagens da democracia superavam seus defeitos e podiam ser calculadas em dólares e centavos, e medidas em monumentos esplêndidos erguidos em áreas silvestres recém-transformadas. Entre as realizações da democracia estariam o vigor do espírito cívico, o respeito generalizado pela lei, a perspectiva de progresso material e, acima de tudo, a liberação do esforço e da energia resultantes da igualdade de oportunidades. Nas três últimas décadas do século XIX e na primeira do século XX, as reformas constitucionais empurrariam a maioria dos Estados europeus, o Japão e alguma ex-colônias europeias em direção à democracia nos moldes representativos existentes nos Estados Unidos.[58]

A desilusão revolucionária deixou claro que liberdade e igualdade são difíceis de conciliar. A igualdade estorva a liberdade. A liberdade produz resultados desiguais. Nesse ínterim, a ciência expôs outra contradição no âmago do Iluminismo: que a liberdade está em desacordo com a visão mecanicista do universo. Enquanto pensadores políticos punham liberdades

Verdade e ciência

Até o século XVIII, quase tudo o que se fazia em ciência partia da premissa de que realidades externas atuam sobre a mente, que registra dados percebidos pelos sentidos. As limitações dessa teoria já eram óbvias aos pensadores da Antiguidade. Achamos difícil contestar a evidência de nossos sentidos porque não temos mais nada no que nos basearmos e os sentidos talvez sejam a única realidade existente. Por que supor que algo além deles seja responsável por ativá-los? No final do século XVII, John Locke rejeitou tais objeções, ou melhor, recusou-se a levá-las a sério, ajudando a fundar a tradição do empirismo britânico, que afirma simplesmente que o que é percebido pelos sentidos é real. Locke resumiu assim seu parecer: "O conhecimento de ninguém aqui" — querendo dizer com isso o mundo que habitamos — "pode ir além de sua experiência".[59]

Para a maioria das pessoas, a tradição transformou-se em uma atitude desapaixonada de deferência às evidências: em vez partirmos da convicção de nossa realidade íntima e duvidarmos de tudo o mais, devemos começar supondo que o mundo existe. Só assim teremos alguma chance de compreendê-lo. O empirismo implica que nada podemos saber senão pela experiência? Locke achava que sim; não obstante, é possível adotar uma atitude empírica moderada e sustentar que, embora a experiência seja um modo efetivo de atestar o conhecimento, pode haver fatos além da esfera de tal atestação. A maneira como Locke formulou a teoria dominou o pensamento do século XVIII sobre como distinguir entre verdadeiro e falso. Aos solavancos, sobreviveu no século XIX em meio a outras noções concorrentes. No século XX, a filosofia de Locke foi retomada com vigor, em especial pelos positivistas lógicos, cuja escola, fundada em Viena na

Iluminismos por toda parte

década de 1920, exigia que toda asserção considerada significativa fosse corroborada por dados dos sentidos. Entretanto, a grande influência da tradição lançada por Locke recaiu sobre a ciência, não sobre a filosofia: o grande salto da ciência no século xviii foi impulsionado pelo respeito que os dados sensoriais impunham. Desde então, os cientistas sempre mostraram predileção por uma abordagem empírica do conhecimento, no sentido dado por Locke.[60]

A ciência estendeu o alcance dos sentidos ao que antes era remoto ou ocluso demais. Galileu viu as luas de Júpiter através de seu telescópio. Auferindo a velocidade do som, Marin Mersenne ouviu harmônicos que ninguém notara antes. Robert Hooke inalou "água-seca" no vapor acre de um pavio aceso antes que Antoine Lavoisier provasse a existência de oxigênio, isolando-o e incendiando-o. Antonie van Leeuwenhoek viu micróbios através de seu microscópio. Newton conseguiu extrair arco-íris de um raio de luz e detectar a força que une o cosmo no peso de uma maçã. Luigi Galvani sentiu a eletricidade palpitar na ponta de seus dedos e fez cadáveres se contorcerem a um toque de corrente elétrica. Franz Mesmer achava que o hipnotismo era um tipo mensurável de "magnetismo animal". Com risco à própria vida, Benjamin Franklin demonstrou com pipas e chaves que raios são um tipo de eletricidade. Esses triunfos tornaram crível o brado dos filósofos empiristas: "Nada que não veio dos sentidos pode estar presente na mente!".

Dedicação à ciência e bom senso prático foram parte dos antecedentes da chamada Revolução Industrial — o movimento que desenvolveu métodos mecânicos de produção e mobilizou novas fontes de energia. Embora a industrialização não seja uma ideia, a mecanização, em certo sentido, é. Em parte, suas origens residem na surpreendente capacidade humana de imaginar diminutas fontes de energia gerando forças enormes, assim como tendões filiformes transmitem a força do corpo. O vapor, a primeira fonte natural de energia a ser "aproveitada" para substituir os músculos, foi um caso bastante óbvio: podemos vê-lo e sentir seu calor, mesmo que seja preciso certa imaginação para acreditar que ele possa mover e locomover máquinas. Na década de 1760, James Watt aplicou uma descoberta da ciência "pura" — pressão atmosférica, que é invisível e indetectável exceto por experimentos — ao aproveitamento da energia do vapor.[61]

Os germes foram talvez o mais espantoso dos agentes outrora invisíveis que a nova ciência revelou, e a teoria dos germes foi uma ideia igualmente útil à teologia e à ciência. Tornou misteriosas as origens da vida, mas esclareceu as causas da deterioração e da doença. A vida, se Deus não a concebeu, só poderia ter surgido por geração espontânea. Pelo menos, até onde sabemos, era o que todos pensavam havia milhares de anos, se é que pensavam a respeito. Para os antigos egípcios, a vida emergiu do lodo da primeira inundação do Nilo. A narrativa mesopotâmica usual lembra o relato predileto de muitos cientistas modernos: a vida tomou forma espontaneamente em uma conturbada sopa primordial de nuvens e condensação misturada com um elemento mineral, o sal. Para melhor visualizar os "deuses gerados pelas águas", poetas sumérios recorreram à imagem da fervilhante lama aluvial das inundações do Tigre e do Eufrates: a linguagem é sacra, o conceito é científico. Embora contestado pela teologia, o bom senso continuou sugerindo que o bolor e os vermes da putrescência são gerados de maneira espontânea.

Assim, quando os micróbios se tornaram visíveis sob o microscópio de Antonie van Leeuwenhoek, praticamente não fazia sentido indagar de onde vinham. O mundo microbiano, com sua irrefutável aparência de geração espontânea, entusiasmou os ateus. A existência de Deus — ou pelo menos a validade de asserções sobre Seu poder exclusivo de criar vida — estava em jogo. Então, em 1799, com auxílio de um poderoso microscópio, Lazzaro Spallanzani observou a fissão, isto é, células se reproduzindo por divisão. Ele demonstrou que bactérias — ou *animalculi*, para usar o termo preferido na época, ou germes, como ele os chamou — mortas por aquecimento não podem ressurgir em um ambiente fechado. Ou, como Louis Pasteur viria a dizer mais tarde, "pareceu-me que leveduras, propriamente ditas, são seres vivos, que os germes de organismos microscópicos abundam na superfície de todos os objetos, no ar e na água, e que a teoria da geração espontânea é quimérica".[62] Spallanzani concluiu que os organismos vivos não surgem do nada: eles só podem germinar em um ambiente onde

Iluminismos por toda parte

já estão presentes. Nem um único caso conhecido de geração espontânea da vida restou no mundo.

A ciência ainda se digladia com as consequências. Até onde sabemos, as formas de vida unicelulares chamadas arqueas foram as primeiras do nosso planeta. Os primeiros indícios de sua existência datam de pelo menos meio bilhão de anos após a formação da Terra. Portanto, nem sempre estiveram por aqui. De onde elas vieram, então? As ciências egípcia e suméria postularam um acidente químico. Pesquisadores continuam procurando evidências, mas, até agora, sem sucesso.

A teoria dos germes também teve enormes consequências práticas: quase imediatamente, transformou a indústria alimentícia ao sugerir uma nova maneira de preservar alimentos, mantendo-os em recipientes fechados. No longo prazo, abriu caminho para a identificação de muitas doenças. Tornara-se claro que os germes adoeciam os corpos, além de deteriorar os alimentos.[63]

Em certa medida, o sucesso da ciência atiçou a desconfiança da religião. A evidência dos sentidos era verdadeira e provocada por objetos reais (com exceções envolvendo som e cor, mas que experimentos podiam confirmar). O ribombar, por exemplo, é prova do sino, como o calor é prova da proximidade do fogo, ou o cheiro de gás prova a presença dele. De Locke, os radicais do século XVIII herdaram a convicção de que era "mixaria" desperdiçar tempo pensando se havia ou não algo além do mundo observável da ciência. Todavia, tal atitude, que hoje chamaríamos de cientificismo, não agradou a todos os praticantes da ciência. O filósofo escocês David Hume, nascido alguns anos após a morte de Locke, concordava que não faz sentido falar da realidade de algo imperceptível, mas ressaltou que as sensações não são evidências de nada, exceto de si mesmas, e que afirmar que são objetos que as causam é uma suposição inverificável. Na década de 1730, um renomado pregador de Londres, Isaac Watts, adaptou a obra de Locke para leitores religiosos, exaltando o "juízo" mudo — detectável por sensação, mas inexprimível em pensamentos — lado a lado com as percepções materiais. Perto do final do século, Kant inferiu que é a estrutura da mente, e não alguma realidade fora dela, que determina o único mundo que podemos conhecer. Enquanto isso, muitos cientistas, como Maupertuis, retornaram do ateísmo para a religião, ou passaram a se interessar mais por especulações sobre verdades além do alcance da ciência. A obra de Spallanzani restaurou a Deus um lugar na irrupção da vida. Além disso, as Igrejas aprenderam como derrotar os incrédulos. A censura não funcionava; mas apelos às pessoas comuns, passando por cima dos intelectuais, sim. A despeito da hostilidade do Iluminismo, o século XVIII foi um período de extraordinário reavivamento religioso no Ocidente.

Reações religiosas e românticas

O cristianismo alcançou um novo público. Em 1722, Nikolaus Ludwig, o conde Von Zinzendorf, vivenciou um senso incomum de vocação. Em sua propriedade no leste da Alemanha, construiu a comunidade de Herrnhut ("a cabana do Senhor") como um refúgio onde cristãos perseguidos poderiam compartilhar seu senso do amor de Deus. O lugar tornou-se um centro do qual irradiava fervor evangélico — ou "entusiasmo", como o chamavam. O movimento de Zinzendorf foi apenas um dos inúmeros que surgiram no século XVIII para oferecer às pessoas comuns uma solução afetiva e não intelectual aos problemas da vida — prova de que, a seu modo, os sentimentos são mais fortes que a razão e que, para alguns, a religião é mais satisfatória que a ciência. Jonathan Edwards, de Massachusetts, um dos grandes inspiradores do revivalismo cristão, disse: "Nossa gente não precisa tanto de [...] cabeças repletas quanto de [...] corações tocados". Suas congregações purgavam as emoções de maneiras que os intelectuais julgavam repulsivas. "Ouviram-se fortes gemidos", observou uma testemunha de um dos sermões de Edwards, "de tal modo que o ministro foi obrigado a parar — os gritos e choros eram lancinantes e espantosos."[64]

A pregação era a tecnologia da informação de todos esses movimentos. Em 1738, com o "coração estranhamente acalentado", John Wesley inaugurou uma missão para os trabalhadores da Inglaterra e do País de Gales. Ele viajava quase 13 mil quilômetros por ano e pregava ao ar livre para congregações de milhares de fiéis de cada vez. Mais que uma mensagem, Wesley transmitia um estado de espírito — a sensação de como Jesus podia transformar vidas com seu amor. Um amigo de Isaac Watts, George Whitfield, organizava reuniões nas colônias americanas da Grã-Bretanha, onde "muitos choravam entusiasticamente, como pessoas famintas e sedentas de justiça" e faziam Boston parecer "o portal do céu".[65] O evangelismo católico adotou métodos semelhantes para arrostar os mesmos inimigos: materialismo, racionalismo, apatia e religião formalizada. Para os pobres de Nápoles, Alfonso Maria de Liguori parecia um profeta bíblico. Em 1765, o papa autorizou a devoção ao Sagrado Coração de Jesus — um símbolo sangrento do amor divino. Cinicamente, alguns monarcas europeus contribuíram para o reavivamento religioso como meio de distrair as pessoas da política e utilizar as igrejas como agentes de controle social. O rei Frederico, o Grande, da Prússia, um livre-pensador que gostava de ter filósofos em sua mesa de jantar, promovia a religião para seu povo e suas tropas. Ao fundar centenas de capelanias militares e exigir ensino religioso nas escolas, estava pondo em prática a recomendação de um amigo ocasional, Voltaire: "Se Deus não existisse, seria preciso inventá-lo". Embora preferisse que Deus restringisse mais os reis que a plebe, Voltaire percebeu que "deixar intacta a crença humana no medo e na esperança" era a melhor fórmula para a paz social.[66]

A música ajudou a atenuar o racionalismo, em parte porque evoca emoções sem expressar um significado claro. No século XVIII, Deus parecia ter tomado para si todas as melhores canções. Com os hinos enternecedores de Isaac Watts, os cantores vertiam desprezo sobre o orgulho. O irmão de John Wesley, Charles, fazia as congregações sentirem a alegria do céu no amor. Os cenários da paixão de Cristo de Johann Sebastian Bach comoveram ouvintes de todas as tradições religiosas e também os que não tinham uma. Em 1741, um dos textos bíblicos que Georg Friedrich Haendel musicou era uma resposta eficaz aos céticos: embora Deus fosse "desprezado e rejeitado pelos homens", "sei que meu Redentor vive, e ainda que os vermes destruam esse corpo, em minha carne verei a Deus". Mozart serviu melhor à Igreja que à maçonaria. Ele morreu em 1791, enquanto trabalhava em sua grande missa de *Réquiem* — seu triunfo pessoal sobre a morte.

Não é preciso entender nada, intelectualmente, para apreciar a música. Durante a maior parte do século XVIII, é claro, os compositores refletiram os valores do Iluminismo em contrapontos de precisão matemática, por exemplo, ou em harmônicos racionais. Todavia, a música estava prestes a triunfar como um tipo de linguagem universal, graças a correntes mais profundas da história cultural e intelectual. Mozart jazia num túmulo de indigente sem que ninguém pranteasse por ele, mas, quando Ludwig van Beethoven morreu em 1834, dezenas de milhares de pessoas se aglomeraram em seu funeral e ele foi enterrado com pompas que dificilmente desonrariam um príncipe.[67] Nesse ínterim, o romantismo desafiava as sensibilidades iluministas.

O século XVIII na Europa foi supostamente a "era da razão". Mas seus fiascos — suas guerras, seus regimes opressivos, sua decepção consigo mesmo — mostraram que a razão por si só não era suficiente. A intuição era, no mínimo, sua igual. Os sentimentos eram tão bons quanto o pensamento. A natureza ainda tinha lições para ensinar à civilização. Os cristãos e seus inimigos podiam concordar acerca da natureza, que parecia mais bela e mais terrível que qualquer construção do intelecto humano. Em 1755, um terremoto com epicentro perto de Lisboa sacudiu até mesmo a fé de Voltaire no progresso. Uma das maiores cidades da Europa, lar de quase 200 mil pessoas, foi reduzida a ruínas. Como alternativa a Deus, filósofos radicais responderam ao chamado de "retorno à natureza" que o barão de Holbach, um dos mais proeminentes *encyclopédistes*, proferiu em 1770: "Ela [...] expulsará de seus corações os medos que os fazem claudicar [...], os ódios que os separam do homem, a quem deveriam amar".[68] "Sensibilidade" passou a designar a capacidade de deixar-se enlevar pelos sentimentos, que eram mais valorizados que a razão.

Vale lembrar que as explorações do século XVIII estavam constantemente revelando novas maravilhas da natureza que apequenavam as construções da mente e das mãos humanas. As paisagens do Novo Mundo inspiraram reações que as pessoas do século XVIII chamaram de "românticas". Estudiosos modernos não parecem conseguir chegar a um acordo sobre o que

Iluminismos por toda parte 329

esse termo efetivamente significava. Mas, na segunda metade do século XVIII, ele se tornou cada vez mais frequente, audível e insistente na Europa e, posteriormente, cada vez mais preponderante mundo afora. Os valores românticos incluíam imaginação, intuição, emoção, inspiração e até paixão, ao lado — ou, em casos extremos, à frente — da razão e do conhecimento científico como guias para a verdade e a boa conduta. Os românticos afirmavam preferir a natureza à arte, ou, pelo menos, queriam que a arte demonstrasse empatia pela natureza. O elo da arte com as explorações globais e a revelação de novas maravilhas ficou evidente nas gravuras que ilustravam os relatos publicados de dois jovens exploradores espanhóis, Jorge Juan e Antonio de Ulloa, que cruzaram o equador na década de 1730 como parte do mesmo projeto que levou Maupertuis ao Ártico: determinar o formato da Terra. Os dois combinaram diagramas científicos com imagens cheias de reverência e admiração pela natureza indômita. O desenho que fizeram do monte Cotopaxi em erupção no Equador, por exemplo, tendo ao fundo um fenômeno de arcos de luz nas encostas da montanha, combina precisão com um rude romantismo. Ironicamente, uma ilustração científica foi uma das primeiras obras de arte do romantismo.

A fusão de ciência e romance fica aparente também no trabalho de um dos maiores cientistas da época, Alexander von Humboldt, que pretendia "ver a natureza em toda a sua variedade de grandeza e esplendor". O ponto alto de seus esforços ocorreu em 1802, quando ele tentou escalar o monte Chimborazo, o pico irmão do Cotopaxi. Pensava-se que o Chimborazo era a montanha mais alta do mundo — o cume intocado da criação. Humboldt quase chegou ao topo, mas, nauseado pela altitude, atormentado pelo frio, sangrando copiosamente pelo nariz e pelos lábios, foi forçado a voltar. Sua história de sofrimento e frustração era exatamente o tipo de tema que autores românticos começavam a celebrar na Europa. O poeta inglês John Keats compôs um hino ao amante que "jamais terá sua bênção". Em 1800, Novalis, o introspectivo mas influente poeta alemão, criou um dos símbolos mais poderosos do romantismo: a *blaue Blume*, a indescritível flor azul que nunca poderá ser arrancada e que desde então simboliza o anseio romântico. O culto do inatingível, do anelo insatisfazível, está no cerne do romantismo: em uma das ilustrações feitas por Humboldt de suas aventuras nas Américas, ele se inclina ao sopé do Chimborazo para colher uma flor. Suas gravuras das paisagens que visitou inspiraram os pintores românticos do novo século.[69]

O romantismo não foi apenas uma reação contra o classicismo e a deificação informal da razão; foi também uma nova mescla entre sensibilidades populares e os valores e gostos das pessoas instruídas. A poesia romântica, como Wordsworth e Coleridge alegavam, era "a linguagem dos homens comuns". Sua grandiosidade era rústica — da solidão, não das cidades; da montanha, não das mansões. Sua estética era sublime e pitoresca, não urbana e contida. Sua religião era a do "entusiasmo", palavra malvista nos salões do ancien régime, mas que atraía milhares de pessoas a pregadores populares. A música do romantismo esquadrinhava cantigas tradicionais em busca de melodias. Seu teatro e sua ópera tomaram elementos de empréstimo aos charivaris das pantomimas de rua. Seu profeta foi Johann Gottfried Herder, que coletou contos folclóricos e louvava o poder moral da "verdadeira poesia" daqueles "a quem chamamos de selvagens". "*Das Volk dichtet*", dizia Herder: o povo faz poesia. Os valores educacionais do romantismo ensinavam a superioridade das paixões não refinadas sobre o requinte artificioso. Seus retratos mostravam damas da sociedade vestidas como camponesas em jardins cultivados para parecerem naturais, reinvadidos pelo romance. "A plebe" chegara à história da Europa como uma força criativa e começaria agora a remodelar seus senhores à sua própria imagem: a cultura, ou pelo menos uma parte da cultura, começaria a borbulhar a partir de baixo, e não mais gotejaria da aristocracia e da alta burguesia para o povo. O século XIX — o século do romantismo — despertaria a democracia, o socialismo, a industrialização, a guerra total e "as massas" (apoiadas por membros sagazes da elite) "contra as classes".[70]

8. O climatério do progresso:
Certezas do século XIX

O HOMEM COMUM recorreu ao derramamento de sangue. O bom selvagem voltou a ser o que sempre fora. A Revolução Francesa toldou o Iluminismo com sombras. Em Paris, em 1798, no estranho espetáculo fantasmagórico de Étienne-Gaspard Robert formas monstruosas pareciam emanar de uma tela ou tremular numa cortina de fumaça. Em demonstrações do novo poder da galvanização, os precursores em vida real de Frankenstein emocionavam o público fazendo cadáveres se contorcer. Francisco Goya pintou criaturas da noite que uivavam e agitavam pesadelos enquanto a razão dormia, mas monstros podiam surgir mesmo nas horas mais vigilantes da razão. Prefigurações do quão monstruosa a modernidade poderia ser entremeavam-se à questão hedionda da experimentação científica ou despontavam em mentes torturadas por "crimes cometidos em nome da liberdade".

A transformação de uma cultura inteira tornou-se audível nas dissonâncias que invadiram a música de Beethoven e visível nas deformações que distorciam as obras de Goya. Depois do Iluminismo — racional, impassível, desapegado, preciso, altivo, ordenado e autoassertivo —, o estado de ânimo predominante na Europa do século XIX era romântico, sentimental, entusiástico, numinoso, nostálgico, caótico e autocrítico. Ensanguentada, mas não abatida, a crença no progresso persistiu, mas agora com o olhar voltado desesperadamente para o futuro, e não sobranceiramente para o presente. Com o Iluminismo obscurecido, o progresso era discernível, mas indistinto. Cerca de sessenta anos após as pinturas de Barry sobre o progresso da Royal Society of Arts em Londres, Thomas Cole concebeu uma série semelhante sobre "O curso do império" para ilustrar versos de Byron:

There is the moral of all human tales;
'Tis but the same rehearsal of the past.
First freedom and then Glory — when that fails,
*Wealth, vice, corruption — barbarism at last.**

A sequência de Barry, no entanto, culminava no Elísio, enquanto a de Cole avançava da selvageria à desolação da civilização, passando pela civilização e a opulência decadente.

Uma visão panorâmica da época

Os perfectibilistas do século XIX acreditavam não em uma era de ouro do passado, o palco usual das utopias em épocas anteriores, mas que a era de ouro ainda estava por vir. Já não podiam confiar na razão para produzir progresso. O colapso do Iluminismo derrubara a casa da razão, expondo a violência e a irracionalidade humanas. Tudo o que restara fora "madeira torta" com a qual "nada reto" poderia ser construído: as expressões são da grande figura de transição que, entre o Iluminismo e o romantismo, "criticou" a razão e enalteceu a intuição: Immanuel Kant.[1]

Em vez da razão, vastas forças impessoais pareciam conduzir o aprimoramento humano: leis da natureza, da história, da economia, da biologia, "de sangue e de ferro". O resultado foi um quadro do mundo mecanizado e brutalizado. As espantosas conquistas da ciência e da tecnologia mantiveram a ilusão de progresso. A industrialização movida a vapor multiplicou imensamente a força braçal. A ciência continuou a revelar verdades outrora ocultas, trazendo micróbios à vista, manipulando gases, mensurando forças até então desconhecidas como magnetismo, eletricidade e pressão atmosférica, percebendo elos entre espécies, expondo fósseis e revelando,

---

* Em tradução livre: "A moral de todas as histórias humanas/ Não é mais que a mesma repetição do passado./ Primeiro liberdade, Glória depois — quando isso falha,/ Riqueza, vício, corrupção — barbárie enfim". Versos de *A peregrinação de Childe Harold*, canto IV. (N. T.)

O climatério do progresso

assim, a antiguidade da Terra. Jornalistas e políticos ingleses alavancaram, inflaram e insuflaram o progresso como se fosse "o avanço das melhorias" — um nome enganador para o barulho e a confusão de indústrias sem regulamentação alguma. Todo avanço era adaptável a fins malignos: à guerra ou à exploração. O intelecto e a moralidade não registraram nenhuma das melhorias esperadas, todas elas materiais e basicamente confinadas a indivíduos e lugares privilegiados. Como o Iluminismo que a precedera, a "Era do Progresso" do século xix dissolveu-se em sangue: no cataclismo da Primeira Guerra e nos horrores do século xx.

Esses horrores fluíram das ideias do século xix: nacionalismo, militarismo, valorização da violência, arraigamento da raça, suficiência da ciência, irresistibilidade da história, culto do Estado. Um fato arrepiante sobre as ideias deste capítulo é que a maioria delas gerou efeitos pavorosos. Elas moldaram o futuro, mesmo que tivessem pouca influência na época, o que não chega a surpreender: sempre há um intervalo de tempo entre o nascimento de uma ideia e de sua progênie. Fábricas, por exemplo, foram erigidas no que ainda era um mundo renascentista, pelo menos no que tangia à elite, que, como observou William Hazlitt, "não paravam de falar sobre gregos e romanos".[2] Os cientistas inspirados, curiosos e magnânimos do século xix lembravam artistas ou matemáticos que lidam com matemática pura: poucos tinham vocação prática. A ciência, como vimos, podia munir a indústria. Mas os inventores dos processos que tornaram a industrialização possível — fundição de coque, fiação mecanizada, bombeamento e tear a vapor — foram heróis da autoajuda: artesãos autodidatas e engenheiros com pouca ou nenhuma formação científica. A ciência acabou sequestrada pelas ambições da indústria — cujo resgate foi pago em dinheiro para "pesquisas úteis" enquanto era distraída por dogmas de responsabilidade social —, mas somente quando o século xix estava quase chegando ao fim.

Todas as inovações técnicas que remodelaram o mundo do século xix começaram no Ocidente. O mesmo aconteceu com as iniciativas em quase todos os outros campos. As que surgiram na Ásia foram respostas ou ajustes ao poder incomum do homem branco — recepções ou rejeições de suas exortações ou exemplos. No início do século xix, William Blake ainda podia desenhar a Europa como uma Graça entre iguais na dança dos continentes, de braços dados com a África e as Américas. Ela, porém, reduziu seus continentes irmãos à mera emulação ou à servidão. Embora às vezes demorassem longo tempo a provocar mudanças nas sociedades extraeuropeias, as ideias ocidentais se espalharam rapidamente, por exemplo ou imposição, simbolizando e consolidando uma vantagem crescente tanto na guerra como em produtos manufaturados. A influência cultural europeia e o imperialismo empresarial ampliaram o alcance da hegemonia política. Avanços demográficos, industriais e técnicos sem precedentes geraram novos descompassos. As regiões industrializadas e em processo de industrialização se apartaram e seguiram em frente. Embora a hegemonia da Europa tenha sido breve, os milagres europeus foram a característica mais marcante do século XIX: a culminação de uma prolongada expansão comercial, de iniciativas imperiais e de conquistas científicas.

Demografia e pensamento social

As mudanças demográficas são um bom ponto de partida, pois sustentam todas as outras. Um breve resumo dos fatos demográficos também ajudará a explicar as teorias que os observadores urdiram a partir deles.

Apesar da mecanização, o trabalho humano continuou sendo o mais útil e adaptável dos recursos naturais. No século XIX, o crescimento mais rápido da população ocorreu na Europa e na América do Norte — "o Ocidente", como passou a ser chamado, ou "civilização atlântica", que abarcava seu oceano natal, seu *mare nostrum*, assim como o Império Romano se apegou ao mar do meio. Entre 1750 e 1850, a população da China dobrou; a da Europa quase dobrou; a das Américas dobrou e tornou a dobrar. Para a guerra e para o trabalho, as pessoas eram o que mais importava, embora o Ocidente também houvesse se excedido na mobilização de outros recursos, em especial o cultivo de alimentos e a extração de riquezas minerais.

Todos nós estamos cientes de que a mudança na distribuição global da população favoreceu o Ocidente, mas ninguém foi capaz de mostrar

O climatério do progresso

como isso afetou a industrialização. Historiadores e economistas competem para identificar as circunstâncias que a tornaram possível e costumam mencionar instituições financeiras propícias, o ambiente político favorável, a mentalidade comercial da elite e o acesso a carvão para fundir minérios e produzir vapor. Tudo isso foi relevante e talvez decisivo. Todavia, nenhuma das teorias mais aceitas dá conta do grande paradoxo da mecanização: por que ocorreu onde e quando a população estava crescendo? Por que se dar ao labor e ao custo de mecanizar quando a mão de obra era tão abundante que seu preço só tendia a cair? Creio que a população tenha sido fundamental por causa da relação entre mão de obra e demanda. A abundância de mão de obra, quando além de um limiar ainda não especificado, inibe a mecanização: as economias mais laboriosas e produtivas do mundo pré-industrial, as da China e da Índia, eram assim. Sugiro, porém, que, abaixo desse limiar insondável, o crescimento da população gera demanda excedente por bens, comparativamente à mão de obra disponível para produzi-los. Um equilíbrio propício entre oferta de mão de obra e demanda por bens é a condição essencial para a industrialização. A Grã-Bretanha foi o primeiro país a atingi-lo, seguida, no decorrer do século XIX, pela Bélgica e por algumas outras partes da Europa, e depois pelos Estados Unidos e Japão.

Embora relativamente concentrado no Ocidente, esse crescimento populacional sem precedentes ocorreu em todo o mundo. A aceleração começara no século XVIII, quando o intercâmbio transoceânico e intercontinental de biotas comestíveis impulsionou enormemente a oferta de alimentos do mundo, ao mesmo tempo que, por razões obscuras, possivelmente relativas a mutações aleatórias no mundo microbiano, o ambiente global de doenças mudou em favor de humanos. A princípio, os efeitos foram difíceis de discernir. Muitos analistas do final do século XVIII estavam convencidos de que a deriva estatística era adversa, talvez por notarem o despovoamento rural — uma espécie de epifenômeno resultante do crescimento relativamente mais rápido das cidades. Mesmo aqueles que logo detectaram a tendência não sabiam o que aconteceria no longo prazo e se debateram com soluções conflitantes, para sua própria perplexidade. Entre as consequências estava uma ideia poderosa, porém equivocada, que teve influência extraordinária: a ideia de superpopulação.

Gente demais? Ninguém acreditava que isso fosse possível até um pastor inglês, Thomas Malthus, formular a ideia, em 1798. Antes, mais pessoas eram promessa de mais atividade econômica, mais riqueza, mais mão de obra, mais força. A voz de Malthus clamava pela ausência de um deserto. Ele contemplava com ansiosa indulgência um ab-rogável mundo novo onde apenas um desastre moderaria a superpopulação. As estatísticas que utilizou em *Ensaio sobre a população* foram extraídas da obra do marquês de Condorcet, que citara o aumento populacional como indício de progresso. Embora Condorcet fosse um otimista, Malthus repassou as mesmas estatísticas por um filtro lúgubre e concluiu que a humanidade estava fadada à calamidade porque o número de pessoas estava aumentado muito mais depressa que a quantidade de alimentos. "O poder de crescimento da população é indefinidamente maior do que o poder que a terra tem de produzir meios de subsistência para o homem. A população, quando não controlada, cresce numa progressão geométrica. Os meios de subsistência crescem apenas numa progressão aritmética."[3] Somente "freios positivos" — uma combinação apocalíptica de fomes, pestes, guerras e catástrofes — conseguiriam manter o número de pessoas em um nível razoável para o mundo alimentar.

Malthus escreveu de modo tão convincente que as elites do mundo entraram em pânico por acreditarem nele. Sua perspectiva, segundo William Hazlitt, era "uma base sólida sobre a qual afixar as alavancas que podem mover o mundo".[4] Entre as consequências desastrosas estavam guerras e iniciativas imperialistas empreendidas pelo medo das pessoas de ficarem sem espaço: esse foi o impulso tanto para o *Lebensraum* alemão como para o "colonialismo" que o demógrafo Patrick Colquhoun instou como "o único meio de salvação", na Grã-Bretanha, em 1814. Os resultados voltaram a ser desastrosos quando uma nova onda de apreensão malthusiana acometeu o mundo em meados do século xx diante do aumento da população mundial. A chamada "revolução verde" da década de 1960 em diante espargiu o mundo com pesticidas e fertilizantes químicos na tentativa de aumentar a produção de alimentos. A "pecuária industrial" entupiu as prateleiras

O climatério do progresso

dos mercados com carcaças mal alimentadas, supermedicadas e criadas com técnicas cruéis. Alguns países introduziram políticas compulsórias de limitação familiar que efetivamente promoviam o infanticídio e incluíam programas de esterilização e abortos baratos ou gratuitos; a pesquisa contraceptiva atraiu investimentos enormes, que tiveram efeitos colaterais médicos e morais bastante dúbios.

As ansiedades malthusianas se revelaram falsas, pois as estatísticas demográficas oscilam. Tendências nunca se mantêm por muito tempo. A superpopulação é extremamente rara; a experiência sugere que, à medida que uma proporção cada vez maior da população mundial atinge a prosperidade, as pessoas se reproduzem menos.[5] No século XIX, porém, os oráculos ominosos de Malthus pareciam razoáveis, seus fatos pareciam incontroversos e suas previsões, plausíveis. Todo pensador leu Malthus e quase todos tomaram para si algo dele. Alguns adotaram suas angústias apocalípticas; outros se apropriaram de suas premissas materialistas, seus métodos estatísticos, seu determinismo ambiental ou seu modelo da luta pela vida como algo competitivo ou conflituoso. Do modo mais cabal possível, Malthus pôs abaixo a confiança na inevitabilidade do progresso. O pensamento político do Ocidente, e portanto do mundo, no século XIX foi uma série de respostas ao problema de como manter o progresso: como evitar o desastre ou sobreviver a ele, ou talvez aceitá-lo como um purgativo ou uma chance de começar de novo.

Direita e esquerda foram igualmente inventivas. Nos extremos, pareciam praticamente indistinguíveis, pois a política é como uma ferradura e as extremidades quase se tocam. Nos limites externos, ideólogos convictos podem ter pontos de vista contrastantes, mas tendem a adotar os mesmos métodos para impô-los a outros. Assim, começaremos com o conservadorismo e o liberalismo antes de enfrentarmos o socialismo, mas alternaremos entre esquerda e direita ao revisarmos as doutrinas daqueles que confiaram no Estado e dos anarquistas e pensadores políticos cristãos que se opunham a eles, antes de nos voltarmos ao surgimento de nacionalismos que, em seu magnetismo e em seus efeitos, triunfaram sobre todas as outras ideias políticas do período.

Conservadorismos e liberalismo

Mesmo o conservadorismo, que se mostrou paradoxalmente fértil em novas ideias, fazia parte de um mundo que via o futuro com insegurança. Podemos entender melhor o conservadorismo de modo estratigráfico, em três camadas de profundidade. Ele tende a nascer de uma perspectiva pessimista e de uma indisposição inata de mexer radicalmente nas coisas como elas são, a fim de evitar que piorem. Em um nível profundo, em que os seres humanos parecem irremediavelmente maus e necessitados de contenção, o pessimismo inspirou outro tipo de conservadorismo: o autoritarismo, que valoriza a ordem acima da liberdade e o poder do Estado acima da liberdade do indivíduo. Existe também, com certa sobreposição de valores, uma tradição conservadora que enaltece o Estado ou alguma outra comunidade (como "raça" ou "nação") sobre o indivíduo, quase sempre com o argumento de que a identidade de cada um é imperfeita exceto como parte de uma identidade coletiva.

Essas construções, no entanto, não eram o que o estadista anglo-irlandês Edmund Burke imaginou em 1790. Como a corrente principal do conservadorismo desde então, ele se preocupava em salvaguardar o progresso e reformá-lo para que sobrevivesse. Burke nutria solidariedade radical por vítimas e oprimidos, mas retraiu-se diante dos excessos da Revolução Francesa. O tempo é o "grande instrutor", disse, e o costume ou a tradição é a fonte da estabilidade.[6] Ordem é essencial; não por ela mesma, mas sim para equalizar as oportunidades de todos os indivíduos no exercício da liberdade. O Estado deve estar disposto a se reformar quando necessário; caso contrário, a revolução advirá, com todos os seus males. Quando Robert Peel fundou o Partido Conservador Britânico, em 1834, consagrou esse equilíbrio. O programa do partido era reformar o que precisava ser reformado e conservar o que não precisasse — uma fórmula com flexibilidade para suportar mudanças. *"Plus ça change, plus c'est la même chose"* ["Quanto mais se muda, mais se é a mesma coisa"] foi como o apóstolo francês do conservadorismo, Alphonse Karr, expressou a ideia em 1849, depois que

O climatério do progresso 339

uma série de revoluções frustradas alarmou a elite europeia. Os governos mais bem-sucedidos nos tempos modernos adotaram estratégias fundamentalmente conservadoras, embora nem sempre o admitissem. Aqueles que optaram pela revolução ou pela reação raramente duraram muito.

O conservadorismo começou como um modo de manejar a natureza, especialmente a natureza humana, para o bem comum. Não se afastava muito, portanto, das agendas que hoje consideramos social-democratas, as quais se valem de quantidades modestas de regulações para proteger mercados livres de distorções por corrupção, especulação, exploração, desigualdades crassas de renda ou privilégio e outros abusos da liberdade. Uma desconfiança da ideologia foi outra característica que Burke transmitiu ao conservadorismo moderno. Ele declarou que a paz é melhor que a verdade e deplorou as "distinções metafísicas" como um "pântano serboniano" e a teorização como um "sintoma seguro de um Estado mal-conduzido".[7]

O conservadorismo nunca pretendeu ter fundamentação científica, isto é, ser baseado em dados verificáveis e produzir efeitos previsíveis. Entretanto, a abordagem estatística de Malthus tornara imaginável uma ciência da sociedade pela qual políticas baseadas em fatos infalíveis produziriam resultados garantidos. A busca pode ser, literalmente, enlouquecedora: Auguste Comte, pioneiro do que chamou de "sociologia" ou "física social", esteve internado por um tempo em um hospício. Nas palestras que começou a publicar em 1830, quando se debatia com sua loucura autodiagnosticada e uma carreira acadêmica estagnada, previu uma nova síntese de pensamento científico e humanístico, embora não soubesse ao certo como forjá-lo ou dar-lhe forma. Ao ir se desenvolvendo ao longo do restante do século, a sociologia tornou-se benquista pela direita, como uma tentativa de tornar controláveis as mudanças sociais. Somente mais tarde os sociólogos passaram a ser identificados na mitologia popular com os estereótipos barbudos e cabeludos da esquerda intelectual.

Nesse meio-tempo, um filósofo inglês, Jeremy Bentham, concebeu uma maneira sintética de formular políticas públicas semelhantes àquela pela qual Comte ansiara. Bentham hoje é tratado como uma espécie de santo secular, como convém ao fundador de uma escola superior sem uma capela — "um anjo sem asas".[8] Seu corpo está exposto lá, no University College London, como um encorajamento aos alunos. Seu "utilitarismo" tornou-se um credo para os irreligiosos. Ele criou uma espécie de cálculo da felicidade e definiu o bem como o excedente de felicidade sobre infelicidade. O objetivo que definiu para o Estado foi "a máxima felicidade para o maior número de pessoas". Isso não era liberalismo, tal como a maioria das gentes entendia o termo na época, pois Bentham classificou a "utilidade" social acima da liberdade individual, mas sua filosofia era radical, visto que propunha uma nova maneira de avaliar as instituições sociais sem referência ou deferência a sua antiguidade, autoridade ou histórico de sucesso. A doutrina era propositalmente ateia e materialista: o parâmetro de felicidade de Bentham era o prazer; seu índice de maldade era a dor.

O benthamismo tornou-se imediatamente influente. Seus admiradores britânicos reorganizaram o Estado e purgaram o código penal da dor despropositada, mas infligiram novos tipos de dor a indivíduos supostamente sem mérito em prol do que veio a ser chamado de "interesse público". Leis ruins tentaram reduzir o número de vagabundos e párias tornando seus infortúnios insuportáveis. A burocracia britânica foi renovada com funcionários bem colocados em concursos públicos. Mesmo sob governos nominalmente de direita, o viés libertário nunca conseguiu extirpar por completo do interesse público as prioridades dos legisladores. Até quase meados do século xx, a tradição radical na Grã-Bretanha foi predominantemente benthamita, mesmo quando se dizia socialista.[9]

Bentham era o membro mais eloquente de uma classe dominante britânica que se afastava do romantismo. Ele e seus amigos buscaram pensar a gestão da sociedade de maneira austera, racional e científica. A máxima felicidade do maior número de pessoas, no entanto, sempre significa sacrifícios para alguns. É estritamente incompatível com os direitos humanos, pois os interesses do maior número de pessoas sempre deixam alguns indivíduos a ver navios. Nem eram os benthamitas os únicos dispostos a sacrificar a liberdade em prol de um bem supostamente maior. Como veremos, na Alemanha super-homens e cultores da vontade humana compartilhavam a mesma disposição. Thomas Carlyle, o moralista mais influente

O climatério do progresso

da Grã-Bretanha até sua morte em 1881, alimentou os crentes ingleses com o pensamento alemão sobre a unidade essencial de uma "raça anglo-saxã"; achava que era perfeitamente legítimo "coagir suínos humanos".[10]

Não obstante, a direita na Grã-Bretanha permaneceu "civilizada" e, de modo geral, evitou bater na liberdade ou alijar o individualismo. O discípulo mais eficaz e dedicado de Bentham, John Stuart Mill, ajudou a manter a liberdade no campo de foco dos conservadores. Mill nunca deixou de recomendar aspectos da filosofia utilitarista, talvez por nunca ter esquecido uma lição de seu pai, que durante muito tempo atuou como amanuense de Bentham e explicou: "O modo mais eficaz de fazer o bem é [...] atribuir honra a ações unicamente na proporção de sua tendência de aumentar o montante de felicidade e diminuir o montante de miséria".[11] Sua fórmula descreve o modo como a filantropia ainda hoje funciona nos Estados Unidos, recompensando milionários com veneração em troca de investimentos privados em benefícios públicos.

O jovem John Stuart Mill, contudo, não conseguiu abnegar por completo os anseios românticos. Aos vinte anos, começou a perder a fé no guru de seu pai, pois vislumbrou como seria um mundo perfeito no qual todas as prescrições de Bentham houvessem sido adotadas. E recuou, horrorizado. Ao modificar e, mais tarde, rejeitar o utilitarismo, Mill acabou colocando a liberdade no topo de sua escala de valores, substituindo o maior número de pessoas de Bentham por uma categoria universal, o indivíduo: "Sobre si mesmo, sobre seu próprio corpo e mente, o indivíduo é soberano". Mill decidiu que a liberdade do indivíduo tem de ser absoluta, a menos que infrinja a liberdade de outros: "Somente assim a liberdade do indivíduo deve ser limitada: ele não deve ser um estorvo para outras pessoas [...]. O único fim para o qual o poder deve ser legitimamente exercido sobre qualquer membro de uma comunidade civilizada contra sua vontade é impedir danos a outros" — nunca para "torná-lo mais feliz" nem "porque, na opinião dos outros, fazê-lo seria prudente ou mesmo correto".[12] Se hoje pensamos na Grã-Bretanha do século XIX como uma grande sociedade liberal — liberal no sentido europeu original de uma palavra que nasceu na Espanha e significa, de modo apropriado, "voltada para a liberdade do indivíduo" —, foi em grande parte em razão da influência de Mill. Para lorde Asquith (primeiro-ministro de 1908 a 1916, cujos admiradores lhe elogiavam a paciência e cujos adversários lhe condenavam a procrastinação), Mill foi "o provedor-mor de pensamento para os primeiros vitorianos".[13]

Contudo, o individualismo de Mill nunca subvalorizou as necessidades sociais: "A sociedade não está fundamentada em um contrato e [...] nenhum bom propósito é satisfeito inventando-se um contrato a fim de deduzir dele obrigações sociais". Por outro lado, "todos os que recebem a proteção da sociedade devem um retorno pelo benefício"; logo, todo cidadão há de respeitar os direitos alheios e contribuir com uma parcela razoável de impostos e serviços ao Estado.[14] O liberalismo de Mill também não era perfeito. Às vezes, ele oscilava de maneira desenfreada entre extremos de rejeição e louvor ao socialismo. Em decorrência de sua influência, a elite política britânica adotou o que poderia ser chamado de tradição liberal modificada, que permitiu ao país reagir de modo não dogmático a mudanças e tornou-o surpreendentemente impermeável às revoluções violentas que convulsionaram a maioria dos outros Estados europeus.[15]

"Mulheres e crianças em primeiro lugar": Novas categorias de pensamento social

A desavença entre Bentham e Mill ilustra as contradições das sociedades industrializadas. De um lado, para máxima eficiência, os inventores de máquinas precisam ser livres, assim como os elaboradores de estratégias econômicas e comerciais, e os organizadores de empresas; e os trabalhadores também precisam de liberação para o lazer, a fim de compensar a labuta enfadonha e a rotina. De outro, o capitalismo tem de ser disciplinado para o bem comum ou, no mínimo, para o bem do "maior número de pessoas". A indústria é, paradoxalmente, fruto do capitalismo e emblema da prioridade da comunidade sobre os indivíduos: as fábricas os inserem em um todo maior; os mercados funcionam congregando investimentos. Máquinas não operam sem engrenagens. Por analogia com a indústria,

O climatério do progresso

343

a sociedade pode seguir rumos dirigíveis, como linhas de montagem ou algoritmos de negócios. Processos mecânicos tornam-se modelos para relacionamentos humanos. Como veremos, grande parte das novas ideias e linguagens do século XIX submergiu o indivíduo em "massas" e "classes" — e, em uma escala maior, em discursos de "raças".

Antes de explorarmos essas categorias abrangentes e falaciosas, vale a pena fazer uma pausa para examinar dois grupos reais de pessoas que as mentes sistematizantes da época tenderam a ignorar: as mulheres e as crianças. Sob o impacto da industrialização, ambos precisaram ser reavaliados. A exploração do trabalho de crianças e mulheres foi um dos escândalos das fases iniciais; pouco a pouco, porém, a mecanização foi retirando do mercado de trabalho esses grupos marginalmente eficientes. Os homens transferiram a mulher para um pedestal. Os adultos passaram a tratar as crianças não mais como adultos em miniatura, mas como uma classe distinta da sociedade — quase uma subespécie da humanidade. Mulheres e crianças, deificadas por artistas e publicitários, foram confinadas a santuários domésticos: "mulheres e crianças" tornou-se "a expressão que exime o homem da sanidade", como diz uma frase famosa de *Uma passagem para a Índia*, de E.M. Forster. Idealizações europeias — aquelas invejáveis imagens artísticas de feminilidade delicadamente cultivada ou de infância querubínica — eram quase ininteligíveis em culturas nas quais mulheres e crianças continuavam sendo parceiras dos homens na produção.

Havia desvantagens na idealização. As sociedades que libertaram as crianças do local de trabalho tentaram confiná-las em escolas. Limpadores de chaminés não se transformaram espontaneamente nos bebês aquáticos* que Charles Kingsley grotescamente imaginou; o ideal romântico de infância ganhava vida mais por coação do que por aceitação. Em 1879, Henrik Ibsen capturou a situação das mulheres em sua peça mais famosa, *Uma casa de bonecas*, colocando Nora num papel que lembra o

---

* No livro infantil *Water Babies*, um jovem e maltrapilho limpador de chaminés cai em um rio, morre afogado e se transforma em um bebê aquático que vive alegremente rodeado de fadas e ninfas da água. (N. T.)

de uma criança. Para as mulheres, cair do pedestal podia ser doloroso, como a adúltera retratada por Augustus Egg [na série *Passado e presente*] em três terríveis estágios de declínio e miséria, ou as heroínas operísticas de preferências sexuais duvidosas, como Manon e Violetta. A mulher caída, *la traviata*, tornou-se um dos temas favoritos da época. *Uma casa de bonecas* e *O jardim secreto* (de Frances Hodgson Burnett) provaram ser, na prática, claustros opressivos dos quais mulheres e crianças da Europa do século xx lutavam para escapar.[16]

Todavia, novas maneiras de pensar as mulheres e as crianças eram pouco comentadas. Tal como os homens, elas estavam imersas, sem distinção, nas categorias de classe e massa nas quais a maioria dos intelectuais se concentrava. O choque de visões políticas na Europa do século xix foi o eco de um choque mais intenso entre concepções filosóficas rivais de humanidade. O "homem" é macaco ou anjo?[17] É a imagem de Deus ou o herdeiro de Adão? A bondade que há nele floresce em liberdade ou é corroída pelo mal, que tem de ser controlado? A política do medo e a política da esperança colidiram. No restante desta seção, visitaremos a grande arena dessas colisões: a do socialismo e de ideias afins.

O socialismo era uma forma extrema de otimismo. Em Milão, em 1899, Giuseppe Pellizza, um burguês cheio de culpa que se convertera à nova causa, iniciou sua vasta pintura simbólica sobre o tema. Em *Il quarto stato* [O quarto estado], ele descreveu uma enorme multidão de trabalhadores, avançando, em suas palavras, "como uma torrente, derrubando todos os obstáculos em seu caminho, sedenta de justiça".[18] Seu avanço é inexorável, seu foco é inabalável, sua solidariedade chega a ser intimidante. Mas, exceto por uma mulher em primeiro plano, que lembra a madona e parece empenhada em algum projeto pessoal enquanto apela a um dos líderes um tanto rústicos à frente da marcha, individualmente eles não têm personalidade. Movem-se como peças de um autômato gigante, em ritmo mecânico, lento e latejante.

Nenhuma obra de arte poderia expressar melhor a grandeza e o fastio do socialismo: humanidade enobrecida, mobilizada por um determinismo fatigante. Na história do socialismo, nobreza e humanidade vieram

O climatério do progresso

primeiro; os radicais os subsumiram em "igualdade e fraternidade". As primeiras comunidades socialistas tentaram incorporar as mesmas qualidades nas práticas de compartilhamento e cooperação. Na comunidade utópica de Icária, inveja, crime, raiva, rivalidade e luxúria desapareceriam — ou assim esperava seu idealizador — com a abolição da propriedade. E as orgias sexuais planejadas por Charles Fourier seriam organizadas sob princípios igualitários.[19]

Tais experimentos fracassaram, mas a ideia de reformar a sociedade como um todo em linhas socialistas atraiu pessoas que se sentiam mal recompensadas ou indignadas com a distribuição desigual da riqueza. Ícaro desce à terra no "socialismo dos contabilistas" de Thomas Hodgskin, que endossou o ponto de vista de David Ricardo (de quem falaremos em um instante), segundo o qual é o labor dos trabalhadores que agrega quase todo o valor da maioria das mercadorias e, portanto, são eles que devem receber a maior parte dos lucros. Esse era um socialismo feito para capitalistas, em que cada ideal tem seu preço. Depois que a economia socialista tornou-se convencional, Louis Blanc tornou a política socialista também convencional. Blanc, que em 1839 cunhou a frase "De cada um conforme suas possibilidades, a cada um conforme suas necessidades", convenceu a maioria dos socialistas a confiar no Estado para impor seus ideais à sociedade. John Ruskin, o mortificado crítico de arte e árbitro do gosto vitoriano, ecoou esses argumentos na Inglaterra. Para ele, "o primeiro dever de um Estado é garantir que toda criança ali nascida seja bem abrigada, vestida, alimentada e educada".[20] Certamente, o aumento do poder do Estado só poderia ajudar os necessitados. Enquanto isso, Karl Marx previa o inevitável triunfo do socialismo após um ciclo de conflitos de classe; à medida que o poder econômico passasse do capital para o trabalho, o proletariado degradado e inflamado por patrões exploradores tomaria o poder. Os primeiros experimentos socialistas haviam sido pacíficos, sem nenhuma terra a conquistar exceto nos espaços abertos do grande ermo, sem nenhum adversário humano exceto o egoísmo e a ganância. Agora, porém, transformado pela linguagem do conflito e da coerção, o socialismo tornara-se uma ideologia da violência, que exigia resistência intransigente daqueles que valorizavam a propriedade acima da fraternidade e a liberdade acima da igualdade.[21]

De certa forma, os socialistas ainda buscavam, por novos métodos, o ideal grego antigo de um Estado que servisse para tornar os homens virtuosos. Onde quer que fosse tentado, no entanto, o socialismo não obtinha efeitos morais positivos perceptíveis. "Tal como acontece com a religião cristã, a pior propaganda para o socialismo são seus adeptos", observou o esquerdista cético George Orwell nos relatos de suas viagens pela Inglaterra dos anos 1930 em *O caminho para Wigan Pier*. Os defensores do socialismo acharam que poderiam recorrer a evidências factuais — econômicas ou históricas — e representar sua doutrina como "científica". A obra de David Ricardo, que nunca foi socialista mas tentou identificar, sem preconceitos, leis econômicas por analogia com as leis da natureza, produziu a suposta corroboração econômica. Em 1817, ele identificou um princípio da economia — de que o trabalho agrega valor a um produto — e transformou-o em lei.[22]

Ricardo afirmou que "o trabalho é a base de todo valor", sendo que "a quantidade relativa de trabalho [...] determina quase exclusivamente o valor relativo das mercadorias".[23] Em sua forma bruta, a teoria está errada. O capital afeta o valor pelo qual as mercadorias são trocadas e nem sempre ele é meramente mão de obra armazenada, pois ativos naturais extremamente valiosos podem ser convertidos de maneira quase instantânea em dinheiro. O modo como os produtos são percebidos ou apresentados afeta quanto as pessoas pagarão por eles (Ricardo reconheceu o valor da raridade, mas apenas como uma distorção de curto prazo, citando objetos de arte e "vinhos de qualidade peculiar"). Ainda assim, o princípio de Ricardo está correto. E, a partir dele, o autor tirou conclusões contraintuitivas e mutuamente contraditórias. Se o trabalho é o maior contribuidor para os lucros, é de esperar que os salários sejam altos; Ricardo, portanto, era da opinião de que os salários poderiam "ser deixados à concorrência livre e justa do mercado, e jamais devem ser controlados por interferência legislativa". Por outro lado, ele esperava que os capitalistas mantivessem os salários baixos para maximizar os lucros. "Não pode haver aumento no valor do trabalho sem uma redução dos lucros."[24]

O climatério do progresso

Karl Marx acreditava em Ricardo, mas os acontecimentos provaram que ambos estavam errados, pelo menos até o início do século xxi. Eu antes achava que isso se devia ao fato de os capitalistas também reconhecerem que era do seu interesse remunerar bem os trabalhadores, não apenas para garantir a paz industrial e evitar a revolução, mas também para melhorar a produtividade e aumentar a demanda. Entretanto, parece mais provável que as terríveis e calamitosas guerras do século xx tenham imposto responsabilidade social aos empreendedores ou os obrigado a aceitar regulamentação rigorosa do governo no interesse da coesão social e da sobrevivência nacional.[25]

Ainda assim, uma ideia não precisa ser correta para ser influente. As características essenciais do pensamento de Ricardo sobre o trabalho — a teoria do valor-trabalho e a ideia de um conflito de interesses permanente entre capital e trabalho — animaram, via Marx, a agitação revolucionária na Europa do final do século xix e no mundo do século xx.

Marx alegou basear suas prescrições sociais e políticas na economia científica. Mas foi seu estudo da história que mais contribuiu para moldar suas ideias. De acordo com a teoria de transformação histórica, de Marx, toda ocorrência de progresso é a síntese de dois eventos ou tendências conflitantes anteriores. Seu ponto de partida foi G. W. F. Hegel, um ex-seminarista protestante que galgou de modo espetacular a inopinada hierarquia universitária da Prússia no início do século xix. Tudo, segundo Hegel, faz parte de alguma outra coisa; portanto, se x é parte de y, precisamos entender y para pensar com coerência sobre x e, em seguida, podermos conhecer $x + y$ — a síntese sem a qual nada faz sentido. Isso parece quase trivial: uma receita para jamais conseguirmos pensar com coerência em coisas isoladas. O esquema de Marx, porém, além de dialético, era materialista: as mudanças são causadas por fatores econômicos (e não, como Hegel acreditava, pelo espírito ou por ideias). Marx previu que o poder político sempre acaba nas mãos de quem detém as fontes de riqueza. Sob o feudalismo, por exemplo, a terra era o meio de produção; logo, os proprietários de terra governavam. Sob o capitalismo, o dinheiro é o mais importante; logo, são os financistas que administram o Estado.

No industrialismo, como Ricardo mostrara, o trabalho agrega valor; logo, os trabalhadores governariam a sociedade do futuro em uma "ditadura do proletariado". Marx delineou vagamente uma outra síntese final: em uma sociedade sem classes, o Estado "definha e morre", a riqueza é compartilhada igualmente e a propriedade se torna comum a todos.

Afora essa consumação improvável, cada uma das transições que Marx imaginou de um tipo de sociedade para o seguinte seria inevitavelmente violenta: a classe dominante sempre lutaria para manter o poder e a classe ascendente sempre tentaria tomá-lo para si. Como Marx aceitou o argumento de Ricardo de que os patrões sempre tentariam explorar ao máximo os trabalhadores, esperava que uma reação violenta se seguisse: "A burguesia não apenas forjou as armas que vão matá-la, mas gerou também os homens que vão empunhar essas armas: os trabalhadores modernos, os *proletários*", escreveu.[26] Marx, portanto, tendia a concordar com os pensadores de seu tempo, que viam o conflito como algo bom e conducente ao progresso. Ele ajudou a inspirar a violência revolucionária, que por vezes conseguiu transformar a sociedade mas nunca trouxe a utopia comunista à tona ou mesmo à vista.

Todas as suas previsões se provaram falsas — até hoje, pelo menos. Se ele estivesse certo, a primeira grande revolução proletária deveria ter ocorrido nos Estados Unidos, a sociedade na vanguarda do capitalismo. Na verdade, porém, os Estados Unidos continuaram sendo o país onde o marxismo nunca chegou a fincar o pé, ao passo que as grandes revoluções do início do século xx foram as rebeliões camponesas tradicionais, em contextos basicamente não industrializados, na China e no México. A Rússia, que por um tempo os marxistas viram como um caso exemplar do marxismo em ação, era apenas parcial e parcamente industrializada em 1917, quando o Estado foi tomado pelos seguidores revolucionários de Marx. Contudo, mesmo lá, os princípios do mestre foram demonstrados às avessas: a Rússia tornou-se uma ditadura, mas não do proletariado. A classe dominante foi substituída, mas apenas por um partido dominante. Em vez de descartar o nacionalismo e promover o internacionalismo, os novos governantes russos logo retomaram a política tradicional fundamentada nos

O climatério do progresso   349

interesses do Estado. A Mãe Rússia importava mais que a Mãe Coragem. A exploração burguesa dos trabalhadores chegou ao fim, mas foi seguida imediatamente pela opressão estatal de quase todos.[27]

Os apóstolos do Estado

O Estado que Marx gostaria de ver "definhar e morrer" era, para a maioria de seus contemporâneos, o melhor meio de manter o progresso. Em certa medida, o empoderamento do Estado ocorreu fora do âmbito das ideias: foram contingências materiais que tornaram o processo irrefreável. O crescimento da população abastecia de homens os exércitos e as forças policiais; novas tecnologias permitiam transmitir ordens com rapidez e as impunham com severidade; impostos, estatísticas e informações se acumulavam; os meios de punição se multiplicavam; a violência tornava-se cada vez mais um privilégio (e, em última instância, quase um monopólio) do Estado, que possuía mais armas e podia gastar mais do que qualquer indivíduo, instituição tradicional, associação ou estrutura regional de poder. No século XIX, o Estado triunfou em quase todos os confrontos com fontes rivais de autoridade — tribos, clãs e outros grupos baseados em parentesco; a Igreja e alternativas teocráticas ao poder secular; aristocracias e patriciados; cartéis comerciais; particularismos locais e regionais; chefes de quadrilhas, máfias extralegais e maçonarias. Nas guerras civis de Alemanha, Japão, Itália e Estados Unidos no início da segunda metade do século XIX, os centralizadores venceram.

Os pensadores não se esquivaram de apoiar a direção que as coisas estavam tomando, nem de prover argumentos para ampliar ainda mais o poder do Estado, nem de enfatizar a desejabilidade ou inevitabilidade da soberania absoluta, proclamando a máxima de que "o Estado não pode errar". Consideremos, então, suas contribuições, começando com as de Hegel, antes de abordarmos na seção seguinte as ideias dos dissidentes e oponentes (ou talvez no caso da Igreja, rivais) do Estado.

Hegel ofereceu o ponto de partida filosófico para o culto do Estado (bem como para grande parte do pensamento predominante no século xix): a filosofia que chamou de idealismo. Talvez ficasse mais fácil entendê-la se a renomeássemos "ideiaísmo", pois, na linguagem cotidiana, "idealismo" significa uma abordagem de vida voltada a aspirações elevadas, ao passo que a ideia de Hegel era algo bem diferente, a saber, que apenas ideias existem. Filósofos da antiga Índia, China e Grécia o antecederam. Alguns estudiosos usam o termo "idealismo" para denotar a teoria de Platão, superficialmente similar, de que apenas as formas ideais são reais (ver p. 189). Platão influenciou Hegel, mas a fonte imediata de inspiração deste foi o bispo George Berkeley, cuja sinecura na Igreja da Irlanda no início do século xviii lhe garantia bastante tempo livre para pensar. Berkeley queria defender a metafísica do materialismo e Deus de Locke. Começou examinando a noção de senso comum de que os objetos materiais são reais — suposição que, segundo ele, provém da maneira como os registramos em nossa mente. Entretanto, percepções registradas na mente são as únicas realidades das quais temos algum tipo de confirmação. Logo, não temos como saber se existem coisas reais fora de nossa mente, "nem é possível que elas tenham alguma existência fora das mentes [...] que as percebem". Talvez não existam pedras, apenas a ideia de pedra. Samuel Johnson afirmou ser capaz de refutar essa teoria — e o fez, dando um chute numa pedra.[28]

Todavia, não é tão fácil chutar o idealismo para escanteio. Hegel levou o pensamento de Berkeley um passo adiante. Em seu linguajar típico e desnecessariamente tortuoso, ele louvou "a noção de Ideia [...] cujo objeto é a Ideia como tal [...], a absoluta e completa verdade, a Ideia que pensa a si mesma".[29] Hegel adotou uma estratégia improvável para se comunicar, mas calculada para impressionar: dificultar ao máximo que se acompanhe seu pensamento ou entenda seu linguajar. Pretensos intelectuais gostam de supervalorizar a obscuridade e chegam a exaltar a ininteligibilidade, e todos nós somos tentados a confundir complexidade com profundidade. Bertrand Russell conta a história de como o conselho de sua antiga faculdade em Cambridge o consultou para saber se deveriam ou não renovar a bolsa de Ludwig Wittgenstein, o nome na vanguarda da filosofia, visto que não conseguiam entender sua obra. Russell respondeu que ele também não conseguia entendê-la e, portanto, recomendou que renovassem

O climatério do progresso

a bolsa — por via das dúvidas. Há um caso anedótico muito popular na academia, segundo o qual dois pesquisadores deram duas vezes a mesma aula, uma em inglês inteligível e outra em inglês ininteligível. Munidos de pranchetas, ficaram à espera dos alunos para anotar seus pareceres sobre as versões rivais da palestra. Os resultados, é claro, foram previsíveis. O pensamento de Hegel pode ser expresso em termos singelos: nós conhecemos o que está em nossa mente. A única experiência verificável é a experiência mental. O que está fora da mente não pode senão ser inferido.

Como uma reflexão aparentemente inócua e praticamente irrelevante sobre a natureza das ideias afeta a política e a vida real? Hegel provocou um debate ainda não resolvido (e, por vezes, furibundo) entre filósofos: é possível distinguir as "coisas em si" das ideias que temos em nossa mente? À maneira de muitas discussões teóricas do passado — sobre mistérios teológicos na Antiguidade, por exemplo, ou o vestuário adequado para clérigos no século XVII —, não é fácil entender, à primeira vista, os motivos de tanto escarcéu, pois, como hipótese preliminar, a suposição de que percepções refletem realidades além de si mesmas parece inelutável. Entretanto, o debate é importante devido às suas graves implicações para a organização e a conduta da sociedade. Negar a existência de qualquer coisa fora de nossa mente é um beco sem saída desesperado, no qual se amontoam anarquistas (ver p. 357), subjetivistas e outros individualistas extremos. Para escaparmos desse beco sem saída, alguns filósofos propuseram, em essência, aniquilar o conceito de "si", isto é, de individualidade: para serem reais, as ideias têm de ser coletivas. Tal alegação veio como uma bênção para doutrinas corporativas e totalitárias de sociedade e de Estado. Por fim, o idealismo levou alguns de seus proponentes a um tipo de monismo moderno, segundo o qual a única realidade é "o absoluto" — a consciência que todos nós compartilhamos. O eu é parte de todo o resto.

A doutrina parece benévola, mas pode ser apropriada por indivíduos sequiosos de poder dizendo-se personificar ou representar a consciência absoluta. Hegel atribuiu ao Estado um tipo especial de mandato sobre a realidade. "O Estado é a Ideia Divina tal como existe na Terra", afirmou, utilizando letras maiúsculas com ainda mais prodigalidade que o habitual do alemão do seu tempo.[30] Hegel realmente quis dizer isso, embora soe verborrágico e exagerado. A seu ver, a vontade do Estado — na prática, a vontade da elite ou do governante — é a "vontade geral" que Rousseau afirmara ter identificado (ver p. 313). Sobrepuja o que cada cidadão quer e até mesmo o que todos os cidadãos venham a querer. Hegel não via sentido em falar de indivíduos. Margaret Thatcher, a heroína conservadora do final do século xx, teria supostamente dito "Não existe sociedade", querendo dizer que somente os indivíduos que a compõem importam. Hegel adotara a perspectiva oposta: os indivíduos são incompletos, exceto no contexto das comunidades políticas a que pertencem. O Estado, no entanto, sempre com E maiúsculo, é perfeito. Embora a lógica de tal afirmação seja imperfeita, visto que Estados também são parte de uma comunidade maior, a do mundo como um todo — mas Hegel não levou isso em conta.[31]

Seus contemporâneos e sucessores ficaram estranhamente fascinados por tudo o que ele disse, talvez porque Hegel tenha confirmado uma tendência já pressentida rumo ao poder estatal ilimitado. Tradicionalmente, instituições independentes do Estado — como a Igreja na Europa medieval — haviam sido capazes de restringi-lo por meio de leis naturais ou divinas. Na época de Hegel, porém, o "direito positivo" — as leis que o Estado faz para si — já era supremo e, para todos os efeitos, incontestável.

Hegel acreditava que a maioria das pessoas é incapaz de realizações meritórias e que somos todos joguetes da história e de forças vastas, impessoais e inevitáveis que controlam nossa vida. Ocasionalmente, no entanto, "indivíduos históricos mundiais" de extraordinária sabedoria, coragem ou capacidade podem personificar o "espírito do tempo" e forçar o desenrolar da história, sem todavia alterar seu curso. Por conseguinte, "heróis" e "super-homens" autodeclarados se apresentam periodicamente para interpretar o absoluto em nome de todos. Como tendem a preferir anti-heróis, para intelectuais do século xxi é difícil entender que o século xix foi uma época que cultuava heróis. Carlyle, tendo caído sob o feitiço do pensamento alemão, achava que a história era pouco mais que o registro das realizações dos grandes homens. Ele defendia o culto do herói como um tipo de religião secular de autoaperfeiçoamento. "A história do

O climatério do progresso

que o homem realizou neste mundo", escreveu, "é, no fundo, a História dos Grandes Homens que aqui labutaram [...]. O Culto de um Herói é a admiração transcendente por um Grande Homem [...]. Não resta, no fundo, nada mais a admirar [...]. A sociedade é fundada no culto dos heróis."[32] Seus fundamentos são a lealdade e a "admiração submissa pelos verdadeiramente grandes". O tempo não produz grandeza; os grandes a produzem para si. A história não faz heróis; heróis fazem a história. Até o historiador de índole liberal Jacob Burckhardt, cujo ponto de vista sobre a Renascença permeia quase tudo o que seus sucessores pensaram sobre questões estéticas, concordava que "grandes homens" moldam as narrativas de sua época pela força de sua vontade.[33]

É difícil conciliar essas ideias com a expansão democrática do final do século XIX. Não poucos estudiosos acreditam que tais super-homens nunca existiram fora da mente de seus admiradores. "A história do mundo é apenas a biografia de grandes homens" parece hoje uma alegação antiquada — pitoresca, exótica ou rabugenta, conforme a seriedade com que se temem déspotas ou valentões. Carlyle desperta piedade, escárnio ou execração quando lemos: "Não podemos contemplar, ainda que imperfeitamente, um grande homem, sem ganharmos algo com ele. Ele é a fonte viva de luz, da qual é bom e agradável estar perto. A luz que ilumina, que iluminou as trevas do mundo [...] um luminar natural que brilha pelo dom do Céu".[34] Democracia, que Carlyle definiu como "desesperança de encontrar heróis que nos governem",[35] fez com que os heróis parecessem obsoletos. Hoje é provável que endossemos a réplica de Herbert Spencer a Carlyle: "Você há de admitir que a gênese de um grande homem depende da longa série de influências complexas que produziram a raça na qual ele surge e o estado social ao qual essa raça lentamente se coalesceu [...]. Antes que ele possa refazer sua sociedade, sua sociedade tem de fazê-lo".[36]

No século XIX, contudo, os cultos da personalidade remodelaram culturas inteiras. Estudantes ingleses imitavam o duque de Wellington. Otto von Bismarck tornou-se um modelo para os alemães. Luís Napoleão Bonaparte era desconhecido na época de sua eleição à presidência da República Francesa, mas ecos de heroísmo em seu nome inspiraram reverência. Nas Américas, o mito extirpou de George Washington e de Simón Bolívar suas falhas humanas. O próprio culto do herói de Hegel remetia a déspotas encharcados de sangue. Os heróis servem a grupos — partidos, nações, movimentos. Somente santos incorporam virtudes para todo o mundo. À medida que os heróis substituíam os santos na estima popular, o mundo piorava.[37] Acreditando que grandes homens poderiam salvar a sociedade, as democracias confiaram cada vez mais poder a seus líderes e, em muitos casos no século xx, renderam-se por vontade própria à demagogia e a ditadores.[38]

Os perigos do culto do super-homem deveriam ter ficado evidentes na obra de Friedrich Nietzsche, um frustrado professor de filosofia provinciano, que passou grande parte da segunda metade do século subvertendo ou invertendo todo o pensamento convencional que detestava, até sua faculdade crítica degenerar-se em contrariedade, seu amargor em paranoia e seu gênio em delírio — transparecido em cartas que escreveu relatando sua própria crucificação, convocando o kaiser a se autoimolar e instando a Europa à guerra. Ele acreditava que "o colapso anárquico de nossa civilização" era um preço baixo a pagar por um super-homem como Napoleão — o mesmo herói que inspirara o jovem Hegel a marchar triunfante pela cidade natal do seminarista. "Os infortúnios da [...] gente pequena", Nietzsche acrescentou, "não contam para nada, exceto nos sentimentos dos homens de poder." Ele achava que o "artista-tirano" era o tipo mais nobre de homem, e que "crueldade espiritualizada e intensificada" era a forma mais alta de cultura. Isso soa como provocação irônica, ainda mais porque Nero seria a personificação proverbial de ambas as qualidades: o imperador romano insanamente egoísta, que se tornou sinônimo de formas refinadas de sadismo e que teria lamentado a própria morte pela perda que ela representaria para a arte. Nietzsche, no entanto, estava sendo totalmente sincero. "Eu vos ensino o Além-do-Homem", declarou. "O humano é algo que deve ser superado."[39]

A filosofia moral de Nietzsche pareceu convidar exploradores sedentos de poder a abusar dela. Sua "moralidade dos senhores" era simples: ele resolveu o problema da verdade negando que ela existe, e uma interpretação será preferível a outra apenas se for mais autorrealizável para quem

O climatério do progresso

a escolhe. O mesmo princípio se aplicaria à moral. Nietzsche propôs que todos os sistemas morais são tiranias. "Considera toda moral com isso em mente: [ela...] torna odioso o *laisser-aller*, a liberdade excessiva, e cria a necessidade de horizontes acanhados, de deveres abafantes, que restringem a perspectiva e de certo modo ensinam a estupidez." Amor ao próximo seria apenas um eufemismo cristão para o medo do próximo. "Todas essas moralidades, o que são elas senão [...] receitas contra as paixões?", perguntou. Nietzsche era uma voz solitária em sua época, mas foi agourentamente representativo do futuro.[40]

Sobretudo na década de 1880, suas obras clamaram que a vingança, a raiva e a luxúria fossem reclassificadas como virtudes; entre suas recomendações estavam a escravidão, a sujeição das mulheres "ao chicote", o refinamento da raça humana por guerras gloriosamente sangrentas, o extermínio de milhões de pessoas inferiores, a erradicação do cristianismo com seu desprezível viés pelos fracos e uma ética "lei do mais forte". Alegava justificação científica, pois os conquistadores seriam necessariamente superiores a suas vítimas. "Nutro a esperança", escreveu, "de que a vida possa um dia tornar-se mais plena de maldade e sofrimento que nunca."[41] Por tudo isso, Nietzsche foi o filósofo favorito de Hitler. Este, entretanto, entendeu-o mal, pois os ódios de Nietzsche eram tão amplos que abrangiam também o Estado — a força do indivíduo era o que ele admirava e a moral imposta pelo Estado, o tipo que mais execrava. Como ocorreu com as obras de tantos outros grandes pensadores que Hitler interpretou à sua maneira equivocada, a de Nietzsche foi distorcida e forçada a serviço do nazismo.[42]

Em meados do século XIX, outra contribuição da filosofia moral alimentou o culto do super-homem: a noção da autonomia e primazia da "vontade" — uma zona suprarracional da mente em que coalescem desejos ou ânsias que seriam moralmente superiores aos da razão ou da consciência. Todavia, o porta-voz dessa selvageria nem de longe a personificava. Arthur Schopenhauer era recluso, autoindulgente e inclinado ao misticismo. Como tantos outros filósofos, ele queria isolar algo — qualquer coisa — que fosse real de maneira indisputável: a matéria, o espírito, o eu, a alma, o pensamento, Deus. Schopenhauer topou com a noção de "vontade", cujo significado era vago e impreciso, talvez até para ele. Obviamente, porém, julgou que conseguiria diferenciá-la da razão e da moral. Por uma "passagem subterrânea, uma cumplicidade secreta", ela nos leva "traiçoeiramente" ao autoconhecimento com tanta clareza que nos convence. O propósito que Schopenhauer identificou na vida, o destino ao qual a vontade aspira, é, para quase todos os gostos, desalentador: a extinção de tudo — que, segundo ele insistia, era o que Buda quisera dizer com nirvana. Em geral, somente os alienados, os ressentidos e os fracassados defendem o niilismo irrestrito. E Schopenhauer, por certo, não estava sendo literal: sua meta era a ascensão mística, similar à de outros místicos, começando pela abnegação do mundo exterior e chegando à autorrealização extática (que, é claro, sua alma azeda e rabugenta não alcançou). Alguns leitores, no entanto, reagiram com frenesi destrutivo, como o niilista amoral de *A forma errada*, de G. K. Chesterton: "*Eu* nada desejo. Eu nada *desejo*. Eu *nada* desejo", ele declara. As mudanças de ênfase indicam a rota do egoísmo, da vontade e do niilismo.

Nietzsche mediou a mensagem de Schopenhauer para os futuros e pretensos super-homens que ascenderiam ao poder no século xx. Mas a modificou ao longo do caminho, sugerindo que também incluía o desejo de lutar. A resolução só poderia advir da vitória e do domínio de alguns sobre outros. "O mundo é vontade de potência, e nada mais! És também essa vontade de potência — e nada mais!", Nietzsche exclamou, dirigindo-se a potenciais super-homens.[43] Para mentes como a de Hitler ou Benito Mussolini, foi uma justificação para o imperialismo e as guerras de agressão. *O triunfo da vontade*, nome que Leni Riefenstahl deu a um notório filme de propaganda que fez para Hitler, foi seu tributo à genealogia oitocentista da autoimagem do Führer.[44]

Inimigos públicos: Além e contra o Estado

Nem Nietzsche nem Schopenhauer miraram — ou sequer anteviram — a maneira como suas doutrinas seriam manipuladas para reforçar o poder do Estado. Toda mudança que içou o Estado ou um pretenso super-homem

O climatério do progresso

acima da lei multiplicou as possibilidades de injustiça. O fenômeno ocorre com frequência em democracias; nas ditaduras, é de praxe. Compreensivelmente, portanto, com variados graus de rejeição, alguns pensadores do século XIX reagiram contra doutrinas que idolatravam ou idealizavam o Estado.

O anarquismo, por exemplo, era um ideal muito antigo, que começou, como todo pensamento político, com suposições acerca da natureza humana. Se os seres humanos são naturalmente morais e razoáveis, eles deveriam ser capazes de se entender uns com os outros sem o Estado. Desde o momento em que Aristóteles exaltou pela primeira vez o Estado como um agente de virtude, a anarquia desfruta de má reputação na tradição ocidental. Na Europa do século XVIII, contudo, a crença no progresso e na melhoria fez com que um mundo sem Estado parecesse realizável. Em 1793, o futuro marido de Mary Wollstonecraft, William Godwin, propôs a abolição de todas as leis, alegando que elas derivavam de antigos acordos arremedados em um estado de selvageria, que o progresso tornara obsoletos. Comunidades pequenas e autônomas poderiam resolver todos os conflitos mediante discussões cara a cara. Pierre-Joseph Proudhon, cujo trabalho de impressor alimentava seu apetite desmesurado por livros, deu o passo seguinte. Em 1840, inventou o termo "anarquismo" para designar uma sociedade baseada em princípios de reciprocidade — uma sociedade de mutualidade ou cooperação. Muitas comunidades experimentais desse tipo surgiram, mas nenhuma em escala que rivalizasse com o Estado convencional. Enquanto isso, os defensores do poder estatal capturavam a corrente socialista: os sociais-democratas, que propuseram tomar o Estado mobilizando as massas; e os seguidores de Louis Blanc, um intelectual burguês que tinha burocratas entre seus ancestrais e que confiava em um Estado forte e regulador para realizar ambições revolucionárias. Os anarquistas foram marginalizados como hereges esquerdistas; sob a influência dos escritos de Mikhail Bakunin, que cruzou a Europa inteira para animar movimentos anarquistas nas décadas de 1840 a 1870, eles começaram a recorrer cada vez mais ao que parecia ser o único programa revolucionário alternativo prático: violência por meio de células terroristas.

Entre os revolucionários que defendiam a belicosidade partidária no início do século XIX, Carlo Bianco se destaca. Ele propunha um "terrorismo calculista — do cérebro, não do coração"[45] em prol das vítimas da opressão. Mas a maioria dos revolucionários de sua época eram idealistas que sentiam repulsa pelo terror. Queriam que a insurreição fosse ética e visasse as forças armadas do inimigo, poupando civis indiferentes ou inocentes. Johann Most, o apóstolo da "propaganda pela ação", se opôs. A elite inteira — a "progênie de répteis" formada por aristocratas, padres e capitalistas —, bem como suas famílias, serviçais e todos com que tivessem negócios, seriam, para ele, vítimas legítimas, que podiam ser mortas sem pesar. Quem fosse pego no fogo cruzado teria se sacrificado por uma boa causa. Em 1884, Most publicou um manual sobre como explodir bombas em igrejas, salões de baile e locais públicos. Também defendeu o extermínio de policiais, alegando que esses "porcos" não eram inteiramente humanos. Assassinos de policiais e pessoas que os odeiam, ainda que estúpidas demais para lerem Most e instruídas de menos para terem ouvido falar dele, seguem usando seu léxico até hoje.[46]

Most se dizia socialista, mas foram principalmente os terroristas nacionalistas que adotaram seus métodos. O primeiro movimento cuja principal tática foi o terror — a Organização Revolucionária Interna da Macedônia, como veio a ser conhecida — começou em 1893. Damjan Gruev, um de seus fundadores, resumiu a justificativa: "Para um grande efeito, grande força é necessária. A liberdade é uma grande coisa: ela requer grandes sacrifícios". As palavras escorregadias de Gruev ocultavam o fato principal: muitas pessoas inocentes seriam mortas por bombas. Seu lema era: "Melhor um fim horrível que um horror sem fim".[47] Os revolucionários macedônios anteciparam e exemplificaram os métodos de terroristas subsequentes: cometer assassinatos, saques e pilhagens para coagir as comunidades a financiá-los, abrigá-los e abastecê-los.[48]

A ideia de terrorismo nunca deixou de reverberar. As "lutas de libertação" se transformam rotineiramente em violência a esmo. Criminosos — principalmente traficantes de drogas e aqueles que praticavam extorsões — imitam os terroristas, simulando posturas políticas e disfarçando-se de revolucionários. Nas guerras contra as drogas do final do século xx na Colômbia e na Irlanda do Norte, era difícil distinguir as motivações criminosas das políticas. A postura ideológica de quem destruiu o World Trade Center de Nova York em 2001 parece confusa, na melhor das hipóteses: alguns dos supostos mártires contra a ocidentalização eram consumistas e se prepararam para seu feito embebedando-se. O niilismo não é um credo político, mas uma aberração psicológica; homens-bomba parecem ser a presa, não os protagonistas, das causas que representam. Para quem o pratica, o terrorismo parece satisfazer desejos psíquicos de violência, sigilo, engrandecimento pessoal e rebeldia, não necessidades intelectuais ou de ordem prática.

Depois de contribuir com um idealismo imprudente e, às vezes, com a violência frenética para as lutas ideológicas do início do século xx, o anarquismo recuou da linha de frente da política. Pyotr Kropótkin tornou-se seu último grande teórico. Seu livro *Mutualismo* (1902) foi uma réplica convincente ao darwinismo social, argumentando que a colaboração, não a competição, é natural à humanidade, e que a vantagem evolutiva de nossa espécie está em nossa natureza colaborativa. "À medida que a mente humana se liberta de ideias inculcadas por minorias de padres, chefes militares e juízes buscando consolidar sua dominação, e de cientistas pagos para perpetuá-la, surge uma concepção de sociedade na qual não há mais espaço para as minorias dominantes", explicou Kropótkin.[49] A coerção social é desnecessária e contraproducente.

As últimas grandes batalhas do anarquismo foram defensivas, travadas contra o autoritarismo de esquerda e direita na guerra civil espanhola de 1936-9. E terminaram em derrota. O legado dos anarquistas aos movimentos revolucionários estudantis de 1968 foi muita retórica e poucos resultados. Entretanto, é possível — embora não provado — que o remanescente da tradição anarquista ajude a explicar um fato notável do final do século xx: a esquerda política na Europa está cada vez mais preocupada com a liberdade. A maioria dos analistas atribuiu isso à influência da direita libertária sobre o pensamento de esquerda, mas é possível que o anarquismo tenha tido peso similar. O que é certo é que a preferência por soluções "comunitárias", em escala humana, aos problemas sociais (em vez do grandioso planejamento centralizado preconizado por comunistas e socialistas do passado) tornou-se uma questão importante para a esquerda moderna.[50]

Seja como for, as contestações não violentas ao poder do Estado parecem ser, no longo prazo, mais práticas e talvez mais eficazes. A ideia de desobediência civil surgiu na década de 1840 na mente de Henry David Thoreau. Ele era um homem sem o menor pendor para coisas práticas, um romântico incurável que defendia — e durante muito tempo praticou — a autossuficiência econômica "nos bosques"; não obstante, seu pensamento deu nova forma ao mundo. Entre seus discípulos estão algumas das figuras dinâmicas do século xx: Mahatma Gandhi, Emma Goldman, Martin Luther King. Thoreau escreveu seu ensaio político mais importante revoltado com duas grandes injustiças dos Estados Unidos antes da Guerra de Secessão: a escravidão, que esmagou os negros, e a instigação à guerra, que acabou por desmembrar o México. Thoreau decidiu que "silenciosamente declaro guerra ao Estado", abjurando lealdade a ele e recusando-se a pagar pela opressão ou pela expropriação de pessoas inocentes. Se todos os homens justos fizessem o mesmo, argumentou, o Estado seria obrigado a mudar. "Se a alternativa ficar entre manter todos os homens justos na prisão ou desistir da guerra e da escravidão, o Estado não hesitará na escolha."[51] Thoreau foi preso por recusar-se a pagar impostos, mas logo saiu "pois alguém interferiu e pagou". Na verdade, foi solto após uma única noite de encarceramento.

Ele louvou o que havia de bom no sistema americano: "Mesmo esse estado e o governo dos Estados Unidos são, em muitos aspectos, coisas admiráveis e raras, pelas quais devemos ser gratos". Também reconheceu que o cidadão tinha a obrigação de fazer "o bem que o Estado exige de mim". Mas identificou uma limitação da democracia: embora o cidadão aliene o poder para o Estado, sua consciência continua sendo responsabilidade individual sua e não pode ser delegada a um representante eleito. Seria melhor, Thoreau pensava, dissolver o Estado do que preservá-lo na injustiça. "O povo americano tem de pôr fim à escravidão e à guerra contra o México, mesmo que isso lhe custe sua existência como povo."

O climatério do progresso

Thoreau insistiu que se aquiescesse a duas proposições. A primeira: em caso de injustiça, a desobediência civil era um dever, refletindo a longa tradição cristã de justa resistência aos tiranos. Sob governantes maus e opressivos, Tomás de Aquino aprovava o direito do povo a se rebelar e o direito do indivíduo ao tiranicídio. John Bradshaw, juiz inglês do século XVII, invocou a máxima "Rebelião a tiranos é obediência a Deus" para justificar a revolta que iniciou a guerra civil inglesa. Benjamin Franklin sugeriu a frase para o Grande Selo dos Estados Unidos e Thomas Jefferson adotou-a como seu lema pessoal. A segunda proposição de Thoreau, no entanto, era nova. A desobediência política, insistiu, tinha de ser não violenta e prejudicial apenas àqueles que optassem pela resistência. As estipulações de Thoreau foram a base da campanha de Gandhi de "resistência moral" ao domínio britânico na Índia e do ativismo de "não cooperação não violenta" de Martin Luther King pelos direitos civis nos Estados Unidos. Ambos tiveram sucesso sem recorrer à violência. John Rawls, um dos filósofos políticos mais respeitados do mundo no início do século XXI, endossou e ampliou a doutrina. A desobediência civil do tipo que Thoreau instou é justificada em uma democracia, afirmou, se a maioria negar direitos iguais a uma minoria.[52]

O anarquismo e a desobediência civil podem ter sucesso apenas contra Estados insuficientemente inclementes para reprimi-los. Tampouco provou-se possível criar instituições dentro do Estado nas quais se possa confiar para garantir a liberdade sem violência. Judicaturas, por exemplo, podem ser subornadas, anuladas ou exoneradas, como na Venezuela de Nicolás Maduro. Elites ou chefes de Estado não eleitos podem ser tão abusivos quanto qualquer minoria empoderada de modo desproporcional. Os países onde as forças armadas garantem a Constituição costumam acabar sob o poder de ditadores militares. Partidos políticos muitas vezes se envolvem em conspirações convenientes para passar a perna em seus eleitores, alternando-se no poder ou formando coalizões. Os sindicatos em geral começam independentes ou até desafiadores caso acumulem apoio e riqueza o bastante para ir contra as elites em exercício, mas a maioria dos Estados reage incorporando-os, enfraquecendo-os ou abolindo-os. Algumas constituições previnem a tirania transferindo e diluindo o poder entre autoridades federais, regionais e locais — embora administradores regionais transferidos possam, por sua vez, transformar-se em tiranos. Os perigos se tornaram evidentes na Catalunha em 2015, por exemplo, quando um governo minoritário desafiou a maioria dos eleitores da província e tentou suspender a Constituição, apropriar-se dos impostos e arrogar-se o direito exclusivo de fazer e desfazer leis no território. Em 2017, um governo regional catalão, eleito por uma minoria dos votos, tentou transferir a soberania para suas próprias mãos mobilizando seus apoiadores em um referendo — o equivalente, para todos os efeitos, a um golpe de Estado civil. Para contrapor o risco de simplesmente multiplicar a tirania e criar vários pequenos despotismos mixurucas, a tradição política católica inventou a noção de "subsidiariedade", segundo a qual as únicas decisões políticas legítimas são aquelas tomadas o mais próximo possível da comunidade afetada. Na prática, contudo, a disparidade de recursos significa que instituições ricas e bem armadas quase sempre triunfarão em casos de conflito.

Política cristã

Quando todos os outros freios à tirania são desconsiderados, resta a Igreja. Na Idade Média, a Igreja efetivamente restringiu os governantes, mas a Reforma criou igrejas mancomunadas com o Estado ou por ele dirigidas e, depois disso, mesmo nos países católicos, quase toda disputa terminou com restrições e concessões que transferiram autoridade para mãos seculares. No final do século XX, o excepcional carisma e a autoridade moral pessoal do papa João Paulo II permitiram-lhe desempenhar um papel na derrubada do comunismo em sua Polônia natal e desafiar governos autoritários em geral. Mas é duvidoso que seus feitos possam ser repetidos. Hoje, mesmo em países com grandes congregações, a Igreja não consegue mais impor obediência suficiente para prevalecer em conflitos envolvendo questões de valor supremo para a consciência cristã, como a proteção da inviolabilidade da vida e da sacralidade do matrimônio.

No século XIX, porém, os pensadores católicos persistiram buscando novas maneiras de conceituar as aspirações da Igreja de influenciar o mundo. O resultado foi uma grande quantidade de novas ideias envolvendo a reformulação radical do lugar da Igreja em sociedades cada vez mais seculares e cada vez mais plurais. Leão XIII assumiu o papado em 1878 com enorme prestígio graças aos embates com o mundo de seu antecessor. Pio IX não se submetera à força nem aderira às mudanças, e condenara quase todas as inovações sociais e políticas de sua época. Na retirada dos exércitos do Estado secular italiano, transformou o Vaticano num bunker virtual. Para seus admiradores e para muitos observadores isentos, essa intransigência lembrava uma vocação piedosa jamais profanada por concessões. Seus bispos o recompensaram proclamando a infalibilidade papal. Leão XIII herdou essa vantagem excepcional e explorou-a até assumir uma posição na qual pudesse atuar com os governos para minimizar os danos causados pelos perigos que Pio IX condenara. Leão afirmou que queria "pôr em prática grandes políticas", isto é, a atualização do apostolado no que veio a ser chamado *aggiornamento*. Ele triunfou, a despeito de si mesmo, promovendo a modernização sem a compreender e sem sequer gostar muito dela. Ao que parece, percebeu que o vasto laicato católico era o aliado mais valioso da Igreja em uma era cada vez mais democrática. Não apreciava o republicanismo, mas fez o clero cooperar com a república. Não podia negar a validade da escravidão em séculos passados, quando a Igreja a permitira, mas proibiu-a para o futuro. Temia o poder dos sindicatos, mas autorizou-os e encorajou os católicos a fundarem os seus. Não podia abjurar a propriedade — a Igreja tinha bens demais para isso —, mas lembrou aos socialistas que os cristãos também eram chamados à responsabilidade social. Não endossava o socialismo, mas condenou o individualismo crasso. A Igreja de Leão XIII foi uma instituição de caridade prática sem covardia moral. Após sua morte, o estamento político mudou em Roma e sempre havia clérigos que, sentindo-se incapazes de controlar as mudanças, tentavam frustrá-las. Alguns deles, no século XX, dispuseram-se a colaborar com a repressão e o autoritarismo da direita política. O *aggiornamento*, no entanto, mostrou-se inextinguível. A tradição lançada por Leão XIII prevaleceu no longo prazo. A Igreja continuou se adaptando às mudanças do mundo e aderindo às verdades eternas.[53]

Como sempre na história da Igreja, os pensadores católicos sobrepujaram o papa, cristianizando o socialismo e, em conjunto com os partidários protestantes do chamado evangelho social, produzindo uma doutrina social cristã politicamente inquietante. Incitaram o Estado a personificar a justiça e seguir o Deus a quem a Virgem Maria louvara porque Ele "cumulou de bens a famintos e despediu ricos de mãos vazias". O cristianismo primitivo abjurara o Estado. O cristianismo medieval ergueu um Estado-Igreja alternativo. O desafio para o cristianismo moderno em uma era cada vez mais secular tem sido encontrar um modo de influenciar a política sem se envolver e, possivelmente, se corromper. Potencialmente, os cristãos têm algo a contribuir com todas as principais tendências políticas representadas nas democracias industriais modernas. O cristianismo é conservador, porque prega uma moral absoluta. É liberal, na verdadeira acepção da palavra, porque enfatiza o valor supremo do indivíduo e afirma a soberania da consciência. É socialista, porque exige serviço à comunidade, fez uma "opção pelos pobres" e enaltece a vida compartilhada dos apóstolos e da Igreja primitiva. É, portanto, uma possível fonte da "terceira via" que hoje se busca com avidez em um mundo que rejeitou o comunismo, mas julga o capitalismo impróprio e contraditório.

Uma maneira razoável, ou pelo menos plausível, de chegar a uma terceira via seria o programa do século XIX de combinar os valores comunitários do socialismo com a insistência na responsabilidade moral individual. Para o movimento conhecido como "socialismo cristão" na tradição anglicana, ou "evangelho social" em algumas tradições protestantes, ou "sindicalismo católico" ou "catolicismo social" na Igreja católica, a década de 1840 foi decisiva. Onde quer que a industrialização e a urbanização reunissem trabalhadores não evangelizados, padres e bispos dedicados fundavam novas paróquias. O padre anglicano F. D. Maurice referiu-se ao termo "socialismo cristão" — e foi demitido de seu emprego na Universidade de Londres como recompensa. Em Paris, as Irmãs de Caridade católicas punham mãos à obra em uma missão prática entre os pobres.

O arcebispo Affre morreu nas barricadas da revolução de 1848, agitando um ineficaz ramo de oliveira.

Depois que, com Leão XIII, a Igreja fez as pazes com o mundo moderno, ficou mais fácil para padres católicos a participação em movimentos políticos dos trabalhadores, com incentivo dos bispos que esperavam "salvar" os operários do comunismo. Foi inexorável, porém, que grupos políticos e sindicatos católicos se multiplicassem sob a liderança laica. Alguns se tornaram movimentos de massa e partidos vitoriosos em eleições. O catolicismo social, no entanto, ainda era um interesse minoritário da Igreja. Somente na década de 1960 conquistou a ortodoxia, sob a liderança do papa João XXIII. Em sua encíclica de 1961, *Mater et Magistra*, delineou uma visão do Estado que promoveria a liberdade assumindo responsabilidades sociais e "permitindo ao indivíduo exercer direitos pessoais". Ele aprovou um papel para o Estado em saúde, educação, habitação, trabalho e subsídios ao lazer criativo e construtivo. Subsidiariedade não é a única palavra de ordem política atual da teoria social católica: "bem comum" é outra. À medida que os partidos socialistas seculares desaparecem, é possível que haja um reavivamento de uma política de tradição cristã.[54]

Nacionalismo (e sua variante americana)

A maior parte do pensamento que fortaleceu o poder do Estado no século XIX — o idealismo de Hegel, a "vontade" de Schopenhauer, a vontade geral de Rousseau e o imaginário nietzschiano do super-homem — hoje parece tola ou nociva. No final do século XX, o Estado começou a enfraquecer, pelo menos em relação aos controles econômicos. Cinco tendências foram responsáveis por isso: soberania conjunta em um mundo cada vez mais unido; resistência dos cidadãos e de comunidades históricas a governos intrusivos; surgimento de novas alianças não territoriais, especialmente nos ciberguetos da internet; indiferença de muitas organizações religiosas e filantrópicas a fronteiras estatais, no espírito, digamos, dos Médicos Sem Fronteiras; e, como veremos no próximo capítulo, novas ideias políticas e econômicas que vinculam a prosperidade à circunscrição do governo. Todavia, uma fonte do século xix de suporte intelectual à legitimidade do Estado mostrou-se surpreendentemente robusta: a ideia de nacionalismo.

Até os nacionalistas mais veementes discordam sobre o que é uma nação, e nenhuma lista de nações feita por um analista coincidirá com a de outro. Herder, a quem se costuma atribuir a tradição moderna do pensamento nacionalista, referiu-se a "povos" por falta de um meio melhor de distingui-los de "nações" na Alemanha do seu tempo. Nacionalistas mais recentes têm usado "nação" como sinônimo de várias entidades: Estados, comunidades históricas, raças. Segundo Herder, um povo que compartilhe a mesma linguagem, experiência histórica e senso de identidade constitui uma unidade indissolúvel, ligada (para citar o nacionalista finlandês A.I. Arwidsson) por "laços de mente e alma mais poderosos e firmes que qualquer vínculo externo".[55] Hegel via o *Volk* [nação, povo] como um ideal — uma realidade transcendente e imutável. Embora validado pela história e pela ciência, segundo alegavam alguns de seus defensores, o nacionalismo tendia a ser expresso em linguagem mística ou romântica aparentemente inadequada a fins práticos. Infectado pela aspiração romântica ao inatingível, estava fadado à autofrustração. Na verdade, como a paixão do amante na urna grega de Keats, teria perecido ao ser consumado. O nacionalismo alemão prosperou porque a ambição de unir todos os falantes de alemão em um único *Reich* [império] não se realizou. O dos sérvios foi alimentado por um descontentamento inexaurível. Mesmo na França — a terra do "chauvinismo" que proclama algo como "meu país, certo ou errado" —, o nacionalismo teria se debilitado caso os franceses tivessem conquistado fronteiras que satisfizessem seus governantes.

Como o nacionalismo era um estado de anseios românticos, não um programa político coerente, a música era o que melhor o expressava. *Má Vlast*, do tcheco Bedřich Smetana, ou *Finlandia*, de Jean Sibelius, sobreviveram à sua era como nenhuma literatura nacionalista jamais conseguiu. O coro nostálgico e fagueiro dos escravos no *Nabucco*, de Verdi, no longo prazo provavelmente contribuiu mais para fazer os italianos se sentirem uma "pátria, tão bela e tão perdida" do que qualquer exortação de esta-

O *climatério do progresso*

distas ou jornalistas. O nacionalismo pertencia aos valores "da sensação, não do pensamento" proclamados pelos poetas românticos. A retórica nacionalista pulsava com misticismo. "A voz de Deus" anunciou a Giuseppe Mazzini — o republicano que lutou pela unificação italiana — que a nação proporcionava aos indivíduos a estrutura da perfeição moral possível. Simón Bolívar supostamente teve um "delírio" no monte Chimborazo, onde "fui possuído pelo Deus da Colômbia" e "abrasado por um fogo estranho e superior".[56]

Os nacionalistas insistiam em que todos pertencem ou deveriam pertencer a uma nação desse tipo e que todas as nações, coletivamente, tinham de afirmar sua identidade, buscar seu destino e defender seus direitos. Nada disso faz muito sentido. O nacionalismo é obviamente falso: não há um laço espiritual inato entre pessoas que compartilham uma língua ou o local onde foram criadas; sua comunidade é tão somente aquilo que decidem fazer de tal comunhão. Um dos mais diligentes estudiosos do nacionalismo concluiu que "a nação, como uma maneira natural e dada por Deus de classificar os homens, como destino político inerente porém serôdio, é um mito [...]. O nacionalismo costuma aniquilar as culturas preexistentes".[57] E, mesmo que nação fosse uma categoria coerente, pertencer a ela não conferiria necessariamente nenhuma obrigação. Não obstante, era nesse tipo de bobagem que as pessoas estavam dispostas a acreditar; algumas ainda estão.

Para uma ideia tão incoerente, o nacionalismo teve efeitos espantosos. Contribuiu para justificar a maioria das guerras dos séculos XIX e XX, e inspirou todos a lutarem nelas juntamente com a doutrina de "autodeterminação nacional". Reconfigurou a Europa após a Primeira Guerra e o mundo inteiro após o declínio dos impérios europeus. O nacionalismo deveria ser irrelevante hoje, em um mundo de globalização e internacionalização, mas alguns políticos, apegados ao poder supremo em seus respectivos Estados, e alguns eleitores, sequiosos do conforto de antigas identidades, o redescobriram. Na Europa, impaciência com internacionalização, imigração e multiculturalismo tornou os partidos nacionalistas populares novamente, ameaçando o pluralismo cultural e toldando a perspectiva de uma real unificação europeia. Mas não deveríamos nos surpreender. Os processos aglutinadores que atraem ou impelem as pessoas a impérios ou confederações cada vez maiores sempre provocam reações físseis. Assim, na Europa do final do século XX e início do século XXI, secessionistas buscaram ou erigiram Estados próprios, estilhaçando a Iugoslávia e a União Soviética, cindindo a Sérvia e a Tchecoslováquia, pondo em risco a Espanha, a Bélgica e o Reino Unido, e até mesmo levantando dúvidas sobre o futuro de Itália, Finlândia, França e Alemanha.[58] Em outras partes do mundo, novos tipos de nacionalismo, nem sempre com fundamentação histórica, abalaram ou despedaçaram superestados residuais da descolonização. Iraque, Síria e Líbia parecem frágeis. E a secessão de Indonésia, Somália e Sudão, respectivamente, não estabilizou o Timor Leste, a Somalilândia ou o Sudão do Sul.

Na prática, Estados que se apresentam distorcidamente como nacionais parecem fadados a competir entre si, pois precisam ser assertivos para se autojustificar ou se autodiferenciar, ou agressivos para repelir a agressão real ou temida de outros Estados. Nos primeiros anos do século XIX, botas francesas e russas pisotearam a Alemanha. Medo e ressentimento provocaram a bravata nacionalista — alegações de que, como todas as melhores vítimas da história, os alemães eram na verdade superiores a seus conquistadores. A Alemanha, na opinião de muitos alemães, não pôde senão unir-se, organizar-se e revidar. Filósofos nacionalistas formularam o programa. No início do século XIX, o primeiro reitor da Universidade de Berlim, Johann Gottlieb Fichte, em seus *Discursos à nação alemã*, proclamou a identidade alemã como eterna e imutável. "Ter caráter e ser alemão" eram "indubitavelmente a mesma coisa." O *Volksgeist* — o "espírito do povo/ da nação" — seria essencialmente bom e insuperavelmente civilizador. Hegel acreditava que os alemães haviam substituído os gregos e romanos como a fase final do "desenvolvimento histórico do espírito [...]. O espírito alemão é o espírito do novo mundo. Busca realizar a Verdade absoluta enquanto a autodeterminação ilimitada da liberdade"[59] — o que soa meio grandiloquente e não pouco assustador. Não havia nenhum bom motivo por trás disso afora o modismo intelectual.

O climatério do progresso

A retórica dos nacionalistas nunca encarou de frente um problema básico: quem pertencia à nação alemã? O poeta Ernst Moritz Arndt foi um dos muitos que propuseram uma definição linguística: "A Alemanha existe onde quer que a língua alemã ressoe e cante para Deus nas alturas".[60] A hipérbole não satisfez os proponentes de definições raciais, que, como veremos, foram se tornando cada vez mais populares ao longo do século. Muitos alemães — em certos momentos talvez a maioria — passaram a considerar os judeus e os eslavos como irredimíveis forasteiros, mesmo que falassem alemão com eloquência e elegância. Por outro lado, era igualmente comum supor que o Estado alemão tinha o direito de governar onde quer que o idioma fosse falado, mesmo que apenas por uma minoria. As implicações foram explosivas: séculos de migração haviam espalhado minorias que falavam alemão ao longo do Danúbio e no sul do vale do Volga; comunidades germanófonas haviam penetrado todas as fronteiras, inclusive as da França e da Bélgica. O nacionalismo era uma ideia que incitava a violência, e o Estado-nação era uma ideia que a tornava inevitável.[61]

A Grã-Bretanha era ainda menos coesa como nação que a Alemanha, mas isso não impediu que os formuladores de doutrinas da superioridade britânica (ou, muitas vezes, para todos os efeitos, inglesa) apresentassem ideias igualmente ilusórias. Thomas Babington Macaulay — que como estadista ajudou a conceber o Raj britânico e como historiador ajudou a forjar o mito da história britânica como uma história de progresso — pertencia, segundo seu próprio parecer, ao "melhor e mais civilizado povo que o mundo já viu".[62] Em novembro de 1848, sentado em seu escritório, ele mediu a superioridade de seu país no sangue que os revolucionários haviam derramado em outros lugares da Europa em sua época, "as casas cravadas de balas, as sarjetas espumando com sangue". Era atormentado por pesadelos de uma Europa engolfada, como o declinante Império Romano, por uma nova barbárie infligida por massas subcivilizadas. Ao mesmo tempo, confiava na realidade do progresso e na perfectibilidade do homem no longo prazo. Era o destino da Grã-Bretanha desfraldar o progresso e aproximar-se da perfeição: toda a história britânica, como Macaulay a via, caminhava para tal consumação, desde que os anglo-saxões trouxeram uma tradição de liberdade, nascida nas florestas germânicas, à Britânia, onde amalgamou-se às influências civilizadoras do Império Romano e da religião cristã. Os vizinhos da Grã-Bretanha estavam simplesmente atrasados na trajetória do progresso. A Grã-Bretanha havia antecipado e superado as disputas entre constitucionalismo e absolutismo que convulsionavam outros países na época, tendo-as resolvido um século e meio antes em prol da "participação popular na organização política inglesa". As revoluções do século XVII haviam determinado que o direito dos reis a governar não diferia em nada "do direito pelo qual os proprietários livres escolhiam os cavaleiros do condado ou do direito pelo qual um juiz concedia habeas corpus".[63] Macaulay cometeu ainda outro erro, repetido constantemente por seus seguidores nos Estados Unidos: ele supôs que sistemas políticos induzem resultados econômicos. O constitucionalismo, a seu ver, tornara a Grã-Bretanha a "oficina do mundo", a "pátria-mãe" do mais extenso império do globo e o foco de toda a admiração do mundo. Perto do final do século, Cecil Rhodes ofereceu uma análise diferente, que foi amplamente disseminada por incontáveis histórias imperialistas inspiradoras, narradas em livros escolares e literatura de bolso: "A raça britânica é íntegra até o âmago, e [...] decadência, inação e degradação lhe são estranhas".[64]

Exemplos como os da Grã-Bretanha e da Alemanha multiplicaram-se em outros países europeus, mas, no longo prazo, o nacionalismo de maior impacto no mundo foi o dos Estados Unidos — onde os teóricos nacionalistas tiveram de trabalhar duro para dar a essa terra essencialmente pluralista de imigrantes heterogêneos um caráter nacional plausível, que pudesse ser visto como, nas palavras do dramaturgo Israel Zangwill, o "cadinho de Deus".[65]

Às vezes, ideias levam muito tempo para sair das cabeças e entrar no mundo. Mesmo enquanto a revolução fundadora dos Estados Unidos ainda transcorria, alguns americanos já haviam começado a imaginar uma única "união" ocupando o hemisfério inteiro, por mais impossível que tal visão se mostrasse na prática. Na época, não parecia mais realista do que expandir o país para o oeste num continente que havia revelado ser quase intransponível de tão imenso. Os projetistas coloniais, confiantes, haviam

O climatério do progresso 371

reivindicado faixas de território do Atlântico ao Pacífico, pois foram incapazes de compreender as reais dimensões da América. Mas tais ilusões não eram mais sustentáveis em 1793, quando Alexander Mackenzie atravessou a América do Norte em latitudes ainda sob jugo britânico: a partir daí, a incipiente república precisou se apressar para chegar ao outro lado do continente. A compra da Louisiana transformou tal travessia em uma possibilidade teórica e, em 1803, uma expedição transcontinental esboçou uma rota viável. Antes, porém, mexicanos e indígenas tiveram de ser tirados do caminho. Num momento das hostilidades febris e guerras contra o México nas décadas de 1830 e 1840, o jornalista John L. O'Sullivan ouviu um comando divino "para estender o continente conferido pela Providência ao livre desenvolvimento de nossos milhões que se multiplicam anualmente". O destino manifesto abarcaria toda a largura do hemisfério, em um único "império" republicano, como as pessoas gostavam de designá-lo nos primeiros anos dos Estados Unidos, e foi dessa ideia que emanou o futuro do país como superpotência. De acordo com o *United States Journal* em 1845, "nós, os americanos, somos o povo mais independente, inteligente, moral e feliz da face da Terra". Tamanho espírito autocongratulatório lembra o dos alemães e dos britânicos.

Um território hostil precisava ser atravessado, no entanto. Como o centro-oeste da América do Norte são sofrera o longo período glacial que antecedeu as florestas e moldou o solo em outros lugares, o chamado Grande Deserto Americano ocupa a maior parte da região entre as terras cultiváveis da bacia do Mississippi e os territórios do lado do Pacífico. Ali não crescia praticamente nada que seres humanos conseguissem digerir e, exceto em pequenos trechos, o solo duro não se rendia às enxadas e aos arados pré-industriais. Para James Fenimore Cooper, parecia um lugar sem futuro, "um vasto país, incapaz de sustentar uma população densa". Mas então arados de aço começaram a cavoucar a terra. Armas permitiram expulsar os habitantes nativos e matar os búfalos, liberando as terras para a colonização. Cidades inteiras de casas de madeira semelhantes às de Chicago, com molduras estruturais em balão, começaram a pipocar em locais destituídos de árvores graças à abundância de pranchas de madeira cortadas a máquina e pregos baratos. A partir dos ascensores de grãos operados por poucos trabalhadores, introduzidos em 1850, as ferrovias transportavam frutos e sementes para gigantescos moinhos de farinha, que os transformavam em produtos comercializáveis. O trigo, uma gramínea perfeitamente digerível pelos seres humanos, substituiu o capim que os búfalos pastavam. O mais subexplorado dos recursos da América do Norte — espaço — passou a ser utilizado produtivamente, sorvendo os migrantes. As planícies se tornaram o celeiro do mundo e uma rede de cidades fez dos Estados Unidos um gigante demográfico. A riqueza gerada ajudou a colocar e manter a economia do país à frente de todos os seus rivais. Os Estados Unidos e, em menor grau, o Canadá tornaram-se países continentais e verdadeiras potências mundiais, com poder para determinar o preço dos alimentos.[66]

O excepcionalismo americano complementou o nacionalismo americano. Um não estava completo sem o outro. O excepcionalismo agradou os pesquisadores do século XIX, intrigados com o motivo pelo qual o crescimento demográfico, econômico e militar nos Estados Unidos excedia o de outros países. Mas a ideia de um país singular, impossível de ser comparado com os demais, surgira antes, junto com o "espírito pioneiro" — o entusiasmo retumbante por uma terra prometida para um povo escolhido. A experiência do século XIX correspondeu, em parte, a tais esperanças e exageros. Os Estados Unidos se tornaram, sucessivamente, uma república modelo, uma democracia exemplar, um império crescente, um ímã de migrantes, um industrializador precoce e uma grande potência.

O padre Isaac Hecker, reformador católico, formulou uma versão extrema de excepcionalismo. Afinal, a terminologia religiosa sempre transparecera no introito da ideia: ambições puritanas de uma "cidade na colina", fantasias mórmons sobre terras tornadas sacras pelos passos de Jesus. Hecker deu ao excepcionalismo um toque católico. Ele argumentou que, como o enriquecimento progressivo da graça divina acompanhava o progresso moderno, a perfeição cristã era mais fácil de alcançar nos Estados Unidos que em outros lugares. Leão XIII condenou esse "americanismo" como uma tentativa arrogante de criar uma forma especial de catolicismo

O climatério do progresso

para os Estados Unidos, pintando a Igreja de vermelho, branco e azul, o que tornaria os americanos menos cientes de sua dependência de Deus e a Igreja redundante como guia da alma.

A desconfiança do papa era compreensível. Duas outras heresias similares ajudaram a moldar as autoimagens dos Estados Unidos: eu as chamo de heresia do Cavaleiro Solitário e heresia do Pato Donald. De acordo com a primeira, os heróis americanos, de Natty Bumppo a Rambo, são forasteiros dos quais a sociedade precisa mas que não precisam da sociedade. Impassíveis diante de tiroteios e confrontos, eles fazem o que um homem deve fazer: salvar a sociedade das margens. Por sua vez, a heresia do Pato Donald santifica os impulsos, que seriam prova de bondade natural ou de uma supervalorizada virtude americana, a "autenticidade", alimentando o tipo de convicção hipócrita que tantas vezes criou encrenca para o Pato Donald.[67] O sonho americano de liberdade individual só é justificável se acredita na bondade do homem — ou, no caso de Donald, do pato. Donald é, no fundo, caloroso, amigável e solidário, apesar de incorporar os vícios do excesso individualista — autoconfiança irracional, estrepitosa opiniaticidade, disposição belicosa, ataques temperamentais e uma irritante e desmesurada crença em si próprio. Os mesmos vícios e o mesmo tipo de obediência aos impulsos fazem com que os formuladores das políticas americanas, por exemplo, bombardeiem outros países de tempos em tempos, mas sempre com boas intenções. Outras consequências são uma sociedade em que todos querem se sentir bem sempre, em que a culpa pessoal se dissolve e a autossatisfação está por trás de tudo. A terapia substitui a confissão. O descobrir-se a si mesmo impede a exprobração de si mesmo. Observadores dos Estados Unidos costumam notar um patriotismo míope, uma religiosidade mórbida e uma conflituosa insistência nos direitos próprios de cada um. Virtudes que consideramos como características americanas — espírito cívico, valores hospitaleiros, amor genuíno à liberdade e à democracia — são virtudes humanas, celebradas com intensidade pelos americanos. Seja como for, se os Estados Unidos já foram excepcionais, não o são mais, enquanto o resto do mundo se esforça para imitar seu sucesso.[68]

O antiamericanismo é o reverso do excepcionalismo americano. Pessoas que se consideram excepcionalmente boas praticamente pedem para ser caracterizadas como singularmente más. À medida que o poder dos Estados Unidos foi crescendo e eclipsando o das demais potências, o mesmo acontecia com o ressentimento. Após a Segunda Guerra, o poderio americano foi sentido até as fronteiras do comunismo; o Tio Sam interferiu nos impérios de outros povos, tratou grande parte do mundo como se fosse seu quintal e legitimou regimes antiliberais em prol dos interesses americanos. O magnetismo da cultura vulgar do hot dog e do hard rock mostrou-se tão detestável quanto irresistível. Os soldados americanos, lembretes malvistos da impotência europeia, eram "pagos em excesso, sexualizados em excesso e, pior, presentes em excesso". Políticas benignas, como o suporte às economias europeias debilitadas pela guerra, suscitavam pouca gratidão.[69]

A partir de 1958, o herói e porta-voz do antiamericanismo foi o presidente francês Charles de Gaulle: um verdadeiro Sansão no templo de Dagon tentando derrubar os pilares e expulsar os filisteus. Por ser um cliente insubordinado dos Estados Unidos, suas críticas eram mais eficazes do que a propaganda de inimigos mesquinhos que lançavam suas denúncias por detrás da Cortina de Ferro. Ainda mais convincente — e mais perturbador do ponto de vista americano — foi o clamor crescente de quadrantes politicamente neutros e cheios de indignação moral. A contestação surgiu primeiro no Ocidente liberal — em particular nos próprios Estados Unidos — e foi se tornando cada vez mais estridente durante a Guerra do Vietnã, seguida por protestos do "Terceiro Mundo". Na década de 1970, quando o país começava a superar o trauma do Vietnã, um mulá iraniano exilado, o aiatolá Khomeini, tornou-se o crítico mais ruidoso. Embora odiasse outras formas de modernização, ele era um mestre da comunicação de massa. A convicção que tinha de seu próprio valor era quase insana. Sua mensagem simples era que o mundo estava dividido entre opressores e despossuídos. Os Estados Unidos eram o Grande Satã, corrompendo a humanidade com tentações materialistas, subornando a espécie com força bruta.

Como autoproclamado e vitorioso defensor do capitalismo em confrontos globais com ideologias rivais, os Estados Unidos incitaram essa ca-

O climatério do progresso

ricatura. Além disso, a sociedade americana tinha defeitos inegáveis, como bem sabiam seus críticos internos. Um "capitalismo ordinário" contrariava todos os cânones do bom gosto com a feiura da especulação imobiliária desenfreada e avalanches de produtos baratos e vagabundos voltados para os mercados de massa. Os valores americanos elevavam celebridades ordinárias acima dos sábios e santos, e elegeram uma delas à presidência. Com impertinência e ignorância, o país alardeava, sem pudor algum, privilégios excessivos de riqueza, um iliberalismo seletivo, uma cultura popular imbecilizada, uma ordem política estagnada e a insistência conflituosa em direitos individuais. Diante disso, o mundo parecia esquecer que outras comunidades também possuem os mesmos vícios em abundância e que as virtudes dos Estados Unidos mais que os compensavam: o genuíno investimento emocional de seu povo na liberdade, a surpreendente contenção e o relativo desinteresse com que o Estado desempenha seu papel de superpotência. É difícil imaginar qualquer um dos outros candidatos à dominação do mundo no século xx — stalinistas, maoistas, militaristas, nazistas — comportando-se na vitória com magnanimidade semelhante. No entanto, cada erro da política externa americana e cada operação ilícita ou imprudente de policiamento global exacerbam o antiamericanismo. "Para todos os efeitos, esse 'Estado sem escrúpulos' [...] declarou guerra ao mundo", anunciou Harold Pinter, o dramaturgo mais admirado do mundo no final do século xx: "Conhece apenas um idioma — o das bombas e da morte".[70] A imagem negativa dos Estados Unidos ajudou a alimentar ressentimentos e a recrutar terroristas.

Efeitos além do Ocidente: China, Japão, Índia e o mundo islâmico

Para aqueles que recebem a influência ocidental, o antiamericanismo é um mecanismo para enfrentar e apropriar um pensamento etnocêntrico agressivo. No século xix, pensadores da China, do Japão, da Índia e do Dar al-Islam — culturas com tradições próprias assertivas — esforçaram-se para se ajustar projetando seminacionalismos próprios.

A China estava psicologicamente despreparada para a experiência da superioridade europeia, primeiro na guerra, depois na riqueza. Quando o século xix começou, a confiança do "Império do Meio", com um mandato divino, ainda estava intacta. A maior população do mundo crescia a olhos vistos; a maior economia do mundo desfrutava de uma balança comercial favorável com o resto do mundo; o império mais antigo do mundo permanecia invicto. Os "bárbaros" ocidentais haviam demonstrado sagacidade técnica e vencido guerras em outras partes do mundo, mas na China ainda eram intimidados, cooperativos e, por gentil permissão do imperador, confinados a uma única orla em Cantão. A ameaça da industrialização ocidental ainda não era aparente. O único perigo para a invulnerabilidade da economia chinesa era um produto para o qual comerciantes estrangeiros haviam encontrado um mercado suficientemente grande para afetar a balança comercial: o ópio. Quando a China tentou proibir as importações da droga, frotas e exércitos britânicos esmagaram a resistência. Aturdida, a China viu-se forçada a retroceder para uma condição de atraso, da qual apenas hoje começa a conseguir se desenredar.

Em novembro de 1861, Wei Mu-ting, um censor imperial com gosto por história, escreveu um memorando expondo os princípios do que viria a ser chamado de autofortalecimento. Ele ressaltou a necessidade de aprender e atualizar-se com os mais recentes armamentos "bárbaros", mas apontou que o poder de fogo ocidental provinha da pólvora — uma tecnologia que os estrangeiros haviam tomado dos mongóis, que por sua vez a haviam obtido na China. Pelo restante do século, a perspectiva de Mu-ting tornou-se praticamente um clichê da literatura chinesa sobre a questão. Para ele, protótipos chineses pouco explorados no país seriam a fonte da maior parte da tecnologia militar e marítima da qual a China fora vítima. Curiosamente, seu argumento não só lembra o modo como os apologistas ocidentais agora denunciam as "imitações" japonesas da tecnologia ocidental, como é também provavelmente verdade: os historiadores ocidentais da disseminação da tecnologia chinesa hoje afirmam algo semelhante. Wei Mu-ting acreditava que, quando a China recuperasse suas ciências perdidas, retomaria sua supremacia tradicional.

O climatério do progresso

A essência do autofortalecimento, tal como entendido na China, é que lições técnicas superficiais podem ser aprendidas do Ocidente, sem prejuízo às verdades essenciais nas quais a tradição chinesa repousa. Novos arsenais, estaleiros e escolas técnicas oscilavam precariamente nos limites da sociedade tradicional. Zeng Guofan, o administrador-modelo que seria o grande responsável por suprimir a Rebelião de Taiping na década de 1860, falava a mesma linguagem dos conservadores ocidentais. "Erros herdados do passado podemos corrigir. O que o passado ignorou, podemos inaugurar."[71] Insistia, contudo, que o governo e os ritos imperiais eram perfeitos e que o declínio político era produto da degeneração moral: "retidão e boa conduta" vêm antes de "diligência e engenho".[72]

Na década de 1850, também o Japão foi forçado a abrir seus mercados e expor sua cultura a intrusos ocidentais. Mas a reação japonesa foi positiva: a retórica era ressentida, mas a recepção foi entusiástica. Em 1868, revolucionários vitoriosos prometeram "expulsar os bárbaros, enriquecer o país e fortalecer o exército", restaurando a suposta ordem antiga de governo imperial.[73] Na prática, porém, Okubo Toshimichi, o principal autor das novas políticas, recorrera a modelos ocidentais: as novas classes dominantes confirmaram os tratados estrangeiros, andavam de carruagem, brandiam guarda-chuvas e investiram em ferrovias e indústrias pesadas. Uma reforma militar segundo moldes ocidentais mobilizou massas alistadas à força para subverter os samurais — a classe guerreira hereditária — em benefício dos burocratas do governo central. O Japão tornou-se a Grã-Bretanha ou a Prússia do Oriente.[74]

"A Ásia não será civilizada segundo os métodos do Ocidente. Há Ásia demais e ela é antiga demais", afirmou Rudyard Kipling.[75] Mesmo em sua época, essa previsão parecia incerta. O renascimento asiático atual — o sôfrego desenvolvimento da China do lado do Pacífico; a proeminência do Japão; a ascensão econômica dos "Tigres Asiáticos" — Coreia do Sul, Cingapura e Hong Kong; o novo perfil da Índia como possível grande potência; e o ritmo acelerado de atividade econômica em muitas partes do sudeste da Ásia — é a fase mais recente do autofortalecimento. As palavras de ordem permanecem inalteradas: ocidentalização seletiva, defesa dos "valores asiáticos" e a determinação de rivalizar ou superar os ocidentais em seu próprio jogo de poderio econômico.

Ajustes à hegemonia ocidental sempre foram seletivos. Na Índia do início do século XIX, por exemplo, Raja Ram Mohan Roy teria sido o grande paladino da ocidentalização. Seu Ocidente era a Europa iluminista. Ele idealizava a natureza humana, prescrevia Voltaire a seus alunos e, quando o bispo de Kolkata erroneamente o parabenizou por converter-se ao cristianismo, retrucou que não havia "abandonado uma superstição para adotar outra".[76] Mas ele nem de longe imitava os modos ocidentais. As raízes de seu racionalismo e liberalismo nas tradições islâmica e persa antecediam sua introdução à literatura ocidental. Conhecera Aristóteles em traduções para o árabe antes de ter contato com as obras originais. O movimento que fundou em 1829, conhecido como Brahmo Samaj, era um modelo de modernização para sociedades desamparadas pelo impetuoso progresso do Ocidente industrializado que ansiavam por recuperar o atraso sem abrir mão de suas tradições ou identidades.

A polinização cruzada de culturas era algo normal na Índia do século XIX, onde babus recitavam Shakespeare uns para os outros sob as colunatas gregas do Hindu College de Kolkata, enquanto as autoridades britânicas "tornavam-se nativas" e vasculhavam as escrituras sânscritas em busca de sabedoria indisponível no Ocidente. A grande figura seguinte na tradição de Roy, Isvar Chandra Vidyasagar (1820-91), só foi aprender inglês quando já estava entrando na meia-idade. Ele não tinha o Ocidente como um modelo a ser imitado e valia-se de textos indianos antigos para reforçar seus argumentos em prol do casamento das viúvas ou contra a poligamia, ou para defender o abrandamento da discriminação de castas na distribuição de vagas escolares. Por outro lado, rejeitou as alegações de alguns brâmanes devotos que insistiam em que toda ideia ocidental tinha origem indiana. Pediu demissão do cargo de secretário do Sanskrit College de Kolkata em 1846 porque os pânditas se opunham ao novo currículo que idealizara e que incluía "a ciência e a civilização do Ocidente". A seu ver, porém, sua dedicação à reforma era parte de um esforço para revitalizar a tradição bengali nativa. "Se os estudantes se familiarizarem com a literatura in-

O climatério do progresso 379

glesa", afirmou, "irão se revelar os melhores e mais capazes contribuidores de um renascimento bengali esclarecido."[77] Isso soou como capitulação ao projeto imperial que Macaulay preconizara quando ministro da Grã-Bretanha responsável pelo governo da Índia: tornar o inglês a língua culta da Índia, como o latim havia sido para as gerações anteriores de ingleses. Mas Vidyasagar estava certo. Na geração seguinte, o renascimento bengali, como seu equivalente europeu anterior, gerou uma renovação vernácula.

Como muitos outros conquistadores "bárbaros" anteriores, os britânicos na Índia acrescentaram uma camada de cultura aos antiquíssimos sedimentos acumulados do passado do subcontinente. Na Índia, mais do que na China e no Japão, as tradições ocidentais puderam ser absorvidas sem senso de submissão, pois o mito da "raça ariana" — que se espalhara pela Eurásia milhares de anos antes e cujos membros foram supostamente os primeiros a falar idiomas indo-europeus — criou a possibilidade de pensar as culturas indiana e europeia como aparentadas, surgidas da mesma origem. O grande arauto da equipolência do pensamento indiano e europeu, Swami Vivekananda, chamou Platão e Aristóteles de gurus. Desse modo, a Índia pôde aceitar uma ocidentalização seletiva sem sacrificar sua identidade ou dignidade.[78]

A influência ocidental foi mais difícil de aceitar no mundo islâmico. Entre as décadas de 1830 e 1870, o Egito tentou imitar a industrialização e o imperialismo, cobiçando um império próprio no interior da África, mas, em parte devido a contraestratégias protecionistas dos industriais ocidentais, acabou falido e praticamente um títere de empresas francesas e inglesas. Uma das grandes figuras fundadoras do "despertar" intelectual do islã no final do século XIX, Jamal al-Din al-Afghani, enfrentou, com incerteza típica, os problemas da assimilação do pensamento ocidental. Sua vida foi uma sequência de exílios e expulsões, à medida que se desentendia com seus anfitriões em cada abrigo. A tessitura de seu pensamento e comportamento era um poço de contradições. No Egito, era pensionista do governo e exigia a subversão da Constituição. Para seus patronos britânicos na Índia, era ao mesmo tempo um adversário e um consultor. Seu exílio na Pérsia a serviço do xá terminou quando foi acusado de conspi-

380   *Uma história da imaginação*

rar com assassinos contra seu mestre. Fundou a maçonaria egípcia, mas defendia a religião como a única base sólida da sociedade. Queria que os muçulmanos se mantivessem a par da ciência moderna, mas denunciou Darwin por seu ateísmo e materialismo. De sua espaçosa mesa de canto no Café de la Poste, suas conversas entretinham a brilhante alta-roda do Cairo, e seus sermões atiçavam os fiéis em Hiderabade e Kolkata. Defendia a democracia parlamentar, mas insistia na suficiência dos ensinamentos políticos do Corão. Líderes muçulmanos enfrentam dilemas semelhantes desde então. É provavelmente verdade que a lei e a sociedade islâmicas tradicionais possam coexistir com o progresso técnico e o avanço científico. Muçulmanos racionais sempre afirmam isso. Mas o fato é que o demônio da modernização está sempre desviando o "caminho do Profeta" para o oeste.[79]

Luta e sobrevivência: O pensamento evolucionário, seus efeitos e suas consequências

Até aqui, os pensadores políticos que identificamos partiram da história ou da filosofia para formular suas prescrições para a sociedade. A base científica que Auguste Comte buscara permaneceu vaga e imprecisa. Em 1859, a publicação do estudo de um biólogo sobre a origem das espécies pareceu melhorar as perspectivas da sociologia genuinamente científica.

Charles Darwin não tinha consequências tão ambiciosas em mente. A vida orgânica absorvia sua atenção. Em meados do século XIX, a maioria dos cientistas já acreditava que a vida evoluíra de, no máximo, algumas poucas formas primitivas. Mas o que Darwin chamou "o mistério dos mistérios" permanecia: como novas espécies surgiram. Havia muitos sistemas abrangentes de classificação do mundo. George Eliot satirizou-os nas obsessões dos personagens de *Middlemarch*, seu romance de 1871-2: a "chave de todas as mitologias" de Casaubon e a busca incessante de Lydgate pela "base comum de todos os tecidos vivos". Darwin parece ter dado seu primeiro passo inequívoco rumo a uma maneira própria de conceber o vínculo essencial entre toda a vida orgânica quando esteve na Terra

O climatério do progresso

do Fogo em 1832. Lá encontrou "o homem em seu estado mais vil e mais selvagem". Os nativos ensinaram-lhe, primeiro, que um ser humano é um animal como outros animais — pois os fueguinos pareciam desprovidos de razão humana, imundos e nus, sem a menor noção ou pressentimento do divino. "A diferença", Darwin constatou, "entre o homem selvagem e o civilizado é maior que entre um animal silvestre e um animal domesticado."[80] A segunda lição dos fueguinos foi que o ambiente nos molda. Os ilhéus haviam se adaptado tão perfeitamente ao clima gélido que suportavam bem o frio mesmo nus. Um pouco mais tarde, nas ilhas Galápagos, Darwin observou como pequenas diferenças ambientais causam pronunciadas mutações biológicas. De volta à Inglaterra, em meio a aves de caça, pombos-correio e animais de criação, percebeu que a natureza seleciona traços hereditários, como fazem os criadores. Os espécimes mais bem adaptados a seu ambiente sobrevivem e transmitem suas características. O conflito que existe na natureza pareceu estupendo para Darwin, em parte porque seus próprios filhos doentios foram vítimas. É como se houvesse escrito um epitáfio para Annie, sua filha favorita, que morreu aos dez anos: os sobreviventes seriam mais saudáveis e mais aptos a aproveitar a vida. "Da guerra da natureza advinda da fome e da morte", segundo *A origem das espécies*, "provém o acontecimento mais admirável que podemos conceber: a produção de animais superiores."[81] A seleção natural não dá conta de todos os fatos da evolução. Por exemplo, mutações aleatórias ocorrem — são a matéria-prima sobre a qual a seleção natural atua, mas estão fora de seu alcance. Adaptações sem função sobrevivem, sem terem sido peneiradas pela luta das espécies. Hábitos de acasalamento podem ser excêntricos e não obedecer às supostas leis da seleção natural. A teoria da evolução tem sido abusada por exploradores e idolatrada por admiradores. Não obstante, e a despeito de todas essas ressalvas e motivos para proceder com cautela, ela é verdadeira. As espécies se originam naturalmente e não é preciso evocar intervenção divina para explicar as diferenças entre elas.[82]

À medida que as teorias de Darwin foram sendo aceitas, outros pensadores propuseram refinamentos que mais tarde vieram a ser conhecidos como "darwinismo social", a ideia de que sociedades, assim como as espécies, evoluem ou desaparecem conforme se adaptem bem ou mal ao longo da competição mútua em determinado ambiente. Três premissas provavelmente enganosas subjazem à apropriação da evolução pelos sociólogos: primeiro, que a sociedade está sujeita às mesmas leis de hereditariedade dos seres vivos, pois tem uma vida semelhante à de um organismo, que cresce da infância à maturidade, à senescência e à morte, transmitindo características a sociedades sucessoras como que por descendência; segundo, que, como certas plantas e animais, algumas sociedades se tornam mais complexas ao longo do tempo (o que, embora verdadeiro de modo geral, não é necessariamente resultado de alguma lei natural ou dinâmica inevitável); e, por fim, que o que Darwin chamou de "luta pela sobrevivência" favorece o que um de seus leitores mais influentes chamou de "sobrevivência do mais apto". Herbert Spencer, que cunhou a frase, explicou-a assim: "As forças que conduzem o grande esquema da felicidade humana não levam em conta o sofrimento incidental e exterminam as partes da humanidade que se interpõem a elas com a mesma severidade com que exterminam predadores e ruminantes inúteis. Seja ele um ser humano ou uma besta, o estorvo tem de ser eliminado".[83]

Spencer alegava ter antecipado Darwin, não o seguido.[84] A alegação é falsa, mas seu efeito, de qualquer maneira, foi alinhar os dois pensadores, não importa em qual ordem, nas fileiras mais importantes do darwinismo social.[85] Spencer praticava a compaixão e louvava a paz — mas apenas após reconhecer o poder avassalador de uma natureza moralmente indiferente. Sua formação acadêmica deixava a desejar e ele nunca sentiu a necessidade de se especializar. Imaginava-se um cientista — seu treinamento profissional um tanto exíguo foi em engenharia — e seus escritos abrangiam ciência, sociologia e filosofia com toda a convicção (e toda a indisciplina) de um polímata inveterado. Spencer, porém, tornou-se bastante influente, talvez porque seus contemporâneos tivessem recebido de bom grado suas afirmações reconfortantes e seguras sobre a inevitabilidade do progresso. Ele esperava consumar a síntese que Comte buscara, fundindo ciência e humanismo em uma "ciência social". Sua meta — como costumava dizer, evocando a busca de Comte por uma ciência capaz de "reorganizar" a sociedade — era alicerçar as políticas sociais em verdades biológicas.

O climatério do progresso

Em vez disso, acabou incentivando líderes políticos e legisladores a extrapolações perigosas do darwinismo. Os belicistas, por exemplo, adoraram a ideia de que o conflito é natural e — por promover a sobrevivência dos mais aptos — progressista. Havia outras possíveis justificativas para o massacre nas implicações da obra de Spencer, a saber, que a sociedade só tem a ganhar com a eliminação de espécimes antissociais ou fracos e que é justo exterminar raças que sejam "inferiores". Graças a um discípulo de Spencer, Edward Moore, que passou a maior parte de sua carreira lecionando no Japão, esses princípios se tornaram indelevelmente associados ao ensino da evolução no Leste, Centro, Sul e Sudeste da Ásia. Em 1879, a versão de Moore do darwinismo começou a aparecer em japonês,[86] mediando as doutrinas para leitores de regiões próximas. Enquanto isso, Cesare Lombroso, pioneiro da ciência da criminologia, convenceu a maior parte do mundo de que a criminalidade era herdável e detectável nos traços atávicos de indivíduos regredidos — tipos criminosos que, segundo ele, tendiam a ter rosto e corpo primitivos, neossimiescos, algo que a procriação seletiva seria capaz de eliminar.[87] Louis Agassiz, professor de Harvard que dominou a antropologia nos Estados Unidos no final do século xix, acreditava que a evolução estava levando as raças a se tornarem espécies distintas e que os filhos de uniões inter-raciais sofreriam de fertilidade reduzida e debilidade intrínseca de corpo e mente.[88] Hitler deu a última cartada nessa tradição doentia: "A guerra é o pré-requisito para a seleção natural dos fortes e a eliminação dos fracos".[89]

Seria injusto culpar Darwin por isso. Pelo contrário, ao defender a unidade da criação, ele estava implicitamente defendendo a unidade da humanidade. Ele abominava a escravidão, embora não conseguisse evitar todas as armadilhas intelectuais de seu tempo; no Ocidente do século xix, todos tinham de se encaixar em um mundo fatiado e empilhado de acordo com a raça. Darwin acreditava que os negros teriam evoluído para uma espécie separada se o imperialismo não houvesse posto fim a seu isolamento e, do jeito como as coisas caminhavam, que estariam agora condenados à extinção. "Quando duas raças de homens se encontram", escreveu, "elas agem exatamente como duas espécies de animais. Brigam entre si, comem uma à outra [...]. Mas ocorre então a luta mais mortal e que leva aquela que tiver a organização ou os instintos mais adequados [...] a sair vitoriosa."[90] Ele também acreditava que pessoas de físico, caráter ou intelecto fraco deveriam se abster de procriar em prol do fortalecimento da linhagem humana (ver p. 387). Não houve uma linha divisória clara entre o darwinismo social e o darwinismo científico: Darwin foi pai de ambos.

Transposta da biologia para a sociedade, a teoria da seleção natural encaixou-se bem em três tendências do pensamento político ocidental da época: guerra, imperialismo e raça. A noção dos efeitos positivos da luta pela sobrevivência, por exemplo, parecia confirmar o que os apologistas da guerra sempre pensaram: que o conflito é bom. Quando, em meados do século XVIII, Emer de Vattel escreveu o grande livro de textos sobre as leis da guerra, ele supôs que seus leitores concordariam que a guerra é uma necessidade desagradável, restringida pelas normas da civilização e pelas imposições da caridade.[91] Hegel discordava: a guerra, para ele, nos faz perceber que trivialidades, como bens e vidas individuais, pouco importam, "pois é a guerra [...] que garante a saúde moral dos povos [...] contra a estagnação que uma tranquilidade constante geraria", observou, muito antes que alguém pudesse se apropriar da teoria de Darwin para defender a mesma conclusão.[92] O benefício da guerra é uma ideia antiga, com raízes no mito do Estado guerreiro de Esparta, que Aristóteles, Platão e a maioria dos outros autores clássicos de ética e política professaram admirar pela austeridade e a abnegação de seus cidadãos. A tradição medieval da cavalaria — na qual a profissão de guerreiro era representada como qualificação para entrar no céu — pode ter contribuído, bem como, sem dúvida, as tradições religiosas que fizeram a guerra em prol de uma ou outra fé parecer santa (ver pp. 235, 237, 239).

Surpreendentemente, talvez, a ideia de que a guerra é boa também tenha uma origem liberal na tradição das milícias cidadãs, aprimoradas por treinamento militar, com responsabilidade e compromisso mútuos com o Estado. O Exército Continental na Guerra Revolucionária Americana incorporou a tradição. No mesmo espírito, a Revolução Francesa introduziu o recrutamento obrigatório em massa. Desde então, a guerra passou a ser

O climatério do progresso 385

empreendida pela "nação em armas", não apenas por uma elite profissional. Napoleão, que julgava a guerra "bela e simples", mobilizou populações em uma escala nunca vista na Europa desde a Antiguidade. Suas batalhas foram de violência desenfreada, em oposição aos confrontos relativamente cavalheirescos do século anterior, em que os generais se preocupavam mais em conservar suas tropas do que em destruir hecatombes de inimigos. A guerra total — travada ativamente entre sociedades inteiras, sem que haja alvos não combatentes ou ilegítimos — inverteu a ordem usual dos eventos, pois foi uma prática antes de ser uma ideia.

Carl von Clausewitz formulou o conceito como "guerra absoluta", em *Sobre a guerra*, publicado postumamente em 1832. Tendo ascendido às fileiras do Exército prussiano e lutado contra os exércitos revolucionários franceses e napoleônicos, ele supôs que o interesse dos Estados em avançar às custas uns dos outros os faria irreversivelmente dispostos a lutar entre si. Ação racional é ação ajustada a seus fins. Portanto, a única maneira racional de guerrear é "como um ato de violência levado às últimas consequências". Para ele, poupar vidas é um erro, pois "quem fizer uso impiedoso da força, sem atentar ao sangue derramado, haverá de obter superioridade". Ele defendia "desgastar" o inimigo pela exaustão e mediante destruição generalizada. Essa doutrina acabou levando ao uso de artilharia pesada e bombardeios contra cidades para abater o ânimo dos civis. O objetivo final (ainda que, para sermos justos com Clausewitz, ele tenha enfatizado que isso nem sempre era necessário) era deixar o inimigo permanentemente desarmado. Os beligerantes que lhe deram crédito — o que incluiu todo o estabelecimento militar e político da Europa e das Américas durante um século e meio após a publicação de seu livro — exigiam rendição incondicional quando ganhavam, resistiam obstinadamente a render-se quando estavam perdendo e impunham condições vingativas, onerosas e opressivas se vencessem. A influência de Clausewitz tornou a guerra ainda pior do que ela já é, multiplicando o número de vítimas, disseminando destruição e encorajando ataques preventivos.[93]

Clausewitz, porém, compartilhava uma meta com Hugo Grotius (ver p. 282): embora, uma vez desencadeado o conflito, ele estivesse disposto a alimentar os cães da guerra com carne ilimitada, ele insistia em uma condição prévia, a saber, que a guerra não fosse empreendida por si mesma, mas por objetivos políticos que seriam impossíveis de atingir de outro modo. "A guerra é a mera continuação da política por outros meios" é sua frase mais famosa.[94] Na prática, porém, ele estava convencido de que a guerra é universal e inevitável. Enquanto isso, a visão de Hegel incentivou uma nova onda de culto à guerra na Europa.[95] Quando seu país atacou a França em 1870, o chefe do Estado-Maior da Prússia, general Helmuth von Moltke, denunciou a "paz perpétua" como "um sonho e não dos mais agradáveis. A guerra é parte necessária da ordem de Deus".[96] Em 1910, os fundadores do futurismo — o movimento artístico que idealizava máquinas, velocidade, perigo, insônia, "violência, crueldade e injustiça" — prometeram utilizar a arte para "glorificar a guerra — a única higiene do mundo".[97] Somente a guerra, escreveu Mussolini, que devia muito de seu estilo e parte de seu pensamento aos futuristas, "eleva ao máximo da tensão todas as energias humanas, imprimindo um cunho de nobreza aos povos que têm a virtude de a enfrentar".[98]

Ao fazer com que o campo de batalha se alastrasse por sociedades inteiras e as ameaçasse de destruição, a guerra provocou uma reação pacifista. A década de 1860 foi singularmente admoestatória. Cerca de dois terços da população masculina adulta do Paraguai pereceram na guerra contra países vizinhos. Observadores na China estimam o número total de vidas perdidas na Rebelião de Taiping em 20 milhões. Mais de 750 mil pessoas morreram na Guerra Civil Americana e mais de meio milhão, só no lado francês, na Guerra Franco-Prussiana de 1870. Reportagens fotográficas nos campos de batalha tornaram vívidos e apavorantes os horrores da guerra. Os movimentos pacifistas, contudo, eram tímidos e pequenos, sem influência e desprovidos de soluções práticas, exceto pela ideia proposta por um dos fabricantes de armamentos mais bem-sucedidos do final do século XIX, Alfred Nobel. A maioria de seus companheiros pacifistas esperava promover a paz aprimorando o direito internacional; outros, mais erráticos, propunham melhorar a natureza humana por meio da educação ou da eugenia, coibindo ou reprimindo o instinto das pessoas pela violência. Nobel discordava. A guerra cessaria "brusca e instantaneamente", prome-

O climatério do progresso

teu durante um congresso em Paris em 1890, se fosse vista "como um ato de morticínio tanto para a população civil em casa como para as tropas no front".[99] Coerente com sua vocação como especialista em explosivos — e, talvez, numa tentativa de apaziguar sua própria consciência —, ele sonhou com uma superarma tão terrível que impeliria as pessoas, aterrorizadas, à paz. Ao fundar o Prêmio da Paz, esperava recompensar seu inventor. A ideia pode parecer contraintuitiva, mas é a consequência lógica de uma velha máxima: "Se queres a paz, prepara-te para a guerra".

O raciocínio de Nobel não levou em conta lunáticos ou fanáticos para os quais nenhuma destruição chega a ser impedimento e arma nenhuma é terrível demais. Ainda assim, contrariando todas as probabilidades, as bombas atômicas de fato contribuíram para o contrapeso à "destruição mutuamente assegurada" na segunda metade do século xx, embora a proliferação nuclear já tivesse ressuscitado a insegurança. Talvez poderes regionais equilibrados — Israel e Irã, digamos, ou Índia e Paquistão — possam dissuadir uns aos outros da guerra, reproduzindo em miniatura a paz que prevaleceu entre Estados Unidos e União Soviética. Por outro lado, a perspectiva de um Estado sem escrúpulos ou uma rede terrorista dar início a uma guerra nuclear é inquietante.[100]

No final do século xix, os apóstolos da guerra tinham muitos argumentos a seu favor antes que Darwin acrescentasse mais um, aparentemente decisivo. A teoria da evolução, como vimos, podia moldar o pensamento social. A influência de Darwin na eugenia é um exemplo disso. Não que a eugenia, como tal, fosse algo novo. Platão acreditava que apenas indivíduos perfeitos poderiam construir uma sociedade perfeita: os melhores cidadãos deveriam procriar; os obtusos e deformados, ser exterminados. Nenhum programa desse tipo pode funcionar, pois não há um acordo duradouro quanto às qualidades mentais ou físicas desejáveis; o valor de um indivíduo depende de outros ingredientes incalculáveis. Condições ambientais misturam-se com traços herdados para nos tornar do jeito que somos. A hereditariedade é obviamente importante: como vimos (p. 90), seu funcionamento já era observado dezenas de milhares de anos antes de a teoria genética produzir uma explicação convincente para o fato de, por exemplo, certas aparências, habilidades, esquisitices, doenças e deficiências ocorrerem em famílias.

A recomendação franca, porém cruel, de Platão foi colocada em banho-maria, mas reviveu na Europa e na América do Norte do século XIX. Uma forma de darwinismo deu força nova à eugenia ao sugerir que a ação humana poderia estimular as supostas vantagens da seleção natural. Em 1885, Francis Galton, primo de Darwin, propôs o que chamou de eugenia: com o controle seletivo da fertilidade para filtrar qualidades mentais e morais indesejáveis, a espécie humana poderia ser aperfeiçoada. "Se a vigésima parte do custo e do esforço despendidos no aprimoramento da criação de cavalos e gado fosse aplicada em medidas para a melhoria da raça humana, que galáxia de gênios não haveríamos de criar!", sugeriu. A eugenia, insistiu ele em 1904, "coopera com [...] a natureza, assegurando que a humanidade seja representada pelas raças mais aptas".[101]

Em poucas décadas, a eugenia tornou-se ortodoxia. Nos primórdios da Rússia soviética e em partes dos Estados Unidos, as pessoas classificadas oficialmente como oligofrênicas, criminosas e, em alguns casos, até mesmo alcoólatras perderam o direito ao casamento. Em 1926, quase metade dos estados americanos já havia tornado compulsória a esterilização de pessoas em algumas dessas categorias. A ideia eugênica foi adotada com mais zelo na Alemanha nazista, onde a lei seguiu seus preceitos: a melhor maneira de impedir que as pessoas se reproduzam é matá-las. O caminho para a utopia passava pelo extermínio de todos aqueles que pertencessem a categorias que o Estado considerara geneticamente inferiores, como judeus, ciganos e homossexuais. Enquanto isso, Hitler tentava aperfeiçoar, por meio de um tipo de "procriação de grife", combinando esperma e úteros do tipo físico alemão supostamente mais puro, o que julgava ser a raça superior. Todavia, em média, essas cobaias grandes e fortes, de olhos azuis e cabelos loiros, não pareciam produzir filhos nem mais nem menos aptos do que as demais pessoas para a cidadania, a liderança ou uma vida social vigorosa.

A repulsa ao nazismo tornou a eugenia impopular por várias gerações, mas o conceito hoje está de novo sob uma nova roupagem: a engenharia genética já consegue reproduzir indivíduos de tipos aprovados pela socie-

O *climatério do progresso* 389

dade. De longa data, existe todo um comércio em que homens dotados de destreza ou talento especial fornecem sêmen de suposta alta qualidade genética para mães em potencial que desejem fontes superiores de inseminação. Teoricamente, graças ao isolamento de genes, características "indesejáveis" podem agora ser eliminadas do material genético que vai compor um bebê na concepção. As consequências são imponderáveis, mas o histórico da humanidade até o presente sugere que todo avanço tecnológico pode ser facilmente aproveitado para o mal.[102]

Eugenia e racismo são aliados íntimos. Racismo é um termo muito explorado. Uso-o aqui para denotar a doutrina segundo a qual certas pessoas são inevitavelmente inferiores a outras por pertencerem a um grupo com deficiências de caráter herdadas de sua raça. Nos sentidos mais fracos da palavra — preconceito contra a alteridade, repulsa a "sangue impuro", hipersensibilidade a diferenças de pigmentação da pele, compromisso com uma comunidade moral estrita e circunscrita de semelhantes e, numa variante atual, certa disposição de enquadrar indivíduos em unidades de expressão ou estudo definidas pela raça —, o racismo é indiscutivelmente antigo.[103] No século XIX, entretanto, surgiu um novo tipo de racismo, baseado em diferenças supostamente objetivas, quantificáveis e comprováveis pela ciência. Em certos aspectos, foi uma consequência imprevista da ciência iluminista, com sua obsessão por classificação e medição. A taxonomia botânica forneceu um modelo aos racistas. Métodos variados de classificação foram propostos — pigmentação, tipo de cabelo, formato do nariz, tipo sanguíneo (quando o desenvolvimento da sorologia tornou isso possível) e, acima de tudo, as medidas do crânio. No final do século XVIII, tentativas de conceber uma classificação da humanidade segundo o tamanho e o formato do crânio produziram dados que pareciam associar capacidade mental e pigmentação. Petrus Camper, um anatomista de Leiden, organizou sua coleção de crânios "em sucessão regular", com "símios, orangotangos e negros" em uma extremidade e asiáticos e europeus centrais na outra. Camper nunca defendeu o racismo, mas obviamente havia uma agenda por detrás de seu método: o desejo não só de classificar os seres humanos de acordo com características externas ou físicas, mas também de classificá-los em relação a superioridade e inferioridade. Em 1774, um apologista das plantations jamaicanas, Edward Long, justificara a sujeição dos negros com base em seu "intelecto exíguo" e "cheiro bestial". No mesmo ano, Henry Home foi ainda mais longe: os seres humanos constituíam um gênero, mas negros e brancos pertenciam a espécies diferentes. Havia na época suporte científico para tal alegação. Na década de 1790, Charles White produzira um índice que ia da "inferioridade brutal ao homem", no qual os macacos ficavam apenas um pouco abaixo dos negros e no qual, em especial, havia um grupo que designou como "hotentotes" e que classificou como o "mais baixo" dentre os que podiam ser admitidos como humanos. Em termos mais gerais, constatou que, "em qualquer aspecto que o africano difira do europeu, essa particularidade o aproxima mais do símio".[104]

A ciência do século XIX acumulou mais supostas evidências que justificariam o racismo. Arthur de Gobineau, que morreu no mesmo ano que Darwin, elaborou um ranking das raças no qual "arianos" estavam no topo e os negros vinham por último. Gregor Mendel, o bondoso e gentil monge austríaco que descobriu a genética no decorrer de seus experimentos com ervilhas, morreu dois anos depois. As implicações de seu trabalho só vieram à tona no final do século e, uma vez compreendidas, foram abusadas. Ao lado das contribuições de Darwin e Gobineau, ajudaram a completar uma justificativa dita científica do racismo. A genética explicava como a inferioridade poderia ser transmitida em uma linhagem ao longo das gerações. No momento exato em que o poder branco estava em seu apogeu de penetração e disseminação, a teoria científica parecia confirmá-lo. As raças inferiores estavam condenadas à extinção por seleção natural, ou poderiam ser ativamente exterminadas no interesse do progresso.

Poderíamos objetar que o racismo é atemporal e universal. Na maioria das línguas — vale a pena lembrar — a palavra para "ser humano" denota apenas os membros da tribo ou do grupo: os de fora são tidos como bestas ou demônios. O desprezo é um mecanismo comum para excluir o estrangeiro. O que o século XIX chamou de "raça" havia sido anteriormente coberto por termos como "linhagem" e "pureza do sangue", mas

O climatério do progresso

nenhuma dessas prefigurações do racismo contava com o poder persuasivo da ciência por trás de si nem tinha a capacidade de provocar tanta opressão e tantas mortes.[105]

Os negros não foram as únicas vítimas. O antissemitismo adquiriu nova virulência no século XIX. É uma doutrina estranha, difícil de compreender em vista dos benefícios das contribuições dos judeus à humanidade, em especial na espiritualidade, nas artes e nas ciências. O antissemitismo cristão é particularmente inescrutável, pois Cristo, sua mãe, os apóstolos e todas as figuras iniciais da crença e da devoção cristãs eram judeus. Nietzsche, por sua vez, expressou repetidamente admiração pelas realizações judaicas, embora a influência dos judeus no cristianismo houvesse lhe mostrado que eles eram "um povo nascido para a servidão", cujos apelos da Terra ao céu marcavam, a seu ver, "o começo da insurreição dos escravos na moral".[106] Um parecer bem corroborado é que o antissemitismo se originou no cristianismo e desenvolveu-se na Idade Média, quando os judeus — com outros grupos de "forasteiros" e habitantes de guetos na Europa — sofreram perseguições de frequência e virulência crescentes. Mais tarde, embora não completamente emancipados, os judeus se beneficiaram do Iluminismo do século XVIII, recebendo uma parcela dos "direitos do homem" e, em muitos casos, emergindo dos guetos para o mainstream social. Seja como for, o antissemitismo que surgiu no século XIX foi algo novo. A tolerância das sociedades que abrigavam judeus foi diminuindo à medida que o número destes crescia. A violência antissemita, de esporádica no início do século tornou-se corriqueira na Rússia a partir da década de 1870 e na Polônia na década seguinte. Em parte devido à pressão do número de refugiados, espalhou-se para a Alemanha e, na década de 1890, até mesmo para a França, onde os judeus antes pareciam bem integrados e estabelecidos em todos os níveis da sociedade.

Dificuldades econômicas sempre exacerbam as desgraças das minorias. Durante as aflições econômicas da Europa nas décadas de 1920 e 1930, o antissemitismo tornou-se um contágio incontrolável. Os políticos aproveitaram-se dele e alguns parecem ter acreditado na própria retórica e viam os judeus como um perigo ao bem-estar ou à segurança. Para os demagogos da direita, os judeus eram indelevelmente comunistas; para os da esquerda, eram incuravelmente capitalistas. Regimes antissemitas sempre haviam tentado "resolver" o "problema" dos judeus eliminando-os — fosse selando-os hermeticamente em guetos, fosse convertendo-os à força, fosse expulsando-os em massa. A "solução final" nazista para eliminar os judeus por extermínio foi a culminação extrema de uma longa tradição. Cerca de 6 milhões de judeus morreram em uma das campanhas de genocídio mais intencionais da história. Em toda a Europa a oeste da fronteira soviética, menos de 2 milhões sobreviveram, num gesto de autoamputação europeia de uma comunidade que sempre contribuíra de maneira desproporcional para a vida da mente, para as artes e para a criação de riqueza.[107]

O equilíbrio do progresso

No início do século XIX, quando a carreira de Napoleão ia chegando ao fim e o mundo emergia dos horrores da revolução e das calamidades da guerra, Thomas Love Peacock — um dos romancistas mais engraçados da história da Inglaterra e, portanto, do mundo — escreveu seu primeiro livro. *Headlong Hall* é um diálogo entre personagens representativos de tendências rivais no pensamento da época. Logo no início da narrativa, ficamos sabendo que:

> Os convidados seletos, vindos de diferentes partes da metrópole, haviam se acomodado nos quatro cantos de Holyhead. Esses quatro senhores eram o sr. Foster, o perfectibilista; o sr. Escot, o deterioracionista; o sr. Jenkison, o statuquocionista; e o reverendo doutor Gaster, que, é claro, embora não fosse nem um filósofo nem um homem de bom gosto, havia se agraciado de tal modo à veneta daquele latifundiário com uma dissertação erudita sobre a arte de rechear perus que nenhuma festa de Natal estaria completa sem ele.

Para o sr. Foster, "tudo o que observamos atesta o progresso da humanidade em todas as artes da vida e demonstra seu aprimoramento

O climatério do progresso 393

gradual rumo a um estado de ilimitada perfeição". O sr. Foster, uma sátira mordaz de Malthus, discorria incessantemente contra a ilusão de progresso: "Suas melhorias avançam em proporção simples, enquanto os desejos facciosos e apetites antinaturais que elas engendram procedem em razão composta [...], até que a espécie inteira seja um dia exterminada por sua própria imbecilidade e vileza infinitas".

No final do século, esse debate permaneceu sem solução. O mundo até poderia ser uma máquina, mas seria uma fábrica de progresso ou estaria cambaleando rumo à estase, como o Deus que tarda mas não falha? O progresso material teria corrompido os valores eternos? Será que a tecnologia aprimorada conseguira apenas ampliar a extensão do mal? Haveria forças vastas e impessoais levando o mundo a fins além do alcance da liberdade? E, se assim fosse, seria isso para o bem ou para o mal?

Por um tempo, Deus pareceu ter sido uma das vítimas do progresso. No começo do século XIX, Pierre-Simon Laplace, que formulara maneiras de interpretar todos os fenômenos conhecidos do mundo físico em relação a atração e repulsão de partículas, vangloriava-se de ter reduzido Deus a uma hipótese desnecessária. Em *Dover Beach*, escrito em meados do século, Matthew Arnold ouviu com pesar o "longo e melancólico rugido" do "mar da fé". A evolução tornara redundante o papel de Deus como criador de novas espécies. Em 1890, o antropólogo James Frazer publicou *O ramo de ouro*, no qual teria encontrado a ficcional "chave de todas as mitologias" que Casaubon buscara. Para Frazer, o cristianismo era prosaicamente mítico — um conjunto de mitos entre tantos outros —, e ele chegou a prever a substituição da religião pela ciência. Apelos à razão e à ciência justificaram o ateísmo em todas as épocas. Mesmo para quem crê, a confiança ou a resignação de que os seres humanos podem ou precisam se virar sem ajuda divina sempre foi um refúgio prático diante de nossa incapacidade de subordinar Deus a nossos propósitos. No mesmo século XIX, porém, surgiu a ideia de combinar essas vertentes e inaugurar uma quase-religião de ateus que rivalizasse com as religiões verdadeiras.

Um dos primeiros sinais foi o Culto do Ser Supremo, iniciado na França revolucionária. Apesar de sua vida breve e fracasso risível, o culto mostrou que era possível iniciar um movimento anticristão de estilo religioso a partir do zero. Todavia, mais de meio século transcorreu até Auguste Comte propor uma "religião da humanidade" com um calendário de santos seculares — entre eles Adam Smith e Frederico, o Grande. Cada vez mais, o sucesso dos evangelistas cristãos nos cortiços operários alertava proselitistas ateus sobre a necessidade e a oportunidade de revidar. Enquanto isso, de dentro das fileiras cristãs, os unitaristas, cuja forma radical de protestantismo negava a divindade de Cristo, faziam brotar congregações dissidentes que levavam o ceticismo além dos limites antigos. Na dedicação ao bem-estar social, descobriram um éthos capaz de sobreviver à fé. Por fim, o darwinismo entrou na jogada, sugerindo que a força impessoal da evolução poderia substituir a majestade da providência. Se a ciência conseguira explicar um problema tão misterioso — para usar o termo utilizado por Darwin — quanto a diversidade de espécies, certamente haveria de conseguir, para aqueles suscetíveis a um novo tipo de fé, explicar todo o resto.

O mais influente dos novos movimentos quase-religiosos foi o das Sociedades Éticas, que Felix Adler lançou em Nova York em 1876 como uma "nova religião", com o objetivo de fundamentar a conduta moral em valores humanos, não em modelos de Deus ou em dogmas ou mandamentos. A moral, disse ele, "é a lei que constitui a base da religião verdadeira".[108] Moncure Conway, um ministro unitarista apóstata, levou o movimento para a Inglaterra. Quanto mais sua influência se estendia, menos se assemelhava a uma religião, embora a decisão de um supremo tribunal de justiça dos Estados Unidos em 1957 conferisse às Sociedades Éticas a condição e os direitos de uma religião, e humanistas britânicos fazem campanha para obter tempos de transmissão iguais aos das religiões na programação da BBC.[109]

Cabe aqui uma advertência. A tradição humanista moderna não tinha nada a ver com o chamado currículo renascentista, que substituiu a teologia e a lógica em favor de "assuntos humanos" (retórica, gramática, história, literatura e filosofia moral). A popularidade desse "humanismo renascentista" não se deveu à suposta invasão do secularismo, e sim foi res-

O climatério do progresso 395

posta à crescente demanda de formação adequada para advogados e funcionários públicos.[110] O humanismo dos que repudiam a religião também não deve ser confundido com o "novo humanismo", que é mais propriamente o nome de um movimento que reafirma a crença no valor e na natureza moral dos seres humanos após os horrores de meados do século xx.

Notícias da morte de Deus sempre foram prematuras. Como no século anterior, o revivalismo do final do século xix em quase todas as tradições foi uma resposta ao ateísmo e à religião secular. Em 1896, Anton Bruckner morreu enquanto compunha sua Nona Sinfonia, calando dúvidas religiosas com um final glorioso de fé ressurgente. Nesse ínterim, como logo veremos, um novo tipo de religião passou a imitar a ciência, afirmando certezas que, no século vindouro, provariam ser ilusórias. Charles Hodge, que dirigia o seminário presbiteriano em Princeton, escrevera uma réplica a Darwin na qual não descartava a evolução mas recomendava leituras literais da Bíblia como similares e superiores às leis científicas. Em 1886, Dwight L. Moody fundou um seminário em Chicago com o mesmo intento. A natureza, ele admitiu, podia revelar verdades sobre Deus, mas a Bíblia sobrepujava outras evidências. Os eclesiásticos que seguiram Hodge e Moody em Princeton e Chicago tentaram enraizar o estudo de Deus em fatos incontestáveis, imitando os métodos do observatório e do laboratório.[111] Ninguém foi bem-sucedido nessa busca da certeza, mas a busca em si não cessou. Perto da virada do século xix para o xx, contudo, a ciência extraviou-se para um terreno experimental em que suas previsões começaram a falhar. É para lá que devemos seguir agora.

9. A vingança do caos: Descosturando a certeza

Constato, quando me reúno com colegas de profissão em projetos, colóquios ou conferências, que historiadores tendem a ser escapistas. Repulsa ao presente e medo do futuro nos impelem ao passado. "Em que época do passado você gostaria de ter vivido?" é uma pergunta tentadora com a qual iniciar uma brincadeira em que cada participante tenta se superar com escolhas cada vez mais bizarras (e reveladoras de sua personalidade) de tempos bárbaros ou sangrentos, gloriosos ou pomposos. Você que me lê, qual período escolheria? Para alguém com propensão intelectual, que se apraz em efervescência mental, julga emocionante o pensamento inovador e aprecia o enlevo do confronto com ideias subversivas, creio que o melhor momento seria aqueles dez ou quinze anos antes da eclosão da Primeira Guerra Mundial.

Os primeiros anos do século xx foram um cemitério e um berço — o cemitério de certezas duradouras e o berço de uma civilização diferente e desconfiada de tudo. Uma sucessão espantosa e perturbadora de novos pensamentos e descobertas pôs em xeque premissas que haviam subjazido às tendências culturais preponderantes dos séculos anteriores no Ocidente e, portanto, por extensão, no mundo: modos de vida, atitudes mentais, distribuições de poder e de riqueza. Uma súbita contrarrevolução intelectual destronou certezas herdadas do Iluminismo e da tradição científica. Em 1914, o mundo parecia atomizado, caótico, fervilhante com insurreições e emoções cruas, sôfrego por sexo e dotado de tecnologias terríveis. No entanto, embora os pensadores da primeira década e meia tenham antevisto a maioria dos grandes temas do resto do século, na política nenhuma das ideias da nova era foi poderosa o suficiente para dissolver o legado do

A vingança do caos

século anterior por completo. Os confrontos ideológicos que laceraram o mundo do século xx entre fascismo e comunismo, autoritarismo e democracia, cientificismo e sensibilidade, razão e dogma, foram batalhas entre ideias originárias do século xix.

A maioria dos livros de história trata os anos que antecederam a Primeira Guerra como um período de inércia, em que pouca coisa aconteceu — um reflexo cor-de-rosa da era romântica que se toldou de vermelho-sangue. Como se as trincheiras da guerra fossem canais para tudo o que se seguiu. O pensamento teve de começar de novo em um mundo arruinado e marcado por cicatrizes, pois a antiga ordem tornara-se invisível em meio às torções de arame farpado ou de dentro das crateras de bombas ou dos fossos e valas dos campos de batalha. Em virtude disso, é difícil olhar para trás, através das trincheiras, e enxergar o início do século xx sob sua verdadeira luz e como o período mais intenso e surpreendente da história em produção de pensamento revolucionário. Temos, portanto, de começar em 1900 ou cercanias e examinar primeiro as ideias científicas, pois foi a ciência que definiu a agenda das demais disciplinas e dominou a hierarquia das ideias.

Compreender a teoria da relatividade é a chave para todo o resto, devido à maneira como as ideias de Einstein reconfiguraram o pensamento subsequente: as consequências subversivas ao longo dos anos em que foi aprimorando seu raciocínio; as reações a favor do que se revelaria uma certeza espúria e uma ordem ameaçadora; a sobreposição entre relatividade e relativismo. A relatividade, seu contexto e seus efeitos merecem este breve capítulo próprio, visto que foram o prelúdio do restante do pensamento do século xx examinado no capítulo final deste livro. Começaremos pela ciência e pela matemática, depois nos voltaremos para a filosofia, a linguística, a antropologia, a psicologia e a arte, e terminaremos abordando a reação política que, talvez de modo surpreendente, alguns artistas ajudaram a liderar. Os antecessores essenciais de Einstein, sem os quais seu trabalho seria inconcebível — ou, no mínimo, pouco convincente — , vêm em primeiro lugar: Henri Bergson e Henri Poincaré.

A relatividade em contexto

As certezas do século XIX começaram a se desfazer quase tão logo o novo século teve início, quando Henri Bergson, que nasceu no ano de publicação de *A origem das espécies*, tentou ir além do pensamento de Darwin. Quando estudante, Bergson parece ter sido um daqueles jovens irritantemente precoces que dão a impressão de ter nascido já na meia-idade. Ele tinha hábitos regrados, óculos pesados e as boas maneiras de um adulto. Mantinha-se misteriosamente arredio de seus contemporâneos e colegas de classe. Suas prioridades intelectuais projetavam-se de uma testa assustadoramente grande,[1] e ele parecia capaz de dar conta de toda e qualquer tarefa intelectual. Seus professores de matemática sentiram-se traídos quando ele optou pela filosofia. Afirmava que seu domínio do latim e do grego o capacitava a ler e a pensar além dos limites da linguagem de sua época. Como todos os intelectuais profissionais franceses, recebeu uma educação punitivamente prolongada e teve de suportar professores inexperientes na escola secundária. Mas, por fim, realizou tudo o que se havia pressagiado a seu respeito e se tornou o grande e célebre guru de sua época.

Bergson absorveu o pragmatismo britânico. Embora pensasse em um francês metafísico e obscuro, gostava de ter dados científicos concretos com os quais trabalhar. Por exemplo, iniciou seu estudo da mente com observações da persistência da memória em pacientes com danos cerebrais graves — vítimas de acidentes industriais e de guerras. Entretanto, as evidências o levaram a concluir que a mente é uma entidade metafísica, melhor que o cérebro. Confiava na intuição como uma fonte de verdade, mas a fundamentava na experiência. Tinha o olhar de um connaisseur e frequentemente aduzia a arte como prova de que as percepções transformam a realidade. Não chega a surpreender que amasse o impressionismo, que substitui fatos distintos, tal como registrados por nossos sentidos, por formas sutis abstraídas pela mente. Preferia perguntas a respostas e odiava estragar um bom problema com resoluções prontas que truncam o raciocínio.[2]

Bergson tornou-se um dos filósofos mais admirados de seu tempo. Seus livros venderam dezenas de milhares de exemplares, número muito

A vingança do caos

alto para a época. Na École Normale ou no Collège de France, alunos impacientes chegavam cedo para garantir lugar em suas aulas. Certa vez, algumas senhoras americanas se atrasaram ao atravessar o Atlântico e perderam uma palestra dele, mas se declararam satisfeitas com a simples aura da sala onde ele falara. Theodore Roosevelt absorvia pouco de suas leituras das obras de Bergson, que são notoriamente difíceis, mas exigiu que o gênio fosse seu convidado no café da manhã.

No livro tido como sua obra-prima, *A evolução criadora*, Bergson caracterizou e batizou a força que move o universo, chamando-a de elã vital. Ela não comanda a natureza de dentro, como evolução, nem de fora, como Deus, mas é uma força espiritual com o poder de reordenar a matéria. No que ela difere da *anima mundi* que alguns românticos e magos sempre buscaram nunca ficou claro, possivelmente nem mesmo para Bergson. Ele a invocava para expressar a liberdade que temos para tornar o futuro diferente daquilo que a ciência prevê. E rejeitou a asserção de que a evolução é uma lei científica, redefinindo-a como uma expressão da vontade criativa das entidades vivas, que mudam porque querem mudar.

Os críticos acusaram Bergson de irracionalismo, alegando que ele estava atacando a ciência ao representar realidades objetivas como construtos mentais e ao atribuir propósito a uma criação impensada e impensante. Mas seu pensamento foi bem recebido por pessoas que consideravam o determinismo científico restritivo, inibidor ou ameaçador. Suas ideias reconfortavam todos aqueles que temiam ou questionavam as ameaças costumeiras dos visionários da época, que previam uma revolução proletária dita inevitável, ou uma supremacia ariana, ou uma imolação por entropia. Bergson foi o primeiro profeta do ressurgimento do caos no século xx, o primeiro arquiteto da desordem, pois descreveu um mundo em que os agentes são livres para fazer qualquer coisa. "O intelecto é a vida olhando para fora, exteriorizando-se de si, adotando as manobras da natureza não organizada para efetivamente dirigi-las", afirmou.[3]

Se a versão bergsoniana da evolução parece um tanto mística, outra ideia sua, que ele chamou de "duração", provou-se mais influente, embora quase igualmente ininteligível. Ela é desconcertante porque, em parte, sua definição é opaca: "a forma que assume a sucessão de nossos estados de consciência quando nosso eu interior deixa-se a si mesmo viver [...], quando se abstém de estabelecer uma separação entre seus estados atuais e os estados precedentes".[4] Essa ideia aparentemente enigmática também afeta a vida real, pois defende e reafirma a liberdade, contrariando o determinismo que prevalecia entre os teóricos sociais e científicos, e restaurando a fé no livre-arbítrio. A duração se torna inteligível quando perscrutamos a mente de Bergson e desmontamos o processo pelo qual ele a concebeu, do qual, felizmente, deixou um registro. O relato começa com suas primeiras tentativas de ensinar aos alunos do ensino médio sobre os eleatas, em especial sobre os paradoxos de Zenão. De repente, ele percebeu — ou, pelo menos, representou sua intuição como súbita, à maneira de um convertido religioso a caminho de sua Damasco particular — que nas imaginárias raças, viagens e flechas voadoras de Zenão, ou em qualquer passagem de tempo ou episódio de mudança, os momentos não são separáveis ou sucessivos. São contínuos. Constituem o tempo, mais ou menos como pontos formam uma linha. Quando falamos do tempo como feito de momentos — à maneira da matéria feita de átomos individuais —, nosso pensamento é "contorcido e degradado pela associação com o espaço". O tempo não é uma "breve história" de eventos atomizados, mas um construto mental. Bergson reconheceu que "normalmente nos localizamos no tempo concebido como análogo ao espaço. Não temos nenhum interesse em escutar o murmúrio e o zunido incessantes da vida profunda. Mas *é nesse nível que reside* a duração real. [...] Seja dentro de nós ou fora de nós, em mim ou em objetos externos, a realidade é a mobilidade constante".

Pessoas que têm necessidade de se apegar a pontos fixos podem achar a ideia "vertiginosa", Bergson comentou; no entanto ele a achou reconfortante, porque resolvia os paradoxos com os quais Zenão desconcertou o mundo.[5] Até aqui, a ideia de tempo de Bergson se assemelha, e talvez reflita, à de Santo Agostinho, um milênio e meio antes (ver p. 208). Mas ele foi além e propôs que, mais precisamente, o tempo é um produto da memória, diferente da percepção e, portanto, "um poder independente da matéria. Assim, se o espírito é uma realidade, é nos fenômenos da memória que podemos vir a conhecê-lo experimentalmente". Construir o tempo, segundo Bergson, não é uma propensão apenas humana, visto que todas as criaturas fazem isso: "Onde há algo vivo há um registro, aberto em algum lugar, no qual se inscreve o tempo".[6] Alguém poderá ficar tentado a dizer que o futuro é apenas o passado que ainda não vivenciamos. Para aqueles que entenderam, ou julgaram ter entendido, o que é duração, parecia um conceito útil. Como veremos, ajudou a moldar uma revolução em nossa maneira de entender a linguagem, empreendida inicialmente por Ferdinand de Saussure, que, nas palestras que proferiu em 1907, propôs que o texto é um tipo de duração verbal na qual os termos, tal como momentos, são inseparáveis. Muitos escritores criativos, que sorveram o mesmo tipo de ideia diretamente de Bergson, sentiram-se narrativamente libertados da disciplina da cronologia. Um dos resultados foram os romances escritos em "fluxo de consciência", termo que William James cunhou depois de ler Bergson.[7]

Henri Bergson insistiu em outros insights que ajudaram a moldar o pensamento dominante durante grande parte do século XX. Observou, por exemplo, que realidade e experiência são idênticas. "Há mudança, mas não há 'coisas' que mudam", afirmou, assim como uma melodia é independente das cordas que a plangem ou da pauta em que está escrita. A mudança existe, mas somente porque a experimentamos. E a experiência, argumentou Bergson em comum com a maioria dos filósofos e contrariando os materialistas, é um processo mental. Nossos sentidos a transmitem, nossos cérebros a registram, mas ela se dá em alguma outra parte transcendente do eu, que chamamos de "mente". Ainda mais importante para o futuro, Bergson preparou o caminho para Einstein e "endireitou-lhe as veredas". É difícil imaginar uma teoria tão subversiva como a da relatividade penetrando mentes não desarmadas. Bergson acostumou seus leitores à ideia de que o tempo pode não ser a realidade externa absoluta que cientistas e filósofos haviam suposto. Pode estar só na nossa mente. Em um mundo estremecido pelo pensamento de Bergson, a ideia de Einstein, de que o tempo pode mudar conforme a velocidade do observador, foi apenas um pouquinho mais chocante. Bergson também antecipou muitos dos cacoetes não essenciais do pensamento de Einstein, até mesmo sua predileção por analogias com trens. Ao explicar a duração, por exemplo, apontou que tendemos a "pensar a mudança como uma série de estados que se sucedem", assim como os passageiros de um trem julgam estar parados quando outro trem está passando com a mesma velocidade na direção oposta. Uma percepção falsa parece fazer cessar um processo contínuo.

Um jovem matemático francês, Henri Poincaré, aliado de Bergson na exposição do caos, forneceu o elo que levaria a Einstein. Poincaré abalou os fundamentos do cosmo newtoniano quando, no final da década de 1890, esboçou os primórdios de um novo paradigma científico. Ele estivera trabalhando em um dos problemas que a ciência moderna não conseguira resolver: como modelar os movimentos de mais de dois corpos celestes interdependentes. Sua solução pôs a nu a inadequação das premissas newtonianas ao propor uma onda dupla dobrando-se infinitamente sobre si mesma e intersectando-se também de modo infinito. Poincaré prefigurou a maneira pela qual a ciência viria a representar o cosmo mais de meio século depois de seu tempo, nas décadas de 1960 e 1970, quando, como veremos, a teoria do caos e experimentos com fractais reavivaram a descoberta de Poincaré e sua impressionante relevância. Henri Poincaré levou a ciência para o quadro complexo, recursivo e caótico de como a natureza funciona.

Ele passou a questionar a premissa básica do método científico: o elo entre hipótese e evidência. Ressaltou que cada cientista tem sua própria agenda. Um sem-número de hipóteses podem se adequar aos resultados experimentais. Os cientistas escolhem dentre elas por convenção ou até mesmo de acordo com as "idiossincrasias do indivíduo".[8] Poincaré citou as leis de Newton entre seus exemplos, inclusive as noções tradicionais de espaço e tempo. Impugnar Newton já era chocante o suficiente. Contestar espaço e tempo era ainda mais desconcertante, pois haviam sido aceitos como parte do tecido constitutivo do universo. Para Santo Agostinho, a constância do tempo era a própria estrutura subjacente da criação. Newton supusera que os mesmos cronômetros e réguas poderiam medir o tempo e o espaço em qualquer parte do universo. Quando Kant desenvolveu sua

A vingança do caos

teoria da intuição no início do século XIX (ver p. 332), foi justamente a natureza absoluta do tempo e do espaço que ele deu como exemplo de algo que nós, independentemente da razão, sabemos ser verdade. Como um herege desmantelando um credo, Poincaré forneceu motivos para duvidarmos de tudo o que outrora considerávamos demonstrável. Comparou Newton a "um teólogo envergonhado [...] acorrentado" a proposições contraditórias.[9]

Poincaré se tornou uma celebridade internacional, procurado por todos, comentado por todos. Seus livros vendiam dezenas de milhares de exemplares. Era presença frequente em palcos populares, como hoje um autor altamente midiático iria a talk shows. Como sempre, quando um pensador refinado se torna queridinho do público, todos pareciam ouvir mais do que ele efetivamente dizia. Não é surpresa, portanto, que Poincaré tenha alegado ser incompreendido. Leitores o interpretavam mal, acreditando que ele teria dito que — para citar seu próprio desmentido — "o fato científico foi criado pelo cientista" e que "a ciência consiste apenas em convenções [...]. A ciência, portanto, nada pode nos ensinar da verdade; só pode nos servir como regra de ação".[10] A ciência, tal como reverberava nos tímpanos do público de Poincaré, produziria insights não mais verificáveis do que, digamos, a poesia ou o mito. Entretanto, a história da ciência está repleta de mal-entendidos fecundos: Poincaré é importante pelo modo como foi lido, não pelo que não conseguiu comunicar. Juntos, Bergson e Poincaré embasbacaram o mundo com a incerteza e abrandaram a resistência a explicações radicais. E um dos beneficiários do novo estado de ânimo foi Albert Einstein.

Poincaré publicou sua crítica ao pensamento científico tradicional em 1902. Três anos depois, Einstein emergiu da obscuridade de seu empreguinho burocrático, como um escavador saindo da mina, para detonar uma carga terrível. Ele trabalhava como perito técnico de segundo nível no Escritório de Patentes da Suíça, excluído da carreira acadêmica pela inveja fátua do corpo docente. Melhor assim, talvez. Einstein não precisou adular ninguém nem se sentir obrigado a defender os erros dos catedráticos. Livre de empecilhos acadêmicos, estava livre também para ser original. E, no mundo que Bergson e Poincaré criaram, tinha a certeza de um público cativo.

A teoria da relatividade mudou o mundo ao transformar o modo como o imaginamos. Na década de 1890, experimentos haviam detectado anomalias desconcertantes no comportamento da luz. Medida em relação a objetos em movimento, sua velocidade parecia nunca variar, por mais rápido ou lento que fosse o movimento da fonte de onde emanava. A maioria dos intérpretes atribuiu o fato a pilantragem nos resultados. Se lançamos um míssil, sua velocidade aumenta conforme a força de propulsão; como então a luz estaria isenta da mesma variabilidade? Einstein produziu uma solução teórica: se a velocidade da luz é constante, tempo e distância devem ser relativos a ela, deduziu ele. A velocidades próximas à da luz, o tempo diminui e as distâncias encolhem. A inferência era lógica, mas tão contraintuitiva e tão diferente do que quase todos haviam pensado a respeito que poderia ter sido repelida ou descartada se Poincaré não houvesse aberto a mente humana para a possibilidade de conceber o espaço e o tempo de novas maneiras. Mesmo assim, a afirmação de Einstein era muito contestatória e seu sucesso foi extremamente perturbador. Ele desnudou como meras suposições o que pareciam verdades inquestionáveis: a suposição de que espaço e tempo são absolutos prevalecera apenas porque, em comparação com o tempo, não conseguimos nos mover com muita rapidez. Seu exemplo mais vívido foi um paradoxo que improvisou em resposta a uma pergunta do público em uma palestra: um gêmeo que partisse em uma viagem ultrarrápida retornaria para casa mais jovem do que o irmão que ficara para trás.

No universo de Einstein, todas as aparências são enganosas. Massa e energia são mutuamente conversíveis. Linhas paralelas se encontram. Noções de ordem que haviam prevalecido desde Newton eram equivocadas. As percepções do senso comum desaparecem como se caíssem pela toca do coelho aé o País das Maravilhas. No entanto, todo experimento inspirado pela teoria de Einstein parecia confirmar sua validade. Segundo C. P. Snow, que fez tanto quanto qualquer outro para tornar a ciência de ponta universalmente inteligível, "Einstein [...] despontou na consciência pública [...] como o símbolo da ciência, o mestre do intelecto do século xx [...],

A vingança do caos 405

o porta-voz da esperança".[11] Ele transformou o modo como as pessoas percebem a realidade e medem o universo. Para o bem e para o mal, tornou possível a pesquisa aplicada da conversão de massa em energia. A energia nuclear foi um dos resultados de longo prazo.[12]

Além disso, a relatividade ajudou a deslindar novos paradoxos. Enquanto Einstein reimaginava o quadro geral do cosmo, outros cientistas trabalharam nos detalhes que o constituem. Em trabalho publicado em 1911, Ernest Rutherford dissecou o átomo, revelando partículas ainda menores e mostrando seu dinamismo, do qual exploradores atômicos anteriores sequer desconfiavam: os elétrons, que parecem deslizar erraticamente ao redor de um núcleo segundo padrões impossíveis de rastrear ou prever com a física do passado. Os físicos já vinham tendo dificuldade para dar conta da natureza aparentemente dupla da luz: consistia em ondas ou partículas? A única maneira de abarcar todas as evidências era admitir que ela se comportava como se fosse ambas. O novo discurso da "mecânica quântica" dissipou velhas noções de coerência. Segundo o dinamarquês Niels Bohr, vencedor do prêmio Nobel, os quanta compartilham a natureza aparentemente autocontraditória da luz.

Da relatividade ao relativismo

Enquanto a relatividade distorcia a imagem do mundo, um mal-estar filosófico corroía a confiança na estrutura tradicional de todo tipo de pensamento: noções sobre linguagem, realidade e os elos entre elas. No entanto, a deriva rumo ao relativismo começou de fato com uma doutrina subversora de si mesma a serviço da certeza: o pragmatismo.

Na linguagem cotidiana, "pragmatismo" significa apenas uma maneira prática de encarar a vida. Nos Estados Unidos do final do século XIX, William James elevou a eficiência prática a um critério não só de utilidade, mas também de moral e verdade. Ao lado de Bergson e Poincaré, ele se tornou um dos intelectuais mais lidos na primeira década do século XX.

O pai de James herdou de seu pai mais riqueza do que lhe conviria e acabou incursionando pelo misticismo e pelo socialismo, entremeando seus novos interesses com longas sonecas em Londres, no Athenaeum Club, em uma poltrona macia de couro verde, ao lado da de Herbert Spencer. James era contemplativo como o pai e capitalista como seu avô, mas se sentia culpado quando não conseguia ganhar a vida por conta própria. Queria uma filosofia distintamente americana, que refletisse os valores dos negócios e da azáfama do trabalho. A anglofilia pela qual seu irmão romancista, Henry, se tornou famoso — ou notório — incomodava William. Ele preconizava o patriotismo, resistiu às tentativas de Henry de europeizá-lo e sempre retornava às pressas a "meu próprio país".

Era um polímata que nunca se apegou a nenhuma vocação. Tinha formação médica, mas sempre evitou clinicar e acabou sucumbindo à própria saúde debilitada, não sem antes denunciar a medicina como charlatanismo. Obteve renome como psicólogo, enquanto lutava contra sintomas autodiagnosticados de insanidade. Tentou pintar, mas a visão ruim obrigou-o a desistir. Era viciado em trabalho, mas tinha consciência de que só seria salvo se repousasse. Defendia uma filosofia de "espírito duro", mas flertava com a ciência cristã, envolveu-se em estudos psíquicos, escrevia sob êxtase e entregava-se a espasmos de misticismo. Exaltava a razão e ostentava sentimentos, mas preferia fatos. Na ressaca da sublimidade e da inefabilidade, voltou-se "para os fatos, nada mais", como no mundo duro e encardido do sr. Gradgrind.* O pragmatismo, que incorporava muitos de seus preconceitos, incluindo americanismo, praticabilidade, religiosidade difusa e deferência aos fatos, foi o mais próximo que ele chegou de uma visão consistente do mundo. Em seu bestseller de 1907, desenvolveu e popularizou "velhos modos de pensar" formulados pela primeira vez na década de 1870 por Charles Sanders Peirce: a filosofia deve ser útil. A utilidade, disse James, torna a verdade verdadeira e a retidão reta. "O pragmático [...] se

---

* Personagem de *Tempos difíceis*, de Charles Dickens, comerciante e "um homem de fatos e cálculos". (N. T.)

A vingança do caos

407

dirige ao concreto e ao adequado, aos fatos, à ação e ao poder."[13] Bergson saudou-o por descobrir "a filosofia do futuro".[14]

William James nunca quis ser um radical. Buscava motivos para acreditar em Deus, argumentando que "se a hipótese de Deus funciona de forma satisfatória, no sentido literal da palavra, é verdadeira".[15] Mas o que funciona para um indivíduo ou grupo pode ser inútil para outros. Ao reduzir a verdade à conformidade com um propósito específico, James abjurou o que havia sido até então a base acordada de todo o conhecimento: a suposição de que verdade e realidade se equiparam. Ele partiu para justificar ou corroborar o cristianismo; no final, subverteu-o ao relativizar a verdade.[16]

Quase em segredo, e no início sem publicidade e até mesmo sem publicações, a linguística seguiu um caminho semelhante, afastando-se da terra firme e mergulhando na areia movediça intelectual. Para quem deseja falar a verdade, a linguagem é o meio que se adota para se referir à realidade. Entretanto, os avanços da linguística do século xx pareciam sugerir, ao menos durante um tempo, que esse tipo de esforço estava fadado ao fracasso. Nas palestras que começou a proferir em Genebra em janeiro de 1907, ano em que James publicou *Pragmatismo*, Saussure levou a linguística em uma nova direção ao introduzir a distinção entre discurso social — a *parole*, dirigida a outros — e linguagem subjetiva — a *langue*, conhecida apenas pelo pensamento. Seu caráter afetava o modo como ele se comunicava. Lecionava como Aristóteles, sem apontamentos, com um ar envolvente de espontaneidade. As anotações de seus alunos são o único registro que restou do que ele disse, abrindo margem para especialistas questionarem sua precisão. De modo geral, seu público entendeu que ele estava afirmando que o efeito da linguagem decorre das relações de cada termo em um texto ou discurso com todos os outros termos. Termos específicos não têm significado exceto em combinação entre si. O que dá sentido à linguagem são as estruturas dessas relações, que se estendem além de qualquer texto em particular à totalidade da linguagem. O significado, portanto, está fora do controle de quem fala ou escreve. Nunca é completo, porque a linguagem está sempre mudando e as relações entre os termos estão sempre se reformulando. O significado é construído pela cultura e não tem raízes na realidade. Os leitores são autônomos e podem reconfigurar e distorcer o texto à medida que o processam entre a página e a memória. Demorou muito tempo para que o pensamento de Saussure deixasse a sala de aula e chegasse ao mundo editorial e à pedagogia, mas pouco a pouco se tornou ortodoxia linguística. A maioria dos leitores só conheceu seu trabalho por meio de variadas reconstruções editoriais — o equivalente acadêmico da brincadeira do telefone sem fio. Como veremos no próximo capítulo, a mensagem que tendiam a extrair era que a linguagem não diz nada confiável acerca da realidade ou sobre o que quer que seja exceto ela mesma.[17]

O que resulta de se colocar essa leitura de Saussure junto com interpretações populares de Poincaré, Bergson, William James, Einstein e mecânica quântica? Não existe espaço ou tempo fixo, não se pode confiar no que a ciência afirma, a matéria constitutiva do universo se comporta de maneira imprevisível e inexplicável, a verdade é relativa e a linguagem é divorciada da realidade. Enquanto a certeza ia se desmanchando, o relativismo e a relatividade se entrelaçavam.

Entre elas, a ciência e a filosofia solaparam a ortodoxia herdada. A antropologia e a psicologia, por sua vez, produziram heresias igualmente devastadoras. A revolução na antropologia espalhou-se gradualmente para fora dos Estados Unidos, onde Franz Boas a iniciou. Esse herói insuficientemente apreciado da tradição liberal ocidental foi um judeu alemão que se tornou o decano e espírito primaz da antropologia norte-americana. Boas pôs abaixo um pressuposto que atraíra a crença de cientistas, o empenho de impérios e o capital de financistas: o status evolutivo superior de certos povos e sociedades. Como Darwin, soube aprender com povos e indivíduos que os ocidentais consideravam primitivos. Mas se os fueguinos repugnaram Darwin, os inuítes inspiraram Boas. Trabalhando entre eles na ilha de Baffin na década de 1880, Boas veio a apreciar-lhes a sabedoria prática e a imaginação criativa, e transformou seu insight em um preceito para pesquisadores de campo, que também serve como regra de vida: a empatia é o cerne do entendimento. Para conhecer as peculiaridades intrigantes de diferentes culturas, os antropólogos devem se esforçar para compartilhar a perspectiva do povo no qual

A vingança do caos

estão inseridos. Com isso, determinismos de todo tipo se tornam detestáveis e generalizações, arriscadas, pouco convincentes, pois nenhuma explicação isolada parecerá adequada para dar conta das divergências observadas.

Boas foi um pesquisador de campo que se tornou curador de museu, sempre em contato com povos e artefatos que buscava compreender. Enviou alunos para estudar povos nativos americanos ao longo das linhas ferroviárias que se estendiam para o oeste de sua sala de aula em Nova York. Os resultados provaram não existir o que antropólogos contemporâneos e anteriores chamavam de "mente selvagem". Todos nós compartilhamos o mesmo tipo de aparato mental, quaisquer que sejam as condições materiais, o potencial tecnológico, a complexidade social ou a sofisticação que nos circundam. Jared Diamond exprime isso com elegância: "Existem tantos gênios na Nova Guiné quanto em Nova York".[18] Boas expôs as falácias da craniologia racista, segundo a qual certas raças teriam crânios mais adaptados à inteligência que outras. Do seio da maior, mais influente e mais numerosa escola nacional de antropólogos do mundo, ele baniu a noção de que os povos podiam ser classificados de acordo com o grau de suposto "desenvolvimento" de seu pensamento. Cada povo, concluiu, pensa de modo diferente em diferentes culturas não porque alguns tenham mais capacidade cerebral, mas porque toda mente reflete as tradições que herda, a sociedade que a circunda e o ambiente ao qual está exposta. Nas palestras que proferiu em 1911, Franz Boas resumiu os resultados da pesquisa que conduziu ou supervisionou:

> A atitude mental de indivíduos que [...] adquirem as crenças de uma tribo é exatamente a mesma do filósofo civilizado [...]. O valor que atribuímos a nossa própria civilização se deve ao fato de que participamos dessa civilização e ela controla todas as nossas ações desde que nascemos; mas decerto é possível conceber que possam existir outras civilizações, baseadas talvez em tradições diferentes e em um equilíbrio diferente entre emoção e razão, que não têm menos valor que a nossa, embora possa nos ser impossível apreciar seus valores sem termos crescido sob sua influência [...]. A teoria geral da valoração das atividades humanas desenvolvida pela pesquisa antropológica nos ensina mais tolerância do que a que hoje professamos.[19]

Era um modo gentil de dizer. Tornou impossível a defesa tradicional do racismo ou do imperialismo, a saber, a de que a raça condena certos povos a uma inevitável inferioridade ou que os impérios são como custódias similares às de pais sobre filhos e de tutores sobre imbecilizados. Inversamente, Boas tornou possível reavaliar as relações entre culturas. O relativismo cultural, como hoje o chamamos, passou a ser a única base fiável sobre a qual um estudo sério das sociedades humanas poderia ser empreendido. Algumas culturas talvez sejam melhores que outras, mas tal julgamento só pode ser feito quando as culturas comparadas compartilham valores semelhantes — uma condição raramente preenchida. Toda cultura, diz o relativismo cultural, deve ser julgada em seus próprios termos.

Trabalhos antropológicos de campo reforçaram a tendência relativista, acumulando enormes quantidades de dados diversos, impenetráveis aos toscos esquemas hierárquicos do século xix, mas o relativismo cultural demorou até se espalhar para além dos círculos diretamente influenciados por Boas. Os antropólogos britânicos foram os primeiros estrangeiros a absorver suas lições, já na primeira década do século. A França, cujos antropólogos eram os mais prestigiosos do mundo, logo começou a reagir positivamente e o relativismo irradiou-se a partir de lá. Ele ajudou a solapar impérios e a construir sociedades multiculturais, mas levantou problemas intelectuais e práticos que permanecem sem solução. Se nenhuma cultura é objetivamente melhor que outra, o que acontece quando suas concepções de moral entram em conflito? Podem canibalismo, infanticídio, incineração de viúvas, discriminação de gênero, decapitação ritual, incesto, aborto, circuncisão feminina e casamentos arranjados serem todos abrigados sob a rubrica do relativismo cultural? Como e onde se definem os limites?[20]

A tirania do inconsciente

Enquanto Boas e seus alunos trabalhavam, a autonomia da cultura recebeu um empurrãozinho intrigante e não intencional da psicologia de Sigmund Freud. Isso é surpreendente, porque Freud não era exatamente sensível

A *vingança do caos*

a diferenças culturais. Ele pretendia explicar o comportamento individual revelando impulsos universais. Entretanto, o que é crucial é que, ao se concentrar em universais e indivíduos, Freud deixou que a cultura explicasse a si mesma, numa espécie de vácuo entre uns e outros. A disseminação da psicologia freudiana, que alegava expor o mundo do subconsciente, pôs em xeque ideias convencionais de experiência e, em particular, de sexo e de infância.

Freud tornou-se modelo e mentor do século xx. Subverteu a ortodoxia científica ainda mais do que Boas, pois suas descobertas ou suposições iam além das relações entre as sociedades e afrontavam diretamente o modo como o indivíduo entende seu próprio eu. A asserção de Freud de que grande parte da motivação humana é subconsciente contrariou os pressupostos tradicionais acerca de responsabilidade, identidade, personalidade, consciência e mentalidade. Sua jornada rumo ao subconsciente começou com um experimento que realizou em si mesmo em 1896, ao expor seu próprio "complexo de Édipo", como o chamou: um suposto desejo reprimido de suplantar o pai, desejo que, a seu ver, todo homem trazia dentro de si. Foi o primeiro de uma série de desejos inconscientes que ele identificaria como o material constitutivo da psique humana. Nos anos seguintes, desenvolveu a técnica que chamaria de psicanálise, a qual visa conscientizar os pacientes de suas pulsões subconscientes. Por meio de hipnose ou desencadeando os efeitos mnemônicos da associação livre (os métodos preferidos de Freud), os psicanalistas julgam poder ajudar os pacientes a resgatar sentimentos reprimidos e a mitigar sintomas nervosos. Os pacientes deixavam o divã de Freud — ou de seu mentor, Josef Breuer — mais livres do que quando se deitavam nele. Mulheres que apenas alguns anos antes teriam sido relegadas como fingidoras histéricas tornaram-se estudos de caso instrutivos, com efeitos benignos na reavaliação do papel da mulher na sociedade.

A "ciência" de Freud parecia funcionar, mas foi reprovada em testes mais rigorosos: quando Karl Popper perguntou como distinguir alguém que não tinha complexo de Édipo, a fraternidade psicanalítica se fez de desentendida. O comportamento era o de uma seita religiosa ou um movimento político radical, denunciando os erros uns dos outros e expulsando os dissidentes de entidades reservadas aos "eleitos". Seja como for, Freud certamente subestimou os efeitos da cultura na formação da psique e na variabilidade do impacto da experiência em diferentes épocas e locais. "Freud, Froid; eu digo 'Fraude'", afirmou G. K. Chesterton. A psicanálise não é, por nenhuma definição estrita, uma ciência.[21] Ainda assim, sua eficácia para alguns pacientes importava mais que a aprovação de colegas cientistas. O talento de Freud em comunicar suas ideias com uma prosa envolvente ajudou a espalhar sua fama. Segundo o testemunho de alguns cidadãos vienenses antes da guerra, ele parecia capaz de iluminar a condição humana. Suas proposições eram chocantes, não apenas pela franqueza com que tratavam de desejos sexuais que a maioria das pessoas preferia não mencionar no trato social, mas também, e mais radicalmente, porque na verdade Freud estava dizendo às pessoas: "Vocês não sabem e, sem minha ajuda, não têm como saber por que se comportam dessa ou daquela maneira, pois suas fontes de motivação são inconscientes". Ele alegou ter demonstrado que toda criança, antes da puberdade, passava por fases comuns de desenvolvimento sexual e que todo adulto reprimia fantasias ou experiências similares. Aos inimigos da religião, Freud parecia até ter propiciado um de seus grandes objetos de desejo: uma explicação científica no lugar de Deus. "No fundo", escreveu, em um de seus textos mais influentes, *Totem e tabu*, "Deus, no fundo, nada mais é que um pai elevado."[22] As possíveis consequências morais do pensamento de Freud são alarmantes: se não conseguimos conhecer por conta própria os motivos de nosso comportamento, nossa capacidade de nos aprimorarmos fica limitada. A própria noção de responsabilidade moral individual é posta em jogo. Podemos liquidar a culpa e imputar nossos defeitos e má conduta à nossa formação.

Sob a influência de Freud, a introspecção tornou-se um rito no Ocidente moderno, definindo nossa cultura, como a dança ou os códigos gestuais talvez definissem outras. A repressão tornou-se o demônio da nossa época, tendo o analista como exorcista. A "sociedade do sentir-se bem", que silencia a culpa, a vergonha, a insegurança e o remorso, foi uma das consequências, assim como o hábito da franqueza sexual. E também a prá-

A vingança do caos

tica — predominante durante grande parte do século XX e ainda bastante difundida entre os psiquiatras — de tratar desequilíbrios metabólicos ou químicos no cérebro como se fossem distúrbios psíquicos com raízes profundas. A revolução de valores iniciada por Freud — o empenho contra a repressão, a exaltação da franqueza, o relaxamento das inibições — sobreviveu à sua própria estima. É difícil calcular qual foi o equilíbrio dos efeitos bons e maus. A psicanálise e outras escolas terapêuticas subfreudianas ajudaram milhões e torturaram milhões — liberando alguns de repressões e condenando outros a ilusões ou tratamentos inúteis.[23]

A ênfase de Freud nos efeitos subconscientes da experiência infantil transformou a educação em uma espécie de playground dos psicólogos, embora, como disse Isaac Bashevis Singer, "crianças não tirem proveito da psicologia". A feminista sueca Ellen Key anunciou a redescoberta da infância em 1909: crianças eram diferentes dos adultos. Esse aparente truísmo refletia a ideia de infância tal como se desenvolvera no Ocidente do século XIX (ver p. 342), mas mudanças nos padrões de mortalidade infantil haviam estimulado novas iniciativas de pesquisa. Lembro-me do quanto me comoveu, quando era professor secundário na Inglaterra, vagar pelo antigo claustro repleto de pequeninos memoriais para o número desconcertante de crianças que haviam morrido na escola no século XIX. Naqueles dias, teria feito pouco sentido investir maciçamente em vidas tão evanescentes. Porém, à medida que cada vez mais crianças foram sendo poupadas de doenças infantis fatais e alcançando uma vida mais longa, elas se tornaram também merecedoras de mais tempo, mais emoções e mais estudo.[24] O estudioso mais influente na área foi o polímata suíço Jean Piaget. Podemos encontrar vestígios de seu impacto ao longo de gerações de estudantes privados de tarefas desafiadoras porque Piaget dissera que eram incapazes de realizá-las. Ele próprio fora um prodígio infantil, mas, à maneira de muitos educadores que se desiludem facilmente, não tinha as crianças em alta conta. Em 1920, fez o que considerou uma grande descoberta enquanto ajudava a processar os resultados de experimentos incipientes com testes de inteligência. Os erros cometidos pelas crianças pareciam lhe mostrar que tinham processos mentais peculiares e estruturalmente diferentes dos seus. A teoria que elaborou para explicar isso era surpreendentemente similar à doutrina das etapas de desenvolvimento mental que os antropólogos haviam rejeitado com base nas evidências compiladas por Boas. Piaget era mais versado nas obras de Freud e Key do que nas de Boas. "Desenvolvimento mental", tal como ele o via, dizia respeito a indivíduos, não a sociedades, e ocorreria em estágios previsíveis e universais à medida que as pessoas crescem. É provável que tenha se enganado, pois a maior parte do que considerou universal é condicionada pela cultura. O que vamos adquirindo ao crescer são hábitos refinados pela experiência e impostos pela cultura. Foi-se reconhecendo cada vez mais que as crianças não vêm em pacotes padronizados.

Entretanto, Piaget foi tão persuasivo que, mesmo hoje, os currículos escolares trazem sua marca, classificando as crianças de acordo com a idade e prescrevendo os mesmos tipos de lições, com os mesmos níveis de suposta dificuldade, em basicamente as mesmas matérias, para todas elas em cada fase. O efeito pode ser o atraso ou a alienação de certos alunos cujos talentos, se deixados amadurecer no ritmo de cada um, talvez beneficiassem a sociedade como um todo. Algumas escolas e faculdades hoje reconhecem isso e têm arranjos especiais para crianças "altamente dotadas", transferindo-as para classes com colegas mais velhos e padrões mais elevados. Exceto em tais casos excepcionais, o sistema que prevalece é injusto com as crianças, porque fornece uma fundamentação teórica dúbia para tratá-las como inerentemente inferiores aos adultos — algo tão injusto quanto as generalizações históricas correspondentes acerca da suposta inferioridade de grupos definidos por raça. Algumas crianças exibem sinais muito mais salutares do que muitos adultos, incluindo traços em geral associados à maturidade.[25]

Inovação nos modos de figuração

Outras revoluções em outras áreas acompanharam as novas ideias que fervilhavam ou arrefeciam em ciência, filosofia, linguística, antropologia e

A vingança do caos

psicologia do início do século xx. Em toda parte notava-se algo fenomenal: mudanças extraordinariamente aceleradas em todos os campos mensuráveis. Explodiam estatísticas de todos os tipos, demográficas e econômicas. A tecnologia, a ciência característica do século, ingressou em uma nova fase. O século xx seria a era da eletricidade, como o século xix fora a era do vapor. Em 1901, Marconi fez transmissões sem fio. Em 1903, os irmãos Wright voaram. O plástico foi inventado em 1907. Outros elementos essenciais do estilo de vida típico do século xx — o colisor de átomos, a estrutura em concreto armado para arranha-céus, até o hambúrguer e a coca-cola — já estavam a postos antes do início da Primeira Guerra, e curiosidades da inventividade do final do século xix, como o telefone, o automóvel e a máquina de escrever, tornaram-se corriqueiras.

Também na política, o novo século começou com novidades marcantes. As primeiras democracias de pleno direito do mundo — pleno direito no sentido de as mulheres terem direitos políticos iguais aos dos homens — surgiram na Noruega e na Nova Zelândia em 1901. Em 1904, as vitórias japonesas sobre a Rússia confirmaram o que deveria ter sido óbvio se as evidências — por exemplo, a resistência dos maoris contra a Grã-Bretanha e o sucesso dos etíopes contra a Itália — não tivessem sido suprimidas ou detraídas: os impérios brancos eram derrotáveis. Encorajados pelo exemplo do Japão, movimentos de independência foram deflagrados em toda parte. Em pouco tempo, o Japão tornaria o imperialismo britânico, francês e holandês insustentável na maior parte da Ásia. Enquanto isso, militantes foram ganhando fôlego na luta pela igualdade entre as raças. Em 1911 tiveram início as primeiras grandes "rebeliões das massas": as revoluções mexicana e chinesa — convulsões sísmicas que, no longo prazo, fizeram com que as futuras revoluções comunistas parecessem um mero pontinho no radar dos tempos. A revolução na China derrubou uma dinastia que governava havia dois séculos e meio e pôs fim a milhares de anos de continuidade política. As principais vítimas da revolução mexicana foram monopolistas estabelecidos de modo quase igualmente firme: os latifundiários e a Igreja.

Os efeitos perturbadores da sacudida do mundo no início do século xx podem ser vistos — literalmente vistos — nas obras dos pintores, os quais, em grau sem precedentes, passaram a pintar não o que viam diretamente, mas o que a ciência e a filosofia representavam. As revoluções da arte registraram os golpes e choques infligidos pela ciência e pela filosofia. Em 1907, o cubismo exibiu imagens de um mundo despedaçado, como num espelho trêmulo. Pablo Picasso e Georges Braque, os fundadores do movimento, pareciam confirmar a visão sugerida pela teoria atômica — um mundo incontrolável e mal ordenado, composto de fragmentos mal ajustados. Embora negassem já ter ouvido falar de Einstein, sabiam da relatividade por meio da imprensa. Quando tentaram capturar a realidade esquiva de diferentes perspectivas, refletiram ansiedades típicas de sua década: a dissolução de uma imagem de mundo familiar. Até Piet Mondrian — cujos quadros capturavam com tanta perfeição os ângulos incisivos do gosto moderno que chegou a retratar os ritmos do boogie-woogie como uma grade retilínea e a Broadway de Manhattan como uma linha reta — teve uma fase "espelho partido" no início da segunda década do século xx. Anteriormente, ele pintara as margens dos rios de sua Holanda natal com fidelidade romântica; agora ele as alargava e atomizava. Em 1911, Wassily Kandinsky leu a descrição do átomo feita por Rutherford, "com força assustadora, como se o fim do mundo houvesse chegado. Todas as coisas se tornam transparentes, sem força ou certeza".[26] Os efeitos se condensaram em um novo estilo, que suprimiu qualquer reminiscência de objetos reais. A tradição lançada por Kandinsky, de uma arte inteiramente "abstrata" retratando objetos irreconhecíveis ou objeto nenhum, tornou-se dominante ao longo do restante do século. Na França, Marcel Duchamp denunciou seu próprio entendimento científico como vago e superficial, mas também ele buscou representar o mundo de Einstein. Seus apontamentos sobre sua obra-prima escultural, *O grande vidro*, revelam quão a fundo ele estudara a relatividade. Seu quadro *Nu descendo uma escada*, de 1912, no qual a realidade parece expandir-se como as dobras de uma sanfona, expressava, segundo ele, "o tempo e o espaço através da apresentação abstrata do movimento". Enquanto isso, as síncopes do jazz e os ruídos aparentemente sem padrões da música atonal — que Arnold Schoenberg desenvolveu em Viena a partir de 1908 — subvertiam as harmonias do pas-

A vingança do caos 417

sado tanto quanto a mecânica quântica embaralhara as ideias de ordem. Os efeitos da antropologia na arte dessa época são ainda mais explícitos que os da ciência, pois os artistas substituíram o bricabraque tradicional de sua imaginação — a estatuária grega, os velhos mestres — por coletâneas e ilustrações etnográficas. Picasso, Braque, Constantin Brancusi e membros do *Der Blaue Reiter* do círculo de Kandinsky copiaram esculturas "primitivas" do Pacífico e da África, demonstrando a validade da estética forânea e inspirando-se em mentes outrora desprezadas como "selvagens". Alguns dos rostos pintados por Picasso parecem ter sido constrangidos às formas angulares ou alongadas das máscaras da cultura dos fangs. André Derain conspurcou as antigas beldades dos retratos de praia tradicionais fazendo suas *baigneuses* parecerem fetiches toscos e irregulares. Alguns dos modelos dos primitivistas vinham das pilhagens do império, expostas em galerias e museus; outros, das mostras retrospectivas que se seguiram à morte, em 1903, de Paul Gauguin, cujos anos de autoexílio no Taiti na década de 1890 inspiraram ensaios eróticos de um exotismo esculpido e pintado real demais para ser romântico. E a gama de influências foi aumentando, à medida que *connaisseurs* das Américas e da Austrália redescobriam as artes "nativas".

Reação: A política da ordem

A reação foi previsível. Mudanças frenéticas ameaçam todos aqueles que têm algo a perder. Após as ideias sísmicas do início do século xx, a grande questão das mentes intranquilas foi como dissipar o caos e restabelecer a confiança. Uma vigorosa reação inicial partiu de Filippo Tommaso Marinetti — um dândi, *méchant* e provocador intelectual italiano. Em 1909, ele publicou um manifesto para os artistas. Na época, a maioria deles professava o "modernismo", a doutrina de que o novo supera o antigo. Marinetti queria ir mais longe. Ele pensava, por assim dizer, que o que virá deve exceder o que há agora e, desse modo, proclamou o "futurismo". Acreditava que não bastava superar o legado do passado; os futuristas deveriam repudiar a tradição, obliterar seus resíduos, pisotear seus rastros. "O futuro começou", anunciou Marinetti. Parece bobagem ou uma trivialidade, mas, de certo modo, ele estava certo. Marinetti criara uma metáfora reveladora para o ritmo das mudanças que continuariam acelerando pelo resto do século.

Ele rejeitou todas as fontes óbvias de conforto que as pessoas tendem a buscar em um ambiente perturbado: coerência, harmonia, liberdade, moral transmitida e linguagem convencional. Para ele, o conforto era artisticamente estéril e, assim, o futurismo glorificou a guerra, o poder, o caos e a destruição — maneiras de forçar a humanidade ao novo. Os futuristas celebravam a beleza das máquinas, a moral do poder e a sintaxe da ininteligibilidade. Valores antiquados, incluindo sensibilidade, bondade e fragilidade, eles rejeitavam em favor da impiedade, da franqueza e da força. Pintavam "linhas de força" — símbolos de coerção — e máquinas em movimento tresloucado. Artistas anteriores haviam tentado sem sucesso capturar a velocidade e o ritmo da energia das indústrias: o motor a vapor de Turner é um borrão; o de Van Gogh, estático e depressivo. Os futuristas se sobressaíam decompondo o movimento em seus elementos constituintes, como físicos dividindo átomos, e copiando a maneira como o cinema reflete o movimento em sequências de fotogramas sucessivos visíveis por frações de segundo. A excitação da velocidade — propiciada pelo novo motor de combustão interna — representava o espírito da época, que ia rapidamente deixando o passado para trás.

O futurismo uniu os adeptos das políticas mais radicais do século xx: os fascistas, para quem o Estado deve servir aos fortes, e os comunistas, que esperavam incinerar a tradição em uma revolução. Fascistas e comunistas se odiavam e se apraziam nas batalhas que travavam, primeiro nas ruas e, mais tarde, quando assumiram governos, nas maiores e mais terríveis guerras que o mundo já vira. Mas uns e outros concordavam que a função do progresso era destruir o passado. Costuma-se dizer que os líderes entraram "claudicantes" ou capengas na Primeira Guerra. Isso é verdade. Mas o mais surpreendente e chocante desse despencar universal para a guerra é a paixão com que o conflito foi acolhido e venerado pelos apóstolos da destruição.

Guerras quase sempre impelem os acontecimentos na direção para a qual já caminhavam. Assim, a Primeira Guerra acelerou as tecnologias

A *vingança do caos*

e solapou as elites. A maior parte de uma geração de líderes naturais da Europa pereceu. A ruptura e a descontinuidade da história da Europa estavam, pois, garantidas. Destruição e desespero fazem com que os cidadãos nada tenham a perder e, em meio a destroços, deixem de ter qualquer perspectiva de tranquilidade ou lealdade; foi assim que os imensos gastos em dinheiro e mortalidade não compraram paz, e sim revoluções políticas. Doze novos Estados soberanos, ou quase soberanos, surgiram na Europa ou ao seu redor. Superestados tombaram. Fronteiras mudaram de traçado. Colônias ultramarinas entraram na roda ou foram trocadas. A guerra derrubou os impérios russo, alemão, austro-húngaro e otomano com um só golpe. Até o Reino Unido perdeu um membro: a revolta e a guerra civil que eclodiram na Irlanda em 1916 terminaram, para todos os efeitos, com a independência da maior parte da ilha, seis anos depois. Grandes migrações redistribuíram os povos. Após a guerra, mais de 1 milhão de turcos e gregos buscaram segurança atravessando fronteiras sofregamente redesenhadas. Empolgadas com o desbaratamento de seus senhores, as populações de impérios europeus em outras partes do mundo lamberam os lábios e puseram-se a aguardar uma outra guerra europeia vindoura. "Então vai ser a nossa vez. Haveremos de empurrar todos os malditos ingleses para o mar", são as últimas palavras do herói de *Uma passagem para a Índia*.

A pobreza do pós-guerra favoreceu extremismos. Os desastres financeiros da Europa e das Américas nas décadas de 1920 e 1930 pareciam mostrar que o Ocidente estava aniquilado. A podridão era ainda mais profunda que a política corrosiva que causara guerras e arruinara a paz. E começou a era de buscar e encontrar falhas na civilização ocidental. Antissemitas culparam os judeus pelos tempos difíceis do mundo, dando crédito a mitos de que os "judeus internacionais" controlavam as economias do mundo e exploravam os gentios para enriquecer. Os defensores da eugenia alegavam que a procriação não científica era responsável pelas desgraças do mundo: havia enfraquecido a sociedade ao encorajar classes e raças "inferiores" e indivíduos "débeis" ou "deficientes mentais" a gerar filhos tão fracos e inúteis quanto seus pais. Anticlericalistas culpavam a Igreja por haver supostamente subvertido a ciência, enfraquecido as massas e incentivado os fracos. Comunistas culpavam os capitalistas. Capitalistas culpavam os comunistas. Algumas das coisas das quais alguns culpavam outros eram tão fantásticas que chegavam a ser racionalmente inacreditáveis — mas agitadores veementes foram ruidosos o bastante para abafar a razão. Milhões de pobres e miseráveis estavam prontos para acreditar no que eles diziam. A política do megafone — o atrativo da retórica estrídula, a simplificação excessiva, as fantasias proféticas e os xingamentos fáceis — agradava eleitores famintos por soluções, mesmo simplistas, estridentes ou alegadamente "finais". A vingança é a forma mais fácil de probidade, e um bode expiatório é sempre uma alternativa bem-vinda à abnegação.

De acordo com o veredito que mais prevaleceu, o réu mais merecedor de culpa era o que as pessoas chamavam de "sistema". As previsões de Marx pareciam estar se tornando realidade. Os pobres iam ficando mais pobres e os fracassos do capitalismo os impeliriam à revolução. A democracia fora um desastre. Líderes autoritários tiveram de surgir para forçar as pessoas a colaborar para o bem comum. Talvez apenas governos totalitários conseguissem proporcionar justiça, ampliando sua responsabilidade sobre todos os departamentos da vida, incluindo a produção e a distribuição de bens. Chegada a hora, a ideologia chegará.

O fascismo foi um viés político em prol do poder, da ordem, do Estado e da guerra, com um sistema de valores que pôs o grupo acima do indivíduo, a autoridade acima da liberdade, a coesão acima da diversidade, a vingança acima da reconciliação, a retribuição acima da compaixão, a supremacia dos fortes acima da defesa dos fracos. O fascismo justificou a revogação dos direitos dos dissidentes, divergentes, desajustados e subversivos. Se chegou a possuir algo de intelectual, não foi mais que um amontoado de ideias forçadas à coerência, como sucata esmagada no compressor de um ferro-velho: uma falsificação ideológica, constituída na marra de várias partes vagamente interligadas de tradições corporativas, autoritárias e totalitárias. Se os fascistas foram ou não uma cisão do socialismo é uma questão que ainda provoca debates passionais. É certo que mobilizaram proletários e pequenos-burgueses ao defender políticas que poderiam ser resumidas, grosso modo, como "socialismo sem expropriação". E seu credo

A vingança do caos

poderia ser classificado como uma doutrina que se desenvolveu de forma independente, ou como um estado mental em busca de uma ideologia, ou como um simples nome bem bolado para um oportunismo desvairado. Na Roma antiga, *fascis* era um feixe de varas em torno de um machado que os lictores portavam perante os magistrados como símbolo de seu poder de flagelar e decapitar pessoas. Benito Mussolini adotou esse ícone banhado em sangue pela aplicação da lei como o "logotipo" de seu partido, a fim de expressar a essência do fascismo: o bem-estar geral propiciado pela vara e pelas cutiladas do machado. A cor das camisas de seus capangas truculentos pode mudar ou esvaecer, as formas de seus ritos e o ângulo de suas saudações podem ser alterados ou abandonados, mas o fascismo se reconhece por efeitos que se sente: o suor de medo dele, as marcas da sola de suas botas. A mágica cadência dos balbucios fascistas conseguia seduzir até aqueles que o odiavam ou temiam. "O fascismo não é uma nova ordem", disse Aneurin Bevan, líder socialista britânico famoso por se expressar com obscuridade gnômica, como Sam Goldwyn ou Yogi Berra, mas sem humor: "É o futuro recusando-se a nascer".[27]

O nazismo compartilhava todas essas características, mas era algo mais que fascismo. Se os fascistas eram cotidianamente anticlericais, os nazistas imitavam ativamente a religião. Substituíram a providência pela história. Para os nazistas, a história era uma força impessoal, poderosa e impetuosa, com um "curso" que ninguém era capaz de conter. Vidas humanas eram meros joguetes, como cobras para um mangusto ou camundongos para um gato. A história exigia sacrifícios humanos, como uma deusa faminta que se fortalece devorando raças profanas. A estrutura e a linguagem do milenarismo (ver p. 298) caíam bem nos nazistas, e a história, quando enfim realizada, seria um "*Reich* de mil anos". Cerimoniais bem orquestrados, relicários e santuários, ícones e santos, procissões e êxtases, hinos e cânticos completavam o culto e a liturgia dessa quase-religião. Como todo dogma irracional, o nazismo exigia o consentimento irrefletido de seus seguidores e a submissão à infalibilidade do Führer. Os nazistas fantasiavam a substituição do cristianismo e a restauração do paganismo antigo do *Volk*. Alguns transformaram o *Heimatschutz* — "a busca da pátria-mãe" — em uma trilha mística que passava por círculos de pedra e chegava ao Castelo de Wewelsburg, onde, segundo acreditava Heinrich Himmler, as linhas de ley convergiam no centro da Alemanha e do mundo.[28]

Ideologias de ordem, propensas a sacrificar tanto o humanitarismo como a piedade, resumiram as contradições da modernidade: o progresso da tecnologia e a regressão ou, no mínimo, a estagnação da moral. Às vezes, em locais onde intelectuais burgueses como eu se reúnem em jantares ou conferências acadêmicas, fico surpreso ao ouvir expressões de confiança no progresso moral: as flutuações na violência relatada em países desenvolvidos, por exemplo, costumam ser confundidas com evidências de que os esforços dos educadores estão rendendo dividendos. Na realidade, porém, mostram apenas que a violência foi sorvida por buracos negros que a impedem de aparecer nas estatísticas — a coerção estatal, por exemplo, ou a "terminação" de idosos ou não nascidos. Ou então os *bien-pensants* rejubilam-se com a tolerância com que apropriadamente aceitamos uma gama cada vez maior de comportamentos tradicionalmente proscritos — em especial nas questões de gosto e vestuário. Mas o somatório de intolerâncias, e a raiva que elas alimentam, provavelmente não diminuiu. Aqueles homenzinhos ruidosos podem não ter conseguido o que almejavam na Segunda Guerra Mundial, mas o fascínio das soluções finais não desapareceu por inteiro. À medida que se torna cada vez mais difícil lidar com o caos e as complexidades da sociedade, e que o ritmo das mudanças vai ficando mais e mais ameaçador, os eleitores começam a se voltar para opções autoritárias: policiamento mais severo, prisões mais rigorosas, tortura para terroristas, muros e expulsões e exclusões, e nações voluntariamente abandonando organismos internacionais. De certa forma, o autoritarismo tornou-se uma ideologia capaz de transcender as rivalidades tradicionais. Enquanto escrevo, Vladimir Putin, o ex-chefe da KGB, parece ter se tornado o ídolo dos republicanos interioranos dos Estados Unidos e o queridinho de Donald Trump. Confusos com o caos e infantilizados pela ignorância, os refugiados da complexidade buscam consolo no fanatismo e no dogma. O totalitarismo pode não ter esgotado sua atratividade.

10. A era da incerteza: Hesitações do século xx

O QUE ACONTECE no interior da mente reflete o que acontece fora dela. A aceleração das mudanças no mundo externo desde o final do século xix teve efeitos convulsivos no pensamento: esperanças irrealistas em algumas mentes, medos paralisantes em outras, e enigmas e perplexidades em toda parte. Costumávamos contar em éons, milênios, séculos ou gerações quando medíamos mudanças. Hoje uma semana é muito tempo, e não apenas na política (como Harold Wilson teria supostamente dito), mas em todo tipo de cultura. À medida que as mudanças disparam, o passado parece menos rastreável, o futuro mais imprevisível, o presente menos inteligível. A incerteza perturba. Os eleitores voltam-se em desespero para demagogos com soluções twitterescas e estadistas picaretas com placebos simplistas para problemas sociais.

O contexto das mudanças é inevitável para alguém que queira entender as ideias que surgiram em resposta. Primeiro, se quisermos o indicador mais gritante de aceleração no passado recente, basta observarmos o consumo global, que cresceu quase vinte vezes ao longo do século xx. Nesse ínterim, a população apenas quadruplicou. A industrialização e a urbanização fizeram o consumo disparar sem controle e, talvez, de modo insustentável. Vale a pena fazer uma pausa para refletir sobre os fatos: é o aumento do consumo per capita, não da população, o principal responsável pelos estresses induzidos no meio ambiente pelo ser humano. O consumo desvairado é esmagadoramente culpa dos ricos; o recente crescimento populacional ocorreu sobretudo entre os pobres. A produção, enquanto isso, como não poderia deixar de ser, foi crescendo de acordo com o consumo; a gama de produtos à disposição de consumidores ricos multiplicou-se de maneira desconcertante, em especial aos que buscam inovações tecnológicas, serviços e soluções médicos e instrumentos financeiros e comerciais. O crescimento da população mundial reacendeu apreensões malthusianas e provocou, a intervalos regulares, programas intrusivos de controle populacional em alguns países[1] Mas os números — especialmente o número de pobres — não são os culpados pela maioria dos problemas que lhes são atribuídos. Poderíamos acomodar mais pessoas se abríssemos mão de nossa ganância.[2]

Em regiões devidamente amparadas por meios de subsistência que exigem pouco esforço físico e por tecnologias médicas que desafiam a morte, a vida humana prolongou-se de modo sem precedentes no século xx. (Embora não devamos esperar que esse prolongamento perdure — e muito menos que se estenda ainda mais: os sobreviventes das guerras do século foram endurecidos pela adversidade; seus filhos e netos talvez se mostrem menos duráveis.) Ao contrário da maioria das experiências que se prolongam, a vida estendida não pareceu desacelerar. Para quem envelhece, os eventos continuam transcorrendo em ritmo desembestado, como a vegetação que se torna indistinguível quando vista da janela de um trem-bala. Quando eu era garoto, os viajantes favoritos das obras de ficção científica tinham de se esforçar para se adaptar a mundos desconhecidos muito distantes no tempo e, portanto, nos costumes. Já bem adulto, vi a bbc apresentar um herói projetado apenas quatro décadas antes. Para os jovens telespectadores no início do século xxi, a década de 1970 era retratada como inimaginavelmente primitiva, sem aparelhos tão indispensáveis como computadores pessoais, videogame ou telefones celulares. O programa fez com que eu mesmo me sentisse um viajante no tempo. Hoje somos todos como Rip Van Winkle, só que não precisamos dormir mais que uma noite para compartilhar sua experiência.* Quase todos os dias, ao acordar deparamos com comportamentos, modas, atitudes, ambientes, valores e até mesmo hábitos morais irreconhecivelmente transfigurados.

---

* Personagem-título de conto de Washington Irving que adormece por vinte anos e, ao acordar, descobre, entre outras coisas, que a Revolução Americana já havia acontecido. (N. T.)

A era da incerteza

Em um mundo volátil, as vítimas da instabilidade sofrem com o "choque do futuro".[3] Medo, perplexidade e ressentimento corroem segurança, bem-estar e confiança no futuro. Quando nos sentimos ameaçados pela mudança, buscamos o que nos é familiar, como uma criança se agarra a um cobertor. Quando não entendemos o que nos sobrevém, entramos em pânico. O caso exemplar é o da França rural no verão de 1789, quando os camponeses, convulsionados pelo "grande medo", ergueram suas enxadas, forcados e ferretes contra os suspeitos de esconder grãos. O equivalente contemporâneo é a culpabilização de refugiados, migrantes e minorias, ou o aferrar-se à segurança ilusória do fanatismo religioso ou do extremismo político. Os intelectuais, por sua vez, se refugiam em estratégias "pós-modernas": indiferença, anomia, relativismo moral e indeterminismo científico, a capitulação ao caos, o *je-m'en-foutisme* [o não estar nem aí para nada].

Este capítulo é como a viagem de um explorador pioneiro por mares incertos. Começa com pensamentos que — para além dos relativismos anteriores à Primeira Guerra, e somando-se a eles — minaram as certezas tradicionais. Em seguida, voltamo-nos para as filosofias e perspectivas do século xx, expressivas da nova hesitação ou representativas de uma busca por alternativas — maleáveis, porém aproveitáveis — às visões de mundo rígidas e descartadas do passado. Desdobramos o existencialismo e o pós-modernismo, juntamente com um surpreendente confrade ou consequência: a crescente receptividade da mente ocidental às influências da Ásia. Depois de examinar o pensamento político e econômico de mentes incapazes de perseverar na certeza ideológica, encerraremos o capítulo revendo algumas tentativas — quase todas malsucedidas, embora ainda não totalmente enjeitadas — de reafirmação de dogmas e da recuperação de antigas certezas em companhia de alguns comparsas inesperados: o cientificismo e o fundamentalismo religioso.

O mundo indeterminável

No final do século xix, todo tipo mensurável de mudança surgiu. Os contemporâneos notaram. Um aluno de Franz Boas, Alexander Goldenweiser, que estudava totens e temia robôs, sugeriu que mudanças culturais "vêm aos jorros", como surtos entremeados por fases inertes — mais ou menos como Stephen Jay Gould imaginava que a evolução acontece, "pontuando" longos períodos de equilíbrio. O próprio Boas comentou que "a rapidez das mudanças tem aumentado em ritmo cada vez mais acelerado".[4] "A natureza de nossa época", observou em 1905 o poeta em voga Hugo von Hofmannsthal, "é multiplicidade e indeterminação. [...] Fundamentos tidos como firmes por outras gerações estão na verdade apenas deslizando."[5] Em 1917, outro aluno de Boas, Robert Lowie, postulou um "limiar" além do qual, após um "crescimento extremamente lento", a cultura "arremete e ganha impulso".[6] Em 1919, o *New York Times* já podia dizer que "o espírito de inquietação invadiu a ciência".[7]

Outras contradições iam se acumulando no mundo dos quanta. Observadores de elétrons notaram que partículas subatômicas moviam-se entre posições aparentemente inconciliáveis com seu momento, em movimentos incompatíveis com sua velocidade mensurável, e chegavam aonde seria impossível estarem. Trabalhando em tensa colaboração, Niels Bohr e seu colega alemão Werner Heisenberg cunharam um termo para o fenômeno: "incerteza", ou "indeterminação". O debate que eles iniciaram provocou uma revolução no pensamento. Os cientistas que refletiram a respeito perceberam que, como o mundo dos grandes objetos é contínuo ao mundo subatômico, a indeterminação vicia experimentos em ambas as esferas. O observador é parte de todo experimento e não há nível de observação em que suas conclusões sejam objetivas. Os cientistas haviam voltado ao mesmo patamar de seus predecessores, os alquimistas, que, trabalhando com destilações impraticavelmente complexas sob a influência vacilante das estrelas, jamais conseguiam repetir as condições de um experimento e, portanto, jamais conseguiam prever resultados.

Quando os cientistas reconheceram sua incerteza, inspiraram os praticantes de outras disciplinas a fazer o mesmo. Os acadêmicos de humanidades e ciências sociais admiram a ciência, que recebe mais atenção, possui mais prestígio e mobiliza mais verbas para pesquisas. A ciência é uma referência da objetividade que os outros almejam para garantir a veraci-

A era da incerteza 427

dade de seu trabalho. No século xx, filósofos, historiadores, antropólogos, sociólogos, economistas, linguistas e até alguns estudiosos de literatura e teologia proclamaram a intenção de escapar de sua situação de sujeitos. E começaram a se dizer cientistas, numa afetação de objetividade. O projeto acabou se revelando um grande malogro. O que eles tinham em comum com os cientistas strictu sensu era o oposto do que haviam pretendido, agora que todos se sabiam irremediavelmente envolvidos em suas próprias conclusões. A objetividade era uma quimera.

Todos nós tendemos a nos esforçar para recuperar ou substituir a confiança perdida. Certamente, diziam as pessoas nos anos 1920, deve haver ainda algum tipo de demarcação confiável que nos ajudaria a evitar as covas que cavamos no cemitério da certeza. A lógica, por exemplo: não era ela ainda um guia infalível? E a matemática? Os números, por certo, estavam imunes à corrupção da mudança e não eram afetados pelas contradições quânticas. Bertrand Russell e Alfred North Whitehead pensavam assim. Antes da Primeira Guerra, eles demonstraram, para seu próprio contento e o de quase todos os outros que pensavam sobre isso, que lógica e matemática são essencialmente sistemas semelhantes e perfeitamente mensuráveis.

Em 1931, porém, Kurt Gödel provou que eles estavam enganados ao propor o teorema que leva seu nome. A matemática e a lógica podem ser completas, ou podem ser consistentes, mas não podem ser ambas as coisas. Elas incluem, inevitavelmente, premissas impossíveis de provar. Para ilustrar o pensamento de Gödel, um brilhante entusiasta da inteligência artificial, Douglas R. Hofstadter, apontou para desenhos do engenhoso ilustrador M.C. Escher, que, buscando maneiras de representar dimensões complexas em superfícies planas, começou a ler obras de matemática na década de 1930. Os assuntos nos quais se especializou incluem as hierarquias emaranhadas, nas quais ele "encobria" — para usar seu próprio termo — sistemas impossíveis: escadas que levam apenas a si mesmas; cachoeiras que são sua própria fonte; pares de mãos em que uma desenha a outra.[8]

Gödel acreditava na matemática, mas o efeito de sua obra foi minar a fé dos outros. Ele tinha certeza — tanto quanto Platão ou Pitágoras — de que os números existem como entidades objetivas, independentes do pensamento. Os números continuariam lá, onde quer que seja "lá", mesmo que não haja ninguém para contá-los. O teorema de Gödel, no entanto, reforçou a crença oposta. Gödel aceitou a ideia de Kant de que os números são conhecidos por apreensão, mas ajudou a inspirar outras pessoas a duvidar disso. Instigou-as a questionar se os números são cognoscíveis ou apenas presumíveis. Uma sátira maravilhosa de George Boolos se propõe a resumir os argumentos de Gödel usando apenas "palavras [inglesas] de uma só sílaba", concluindo que "não dá para provar que não dá para provar que dois mais dois são cinco". Essa computação esquiva mostrou que "matemática não é um monte de disparates".[9] Alguns leitores concluíram que era, sim.

Além de solapar o modo tradicional como Russell e Whitehead entendiam a mútua mapeabilidade da aritmética e da lógica, Gödel provocou um derradeiro efeito não intencional: os filósofos da matemática começaram a conceber novas aritméticas que desafiavam a lógica — mais ou menos como geometrias não euclidianas desafiam a física tradicional. No limite, a matemática intuicionista chega perto de afirmar que cada ser humano tem sua própria matemática. Para uma mente ou um grupo de mentes, essa ou aquela prova pode ser momentaneamente satisfatória, mas será permanentemente incerta. Os paradigmas ou suposições mudam.

Poincaré já havia imaginado essas novas heterodoxias quando apontou a transitoriedade do acordo sobre todos os tipos de conhecimento. Mas deixou intactas as convicções da maioria dos leitores sobre a realidade do número. Um dos primeiros e mais influentes intuicionistas, como L. E. J. Brouwer, de Amsterdam, julgou que poderia intuir a existência dos números a partir do transcurso do tempo: cada momento sucessivo aumentava a contagem. Se, como vimos, a reinterpretação bergsoniana do tempo como um construto mental já era inconciliável com a visão de Brouwer, o trabalho de Gödel foi ainda mais subversivo. Punha em xeque a confiança de Platão de que seria evidente que o estudo dos números "obriga a alma a servir-se da pura inteligência para atingir a verdade em si", pois agora nem a pureza nem a verdade da aritmética podiam ser assumidas. "O elemento que se fia na medida e no cálculo", continua Platão, "é o melhor elemento

A era da incerteza   429

da alma",[10] mas tal confiança parecia inapropriada. Perder a confiança e renunciar à compulsão foi uma perda terrível. O efeito das demonstrações de Gödel sobre o modo como o mundo pensa é comparável ao dos cupins numa embarcação antes tida outrora como impermeável por aqueles a bordo: o choque da obviedade. Se a matemática e a lógica estavam vazando, então o mundo seria uma nau de insensatos. Enquanto Gödel se enfurecia de ser "admirado porque incompreendido", seus seguidores autoproclamados ignoravam suas convicções mais profundas e adotaram apenas sua licença para o caos.[11]

Os anos 1930 foram uma época ruim para alguém que quisesse continuar acreditando nos ídolos cambaleantes ou caídos do passado — progresso, razão, certeza. O mundo ocidental, onde tais crenças antes pareciam sensatas, passou por crises imprevisíveis, aparentemente aleatórias: colapso da Bolsa, depressão econômica, anos seguidos de tempestades de pó e areia, violência social, criminalidade crescente, ameaça de guerras recorrentes e, talvez acima de tudo, conflito de ideologias inconciliáveis que lutaram entre si até a extinção.

Com a Segunda Guerra, ideias que já iam se esvaindo pelas brechas tornaram-se insustentáveis. A Segunda Guerra conseguiu apequenar a destrutividade da Primeira. Bombas incineraram grandes cidades. Uma sede ideológica e racial de sangue provocou massacres deliberados. Os mortos superaram 30 milhões. A indústria produziu máquinas capazes de matar em massa. A ciência transformou-se em pseudociência racial. A evolução transformou-se em justificativas para eliminar os fracos e indesejados. Velhos ideais metamorfosearam-se em índole assassina. O progresso tomou a forma de higiene racial e a utopia tornou-se um paraíso para eliminar e eviscerar inimigos; o nacionalismo virou pretexto para santificar o ódio e legitimar a guerra; e também o socialismo se converteu numa prensa para lacerar e esmagar indivíduos.

Os nazistas, que culpavam os judeus pelos males da sociedade, premeditaram se livrar deles, arrebanhando-os em campos de extermínio, conduzindo-os a câmaras estanques e fumegando-os até a morte. Crueldade sem sentido acompanhou o Holocausto: milhões foram escravizados, esfaimados e torturados em experimentos ditos científicos. Guerra ou medo inflamaram o ódio e entorpeceram a compaixão. Cientistas e médicos na Alemanha e no Japão trataram seres humanos como cobaias para descobrir métodos mais eficientes de matar. As atrocidades mostraram que as sociedades mais civilizadas, as populações mais instruídas e os exércitos mais disciplinados não eram imunizados contra a barbárie. Nenhum outro caso de genocídio se equipara à campanha nazista contra os judeus, mas não por falta de tentativas. A experiência dos campos de extermínio nazistas foi atroz demais para a arte ou a linguagem transmitir, embora talvez se possa ter uma vaga noção da perversidade com as fotografias que mostram os guardas amontoando cadáveres brutalizados e esqueléticos nas últimas semanas da guerra, numa tentativa desesperada de eliminar os sobreviventes e destruir as evidências antes da chegada dos Aliados. Desmontaram os incineradores e largaram os cadáveres emaciados e contaminados por tifo pelo chão ou apodrecendo em covas rasas. Primo Levi, autor de uma das mais vívidas memórias, tentou codificar lembranças de assassinatos em massa em esboços de sofrimento individual — de uma mulher, por exemplo, "sem cabelo e sem nome, sem força para recordar, os olhos vazios, o ventre frio, feito um sapo no inverno". Ele implora que os leitores gravem essas imagens "em seus corações, quando estiverem em casa, quando andarem na rua, ao se deitarem, ao despertar. Repassem-nas a seus filhos".[12]

Governos e instituições de educação pública se uniram ao esforço de manter vivas as lembranças do Holocausto e de outras atrocidades. Sabemos como a memória humana é falha, exceto talvez por sua proficiência em esquecer. Uma estranha peculiaridade psicológica conhecida como "negação do Holocausto" disseminou-se no Ocidente no final do século xx: uma recusa em aceitar evidências racionalmente incontroversas da escala da malignidade nazista. Muitos países europeus tentaram controlar os negacionistas, proibindo-os de se manifestar. A maioria das pessoas que refletem sobre tais eventos tira lições óbvias de fatos óbvios: a civilização pode ser selvagem. O progresso é, na melhor das hipóteses, incerto e falível. A ciência não teve efeito positivo sobre a moral. A derrota do nazismo não parece ter tornado o mundo melhor. Revelada pouco a pouco, a escala ainda mais gigantesca

A era da incerteza 431

da monstruosa desumanidade na Rússia de Stálin solapou também a fé no comunismo como solução para os problemas do mundo.

Enquanto isso, a ciência reivindicava para si certo papel redentor, o de ter ajudado a pôr fim à guerra contra o Japão. Em agosto de 1945, aviões americanos jogaram bombas atômicas sobre Hiroshima e Nagasaki, praticamente eliminando-as, matando mais de 220 mil pessoas e intoxicando os sobreviventes com radiação. Mas qual o crédito que a ciência merece? Os indivíduos que participaram da fabricação e da "entrega" da bomba tiveram graves problemas de consciência — incluindo William P. Reynolds, o piloto católico celebrado na cátedra que ocupou na Universidade de Notre Dame, e J. Robert Oppenheimer, o mentor das pesquisas atômicas durante a guerra, que se recolheu ao misticismo.[13] Um descompasso monumental despontara entre o poder da tecnologia de causar o mal e a incapacidade moral das pessoas de resistir a ele.

Do existencialismo ao pós-modernismo

Ideias novas ou "alternativas" ofereceram refúgio e conforto para os desiludidos. Oppenheimer voltou-se para leituras de textos hindus, lançando, como veremos, uma tendência para o restante do século no Ocidente. Para muitos que buscavam alívio de doutrinas fracassadas, o existencialismo foi ainda mais atraente. Era uma filosofia antiga, mas que voltara a ficar na moda e que pensadores de Frankfurt — a "Escola de Frankfurt", no linguajar acadêmico atual — desenvolveram nas décadas de 1930 e 1940 ao buscar alternativas ao marxismo e ao capitalismo. Eles identificaram a "alienação" como o grande problema da sociedade, à medida que rivalidades econômicas e um materialismo míope fragmentavam as comunidades e deixavam indivíduos inquietos e desenraizados. Martin Heidegger, o gênio tutelar da Universidade de Marburg, propôs que seria possível suportarmos nossa existência entre o nascimento e a morte aceitando-a como a única coisa imutável em nós e encarando a vida como um projeto de autorrealização, ou de "vir a ser". Quem somos muda conforme o projeto se desenrola.

O indivíduo, asseverou Heidegger, é o pastor — não o criador ou o arquiteto — de sua própria identidade. Em 1945, porém, a aura de Heidegger se maculou com seu apoio ao nazismo, e suas observações sensatas acabaram ignoradas. Coube a Jean-Paul Sartre relançar o existencialismo como um "novo credo" para a era do pós-guerra.

"O homem", disse Sartre, "é apenas uma situação" ou "não é senão o que ele faz de si mesmo [...], o ser que se lança rumo a um futuro e que tem consciência de se imaginar no futuro". Moldar-se não é apenas uma questão de escolha individual: toda ação individual seria "um ato exemplar", uma declaração sobre o tipo de espécie que queremos que os seres humanos sejam. No entanto, de acordo com Sartre, tal declaração nunca pode ser objetiva. Deus não existe; tudo é permissível e, "consequentemente, o homem está desamparado, pois não encontra em si, nem fora de si, algo em que se agarrar. [...] Se, de fato, a existência precede a essência, nunca se poderá explicar coisa alguma referindo-se a uma natureza humana dada e definitiva; em outras palavras, não existe determinismo; o homem é livre, o homem é liberdade." A única ética justificável é a que reconhece a correção disso.[14] Nas décadas de 1950 e 1960, a versão sartriana do existencialismo alimentou a visão de mundo dos jovens ocidentais instruídos, a quem a Segunda Guerra deixara no comando do futuro. Os existencialistas podiam se barricar na autocontemplação, numa espécie de segurança em repulsa a um mundo desfigurado. Os críticos que denunciaram seu decadentismo não estavam muito enganados: nós que éramos jovens na época aproveitamos o existencialismo para justificar todas as formas de descomedimento pessoal como parte de um projeto de vir a ser — promiscuidade sexual, violência revolucionária, indiferença às boas maneiras, drogas e desprezo pela lei eram alguns vícios existencialistas típicos. Sem o existencialismo, os modos de vida adotados ou imitados por milhões, como a cultura beat e a permissividade dos anos 1960, seriam impensáveis. E também, talvez, a reação libertária do final do século xx contra o planejamento social.[15]

Certamente, nem todo pensador recolheu-se ao egoísmo, sucumbiu às filosofias da desilusão ou renunciou à fé em certezas objetivamente verificáveis. Sobreviventes e discípulos dos rivais vienenses da Escola de Frankfurt de antes da Segunda Guerra foram alguns dos mais preeminentes inimigos da dúvida e travaram uma longa batalha de retaguarda em nome do que chamaram "positivismo lógico" — o que, em última análise, era uma reafirmação da fé no conhecimento empírico e, portanto, na ciência. Lembro-me de assistir a Freddie Ayer, o professor de Oxford que se tornou o rosto público e a voz do positivismo lógico, denunciando a vacuidade da metafísica na televisão (que, na época, ainda era um meio inteligente e educacional). Nos Estados Unidos, John Dewey e seus seguidores tentaram reviver o pragmatismo como uma maneira prática de se relacionar com o mundo, reformulando-o na tentativa de amainar o relativismo corrosivo na versão de William James (ver p. 536).

Uma oposição ao positivismo veio de um de seus discípulos heréticos. "Van" Quine nascera no Centro-Oeste dos Estados Unidos e detestava tolices. Ele herdara parte do pragmatismo que tornara sua terra natal uma grande nação, pois queria que a filosofia funcionasse no mundo real, físico — ou, como o chamava, no mundo "natural". Adentrou a caverna de Platão, como todos os alunos de filosofia, e saiu de lá sem nada ter visto, exceto especulações insípidas sobre asserções não verificáveis. Era um homem típico da década de 1930 ao iniciar sua carreira de filósofo profissional, curvando-se à ciência como a rainha da academia e querendo que a filosofia fosse científica, mais ou menos como muitos historiadores e sociólogos queriam praticar as "ciências sociais". Tal como outros que veneravam o caminho da ciência para a verdade, Quine preteriu a indeterminação e rechaçou o pensamento intuitivo. Valia-se de um vocabulário restrito e simplificado, do qual palavras que ele considerava tóxicas por sua ambiguidade — como "crença" e "pensamento" — haviam sido extirpadas feito um câncer ou preservadas qual bacilos em placas de Petri para utilização como figuras de linguagem. Temos a sensação de que, num mundo ideal, ele gostaria que a comunicação fosse limitada a sentenças expressáveis em notação lógica simbólica. O positivismo o atraiu, talvez, porque exaltava fatos demonstráveis e testes empíricos. Ele equivaleu "o lampejo de um pensamento" ao "piscar de uma pálpebra" e "estados de crença" a "estados de nervos".[16]

434 Uma história da imaginação

Entretanto, para seu gosto, até os positivistas eram indulgentes demais com supostas verdades não suscetíveis a testes científicos. Em dois artigos que apresentou para colegas de filosofia em 1950, ele demoliu a base sobre a qual os positivistas admitiam proposições universais, mostrando que, embora não pudessem ser provadas, eram questões de definição, ou uso ou "significado" — outro termo que deplorava. No exemplo clássico, podemos assentir que "Todos os solteiros são homens não casados" devido ao que as palavras significam, mas não podemos concordar que "Cliff Richard é um solteirão" sem provas. Quine condenou essa distinção como falsa. No cerne de sua argumentação estava sua rejeição de "significado": "solteiro" é um termo que substitui "homem não casado" na frase em questão, mas não tem significado algum por si só.

Por que o argumento de Quine importa? Porque levou-o a uma nova maneira de testar a verdade de qualquer proposição ao relacioná-la com a totalidade da experiência e julgando se ela faz sentido ou nos ajuda a entender o mundo material. Poucos leitores, contudo, seguiram os estágios ulteriores de sua jornada; a maioria inferiu uma de duas conclusões mutuamente contraditórias. Alguns se voltaram para a ciência a fim de justificar afirmações universais que podem ser submetidas a testes suficientes, ainda que não conclusivos — como as leis da física ou os axiomas da matemática. Outros abandonaram completamente a metafísica, alegando que Quine demonstrara a impossibilidade de se formular uma proposição necessária ou inerentemente verdadeira. De uma ou de outra maneira, a ciência parecia ter subjugado a filosofia, como um monopolista que dominou o mercado da verdade.[17]

Os filósofos da linguagem, no entanto, fizeram com que os projetos do positivismo e suas ramificações parecessem superficiais e insatisfatórios. A obra de Ludwig Wittgenstein é emblemática. Ele foi um discípulo rebelde de Bertrand Russell e, em certa ocasião, defendeu sua independência em um seminário de Russell na Universidade de Cambridge ao recusar-se a admitir que "não há nenhum hipopótamo debaixo da mesa".[18] Russell considerava exasperante mas admirável a obstinação intelectual do aluno rebelde; era a maneira de o jovem antagonista abjurar o positivismo lógico.

A era da incerteza 435

Wittgenstein acabaria demonstrando um brilhantismo inconspurcado pelo conhecimento: seu método consistia em pensar sobre problemas sem enfadar a mente lendo as obras de mortos respeitáveis.

Em 1953, Wittgenstein publicou suas *Investigações filosóficas*. As páginas impressas ainda têm o sabor de apontamentos de aula. Mas, ao contrário de Aristóteles e Saussure, Wittgenstein registrou-se a si mesmo, como se desconfiasse da capacidade de seus alunos entenderem com precisão o que ele queria dizer. Deixou sem resposta perguntas que, supunha, seriam feitas pela plateia, além de vários lembretes e dúvidas pendentes para si mesmo. Um vírus potencialmente aniquilador infectava seu trabalho. "O que quero ensinar: passar de um contrassenso não evidente para um evidente", disse Wittgenstein a seus alunos. Argumentou de forma convincente que entendemos a linguagem não porque ela corresponde à realidade, mas porque obedece a regras de uso. Wittgenstein imaginou um aluno perguntando: "Então, o que você diz é, portanto, que a concordância das pessoas decide o que é correto e o que é incorreto?". E: "Você não diz ainda assim, no fundo, que tudo é ficção, exceto o comportamento humano?". Essas são formas de ceticismo que William James e Ferdinand de Saussure haviam antecipado, mas Wittgenstein tentou se distanciar deles: "Se falo de uma ficção, então é de uma ficção *gramatical*". Entretanto, como vimos com Poincaré e Gödel, o impacto da obra de um escritor costuma exceder sua intenção. Quando Wittgenstein enfiou uma cunha no que chamou de "modelo de objeto e designação", ele separou a linguagem do significado.[19]

Alguns anos depois, Jacques Derrida se tornou o intérprete mais radical de Saussure. Foi um pensador inventivo a quem o exílio provinciano em uma posição pouco prestigiosa transformou num *méchant*, ou mesmo num *enragé*. Na leitura que Derrida faz de Saussure, entender certo e entender errado, interpretar bem e interpretar mal são gêmeos indistinguíveis. Os termos da linguagem não se referem a nenhuma realidade que vá além deles, apenas a eles mesmos. Como os significados são gerados pela cultura, acabamos agrilhoados às premissas culturais que dão sentido à linguagem que utilizamos. Com isso, em nome do politicamente correto, programas estridentes de reforma linguística acompanharam ou seguiram o insight de

Derrida: por exemplo, a exigência de que se abdique, mesmo em alusões a fontes históricas, de termos ou epítetos que foram usados inadequadamente ao longo do tempo, como "aleijado" ou "preto" ou "anão" ou "débil mental"; ou a imposição de neologismos, como "pessoas com deficiência" ou "pessoas com nanismo"; ou a campanha feminista para eliminar o uso de termos masculinos (como "homem") para se referir ao conjunto de gêneros.[20]

O que veio a ser chamado de pós-modernismo foi mais, porém, do que uma "reviravolta linguística". O mal-estar com a linguagem somou-se à incerteza científica e levou muitos a desconfiarem da possibilidade — e até da realidade — do conhecimento. Eventos angustiantes e novas oportunidades provocaram certa repulsa ao modernismo: guerra, genocídio, stalinismo, Hiroshima, as utopias molambentas criadas pelos movimentos arquitetônicos modernos, a lugubridade das sociedades superplanejadas que os europeus habitaram nos anos do pós-guerra. Os alienados quiseram retomar a cultura: a tecnologia alucinante do entretenimento gerado eletronicamente ajudou-os nessa tarefa.

Em parte, diante desse contexto, o pós-modernismo parece ser um efeito geracional. Os baby boomers podiam repudiar uma geração fracassada e incorporar sensibilidades próprias de uma era pós-colonial, multicultural e pluralista. As contiguidades e a fragilidade da vida em um mundo superpovoado que não é mais que um vilarejo global incentivaram ou exigiram perspectivas variadas, e vizinhos passaram a experimentar ou adotar os pontos de vista uns dos outros. Hierarquias de valor tinham de ser evitadas, não porque fossem falsas, mas porque são conflitantes. A sensibilidade pós-moderna reage bem ao esquivo, ao incerto, ao ausente, ao indefinido, ao fugidio, ao silencioso, ao inexprimível, ao insignificativo, ao inclassificável, ao inquantificável, ao intuitivo, ao irônico, ao inexplícito, ao aleatório, ao transmutativo ou transgressivo, ao incoerente, ao ambíguo, ao caótico, ao plural, ao prismático — a tudo que as sensibilidades modernas rígidas e severas não conseguem abraçar. O pós-modernismo, por essa perspectiva, surgiu de acordo com suas próprias previsões sobre outras formas "hegemônicas" de pensamento: foi a fórmula construída socialmente e arquitetada culturalmente, imposta por nosso próprio con-

A era da incerteza 437

texto histórico. Em linhas famosas, Charles Baudelaire definiu o moderno como "o transitório, o efêmero, o contingente, a metade da arte, cuja outra metade é o eterno e o imutável". É tentador adaptar essa frase e dizer que o pós-modernismo é a metade transitória, efêmera e contingente da modernidade, cuja outra metade é o eterno e o imutável.[21]

Eventos específicos da década de 1960 ajudaram o pós-modernismo a se solidificar. Estudantes se deram conta de que o quadro científico predominante do cosmo era assolado por contradições e que, por exemplo, a teoria da relatividade e a teoria quântica — os feitos intelectuais mais valorizados de nosso século — não podiam ambas estar corretas. A obra de Jane Jacobs expressou a desilusão com a visão moderna da utopia, corporificada na arquitetura e no planejamento urbano.[22] Thomas Kuhn e a teoria do caos completaram a contrarrevolução científica do século. A imagem ordenada do universo herdada do passado foi substituída pela imagem com que convivemos hoje: caótica, contraditória, repleta de eventos não observáveis, partículas não rastreáveis, causas não determináveis e efeitos imprevisíveis. A contribuição da Igreja católica — a maior e mais influente comunhão do mundo — não costuma ser reconhecida. No Concílio Vaticano II, contudo, o outrora mais confiável repositório humano de confiança baixou a guarda: a Igreja autorizou o pluralismo litúrgico, mostrou deferência inédita e inesperada à multiplicidade de crenças e comprometeu suas estruturas de autoridade aproximando os bispos do papa e os laicos do sacerdócio.

O resultado dessa combinação de tradições e circunstâncias foi uma breve era pós-moderna, que convulsionou e tingiu os mundos da academia e das artes e — na medida em que a civilização pertence a intelectuais e artistas — mereceu ser incluída entre os períodos em que dividimos nossa história. No entanto, se houve de fato uma era pós-moderna, ela parece ter sido coerentemente evanescente. Nos anos 1990 e depois, o mundo passou rapidamente do pós-modernismo ao "pós-mortemismo". Ihab Hassan, o crítico literário que os pós-modernistas saudaram como um guru, retraiu-se cheio de tédio e denunciou seus admiradores por terem "dobrado a esquina errada".[23] Jean-François Lyotard, o discípulo de Derrida e trocista filosófico que foi outro herói pós-modernista, deu de ombros, enfadado, e — ironicamente, sem dúvida — disse-nos que tudo havia sido uma piada. O próprio Derrida redescobriu as virtudes do marxismo e abraçou seus "espectros". As redefinições do pós-modernismo pelo extraordinário polímata Charles Jencks (cuja obra como teórico e profissional de arquitetura ajudou a popularizar o termo na década de 1970) estriparam algumas características supostamente definidoras do movimento: ele propôs reconstrução em lugar da desconstrução, invectivou contra o pastiche e reabilitou modernistas canônicos na arte, na arquitetura e na literatura. Muitos pós-modernistas parecem ter cedido algo ao "retorno do real".[24]

A crise da ciência

O desencanto com a ciência se intensificou. "As sociedades modernas", conforme disse em 1970 o geneticista francês Jacques Monod, "tornaram-se tão dependentes da ciência quanto um viciado de sua droga."[25] Viciados podem abandonar seus hábitos, e, no final do século xx, o ponto de abandono parecia próximo.

Ao longo da maior parte do século, a ciência definiu a agenda das demais disciplinas acadêmicas, da política e até das religiões. Anteriormente, os cientistas atendiam às demandas de seus patronos ou da população, mas agora eram os avanços da ciência que impulsionavam mudanças em todos os campos, recusando-se a se submeter a qualquer outra agenda. As revelações sobre a vida e o cosmo feitas por cientistas inspiravam admiração e irradiavam prestígio. Contudo, como vimos no capítulo anterior, contracorrentes mantiveram o ceticismo e a desconfiança vivos e fluidos, e um novo clima científico e filosófico foi corroendo as certezas tradicionais sobre a linguagem, a realidade e os elos entre uma e outra. Não obstante, estabelecimentos científicos cada vez maiores e mais caros em universidades e institutos de pesquisa orientaram seus mantenedores — governos e grandes empresas — ou se tornaram ricos e independentes o suficiente para estabelecer objetivos próprios e dedicar-se a programas de sua predileção.

A era da incerteza

As consequências foram ambíguas. Novas tecnologias criaram tantos problemas quantos resolveram: questões morais (à medida que a ciência expandia o poder humano sobre a vida e a morte) e práticas, com a multiplicação das tecnologias. A ciência parecia ter substituído gênios por genes. A primatologia e a genética tornaram indistintas as fronteiras entre os humanos e os outros animais; a robótica e as pesquisas com inteligência artificial derrubaram as barreiras entre humanos e máquinas. Escolhas morais definharam para meros acidentes evolucionários ou renderam-se à determinação genética. A ciência transformou os seres humanos em objetos de experimentação. Regimes cruéis abusaram da biologia para justificar o racismo e da psiquiatria para aprisionar dissidentes. O cientificismo negou todos os valores não científicos e tornou-se, a seu modo, tão dogmático quanto qualquer religião. À medida que o poder da ciência crescia, as pessoas passaram a temê-lo. A "ansiedade científica" quase foi reconhecida como uma síndrome de distúrbio neurótico.[26]

Cada vez mais, sob o impacto desses eventos, a ciência se mostrou estranhamente autodestrutiva. Pessoas comuns e intelectuais não científicos perderam a confiança nos cientistas, reduzindo as expectativas de que poderiam resolver os problemas do mundo e revelar os segredos do cosmo. Fracassos concretos corroeram ainda mais o respeito pela ciência. E, embora a ciência tenha realizado maravilhas para o mundo, especialmente em medicina e comunicação, os consumidores nunca pareciam satisfeitos. Cada avanço desencadeava efeitos colaterais. Máquinas agravaram as guerras, exauriram o meio ambiente e toldaram a vida à sombra da bomba. Penetraram os céus e contaminaram a Terra. A ciência parecia excepcional em arquitetar destruição, mas inconsistente em melhorar a vida e aumentar a felicidade. Nada fez para tornar as pessoas boas; pelo contrário, tornou-as aptas a se comportar da pior maneira possível, mais do que nunca. Em vez de um benefício universal para a humanidade, tornou-se sintoma ou causa da desproporcionalidade do poder do Ocidente. A busca por uma ordem subjacente ou universal parecia revelar apenas um cosmo caótico, no qual os efeitos são difíceis de prever e as intervenções dão errado com espantosa frequência. Até as melhorias da medicina provocaram efeitos ambíguos. Tratamentos que visavam prolongar a sobrevida dos pacientes aumentaram a força dos patógenos. A saúde tornou-se uma commodity comercializável, exacerbando desigualdades. Por vezes os custos excederam os benefícios. Serviços médicos colapsaram, mesmo em países prósperos, sob o peso das expectativas das pessoas e o ônus da demanda pública. "A vida é científica", exclama Porquinho, o malfadado protagonista de *Senhor das moscas*, romance de William Golding de 1959. Os demais personagens provam que ele estava errado matando-o e voltando aos instintos e à selvageria.

No final do século xx, surgiram cisões, às vezes chamadas de guerras culturais, entre apologistas da ciência e defensores de alternativas. A ciência quântica contribuiu para um renascimento do misticismo — um "reencantamento" da ciência, termo cunhado pelo teólogo americano David Griffin.[27] Uma reação anticientífica despontou, gerando conflitos entre aqueles que se apegavam ao parecer de Porquinho e os que retornavam a Deus, ou iam atrás de gurus e demagogos. Especialmente no Ocidente, o ceticismo e a indiferença foram mais fortes que os atrativos oferecidos por um sem-número de salvadores autoproclamados.

Ambientalismo, caos e sabedoria oriental

O ambientalismo, embora dependa da ecologia científica, foi parte dessa reação contra a satisfação da ciência consigo mesma. Os efeitos danosos da ciência, na forma de fertilizantes e pesticidas químicos, envenenaram pessoas e poluíram o solo. Como resultado, meio que de supetão, o ambientalismo se transformou em um movimento de massa na década de 1960. Como ideia, porém, tinha uma extensa linhagem. Todas as sociedades praticam o que poderíamos chamar de ambientalismo prático: exploram seus ambientes, mas fixam normas racionais para conservar os recursos de que, sabem, necessitam. Até o ambientalismo idealista, que abraça a ideia de que a natureza deve ser conservada para o bem dela própria, independentemente dos usos que os seres humanos façam dela, existe há bastante tempo. É parte de tradições religiosas antigas em que a natureza é sacralizada: jainismo, budismo, hinduísmo e taoismo, por exemplo, e o paganismo ocidental clássico. A ecologia sagrada — para cunhar um termo —, em que os seres humanos aceitam um lugar pouco nobre na natureza, submetendo-se e até adorando outros animais, árvores e rochas, era parte de algumas das primeiras noções detectáveis em humanos e hominídeos (ver pp. 54-95). Modernamente, as prioridades ambientais ressurgiram na sensibilidade romântica do final do século XVIII, que reverenciava a natureza como um livro de moral secular. Curiosamente, a ecologia sagrada também inspirou nessa época os imperialistas europeus, assombrados com os édens longínquos sob sua custódia.[28]

Esse estado de ânimo se manteve no século XIX, especialmente entre os amantes da caça, que queriam preservar áreas de matança e espécies para matar, e entre os que fugiam das cidades, minas e fábricas tóxicas dos primórdios da industrialização. A paixão pela natureza "silvestre" inspirou John Wesley Powell a explorar o Grand Canyon e Theodore Roosevelt a criar parques nacionais. Todavia, em todo o mundo, a industrialização era gananciosa demais por alimentos e combustíveis para ser conservacionista. O consumismo desvairado, no entanto, estava fadado a provocar uma reação, mesmo que fosse apenas ansiedade diante da possibilidade de exaurir a Terra. O século XX vivenciou "algo novo debaixo do sol" — uma destruição ambiental tão implacável e extensa que a biosfera parecia incapaz de sobreviver.[29] Um dos primeiros admoestadores ou profetas dessa ameaça foi o grande polímata jesuíta Pierre Teilhard de Chardin, que faleceu em 1955 na obscuridade e quase sem simpatizantes. Mas publicações científicas estavam começando a trazer à tona motivos para a humanidade se preocupar, ainda que o ambientalismo fosse mal reputado como uma idiossincrasia de românticos ingênuos — ou, pior, mania de alguns nazistas proeminentes que acalentavam doutrinas bizarras sobre a relação mútua de pureza entre "sangue e solo".[30] Para motivar os políticos, levantar fundos, lançar o movimento e exercer algum poder, o ambientalismo precisava de alguém capaz de denunciar abusos sem meias palavras e que tivesse os dons de um publicitário. Em 1962, essa pessoa surgiu: Rachel Carson.

A industrialização e a agricultura intensiva continuaram se disseminando mundo afora, mas, como essas duas forças já eram velhas inimigas da natureza, não pareciam ameaçadoras para a maioria das pessoas. Entretanto, duas novas circunstâncias combinaram-se para exacerbar o perigo e fazer as pessoas mudarem de ideia. Primeiro, a descolonização em regiões pouco exploradas do mundo levou ao poder elites sequiosas de imitar o Ocidente industrializado e seus grandes e inflados gigantes econômicos. Segundo, a população mundial não parava de aumentar e, para atender à demanda crescente, novos métodos agrícolas saturaram os campos com fertilizantes químicos e pesticidas. *Primavera silenciosa* (1962) foi a denúncia de Carson contra a devastação causada por pesticidas. Embora se dirigisse explicitamente aos Estados Unidos, sua influência alcançou o mundo inteiro, ao imaginar que "a primavera agora surge sem ser anunciada pelo regresso dos pássaros e as madrugadas se apresentam estranhamente silenciosas".

O ambientalismo alimentou-se da poluição e prosperou com o debate sobre o clima. Tornou-se a ortodoxia dos cientistas e a retórica dos políticos. Místicos e profetas excêntricos o defendiam, mas as pessoas comuns retraíam-se diante de suas previsões exageradas e premonições do fim de tudo. Grupos com fortes interesses em danos ambientais, combustíveis fósseis, agroquímicos e fazendas industriais tratavam-no com desdém. Apesar dos esforços de ativistas e acadêmicos para despertar o interesse do público em todo o mundo por uma ecologia profunda — isto é, imparcial —, o ambientalismo continua sendo predominantemente do tipo tradicional, mais ansioso para servir ao ser humano do que à natureza. Ao que parece, a conservação só é popular quando necessária para nossa espécie. Não obstante, algumas práticas nocivas foram restringidas ou coibidas, como a construção de barragens, as emissões de gases de efeito estufa, o desmatamento insustentável, a urbanização descontrolada e os testes inadequados de poluentes químicos. A biosfera parece ser mais resiliente, os recursos mais abundantes e a tecnologia mais congruente com nossas necessidades do que nos cenários mais sombrios. Oráculos tenebrosos podem se tornar realidade — aquecimento catastrófico, uma nova era do gelo, novas pandemias, o esgotamento de algumas fontes tradicionais de energia —, mas provavelmente não como resultado apenas da ação humana.[31]

A era da incerteza 443

A erosão da confiança popular em qualquer perspectiva de certeza científica atingiu o pico na década de 1960, em parte graças a Carson e em parte como reação ao trabalho do filósofo da ciência Thomas Kuhn. Em 1960, em uma das obras mais influentes já escritas sobre a história da ciência, ele argumentou que as revoluções científicas não são resultado de novos dados, mas eram identificáveis com o que chamou de mudanças de paradigma: novas maneiras de ver o mundo e novas imagens ou linguagens para descrevê-lo. Kuhn injetou no mundo uma dose extra de um soro cético similar ao de Poincaré. Como seu antecessor, ele sempre repudiara a inferência que a maioria das pessoas faz de que as descobertas da ciência dependem não de fatos objetivos, mas da perspectiva do cientista. No mundo de paradigmas mutáveis, porém, uma incerteza ainda maior amenizou os fatos outrora concretos da ciência.[32]

A teoria do caos desencadeou outras complicações. O mais antigo objetivo dos cientistas sempre foi conhecer as "leis da natureza" para prever (e talvez, portanto, manejar) o modo como o mundo funciona. Na década de 1980, a teoria do caos inspirou-os a certa reverência — e, em alguns casos, ao desespero — por tornar científica a imprevisibilidade. De súbito, a busca de previsibilidade pareceu ser um equívoco. O caos transparecera primeiro na meteorologia. O clima sempre se mostrara imune a previsões e sempre submetera os profissionais à angústia e à frustração. Dados climáticos nunca são decisivos. Um fato que eles não temem revelar, contudo, é que pequenas causas podem ter enormes consequências. Em uma imagem que capturou a imaginação do mundo, o bater de asas de uma borboleta pode desencadear uma série de eventos que culminariam em um tufão ou um maremoto: a teoria do caos revelou um nível de análise em que as causas parecem ser impossíveis de identificar e os efeitos, impossíveis de rastrear. O modelo parecia ter aplicação universal: adicionada a uma massa crítica, uma minúscula gota faz o copo transbordar ou uma partícula de pó inicia uma avalanche. Flutuações repentinas e, para todos os efeitos, inexplicáveis podem tumultuar mercados, destruir ecossistemas, virar a estabilidade política de pernas para o ar, destroçar civilizações, invalidar a busca de ordem no universo e tomar de assalto aqueles que haviam sido os santuários da ciência tradicional desde os dias de Newton: as oscilações de um pêndulo e as operações de gravidade. Para as vítimas do final do século xx, as distorções caóticas pareciam ser funções da complexidade: quanto mais um sistema depende de partes multifacetadas e interconectadas, maior a probabilidade de sofrer um colapso em decorrência de alguma pequena mudança profundamente obscura, talvez invisível. A ideia teve ampla ressonância. O caos se tornou um dos poucos tópicos da ciência de que a maioria das pessoas já ouviu falar e que talvez até ouse afirmar que entende.

Na ciência, o efeito foi paradoxal. O caos inspirou a busca de um nível mais profundo ou mais elevado de coerência pelo qual o caos se assemelharia a um dos contos de José Luis Sampedro, em que um viajante galáctico, visitando Madri, confunde uma partida de futebol com um rito de imitação do cosmo, no qual as intervenções do árbitro representariam distúrbios aleatórios na ordem do sistema. Se o observador houvesse permanecido por tempo suficiente ou lido as regras do futebol, teria percebido que o árbitro é uma parte importante do sistema. Do mesmo modo, se compreendido corretamente, o caos talvez seja uma lei da natureza — e, portanto, previsível. Por outro lado, a descoberta do caos também levou à suposição de que a natureza é, em última análise, incontrolável.

Outras descobertas e especulações recentes confirmam a mesma suspeita. Como apontou Philip Anderson, prêmio Nobel de física, não parece haver uma ordem natural universalmente aplicável: "Quando se tem um bom princípio geral em um nível", não se deve esperar "que ele funcionará em todos os níveis [...]. A ciência parece solapar a si mesma e, quanto mais rápido seu progresso, mais questões surgem sobre sua própria competência. E menor a fé que a maioria das pessoas tem nela."[33] Para entender o ritmo da evolução, por exemplo, temos de admitir que nem todos os eventos têm causas e que podem ocorrer — e, de fato, ocorrem — aleatoriamente. E, estritamente falando, o que é aleatório prescinde de explicação. Mutações aleatórias simplesmente acontecem; é isso que as torna aleatórias. Sem tais mutações, a evolução não poderia acontecer. Existem muitas outras observações inexplicáveis no estado atual de nosso conhecimento. A física quântica só pode ser descrita com formulações estritamente autocontraditórias. As partículas subatômicas desafiam o que outrora se pensava serem *leis* do movimento. O que os matemáticos hoje chamam de fractais distorce o que antes se imaginava serem padrões, como a estrutura dos flocos de neve, das teias de aranha ou até mesmo das asas de borboletas — as gravuras de M.C. Escher pareciam prever esse fato instigante.

Nas décadas após a Segunda Guerra, à medida que o cientificismo ia se espraiando, o Ocidente redescobria outras opções: "sabedoria oriental", medicina alternativa e a ciência tradicional de povos não ocidentais. Houve um reavivamento de tradições que a influência ocidental desalojara ou eclipsara, debilitando a preponderância ocidental na ciência. Um dos primeiros sinais dessa corrente ocorreu em 1947, quando Niels Bohr escolheu um símbolo taoista para seu brasão ao ser nomeado cavaleiro pelo rei da Dinamarca. Ele adotou o símbolo do yin e yang — cuja dupla curva em forma de onda interpenetrada por pontos divide luz e escuridão — porque, como descrição do universo, parecia prefigurar a física quântica da qual ele era o maior expoente. "Os opostos são complementares", é o lema de seu brasão. Mais ou menos na mesma época, em um Ocidente desiludido pelos horrores da guerra, Oppenheimer foi apenas um de muitos cientistas ocidentais que se voltaram para o Oriente — para textos indianos antigos, em seu caso — em busca de consolo e inspiração.

Então, em outro caso de um livro tão monumental que acabou por transformar mentes, houve uma mudança efetiva no modo como o Ocidente percebia o resto do mundo e, em especial, a China. O autor era um bioquímico de forte fé cristã e uma consciência social conflituosa: Joseph Needham, que atuara como diretor de cooperação científica entre os britânicos e seus aliados chineses durante a Segunda Guerra. Em 1956, ele começou a publicar *Ciência e civilização na China*, o primeiro de muitos volumes, no qual mostrou não apenas que o país tinha uma tradição científica própria, a despeito da má reputação da ciência chinesa em tempos modernos, mas também que os ocidentais haviam aprendido com ela os fundamentos da maioria de seus feitos tecnológicos até o século XVII. Na verdade, a maior parte do que nós, ocidentais, consideramos como dádivas do Ocidente para o mundo nos chegou vindo da China ou decorreu de inovações ou transmissões originalmente chinesas. Basta contemplarmos alguns exemplos: as comunicações modernas dependeram de invenções chinesas — papel e impressão — até o advento das mensagens eletrônicas. O poder bélico ocidental, que forçou o resto do mundo a se submeter temporariamente no século XIX, adveio da pólvora, que os técnicos chineses talvez não tenham inventado mas certamente desenvolveram muito antes de ela surgir no Ocidente. A infraestrutura moderna originou-se de técnicas de engenharia e construção de pontes vindas da China. A supremacia marítima ocidental seria impensável sem a bússola, o leme e a antepara estanque, que faziam parte da tradição náutica chinesa muito antes de chegarem ao Ocidente. A Revolução Industrial não poderia ter acontecido se os industriais ocidentais não tivessem se apropriado da tecnologia chinesa de altos-fornos. O capitalismo seria inconcebível sem papel-moeda, que deixou pasmos os ocidentais que viajaram à China medieval. Até o empirismo, a base teórica da ciência ocidental, tem uma história mais longa e mais contínua na China do que no Ocidente. Para não falar nos cientistas indianos que fazem alegações similares sobre a antiguidade — ou mesmo a influência global — do pensamento científico de seu país.

Na primeira metade do século XX, o resto do mundo só podia suportar a supremacia ocidental ou tentar imitá-la. Na década de 1960, porém, as coisas mudaram. A Índia tornou-se um destino favorito de jovens turistas e peregrinos ocidentais que buscavam valores diferentes dos de suas respectivas culturas. Os Beatles sentaram-se aos pés do Maharishi Mahesh Yogi e tentaram incorporar a cítara à sua gama de instrumentos musicais. Tão assíduos foram os jovens burgueses da Europa Ocidental que viajavam para a Índia na época que eu me sentia como se fosse o único da minha geração a ficar em casa. As descrições taoistas da natureza proporcionaram modelos "alternativos" — essa era a palavra de ordem da época — de interpretação do universo para muitos ocidentais (entre eles, numa das representações mais extravagantes, o Ursinho Pooh).[34]

Até a medicina, a suma ciência da supremacia do Ocidente no início do século XX, foi afetada. Médicos que viajaram com exércitos ocidentais e "mis-

A era da incerteza 447

sões civilizadoras" aprenderam com curandeiros "nativos". A etnobotânica entrou na moda e as farmacopeias dos povos amazônicos, dos camponeses chineses e dos habitantes do Himalaia surpreenderam os ocidentais por funcionarem. Uma notável inversão da direção da influência acompanhou o modismo dos estilos de vida "alternativo" no final do século xx. Tratamentos médicos alternativos levaram pacientes ocidentais à fitoterapia indiana e à acupuntura chinesa, assim como no início do século, sob a influência de um modismo anterior, estudantes asiáticos haviam buscado no Ocidente sua educação médica. Agora, quase em igual proporção, médicos chineses e indianos viajavam para a Europa ou Estados Unidos tanto para praticarem seus ofícios como para aprenderem os de seus anfitriões. Na década de 1980, a Organização Mundial da Saúde descobriu o valor dos curandeiros tradicionais na prestação de serviços básicos de saúde para os desfavorecidos da África. Governos ansiosos por repudiar o colonialismo logo concordaram. Em 1985, a Nigéria introduziu programas alternativos em hospitais e centros de saúde, e não demorou até que a África do Sul e outros países fizessem o mesmo.

Pensamento político e econômico após a ideologia

A ciência não foi a única fonte de fracasso nem o único polo de desencanto. A política e a economia também fracassaram, à medida que as ideologias sobreviventes desmoronavam e panaceias confiantes se revelavam calamitosas. As ideologias da extrema direita, depois das guerras que provocaram, só conseguiam atrair malucos e psicóticos. Mas alguns pensadores demoraram a abandonar a esperança na extrema esquerda. Anthony Blunt, o mestre espião britânico, continuou a servir Stálin de dentro do sistema político britânico até a década de 1970: era o curador da coleção de arte da rainha. O icônico historiador Eric Hobsbawm, que subsistiu até o século xxi, jamais admitiu ter errado ao confiar na benevolência soviética.

Na década de 1950, as grandes esperanças vermelhas se concentraram no ideólogo chinês Mao Zedong (ou Tsé-tung, segundo os métodos tradicionais de transliteração, que os sinólogos desnecessariamente abandonaram, mas que permanecem na literatura para confundir leitores não instruídos). Para a maioria dos estudiosos, as revoluções mexicana e chinesa de 1911 mostraram que Marx estava certo sobre uma coisa: revoluções em sociedades não industrializadas que dependessem do empenho e da participação dos camponeses jamais produziriam os resultados desejados pelos marxistas. Mao, porém, pensava de outra maneira. Talvez porque, ao contrário da maioria de seus camaradas comunistas, tenha lido pouco de Marx e entendido menos ainda, ele pôde propor uma nova estratégia de revolução campesina, desvinculada do modelo russo, contrariando os conselhos soviéticos e não maculada pela ortodoxia marxista. Para Stálin, "era como se ele não entendesse as verdades marxistas mais elementares — ou, talvez, não quisesse entendê-las".[35] Como Descartes e Hobbes, Mao confiou em seu próprio brilhantismo, mas sem o fardo da sabedoria. "Ler muitos livros é prejudicial", afirmou.[36] Sua estratégia foi conveniente para a China. Ele resumiu a ideia em uma fórmula bastante citada: "Quando o inimigo avança, nós recuamos; quando ele se detém, nós atacamos; quando ele se retira, nós perseguimos".[37] Ao longo de décadas de sucesso limitado como líder guerreiro errante, ele conseguiu sobreviver e, por fim, triunfou graças à sua obstinada perseverança (que ele mais tarde equivocadamente interpretaria como seu gênio militar). Mao vicejava em condições de emergência e, a partir de 1949, quando passou a controlar toda a China continental, provocou um sem-número de novas crises a fim de manter seu regime no poder. Embora houvesse ficado sem ideias, continuava tendo muitos do que chamava de "pensamentos". De tempos em tempos, lançava campanhas estrambóticas de destruição em massa contra direitistas e esquerdistas, retrógrados burgueses, supostos inimigos de classe e até mesmo, em mais de um momento, contra cães e pardais. As taxas oficiais de criminalidade eram baixas, mas as punições habituais eram mais brutalizantes do que crimes esporádicos. A propaganda ocultava ou encobria males e falhas. Mao conseguiu engabelar ocidentais sequiosos por uma filosofia na qual pudessem se fiar. Adolescentes da minha geração marcharam em manifestações contra a guerra e a injustiça, portando ingenuamente exemplares do *Pequeno livro vermelho* dos pensamentos de Mao, como se contivessem em si um remédio.

A era da incerteza   449

Alguns dos princípios revolucionários de Mao eram estonteantemente reacionários. Ele julgava que a inimizade entre classes era hereditária. Proibiu o amor romântico junto com, em certa ocasião, grama e flores. Destruiu a agricultura ao levar a sério e aplicar rigorosamente o antigo papel do Estado como centralizador e distribuidor de alimentos. Seu expediente mais catastrófico foi a guerra de classes que chamou de Grande Revolução Cultural Proletária, nos anos 1960. Filhos denunciavam seus pais e alunos espancavam professores. Ignorantes foram encorajados a massacrar intelectuais, enquanto os mais cultos eram incumbidos das tarefas mais servis. Antiguidades foram despedaçadas, livros foram queimados, a beleza foi desprezada; o estudo foi subvertido, o trabalho, interrompido. Tantos foram os espancamentos que a economia foi alquebrada. Embora a máquina de propaganda eficiente gerasse estatísticas falsas e imagens de progresso, a verdade ia pouco a pouco irrompendo. E a retomada da China como um dos países mais prósperos e poderosos do mundo, e como uma civilização exemplar, foi longamente protelada. Sinais de recuperação só começaram a aparecer nos primeiros anos do século XXI. Enquanto isso, a influência de Mao ajudou a manter o mundo no atraso, arruinando muitos Estados novos, atrasados e subdesenvolvidos com um exemplo maligno, incentivando experimentos com programas economicamente ruinosos e moralmente corruptores de totalitarismo político e autoritarismo econômico.[38]

Na ausência de uma ideologia digna de crédito, o consenso econômico e político no Ocidente retrocedeu para expectativas mais modestas, como crescimento econômico e bem-estar social. O pensador que mais fez para moldar esse consenso foi John Maynard Keynes — uma raridade entre economistas profissionais, pois sabia lidar com dinheiro e transformou seus estudos de probabilidade em investimentos sagazes. Privilegiado por sua formação e por suas amizades na alta sociedade e na classe política da Inglaterra, Keynes era a própria corporificação da autoconfiança, a qual projetou em fórmulas otimistas para garantir a futura prosperidade do mundo.

O keynesianismo foi uma reação contra a autossatisfação capitalista das economias industrializadas na década de 1920. Os automóveis haviam se tornado artigos de consumo de massa. A construção civil lançara "torres que subiam até o sol".[39] Pirâmides de milhões de acionistas eram controladas por alguns poucos "faraós".[40] Um mercado em forte expansão parecia oferecer perspectivas de riquezas literalmente universais. Em 1929, porém, os principais mercados do mundo ruíram e os sistemas bancários desmoronaram juntos ou fraquejaram. O mundo entrou na recessão mais abjeta e prolongada que a modernidade já vira e o óbvio tornou-se repentinamente visível: o capitalismo precisava ser controlado, exorcizado ou descartado. Nos Estados Unidos, o presidente Franklin D. Roosevelt propôs o New Deal, um acordo que incluía a interferência do governo nos mercados. Seus opositores denunciaram o esquema como socialista, embora não fosse mais que uma espécie de colcha de retalhos que encobria o esgarçamento do capitalismo mas o deixava intacto.

Keynes repensou a fundo o capitalismo, a tal ponto que todas as reformas subsequentes basearam-se em suas ponderações. Ele contestou a ideia de que o mercado, por si só, seja capaz de garantir os níveis de produção e emprego que a sociedade requer. A poupança, explicou, imobiliza parte da riqueza e parte do potencial econômico. Além disso, falsas expectativas distorcem o mercado: as pessoas gastam demais quando estão otimistas e não gastam o suficiente quando temerosas. Ao tomar recursos emprestados para financiar serviços públicos e infraestrutura, governos e instituições podem trazer os desempregados de volta ao trabalho e, ao mesmo tempo, criar potencial econômico — que, ao ser realizado, gerará receita tributária para retrospectivamente cobrir os custos dos projetos. Essa ideia surgiu em *Teoria geral do emprego, do juro e da moeda*, que Keynes publicou em 1936. Durante muito tempo, o keynesianismo pareceu funcionar para todos os governos que o aplicaram. Em todo o mundo, tornou-se a ortodoxia, justificando níveis cada vez mais altos de gastos públicos.

A economia, no entanto, é uma ciência volátil e poucas de suas leis duram muito tempo. Na segunda metade do século xx, a política econômica prevalecente no mundo desenvolvido alternava entre "planejamento" e "mercado" como panaceias rivais. Gastos públicos revelaram-se não mais racionais que o mercado. Embora tenham salvado sociedades que recorreram a eles nas situações de emergência dos anos 1930, em épocas mais estáveis causaram desperdício, inibiram a produção e sufocaram a iniciativa. Nos anos 1980, o keynesianismo tornou-se vítima de um desejo generalizado de "restaurar o Estado", desregular a economia e liberar o mercado. Seguiu-se uma época do chamado capitalismo *trash*, com extrema volatilidade do mercado e disparidades obscenas de riqueza, em que algumas lições do keynesianismo tiveram de ser reaprendidas. Mas nós demoramos a aprender. Em 2008, a desregulamentação ajudou a precipitar uma nova derrocada em escala global — "colapso" foi o termo preferido. Embora o governo dos Estados Unidos tenha optado por uma resposta tipicamente keynesiana, com empréstimos e gastos públicos, para sair da crise, a maioria dos outros países preferiu programas pré-keynesianos de "austeridade", coibindo gastos, restringindo empréstimos e buscando segurança financeira a qualquer preço. O mundo mal começara a se recuperar quando, em 2016, a eleição presidencial dos Estados Unidos instalou um governo decidido a desregulamentar a economia novamente (ainda que, de modo paradoxal, também se comprometesse a esbanjar em infraestrutura).[41]

O futuro que os radicais imaginavam nunca aconteceu. Expectativas se dissolveram nas guerras mais sangrentas já vividas. Mesmo em nações como Estados Unidos ou França, fundadas em revoluções e regidas por instituições genuinamente democráticas, as pessoas comuns nunca tiveram poder sobre sua própria vida ou sobre as sociedades que formaram. Depois de tantas decepções, que tipo de bem um Estado modestamente benevolente conseguiria fazer? O gerenciamento de economias em recessão e a manipulação da sociedade para a guerra pareciam sugerir que os Estados ainda não haviam esgotado seu potencial. O poder, assim como o apetite, *vient en mangeant* [vem no comer], segundo um dos personagens de Molière, e alguns políticos viram a oportunidade de utilizá-lo para o bem ou, pelo menos, para preservar a paz social em seu próprio interesse. Mesmo que não conseguissem materializar a virtude com que os filósofos antigos sonhavam (ver pp. 185-92), talvez pudessem ao menos se tornar instrumentos de bem-estar social. A Alemanha introduzira um sistema de seguridade social administrado pelo governo na década de 1880, mas o Estado de bem-estar social foi a ideia mais radical proposta por um economista de Cambridge, Arthur Pigou, na década de 1920: o Estado deveria tributar os ricos para garantir benefícios aos pobres, mais ou menos como os despotismos de outrora forçavam a redistribuição para garantir o suprimento de alimentos. Os argumentos de Keynes em prol de regenerar economias moribundas mediante injeções gigantescas de dinheiro público alinhavam-se com esse tipo de pensamento. Seu expoente mais eficaz foi William Beveridge.

Durante a Segunda Guerra, o governo britânico contratou-o para elaborar planos de um sistema mais aprimorado de seguridade social. Beveridge foi além e imaginou "um novo mundo melhor", no qual uma mistura de contribuições e impostos nacionais de seguridade social financiaria assistência médica universal, seguros-desemprego e aposentadorias. "O objetivo da vitória", declarou, "é viver em um mundo melhor que o antigo."[42] Poucos documentos do governo foram tão bem recebidos em casa ou tão influentes no exterior. A ideia encorajou o presidente Roosevelt a proclamar um futuro "livre de penúria". Os ocupantes do bunker de Hitler admiraram-na. E os governos britânicos do pós-guerra a adotaram com quase unanimidade suprapartidária.[43]

Tornou-se difícil afirmar que uma sociedade é moderna ou justa se não possuir um sistema nos moldes do tipo concebido por Beveridge, embora os limites do papel do Estado na redistribuição da riqueza, na eliminação da pobreza e na garantia de acesso a serviços de saúde tenham continuado sendo — e ainda são — ferozmente contestados em nome da liberdade e em deferência ao mercado. Por um lado, os benefícios universais proporcionam segurança e justiça à vida de cada um e tornam a sociedade mais estável e coesa; por outro, são dispendiosos. No final do século xx e no início do século xxi, duas circunstâncias ameaçaram os Estados de bem-estar social, mesmo onde já estavam firmemente estabelecidos: Europa Ocidental, Canadá, Austrália e Nova Zelândia. Primeiro, a inflação tornou o futuro inseguro e cada geração, sucessivamente, tinha de arcar com os custos crescentes de cuidar de seus idosos. Segundo, mesmo depois que a inflação foi relativamente controlada, o equilíbrio demográfico das sociedades desenvolvidas começou a se alterar de modo alarmante. A força de trabalho envelheceu, a proporção de aposentados começou a parecer impossível de financiar e tornou-se evidente que não haveria gente jovem e produtiva em número suficiente para pagar os custos crescentes da seguridade social. Os governos tentaram várias maneiras de enfrentar a situação, sem desmantelar o Estado de bem-estar social. Mas, apesar dos esforços esporádicos de presidentes e legisladores a partir da década de 1960, os Estados Unidos, por exemplo, nunca introduziram um sistema de saúde abrangente administrado pelo Estado. Até o esquema proposto pelo presidente Obama, implementado contra as garras da mordacidade conservadora, deixou desprotegidos alguns dos cidadãos mais pobres e manteve o Estado fora da alçada da indústria de seguros-saúde. Os problemas do Obamacare se tornam inteligíveis no contexto de uma readoção generalizada do conceito de bem-estar social baseado em seguros, pelo qual a maioria das pessoas assume responsabilidade por sua própria aposentadoria e, em certa medida, por seus custos de saúde e provisão contra desemprego. O Estado cuida apenas de casos marginais.

As tribulações da seguridade estatal eram parte de um problema maior: as deficiências e ineficiências do Estado de modo geral. Estados que construíram casas erigiram tristes distopias. Quando indústrias eram nacionalizadas, a produtividade geralmente caía. Mercados regulamentados inibiam o crescimento. Sociedades superplanejadas funcionavam mal. Os esforços do Estado para gerenciar o meio ambiente em geral levavam ao desperdício e à degradação. Durante grande parte da segunda metade do século xx, as economias centralizadas da Europa Oriental, da China e de Cuba fracassaram redondamente. As economias mistas da Escandinávia, com um alto grau de envolvimento estatal, se saíram só um pouco melhor: visavam o bem-estar universal, mas produziram utopias suicidas de indivíduos frustrados e alienados. E a história acabou por condenar outras opções — anarquismo, libertarismo, mercado irrestrito.

O conservadorismo tinha má reputação. "Não sei o que torna um homem mais conservador: nada conhecer além do presente, ou nada senão o passado", disse Keynes.[44] Não obstante, a tradição que inspirou o novo pensamento mais promissor em política e em economia na segunda metade do século xx veio da direita, graças quase exclusivamente a F. A. Hayek. Com grande habilidade, ele conseguiu perpetrar o ato de equilibrismo — entre liberdade e justiça social — que costuma derrubar o conservadorismo político. Como observou Edmund Burke ao iniciar, por volta do final do século xviii, a tradição que Hayek realizaria, "temperar esses dois elementos opostos, liberdade e sujeição, um com o outro é tarefa consistente, exige muito pensar, reflexão profunda, em uma mente articulada, sagaz e forte".[45] A mente de Hayek preencheu essas condições. Ele chegou perto de expor o argumento ideal do conservadorismo, a saber, que a maioria das políticas governamentais é benigna em intenção, mas maligna em efeito — e que, portanto, o melhor governo é o que menos governa. Visto que esforços para melhorar a sociedade em geral acabam por piorá-la, o caminho mais prudente é tentar corrigir as imperfeições com modéstia, pouco a pouco. Além disso, Hayek compartilhava o tradicional viés cristão em prol do individualismo. Pecado e caridade implicam mais responsabilidade individual; "justiça social", menos. *O caminho da servidão*, publicado em 1944, proclamou a ideia central de Hayek: a "ordem social espontânea" não é produzida por planejamento intencional, mas surge de uma longa história — uma riqueza de experiências e ajustes que intervenções governamentais imediatistas são incapazes de reproduzir. A ordem social, sugeriu Hayek (evitando a necessidade de postular um "contrato social"), surgiu de maneira espontânea e, quando isso ocorreu, revelou que sua essência era a lei: "parte da história natural da humanidade [...] coetânea com a sociedade" e, portanto, anterior ao Estado. "Não é criação de nenhuma autoridade governamental", afirmou Hayek, "e certamente não é o comando de um soberano."[46] O estado de direito é superior aos ditames dos governantes — recomendação bastante tradicional e sempre reiterada (mas raramente observada) no pensamento ocidental desde Aristóteles. Somente a lei pode estabelecer limites adequados à liberdade. "Se os indivíduos devem ser livres para utilizar seus conhecimentos e recursos da melhor maneira possível", opinou Hayek, "devem fazê-lo em um contexto de regras conhecidas e previsíveis governadas por lei."[47] Para doutrinas desse tipo, o problema fatal é: "Quem define quais são essas leis naturais, senão o Estado?". Autoridades religiosas supremas, como na República Islâmica do Irã? Juristas não eleitos, como os que passaram a exercer poder no final do século xx com o surgimento de uma entidade jurídica internacional relacionada com direitos humanos?

Durante os anos de planejamento excessivo, Hayek foi apenas uma voz ignorada clamando no deserto. Na década de 1970, porém, ele ressurgiu como o teórico de uma "virada conservadora" que parecia destinada a conquistar o mundo, quando a corrente política principal nos países desenvolvidos pendeu para a direita, nas últimas duas décadas do século xx. O grande impacto de Hayek foi sobre a vida econômica, graças aos admiradores que começou a atrair entre os economistas da Escola de Chicago, após lecionar brevemente na Universidade de Chicago na década de 1950. A dotação da universidade era excelente e, portanto, ela basicamente fazia suas próprias leis. Isolados na orla de um subúrbio de sua própria cidade, os professores eram forçados a um convívio quase compulsório, isentos de contato com a maior parte do mundo acadêmico, alternadamente invejosos e arredios. Era, portanto, um bom lugar para hereges alimentarem sua dissidência. Os economistas de Chicago, dos quais Milton Friedman era o mais eloquente e o mais persuasivo, puderam contestar a ortodoxia econômica. Eles reabilitaram o livre mercado, louvando-o como uma maneira insuperável de gerar prosperidade. Na década de 1970, tornaram-se o refúgio de governos zelosos na desregulamentação da economia e desesperançosos diante dos fracassos do planejamento centralizado.[48]

O refreio da ciência

Quando caos e coerência competem, ambos prosperam. A incerteza faz com que as pessoas queiram retornar a um cosmo previsível. Paradoxalmente, pois, propugnadores de todo tipo de determinismo julgaram o mundo pós-moderno concordante com sua índole. Houve um sem-número de tentativas de invocar máquinas e organismos como modelos para simplificar as complexidades do pensamento ou do comportamento, substituindo uma perplexidade sincera por uma certeza simulada. Um dos métodos para isso foi tentar eliminar a mente em prol do cérebro — buscando padrões químicos, elétricos e mecânicos que tornassem os caprichos do pensamento inteligíveis e previsíveis.

Para entender a inteligência artificial — que é como as pessoas acabaram designando o objeto dessas tentativas —, é necessária uma excursão por seus antecedentes do século xix. Uma das grandes aspirações da tecnologia moderna — criar uma máquina capaz de pensar como o ser humano (e por ele) — é sedimentada na noção de que a mente é um tipo de máquina e que o pensamento é um empreendimento mecânico. George Boole pertencia àquela categoria de cientistas vitorianos que já observamos que procuravam sistematizar o conhecimento — no seu caso, expondo as "leis do pensamento". Sua educação formal foi irregular e parca, e ele vivia em relativo isolamento na Irlanda — a maioria das descobertas matemáticas que ele pensava ter feito já era conhecida do resto do mundo. Todavia, embora sem instrução, Boole era um gênio. Na adolescência, começou um trabalho sugestivo sobre notação binária — contagem com dois dígitos em vez dos dez que utilizamos no mundo moderno —, e seus esforços acabaram colocando uma ideia nova na cabeça de Charles Babbage.

Desde 1828, Babbage ocupava a cátedra de Cambridge que anteriormente fora de Newton e que mais tarde viria a ser de Stephen Hawking. Quando travou conhecimento como o trabalho de Boole, estava tentando eliminar o erro humano das tabelas astronômicas calculando-as mecanicamente. Máquinas calculadoras comercialmente viáveis já existiam na época, capazes de realizar funções aritméticas simples, e Babbage esperava utilizar algo parecido em operações trigonométricas complexas — mas não aprimorando as máquinas, e sim simplificando a trigonometria. Se conseguisse transformá-la em operações de adição e subtração, problemas trigonométricos poderiam ser transpostos para mecanismos de rodas e engrenagens. E, se fosse bem-sucedido, seu trabalho poderia revolucionar a navegação e o mapeamento imperial, tornando as tabelas astronômicas confiáveis. Em 1833, os dados de Boole fizeram com que Babbage abandonasse seu trabalho com a "máquina diferencial" relativamente simples que

A era da incerteza

tinha em mente e anunciasse planos para o que chamou de "máquina analítica". Embora operada mecanicamente, era uma antecipação do computador moderno, utilizando o sistema binário para cálculos incrivelmente rápidos e variados. Cartões perfurados controlavam as operações do dispositivo inventado por Babbage, como também nos primeiros computadores eletrônicos. Seu novo engenho era muito superior ao anterior, mas, com a miopia habitual das burocracias, o governo britânico retirou seu patrocínio. Babbage teve de investir sua fortuna pessoal.

Apesar da ajuda de uma talentosa matemática amadora, Ada Lovelace, filha de Byron, Babbage não conseguiu aperfeiçoar sua máquina. Seria preciso o poder da eletricidade para realizar todo o seu potencial, pois os primeiros espécimes fabricados em Manchester e Harvard eram do tamanho de um pequeno salão de baile e, portanto, de utilidade limitada. Mas os computadores se desenvolveriam rapidamente, em combinação com a microtecnologia, que os encolheu, e a tecnologia de telecomunicações, que os conectou por meio de linhas telefônicas e sinais de rádio para que pudessem trocar dados. No início do século XXI, as telas dos computadores já se acendiam para uma aldeia global, permitindo contato mútuo praticamente instantâneo. As vantagens e desvantagens foram bem ponderadas: o excesso de informações atulhou mentes e talvez tenha embotado uma geração, mas a internet multiplicou o trabalho útil, disseminou o conhecimento e contribuiu para a liberdade.

A velocidade e o alcance da revolução dos computadores levantaram uma outra questão: até onde ela poderia chegar? Exacerbaram-se esperanças e medos de que as máquinas conseguiriam imitar a mente humana. Acirrou-se a controvérsia quanto à inteligência artificial ser uma ameaça ou uma promessa. Robôs inteligentes despertaram expectativas ilimitadas. Em 1950, Alan Turing, o criptógrafo-mor que os pesquisadores de inteligência artificial reverenciam, escreveu: "Acredito que, até o final do século, o uso de palavras e as opiniões cultas em geral terão se transformado a tal ponto que será possível falar sobre o pensamento das máquinas sem esperar que alguém nos contradiga".[49] As condições previstas por Turing ainda não se materializaram e talvez não sejam realistas. É provável que a inteligência humana seja fundamentalmente não mecânica: existe um fantasma na máquina humana. Porém, mesmo sem substituir o pensamento humano, os computadores podem afetá-lo e infectá-lo. Será que corroem a memória ou ampliam o acesso a ela? Provocam a erosão do conhecimento ao multiplicar as informações? Expandem redes ou interceptam sociopatas? Subvertem a atenção e a concentração ou nos permitem realizar várias tarefas ao mesmo tempo? Incentivam novas artes ou solapam as antigas? Tolhem a solidariedade ou abrem a mente? E se fizerem todas estas coisas, onde estaria o equilíbrio? Mal começamos a ver como o ciberespaço é capaz de mudar a psique.[50]

Seres humanos podem não ser máquinas, mas são organismos, sujeitos às leis da evolução. Será que é tudo o que somos? A genética preencheu uma lacuna na descrição da evolução feita por Darwin. Já era óbvio para qualquer estudante racional e objetivo que o relato de Darwin sobre a origem das espécies estava essencialmente correto, mas ninguém conseguia explicar como as mutações que diferenciam uma linhagem de outra são transmitidas de geração a geração. Gregor Mendel, cultivando ervilhas na horta de seu mosteiro na Áustria, forneceu a explicação; T. H. Morgan, criando moscas-das-frutas em um laboratório no centro de Nova York no início do século xix, confirmou-a e divulgou-a. Os genes preenchem o que é tentador chamar de "elo perdido" do modo como a evolução funciona, pois explicam como os filhos podem herdar os traços dos pais. A descoberta tornou a evolução incontestável, exceto para alguns obscurantistas mal-informados. Mas também encorajou seus entusiastas a exigir demais da teoria, esticando-a para que abrangesse tipos de mudança — intelectuais e culturais — que ela não é apta para explicar.

Na segunda metade do século xx, a decifração do DNA espicaçou ainda mais essa tendência e afetou profundamente a autopercepção dos seres humanos. Erwin Schrödinger iniciou a revolução ao refletir sobre a natureza dos genes nas aulas que deu em Dublin em 1944. Ele esperava alguma espécie de proteína, ao passo que o DNA acabou sendo um tipo de ácido, mas suas especulações sobre a configuração geral do DNA mostraram-se proféticas. Ele previu que se pareceria com uma cadeia de unidades básicas, conectadas como os elementos de um código. Estava lançada a busca dos

A era da incerteza 459

"elementos básicos da vida" e o laboratório de Francis Crick, em Cambridge, Inglaterra, não se fez de rogado. James Watson, que lera a obra de Schrödinger enquanto estudante de biologia em Chicago, juntou-se à equipe de Crick. Ele percebeu que seria possível descobrir a estrutura que Schrödinger havia previsto quando viu imagens de DNA por raios X. Em um laboratório parceiro em Londres, Rosalind Franklin contribuiu com críticas vitais às ideias incipientes de Crick e Watson, e ajudou a construir a imagem de como as fitas de DNA se entrelaçam. O grupo de Cambridge foi moralmente criticado pelas injustiças cometidas contra Franklin, mas não havia como negar a validade de suas descobertas. Os resultados foram instigantes. O fato de os genes nos códigos genéticos de cada indivíduo serem responsáveis por algumas doenças abriu novos caminhos de terapêutica e prevenção. Ainda mais revolucionária foi a possibilidade de que muitos tipos de comportamento — talvez todos — possam ser regulados por modificações no código genético. O poder dos genes sugeriu novas maneiras de conceber a natureza humana, controlada por um código indecifrável determinado por padrões genéticos.

Consequentemente, personalidade e temperamento pareciam ser computáveis. No mínimo, as pesquisas genéticas pareciam confirmar que uma a parte de nossa constituição física e moral que é herdada é maior do que se supunha tradicionalmente. Nossa personalidade pode ser organizada como uma fita de moléculas cujas características podem ser trocadas como cascas de nozes num jogo dos três copos. Cientistas cognitivos aceleraram um tipo semelhante de pensamento materialista submetendo o cérebro humano a análises cada vez mais penetrantes. A pesquisa neurológica revelou um processo eletroquímico pelo qual sinapses disparam e proteínas são liberadas lado a lado com o pensamento. Deveria ser óbvio que esses parâmetros talvez meçam apenas os efeitos, ou os efeitos colaterais, não as causas ou os elementos constituintes do pensamento. Entretanto, tornaram no mínimo possível afirmar que tudo o que tradicionalmente era classificado como função da mente talvez ocorra dentro do cérebro. Tornou-se cada vez mais difícil encontrar espaço para ingredientes não materiais, como mente e alma. "A alma desapareceu", anunciou Francis Crick.[51]

Nesse ínterim, pesquisadores modificaram os códigos genéticos de espécies não humanas para obter alguns resultados que almejáramos: a produção de verduras e legumes maiores, por exemplo, ou animais desenvolvidos para ser mais benéficos, mais dóceis, mais palatáveis ou mais facilmente embaláveis como alimento para os seres humanos. O trabalho realizado nesses campos foi espetacularmente bem-sucedido, levantando o espectro de um mundo reconfigurado à maneira de Victor Frankenstein ou do dr. Moreau. Os seres humanos já distorceram a evolução no passado, por exemplo quando inventaram a agricultura (ver p. 110) ou deslocaram biotas pelo planeta inteiro (p. 335). Agora temos o poder de efetuar a maior intervenção de todas, a "seleção não natural", que visa não a melhor adaptação possível ao ambiente, mas o que melhor corresponde à agenda dos desígnios humanos. Sabemos, por exemplo, que existe um mercado para "bebês à la carte". Os bancos de esperma são um negócio lucrativo. Uma obstetrícia robótica bem-intencionada modifica bebês sob encomenda em casos em que doenças genéticas podem ser evitadas. É extremamente incomum que uma tecnologia, uma vez criada, não venha a ser aplicada. Certas sociedades (e certas pessoas em outros lugares) construirão seres humanos conforme as linhas prescritas pela eugenia não muito tempo atrás. Visionários de dúbia moral já falam em um mundo do qual doenças e desvios comportamentais foram extirpados.[52]

A genética traz em si um paradoxo: a natureza de todos é inata e, todavia, pode ser manipulada. Teria Kant se equivocado quando proferiu o ditame no qual por muito tempo o Ocidente se fiou de maneira emocional, de que "existe no homem um poder de autodeterminação, independente de qualquer coerção corpórea"? Sem essa convicção, o individualismo seria insustentável. O determinismo tornaria o cristianismo obsoleto. Sistemas de leis baseados na responsabilidade individual desmoronariam. Por certo, o mundo já estava familiarizado com ideias deterministas que vinculavam o caráter e agrilhoavam o potencial do ser humano a heranças inevitavelmente fatais. A frenologia, por exemplo, atribuía indivíduos a classes "criminosas" e raças "inferiores" medindo crânios e fazendo inferências sobre o tamanho do cérebro. Por conseguinte, os julgamentos do século XIX sobre inteligência relativa não eram confiáveis. Em 1905, no entanto, buscando um modo de identificar crianças com problemas de aprendizagem, Alfred Binet propôs um novo método: testes simples e neutros, concebidos não para determinar o que as crianças sabem, mas para revelar o quanto são capazes de aprender. Em poucos anos, o conceito de QI — "inteligência geral" mensurável relativa à idade — passou a desfrutar de confiança universal. É provável que essa confiança fosse injustificada: na prática, os testes de inteligência apenas preveem proficiência em uma gama limitada de habilidades. Lembro-me de alunos extraordinários que não se saíam particularmente bem neles. E o QI se tornou uma nova fonte de tirania. Quando eclodiu a Primeira Guerra Mundial, políticos e legisladores utilizaram-no para, entre outras coisas, justificar a eugenia, excluir imigrantes dos Estados Unidos e selecionar candidatos a promoção no Exército norte-americano. Tornou-se o método-padrão de diferenciação social nos países desenvolvidos, destacando os beneficiários da educação acelerada ou privilegiada. Os testes jamais poderiam ser totalmente objetivos, nem os resultados confiáveis; entretanto, mesmo na segunda metade do século, quando os críticos começaram a apontar seus problemas, os psicólogos educacionais preferiram burilar a ideia a descartá-la.

O problema do QI se misturou a uma das controvérsias científicas mais politicamente carregadas do século: o debate "inato versus adquirido", ou "natureza versus criação", que lançou a direita contra a esquerda. Este último grupo incluía aqueles para os quais as mudanças sociais podem afetar nossas qualidades morais e realizações coletivas para melhor. Seus oponentes recorreram a evidências de que caráter e capacidade são, em grande parte, herdados, e portanto não suscetíveis a correção por engenharia social. Partidários do radicalismo social digladiavam com conservadores relutantes que temiam piorar as coisas com tentativas irrefletidas de melhoria. Embora as evidências de QI fossem pouquíssimo convincentes, relatos contrários exacerbaram a discussão no final da década de 1960. Arthur Jensen, em Berkeley, afirmou que 80% da inteligência é herdada e, de quebra, que os negros seriam geneticamente inferiores aos brancos. Christopher Jencks e outros em Harvard utilizaram estatísticas de QI semelhantes para argumentar que a hereditariedade desempenha um papel mínimo. A disputa continuou acalorada e inalterada nos anos 1990, sustentada pelos mesmos tipos de dados, até que Richard J. Herrnstein e Charles Murray lançaram uma verdadeira bomba atômica sociológica. Em *The Bell Curve*, eles argumentaram que uma elite cognitiva hereditária governa uma malfadada subclasse (representada, de maneira desproporcional, por negros) e previram um futuro de conflito de classes cognitivo.

Enquanto isso, a sociobiologia, uma "nova síntese" criada por Edward O. Wilson, o inventivo entomologista de Harvard, exacerbou a discussão. Wilson logo inspirou um grupo de seguidores científicos para os quais necessidades evolutivas determinam as diferenças entre as sociedades — que podem, portanto, ser classificadas como relativamente "superiores" ou "inferiores", mais ou menos como definimos ordens de criação na escala evolutiva.[53] Zoólogos e etólogos costumam extrapolar para seres humanos os traços de qualquer outra espécie que porventura estudem. Chimpanzés e outros primatas adequam-se a essa finalidade porque são bastante próximos dos seres humanos em termos evolutivos. Entretanto, quanto mais distante for o parentesco entre as espécies, menos proveitoso esse método se torna. Para Konrad Lorenz, o mais influente dos antecessores de Wilson, o modelo pelo qual ele compreendia o ser humano proveio de seus estudos sobre gaivotas e gansos. Antes e durante a Segunda Guerra Mundial, Lorenz inspirou uma geração de pesquisas sobre o contexto evolutivo da violência. Descobriu que, na competição por comida e sexo, os pássaros com os quais trabalhava se tornavam cada vez mais agressivos e cada vez mais resolutos em sua agressividade. E suspeitava que também nos humanos instintos violentos preponderariam sobre tendências contrárias. Embora o entusiasmo pelo nazismo tenha maculado sua reputação e críticos acadêmicos contestassem os dados que ele selecionou, Lorenz ganhou um prêmio Nobel e exerceu enorme influência, especialmente quando sua obra principal se tornou disponível em inglês, na década de 1960.

Se Lorenz invocara gaivotas e gansos, formigas e abelhas foram o modelo de Wilson. Os seres humanos diferem dos insetos, segundo Wilson, acima de tudo por serem individualmente competitivos. Formigas e abelhas, por sua vez, são mais profundamente sociais e agem em prol da vantagem coletiva. Ele costumava insistir que restrições biológicas e ambientais não coíbem a liberdade humana, embora seus livros pareçam encadernados em ferro, com lombadas nada flexíveis, e seus artigos tenham sido impressos com entrelinhas insuficientes e pouco abertas. Wilson imaginou um visitante de outro planeta catalogando os seres humanos lado a lado com todas as demais espécies da Terra e reduzindo "as ciências humanas e sociais a ramos especializados da biologia".[54]

A comparação de humanos a formigas levou Wilson a pensar que "flexibilidade", como ele a chamava, ou variação entre culturas humanas, resulta de diferenças individuais de comportamento "amplificadas no nível do grupo" à medida que as interações se multiplicam. Sua sugestão parecia promissora: a diversidade cultural existente em grupos que se intercomunicam está relacionada a seu tamanho e número, e à variedade de trocas que ocorrem entre eles. Mas Wilson equivocou-se ao supor que as transmissões genéticas causam mudanças culturais. Ele estava interpretando os dados mais atualizados de sua época. Quando escreveu seu texto mais influente, *Sociobiology*, em 1975, pesquisadores já haviam descoberto ou postulavam com confiança genes para introversão, neurose, atletismo, psicose e inúmeras outras variáveis humanas. E Wilson inferiu uma outra possibilidade teórica, embora não houvesse nem haja evidência direta alguma: que a evolução também "selecionava vigorosamente" genes de flexibilidade social.[55]

Nas décadas seguintes à intervenção de Wilson, a maioria das novas evidências empíricas corroborou duas modificações em sua perspectiva: primeiro, os genes influenciam o comportamento apenas em variadas combinações imprevisíveis e de maneiras sutis e complexas, envolvendo contingências que impedem a fácil detecção de padrões. Segundo, o comportamento, por sua vez, influencia os genes. Traços adquiridos podem ser transmitidos por hereditariedade. Uma mamãe-rata negligente, por exemplo, provoca uma modificação genética em seus filhotes, que se tornam adultos irritantes e irritadiços, ao passo que bebês de mães acalentadoras desenvolvem características serenas da mesma maneira. De todos os debates em torno da sociobiologia, duas convicções fundamentais sobreviveram na mente da maioria das pessoas: que os indivíduos se fazem a si mesmos e que vale a pena melhorar a sociedade. Ainda assim, permanece a suspeita de que os genes perpetuam diferenças entre indivíduos e sociedades e tornam a igualdade um ideal inviável. O efeito disso foi inibir reformas e promover o conservadorismo predominante do início do século xxi.[56]

Por um tempo, a obra de Noam Chomsky pareceu contribuir para a luta pela recuperação da certeza. Chomsky foi radical tanto em política como em linguística. A partir de meados da década de 1950, ele argumentou com persistência que a linguagem é mais que um efeito da cultura, que é uma propriedade profundamente enraizada da mente humana. Seu ponto de partida foi a rapidez e a facilidade com que as crianças aprendem a falar: "As crianças aprendem a linguagem apenas com evidências positivas (as correções não são necessárias ou relevantes) e [...] sem experiência relevante em ampla variedade de casos complexos".[57] A capacidade infantil de combinar palavras de maneiras inusitadas, nunca ouvidas antes, impressionou Chomsky. Ele concluiu que as diferenças entre os idiomas parecem superficiais em comparação com as "estruturas profundas" que todos compartilham: partes do discurso, a gramática e a sintaxe que regulam a maneira como os termos se relacionam. Chomsky explicou essas observações notáveis postulando que linguagem e cérebro são interligados, ou seja, as estruturas da linguagem estão incrustadas no modo como pensamos. E por isso é fácil aprender a falar; podemos genuinamente afirmar que "falar é natural". A ideia foi revolucionária quando Chomsky a sugeriu em 1957, pois as ortodoxias predominantes na época preconizavam o contrário. Já as revimos no capítulo 9: a psiquiatria de Freud, a filosofia de Sartre e as propostas educacionais de Piaget pressupõem que a formação do indivíduo se faz a partir de uma tábula rasa. O behaviorismo endossou noção semelhante — a doutrina de que aprendemos a agir, falar e pensar mediante condicionamento, isto é, respondendo a estímulos na forma de aprovação ou desaprovação social —, que se manteve em voga até Chomsky detoná-la. A faculdade da linguagem identificada por Chomsky encontrava-se fora e além do alcance da evolução, ao menos segundo suas reflexões iniciais. Ele evitou chamá-la de instinto e se recusou a oferecer um relato

A era da incerteza 465

evolutivo para ela. Se a maneira como formulou seu pensamento estiver correta, nem a experiência, nem a hereditariedade, nem uma combinação de ambas constroem a totalidade do que somos. Parte de nossa natureza está engastada em nosso cérebro. Chomsky proporia ainda que outros tipos de aprendizado podem ser como a linguagem nesses aspectos:

> O mesmo é verdade em outras áreas em que os seres humanos são capazes de adquirir sistemas de conhecimento ricos e altamente articulados sob os efeitos desencadeadores e modeladores da experiência. E pode muito bem acontecer que ideias semelhantes sejam relevantes para a investigação de como adquirimos conhecimento científico [...], dada nossa constituição mental.[58]

Chomsky rejeitou a noção de que os seres humanos engendraram a linguagem para compensar nossa escassez de habilidades evoluídas — o argumento de que "a riqueza e a especificidade da instintividade dos animais [...] explicam seus feitos notáveis em certas áreas e sua inabilidade em outras [...] ao passo que os seres humanos, sem tal [...] estrutura instintiva, são livres para pensar, falar e descobrir". Na verdade, refletiu ele, a destreza linguística pela qual nós, como espécie, tendemos a nos felicitar, e que alguns até alegam tratar-se de um feito inerentemente humano, talvez seja apenas algo similar às habilidades peculiares de outras espécies: os guepardos são especialistas em velocidade, por exemplo, vacas em ruminação e humanos em comunicação simbólica.[59]

Dogmatismo versus pluralismo

Amo a incerteza. Cautela, ceticismo, ensaios, erros, duvidar de si mesmo: esses são os pontos de apoio que nos sustentam em nossa ascensão à verdade. O que me preocupa é quando as pessoas estão convictas de algo. A falsa certeza é muito pior que a incerteza. Esta última, porém, tende a gerar a primeira.

No pensamento sociopolítico do século xx, novos dogmatismos complementaram os novos determinismos da ciência. A mudança pode ser boa, mas é sempre perigosa. Posicionando-se contra a incerteza, os eleitores sucumbem a homenzinhos ruidosos e a soluções simplistas. As religiões se transmutam em dogmatismos e fundamentalismos. O rebanho se volta contra agentes de supostas mudanças, especialmente — tipicamente — imigrantes e instituições internacionais. Guerras cruéis e dispendiosas começam com o medo do esgotamento de algum recurso. São todas formas de mudança extremas, em geral violentas e sempre arriscadas, adotadas por motivos conservadores e pela avidez de preservar modos de vida familiares. Mesmo as revoluções dos últimos tempos tenderam a ser deprimentes por sua nostalgia, todas elas buscando uma suposta ou mítica idade do ouro de igualdade ou moralidade ou harmonia ou paz ou grandeza ou equilíbrio ecológico. Os revolucionários mais eficazes do século xx clamaram por um retorno ao comunismo ou ao anarquismo primitivo, ou às glórias medievais do islã, ou à virtude apostólica, ou à inocência resplandecente de uma época pré-industrial.

A religião teve um papel surpreendente. Ao longo de boa parte do século xx, profetas seculares predisseram sua morte. Argumentaram que a prosperidade material saciaria os necessitados com alternativas a Deus. A educação evitaria que os ignorantes pensassem n'Ele. Explicações científicas do cosmo O tornariam redundante. Entretanto, após os fracassos da política e as decepções da ciência, a religião permaneceu pronta para o avivamento a quem quisesse que o universo fosse coerente e confortável para viver. No final do século, o ateísmo deixara de ser a tendência mais decantada do mundo. Os fundamentalismos do islã e do cristianismo, tomados juntos, constituíram o maior movimento do mundo e potencialmente o mais perigoso. Mas que ninguém se surpreenda: o fundamentalismo, como o cientificismo e as ideologias políticas impetuosas, foi parte da reação do século xx contra a incerteza — uma das falsas certezas que as pessoas acabaram por preferir.

O fundamentalismo, como vimos, começou em seminários protestantes de Chicago e Princeton, em repulsa à leitura crítica da Bíblia então em voga nos meios acadêmicos alemães. Como outras obras, a Bíblia reflete a época em que os livros que a compõem foram escritos ou compilados. As agendas de seus autores (ou mediadores humanos da autoria divina, se alguém preferir chamá-los assim) e editores distorceram o texto e, no entanto, os fundamentalistas leem a Bíblia como se a mensagem fosse inteiramente despojada de contexto histórico e erro humano, extraindo dela interpretações que tomam por verdades incontestáveis. A fé está fundada no texto. Nenhuma exegese crítica é capaz de desconstruí-la. Nenhuma evidência científica é capaz de contradizê-la. Toda escritura supostamente sagrada pode atrair, e geralmente atrai, um dogmatismo literalista. O nome fundamentalismo é transferível: embora tenha começado em círculos bíblicos, está agora associado a uma doutrina semelhante, tradicional no islã, acerca do Corão.

O fundamentalismo é moderno: sua origem é recente e sua atratividade, ainda mais. Por mais anti-intuitivas que pareçam essas afirmações, não é difícil ver por que o fundamentalismo surgiu, prosperou e manteve seu fascínio no mundo moderno. De acordo com Karen Armstrong, uma das principais autoridades sobre o assunto, o fundamentalismo é também científico, pelo menos em suas aspirações, pois trata a religião como redutível a fatos incontestáveis.[60] É destituído de charme, enfadonho e sem sal — é religião despojada de encantamento. Representa a modernidade, imita a ciência e reflete o medo: os fundamentalistas temem o fim do mundo, "grandes satãs" e "anticristos", o caos, o desconhecido e, acima de tudo, o secularismo.

Embora pertençam a tradições diferentes, os excessos que todos os fundamentalismos têm em comum os tornam reconhecíveis: militância, hostilidade ao pluralismo e a determinação de confundir política com religião. Os militantes entre eles declaram guerra à sociedade. No entanto, a maioria dos fundamentalistas são pessoas comuns, gentis, simpáticas, que convivem a seu modo com um mundo perverso e, como a maioria de nós, deixam a religião à porta de sua igreja ou mesquita.

Entretanto, o fundamentalismo é pernicioso. A dúvida é parte necessária de qualquer fé profunda. "Senhor, ajudai minha incredulidade" é uma oração que todo cristão intelectual deveria aprender com santo Anselmo. Quem negar a dúvida deveria ouvir o galo cantar três vezes. A razão é um dom divino; suprimi-la — como fizeram os protestantes muggletonianos do século XVIII, acreditando que ela fosse uma armadilha diabólica — é uma espécie de autoamputação intelectual. O fundamentalismo, que exige uma mente fechada e a suspensão das faculdades críticas, parece-me, pois, irreligioso. O fundamentalismo protestante abarca uma falsidade evidente: a de que a Bíblia não é mediada por mãos e fraquezas humanas. Fundamentalistas que encontram em sua Bíblia ou Corão justificativas de violência, terrorismo e conformidade moral e intelectual imposta a sangue interpretam erroneamente seus próprios textos sagrados. Existem seitas fundamentalistas que, por sua ética da obediência, hábitos paranoicos, efeitos destroçantes sobre a identidade individual e campanhas de ódio ou violência contra supostos inimigos, lembram as primeiras células fascistas. Se e quando obtêm poder, tornam a vida desgraçada para todos os demais, enquanto caçam bruxas, queimam livros e espalham o terror.[61]

O fundamentalismo deprecia e menospreza a variedade. Uma resposta igual, mas oposta, à incerteza é o pluralismo religioso, que teve uma história centenária similar no século XX. Swami Vivekananda, o grande porta-voz do hinduísmo e apóstolo do pluralismo religioso, proferiu o chamado antes de morrer em 1902, quando o colapso da certeza ainda era imprevisível. Ele exaltou a sabedoria de todas as religiões e recomendou "muitos caminhos para uma verdade". O método tem uma vantagem óbvia sobre o relativismo, pois incentiva a diversificação da experiência — e é assim que aprendemos e crescemos. Supera o relativismo ao valer-se de um mundo pluralista e multicultural. Para pessoas comprometidas com uma religião específica, representa uma concessão fatal ao secularismo: se não há motivo para preferir uma religião a outras, por que não valeria a pena seguir filosofias puramente seculares? Ao contemplarmos o arco-íris das várias religiões, por que não adicionar mais algumas gradações de cores?[62]

Quando as religiões dominam, elas se tornam triunfalistas; quando acuadas, percebem as vantagens do ecumenismo. Onde governam, às vezes perseguem; onde são perseguidas, clamam por tolerância. Após perder os embates do século XIX contra o secularismo, comunidades cristãs rivais começaram a manifestar desejos de um "ecumenismo amplo" que congregasse pessoas de todas as fés. A Conferência de Edimburgo de 1910,

A era da incerteza

que tentou fazer com que as sociedades missionárias protestantes cooperassem, lançou a convocação. A Igreja católica manteve-se arredia mesmo ao ecumenismo cristão até a década de 1960, quando o encolhimento das congregações induziu um clima de reforma. No final do século xx, extraordinárias "alianças santas" confrontaram valores irreligiosos, em que católicos, batistas do sul e muçulmanos, por exemplo, uniram forças em oposição ao relaxamento das leis de aborto nos Estados Unidos, ou colaboraram para tentar influenciar a política de controle de natalidade da Organização Mundial da Saúde. Organizações interconfessionais trabalharam juntas para promover os direitos humanos e coibir a engenharia genética. Certa religiosidade pouco diferenciada abriu novos nichos políticos para figuras públicas dispostas a falar em nome da religião ou sequiosas de conquistar eleitores religiosos. O presidente dos Estados Unidos, Ronald Reagan, aparentemente sem consciência da natureza autodepreciativa de sua recomendação, instou o público a ter uma religião, mas julgou que não importava qual. O príncipe de Gales propôs-se a exercer o papel de "defensor da fé" numa Grã-Bretanha multicultural.

O pluralismo religioso tem um passado recente que impressiona, mas será que ele se sustenta? O escândalo dos ódios religiosos e da violência mútua, que tanto desfigurou o passado das religiões, parece superável. Contudo, cada palmo de terreno em comum que as religiões encontram entre si debilita as alegações do valor único de cada uma.[63] A julgar pelo que já aconteceu no século xxi, os ódios intrarreligiosos são mais fortes que os amores inter-religiosos. Dogmatistas xiitas e sunitas massacram uns aos outros. Católicos liberais, na maioria das questões sociais, parecem ter mais afinidade com os humanistas seculares do que com seus correligionários ultramontanos ou com protestantes conservadores. Muçulmanos são vítimas de uma jihad budista em Mianmar. Os cristãos enfrentam extermínio ou expulsão por fanáticos do Estado Islâmico em partes da Síria e do Iraque. Guerras religiosas continuam espalhando ruína e desterro, como o canhestro deus de Elizabeth Barrett Browning, para confusão dos coveiros seculares que julgavam ter enterrado todos os deuses sedentos de sangue tempos atrás.

O pluralismo religioso tem contrapartes seculares, com histórias igualmente longas. Mesmo antes de Franz Boas e seus alunos começarem a acumular indícios de relativismo cultural, os primeiros sinais de um possível futuro pluralista surgiram em um lugar outrora fora do veio principal da cultura. Cuba parecia ser um lugar atrasado durante a maior parte do século XIX, onde a escravidão persistia. A independência vivia sendo proposta e era sempre postergada. Mas, com a ajuda dos ianques, os revolucionários de 1898 finalmente romperam o Império Espanhol e resistiram ao domínio dos Estados Unidos. Na Cuba recém-soberana, os intelectuais enfrentaram o problema de compor uma nação a partir de diversas tradições, etnias e pigmentos. Estudos eruditos — começando por aqueles do sociólogo branco Fernando Ortiz e depois, cada vez mais, os de negros — tratavam as culturas negras em igualdade com as brancas. Ortiz começou a apreciar a contribuição dos negros para a criação de seu país quando entrevistou prisioneiros, na tentativa de identificar criminosos. Coincidentemente, como vimos, nos Estados Unidos e na Europa, músicos brancos iam descobrindo o jazz e artistas brancos começavam a valorizar e imitar a arte "tribal". Na África Ocidental Francesa da década de 1930, a "Négritude" encontrou brilhantes porta-vozes em Aimé Césaire e Léon Damas. Cresceu e espalhou-se a convicção de que os negros são iguais aos brancos — e, talvez, de certas maneiras, até seus superiores ou, pelo menos, antecessores — em todas as áreas de realização humana tradicionalmente louvadas no Ocidente. A descoberta do gênio negro estimulou movimentos de independência em regiões colonizadas. Os defensores dos direitos civis sofreram e se fortaleceram na África do Sul e nos Estados Unidos, onde a igualdade de direitos sob a lei ainda era negada aos negros, e onde quer que persistissem o preconceito racial e formas residuais de discriminação social.[64]

Em um mundo onde nenhum sistema de valores foi capaz de merecer reverência universal, alegações universais de supremacia desmoronaram. O recuo e o fim dos impérios brancos na África a partir do final dos anos 1950 foram o resultado mais visível. A arqueologia e a paleoantropologia se adaptaram às prioridades pós-coloniais, descobrindo motivos para repensar a história do mundo. A tradição colocara o Éden — o berço da humanidade

A era da incerteza 471

— no extremo oriental da Ásia. Não haveria nada a leste do Éden. Ao situar os primeiros fósseis humanos identificáveis na China e em Java, a ciência do início do século xx pareceu confirmar essa suposição temerária. Mas estava errada. Em 1959, Louis e Mary Leakey encontraram no desfiladeiro de Olduvai, no Quênia, restos de uma criatura humanoide de 1,75 milhão de anos, aparentemente capaz de construir e manejar ferramentas. A descoberta despertou em Robert Ardrey uma ideia ousada: a humanidade teria evoluído exclusivamente a partir da África Oriental e se espalhara de lá para o resto do mundo. Outros ancestrais quenianos e tanzanianos surgiram. O *Homo habilis*, de cérebro grande, foi encontrado no início dos anos 1960. Em 1984, o esqueleto de um hominídeo posterior, *Homo erectus*, mostrou que hominídeos de 1 milhão de anos atrás tinham o corpo tão parecido com o nosso que não pestanejaríamos em dividir um banco de parque ou viajar de ônibus ao lado de um deles caso subitamente se materializasse do passado. Contribuindo ainda mais para nossa humildade, as escavações de Donald Johanson na Etiópia em 1974 revelaram uma hominídea bípede de 3 milhões de anos, que ele chamou de "Lucy", em alusão a uma música popular que louvava "Lucy in the Sky with Diamonds", ou LSD, ácido lisérgico, que induz alucinações fáceis, mostrando o quanto a descoberta desarvorou mentes na época. No ano seguinte, ferramentas de basalto de 2,5 milhões de anos apareceram nas proximidades. Pegadas de hominídeos bípedes, datadas de 3,7 milhões de anos atrás, vieram à tona em 1977. A arqueologia parecia confirmar a teoria de Ardrey. Enquanto os europeus se retiravam da África, os africanos retiravam o eurocentrismo da história.

A maioria dos teóricos do século xix tinha predileção por estados "unitários", com uma só religião, etnia e identidade. No rescaldo do imperialismo, porém, o multiculturalismo foi essencial para a paz. A redefinição de fronteiras, as migrações incontroláveis e a proliferação das religiões tornaram a uniformidade inatingível. A obsolescência do racismo fez com que projetos de homogeneização se tornassem praticamente irrealizáveis e moralmente indefensáveis. Os Estados que ainda almejavam a pureza étnica ou a consistência cultural sofreram períodos traumáticos de "limpeza étnica" — o equivocado eufemismo do final do século xx para o pranto e a dor de massacres impiedosos. Enquanto isso, ideologias rivais competiam nas democracias e a única forma de manter a paz entre elas foi o pluralismo político — a admissão na arena política, em pé de igualdade, de partidos com visões potencialmente inconciliáveis.

Grandes impérios sempre abarcaram povos diferentes, com modos de vida contrastantes. Em geral, porém, todos sempre tiveram uma cultura dominante, ao lado da qual as demais eram toleradas. Contudo, no século xx, a mera tolerância não seria mais suficiente. A animosidade alimenta o dogmatismo: você só pode insistir na veracidade absoluta de suas opiniões se um adversário as contestar. Se quiser insuflar adeptos de alegações irracionais, precisará de um inimigo para execrar e temer. Mas, em um mundo multicivilizacional composto de sociedades multiculturais e moldado por migrações em massa e intensas trocas de cultura, ninguém mais pode se dar ao luxo da animosidade. Precisamos de uma ideia que traga paz e gere cooperação. Precisamos do pluralismo.

Em filosofia, pluralismo é a doutrina segundo a qual monismo e dualismo não conseguem dar conta da realidade. Essa noção, bem documentada na Antiguidade, contribuiu para moldar uma convicção moderna: a de que uma só sociedade ou um só Estado é capaz de acomodar, em pé de igualdade, uma pluralidade de culturas — religiões, línguas, etnias, identidades comunitárias, versões da história, sistemas de valores. A ideia evoluiu aos poucos. Experiências da vida real demonstraram-na antes mesmo que alguém a expressasse, e foi confirmada por quase todos os grandes Estados ou impérios conquistadores da Antiguidade, desde a Acádia de Sargon. A melhor formulação da ideia pluralista costuma ser atribuída a Isaiah Berlin, um dos muitos intelectuais nômades que a turbulência do século xx dispersou pelas universidades do mundo — em seu caso, de sua Letônia natal para um lugar de honra nas congregações de Oxford e clubes de Londres. Ele acredita que:

> [há] uma pluralidade de valores que os homens podem procurar e realmente procuram, e que esses valores diferem. Não há uma infinidade de valores: o número de valores humanos, de valores que posso buscar mantendo o meu

A era da incerteza

semblante humano, o meu caráter humano, é finito — vamos dizer 74, ou talvez 122 ou 26, mas finito, qualquer que seja. E a diferença que isso acarreta é que se um homem busca um desses valores, eu, que não o busco, sou capaz de compreender por que ele o busca ou como seria, nas suas circunstâncias, ser induzido a buscá-lo. Daí a possibilidade da compreensão humana.

Essa maneira de ver o mundo difere do relativismo cultural: o pluralismo, por exemplo, não tem de acomodar comportamentos odiosos, alegações falsas ou crenças ou cultos específicos que alguém possa julgar ofensivos; pode excluir o nazismo, digamos, ou o canibalismo. O pluralismo não proíbe comparações de valor, permite argumentos pacíficos sobre qual cultura seria a melhor. Alega, nas palavras de Berlin, "que valores múltiplos são objetivos, parte da essência da humanidade, não criações arbitrárias das fantasias subjetivas dos homens". Ajuda a tornar sociedades multiculturais concebíveis e viáveis. "Posso entrar em um sistema de valores que não é meu", acreditava Berlin. "Pois todos os seres humanos hão de ter alguns valores comuns [...] e alguns valores diferentes."[65]

Ironicamente, o pluralismo tem de acomodar o antipluralismo, que ainda é amplamente disseminado. Nos primeiros anos do século XXI, em repulsa ao multiculturalismo, políticas de "integração cultural" atraíram muitos votos nos países ocidentais, onde a globalização e outros imensos processos aglutinadores fizeram com que a maioria das comunidades históricas se tornasse defensiva em relação a suas respectivas culturas. Persuadir vizinhos de culturas contrastantes a coexistir pacificamente ficou mais difícil em toda parte. Estados plurais pareciam todos físseis: alguns se cindiram violentamente, como Sérvia, Sudão e Indonésia; outros passaram por divórcios pacíficos, como a República Tcheca e a Eslováquia, ou renegociaram os termos da coabitação, como a Escócia, no Reino Unido, ou a Catalunha e Euzkadi [Comunidade Autónoma do País Basco], na Espanha. Ainda assim, a ideia de pluralismo perdurou, porque promete o único futuro prático para um mundo diverso. É o único interesse verdadeiramente uniforme que todos os povos do mundo têm em comum. Paradoxalmente, talvez, o pluralismo seja a única doutrina capaz de nos unir.[66]

Perspectivas: O fim das ideias?

Memória, imaginação e comunicação — as faculdades que geraram todas as ideias que abordei até aqui — estão sendo transformadas sob o impacto da robótica, da genética e da socialização virtual. Será que essa experiência inédita, sem precedentes, provocará ou facilitará novas formas de pensar e novas ideias? Impedirá seu surgimento ou as extinguirá?

Receio que talvez alguns de meus leitores tenham começado este livro otimistas, na expectativa de que a história seja progressiva e de que as ideias sejam todas boas. Mas a narrativa não confirmou essas expectativas. Capítulo após capítulo, algumas conclusões ou desenlaces mostraram-se moralmente neutros: por exemplo, que a mente importa; que as ideias são a força motriz da história (não o ambiente, a economia ou a demografia, embora tudo isso condicione o que acontece em nossa mente); que as ideias, como as obras de arte, são produtos da imaginação. Outras conclusões, porém, subvertem as ilusões progressistas: diversas boas ideias são antiquíssimas e várias más ideias são recentíssimas; ideias vigoram e impactam não por seus méritos, mas devido a circunstâncias que as tornam comunicáveis e atraentes; verdades são menos potentes do que falsidades em que as pessoas acreditam; e algumas ideias que saem de nossa mente podem fazer parecer que nossa mente está fora de si.

Deus me proteja dos diabretes do otimismo, cujas torturas são mais sutis e mais insidiosas do que as desgraças previsíveis do pessimismo. O otimismo é quase sempre um traidor. O pessimismo nos resgata de decepções. Muitas ideias, talvez a maioria delas, são más, enganadoras ou ambas as coisas. Um dos motivos de haver tantas ideias a relatar neste livro é que toda ideia aplicada com sucesso tem consequências imprevisíveis, geralmente perniciosas, que exigem ainda mais reflexão e novas ideias em resposta. A internet cria guetos cibernéticos nos quais pessoas que pensam do mesmo modo excluem, cancelam ou deixam de seguir opiniões que não sejam as suas: se esse hábito se disseminar o suficiente, usuários não saberão mais dialogar, debater ou contender — as fontes mais preciosas do progresso intelectual. Os maiores otimistas expuseram-se de tal modo ao ridículo que chega a ser impossível satirizá-los — imaginando um futuro em que a engenharia genética confere imortalidade ao ser humano, ou em que é possível transferir a consciência para máquinas inorgânicas e assim proteger a mente da deterioração corporal, ou em que penetramos buracos de minhoca no espaço para colonizar mundos que ainda não tivemos a chance de espoliar ou tornar inabitáveis.[1]

Por outro lado, certos pessimismos são excessivos. Segundo a eminente neurocientista Susan Greenfield, as perspectivas para o futuro da mente humana são sombrias. A "personalização", diz ela, converte cérebro em mente. Depende de memórias que não tenham sido corroídas pela tecnologia e de experiências que não foram coibidas pela virtualidade. Sem memórias que sustentem as narrativas de nossa vida e sem experiências reais para moldá-la, pararemos de pensar no sentido tradicional da palavra e retornaremos a um estágio "reptiliano" de evolução.[2] O personagem de Platão, Tamos, esperava efeitos semelhantes da nova tecnologia de seu tempo, ainda que suas previsões tenham se mostrado prematuras. Greenfield talvez esteja certa em teoria, mas até o momento não se vislumbra nenhuma máquina que possa vir a usurpar nossa humanidade.

A inteligência artificial não é inteligente o bastante ou, dito de modo mais preciso, não é imaginativa ou criativa o suficiente para nos levar a renunciar ao pensamento. O rigor de testes para determinar inteligência artificial deixa a desejar. Não é necessário inteligência para passar no teste de Turing — em que a máquina finge ser um interlocutor humano — ou vencer um jogo de xadrez ou de conhecimentos gerais. A inteligência só será identificada como artificial quando um robô sexual disser "não". A realidade virtual é superficial demais e tosca demais para que a maioria de nós a prefira à coisa real. Potencialmente, modificações genéticas seriam poderosas o suficiente — sob uma elite devidamente despótica e maligna — para criar uma raça de lúmpen-escravizados ou zangões semi-humanos dos quais todas as

Perspectivas

faculdades críticas foram extirpadas, mas, fora das páginas da ficção científica apocalíptica, é difícil ver por que alguém desejaria que isso acontecesse ou como tais condições se realizariam. E, seja como for, uma classe soberana cognitiva teria de continuar existindo para pensar pelos plebeus.

Portanto, para o bem e para o mal, continuaremos tendo novas ideias, elaborando pensamentos inéditos, concebendo aplicações inovadoras. Posso imaginar, contudo, o fim da característica de aceleração da nova maneira de pensar dos últimos tempos. Se minha argumentação estiver correta e as ideias de fato se multiplicarem em épocas de intenso intercâmbio cultural enquanto o isolamento de fato gera inércia intelectual, podemos esperar que o ritmo de surgimento de pensamentos novos diminuirá se houver uma redução do intercâmbio e da interlocução. Paradoxalmente, um dos efeitos da globalização será a diminuição das trocas, porque em um mundo perfeitamente globalizado o intercâmbio cultural acabará pouco a pouco com as diferenças e tornará todas as culturas cada vez mais parecidas. No final do século xx, a globalização era tão intensa que se tornara quase impossível alguma comunidade não participar dela: até mesmo grupos autoisolados nas profundezas da floresta amazônica achavam quase impossível evitar o contato ou se afastar da influência do resto do mundo uma vez que o contato fosse feito. Uma das consequências foi o surgimento da cultura global, mais ou menos moldada nos Estados Unidos e na Europa Ocidental, que fez com que pessoas de todos os lugares vestissem as mesmas roupas, consumissem os mesmos bens, praticassem a mesma política, ouvissem as mesmas músicas, admirassem as mesmas imagens, jogassem os mesmos jogos, construíssem e descartassem os mesmos relacionamentos e falassem ou tentassem falar o mesmo idioma. Evidentemente, a cultura global não substituiu a diversidade. É como o captador de pólen dos apicultores, sob o qual pulula uma variedade de culturas. Todo episódio aglutinador provoca reações e as pessoas buscam o conforto da tradição e tentam conservar ou reavivar modos de vida ameaçados ou desaparecidos. No longo prazo, porém, a globalização incentiva e continuará incentivando a convergência. Línguas e dialetos desaparecem ou se tornam objetos de políticas conservacionistas, como espécies ameaçadas de extinção. Indumentárias e artes tradicionais recuam para os bastidores e para museus. Religiões morrem. Costumes locais e valores antiquados sucumbem ou sobrevivem como atrações turísticas.

A tendência é clara e inequívoca, pois representa a reversão da história humana até o momento. Imagine uma criatura, que chamarei de museóloga galáctica do futuro, contemplando nosso passado, muito tempo depois de nossa extinção, de uma imensa distância de espaço e tempo, com objetividade inacessível a nós, enredados que estamos em nossa própria história. Enquanto ela organiza sua vitrine virtual com o pouco que resta de nosso mundo, peça-lhe que resuma nossa história. Sua resposta será curta, porque seu museu é galáctico e uma espécie que teve vida breve em um planeta secundário é desimportante demais para estimular a loquacidade. Posso até ouvi-la dizer:

> Vocês são interessantes apenas porque sua história foi uma história de divergência. Outros animais culturais de seu planeta alcançaram pouca diversidade. Suas culturas ocuparam uma gama modesta de diferenças entre si. Mudaram muito pouco ao longo do tempo. Vocês, no entanto, produziram e transformaram incessantemente novas formas de comportamento — inclusive de comportamento mental — com uma diversidade e uma rapidez impressionantes.

Ou pelo menos foi o que fizemos até o século XXI, quando nossas culturas pararam de se diferenciar e foram se tornando dramaticamente, esmagadoramente, inexoravelmente convergentes. Mais cedo ou mais tarde, se as coisas continuarem nessa trajetória, teremos uma única cultura mundial. Não haverá ninguém com quem trocar e interagir. Estaremos sozinhos no universo — a menos que ou até que encontremos outras culturas em outras galáxias e retomemos o intercâmbio produtivo. O resultado não será o fim das ideias, mas um retorno às taxas normais de pensamento inovador — como, digamos, as dos pensadores do capítulo 1 ou 2 deste livro, que lutaram contra o isolamento e cujos pensamentos foram relativamente poucos e relativamente bons.

Notas

1. Mente a partir da matéria: O manancial das ideias [pp. 17-53]

1. B. Hare e V. Woods, *The Genius of Dogs* (Nova York: Dutton, 2013), p. XIII.
2. Ch. Adam e P. Tannery (Orgs.), *Oeuvres de Descartes* (Paris: Cerf, 1897-1913), V, p. 277; VIII, p. 15.
3. N. Chomsky, *Aspects of the Theory of Syntax* (Cambridge, MA: MIT Press, 1965), pp. 26-7.
4. F. Dostoiévski, *Notes from Underground* (Nova York: Open Road, 2014), p. 50.
5. A. Fuentes, *The Creative Spark: How Imagination Made Humans Exceptional* (Nova York: Dutton, 2017). T. Matsuzawa, "What is uniquely human? A view from comparative cognitive development in humans and chimpanzees", em F. B. M. de Waal e P. F. Ferrari (Orgs.), *The Primate Mind: Built to Connect with Other Minds* (Cambridge, MA: Harvard UP, 2012), pp. 288-305.
6. G. Miller, *The Mating Mind: How Sexual Choice Shaped the Evolution of Human Behaviour* (Londres: Heinemann, 2000). G. Miller. "Evolution of human music through sexual selection", em N. Wallin et al. (Orgs.), *The Origins of Music* (Cambridge, MA: MIT Press, 1999), pp. 329-60.
7. M. R. Bennett e P. M. S. Hacker, *Philosophical Foundations of Neuroscience* (Oxford: Blackwell, 2003). P. Hacker, "Languages, minds and brains", em C. Blakemore e S. Greenfield (Orgs.), *Mindwaves: Thoughts on Identity, Mind and Consciousness* (Chichester: Wiley, 1987), pp. 485-505.
8. Essa crença esteve bastante na moda, mas agora parece quase extinta. Sugiro àqueles que ainda a retêm meu livro *A Foot in the River* (Oxford: Oxford UP, 2015), pp. 90-3, particularmente as referências ali contidas, ou R. Tallis, *Aping Mankind: Neuromania, Darwinitis and the Misrepresentation of Humanity* (Durham: Acumen, 2011), pp. 163-70.
9. Apresentei esse relato em algumas páginas de um livro anterior, *A Foot in the River*. Grande parte do restante deste capítulo cobre o mesmo assunto, reformulado e com atualizações.
10. R. L. Holloway, "The evolution of the primate brain: Some aspects of quantitative relationships", *Brain Research*, VII (1968), pp. 121-72. R. L. Holloway, "Brain size, allometry and reorganization: A synthesis", em M. E. Hahn, B. C. Dudek e C. Jensen (Orgs.), *Development and Evolution of Brain Size* (Nova York: Academic Press, 1979), pp. 59-88.
11. S. Healy e C. Rowe, "A critique of comparative studies of brain size", *Proceedings of the Royal Society*, CCLXXIV (2007), pp. 453-64.

480   *Uma história da imaginação*

12. C. Agulhon et al., "What is the role of astrocyte calcium in neurophysiology?", *Neuron*, LIX (2008), pp. 932-46. K. Smith, "Neuroscience: Settling the great glia debate", *Nature*, CCCCLXVIII (2010), pp. 150-62.

13. P. R. Manger et al., "The mass of the human brain: Is it a spandrel?", em S. Reynolds e A. Gallagher (Orgs.), *African Genesis: Perspectives on Hominin Evolution* (Cambridge: Cambridge UP, 2012), pp. 205-22.

14. T. Grantham e S. Nichols, "Evolutionary psychology: Ultimate explanation and Panglossian predictions", em V. Hardcastle (Org.), *Where Biology Meets Psychology: Philosophical Essays* (Cambridge, MA: MIT Press, 1999), pp. 47-88.

15. C. Darwin, *Autobiographies* (Londres: Penguin, 2002), pp. 50.

16. A. R. DeCasien, S. A. Williams e J. P. Higham, "Primate brain size is predicted by diet but not sociality", *Nature, Ecology, and Evolution*, I (2017). Disponível em: <https://www.nature.com/articles/s41559-017-0112>.

17. S. Shultz e R. I. M. Dunbar, "The evolution of the social brain: Anthropoid primates contrast with other vertebrates", *Proceedings of the Royal Society*, CCLXXIC (2007), pp. 453-64.

18. F. Fernández-Armesto, *Civilizations: Culture, Ambition, and the Transformation of Nature* (Nova York: Free Press, 2001).

19. V. S. Ramachandran, *O que o cérebro tem para contar?* (Rio de Janeiro: Zahar, 2014), pp. 22-3.

20. M. Tomasello e H. Rakoczy, "What makes human cognition unique? From individual to shared to collective intentionality", *Mind and Language*, XVIII (2003), pp. 121--47. P. Carruthers, "Metacognition in animals: A sceptical look", *Mind and Language*, XXIII (2008), pp. 58-89.

21. W. A. Roberts, "Introduction: Cognitive time travel in people and animals", *Learning and Motivation*, XXXVI (2005), pp. 107-9. T. Suddendorf e M. Corballis, "The evolution of foresight: What is mental time travel and is it uniquely human?", *Behavioral and Brain Sciences*, XXX (2007), pp. 299-313.

22. N. Dickinson e N. S. Clayton, "Retrospective cognition by food-caching western scrub-jays", *Learning and Motivation*, XXXVI (2005), pp. 159-76. H. Eichenbaum et al., "Episodic recollection in animals: 'If it walks like a duck and quacks like a duck...'", *Learning and Motivation*, XXXVI (2005), pp. 190-207.

23. C. D. L. Wynne, *Do Animals Think?* (Princeton e Oxford: Princeton UP, 2004), p. 230.

24. C. R. Menzel, "Progress in the study of chimpanzee recall and episodic memory", em H. S. Terrace e J. Metcalfe (Orgs.), *The Missing Link in Cognition: Origins of Self--Reflective Consciousness* (Oxford: Oxford UP, 2005), pp. 188-224.

25. B. P. Trivedi, "Scientists rethinking nature of animal memory", *National Geographic Today*, 22 ago. 2003. C. R. Menzil e E. W. Menzil, "Enquiries concerning chimpanzee understanding", em De Waal e Ferrari (Orgs.), *The Primate Mind*, pp. 265-87.

26. J. Taylor, *Not a Chimp: The Hunt to Find the Genes that Make Us Human* (Oxford: Oxford UP, 2009), p. 11. S. Inoue e T. Matsuzawa, "Working memory of numerals in chimpanzees", *Current Biology*, XVII (2007), pp. 1004-5.

Notas

27. A. Silberberg e D. Kearns, "Memory for the order of briefly presented numerals in humans as a function of practice", *Animal Cognition*, XII (2009), pp. 405-7.
28. B. L. Schwartz et al., "Episodic-like memory in a gorilla: A review and new findings", *Learning and Motivation*, XXXVI (2005), pp. 226-44.
29. Trivedi, "Scientists rethinking nature of animal memory".
30. G. Martin-Ordas et al., "Keeping track of time: Evidence of episodic-like memory in great apes", *Animal Cognition*, XIII (2010), pp. 331-40. G. Martin-Ordas, C. Atance e A. Louw, "The role of episodic and semantic memory in episodic foresight", *Learning and Motivation*, XLIII (2012), pp. 209-19.
31. C. F. Martin et al., "Chimpanzee choice rates in competitive games match equilibrium game theory predictions", *Scientific Reports*, 4, artigo n$_o$ 5182, DOI:10.1038/SREP05182.
32. F. Yates, *The Art of Memory* (Chicago: University of Chicago Press, 1966), pp. 26-31. [Ed. bras.: *A arte da memória* (Campinas: Editora da Unicamp, 2007).]
33. K. Danziger, *Marking the Mind: A History of Memory* (Cambridge: Cambridge UP, 2008), pp. 188-97.
34. D. R. Schacter, *The Seven Sins of Memory* (Boston: Houghton Mifflin, 2001).
35. R. Arp, *Scenario Visualization: An Evolutionary Account of Creative Problem Solving* (Cambridge, MA: MIT Press, 2008).
36. A. W. Crosby, *Throwing Fire: Missile Projection through History* (Cambridge: Cambridge UP, 2002), p. 30.
37. S. Coren, *How Dogs Think* (Nova York: Free Press, 2005), p. 11. S. Coren, *Do Dogs Dream? Nearly Everything Your Dog Wants You to Know* (Nova York: Norton, 2012).
38. P. F. Ferrari e L. Fogassi, "The mirror neuron system in monkeys and its implications for social cognitive function", in De Waal e Ferrari (Orgs.). *The Primate Mind*, pp. 13-31.
39. M. Gurven et al., "Food transfers among Hiwi foragers of Venezuela: Tests of reciprocity", *Human Ecology*, XXVIII (2000), pp. 175-218.
40. H. Kaplan et al., "The evolution of intelligence and the human life history", *Evolutionary Anthropology*, IX (2000), pp. 156-84. R. Walker et al., "Age dependency and hunting ability among the Ache of Eastern Paraguay", *Journal of Human Evolution*, XLII (2002), pp. 639-57 nas pp. 653-5.
41. J. Bronowski, *The Visionary Eye* (Cambridge, MA: MIT Press, 1978), p. 9.
42. G. Deutscher, *Through the Language Glass: Why the World Looks Different in Other Languages* (Nova York: Metropolitan, 2010). S. Pinker, *The Language Instinct* (Londres: Penguin, 1995), pp. 57-63.
43. E. Spelke e S. Hespos, "Conceptual precursors to language", *Nature*, CCCCXXX (2004), pp. 453-6.
44. U. Eco, *Serendipities: Language and Lunacy* (Nova York: Columbia UP, 1998), p. 22.
45. T. Maruhashi, "Feeding behaviour and diet of the Japanese monkey (*Macaca fuscata yakui*) on Yakushima island, Japan", *Primates*, XXI (1980), pp. 141-60.
46. J. T. Bonner, *The Evolution of Culture in Animals* (Princeton: Princeton UP, 1989), pp. 72-8.

482   *Uma história da imaginação*

47. F. de Waal, *Chimpanzee Politics* (Baltimore: Johns Hopkins UP, 2003), p. 19.
48. J. Goodall, *In the Shadow of Man* (Boston: Houghton Mifflin, 1971), pp. 112-4.
49. J. Goodall, *The Chimpanzees of Gombe: Patterns of Behaviour* (Cambridge, MA: Harvard UP, 1986), pp. 424-9.
50. R. M. Sapolsky e L. J. Share, "A Pacific culture among wild baboons: Its emergence and transmission", *PLOS*, 13.abr.2004, DOI:10.1371/journal.PBIO.0020106.

2. Coletando pensamentos: O pensar antes da agricultura [pp. 54-101]

1. R. Leakey e R. Lewin, *Origins Reconsidered: In Search of What Makes Us Human* (Nova York: Abacus, 1993). C. Renfrew e E. Zubrow (Orgs.), *The Ancient Mind: Elements of Cognitive Archaeology* (Cambridge: Cambridge UP, 1994).
2. M. Harris, *Cannibals and Kings* (Nova York: Random House, 1977).
3. A. Courbin, *Le village des cannibales* (Paris: Aubier, 1990).
4. P. Sanday, *Divine Hunger* (Cambridge: Cambridge UP, 1986), pp. 59-82.
5. Heródoto, *Histórias*, livro 3, cap. 38.
6. B. Conklin, *Consuming Grief: Compassionate Cannibalism in an Amazonian Society* (Austin: University of Texas Press, 2001).
7. L. Pancorbo, *El banquete humano: Una historia cultural del canibalismo* (Madri: Siglo XXI, 2008), p. 47.
8. D. L. Hoffmann et al., "U-Th dating of carbonate crusts reveals Neanderthal origins of Iberian cave art", *Science*, CCCLIX (2018), pp. 912-5.
9. D. L. Hoffmann et al. (Orgs.), "Symbolic use of marine shells and mineral pigments by Iberian Neanderthals 115,000 years ago", *Science Advances*, IV (2018), n. 2, DOI:10.1126/SCIADV.AAR5255.
10. C. Stringer e C. Gamble, *In Search of the Neanderthals* (Nova York: Thames and Hudson, 1993). P. Mellars, *The Neanderthal Legacy* (Princeton: Princeton UP, 1996). E. Trinkaus e P. Shipman, *The Neanderthals: Changing the Image of Mankind* (Nova York: Knopf, 1993).
11. C. Gamble, *The Paleolithic Societies of Europe* (Cambridge: Cambridge UP, 1999), pp. 400-20.
12. I. Kant, *The Groundwork of the Metaphysics of Morals*, (Cambridge: Cambridge UP, [1785] 2012) [Ed. port.: *Fundamentação da metafísica dos costumes* (Coimbra: Edições 70, 2019)], e A. MacIntyre, *A Short History of Ethics* (1966) são fundamentais. I. Murdoch, *The Sovereignty of Good* (Londres: Routledge, 1970) [Ed. bras.: *A soberania do bem* (São Paulo: Unesp, 2013)], é um estudo do problema da objetividade ou não da moral, por um escritor cujos romances maravilhosos são todos sobre ambiguidades morais.
13. C. Jung, *Man and His Symbols* (Nova York: Doubleday, 1964) [Ed. bras.: *O homem e seus símbolos* (Rio de Janeiro: HarperCollins Brasil, 2016)].
14. W. T. Fitch, *The Evolution of Language* (Cambridge: Cambridge UP, 2010). S. Pinker e P. Bloom, "Natural language and natural selection", *Behavioral and Brain Sciences*, XIII (1990), pp. 707-84.

Notas 483

15. J. Goody, *The Domestication of the Savage Mind* (Cambridge: Cambridge UP, 1977), pp. 3-7.

16. L. Lévy-Bruhl, *Les Fonctions mentales dans les sociétés inférieures* (Paris: Presses Universitaires de France, 1910), p. 377.

17. C. Lévi-Strauss, *The Savage Mind* (Londres: Weidenfeld, 1962) [Ed. bras.: *O pensamento selvagem* (Campinas: Papirus, 1989)]; P. Radin, *Primitive Man as Philosopher* (Nova York: Appleton, 1927).

18. A. Marshack, *The Roots of Civilization* (Londres: Weidenfeld, 1972).

19. M. Sahlins, *Stone-Age Economics* (Chicago: Aldine-Atherton, 1972).

20. J. Cook, *Ice-Age Art: Arrival of the Modern Mind* (Londres: British Museum Press, 2013).

21. C. Henshilwood et al., "A 100,000-year-old ochre-processing workshop at Blombos Cave, South Africa", *Science*, CCCXXXIV (2011), pp. 219-22. L. Wadley, "Cemented ash as a receptacle or work surface for ochre powder production at Sibudu, South Africa, 58,000 years ago", *Journal of Archaeological Science*, XXXVI (2010), pp. 2397-406.

22. Cook, *Ice-Age Art*.

23. Ver referências completas em F. Fernández-Armesto, "Before the farmers: Culture and climate from the emergence of *Homo sapiens* to about ten thousand years ago", em D. Christian (Org.), *The Cambridge World History* (Cambridge: Cambridge UP, 2015), I, pp. 313-38.

24. L. Niven, "From carcass to cave: Large mammal exploitation during the Aurignacian at Vogelherd, Germany", *Journal of Human Evolution*, LIII (2007), pp. 362-82.

25. A. Malraux, *La Tête d'obsidienne* (Paris: Gallimard, 1971), p. 117.

26. H. G. Bandi, *The Art of the Stone Age* (Baden-Baden: Holler, 1961). S. J. Mithen, *Thoughtful Foragers* (Cambridge: Cambridge UP, 1990).

27. P. M. S. Hacker, "An intellectual entertainment: Thought and language", *Philosophy*, XCII (2017), pp. 271-96. D. M. Armstrong, *A Materialist Theory of the Mind* (Londres: Routledge, 1968).

28. "Brights movement". Disponível em: <https://en.wikipedia.org/wiki/Brights_movement>.

29. D. Diderot, "Pensées philosophiques", em *Oeuvres complètes*. J. Assézat e M. Tourneur (Orgs.), (Paris: Garnier, 1875), I, p. 166.

30. H. Diels e W. Kranz, *Die Fragmente der Vorsokratiker* (Zurique: Weidmann, 1985), fragmento 177. P. Cartledge, *Democritus* (Londres: Routledge, 1998), p. 40.

31. B. Russell, *The Problems of Philosophy* (Nova York e Londres: Henry Holt and Co., 1912), cap. 1 [Ed. bras.: *Os problemas da filosofia* (Lisboa: Edições 70, 2008)].

32. M. Douglas, *The Lele of the Kasai* (Londres: Oxford UP, 1963), pp. 210-12.

33. Radin, *Primitive Man as Philosopher*, p. 253.

34. T. Nagel, *Mortal Questions* (Cambridge: Cambridge UP, 1980).

35. Aristóteles, *De anima*, 411, a7-8.

36. J. D. Lewis-Williams, "Harnessing the brain: Vision and shamanism in Upper Palaeolithic western Europe", em M. W. Conkey et al. (Orgs.), *Beyond Art: Pleistocene*

Image and Symbol (Berkeley: University of California Press, 1996), pp. 321-42. J. D. Lewis-Williams e J. Clottes, *The Shamans of Prehistory: Trance Magic and the Painted Caves* (Nova York: Abrams, 1998).

37. Virgílio, *Eneida*, livro VI, tradução do autor.

38. R. H. Codrington, *The Melanesians: Studies in Their Anthropology and Folklore* (1891) e M. Mauss, M. Mauss, *A General Theory of Magic* (Londres: Routledge, 1972) [Ed. port.: *Esboço de uma teoria geral da magia* (Coimbra: Edições 70, 2000)]. Codrington introduziu ao mundo o conceito de mana e Mauss disseminou-o.

39. B. Malinowski, *Magic, Science and Religion* (Nova York: Doubleday, 1954), pp. 19--20.

40. H. Hubert e M. Mauss, *Sacrifice: Its Nature and Function* (Chicago: University of Chicago Press, 1972), pp. 172-4 [Ed. Bras.: *Sobre o sacrifício*. São Paulo: Ubu, 2017].

41. L. Thorndike, *A History of Magic and Experimental Science*, 8 v. (Nova York: Columbia UP, 1958).

42. G. Parrinder, *Witchcraft* (Harmondsworth: Penguin, 1958); J. C. Baroja, *The World of the Witches* (Londres: Phoenix, 2001). Parrinder é um clássico sob a perspectiva da psicologia; Baroja, da antropologia, com salutar ênfase na Europa.

43. E. E. Evans-Pritchard, *Witchcraft, Oracles and Magic Among the Azande* (Londres: Oxford UP, 1929). [Ed. bras.: *Bruxaria, oráculos e magia entre os Azande* (Rio de Janeiro: Zahar, 2004).]

44. B. Levack (Org.), *Magic and Demonology*, 12 v. (Nova York: Garland, 1992). Uma compilação de importantes contribuições.

45. I. Tzvi Abusch, *Mesopotamian Witchcraft: Towards a History and Understanding of Babylonian Witchcraft Beliefs and Literature* (Leiden: Brill, 2002).

46. B. S. Spaeth, "From goddess to hag: The Greek and the Roman witch in classical literature", em K. B. Stratton e D. S. Kalleres (Orgs.), *Daughters of Hecate: Women and Magic in the Ancient World* (Oxford: Oxford UP, 2014), pp. 15-27.

47. L. Roper, *Witch Craze: Terror and Fantasy in Baroque Germany* (New Haven: Yale UP, 2004). Baroja, *The World of the Witches*.

48. Parrinder, *Witchcraft*.

49. G. Hennigsen, *The Witches' Advocate: Basque Witchcraft and the Spanish Inquisition* (Reno: University of Nevada Press, 1980).

50. A. Mar, *Witches of America* (Nova York: Macmillan, 2015).

51. Estou pensando em G. Zukav, *The Dancing Wu Li Masters* (Nova York: Morrow, 1979).

52. C. Lévi-Strauss, *Totemism* (Londres: Merlin Press, 1962) [Ed. port.: *O totemismo hoje* (Lisboa: Edições 70, 1986)]; E. Durkheim, *The Elementary Forms of Religious Life* (Londres: Allen and Unwin, 1915) [Ed. bras.: *As formas elementares de vida religiosa* (São Paulo: Martins Fontes, 1996)]; A. Lang, *The Secret of the Totem* (Nova York: Longmans, Green, and Co., 1905).

53. L. Schele e M. Miller, *The Blood of Kings: Dynasty and Ritual in Maya Art* (Fort Worth: Kimbell Art Museum, 1986).

54. E. Trinkaus et al., *The People of Sungir* (Oxford: Oxford UP, 2014).

Notas 485

55. K. Flannery e J. Markus, *The Creation of Inequality* (Cambridge, MA: Harvard UP, 2012). S. Stuurman, *The Invention of Humanity: Equality and Cultural Difference in World History* (Cambridge, MA: Harvard UP, 2017).

56. M. Sahlins, *Culture and Practical Reason* (Chicago: University of Chicago Press, 1976). [Ed. bras.: *Cultura e razão prática* (Rio de Janeiro: Zahar, 2003)]. P. Wiessner e W. Schiefenhövel, *Food and the Status Quest* (Oxford: Berghahn, 1996) contrasta cultura e ecologia como causas "rivais" da ideia de banquete. M. Dietler e B. Hayden, *Feasts* (Washington DC: Smithsonian, 2001) é uma excelente coleção de ensaios que cobrem o campo; Hayden desenvolve sua teoria de banquetes como um meio de poder em *The Power of Feasts* (Cambridge: Cambridge UP, 2014). M. Jones, *Feast: Why Humans Share Food* (Oxford: Oxford UP, 2007) é um levantamento arqueológico inovador.

57. Marshack, *The Roots of Civilization* é um estudo altamente controverso, mas insidiosamente brilhante, de calendários paleolíticos e outras notações. K. Lippincott et al., *The Story of Time* (Londres: National Maritime Museum, 2000) é um catálogo de exposição e o melhor estudo sobre o assunto. J. T. Fraser, *The Voices of Time* (Nova York: Braziller, 1966) e *Of Time, Passion and Knowledge* (Princeton: Princeton UP, 1990) são estudos fascinantes de iniciativas humanas para conceber e aprimorar estratégias de marcação de tempo. Como introdução geral, não há nada melhor que J. Lindsay, *The Origins of Astrology* (Londres: Muller, 1971), mas a obra controversa de J. D. North lança muita luz sobre o tema, especialmente *Stars, Minds and Fate* (Londres: Hambledon, 1989). M. Gauquelin, *Dreams and Illusions of Astrology* (Buffalo: Prometheus, 1969) põe a nu as pretensões científicas da astrologia do século XX.

58. Platão, *Timeu*, 47a.

59. S. Giedion, *The Eternal Present* (Oxford: Oxford UP, 1962) é uma introdução instigante. E. Neumayer, *Prehistoric Indian Rock Paintings* (Nova Delhi: Oxford UP, 1983) contém evidências de Jaora. J. E. Pfeiffer, *The Creative Explosion* (Nova York: Harper and Row, 1982) é um esforço estimulante de atribuir as origens da arte e da religião à busca por ordem no mundo dos povos paleolíticos.

60. K. Whipple et al. (Orgs.), *The Cambridge World History of Food*, 2 v. (Cambridge: Cambridge UP, 2000), II, pp. 1502-9.

61. M. Douglas, *Purity and Danger* (Londres: Routledge, 1984) inclui o melhor estudo disponível sobre tabus alimentares. M. Harris, *Good to Eat* (Nova York: Simon & Schuster, 1986) é uma coletânea vivaz e envolvente de estudos de uma perspectiva materialista.

62. F. Fernández-Armesto, *Near a Thousand Tables* (Nova York: Free Press, 2003).

63. C. Lévi-Strauss, *The Elementary Structures of Kinship* (Paris: Mouton, 1949) [Ed. bras.: *As estruturas elementares do parentesco* (Petrópolis: Vozes, 2012)], é o estudo clássico, que sobreviveu a inúmeros ataques. R. Fox, *Kinship and Marriage* (Cambridge: Cambridge UP, 1967) [Ed. port.: *Parentesco e casamento* (Lisboa: Vega, 1986)], é um excelente estudo dissidente. S. Freud, *Totem und Taboo* (Leipzig e Viena: Heller, 1913) [Ed. bras.: *Totem e tabu* (São Paulo: Penguin-Companhia, 2012)], traçou a proibição

486   *Uma história da imaginação*

do incesto à inibição psicológica; é um daqueles livros sempre admiráveis: ótimo, mas equivocado.

64. K. Polanyi, *Trade and Economy in the Early Empires* (Glencoe: Free Press, 1957). J. G. D. Clark, *Symbols of Excellence* (Nova York: Cambridge UP, 1986). J. W. e E. Leach (Orgs.), *The Kula* (Cambridge: Cambridge UP, 1983) é o melhor guia do sistema das ilhas melanésias.

65. K. Polanyi, *The Great Transformation* (Nova York: Rinehart, 1944), p. 43.

66. L. Pospisil, *Kapauku Papuan Economy* (New Haven: Yale UP, 1967). B. Malinowski, *Argonauts of the Western Pacific* (Londres: Routledge, 1932).

67. M. W. Helms, *Ulysses' Sail* (Princeton: Princeton UP, 2014); M. W. Helms, *Craft and the Kingly Ideal* (Austin: University of Texas Press, 1993).

68. A. Smith, *Riqueza das nações*, livro I, cap. 4.

3. Mentes assentadas: Pensamento "civilizado" [pp. 102-44]

1. J. M. Chauvet, *Dawn of Art* (Nova York: Abrams, 1996). J. Clottes, *Return to Chauvet Cave: Excavating the Birthplace of Art* (Londres: Thames and Hudson, 2003).

2. A. Quiles et al., "A high-precision chronological model for the decorated Upper Paleolithic cave of Chauvet-Pont d'Arc, Ardèche, France", *Proceedings of the National Academy of Sciences*, CXIII (2016), pp. 4670-5.

3. Assim pensava E. Girard, *Violence and the Sacred* (Baltimore: Johns Hopkins UP, 1979), que é um clássico excêntrico.

4. H. Hubert e M. Mauss, *Sacrifice: Its Nature and Function* (Chicago: University of Chicago Press, [1898] 1968) [Ed. bras.: *Sobre o sacrifício* (São Paulo: Ubu, 2017)], definiu os parâmetros para todas as obras subsequentes. Ver uma sinopse moderna em M. F. C. Bourdillon e M. Fortes (Orgs.), *Sacrifice* (Londres: Academic Press, 1980). B. Ralph Lewis, *Ritual Sacrifice* (Stroud: Sutton, 2001) é uma história geral útil, concentrada em sacrifícios humanos.

5. T. Denham et al. (Orgs.), *Rethinking Agriculture: Archaeological and Ethnographical Perspectives* (NovaYork: Routledge, 2016), p. 117.

6. Apresentei originalmente essa sugestão em *Food: A History* (Londres: Bloomsbury, 2000). Houve muitos testes subsequentes da hipótese, com resultados inconclusivos mas sugestivos. Ver, por exemplo, D. Lubell, "Prehistoric edible land snails in the Circum-Mediterranean: The archaeological evidence", em J. J. Brugal e J. Desse (Orgs.), *Petits animaux et sociétés humaines: du complément alimentaire aux ressources utilitaires (XXIVe rencontres internationales d'archeologie et d'histoire d'Antibes)* (Antibes: APDCA, 2004), pp. 77-98; A. C. Colonese et al., "Marine mollusc exploitation in Mediterranean prehistory: An overview", *Quaternary International*, CCXXXIV (2011), pp. 86-103; D. Lubell, "Are land snails a signature for the Mesolithic-Neolithic transition in the Circum-Mediterranean?"', em M. Budja (Org.), *The Neolithization of Eurasia: Paradigms, Models and Concepts Involved, Neolithic Studies 11, Documenta Praehistorica*, XXI (2004), pp. 1-24.

Notas 487

7. D. Rindos, *The Origins of Agriculture: An Evolutionary Perspective* (Orlando: Academic Press, 1984); J. Harlan, *The Living Fields: Our Agricultural Heritage* (Cambridge: Cambridge UP, 1995), pp. 239-40.

8. R. e L. Coppinger, *What Is a Dog?* (Chicago: University of Chicago Press, 2016); B. Hassett, *Built on Bones: 15,000 Years of Urban Life and Death* (Londres: Bloomsbury, 2017), pp. 65-6.

9. M. N. Cohen, *The Food Crisis in Prehistory: Overpopulation and the Origins of Agriculture* (New Haven: Yale UP, 1977); E. Boserup, *The Conditions of Agricultural Growth: The Economics of Agrarian Change under Population Pressure* (Londres: G. Allen and Unwin, 1965).

10. C. O. Sauer, *Agricultural Origins and Dispersals* (Nova York: American Geographical Society, 1952).

11. C. Darwin, *The Variation of Animals and Plants under Domestication* (Nova York: Appleton, 1887), p. 327.

12. F. Trentmann (Org.), *The Oxford Handbook of the History of Consumption* (Oxford: Oxford UP, 2014).

13. B. Hayden, "Were luxury foods the first domesticates? Ethnoarchaeological perspectives from Southeast Asia", *World Archaeology*, XXXIV (1995), pp. 458-69. B. Hayden, "A new overview of domestication", em T. D. Price e A. Gebauer (Orgs.), *Last Hunters — First Farmers: New Perspectives on the Prehistoric Transition to Agriculture* (Santa Fé: School of American Research Press, 2002), pp. 273-99.

14. Jones, *Feast: Why Humans Share Food*; M. Jones, "Food globalization in prehistory: The agrarian foundations of an interconnected continent", *Journal of the British Academy*, IV (2016), pp. 73-87.

15. M. Mead, "Warfare is only an invention — not a biological necessity", em D. Hunt (Org.), *The Dolphin Reader* (Boston: Houghton Mifflin, 1990), pp. 415-21.

16. L. H. Keeley, *War Before Civilization* (Oxford: Oxford UP, 1996) apresenta um quadro irresistivelmente convincente da violência do mais remoto passado da humanidade.

17. B. L. Montgomery, *A History of Warfare* (Londres: World Publishing, 1968).

18. J. A. Vazquez (Org.), *Classics of International Relations* (Englewood Cliffs: Prentice Hall, 1990) traz alguns textos fundamentais. R. Ardrey, *The Territorial Imperative* (Nova York: Atheneum, 1966) e K. Lorenz, *On Aggression* (Nova York: Harcourt, Brace and World, 1963) são as obras clássicas sobre a biologia e a sociologia da violência. J. Keegan, *A History of Warfare* (Nova York: Vintage, 1993) e J. Haas (Org.), *The Anthropology of War* (Cambridge: Cambridge UP, 1990) colocam as evidências em contexto mais amplo.

19. R. Wrangham e L. Glowacki, "Intergroup aggression in chimpanzees and war in nomadic hunter-gatherers", *Human Nature*, XXIII (2012), pp. 5-29.

20. Keeley, *War Before Civilization*, p. 37; K. F. Otterbein, *How War Began* (College Station: Texas A. and M. Press, 2004), pp. 11-120.

21. M. Mirazón Lahr et al., "Inter-group violence among early Holocene hunter-gatherers of West Turkana, Kenya", *Nature*, DXXIX (2016), pp. 394-8.

22. C. Meyer et al., "The massacre mass grave of Schöneck-Kilianstädten reveals new insights into collective violence in Early Neolithic Central Europe", *Proceedings of the National Academy of Sciences*, CXII (2015), pp. 11217-22. L. Keeley e M. Golitko, "Beating ploughshares back into swords: Warfare in the Linearbandkeramik", *Antiquity*, LXXXI (2007), pp. 332-42.

23. J. Harlan, *Crops and Man* (Washington, DC: American Society of Agronomy, 1992), p. 36.

24. K. Butzer, *Early Hydraulic Civilization in Egypt: A Study in Cultural Ecology* (Chicago: University of Chicago Press, 1976).

25. K. Thomas (Org.), *The Oxford Book of Work* (Oxford: Oxford UP, 2001) é uma antologia infinitamente divertida e instigante. M. Sahlins, *Stone-Age Economics* definiu a noção de afluência no Paleolítico. Sobre a transição para a agricultura e seus efeitos nas rotinas de trabalho. J. R. Harlan, *Crops and Man* é extraordinário.

26. Aristóteles, *Política*, 1.3.

27. L. W. King (Org.), *The Seven Tablets of Creation* (Londres: Luzac, 1902), I, p. 131.

28. L. Mumford, *The Culture of Cities* (Nova York: Harcourt, Brace, and Company, 1938) é um clássico indispensável. P. Hall, *Cities in Civilization* (Londres: Phoenix, 1999) é, em essência, uma coletânea de estudos de caso. Sobre cidades sumerianas, ver G. Leick, *Mesopotamia, the Invention of the City* (Londres: Allen Lane, 2001). F. Fernández-Armesto, *Civilizations* é uma visão geral moderna. P. Clark (Org.), *The Oxford Handbook of Cities in World History* (Oxford: Oxford UP UP, 2013) é um panorama extremamente abrangente. Hassett, *Built on Bones*, percorre os desastres que as populações urbanas impuseram a si mesmas.

29. Aristóteles, *Política*, 3.10.

30. S. Dalley (Org.), *Myths from Mesopotamia: Creation, the Flood, Gilgamesh, and Others* (Oxford: Oxford UP, 1989), p. 273.

31. M. Mann, *The Sources of Social Power*, v. 1 (Cambridge: Cambridge UP 1986), de um sociólogo com ótima formação histórica, oferece uma nova perspectiva das origens do Estado. T. K. Earle, *Chiefdoms* (Nova York: Cambridge UP, 1991) é uma coletânea de ensaios úteis.

32. Ver em A. Leroi-Gourham, *Préhistoire de l'art occidental* (Paris: Mazenod, 1965), uma interpretação binarista da arte pré-histórica.

33. *Melanippe the Wise*, em August Nauck (Org.), *Euripidis Tragoediae Superstites et Deperditarum Fragmenta* (Leipzig: Teubner, 1854), fragmento 484. W. H. C. Guthrie, *A History of Greek Philosophy* (Cambridge: Cambridge UP, 1962), I, p. 60.

34. Aristóteles, *Física*, 3.4, 203b.

35. H. Diels e W. Kranz, *Fragmente*, II, fragmento 8.36-7.

36. F. Fernández-Armesto, *Truth: A History* (Nova York: St Martin's, 1997), p. 36. [Ed. bras.: *Verdade: uma história* (Rio de Janeiro: Record, 2000).]

37. Zhuangzi Fung Yu-Lan, *A History of the Chinese Philosophers*, traduzido por D. Bodde (Princeton: Princeton UP, 1952), I, p. 223.

38. B. W. Van Nordern, *Introduction to Classical Chinese Philosophy* (Indianápolis: Hackett, 2011), p. 104.

Notas   489

39. D. W. Hamlyn, *Metaphysics* (Cambridge: Cambridge UP, 1984), é uma introdução útil. Ver alguns textos fundamentais em E. Deutsch e J. A. B. van Buitenen, *A Source Book of Vedanta* (Honolulu: University Press of Hawaii, 1971). J. Fodor e E. Lepore, *Holism: A Shopper's Guide* (Oxford: Blackwell, 1992), descreve muitas implicações filosóficas e práticas.

40. Evans-Pritchard, *Witchcraft, Oracles and Magic*, é o estudo de caso antropológico definitivo. M. Loewe e C. Blacker, *Oracles and Divination* (Londres: Allen and Unwin, 1981), abrange ampla gama de culturas antigas. C. Morgan, *Athletes and Oracles* (Cambridge: Cambridge UP, 1990), é um extraordinário estudo pioneiro dos oráculos da Grécia antiga. Sobre fases posteriors na China, ver Fu-Shih Lin, "Shamans and politics", em J. Lagerwey e Lü Pengchi (Orgs.), *Early Chinese Religion* (Leiden: Brill, 2010), I, pp. 275-318.

41. J. Breasted, *Ancient Records of Egypt* (Chicago: University of Chicago Press, 1906), IV, p. 55.

42. J. B. Pritchard (Org.), *The Ancient Near East: An Anthology of Texts and Pictures* (Princeton: Princeton UP, 2011), p. 433. M. Lichtheim, *Ancient Egyptian Literature: A Book of Readings*, II: *The New Kingdom* (Berkeley: University of California Press, 1976).

43. Breasted, *Ancient Records of Egypt*, I, p. 747.

44. Pritchard (Org.), *The Ancient Near East: An Anthology of Texts and Pictures*, p. 82.

45. P. Roux, *La Religion des turcs et mongols* (Paris: Payot, 1984), pp. 110-24. R. Grousset, *The Empire of the Steppes* (New Brunswick: Rutgers UP, 1970), continua insuperável em relação à Ásia Central de modo geral, mas é hoje complementado por F. McLynn, *Genghis Khan* (Boston: Da Capo, 2015), e D. Sinor et al. (Orgs.), *The Cambridge History of Inner Asia*, 2 v. (Cambridge: Cambridge UP, 1999, 2015).

46. Platão, *Fedro*, 274e-275b, tradução de Maria Cecília Gomes dos Reis (São Paulo: Penguin-Companhia, 2016).

47. J. Goody, *The interface between the written and the oral* (Cambridge: Cambridge UP, 1987), é a obra clássica; J. Derrida, *Of Grammatology* (Baltimore: Johns Hopkins UP, 1976), examina o problema de o que é a escrita; E. A. Havelock, *The muse learns to write* (New Haven: Yale UP, 1986), oferece uma visão panorâmica; F. A. Yates, *The Art of Memory* (1966), é fascinante sobre mnemônica.

48. S. N. Kramer, *The Sumerians* (Chicago: University of Chicago Press, 1963), pp. 336--41; F. R. Steele, "The Code of Lipit-Ishtar", *American Journal of Archeology*, LII (1948).

49. J. B. Pritchard, *Archaeology and the Old Testament* (Princeton: Princeton UP, 1958), p. 211. M. E. J. Richardson, *Hammurabi's laws* (Londres: Bloomsbury, 2004), é um bom estudo do texto. H. E. Saggs, *The Babylonians* (Berkeley: University of California Press, 2000), e J. Oates, *Babylon* (Londres: Thames & Hudson, 1979), são relatos excelentes do contexto histórico.

50. J. B. Pritchard (Org.), *Ancient Near Eastern Texts Relating to the Old Testament* (Princeton: Princeton UP, 1969), pp. 8-9. H. Frankfort et al., *The Intellectual Adventure of Ancient Man* (Chicago: University of Chicago Press, 1946), pp. 106-8. B. L. Goff, *Symbols of Ancient Egypt in the Late Period* (Haia: Mouton, 1979), p. 27.

51. *Shijing*, 1.9 (Odes of Wei), 112.
52. J. Needham, *Science and Civilisation in China* (Cambridge: Cambridge UP, 1956), II, p. 105.
53. Pritchard (Org.), *Ancient Near Eastern Texts*, pp. 431-4. Lichtheim, *Ancient Egyptian Literature: A Book of Readings, II: The New Kingdom*, pp. 170-9.
54. *Mahabharata*, livro 3, seção 148.
55. B. Watson (Org.), *The Complete Works of Zhuangzi* (Nova York: Columbia UP, 2013), pp. 66, 71, 25506.
56. Ovídio, *Metamorfoses*, livro 1, versos 89-112.
57. R. Dworkin, *A Matter of Principle* (Cambridge, MA: Harvard UP, 1985), e M. Walzer, *Spheres of Justice* (Nova York: Basic Books, 1983), abordam a igualdade da perspectiva da jurisprudência. R. Nozick, *Anarchy, State and Utopia* (Nova York: Basic Books, 1974), e F. Hayek, *The Constitution of Liberty* (Chicago: University of Chicago Press, 1960), adotam a abordagem da filosofia política.
58. J. D. Evans, *Prehistoric Antiquities of the Maltese Islands* (Londres: Athlone Press, 1971), publicou as evidências de Tarxien. A interpretação feminista foi proposta por M. Stone, *When God Was a Woman* (Nova York: Barnes and Noble, 1976), M. Gimbutas, *The Civilization of the Goddess* (San Francisco: Harper, 1991), e E. W. Gaddon, *The Once and Future Goddess* (Nova York: Harper, 1989). Ver mais evidências em B. G. Walker, *The Woman's Dictionary of Symbols and Sacred Objects* (Londres: HarperCollins, 1988). M. Warner, *Alone of All Her Sex* (Londres: Weidenfeld and Nicolson, 1976) associa o culto cristão de Maria à noção de deusa.
59. F. Nietzsche, *O Anticristo*, cap. 48. A. Ridley e J. Norman (Orgs.), *The Anti-Christ, Ecce Homo, Twilight of the Idols and Other Writings* (Cambridge: Cambridge UP, 2005), p. 46.
60. Lichtheim, *Ancient Egyptian Literature: A Book of Readings, I: The Old and Middle Kingdoms*, p. 83. B. G. Gunn, *The Wisdom of the East, the Instruction of Ptah-Hotep and the Instruction of Ke'gemni: The Oldest Books in the World* (Londres: Murray, 1906), cap. 19.
61. Hesíodo, *Theogony; Works and days; Testimonia*, org. G. W. Most (Cambridge: Cambridge UP, 2006), pp. 67, 80-2.
62. Richardson, *Hammurabi's Laws*, pp. 164-80.
63. M. Ehrenberg, *Women in Prehistory* (Norman: University of Oklahoma Press, 1989), é a melhor introdução às evidências arqueológicas. R. Bridenthal et al. (Orgs.), *Becoming Visible* (Nova York: Houghton Mifflin, 1994), é uma coletânea pioneira sobre a redescoberta da história das mulheres. Sobre o contexto dos figurinos de Harappa, B. e R. Allchin, *The Rise of Civilization in India and Pakistan* (Cambridge: Cambridge UP, 1982), é a obra padrão. Não existe um bom estudo do matrimônio ao redor do mundo. P. Elman (Org.), *Jewish Marriage* (Londres: Soncino Press, 1967), M. A. Rauf, *The Islamic View of Women and the Family* (Nova York: Speller, 1977), e M. Yalom, *History of the Wife* (Londres: Pandora, 2001), entre si, fornecem uma sinopse comparativa seletiva.
64. Frankfort et al., *The Intellectual Adventure*, p. 100.

Notas

65. W. Churchill, *The River War* (Londres: Longman, 1899), II, pp. 248-50.
66. As obras clássicas são J. H. Breasted, *Development of Religion and Thought in Ancient Egypt* (Nova York: Scribner, 1912), e W. M. Watt, *Freewill and Predestination in Early Islam* (Londres: Luzac, 1948). Para uma perspectiva geral de diversos tipos de pensamento determinista, ver P. van Inwagen, *An Essay on Free Will* (Oxford: Clarendon Press, 1983).
67. I. E. S. Edwards, *The Great Pyramids of Egypt* (Londres: Penguin, 1993), pp. 245-92.
68. Texto da pirâmide, n. 508. A tradução que cito é de R. O. Faulkner (Org.), *The Ancient Egyptian Pyramid Texts* (Oxford: Oxford UP, 1969), p. 183.
69. Pritchard (Org.), *Ancient Near Eastern texts*, p. 36.
70. Frankfort et al., *The Intellectual Adventure*, p. 106.
71. R. Taylor, *Good and Evil* (Nova York: Prometheus, 1970), oferece uma introdução geral. Pritchard (Org.), *Ancient Near Eastern Texts*, compila uma gama fascinante de documentos. H. Frankfort et al., *Before Philosophy* (Chicago: University of Chicago Press, 1946), é uma rica investigação reflexiva sobre ética na Antiguidade. W. D. O'Flaherty, *Origins of Evil in Hindu Mythology* (Nova Delhi: Motilal Banarsidass, 1976), é um estudo de caso interessante.
72. M. W. Muller, *The Upanishads* (Oxford: Clarendon, 1879), é a tradução clássica, mas as seleções em J. Mascaró, *The Upanishads* (Nova York: Penguin, 1965), são uma tradução brilhante e acessível para o inglês. M. W. Muller, *Rig-Veda-Sanhita* (Londres: Trübnew, 1869), ainda é a tradução padrão, mas a obra pode ser apreciada na antologia de W. Doniger, *The Rig Veda* (Londres: Penguin, 2005). N. S. Subrahmanian, *Encyclopedia of the Upanishads* (Nova Delhi: Sterling, 1985) e S. Bhattacharji, *Literature in the Vedic Age*, v. 2 (Calcutá: K. P. Bagchi, 1986), são boas visões panorâmicas críticas modernas.
73. W. Buck (Org.), *Mahabharata* (São Paulo: Cultrix, 1973), p. 196.
74. Sobre o contexto da teologia menfita, ver S. Quirke, *Ancient Egyptian Religion* (Londres: British Museum Press, 1973).
75. Pritchard (Org.), *The Ancient Near East: An Anthology of Texts and Pictures*, p. 2.
76. Swami Nikhilānanda, *The Upanishads: Katha, Iśa, Kena, and Mundaka* (Nova York: Harper, 1949), p. 264.
77. H. H. Price, *Thinking and Experience* (Cambridge, MA: Harvard UP, 1953), é uma boa introdução ao problema do significado do ato de pensar. G. Ryle, *On Thinking* (Oxford: Blackwell, 1979), propôs uma solução famosa: o pensamento é meramente atividade física e química no cérebro.

4. Os grandes sábios: Os primeiros pensadores [pp. 145-93]

1. R. Collins, *The Sociology of Philosophies* (Cambridge, MA: Harvard UP, 1998). Guthrie, *A History of Greek Philosophy* e Needham, *Science and Civilisation in China*, são obras de vários volumes de extraordinário alcance que traçam a relação entre os estilos

de pensamento nas civilizações atinentes. G. E. R. Lloyd, *The Ambitions of Curiosity* (Cambridge: Cambridge UP, 2002), e G. E. R. Lloyd e N. Sivin, *The Way and the Word* (New Haven: Yale UP, 2002), comparam o pensamento e a ciência da Grécia e da China.

2. H. Coward, *Sacred Word and Sacred Text* (Maryknoll: Orbis, 1988). F. M. Denny e R. L. Taylor (Orgs.), *The Holy Book in Comparative Perspective* (Columbia: University of South Carolina Press, 1985).

3. E. B. Cowell (Org.), *The Jataka or Stories of the Buddha's Former Birth*, 7 v. (Cambridge: Cambridge UP, 1895-1913), I, pp. 10, 19-20; II, pp. 89-91; IV, pp. 10-12, 86-90.

4. H. Hasan, *A History of Persian Navigation* (Londres: Methuen and Co., 1928), p. 1.

5. D. T. Potts, *The Arabian Gulf in Antiquity* (Oxford: Oxford UP, 1991).

6. F. Hirth, "The story of Chang K'ien, China's pioneer in Western Asia", *Journal of the American Oriental Society*, XXXVII (1917), pp. 89-116; Ban Gu (Pan Ku), "The memoir on Chang Ch'ien and Li Kuang-Li", em A. F. P. Hulsewe, *China in Central Asia — The Early Stage: 125 B.C.-A.D. 23* (Leiden: E. J. Brill, 1979), pp. 211, 219.

7. V. H. Mair, "Dunhuang as a funnel for Central Asian nomads into China", em G. Seaman (Org.), *Ecology and Empire: Nomads in the Cultural Evolution of the Old World* (Los Angeles: University of Southern California, 1989), pp. 143-63.

8. R. Whitfield, S. Whitfield e N. Agnew, *Cave Temples of Mogao: Art and History on the Silk Road* (Los Angeles: Getty Publications, 2000), p. 18.

9. M. L. West (Org.), *The Hymns of Zoroaster* (Londres: Tauris, 2010).

10. D. Seyfort Ruegg, "A new publication on the date and historiography of the Buddha's decease", *Bulletin of the School of Oriental and African Studies*, LXII (1999), pp. 82-7.

11. D. R. Bandarkar, *Asoka* (Calcutá: University of Calcutta, 1925), pp. 273-336.

12. E. R. Dodds, *The Greeks and the Irrational* (Berkeley: University of California Press, 1951), pp. 145-6.

13. *Tao te king*, parte 2, 78.1.

14. R. M. Gale, *Negation and Non-being* (Oxford: Blackwell, 1976), é uma introdução filosófica. J. D. Barrow, *The Book of Nothing* (Londres: Jonathon Cape, 2000), é fascinante, abrangente e excelente na ciência e na matemática do zero. R. Kaplan, *The Nothing That Is* (Oxford: Oxford UP, 1999), é uma abordagem envolvente, clara e direta da matemática atinente.

15. R. Mehta, *The Call of the Upanishads* (Delhi: Motilal Banarsidas, 1970), pp. 237-8.

16. R. M. Dancy, *Two Studies in the Early Academy* (Albany: Suny Press, 1991), pp. 67-70.

17. P. Atkins, *On Being: A Scientist's Exploration of the Great Questions of Existence* (Oxford: Oxford UP, 2011), p. 17. Devo a indicação a R. Shortt, *God is No Thing* (Londres: Hurst, 2016), p. 42. D. Turner, *Thomas Aquinas: A Portrait* (New Haven: Yale UP, 2013), p. 142.

18. D. L. Smith, *Folklore of the Winnebago Tribe* (Norman: University of Oklahoma Press, 1997), p. 105.

19. D. Cupitt, *Creation Out of Nothing* (Londres: SCM Press, 1990), é uma obra revisionista de um teólogo cristão radical. K. Ward, *Religion and Creation* (Oxford: Clarendon

Notas 493

Press, 1996), adota uma surpreendente abordagem comparativa. P. Atkins, *Conjuring the Universe: The Origins of the Laws of Nature* (Oxford: Oxford UP, 2018), busca uma explicação materialista.

20. J. Miles, *God: A biography* (Nova York: Knopf, 1995).

21. E. E. Evans-Pritchard, "Nuer time-reckoning", *Africa: Journal of the International African Institute*, XII (1939), pp. 189-216.

22. S. J. Gould, *Time's Arrow* (Cambridge, MA: Harvard UP, 1987) [Ed. bras.: *Seta do tempo, ciclo do tempo* (São Paulo: Companhia das Letras, 1991)], é um estudo brilhante do conceito, com referência especial à geologia e à paleontologia modernas. G. J. Whitrow, *Time in History* (Oxford: Oxford UP, 1989), e S. F. G. Brandon, *History, Time and Deity* (Manchester: Manchester UP, 1965), são excelentes estudos comparativos do conceito de tempo de diferentes culturas. Lippincott et al., *The Story of Time*, é um panorama abrangente de teorias sobre o tempo.

23. K. Armstrong, *A History of God* (Nova York: Ballantine, 1994) [Ed. bras.: *Uma história de Deus* (São Paulo: Companhia das Letras, 2008)], é uma visão panorâmica da história do conceito. L. E. Goodman, *God of Abraham* (Oxford: Oxford UP, 1996), e R. K. Gnuse, *No Other Gods* (Sheffield: Sheffield Academic Press, 1997), estudam a origem do conceito judaico. M. S. Smith, *The Origins of Biblical Monotheism* (Oxford: Oxford UP, 2001), é uma controversa versão revisionista do mesmo tema.

24. M. J. Dodds, *The Unchanging God of Love* (Fribourg: Editions Universitaires, 1986), é um estudo da doutrina segundo a fórmula de Tomás de Aquino. *Mozi*, uma coletânea atribuída ao mestre homônimo, está disponível em inúmeras edições.

25. G. D. H. Cole (Org.,) *The Essential Samuel Butler* (Londres: Cape, 1950), p. 501.

26. Frankfort et al., *The Intellectual Adventure*, p. 61.

27. C. P. Fitzgerald, *China: A Short Cultural History* (Cambridge: Cambridge UP, 1961), p. 98.

28. A. Plantinga, "Free will defense", em M. Black (Org.), *Philosophy in America* (Ithaca: Cornell UP, 1965). A. Plantinga, *God, Freedom and Evil* (Haia: Eerdmans, 1978).

29. F. Fernández-Armesto, "How to be human: an historical approach", em M. Jeeves (Org.), *Rethinking Human Nature* (Cambridge: Eerdmans, 2010), pp. 11-29.

30. Needham, *Science and Civilisation in China*, II, p. 23.

31. B. Russell, *History of Western Philosophy* (Londres: Routledge, 2009), p.41. [Ed. bras.: *História da civilização ocidental* (Rio de Janeiro: Nova Fronteira, 2015).]

32. Ver, por exemplo, T. Benton, *Natural Rrelations* (Londres: Verso, 1993). R. G. Frey, *Interests and Rights: The Case Against Animals* (Oxford: Oxford UP, 1980). M. Midgley, *Beast and Man* (Hassocks: Harvester, 1980). P. Singer, *Animal Liberation* (Nova York: Avon, 1990) [Ed. bras.: *Libertação animal* (São Paulo: Martins Fontes, 2010)].

33. A. Weber, *The Çatapatha-Brāhmaṇa in the Mādhyandina-Çākhā, with Extracts from the Commentaries of Sāyaṇa, Harisvāmin and Dvivedānga* (Berlim, 1849), I, 3.28.

34. Platão, *República*, 514a-520a.

35. *Ibid.*, 479e.

36. Needham, *Science and Civilisation in China*, II, p. 187.

494   *Uma história da imaginação*

37. Fernández-Armesto, *Verdade: uma história*, coloca o relativismo no contexto de uma história conceitual da verdade. R. Scruton, *Modern Philosophy* (Londres: Allen Lane, 1994), é uma defesa rigorosamente argumentada contra o relativismo. A apologia moderna mais sofisticada do relativismo é R. Rorty, *Objectivity, Relativism and Ttruth* (Cambridge: Cambridge UP, 1991).

38. Needham, *Science and Civilisation in China*, II, p. 49.

39. H. Putnam, *Reason, Truth and History* (Cambridge: Cambridge UP, 1981), pp. 119-20.

40. W. Burkert, *Lore and Science in Early Pythagoreanism* (Cambridge, MA: Harvard UP, 1972), é um estudo revigorante. P. Benacerraf e H. Putnam (Orgs.), *Philosophy of Mathematics* (Cambridge: Cambridge UP, 1983), e J. Bigelow, *The Reality of Numbers* (Oxford: Oxford UP, 1988), são manuais sérios e claros do panorama filosófico subjacente ao pensamento matemático.

41. Russell, *History of Western Philosophy*, p. 43.

42. Needham, *Science and Civilisation in China*, II, p. 82.

43. Russell, *History of Western Philosophy*, p. 44.

44. Needham, *Science and Civilisation in China*, II, p. 191.

45. Guthrie, *A History of Greek Philosophy*, II, é a grande autoridade — exaustivo e de leitura fascinante. Platão, *Parmênides*, é o diálogo que definiu a discussão. Dodds, *The Greeks and the Irrational*, foi uma exposição pioneira dos limites do racionalismo grego.

46. H. D. P. Lea, *Zeno of Elea* (Cambridge: Cambridge UP, 1936). J. Barnes, *The Presocratic Philosophers* (Londres: Routledge, 1982), pp. 231-95.

47. W. H. C. Guthrie, *Aristotle* (Cambridge: Cambridge UP, 1981), descreve de maneira brilhante o "encontro" do autor com o pensamento de Aristóteles.

48. I. Bochenski, *A History of Formal Logic*, tradução de I. Thomas (Indianápolis: University of Notre Dame Press, 1961), é uma introdução excelente. J. Lukasiewicz, *Aristotle's Syllogistic* (Oxford: Clarendon Press, 1957), é uma valiosa exposição técnica. C. Habsmeier, *Science and Civilisation in China* (Cambridge: Cambridge UP, 1998), VII, p. 1, ajuda a colocar a lógica grega em seu contexto mundial.

49. Needham, *Science and Civilisation in China*, II, p. 72.

50. *The Analects of Confucius*, tradução de A. Waley (Londres: Allen and Unwin, 1938), p. 216.

51. Needham, *Science and Civilisation in China*, II, p. 55.

52. A. Crombie, *Styles of Scientific Thinking* (Londres: Duckworth, 1994), é uma fonte rica e volumosa da tradição ocidental. Do mesmo autor, *Science, Art and Nature* (Londres: Hambledon Press, 1996) acompanha a tradição desde a época medieval.

53. N. Sivin, *Medicine, Philosophy and Religion in Ancient China* (Aldershot: Variorum, 1995), é uma coletânea valiosa de ensaios sobre os elos entre Tao e a ciência. F. Capra, *The Tao of Physics* (Berkeley: Shambhala, 1975), é uma obra opiniática, mas influente, que defende uma interpretação taoista da física quântica moderna.

54. J. Longrigg, *Greek Medicine* (Londres: Duckworth, 1998), é uma fonte bastante útil. D. Cantor (Org.), *Reinventing Hippocrates* (Farnham: Ashgate, 2001), é uma coletânea

Notas   495

instigante de ensaios. Acerca da história da medicina em geral, R. Porter, *The Greatest Benefit to Mankind* (Nova York: W. W. Norton, 1999), é um relato vasto, agradável de ler e divertidamente irreverente.

55. Needham, *Science and Civilisation in China*, II, p. 27.

56. D. J. Rothman, S. Marcus e S. A. Kiceluk, *Medicine and Western Civilization* (New Brunswick: Rutgers UP, 1995), pp. 142-3.

57. L. Giles (Org.), *Taoist Teachings, Translated from the Book of Lieh-Tzü* (Londres: Murray, 1912), p. 111.

58. Ver uma crítica do ateísmo em J. Maritain, *The Range of Reason* (Nova York: Scribner, 1952). Apologias clássicas incluem L. Feuerbach, *Princípios da filosofia do futuro* (1843), e B. Russell, *Why I Am Not a Christian* (Nova York: Simon & Schuster, 1967). J. Thrower, *Western Atheism: A Short History* (Amherst: Prometheus Books, 1999), é uma introdução clara e concisa.

59. W. K. C. Guthrie, *The Greek Philosophers from Thales to Aristotle* (Londres: Routledge, 2013), p. 63.

60. M. O. Goulet-Cazé, "Religion and the early Cynics", em R. Bracht-Brahman e M. O. Goulet-Cazé (Orgs.), *The Cynics: The Cynic Movement in Antiquity and Its Legacy* (Berkeley: University of California Press, 1996), pp. 69-74.

61. P. P. Haillie (Org.), *Sextus Empiricus: Selections from His Major Writings on Scepticism, Man and God* (Indianápolis: Hackett, 1985), p. 189.

62. W. T. De Bary et al. (Orgs.), *Sources of Indian Tradition*, 2 v. (Nova York: Columbia UP, 1958), II, p. 43.

63. L. Gerson (Org.), *The Epicurus Reader* (Nova York: Hackett, 1994), reúne os principais textos. H. Jones, *The Epicurean Tradition* (Londres: Routledge, 1992), acompanha a influência de Epicuro na época moderna. D. J. Furley, *The Greek Cosmologists*, v. 1 (Cambridge: Cambridge UP, 1987), é a obra padrão sobre as origens da teoria atômica grega. M. Chown, *The Magic Furnace* (Londres: Vintage, 2000), é uma história popular vivaz da teoria atômica. C. Luthy et al. (Orgs.), *Late Medieval and Early Modern Corpuscular Matter Theories* (Leiden: Brill, 2001), é uma fascinante coletânea erudita que preenche a lacuna entre as teorias atômicas antiga e moderna.

64. Needham, *Science and Civilisation in China*, II, p. 179.

65. C. P. Fitzgerald, *China: A Short Cultural History* (Londres: Cresset, 1950), p. 86.

66. P. Mathieson (Org.), *Epictetus: The Discourses and Manual* (Oxford: Oxford UP, 1916), pp. 106-7. Russell, *History of Western Philosophy*, p. 251.

67. A. A. Long, *Hellenistic Philosophy* (Berkeley e Los Angeles: University of California Press, 1974), é excelente em estoicismo. J. Annas e J. Barnes (Orgs.), *The Modes of Scepticism* (Cambridge: Cambridge UP, 1985), reúne os principais textos ocidentais. J. Barnes, *The Toils of Scepticism* (Cambridge: Cambridge UP, 1990), é um fascinante ensaio interpretativo.

68. J. Legge (Org.), *The Chinese Classics*, 5 v. (Londres: Trubner, 1861-72), II, p. 190.

69. Needham, *Science and Civilisation in China*, II, p. 19.

70. A. MacIntyre, *After Virtue* (Londres: Duckworth, 1981), é uma ótima introdução. E. O. Wilson, *On Human Nature* (Cambridge, MA: Harvard UP, 1978), é uma das melhores obras materialistas sobre o assunto já escritas. A mais otimista e contestatória é, com certeza, J. A. N. C. de Condorcet, *Progrès de l'esprit humain* (1794), escrita enquanto o autor aguardava sua execução na guilhotina.

71. H. Wang e L. S. Chang, *The Philosophical Foundations of Han Fei's Political Theory* (Honolulu: University of Hawaii Press, 1986).

72. C. Ping e D. Bloodworth, *The Chinese Machiavelli* (Londres: Secker and Warburg, 1976), é uma história popular vivaz do pensamento politico chinês. Detalhes e contexto podem ser encontrados em B. I. Schwartz, *The World of Thought in Ancient China* (Cambridge, MA: Harvard UP, 1985), e Y. Pines, *Envisioning Eternal Empire: Chinese Political Thought of the Warring States Era* (Honolulu: University of Hawaii Press, 2009). A. Waley, *Three Ways of Thought in Ancient China* (Palo Alto: Stanford UP, 1939), é uma introdução clássica. S. De Grazia (Org.), *Masters of Chinese Political Thought* (Nova York: Viking, 1973), também traz textos essenciais traduzidos.

73. Platão, *A república*, 473d.

74. K. Popper, *The Open Society and Its Enemies*, vol. 1 (Princeton: Princeton UP, 1945) [Ed. bras.: *A sociedade aberta e seus inimigos*, 1 v. (São Paulo: Edusp, 1974)], é a crítica clássica da teoria platônica. C. D. C. Reeve, *Philosopher-Kings* (Princeton: Princeton UP, 1988), é um estudo histórico desse fenômeno antigo. M. Schofield, *Saving the City* (Londres: Routledge, 1999), estuda a noção de reis filósofos na filosofia antiga.

75. *O livro de Mencius*, 18.8; Legge (Org.), *The Chinese Classics*, v, p. 357. Sobre Mencius, K. Hsiao, *History of Chinese Political Thought* (Princeton: Princeton UP, 2015), I, pp. 143-213, é excelente.

76. Aristóteles, *Política*, 4.4.

77. P. Pettit, *Republicanism* (Oxford: Oxford UP, 1997), é uma introdução útil. A. Oldfield, *Citizenship and Community* (Londres: Routledge, 1990), e R. Dagger, *Civic Virtues* (Oxford: Oxford UP, 1997), dão uma visão panorâmica do republicanismo moderno.

78. R. Cavendish, "The abdication of King Farouk", *History Today*, LII (2002), p. 55.

79. O contexto antigo é bem delineado em T. Wiedemann, *Greek and Roman Slavery* (Baltimore: Johns Hopkins UP, 1981). A. Pagden, *The Fall of Natural Man* (Cambridge: Cambridge UP, 1986), contextualiza o início da evolução moderna dessa doutrina, sobre a qual a obra clássica é L. Hanke, *Aristotle and the American Indians* (Londres: Hollis and Carter, 1959).

80. A. Loombs e J. Burton (Orgs.), *Race in Early Modern England: A Documentary Companion* (Nova York: Palgrave Macmillan), p. 77; Pagden, *The Fall of Natural Man*, pp. 38-41.

81. F. Bethencourt, *Racisms: From the Crusades to the Twentieth Century* (Princeton: Princeton UP, 2013).

Notas 497

5. Fés pensantes: Ideias em tempos religiosos [pp. 194-243]

1. M. A. Cook, *Early Muslim Dogma* (Cambridge: Cambridge UP, 1981), é um estudo extremamente importante das fontes do pensamento islâmico. M. A. Cook, *The Koran: A Very Short Introduction* (Oxford: Oxford UP, 2000), é a melhor introdução ao texto. A obra de G. A. Vermes, em, por exemplo, *Jesus in his Jewish Context* (Minneapolis: Fortress Press, 2003), embora bastante criticada por seu rebuscamento, torna Cristo inteligível como um judeu.

2. S. Rebanich, *Jerome* (Londres: Routledge, 2002), p. 8.

3. Agostinho, *Confissões*, cap. 16.

4. R. Lane Fox, *Pagans and Christians: In the Mediterranean World from the Second Century AD to the Conversion of Constantine* (Londres: Viking, 1986).

5. N. G. Wilson, *Saint Basil on the Value of Greek Literature* (Londres: Duckworth, 1975), pp. 19-36.

6. Gregório o Grande, *Epístolas*, 10:34. G. R. Evans, *The Thought of Gregory the Great* (Cambridge: Cambridge UP, 1986), p. 9.

7. B. Lewis (Org.), *Islam* (Nova York: Harper, 1974), II, p. 2011; W. M. Watt, *The Faith and Practice of Al-Ghazali* (Londres: Allen and Unwin, 1951), pp. 72-3.

8. S. Billington, *A Social History of the Fool* (Sussex: Harvester, 1984), é um breve esforço de síntese. V. K. Janik, *Fools and Jesters* (Westport: Greenwood, 1998), é um compêndio bibliográfico. E. A. Stewart, *Jesus the Holy Fool* (Lanham: Rowman and Littlefield, 1998), oferece uma curiosa visão alternativa de Cristo.

9. W. Heissig, *The Religions of Mongolia* (Berkeley: University of California Press, 1980).

10. M. Rithven, *Historical Atlas of the Islamic World* (Cambridge, MA: Harvard UP, 2004).

11. R. Bultmann, *Theology of the New Testament* (Londres: SCM Press, 1955), II, p. 135.

12. Ver E. Leach e D. A. Aycock (Orgs.), *Structuralist Interpretations of Biblical Myth* (Cambridge: Cambridge UP, 1983), esp. pp. 7-32. J. Frazer, *The Golden Bough* (Nova York: Macmillan, 1958), I, pp. 158, 405-45.

13. M. Moosa, *Extremist Shi'ites: The Ghulat Sects* (Syracuse: Syracuse UP, 1988), p. 188.

14. G. O'Collins, *Incarnation* (Londres: Continuum, 2002), é um relato sucinto e instigante da doutrina. B. Hume, *Mystery of the Incarnation* (Londres: Paraclete, 1999), é uma meditação comovente. S. Davis et al., *The Trinity* (Oxford: Oxford UP, 2002), é uma extraordinária coleção de ensaios.

15. *Patrologia latina*, V, pp. 109-16.

16. W. H. Bright (Org.), *The Definitions of the Catholic Faith* (Oxford e Londres: James Parker, 1874), é uma obra clássica. H. Chadwick, *The Early Church* (Londres: Penguin, 1993), é o melhor panorama histórico, enquanto J. Danielou, *A History of Early Christian Doctrine* (Londres: Darton, Longman, and Todd, 1977), oferece uma contextualização teológica.

17. J. Emminghaus, *The Eucharist* (Collegeville, MN: Liturgical Press, 1978), é uma boa introdução. R. Duffy, *Real Presence* (San Francisco: Harper and Row, 1982), coloca a doutrina católica no contexto dos sacramentos. M. Rubin, *Corpus Christi* (Cambridge:

Cambridge UP, 1991), é um estudo brilhante da eucaristia na cultura do final da Idade Média.

18. C. K. Barrett, *Paul* (Louisville: Westminster/John Knox, 1994), e M. Grant, *Saint Paul* (Londres: Phoenix, 2000), são relatos excelentes e de leitura agradável sobre o santo. A. F. Segal, *Paul the Convert* (New Haven: Yale UP, 1990), é excelente quanto à formação judaica do apóstolo Paulo. Leitores agora podem contar com J. G. D. Dunn (Org.), *The Cambridge Companion to St Paul* (Cambridge: Cambridge UP, 2003).

19. Agostinho, *The Retractions* (Washington, DC: Catholic UP, 1968), p. 32.

20. Agostinho, *Confissões*, cap. 11.

21. W. Hasker, *God, Time and Knowledge* (Ithaca: Cornell UP, 1989), é uma boa introdução. Acerca das implicações teológicas, ver também J. Farrelly, *Predestination, Grace and Free Will* (Westminster, MD: Newman Press, 1964), e G. Berkouwer, *Divine Election* (Grand Rapids: Eerdmans, 1960).

22. G. Filoramo, *Gnosticism* (Oxford: Blackwell, 1990). E. Pagels, *The Gnostic Gospels* (Londres: Weidenfeld and Nicolson, 1980) [Ed. bras.: *Os evangelhos gnósticos* (São Paulo: Cultrix, 1995)] e M. Marcovich, *Studies in Graeco-Roman Religions and Gnosticism* (Leiden: Brill, 1988), são guias igualmente indispensáveis.

23. *Contra Haereses*, 1.24.4. H. Bettenson e C. Maunder (Orgs.), *Documents of the Christian Church* (Oxford: Oxford UP, 2011), p. 38.

24. Agostinho, *Confissões*, livro 2, cap. 2.

25. J. Goody, *The Development of the Family and Marriage in Europe* (Cambridge: Cambridge UP, 1983), pp. 49-60, 146. P. Brown, *The Body and Society* (Nova York: Columbia UP, 1988), é uma investigação brilhante dos primórdios históricos do celibato cristão. P. Ariès e A. Bejin, *Western Sexuality* (Oxford: Blackwell, 1985), tornou-se uma espécie de clássico, embora se concentre nas contestações à moral convencional.

26. J. N. D. Anderson, *Islamic Law in the Modern World* (Nova York: New York UP, 1959).

27. G. Fowden, *Qusayr'Amra: Art and the Umayyad Elite in Late Antique Syria* (Berkeley: University of California Press, 2004).

28. L. Komaroff e S. Carboni (Orgs.), *The Legacy of Genghis Khan: Courtly Art and Culture in Western Asia* (Nova York: Metropolitan Museum of Art, 2002), pp. 256-353.

29. R. Cormack, *Painting the Soul* (Londres: Reaktion, 1997), é um panorama introdutório vigoroso. Do mesmo autor, *Writing in Gold* (Nova York: Oxford UP, 1985) é um excelente estudo dos ícones da história bizantina. T. Ware, *The Orthodox Church* (Londres: Penguin, 1993), é o melhor livro geral sobre a história da ortodoxia.

30. S. Gayk, *Image, Text, and Religious Reform in Fifteenth-Century England* (Cambridge: Cambridge UP, 2010), pp. 155-88.

31. Plotino, *Enéadas*, 2.9.16. J. S. Hendrix, *Aesthetics and the Philosophy of Spirit* (Nova York: Lang, 2005), p. 140.

32. Sobre as doutrinas de Tomás de Aquino, baseei-me em Turner, *Thomas Aquinas*.

33. Tomás de Aquino, *Summa contra gentiles*, 7.1.

34. C. H. Haskins, "Science at the court of the Emperor Frederick II", *American Historical Review*, XXVII (1922), pp. 669-94.

Notas 499

35. S. Gaukroger, *The Emergence of a Scientific Culture* (Oxford: Oxford UP, 2006), pp. 59-76.
36. C. H. Haskins, *The Renaissance of the Twelfth Century* (Nova York: Meridian, 1957), foi obra pioneira sobre o assunto. A. Crombie, *Robert Grossteste* (Oxford: Clarendon Press, 1953), é um estudo controvertido e instigante de uma figura importante. D. C. Lindberg, *The Beginnings of Western Science* (Chicago: University of Chicago Press, 1992), define admiravelmente o contexto geral.
37. E. Gilson, *History of Christian Philosophy in the Middle Ages* (Nova York: Random House, 1955), é a obra clássica; J. A. Weisheipl, *Friar Thomas d'Aquino* (Nova York: Doubleday, 1974), talvez continue sendo a melhor biografia de Tomás de Aquino, mas hoje compete com Turner, *Thomas Aquinas*, que é insuperável quanto ao pensamento do santo; M. M. Adams, *William Ockham* (Indianapolis: University of Notre Dame Press, 1987), é o melhor estudo geral sobre Ockham.
38. E. L. Saak, *Creating Augustine* (Oxford: Oxford UP, 2012), pp. 164-6.
39. Agostinho, *Confissões*, 11.3.
40. R. H. Nash, *The Light of the Mind* (Lexington: University Press of Kentucky, 1969), é um estudo claro e sagaz da teoria de Agostinho; D. Knowles, *What is Mysticism?* (Londres: Burns and Oates, 1967), é a melhor introdução breve ao misticismo.
41. D. Sarma, *Readings in Classic Indian Philosophy* (Nova York: Columbia UP, 2011), p. 40.
42. H. Dumoulin, *Zen Buddhism: A History*, 2 v. (Bloomington: World Wisdom, 2005), I, p. 85.
43. Dumoulin, *Zen Buddhism*, e T. Hoover, *Zen culture* (Nova York: Random House, 1977), são boas introduções; R. Pirsig, *Zen and the Art of Motorcycle Maintenance* (Londres: Vintage, 2004)[Ed. bras.: *Zen e a arte da manutenção de motocicletas* (São Paulo: WMF Martins Fontes, 2015)], é o relato clássico da peregrinação transamericana do autor em busca de uma doutrina da "qualidade".
44. Pirsig, *Zen and the Art of Motorcycle Maintenance*, p. 278.
45. Ambrósio, *Epístolas*, 20:8.
46. B. Tierney, *The Crisis of Church and State 1050-1300* (Englewood Cliffs: Prentice Hall, 1964), p. 175; Bettenson e Maunder, *Documents of the Christian Church*, p. 121.
47. J. Maritain, *Man and the State* (Washington, DC: Catholic University of America Press, 1951) [Ed. bras.: *O homem e o Estado* (Rio de Janeiro: Agir, 1952)], é a reflexão clássica de um pensador moderno original sobre as relações Igreja-Estado. R. W. Southern, *Western Society and the Church in the Middle Ages* (Londres: Penguin, 1970), é a melhor introdução à história da Igreja medieval. A. Murray, *Reason and Society in the Middle Ages* (Oxford: Clarendon Press, 1978), adota uma abordagem oblíqua fascinante. O. e J. L. O'Donovan, *From Irenaeus to Grotius: A Sourcebook in Christian Political Thought* (Grand Rapids: Eerdmans, 1999), indica as fontes mais importantes acompanhadas de comentários excelentes.
48. P. Brown, "The rise and function of the holy man in late antiquity", *Journal of Roman Studies*, LXI (1971), pp. 80-101.
49. Bettenson e Maunder, *Documents of the Christian Church*, p. 121.

50. W. Ullmann, *The Growth of Papal Government in the Middle Ages* (Londres: Methuen, 1970), e *A History of Political Thought: The Middle Ages* (Middlesex: Penguin, 1965), destilam a obra da autoridade máxima. E. Duffy, *Saints and Sinners* (New Haven: Yale UP, 1997), é uma história do papado vibrante e bem fundamentada.

51. G. E. R. Lloyd, *Aristotle: The Growth and Structure of his Thought* (Cambridge: Cambridge UP, 1968), p. 255.

52. Aristóteles, *Política*, 4.3.

53. J. H. Burns e T. Izbicki (Orgs.), *Conciliarism and Papalism* (Cambridge: Cambridge UP, 1997), é uma coletânea importante. J. J. Ryan, *The Apostolic Conciliarism of Jean Gerson* (Atlanta: Scholars, 1998), é excelente sobre o desenvolvimento da tradição no século XV. A. Gewirth, *Marsilius of Padua* (Nova York: Columbia UP, 1951), é o melhor estudo sobre esse pensador. O mesmo autor e C. J. Nedermann produziram uma boa tradução e edição de *Defensor Pacis*, de Marsílio (Nova York: Columbia UP, 2001).

54. J. Mabbott, *The State and the Citizen* (Londres: Hutchison's University Library, 1955), é uma introdução à teoria política atinente. J. Rawls, *A Theory of Justice* (Cambridge, MA: Harvard UP, 1971), é um esforço impressionante de atualizar a teoria do contrato social.

55. Ver P. S. Lewis, *Essays in Later Medieval French History* (Londres: Hambledon, 1985), pp. 170-86.

56. Ibid., p. 174.

57. J. R. Figgis, *The Divine Right of Kings* (Cambridge: Cambridge UP, 1922), e M. Wilks, *The Problem of Sovereignty in the Middle Ages* (Cambridge: Cambridge UP, 2008), são estudos extraordinários. Q. Skinner, *The Foundations of Modern Political Thought*, 2 v. (Cambridge: Cambridge UP, 1978), é um guia inestimável para todos os principais tópicos da política do final da Idade Média e início da era moderna.

58. M. Keen, *Chivalry* (New Haven: Yale UP, 1984).

59. P. Binski, *The Painted Chamber at Westminster* (Londres: Society of Antiquaries, 1986), pp. 13-5.

60. F. Fernández-Armesto, "Colón y los libros de caballería", em C. Martínez Shaw e C. Pacero Torre (Orgs.), *Cristóbal Colón* (Valladolid: Junta de Castilla y León, 2006), pp. 114-28.

61. F. E. Kingsley (Org.), *Charles Kingsley: His Letters and Memories of His Life*, 2 v. (Cambridge, Cambridge UP, 2011), II, p. 461. M. Girouard, *The Return to Camelot* (New Haven: Yale UP, 1981), é um relato fascinante e instigante do reavivamento dos séculos XVIII ao XX.

62. Keen, *Chivalry*, é a obra padrão; M. G. Vale, *War and Chivalry* (Londres: Duckworth, 1981), é uma investigação admirável do contexto em que a cavalaria teve seu maior impacto.

63. B. Lewis, *The Political Language of Islam* (Chicago: University of Chicago Press, 1988), pp. 73-4.

64. C. Hillenbrand, *The Crusades: Islamic Perspectives* (Edimburgo: Edinburgh UP, 1999), e K. Armstrong, *Holy War* (Nova York: Anchor, 2001), são excelente leitura e altamente

Notas 501

confiáveis. G. Keppel, *Jihad* (Cambridge, MA: Harvard UP, 2001), é uma investigação jornalística interessante da ideia de guerra santa no islamismo contemporâneo. J. Riley-Smith, *What Were the Crusades?* (Londres: Palgrave Macmillan, 2009), é o melhor relato do que os cruzados acreditavam fazer.

65. Vários ensaios úteis de Maurice Keen foram compilados em M. Keen, *Nobles, Knights and Men-at-arms in the Middle Ages* (Londres: Hambledon, 1986), especialmente pp. 187-221. A citação de Marlowe foi extraída de *Tamerlão, o Grande*, Ato 1, Cena 5.

66. M. Rady, *Customary Law in Hungary* (Oxford: Oxford UP, 2015), pp. 15-20.

67. P. O. Kristeller, *Renaissance Thought and its Sources* (Nova York: Columbia UP, 1979), é uma insuperável introdução breve. R. Black, *Humanism and Education in Medieval and Renaissance Italy* (Cambridge: Cambridge UP, 2001), é um estudo revisionista exaustivo e poderoso, equiparável a R. W. Southern, *Scholastic Humanism and the Unification of Europe* (Oxford: Wiley-Blackwell, 2000).

68. R. W. Bulliett, *Conversion to Islam in the Medieval Period: An Essay in Quantitative History* (Cambridge, MA: Harvard UP, 1979), pp. 16-32, 64-80.

69. A. Bonner (Org.), *Selected Works of Ramon Llull* (Princeton: Princeton UP, 1985), é uma introdução conveniente a seu pensamento. Os termos do debate sobre conquista espiritual foram definidos, originalmente, em trabalhos das décadas de 1930 e 1940 por R. Ricard, *The Spiritual Conquest of Mexico* (Berkeley: University of California Press, 1974). S. Neill, *A History of Christian Missions* (Harmondsworth: Penguin, 1964), é o melhor relato breve sobre a disseminação do cristianismo.

6. Retorno ao futuro: Repensando a peste e o frio [pp. 244-86]

1. A. W. Crosby, *The Columbian Exchange* (1972), com edição aprimorada em 2003 (Santa Barbara: Greenwood).

2. Ainda não há um estudo panorâmico satisfatório, embora a obra em andamento de J. Belich talvez o produza. Até então, ver W. McNeill, *Plagues and Peoples* (Nova York: Doubleday, 1976); M. Green (Org.), "Pandemic disease in the medieval world", *Medieval Globe*, 1 (2014).

3. H. Lamb, "The early medieval warm epoch and its sequel", *Palaeogeography, Palaeoclimatology, Palaeoecology*, 1 (1965), pp. 13-37; H. Lamb, *Climate, History and the Modern World* (Londres: Routledge, 1995); G. Parker, *Global Crisis: Climate Change and Catastrophe in the Seventeenth Century* (New Haven: Yale UP, 2013).

4. Os ensaios reunidos em F. Fernández-Armesto (Org.), *The Global Opportunity* (Aldershot: Ashgate, 1998), e *The European Opportunity* (Aldershot: Ashgate, 1998), apresentam uma visão geral.

5. H. Honour, *Chinoiserie: The Vision of Cathay* (Nova York: Dutton, 1968), p. 125.

6. O parágrafo seguinte é baseado em F. Fernández-Armesto, *Américo* (Madri: Tusquets, 2008), pp. 28-31. [Ed. bras.: *Américo: O homem que deu seu nome ao continente* (São Paulo: Companhia das Letras, 2011).]

7. F. Fernández-Armesto, *Américo*, pp. 6-7.
8. W. Oakeshott, *Classical Inspiration in Medieval Art* (Londres: Chapman, 1969).
9. J. Goody, *Renaissances: The One or the Many?* (Cambridge: Cambridge UP, 2009).
10. F. Fernández-Armesto, *Millenium* (Londres: Bantam House, 1995), p. 59. [Ed. bras.: *Milênio: Uma história de nossos últimos mil anos* (Rio de Janeiro: Record, 1999).]
11. J. Winckelmann, *Reflections on the Painting and Sculpture of the Greeks* (Londres: Millar, 1765), p. 4. K. Harloe, *Winckelmann and the Invention of Antiquity* (Oxford: Oxford UP 2013). C. H. Rowland et al. (Orgs.), *The Place of the Antique in Early Modern Europe* (Chicago: University of Chicago Press, 2000), é um importante catálogo de exposição. F. Haskell, *Taste and the Antique* (New Haven: Yale UP, 1981), e *Patrons and Painters* (New Haven: Yale UP, 1980), revelam os aspectos mais importantes da obra do maior estudioso do campo.
12. W. A. Wright (Org.) *Bacon's Essays* (Londres: Macmillan, 1920), p. 204.
13. Os parágrafos seguintes são baseados na obra citada em P. Burke, F. Fernández-Armesto e L. Clossey, "The Global Renaissance", *Journal of World History*, XXVIII (2017), pp. 1-30.
14. F. Fernández-Armesto, *Columbus on Himself* (Indianápolis: Hackett, 2010), p. 223.
15. Alguns livros úteis sobre Colombo são W. D. e C. R. Phillips, *The Worlds of Christopher Columbus* (Cambridge: Cambridge UP, 1992); F. Fernández-Armesto, *Columbus* (Londres: Duckworth, 1996); e C. Martínez Shaw e C. Pacero Torre (Orgs.), *Cristóbal Colón*. E. O'Gorman, *The Invention of America* (Westport: Greenwood, 1972), é um estudo controverso e instigante dessa ideia.
16. D. Goodman e C. Russell, *The Rise of Scientific Europe* (Londres: Hodder and Stoughton, 1991), é uma magnífica visão panorâmica.
17. A. Ben-Zaken, *Cross-cultural Scientific Exchanges in the Eastern Mediterranean, 1560-1660* (Baltimore: Johns Hopkins UP, 2010).
18. G. Saliba, *Islamic Science and the Making of the European Renaissance* (Cambridge, MA: Harvard UP, 2007).
19. D. C. Lindberg, *Theories of Vision from Al-kindi to Kepler* (Chicago: University of Chicago Press, 1976), pp. 18-32.
20. H. F. Cohen, *How Modern Science Came into the World: Four Civilizations, One 17th Century Breakthrough* (Amsterdam: Amsterdam UP, 2010), especialmente pp. 725-9.
21. G. W. Leibniz, *Novissima Sinica* (1699).
22. S. Schapin, *The Scientific Revolution* (Chicago: University of Chicago Press, 1996).
23. R. Evans, *Rudolf II and His World* (Oxford: Oxford UP, 1973).
24. F. Yates, *Giordano Bruno and the Hermetic Tradition* (Chicago: University of Chicago Press, 1964) [Ed. bras.: *Giordano Bruno e a tradição hermética* (São Paulo: Cultrix, 1987)], e *The Art of Memory*, são fundamentais; J. Spence, *The Memory Palace of Matteo Ricci* (Nova York: Penguin, 1985) [Ed. bras.: *O palácio da memória de Matteo Ricci* (São Paulo: Companhia das Letras, 1986)], é um estudo de caso fascinante.
25. F. Bacon, *Novum Organum*, em J. Spedding et al. (Orgs.), *The Works of Francis Bacon*, 4 v. (Cambridge: Cambridge UP, 2011), IV, p. 237. L. Jardine e A. Stewart, *Hostage to Fortune: The Troubled Life of Francis Bacon* (Nova York: Hill, 1999).

Notas 503

26. T. H. Huxley, "Biogenesis and abiogenesis" em *Collected Essays*, 8 v. (Londres: Macmillan, 1893-8), VIII, p. 229.

27. K. Popper, *The Logic of Scientific Discovery* (Londres: Routledge, 2002, pp. 6-19 [Ed. bras.: *A lógica da pesquisa científica* (São Paulo: Cultrix e Edusp, 1974)].

28. W. Pagel, *Joan Baptista van Helmont* (Cambridge: Cambridge UP, 1982), p. 36.

29. R. Foley, *Working Without a Net* (Oxford: Oxford UP, 1993), é um estudo provocativo do contexto e de influência de Descartes. D. Garber, *Descartes Embodied* (Cambridge: Cambridge UP, 2001), é uma importante coletânea de ensaios. S. Gaukroger, *Descartes' System of Natural Philosophy* (Cambridge: Cambridge UP, 2002), é uma investigação intrigante do pensamento do filósofo.

30. J. Cottingham, R. Stoothoff e D. Murdoch (Orgs.), *The Philosophical Writings of Descartes* (Cambridge: Cambridge UP, 1984), I, pp. 19, 53, 145-50; II, pp. 409-17; III, p. 337. M. D. Wilson, *Descartes* (Londres: Routledge, 1978), pp. 127-30, 159-74, 264-70.

31. A. Macfarlane e G. Martin, *The Glass Bathyscaphe: Glass and World History* (Londres: Profile, 2002).

32. Saliba, *Islamic Science*.

33. J. M. Dietz, *Novelties in the Heavens* (Chicago: University of Chicago Press, 1993), é uma introdução envolvente. A. Koestler, *The Sleepwalkers* (Londres: Hutchinson, 1968) [Ed. bras.: *Os sonâmbulos* (São Paulo: Ibrasa, 1961)], é um relato brilhante e fascinante dos primórdios da tradição copernicana. T. Kuhn, *The Copernican Revolution* (Cambridge, MA: Harvard UP, 2003) [Ed. port.: *A revolução copernicana* (Lisboa: Edições 70, 2017)], é insuperável em relação ao impacto de Copérnico.

34. R. Feldhay, *Galileo and the Church: Political Inquisition or Critical Dialogue* (Cambridge: Cambridge UP, 1995), pp. 124-70.

35. D. Brewster, *Memoirs of the Life, Writings, and Discoveries of Sir Isaac Newton*, 2 v. (Edimburgo: Constable, 1855), II, p. 138. R. Westfall, *The Life of Isaac Newton*, 2 v. (Cambridge: Cambridge UP, 1994), é a melhor biografia, agora rivalizada pelo mais sucinto P. Fara, *Newton: The Making of a Genius* (Nova York: Pan Macmillan, 2011). M. White, *The Last Sorcerer* (Reading, MA: Perseus, 1998), é uma obra popular curiosamente enviesada para os interesses alquímicos de Newton. H. Gilbert e D. Gilbert Smith, *Gravity: The Glue of the Universe* (Englewood: Teacher Ideas Press, 1997), é uma envolvente história popular do conceito de gravidade. A descrição do próprio Newton, relatada por seu colega da Royal Society, Andrew Ramsay, aparece em J. Spence, *Anecdotes, Observations and Characters of Books and Men* (Londres: Murray, 1820), p. 54.

36. Needham, *Science and Civilisation in China*, II, p. 142.

37. S. Lee, *Great Englishmen of the Sixteenth Century* (Londres: Constable, 1904), pp. 31-6.

38. J. Carey (Org.), *The Faber Book of Utopias* (Londres: Faber and Faber, 1999), é uma antologia excepcional, da qual extraí meus exemplos. K. Kumar, *Utopianism* (Milton Keynes: Open UP, 1991), é uma introdução útil, simples e breve.

39. N. Machiavelli, *O príncipe*, cap. 18.

40. A melhor tradução de *O príncipe* para o inglês é a de D. Wootton (Indianápolis: Hackett, 1995). H. C. Mansfield, *Machiavelli's Virtue* (Chicago: University of Chicago

Press, 1998), é uma reavaliação profunda e provocante das fontes do pensamento de Maquiavel. Q. Skinner, *Machiavelli* (Oxford: Oxford UP, 1981), é uma introdução breve e matizada.

41. J. G. A. Pocock, *The Machiavellian Moment* (Princeton: Princeton UP, 1975), é a obra essencial. G. Q. Flynn, *Conscription and Democracy* (Westport: Greenwood, 2002), é um estudo interessante do recrutamento militar compulsório na Grã-Bretanha, na França e nos Estados Unidos.

42. De Bary et al. (Orgs.), *Sources of Indian Tradition*, p. 7.

43. Ibid., pp. 66-7. T. De Bary (Org.), *Sources of East Asian Tradition*, 2 v. (Nova York: Columbia UP, 2008), II, pp. 19-21.

44. De Bary (Org.), *Sources of East Asian Tradition*, traz uma seleção inestimável de fontes. L. Chi-chao, *History of Chinese Political Thought* (Abingdon: Routledge, 2000), é uma introdução breve mas de alta qualidade. F. Wakeman, *The Great Enterprise*, 2 v. (Berkeley e Los Angeles: University of California Press, 1985), é a melhor introdução à história da China nesse período. L. Struve, *Voices from the Ming-Qing Cataclysm* (New Haven: Yale UP, 1993), evoca esse período por meio de textos.

45. J. T. C. Liu, *Reform in Sung China: Wang-an Shih and his New Policies* (Cambridge, MA: Harvard UP, 1959), p. 54.

46. De Grazia (Org.), *Masters of Chinese Political Thought*, traz alguns textos úteis. A respeito das consequências do universalismo chinês para as relações exteriores da China durante o que chamamos Idade Média, J. Tao, *Two Sons of Heaven* (Tucson: University of Arizona Press, 1988), é extremamente interessante. W. I. Cohen, *East Asia at the Center* (Nova York: Columbia UP, 2001), é um resumo útil da história da região no contexto de uma visão sinocêntrica de mundo. Sobre as conotações políticas dos mapas, fio-me em J. Black, *Maps and Politics* (Chicago: University of Chicago Press, 1998).

47. H. Cortazzi, *Isles of Gold: Antique Maps of Japan* (Nova York: Weatherhill, 1992), pp. 6-38.

48. E. L. Dreyer, *Early Ming China: A Political History, 1355-1435* (Stanford: Stanford UP, 1982), p. 120.

49. W. T. De Bary et al. (Orgs.), *Sources of Japanese Tradition*, 2 v. (Nova York: Columbia UP, 2001-5), I, p. 467; M. Berry, *Hideyoshi* (Cambridge, MA: Harvard UP, 1982), pp. 206-16.

50. I. Hirobumi, *Commentaries on the Constitution* (Tóquio: Central University, 1906). R. Benedict, *The Chrysanthemum and the Sword* (Boston: Houghton Mifflin, 1946) [Ed. bras.: *O crisântemo e a espada* (São Paulo: Perspectiva, 1972)], é o relato ocidental clássico dos valores japoneses. Cortazzi, *Isles of Gold*, é uma introdução magnífica à cartografia japonesa. J. Whitney Hall (Org.), *The Cambridge History of Japan*, 6 v. (Cambridge: Cambridge UP, 1989-93), é excepcional. G. B. Sansom, *A Short Cultural History of Japan* (Stanford: Stanford UP, 1978), é um estudo útil em um só volume.

51. K. M. Doak, *A History of Nationalism in Modern Japan* (Leiden: Brill, 2007), pp. 120--4. J. e J. Brown, *China, Japan, Korea: Culture and Customs* (Charleston: Booksurge, 2006), p. 90.

Notas 505

52. O'Donovan e O'Donovan (Orgs.), *From Irenaeus to Grotius*, p. 728.
53. C. Carr, *The Lessons of Terror: A History of Warfare Against Civilians* (Nova York: Random House, 2003), pp. 78-9.
54. H. Bull et al., *Hugo Grotius and International Relations* (Oxford: Clarendon Press, 1990), é uma coletânea valiosa. Há uma seleção de escritos políticos de Vitória traduzidos para o inglês: J. Laurence e A. Pagden (Orgs.), *Vitoria: Political Writings* (Cambridge: Cambridge UP, 1991).
55. C. Maier, *Once Within Borders* (Cambridge, MA: Harvard UP, 2016), pp. 33-9.
56. L. Hanke, *The Spanish Struggle for Justice in the Conquest of America* (Filadélfia: University of Pennsylvania Press, 1949), p. 125.
57. C. Lévi-Strauss, *The Elementary Structures of Kinship* (Boston: Beacon, 1969), p. 46 [Ed. bras.: *As estruturas elementares do parentesco* (Petrópolis: Vozes, 1982)].
58. R. Wokler, "Apes and races in the Scottish Enlightenment", em P. Jones (Org.), *Philosophy and Politics in the Scottish Enlightenment* (Edimburgo: Donald, 1986), pp. 145-68. Há uma visão satírica das teorias de lorde Monboddo no romance *Melincourt*, de T. L Peacock, uma das grandes obras cômicas da literatura inglesa.
59. N. Barlow (Org.), *The Works of Charles Darwin, v. 1: Diary of the Voyage of the HMS Beagle* (Nova York: New York UP, 1987), p. 109.

7. Iluminismos por toda parte: Pensamento integrado em um mundo integrado [pp. 287-330]

1. Ver fontes deste e de outros materiais sobre Maupertuis em F. Fernández-Armesto, *Truth, A History*, pp. 152-8.
2. P. L. Maupertuis, *The Figure of the Earth, Determined from Observations Made by Order of the French King at the Polar Circle* (Londres: Cox, 1738), pp. 38-72.
3. J. C. Boudri, *What Was Mechanical about Mechanics: The Concept of Force between Metaphysics and Mechanics from Newton to Lagrange* (Dordrecht: Springer, 2002), pp. 145, n. 37.
4. G. Tonelli, "Maupertuis et la critique de la métaphysique", *Actes de la journée Maupertuis* (Paris: Vrin, 1975), pp. 79-90.
5. Parker, *Global Crisis*.
6. F. Fernández-Armesto, *The World: A History* (Upper Saddle River: Pearson, 2014).
7. L. Blussé, "Chinese century: the eighteenth century in the China Sea region", *Archipel*, LVIII (1999), pp. 107-29.
8. Leibniz, *Novissima Sinica*, prefácio; D. J. Cook e H. Rosemont (Orgs.), *Writings on China* (Chicago e La Salle: Open Court, 1994).
9. I. Morris, em F. Fernández-Armesto (Org.), *The Oxford Illustrated History of the World* (Oxford: Oxford UP, 2019), cap. 7.
10. E. Gibbon, *A história do declínio e queda do Império Romano* (São Paulo: Companhia de Bolso, 2005), cap. 1, p. 32.

11. Strabo, *Geography*, 3.1.
12. Gibbon, *Declínio e queda*, cap. 38, p.540.
13. P. Langford et al. (Orgs.), *The Writings and Speeches of Edmund Burke* (Oxford: Clarendon Press, 1981-), IX, p. 248.
14. D. Hay, *Europe: The Emergence of an Idea* (Edimburgo: Edinburgh UP, 1957), é uma história excelente do conceito. Histórias longas e curtas, respectivamente, podem ser encontradas em N. Davies, *Europe: A History* (Londres: Bodley Head, 2014), e F. Fernández-Armesto, *The Times Illustrated History of Europe* (Londres: Times Books, 1995).
15. D. Diderot, "L'Art", em *L'Encyclopédie* (1751), I, pp. 713-17.
16. D. Diderot, *Les eleuthéromanes ou les furieux de la liberté*, em Œuvres complètes (Paris: Claye, 1875), IX, p. 16. E. A. Setjen, *Diderot et le défi esthétique* (Paris: Vrin, 1999), p. 78.
17. G. Avenel (Org.), *Oeuvres complètes* (Paris: Le Siècle, 1879), VII, p. 184.
18. P. A. Dykema e H. A. Oberman (Orgs.), *Anticlericalism in Late Medieval and Early Modern Europe* (Leiden: Brill, 1993), é uma importante coletânea de ensaios. S. J. Barnett, *Idol Temples and Crafty Priests* (Nova York: St Martin's, 1999), aborda o anticlericalismo do Iluminismo de maneira original. P. Gay, *The Enlightenment*, 2 v. (Nova York: W. W. Norton, 1996), é uma obra brilhante com foco especial no pensamento secular dos *philosophes*, hoje desafiada como a principal síntese do período, ao menos com relação ao pensamento político, por J. Israel, *The Radical Enlightenment* (Oxford: Oxford UP, 2002). S. J. Barnett, *The Enlightenment and Religion* (Manchester: Manchester UP, 2004), contesta a primazia do secularismo no Iluminismo, como o faz, mais recentemente, U. Lehner, *The Catholic Enlightenment: The Forgotten History of a Global Movement* (Oxford: Oxford UP, 2016).
19. J. A. N. de Caritat, Marquês de Condorcet, *Sketch for an Historical Picture of the Progress of the Human Mind* (Londres: Weidenfeld, 1955), p. 201.
20. J. B. Bury, *The Idea of Progress* (Londres: Macmillan, 1920), é um clássico insuperável, instigantemente rivalizado por R. Nisbet, *History of the Idea of Progress* (New Brunswick e Londres: Transaction, 1980), que tenta traçar a ideia nas tradições cristãs de Providência.
21. G. W. Leibniz, *Teodiceia* (1710; nova edição em inglês, Londres: Routledge, 1951), é a asserção clássica; G. M. Ross, *Leibniz* (Oxford: Oxford UP, 1984), é a melhor introdução breve ao pensamento do filósofo.
22. M. Grice-Hutchinson, *The School of Salamanca* (Oxford: Oxford UP, 1952), p. 96.
23. T. de Mercado, *Summa de tratos* (Livro IV: "De la antigüedad y origen de los cambios", fo. 3v) (Sevilha: H. Díaz, 1575).
24. K. Kwarteng, *War and Gold* (Londres: Bloomsbury, 2014).
25. L. Magnusson, *Mercantilism: The Shaping of an Economic Language* (Londres: Routledge, 1994), é uma boa introdução; não cheguei a ver a versão profundamente revisada, *The Political Economy of Mercantilism* (Londres: Routledge, 2015). I. Wallerstein, *The Modern World-system*, v. 2 (Berkeley: University of California Press, 1980), é fundamental para entender o contexto histórico, assim como o é F. Braudel,

Notas

Civilization and Capitalism, 3 v. (Londres: Collins, 1983) [Ed. bras.: *Civilização material, economia e capitalismo*, 3 v. (São Paulo: Martins Fontes, 2009)].

26. Grice-Hutchinson, *The School of Salamanca*, p. 95.

27. Ibid., p. 94.

28. Ibid., p. 112. Outras fontes antigas foram compiladas em A. E. Murphy, *Monetary Theory, 1601-1758* (Londres: Routledge, 1997). D. Fischer, *The Great Wave* (Oxford: Oxford UP, 1999), é uma história controvertida, mas altamente estimulante, da inflação.

29. A. Smith, *A riqueza das nações*, livro 4, cap. 5.

30. Ibid., livro 5, cap. 2.

31. A. Smith, *Theory of Moral Sentiments* (Londres: Millar, 1790), 4.1, 10 [Ed. bras.: *Teoria dos sentimentos morais* (São Paulo: Martins Fontes, 1999)]; *Selected Philosophical Writings*, J. R. Otteson (Org.) (Exeter: Academic, 2004), p. 74.

32. T. Piketty, *Capital in the Twenty-first Century* (Cambridge, MA: Harvard UP, 2014), p. 236 [Ed. bras.: *O capital no século XXI* (Rio de Janeiro: Intrínseca, 2014).

33. F. W. Hirst, *Adam Smith* (Nova York: Macmillan, 1904)].

34. D. Friedman, *The Machinery of Freedom* (La Salle: Open Court, 1989), coloca a obra de Smith no contexto da economia liberal moderna. D. D. Raphael, *Adam Smith* (Nova York: Oxford UP, 1985), é uma boa introdução breve. P. H. Werhane, *Adam Smith and His Legacy for Modern Capitalism* (Nova York: Oxford UP, 1991), examina a influência de Smith.

35. O. Höffe, *Thomas Hobbes* (Munique: Beck, 2010), é a melhor análise. A principal obra de Hobbes recebe uma investigação proveitosa em C. Schmitt (Org.), *The Leviathan in the State Theory of Thomas Hobbes: Meaning and Failure of a Political Symbol* (Chicago: University of Chicago Press, 2008). A. Rapaczynski, *Nature and Politics* (Ithaca: Cornell UP, 1987), coloca Hobbes no contexto de Locke e Rousseau. N. Malcolm, *Aspects of Hobbes* (Oxford: Clarendon Press, 2002), é uma coletânea bastante esclarecedora de ensaios penetrantes. A citação de Aristóteles é de *Política*, 1.2.

36. S. Song, *Voltaire et la Chine* (Paris: Presses Universitaire de France, 1989).

37. D. F. Lach, *Asia in the Making of Europe*, v. 3 (Chicago: University of Chicago Press, 1993), é fundamental. J. Ching e W. Oxtoby, *Discovering China* (Rochester, NY: University of Rochester Press, 1992); W. W. Davis, "China, the Confucian ideal, and the European Age of Enlightenment", *Journal of the History of Ideas*, XLIV (1983), pp. 523-48; T. H. C. Lee (Org.), *China and Europe: Images and Influences in Sixteenth to Eighteenth Centuries* (Hong Kong: Chinese UP, 1991), também são importantes. A citação de Montesquieu é de *O espírito das leis*, livro XVII, cap. 3.

38. N. Russell, "The influence of China on the Spanish Enlightenment", dissertação de doutorado na Tufts University (2017).

39. G. T. F. Raynal, *Histoire Philosophique*, I, p. 124; citado em Israel, *The Radical Enlightenment*, p. 112.

40. Fernández-Armesto, *Milênio*, pp. 458-9; *The Americas* (Londres: Phoenix, 2004), pp. 64-5.

508   *Uma história da imaginação*

41. P. Fara, *Sex, Botany and Empire* (Cambridge: Icon, 2004), pp. 96-126.

42. M. Newton, *Savage Girls and Wild Boys: A History of Feral Children* (Londres: Faber, 2002), pp. 22, 32; H. Lane, *The Wild Boy of Aveyron* (Cambridge, MA: Harvard UP, 1975).

43. T. Ellingson, *The Myth of the Noble Savage* (Berkeley: University of California Press, 2001), é uma introdução útil. H. Fairchild, *The Noble Savage* (Nova York: Columbia UP, 1928), é uma história refinada do conceito. M. Hodgen, *Early Anthropology* (Filadélfia: University of Pennsylvania Press, 1964), e Pagden, *The Fall of Natural Man*, são estudos valiosos das ideias discutidas no início da etnografia moderna.

44. Rousseau, *Discourse on the Origin of Inequality*, citado em C. Jones, *The Great Nation* (Londres: Penguin, 2002), p. 29. M. Cranston, *Jean-Jacques: The Early Life and Work* (Chicago: University of Chicago Press, 1991), pp. 292-3. Z. M. Trachtenberg, *Making Citizens: Rousseau's Political Theory of Culture* (Londres: Routledge, 1993), p. 79.

45. Israel, *The Radical Enlightenment*, pp. 130-1, 700.

46. R. Wokler, *Rousseau, the Age of Enlightenment, and Their Legacies* (Princeton: Princeton UP, 2012), pp. 1-28.

47. Rousseau, *Do contrato social*, livro I, cap. 6, citado em tradução de Eduardo Brandão (São Paulo: Penguin-Companhia, 2011). T. O'Hagan, *Rousseau* (Londres: Routledge, 1999), elucida esse texto particularmente bem. Rousseau, *Discurso sobre a origem da desigualdade* (1754), é o texto fundamental. A. Widavsky, *The rise of radical egalitarianism* (Washington, DC: American UP, 1991), é uma introdução excelente. D. Gordon, *Citizens without Sovereignty* (Princeton: Princeton UP, 1994), examina o conceito no pensamento francês do século XVIII. R. W. Fogel, *The Fourth Great Awakening* (Chicago: University of Chicago Press, 2000), é uma obra provocadora que associa o igualitarismo americano à tradição cristã e defende um futuro em que a igualdade será atingida. A. Sen, *Inequality Reexamined* (Cambridge, MA: Harvard UP, 1992), é um ensaio fascinante que traz a história até os dias atuais e coloca desafios para o futuro. Sobre a vontade geral, A. Levine, *The General Will* (Cambridge: Cambridge UP, 1993), examina o conceito desde Rousseau até o comunismo moderno. P. Riley, *The General Will Before Rousseau* (Princeton: Princeton UP, 1986), é um estudo extraordinário das origens do conceito de vontade geral.

48. Rousseau, *Do contrato social*, livro II, cap. 3.

49. J. Keane, *Tom Paine* (Londres: Bloomsbury, 1995), é uma boa biografia. E. Foner, *Tom Paine and Revolutionary America* (Nova York: Oxford UP, 1976), é um estudo clássico. As obras mais influentes de Rousseau nesse campo foram *Discurso sobre a desigualdade* (1754) e *Emílio* (1762).

50. O. de Gouges, *Déclaration des droits de la femme et de la citoyenne*, artigo X; há uma edição conveniente editada pela République des Lettres (Paris: 2012). Os pontos de vista de De Gouges são abordados de maneira curiosa no romance de Mary Wollstonecraft, *Maria or the Wrongs of Woman*. C. L. Johnson (Org.), *The Cambridge Companion to Mary Wollstonecraft* (Cambridge: Cambridge UP, 2002), é abrangente e proveitoso.

51. C. Francis e F. Gontier (Orgs.), *Les écrits de Simone de Beauvoir: la vie - l'écriture* (Paris: Gallimard, 1979), pp. 245-81.

Notas 509

52. D. Diderot, *Encyclopédie méthodique* (Paris: Pantoucke, 1783), II, p. 222.

53. J. C. D. Clark, *The Language of Lliberty* (Cambridge: Cambridge UP, 1994).

54. F. J. Turner, *The Frontier in American History* (Nova York: Dover, 1996); F. J. Turner, *Does the Frontier Experience Make America Exceptional?*, leituras selecionadas e apresentadas por R. W. Etulain (Boston: Bedford, 1999).

55. M. Cranston, *The Noble Savage: Jean-Jacques Rousseau, 1754-62* (Chicago: University of Chicago Press, 1991), p. 308.

56. E. Burke, *Reflections on the Revolutions in France*, org. F. M. Turner (New Haven: Yale UP, 2003), p. 80 [Ed. bras.: *Reflexões sobre a revolução em França* (Brasília: UnB, 1982)].

57. A. de Tocqueville, *Democracy in America*, introd. e v. 1, cap. 17. Uma edição recente é a de H. C. Mansfield e D. Winthrop (Chicago: University of Chicago Press, 2000). J. T. Schneider (Org.)., *The Chicago Companion to Tocqueville's Democracy in America* (Chicago: University of Chicago Press, 2012), é abrangente.

58. C. Williamson, *American Suffrage from Property to Democracy* (Princeton: Princeton UP, 1960), traça a história do direito constitucional ao voto nos Estados Unidos. Uma luz fascinante sobre a recepção das ideias democráticas norte-americanas na Europa é lançada pelo influente J. Bryce, *The American Commonwealth* (Londres: Macmillan, 1888).

59. Locke, *Ensaio sobre o entendimento humano*, livro 2, cap. 1.

60. A. J. Ayer, *Language, Truth and Logic* (Londres: Gollancz, 1936), é a defesa mais objetiva do positivismo lógico. Ver uma crítica em Putnam, *Reason, Truth and History*, pp. 363-5.

61. R. Spangenburg e D. Moser, *The History of Science in the Eighteenth Century* (Nova York: Facts on File, 1993), é uma breve introdução popular. A. Donovan, *Antoine Lavoisier* (Oxford: Blackwell, 1993), é uma bela biografia que contextualiza o personagem em um relato claro da ciência da época. R. E. Schofield, *The Enlightenment of Joseph Priestley* e *The Enlightened Joseph Priestley* (University Park: Pennsylvania State UP, 1998, 2004), constituem biografias igualmente marcantes do rival de Lavoisier.

62. L. Pasteur, *The Germ Theory and Its Applications to Medicine and Surgery* (1909).

63. R. W. Reid, *Microbes and Men* (Boston: E. P. Dutton, 1975), é uma história agradável da teoria dos germes. A. Karlen, *Man and Microbes* (Nova York: Simon & Schuster, 1995), é um estudo controverso e um tanto apocalíptico da história das pestes infligidas por micróbios. L. Garrett, *The Coming Plague* (Nova York: Farrar, Straus and Giroux, 1994), é uma brilhante advertência ao mundo sobre o estado atual da evolução microbiana.

64. *Papers and Proceedings of the Connecticut Valley Historical Society* (1876), I, p. 56. M. J. McClymond e G. R. McDermott, *The Theology of Jonathan Edwards* (Oxford: Oxford UP, 2012), é o estudo mais completo.

65. *George Whitefield's Journals* (Lafayette: Sovereign Grace, 2000).

66. Œuvres complètes de Voltaire, L. Moland (Org.) (Paris: Garnier, 1877-85), X, p. 403.

67. T. Blanning, *The Triumph of Music* (Cambridge, MA: Harvard UP, 2008).

68. Baron d'Holbach, *System of Nature*, citado em Jones, *The Great Nation*, pp. 204-5.

69. Fernández-Armesto, *Millennium*, pp. 379-83.

70. I. Berlin, *The Roots of Romanticism* (Princeton: Princeton UP, 2001) [Ed. bras.: *As raízes do romantismo* (São Paulo: Três Estrelas, 2015)], é uma coletânea instigante de palestras. W. Vaughan, *Romanticism and Art* (Londres: Thames and Hudson, 1994), é um estudo espirituoso. D. Wu, *Companion to Romanticism* (Oxford: Blackwell, 1999), almeja auxiliar o estudo da literatura romântica brilhante, mas é muito mais útil que isso. A última alusão é a um discurso de W. E. Gladstone em Liverpool em 28 de junho de 1886. P. Clarke, *A Question of Leadership* (Londres: Hamilton, 1991), pp. 34-5.

8. O climatério do progresso: Certezas do século XIX [pp. 331-95]

1. I. Kant, *Critique of Pure Reason*, ed. P. Guyer and A. W. Wood (Cambridge: Cambridge UP, 1998) [Ed. bras.: *Crítica da razão pura* (Petrópolis: Vozes, 2012)].

2. *The Collected Works of William Hazlitt*, A. R. Waller e A. Glover (Orgs.) (Londres: Dent, 1904), X, p. 87.

3. T. R. Malthus, *Population: The First Essay* (Ann Arbor: University of Michigan Press, 1959), p. 5.

4. W. Hazlitt, *The Spirit of the Age* (Londres: Templeman, 1858), p. 93.

5. A. Pyle (Org.), *Population: Contemporary Responses to Thomas Malthus* (Bristol: Thoemmes Press, 1994), é uma compilação fascinante das primeiras críticas. S. Hollander, *The Economics of Thomas Robert Malthus* (Toronto: University of Toronto Press, 1997), é um estudo erudito e exaustivo. M. L. Bacci, *A Concise History of World Population* (Oxford: Blackwell, 2001), é uma introdução útil à história da demografia. A. Bashford, *Global Population: History, Geopolitics, and Life on Earth* (Nova York: Columbia UP, 2014), examina a ansiedade populacional sob uma nova perspectiva.

6. Langford et al. (Orgs.), *Writings and Speeches of Edmund Burke*, IX, p. 466.

7. E. Burke, *Reflexões sobre a revolução em França*, é o texto fundador dessa tradição. O conservadorismo que ele estabeleceu é satirizado de maneira brilhante — ou, talvez, um tanto caricaturado — no romance de 1830 de T. L. Peacock, *The Misfortunes of Elphin*. M. Oakeshott, *Rationalism in Politics* (Londres: Methuen, 1962), e R. Scruton, *The Meaning of Conservatism* (Londres: Macmillan, 1980), são posicionamentos modernos excepcionais. R. Bourke, *Empire and Nation: The Political Life of Edmund Burke* (Princeton: Princeton UP, 2015), é magistral e fascinante.

8. D. Newsome, *Godliness and Good Learning* (Londres: Cassell, 1988), p. 1.

9. E. Halévy, *The Growth of Philosophic Radicalism* (Londres: Faber, 1952), continua insuperável. J. R. Dinwiddy, *Bentham* (Stanford: Stanford UP, 2003), é uma introdução breve. G. J. Postema, *Jeremy Bentham: Moral, Political, and Legal Philosophy*, 2 v. (Aldershot: Dartmouth, 2002), é uma coletânea útil de ensaios importantes sobre a questão.

10. *The Collected Letters of Thomas and Jane Welsh Carlyle* (Durham: Duke UP, 1970-em andamento), XXXV, pp. 84-5.

Notas

11. A. Bain, *James Mill* (Cambridge: Cambridge UP, 2011), p. 266; cf. J. S. Mill, *Utilitarianism* (Londres: Parker, 1863), pp. 9-10.

12. G. W. Smith (Org.), *John Stuart Mill's Social and Political Thought*, 2 v. (Londres: Routledge, 1998), II, p. 128.

13. H. H. Asquith, *Studies and Sketches* (Londres: Hutchinson and Co., 1924), p. 20.

14. J. S. Mill, *On Liberty* (Londres: Longman, 1867), p.44 [Ed. bras.: *Sobre a liberdade* (Rio de Janeiro: Nova Fronteira, 2011)]. Ver uma perspectiva de longo prazo das origens do liberalismo, com raízes na tradição cristã, em L. Siedentop, *Inventing the Individual: The Origins of Western Liberalism* (Cambridge, MA: Harvard UP, 2017).

15. A. Ryan, *The Philosophy of John Stuart Mill* (Londres: Macmillan, 1987), é uma introdução extraordinária. J. Skorupski, *John Stuart Mill* (Londres: Routledge, 1991), é útil e conciso. M. Cowling, *Mill and Liberalism* (Cambridge: Cambridge UP, 1990), é um estudo excelente e bem elaborado.

16. E. O. Hellerstein, *Victorian Women* (Stanford: Stanford UP, 1981), é uma coleção valiosa de evidências. C. Heywood, *Childhood in Nineteenth-Century France* (Cambridge: Cambridge UP, 1988), é um belo estudo do problema das leis trabalhistas. L. de Mause (Org.), *The History of Childhood* (Nova York: Harper, 1974), é uma coletânea pioneira de ensaios.

17. W. Irvine, *Apes, Angels and Victorians* (Nova York: McGraw-Hill, 1955).

18. S. Fraquelli, *Radical Light: Italy's Divisionist Painters, 1891-1910* (Londres: National Gallery, 2008), p. 158.

19. J. C. Petitfils, *Les socialismes utopiques* (Paris: Presses Universitaires de France, 1977). A. E. Bestor, *Backwoods Utopias, the Sectarian and Owenite Phases of Communitarian Socialism in America, 1663-1829* (Filadélfia: University of Pennsylvania Press, 1950), continua válido no que diz respeito a experimentos norte-americanos nessa tradição.

20. E. Norman, *The Victorian Christian Socialists* (Cambridge: Cambridge UP, 1987), p. 141.

21. L. Kolakowski e S. Hampshire (Orgs.), *The Socialist Idea* (Londres: Quartet, 1974), é uma excelente introdução crítica. C. J. Guarneri, *The Utopian Alternative* (Ithaca: Cornell UP, 1991), é um bom estudo do socialismo agrário nos Estados Unidos. C. N. Parkinson, *Left Luggage* (Boston: Houghton Mifflin, 1967), é talvez a crítica mais engraçada que existe do socialismo.

22. D. Ricardo, *On the Principles of Political Economy and Taxation* (Londres: Dent, [1817] 1911) [Ed. bras.: *Princípios de economia política e tributação* (São Paulo: Nova Cultural, 1996)], é a obra fundamental. G. A. Caravale (Org.), *The Legacy of Ricardo* (Oxford: Blackwell, 1985), é uma compilação de ensaios sobre a influência do pensador. S. Hollander, *The Economics of David Ricardo* (Londres: Heinemann, 1979), é um estudo exaustivo. Ensaios reunidos do mesmo autor, que atualizam sua obra em alguns aspectos, foram publicados em *Ricardo: The New View*, I (Abingdon: Routledge, 1995).

23. *The Works and Correspondence of David Ricardo*, P. Saffra (Org.) (Cambridge, Cambridge UP), IX, p. 29.

24. Ricardo, *On the Principles of Political Economy and Taxation*, cap. 1, 5, p. 61; *The works of David Ricardo, esq., MP* (Londres: Murray, 1846), p. 23.

25. Esta última é a tese bem corroborada de Piketty, *O capital no século XXI*.

26. K. Marx e F. Engels, *Manifesto do partido comunista*, tradução de Sergio Tellaroli (São Paulo: Penguin-Companhia, 2012).

27. Popper, *The Open Society and Its Enemies*, v. 2, é um estudo brilhante e uma crítica devastadora. D. McLellan, *Marx: Selected Writings* (Oxford: Oxford UP, 2000), é uma boa introdução a Marx. F. Wheen, *Karl Marx* (Nova York: Norton, 2001), é uma biografia penetrante e perspicaz.

28. A teoria de Berkeley aparece em *Os diálogos entre Hylas and Philonous* (1713). F. H. Bradley, *Appearance and Reality* (Londres: Swan Sonnenschein and Co., 1893), é a afirmação clássica de uma forma extrema de idealismo. G. Vesey (Org.)., *Idealism: Past and Present* (Cambridge: Cambridge UP, 1982), trata do tema sob a ótica histórica.

29. G. W. F. Hegel, *The Encyclopedia Logic*, org. T. F. Geraets et al. (Indianapolis: Hackett, 1991) [Ed. bras.: *A enciclopédia das ciências filosóficas: I. A ciência da lógica* (São Paulo: Loyola, 2010)]; cf. *Grundlinien der Philosophie des Rechts oder Naturrecht und Staatswissenschaft im Grundrisse* (Berlim, 1833), p. 35. G. A. Magee, *The Hegel Dictionary* (Londres: Continuum, 2010), p. III, faz um bom trabalho ao tornar inteligíveis as noções de Hegel.

30. G. W. F. Hegel, *Lectures on the Philosophy of History*, tradução de J. Sibree (Londres: Bell, 1914), p. 41.

31. S. Avineri, *Hegel's Theory of the Modern State* (Cambridge: Cambridge UP, 1974), é uma introdução clara aos conceitos fundamentais. E. Weil, *Hegel and the State* (Baltimore: Johns Hopkins UP, 1998), é uma leitura empática e uma discussão interessante de algumas linhagens do pensamento político que tiveram origem em Hegel. R. Bendix, *Kings or People* (Berkeley e Los Angeles: University of California Press, 1978), é um importante estudo comparativo da ascensão da soberania popular.

32. *Thomas Carlyle's Collected Works* (Londres: Chapman, 1869), I, pp. 3, 14-15.

33. J. Burckhardt, *Reflections on History* (Indianápolis: Library Classics, [1868] 1943), pp. 270-96; há muitas outras edições.

34. T. Carlyle, *On Heroes, Hero-Worship and the Heroic in History* [1840] (Londres: Chapman, s.d. [1857]), p. 2.

35. T. Carlyle, *Past and Present* (Nova York: Scribner, 1918), p. 249.

36. H. Spencer, *The Study of Sociology* (Nova York: Appleton, 1896), p. 34.

37. O. Chadwick, *The Secularization of the European Mind in the Nineteenth Century* (Cambridge: Cambridge UP, 1975), é um estudo brilhante do contexto.

38. Carlyle, *On Heroes*, é um texto representativo. F. Nietzsche, *Thus Spake Zarasthustra* [1883], ed. G. Parkes (Oxford: Oxford UP, 2005) [Ed. bras.: *Assim falou Zaratustra* (São Paulo: Companhia das Letras, 2011)], contém o pensamento do filósofo sobre esse assunto.

39. Nietzsche, *Thus Spake Zarasthustra*, prólogo, parte 3, p. 11. A respeito de Nietzsche como um agente provocador intencional ver S. Prideau, *I Am Dynamite: A Life of Nietzsche* (Nova York: Duggan, 2018).

Notas 513

40. L. Lampert, *Nietzsche's Task: An Interpretation of Beyond Good and Evil* (New Haven: Yale UP, 2001); F. Nietzsche, *Beyond Good and Evil*, org. W. Kaufmann (Nova York: Random House, 1966) [Ed. bras.: *Além do bem e do mal* (São Paulo: Companhia das Letras, 1992)], pp. 101-2, 198.

41. B. Russell, *History of Western Philosophy*, p. 690.

42. S. May, *Nietzsche's Ethics and His War on "Morality"* (Oxford: Oxford UP, 1999). Uma boa edição em inglês de *A genealogia da moral* é K. Ansell, *On the Genealogy of Morality*, (Cambridge: Cambridge UP, 1994). Uma coletânea útil de ensaios é R. Schacht (Org.), *Nietzsche, Genealogy, Morality* (Berkeley: University of California Press, 1994).

43. F. Nietzsche, *The Will to Power* (Nova York: Vintage, 1968) [Ed. bras.: *A vontade de poder* (Rio de Janeiro: Contraponto, 2008)], p. 550.

44. A. Schopenhauer, *O mundo como vontade e representação* (1818), e Nietzsche, *A vontade de poder*, são os textos fundamentais. B. Magee, *The Philosophy of Schopenhauer* (Oxford: Oxford UP, 1983), é a melhor introdução. J. E. Atwell, *Schopenhauer on the Character of the World* (Berkeley: University of California Press, 1995), trata da doutrina da vontade. D. B. Hinton, *The Films of Leni Riefenstahl* (Lanham: Scarecrow, 1991), é uma introdução sem meias palavras de sua obra.

45. Citado em W. Laqueur, *Guerrilla: A Historical and Critical Study* (Nova York: Little Brown, 1976), p. 135.

46. Ver F. Trautmann, *The Voice of Terror: A Biography of Johann Most* (Westport: Greenwood, 1980).

47. O lema, que, pelo que pude descobrir, aparece pela primeira vez em inglês em H. Brailsford, *Macedonia: Its Races and Their Future* (Londres: Methuen, 1906), p. 116, já se tornou folclórico. Ver M. MacDermott, *Freedom or Death: The Life of Gotsé Delchev* (Londres: Journeyman, 1978), p. 348. W. Laqueur, *Terrorism: A Study of National and International Political Violence* (Boston: Little, Brown, 1977), p. 13. K. Brown, *Loyal unto Death: Trust and Terror in Revolutionary Macedonia* (Bloomington: Indiana UP, 2013), trata excepcionalmente bem da formação de Gruev.

48. W. Laqueur, *The Age of Terrorism* (Boston: Little, Brown, 1987), é uma bela introdução. W. Laqueur (Org.), *The Guerrilla Reader* (Londres: Wildwood House, 1978), e *The Terrorism Reader* (Londres: Wildwood House, 1979), são antologias úteis. P. Wilkinson, *Political Terrorism* (Londres: Macmillan, 1974), é um estudo eminentemente prático. J. Conrad, *The Secret Agent* (Londres: Methuen, 1907) [Ed. bras.: *O agente secreto* (São Paulo: Landmark, 2012)], e G. Greene, *The Honorary Consul* (Nova York: Simon and Schuster, 1973) [Ed. bras.: *O cônsul honorário* (São Paulo: Círculo do Livro, 1973)], estão entre os tratamentos novelísticos mais perspicazes do terrorismo.

49. P. Kropotkin, *Anarchism: A Collection of Revolutionary Writings*, R. Baldwin (Org.) (Mineola: Dover, 2002), p. 123.

50. C. Cahm, *Kropotkin and the Rise of Revolutionary Anarchism* (Nova York: Cambridge UP, 1989). Há uma tradução em inglês das memórias de Kropotkin, *Memoirs of a Revolutionist* (Nova York: Dover, 1988). A. Kelly, *Mikhail Bakunin* (New Haven: Yale UP, 1987), é provavelmente o melhor livro sobre Bakunin. D. Morland, *Demanding*

the Impossible (Londres: Cassell, 1997), estudou o anarquismo do século XIX de uma perspectiva psicológica.

51. H. D. Thoreau, "On the duty of civil disobedience", em D. Malone-France (Org.), *Political Dissent: A Global Reader* (Lanham: Lexington Books, 2012), p. 37.

52. J. Rawls, *A Theory of Justice* (Cambridge, MA: Harvard UP, 1971), pp. 364-88. Ver R. Bleiker, *Popular Dissent, Human Agency and Global Politics* (Cambridge: Cambridge UP, 2000); J. M. Brown, *Gandhi and Civil Disobedience* (Nova York: Cambridge UP, 1977).

53. E. E. Y. Hales, *The Catholic Church and the Modern World* (Londres: Eyre and Spottiswoode, 1958), é um bom ponto de partida. B. Duncan, *The Church's Social Teaching* (Melbourne: Collins Dove, 1991), é um relato proveitoso do final do século XIX e início do século XX. D. O'Brien e T. Shannon (Orgs.), *Catholic Social Thought: Encyclicals and Documents from Pope Leo to Pope Francis* (Maryknoll: Orbis, 2016), é uma coletânea útil de documentos. J. S. Boswell et al., *Catholic Social Thought: Twilight or Renaissance?* (Leuven: Leuven UP, 2001), é uma coletânea empenhada de ensaios que abrange todo o campo.

54. A. R. Vidler, *A Century of Social Catholicism* (Londres: SPCK, 1964), é a obra mais importante, seguida de perto por P. Misner, *Social Catholicism in Europe* (Nova York: Crossroad, 1991). L. P. Wallace, *Leo XIII and the Rise of Socialism* (Durham: Duke UP, 1966), dá a devida importância ao contexto. A. Wilkinson, *Christian Socialism* (Londres: SCM, 1998), traça a influência cristã na política trabalhista da Grã-Bretanha. W. D. Miller, *Dorothy Day* (San Francisco: Harper and Row, 1982), é uma boa biografia de uma importante ativista social católica da modernidade.

55. Citado em M. Hirst, *States, Countries, Provinces* (Londres: Kensal, 1986), p. 153.

56. N. Leask, "Wandering through Eblis: absorption and containment in romantic exoticism", em T. Fulford e P. J. Kitson (Orgs.), *Romanticism and Colonialism: Writing and Empire, 1730-1830* (Cambridge: Cambridge UP, 1998), pp. 165-83. A. e N. Jardine (Orgs.), *Romanticism and the Sciences* (Cambridge: Cambridge UP, 1990), pp. 169-85.

57. E. Gellner, *Nations and Nationalism* (Ithaca: Cornell UP, 2008), p. 47.

58. E. Gellner, *Nationalism* (Londres: Phoenix, 1998), é uma extraordinária introdução. B. Anderson, *Imagined Communities* (Nova York: Verso, 1991), é um estudo pioneiro sobre nacionalismo e identidade. E. Hobsbawm e T. Ranger (Orgs.), *The Invention of Tradition* (Cambridge: Cambridge UP, 1983) [Ed. bras.: *A invenção das tradições* (São Paulo: Paz e Terra, 2008)], é uma intrigante coletânea de ensaios sobre auto-improvisação nacional. R. Pearson (Org.), *The Longman Companion to European Nationalism, 1789-1920* (Londres: Longman, 1994), é uma obra de referência útil. D. Simpson, *Romanticism, Nationalism and the Revolt against Theory* (Chicago: University of Chicago Press, 1993), é uma boa visão panorâmica breve. L. Hagendoorn et al., *European Nations and Nationalism* (Aldershot: Ashgate, 2000), é uma importante coletânea de ensaios.

59. Citado em Popper, *The Open Society and Its Enemies*, I, p. 300.

60. Davies, *Europe: A History*, p. 733.

Notas 515

61. J. G. Fichte, *Reden an Deutsche Nation* (Berlim: Realschulbuchhandlung, 1808), é o texto fundamental. A. J. P. Taylor, *The Course of German History* (Londres: Routledge, 2001), é uma polêmica brilhante. A. J. LaVopa, *Fichte, the Self and the Calling of Philosophy* (Cambridge: Cambridge UP, 2001), contextualiza e torna inteligível o pensamento de Fichte.

62. T. B. Macaulay, *Critical and Historical Essays*, 3 v. (Londres, 1886), II, pp. 226-7.

63. T. B. Macaulay, *The History of England*, 2 v. (Londres: Longman, 1849), II, p. 665.

64. Macaulay, *The History of England*, é o ponto de partida da mitologia britânica do século XIX. D. Gilmour, *Rudyard Kipling* (Londres: Pimlico, 2003), é a melhor biografia do maior panegirista do britanismo. A citação de Rhodes está na p. 137. N. Davies, *The Isles* (Londres: Macmillan, 2000), é a melhor e a mais controversa história da Grã-Bretanha em um só volume.

65. No ato 1 da peça de 1908 de I. Zangwill, *The Melting Pot*.

66. R. Horsman, *Race and Manifest Destiny* (Cambridge, MA: Harvard UP, 1990), é uma investigação vivaz e controversa. W. Cronon (Org.), *Under an Open Sky* (Nova York: W. W. Norton, 1994), é um estudo excepcional do processo colonizador em direção ao oeste e seus efeitos ecológicos. W. Cronon, *Nature's Metropolis* (Nova York: W. W. Norton, 1992), é um estudo impressionante do crescimento de Chicago.

67. F. Fernández-Armesto, "America can still save the world", *Spectator*, 8.jan.2000, p. 18.

68. J. Farina (Org.), *Hecker Studies: Essays on the Thought of Isaac Hecker* (Nova York: Paulist Press, 1983), é uma boa introdução. W. L. Portier, *Isaac Hecker and the Vatican Council* (Lewiston: Edwin Mellen, 1985), é um estudo importante. J. Dolan, *The American Catholic Experience* (Indianápolis: University of Notre Dame Press, 1985), e P. Gleason, *Keeping Faith* (Indianápolis: University of Notre Dame Press, 1987), são boas histórias do catolicismo nos Estados Unidos.

69. Z. Sardar e M. Wynn Davies, *Why Do People Hate America* (Londres: Icon, 2005), é um resumo brilhante. J. S. Nye, *The Paradox of American Power* (Nova York: Oxford UP, 2002), é um estudo inquiridor e fascinante.

70. I. Jack (Org.), *Granta 77: What We Think of America* (Londres: Granta, 2002), p. 9.

71. Han-yin Chen Shen, "Tseng Kuo-fan in Peking, 1840-52: his ideas on statecraft and reform", *Journal of Asian Studies*, XXVI (1967), pp. 61-80, 71.

72. I. Hsu, *The Rise of Modern China* (Nova York: Oxford UP, 1999), é a melhor história da China nos períodos relevantes. S. A. Leibo, *Transferring Technology to China* (Berkeley: University of California Press, 1985), é um estudo excelente de uma vertente do movimento de autofortalecimento. R. B. Wong, *China Transformed* (Ithaca: Cornell UP, 2000), é fundamental.

73. Citado em C. Holcombe, *A History of East Asia* (Cambridge: Cambridge UP, 2017), p. 245.

74. F. Yukichi, *Autobiography* (Nova York: Columbia UP, 1966), é um memorial fascinante de um dos "descobridores do Ocidente" no Japão. Ver também as obras listadas no capítulo 6.

75. "The man who was" (1889), em R. Kipling, *Life's Handicap* (Nova York: Doubleday, 1936), p. 91.
76. A. F. Salahuddin Ahmed, *Social Ideas and Social Change in Bengal, 1818-35* (Leiden: Brill, 1965), p. 37.
77. S. Chaudhuri, *Renaissance and Renaissances: Europe and Bengal* (University of Cambridge Centre for South Asian Studies Occasional Papers, n. 1, 2004), p. 4.
78. D. Kopf, *The Brahmo Samaj and the Shaping of the Modern Indian Mind* (Princeton: Princeton UP, 1979), é uma obra profunda e perspicaz. G. Haldar, *Vidyasagar: A Reassessment* (Nova York: People's Publishing House, 1972), é um retrato extraordinário. A introdução de M. K. Haldar para o ensaio cognoscitivo de Bankimchandra Chattopadhyaya, *Renaissance and Reaction in Nineteenth-Century Bengal* (Kolkata: Minerva, 1977), é revigorante, perspicaz e provocativa. M. Rajaretnam (Org.), *José Rizal and the Asian Renaissance* (Kuala Lumpur: Institut Kajian Dasar, 1996), contém alguns ensaios sugestivos.
79. N. Keddie, *Sayyid Jamal al-Din al-Afghani* (Berkeley: University of California Press, 1972). A. Hourani, *Arabic Thought in the Liberal Age* (Cambridge: Cambridge UP, 1983), é fundamental. Z. Sardar é a encarnação atual da tradição islâmica que tem uma postura aberta ao Ocidente. Ver, por exemplo, *Desperately Seeking Paradise: Journeys of a Sceptical Muslim* (Londres: Granta, 2005).
80. I. Duncan, "Darwin and the savages", *Yale Journal of Criticism*, IV (1991), pp. 13-45.
81. C. Darwin, *On the Origin of Species* (Londres: Murray, 1859), p. 490.
82. *A origem das espécies (On the Origin of Species, 1859)* e *A origem do homem e a seleção sexual (The Descent of Man, 1872)* estabeleceram a teoria e colocaram a humanidade em seu contexto. N. Eldredge, *Time Frames* (Nova York: Simon & Schuster, 1985), é a melhor crítica moderna. A. Desmond e J. Moore, *Darwin* (Nova York: W. W. Norton, 1994), é a melhor biografia — emocionante e instigante. Mais exaustivos e mais sérios são os dois volumes de J. Browne, *Charles Darwin* (Nova York: Knopf, 1995).
83. R. C. Bannister, *Social Darwinism: Science and Myth in Anglo-American Social Thought* (Filadélfia: Temple UP, 1989), p. 40.
84. H. Spencer, *An Autobiography*, 2 v. (Londres: Murray, 1902), I, p. 502; II, p. 50.
85. M. Hawkins, *Social Darwinism in European and American Thought* (Cambridge: Cambridge UP, 1997), pp. 81-6.
86. K. Taizo e T. Hoquet, "Translating 'Natural Selection' in Japanese", *Bionima*, VI (2013), pp. 26-48.
87. D. Pick, *Faces of Degeneration: A European Disorder, c. 1848-1918* (Cambridge: Cambridge UP, 1993).
88. N. Stepan, *Picturing Tropical Nature* (Ithaca: Cornell UP, 2001).
89. H. Krausnick et al., *Anatomy of the SS State* (Nova York: Walker, 1968), p. 13. Fernández-Armesto, *A Foot in the River*, p. 63.
90. Browne, *Charles Darwin*, I, p. 399.

Notas

91. G. Best, *Humanity in Warfare* (Nova York: Columbia UP, 1980), pp. 44-5, 108-9.

92. G. W. F. Hegel, *Elements of the Philosophy of Right*, org. A. Wood (Cambridge: Cambridge UP, 1991) [Ed. bras.: *Princípios da filosofia do direito*, tradução de Orlando Vitorino (São Paulo: Martins Fontes, 1997)], pp. 297-8.

93. P. Bobbitt, *The Shield of Achilles* (Nova York: Knopf, 2002), é uma espetacular história belicista da guerra nas relações internacionais. B. Heuser, *Reading Clausewitz* (Londres: Random House, 2002), explica seu pensamento e examina sua influência. M. Howard, *Clausewitz* (Oxford: Oxford UP, 2002), é uma introdução breve e satisfatória.

94. C. von Clausewitz, *On War*, tradução de J. J. Graham, 3 v. (Londres: Routledge, 1968), I, p. 2; II, p. 24.

95. G. Ritter, *The Sword and the Scepter*, 2 v. (Miami: University of Miami Press, 1969), é o estudo clássico sobre o militarismo alemão. V. R. Berghahn, *Militarism* (Leamington Spa: Berg, 1981), e N. Stargardt, *The German Idea of Militarism* (Cambridge: Cambridge UP, 1994), são introduções úteis para o período posterior a 1860. S. Finer, *The Man on Horseback* (Nova York: Praeger, 1965), é uma excepcional investigação do papel social e político dos militares.

96. H. Pross (Org.), *Die Zerstörung der Deutschen Politik: Dokumente 1871-1933* (Frankfurt: Fischer, 1959), pp. 29-31.

97. A. Bowler, "Politics as art: Italian futurism and fascism", *Theory and Society*, XX (1991), pp. 763-94.

98. B. Mussolini, *A doutrina do fascismo*, parág. 3. C. Cohen (Org.), *Communism, Fascism and Democracy: The Theoretical Foundations* (Nova York: Random House, 1972), pp. 328-39.

99. B. V. A. Rolling, "The sin of silence", *Bulletin of the Atomic Scientists*, XXXVI (1980), n. 9, pp. 10-13.

100. K. Fant, *Alfred Nobel* (Nova York: Arcade, 1993), é o único estudo efetivamente útil sobre ele. L. S. Wittner, *The Struggle Against the Bomb*, 2 v. (Stanford: Stanford UP, 1995-7), é um estudo abrangente do movimento pelo desarmamento nuclear. O filme *Dr. Fantástico* (1964), de Stanley Kubrick, é uma deliciosa sátira de humor negro da Guerra Fria.

101. F. Galton, "Hereditary talent and character", *Macmillan's Magazine,* XII (1865), pp. 157-66, 318-27. F. Galton, "Eugenics: its definition, scope, and aims", *American Journal of Sociology*, X (1904), n. 1, pp. 1-25.

102. F. Galton, *Essays in Eugenics* [1909] (Nova York: Garland, 1985). M. S. Quine, *Population Politics in Twentieth-Century Europe* (Londres: Routledge, 1996), define com brilho o contexto. M. B. Adams (Org.), *The Well-Born Science* (Nova York: Oxford UP, 1990), é uma coletânea de ensaios importantes. M. Kohn, *The Race Gallery* (Londres: Jonathan Cape, 1995), estuda a ascensão da ciência racial. C. Clay e M. Leapman, *Master Race* (Londres: Hodder and Stoughton, 1995), é um relato assustador de um dos projetos nazistas de eugenia. Bashford, *Global Population*, é indispensável.

103. Bethencourt, *Racisms*.

104. A. Thomson, *Bodies of Thought: Science, Religion, and the Soul in the Early Enlightenment* (Oxford: Oxford UP, 2008), p. 240.

105. A. de Gobineau, *The Inequality of Human Races* (Nova York: Howard Fertig, 1999), é o ponto de partida. C. Bolt, *Victorian Attitudes to Race* (Londres: Routledge, 1971), e L. Kuper (Org.), *Race, Science and Society* (Paris: Unesco, 1975), são excelentes estudos modernos.

106. Nietzsche, *Beyond Good and Evil*, p. 118.

107. D. Cohn-Sherbok, *Anti-semitism* (Stroud: Sutton, 2002), é uma história rigorosa e equilibrada. N. Cohn, *Europe's Inner Demons* (Chicago: University of Chicago Press, 2001), é uma investigação clássica e controversa da linhagem do antissemitismo. H. Walser Smith, *The Butcher's Tale* (Nova York: W. W. Norton, 2003), é um estudo de caso fascinante. P. Pulzer, *The Rise of Political Anti-semitism in Germany and Austria* (Cambridge, MA: Harvard UP, 1988), é bem-informado e convincente. S. Almog, *Nationalism and Antisemitism in Modern Europe* (Oxford: Pergamon Press, 1990), apresenta um breve panorama.

108. F. Adler, *The Religion of Duty* (Nova York: McClure, 1909), p. 108.

109. M. Knight (Org.), *Humanist Anthology* (Londres: Barrie and Rockliff, 1961), é uma coletânea útil de textos. Chadwick, *The Secularization of the European Mind*, é um relato excelente da "crise de fé" do século XIX, que tem ressonância em A. N. Wilson, *God's Funeral* (Nova York: W. W. Norton, 1999).

110. Kristeller, *Renaissance Thought and Its Sources*, é um ótimo compêndio da tradição anterior e pode ser proveitosamente suplementado por P. Burke, *Tradition and Innovation in Renaissance Italy* (Londres: Fontana, 1974).

111. Ver K. Armstrong, *Em nome de Deus: O fundamentalismo no judaísmo, no cristianismo e no islamismo* (São Paulo: Companhia das Letras, 2009).

9. A vingança do caos: Descosturando a certeza [pp. 396-422]

1. J. Chevalier, *Henri Bergson* (Paris: Plon, 1926), p. 40. L. Kolakowski, *Bergson* (Oxford: Oxford UP, 1985), é a melhor introdução a Bergson. A. R. Lacey, *Bergson* (Londres: Routledge, 1989), e J. Mullarkey, *Bergson and Philosophy* (Indianápolis: University of Notre Dame Press, 1999), são mais detalhados mas menos elegantes.

2. Chevalier, *Henri Bergson*, p. 62.

3. H. Bergson, *Creative Evolution* (Boston, MA: University Press of America,1983), p. 161 [Ed. bras.: *A evolução criadora*, trad. de Bento Prado Neto (São Paulo: Martins Fontes, 2005)].

4. H. Bergson, *Données immédiates de la conscience* [1889] em *Oeuvres* (Paris, 1959), p. 67; Chevalier, *Henri Bergson*, p. 53.

5. H. Bergson, *La perception du changement* (Oxford: Oxford UP, 1911), pp. 18-37.

6. Ibid., pp. 12-7.

Notas 519

7. M. e R. Humphrey, *Stream of Consciousness in the Modern Novel* (Berkeley: University of California Press, 1954).

8. T. Dantzig, *Henri Poincaré, Critic of Crisis* (Nova York: Scribner, 1954), p. 11.

9. H. Poincaré, *The Foundations of Science* (Lancaster, PA: Science Press, 1946), p. 42.

10. Ibid., pp. 208, 321.

11. C. P. Snow, "Einstein" (1968), em M. Goldsmith et al. (Orgs.), *Einstein: The First Hundred Years* (Oxford: Pergamon, 1980), p. 111.

12. J. A. Coleman, *Relativity for the Layman* (Nova York: William-Frederick, 1954), é uma introdução divertida. R. W. Clark, *Einstein* (Nova York: Abrams, 1984), e W. Isaacson, *Einstein's Universe* (Nova York: Simon & Schuster, 2007), são biografias indispensáveis. J. R. Lucas e P. E. Hodgson, *Spacetime and Electromagnetism* (Oxford: Oxford UP, 1990), esclarece a física e a filosofia envolvidas. D. Bodanis, *Einstein's Greatest Mistake* (Boston: Houghton, 2015), e M. Wazeck, *Einstein's Opponents* (Cambridge: Cambridge UP, 2014), explicam o declínio da influência do cientista.

13. W. James, *Pragmatism* (Nova York: Longman, 1907), p. 51 [Ed. bras.: *Pragmatismo* (São Paulo: Abril Cultural, 1979)].

14. R. B. Perry, *The Thought and Character of William James*, 2 v. (Londres: Oxford UP, 1935), II, p. 621.

15. James, *Pragmatism*, p.115.

16. C. S. Peirce, *Collected Papers* (Cambridge, MA: Harvard UP, 1965), e James, *Pragmatism*, são os textos fundamentais. G. Wilson Allen, *William James* (Nova York: Viking, 1967), é a melhor biografia, e J. P. Murphy, *Pragmatism from Peirce to Davidson* (Boulder: Westview, 1990), é o melhor estudo.

17. O guia essencial é C. Saunders (Org.), *The Cambridge Companion to Saussure* (Cambridge: Cambridge UP, 2004).

18. J. Diamond, *Guns, Germs, and Steel* (Nova York: Norton, 1998), p. 2 [Ed. bras.: *Armas, germes e aço* (Rio de Janeiro: Record, 2017)].

19. F. Boas, *The Mind of Primitive Man* (Nova York: Macmillan, 1911), pp. 113, 208-9. [Ed. bras.: *A mente do ser humano primitivo* (Petrópolis: Vozes, 2017).]

20. B. Kapferer e D. Theodossopoulos (Orgs.), *Against Exoticism: Toward the Transcendence of Relativism and Universalism in Anthropology* (Nova York: Berghahn, 2016). Boas, *The Mind of Primitive Man*, é o texto fundamental; G. W. Stocking, *A Franz Boas Reader* (Chicago: University of Chicago Press, 1974), é uma coletânea útil. J. Hendry, *An Introduction to Social Anthropology* (Londres: Macmillan, 1999), é uma boa introdução básica.

21. F. Crews, *Freud: The Making of an Illusion* (Nova York: Metropolitan, 2017).

22. S. Freud, *Totem e tabu* (São Paulo: Companhia das Letras, 2012).

23. H. F. Ellenberger, *The Discovery of the Unconscious* (Nova York: Basic, 1981) [Ed. bras.: *A descoberta do inconsciente* (Rio de Janeiro: Zahar, 2000)]. P. Gay, *Freud: A Life for Our Time* (Nova York: Norton, 2006) [Ed. bras.: *Freud: uma vida para o nosso tempo*

(São Paulo: Companhia das letras, 1989)], deve ser contrastado com J. M. Masson, *The Assault on Truth* (Nova York: Harper, 1992), F. Forrester, *Dispatches from the Freud Wars* (Cambridge, MA: Harvard UP, 1997), e Crews, *Freud*.

24. E. Key, *The Century of the Child* (Nova York: Putnam, 1909).

25. J. Piaget, *The Child's Conception of Physical Causality* (Nova York: Harcourt, 1930), é fundamental. M. Boden, *Piaget* (Nova York: Fontana, 1994), é uma excelente introdução breve. P. Bryant, *Perception and Understanding in Young Children* (Nova York: Basic, 1984), e L. S. Siegel e C. J. Brainerd, *Alternatives to Piaget* (Nova York: Academic Press, 1978), são ótimas obras revisionistas. P. Ariès e G. Duby, *A History of Private Life* (Cambridge, MA: Harvard UP, 1987-91) [Ed. bras.: *História da vida privada* (São Paulo: Companhia das Letras, 1989-2019)], é uma exploração instigante e abrangente no tempo e no espaço da história dos relacionamentos familiares. De Mause (Org.), *The History of Childhood*, é uma coletânea pioneira de ensaios.

26. P. Conrad, *Modern Times, Modern Places* (Nova York: Knopf, 1999), p. 83.

27. M. Foot, *Aneurin Bevan: A Biography, v. 1: 1897-1945* (Londres: Faber, 1963), p. 319.

28. E. Nolte, *Der Europäische Burgerkrieg* (Munique: Herbig, 1997), é uma história brilhante dos conflitos ideológicos modernos. M. Blinkhorn, *Fascism and the Far Right in Europe* (Londres: Unwin, 2000), é uma boa introdução breve. S. J. Woolf (Org.), *Fascism in Europe* (Londres: Methuen, 1981), é um compêndio útil. C. Hibbert, *Benito Mussolini* (Nova York: Palgrave, 2008), ainda é a biografia mais vívida, mas D. Mack Smith, *Mussolini* (Nova York: Knopf, 1982), é agradável e competente.

10. A era da incerteza: Hesitações do século XX [pp. 423-73]

1. M. J. Connelly, *Fatal Misconception: The Struggle to Control the World's Population* (Cambridge, MA: Harvard UP, 2008). I. Dowbiggin, *The Sterilization Movement and Global Fertility in the Twentieth Century* (Oxford: Oxford UP, 2008).

2. Agora temos uma boa história da explosão do consumo: F. Trentmann, *Empire of Things* (Londres: Penguin, 2015).

3. O termo é originalmente de Alvin Toffler, *Future Shock* (Nova York: Random House, 1970) [Ed. bras.: *O choque do futuro* (Rio de Janeiro: Record, 1970)].

4. Fernández-Armesto, *A Foot in the River*, p. 197.

5. H. von Hofmannsthal, *Ausgewählte Werke, II: Erzählungen und Aufsätze* (Frankfurt: Fischer, 1905), p. 445.

6. R. L. Carneiro, *Evolutionism in Cultural Anthropology: A Critical History* (Boulder: Westview, 2003), pp. 169-70.

7. "Prof. Charles Lane Poor of Columbia explains Prof. Albert Einstein's astronomical theories", *The New York Times*, 19 nov. 1919.

8. D. R. Hofstadter, *Gödel, Escher, Bach* (Brasília: Universidade de Brasília e Imprensa Oficial, 2001).

Notas 521

9. G. Boolos, "Gödel's Second Incompleteness Theorem explained in words of one syllable", *Mind*, CIII (1994), pp. 1-3. Aprendi muito conversando sobre Quine com Luke Wojtalik.

10. Platão, *República*, x, 526b.

11. R. Goldstein, *Incompleteness: The Belief and Paradox of Kurt Gödel* (Nova York: Norton, 2005), p. 76. Ver também L. Gamwell, *Mathematics and Art* (Princeton: Princeton UP, 2015), p. 93. Hofstadter, *Gödel, Escher, Bach*, trata de Gödel de maneira brilhante, ainda que defenda argumentos em prol da inteligência artificial. M. Baaz et al. (Orgs.), *Kurt Gödel and the Foundations of Mathematics: Horizons of Truth* (Cambridge: Cambridge UP, 2011), é agora a obra mais importante.

12. P. Levi, *Survival in Auschwitz and the Reawakening* (Nova York: Summit, 1986), p. 11. [Ed. bras.: *É isto um homem?* (Rio de Janeiro: Rocco, 1988).]

13. A. Kimball Smith, *A Peril and a Hope: The Scientists' Movement in America* (Cambridge, MA: MIT Press, 1971), pp. 49-50.

14. J. P. Sartre, *Existentialism and Human Emotions* (Nova York: Philosophical Library, 1957), pp. 21-3 [Ed. bras.: *O existencialismo é um humanismo* (Petrópolis: Vozes, 2014)].

15. C. Howells (Org.), *The Cambridge Companion to Sartre* (Cambridge: Cambridge UP, 1992), e S. Crowell (Org.), *The Cambridge Companion to Existentialism* (Cambridge: Cambridge UP, 2012), acompanham as origens e os efeitos do existencialismo. N. Mailer, *An American Dream* (Nova York: Dial, 1965), narra os horrores de um anti-herói existencialista que provoca destruição na vida de todos, exceto na sua própria.

16. L. E. Hahn e P. A. Schlipp (Orgs.), *The Philosophy of W. V. Quine* (Peru, IL: Open Court, 1986), pp. 427-31.

17. A. Orenstein, *W. V. Quine* (Princeton: Princeton UP, 2002), é a melhor introdução. R. Gibson (Org.), *The Cambridge Companion to W. Quine* (Cambridge: Cambridge UP, 2004), permite acompanhar todas as influências do filósofo e os efeitos delas. H. Putnam oferece uma crítica reveladora em *Mind, Reality and Language* (Cambridge: Cambridge UP, 1983), pp. 33-69.

18. B. Russell, *Autobiography*, 3 v. (Londres: Methuen, 1967), I.

19. L. Wittgenstein, *Philosophical Investigations* (Oxford: Blackwell, 2010) [Ed. bras.: *Investigações filosóficas* (São Paulo: Nova Cultural, 1999)]. A. C. Grayling, *Wittgenstein: A Very Short Introduction* (Oxford: Oxford UP, 2001), é sucinto, cético e agradável de ler.

20. F. de Saussure, *Premier cours de linguistique générale (1907), d'après les cahiers d'Albert Riedlinger*, organização e tradução de E. Komatsu e G. Wolf (Oxford: Pergamon, 1996), é o ponto de partida. J. Derrida, *Of Grammatology* (Baltimore: Johns Hopkins UP, 2016) [Ed. bras.: *Gramatologia* (São Paulo: Perspectiva e Edusp, 1973)], talvez seja o posicionamento mais claro do quase sempre opaco Derrida. Uma boa coletânea é *Basic Writings* (Nova York: Routledge, 2007).

21. Este parágrafo e os dois seguintes foram adaptados de F. Fernández-Armesto, "Pillars and post: the foundations and future of post-modernism", em C. Jencks (Org.), *The Post-Modern Reader* (Chichester: Wiley, 2011), pp. 125-37.

22. J. Jacobs, *The Death and Life of Great American Cities* (Nova York: Random House, 1961).
23. I. Hassan, *The Postmodern Turn* (Columbus: Ohio State UP, 1987), p. 211.
24. H. Foster, *The Return of the Real: The Avant-Garde at the End of the Century* (Cambridge, MA, e Londres: MIT Press, 1996), pp. 205-6.
25. J. Monod, *Chance and Necessity* (Nova York: Vintage, 1972), pp. 169-70.
26. J. V. Mallow, *Science Anxiety* (Clearwater: H&H, 1986).
27. D. R. Griffin, *The Reenchantment of Science: Postmodern Proposals* (Albany: Suny Press, 1988).
28. J. Prest, *The Garden of Eden: The Botanic Garden and the Re-creation of Paradise* (New Haven: Yale UP, 1981). R. Grove, *Green Imperialism: Colonial Expansion, Tropical Island Edens and the Origins of Environmentalism, 1600-1860* (Cambridge: Cambridge UP, 1995).
29. J. McNeill, *Something New Under the Sun* (Nova York: Norton, 2001).
30. A. Bramwell, *Blood and Soil: Richard Walther Darré and Hitler's "Green Party"* (Londres: Kensal Press, 1985).
31. D. Worster, *Nature's Economy* (San Francisco: Sierra Club, 1977), é uma história brilhante do pensamento ambiental, suplementada por A. Bramwell, *Ecology in the Twentieth Century* (New Haven: Yale UP, 1989). McNeill, *Something New Under the Sun*, é uma história maravilhosa e preocupante do mau manejo ambiental no século XX.
32. T. Kuhn, *The Structure of Scientific Revolutions* (Chicago: University of Chicago Press, [1962] 1996) [Ed. bras.: *A estrutura das revoluções científicas* (São Paulo: Perspectiva, 2013)], é fundamental. A. Pais, *Niels Bohr's Times* (Oxford: Oxford UP, 1991), é uma biografia fora de série. Zukav, *The Dancing Wu-li Masters*, é uma tentativa controversa, mas sugestiva, de expressar a física moderna nos termos da filosofia oriental.
33. P. W. Anderson, *More and Different: Notes from a Thoughtful Curmudgeon* (Cingapura: World Scientific, 2011). J. Gleick, *Caos: a construção de uma nova ciência* (Lisboa: Gradiva, 1989), é a brilhante explicação clássica da teoria do caos. J. Horgan, *The End of Science* (Nova York: Basic, 1996) [Ed. bras.: *O fim da ciência* (São Paulo: Companhia das Letras, 2015)], retrata com sagacidade os sucessos da ciência como evidência de suas limitações, tomando por base entrevistas reveladoras com cientistas.
34. B. Hoff, *The Tao of Pooh* (Londres: Penguin, 1983).
35. D. Wilson, *Mao: The People's Emperor* (Londres: Futura, 1980), p. 265.
36. S. A. Smith (Org.), *The Oxford Handbook of the History of Communism* (Oxford: Oxford UP, 2014), p. 29.
37. Mao Zedong, *Selected Works*, 5 vs (Oxford: Pergamon, 1961-77), II, p. 96.
38. P. Short, *Mao: The Man Who Made China* (Londres: Taurus, 2017), é o melhor estudo. J. Chang, *Wild Swans* (Nova York: Simon & Schuster, 1991) [Ed. bras.: *Cisnes selvagens* (São Paulo: Companhia das Letras, 2006)], é um fascinante livro de memórias de um participante e sobrevivente da Revolução Cultural.
39. "Songs of the Great Depression". Disponível em: <http://csivc.csi.cuny.edu/history/files/lavender/cherries.html>.

Notas

40. F. Allen, *The Lords of Creation* (Nova York: Harper, 1935), pp. 350-1.

41. R. Skidelsky, *John Maynard Keynes* (Nova York: Penguin, 2005), é uma biografia formidável. R. Lechakman, *The Age of Keynes* (Nova York: Random House, 1966), e J. K. Galbraith, *The Age of Uncertainty* (Boston: Houghton, 1977) [Ed. bras.: *A era da incerteza* (São Paulo: Thomson Pioneira, 1998)], são tributos à influência de Keynes. J. Schumpeter, *Capitalism, Socialism and Democracy* (Nova York: Harper, 1942) [Ed. bras.: *Capitalismo, socialismo e democracia* (São Paulo: Editora Unesp, 2017)], foi uma das primeiras, mais interessantes e influentes respostas a Keynes.

42. W. Beveridge, *Social Insurance and Allied Services* (Londres: HMSO, 1942), parag. 458.

43. J. Harris, *William Beveridge* (Oxford: Oxford UP, 1997), é uma boa biografia. D. Fraser, *The Evolution of the British Welfare State* (Nova York: Palgrave, 2009), examina as tradições relevantes no pensamento social e político moderno. F. G. Castles e C. Pirson (Orgs.), *The Welfare State: A Reader* (Cambridge: Polity, 2009), é uma antologia útil. J. C. Scott, *Seeing Like a State* (New Haven: Yale UP, 1999), é uma brilhante denúncia sectária do planejamento estatal em si.

44. J. M. Keynes, *The End of Laissez-Faire* (Londres: Wolf, 1926), p. 6.

45. E. Burke, *Reflections on the Revolution in France* (Londres: Dent, 1910), p. 242.[Ed. bras.: *Reflexões sobre a revolução em França* (Brasilia: Editora Universidade de Brasilia, 1982).]

46. Ibid., p. 69.

47. J. Gray, *Hayek on Liberty* (Londres: Routledge, 1998), p. 59.

48. C. Kukathas, *Hayek and Modern Liberalism* (Oxford: Oxford UP, 1989), e R. Kley, *Hayek's Social and Political Thought* (Oxford: Oxford UP, 1994), são úteis. Gray, *Hayek on Liberty*, é brilhante e perspicaz; G. R. Steele, *The Economics of Friedrich Hayek* (Nova York: Palgrave, 2007), é extraordinário em sua área. A respeito da Escola de Chicago, há ensaios esclarecedores em R. Emmett (Org.), *The Elgar Companion to the Chicago School of Economics* (Northampton, MA: Elgar, 2010). J. van Overfeldt, *The Chicago School: How the University of Chicago Assembled the Thinkers Who Revolutionized Economics and Business* (Evanston: Agate, 2008), é interessante acerca da formação da escola.

49. A. M. Turing, "Computing machinery and intelligence", *Mind*, LIX (1950), pp. 433-60.

50. Hofstadter, *Gödel, Escher, Bach*, é a apologia mais brilhante da "inteligência artificial" já escrita, ainda que não chegue a convencer. K. Hafner, *Where Wizards Stay Up Late* (Nova York: Simon & Schuster, 1996) [Ed. bras.:*Onde os magos nunca dormem* (Rio de Janeiro: Red Tapioca, 2019)], é uma história vivaz das origens da internet. J. M. Dubbey, *The Mathematical Work of Charles Babbage* (Cambridge: Cambridge UP, 2004), é provavelmente o melhor livro sobre Babbage.

51. F. Crick, *The Astonishing Hypothesis: The Scientific Search for the Soul* (Nova York: Scribner, 1994), pp. 6-7.

52. J. D. Watson, *The Double Helix* (Nova York: Atheneum, 1968) [Ed. bras.: *A dupla hélice* (Rio de Janeiro: Zahar, 2014)], é o relato impetuosamente pessoal de um dos desco-

bridores do DNA; deve ser lido junto com B. Maddox, *Rosalind Franklin* (Nova York: HarperCollins, 2002), que narra a história fascinante da rival de Crick e Watson. J. E. Cabot, *As the Future Catches You* (Nova York: Three Rivers, 2001), é brilhante em "genômica" e "genotecnia".

53. Vali-me de meu relato em *A Foot in the River*.

54. E. O. Wilson, *Sociobiology* (Cambridge, MA: Harvard UP, 1975), p. 547.

55. Ibid., p. 548.

56. Wilson, *Sociobiology*, é a obra clássica. R. Hernstein e C. Murray, *The Bell Curve* (Nova York: Free Press, 1994), dividiu as opiniões por sua lógica gelidamente reducionista. C. Jencks, *Inequality* (Nova York: Basic Books, 1972), é um bom resumo da posição liberal tradicional.

57. N. Chomsky, *Knowledge of Language* (Westport: Praeger, 1986), p. 55.

58. Ibid., p. 272.

59. Ibid., p. 273.

60. Armstrong, *The Battle for God*, pp. 135-98. [Ed. bras.: *Em nome de Deus* (São Paulo: Companhia das Letras, 2009).]

61. M. E. Marty e R. S. Appleby (Orgs.), *Fundamentalisms Observed* (Chicago: University of Chicago Press, 1991), e G. M. Marsden, *Fundamentalism and American Culture* (Nova York: Oxford UP, 1980), são estudos estimulantes.

62. R. Rolland, *The Life of Vivekananda and the Universal Gospel* (Calcutá: Advaita Ashrama, 1953), é uma introdução simpática ao swami.

63. E. Hillman, *The Wider Ecumenism* (Nova York: Herder and Herder, 1968), aborda a questão do ecumenismo entre fés. M. Braybrooke, *Interfaith Organizations* (Nova York: Edwin Mellen, 1980), é uma história útil.

64. G. Davis, *Aimé Césaire* (Cambridge: Cambridge UP, 1997), é um estudo do pensamento do poeta. L. W. Levine. *Black Culture and Black Consciousness* (Nova York: Oxford UP, 1978), é uma história interessante do movimento negro nos Estados Unidos. A. Haley, *Roots* (Nova York: Doubleday, 1976) [Ed. bras.: *Negras raízes* (Rio de Janeiro: Record, 1976)], foi, em sua época, uma influente peregrinação "faccional" de um americano negro reconciliando a identidade africana com o sonho americano.

65. I. Berlin, em *New York Review of Books*, XLV, n. 8 (1998). H. Hardy (Org.), *The Power of Ideas* (Princeton: Princeton UP, 2013), pp. 1-23 [Ed. bras.: *A força das ideias* (São Paulo: Companhia das Letras, 2005)].

66. A. Lijphart, *Democracy in Plural Societies* (New Haven: Yale UP, 1977), é um estudo bem refletido, esperançoso e persuasivo dos problemas. J. Gray, *Isaiah Berlin* (Glasgow: HarperCollins, 1995), é um estudo instigante e criterioso do grande apologista do pluralismo moderno. R. Takaki, *A Different Mirror* (Nova York: Little, Brown, 1993), é uma história vigorosa e envolvente do multiculturalismo norte--americano.

Notas

Perspectivas: O fim das ideias? [pp. 475-8]

1. M. Kaku, *The Future of Humanity: Terraforming Mars, Interstellar Travel, Immortality, and Our Destiny Beyond* (Londres: Allen Lane, 2018) [Ed. bras.: *O futuro da humanidade: Marte, viagens interestelares, imortalidade e o nosso destino para além da Terra* (São Paulo: Crítica, 2019).
2. S. Greenfield, *Tomorrow's People: How 21st-Century Technology Is Changing the Way We Think and Feel* (Londres: Allen Lane, 2003).

Índice remissivo

Abelardo, Pedro, 218-9
abelhas, 31, 307, 462-3
Acádia, 125, 129, 472
Adão (personagem bíblica), 59, 65, 209, 253, 344
África, 68-9, 244-5, 257, 334, 379, 417, 447, 470-1
África do Sul, 69, 447, 470
Agassiz, Louis, 383
aggiornamento, 363
Agostinho, Santo, 31, 93, 197, 207-8, 212, 217, 225-7, 229, 400, 402
agricultura, 54, 61, 106-17, 138, 144, 189, 244, 297, 442, 449, 460; revolução agrícola, 113
Akbar, o Grande, 201, 255
Akutagawa, Ryūnosuke, 38
al-Afghani, Jamal al-Din, 379
Alberto Magno, Santo, 285
al-Biruni, 265
al-Din, Rashid, 215
Alemanha, 71-2, 104, 113, 150, 220, 249, 326, 340, 349, 366, 368-70, 388, 391, 422, 430, 451
Alexandre, o Grande, 126, 151, 182, 184, 237
Alfonso Maria de Liguori, Santo, 327
al-Ghazali (místico muçulmano), 197
alimentos, 26, 30-1, 33-4, 40-1, 43, 49, 58, 82, 92, 97-8, 101, 104, 106-10, 112, 114-6, 118, 276, 289, 297, 325, 334-6, 372, 441, 449, 452; e festas e banquetes, 92; e tabus alimentares, 96-9
alquimia, 106, 260-1, 268, 315, 426
Amazônia, 56
ambientalismo, 440-2
Ambrósio, Santo, 229
Américas, 84, 244, 246, 253, 256-7, 276, 306, 330, 334, 354, 385, 417, 419; *ver também* Novo Mundo
Amon-Rá (deus egípcio), 131

amor, 74, 142, 153, 162, 164-6, 188, 201, 207, 211, 216, 219, 225, 232, 236, 250, 270, 296, 299, 326-7, 355, 373, 449, 469
anarquismo, 337, 351, 357, 359, 361, 453, 466
Anatólia, 92, 133, 145
Anaxágoras, 182
Anaximandro de Mileto, 120
Anderson, Philip, 444
animais, 10, 18-21, 24, 26, 29-32, 35, 39-41, 49-52, 54, 57, 60-1, 67, 70-2, 75, 77-8, 84-5, 87-9, 91, 104, 106-7, 109-10, 115, 122, 133, 166-7, 222, 244-5, 286, 307, 381-3, 439, 441, 460, 465, 478; e arte, 64, 72; e deuses, 78; e domesticação, 25, 106, 109, 286, 381; e espíritos, 78; e hierarquia, 167; e memória, 33-5; e totemismo, 87-8
animismo, 80-1, 88
Anselmo, Santo, 218-9, 263, 467
antecipação, 10, 40-5, 48, 52, 94, 457
antiamericanismo, 374-5
antissemitismo, 391-2, 419
antropofagia, 55-6; *ver também* canibalismo
antropologia, 63, 67, 81-2, 87, 104, 159, 383, 397, 408, 414, 417
aquecimento global, 106; *ver também* mudanças climáticas
árabes, 98, 238, 259, 265, 378
Arábia, 150, 196, 245
Ardrey, Robert, 471
"arianos", 390
aristocracia, 190-1, 223, 235, 237, 239, 241, 259, 274, 276-7, 330, 349
Aristóteles, 37, 115, 148, 175-8, 182, 186, 190-3, 217, 219-20, 224, 232, 235, 250-1, 262, 307, 320, 357, 378-9, 384, 407, 435, 454; e Deus, 164; e escravidão, 192-3; e hierarquia, 167; e lógica, 176-8, 217; e o Estado, 117, 191, 232, 235, 320, 357, 384, 454

527

528 — Uma história da imaginação

armas, leis sobre a posse de, 273
Armstrong, Karen, 467
Arndt, Ernst Moritz, 369
Arp, Robert, 39-40
arquitetura, 249-50, 255, 437-8
arte, 61, 67, 78, 96, 102-3, 134, 146, 181, 228, 275, 290, 329, 354, 386, 392, 397-8, 430, 470; e China, 128, 290-1; e cosmologia, 119; e Era do Gelo, 72, 78, 102, 119; paleolítica, 127; pinturas rupestres, 57, 64, 72, 89, 96, 119
Ashoka (imperador indiano), 154, 198, 238
Ásia, 25, 106, 108, 126, 148, 150, 198-9, 202, 220, 228, 245-6, 254, 258, 278, 293, 306, 309, 333, 377, 383, 415, 425, 471
astecas, 56, 255
astrócitos, 23
astronomia, 254-5, 259-61, 265-6
Atanásio, Santo, 200
Atapuerca (Espanha), 54-6, 61
ateísmo, 73, 161, 179, 182, 295, 299, 324, 326, 380, 393-5, 466
Átila, 126
átomos e teoria atômica, 184, 416
Austrália, 73, 81, 107, 417, 452
autofortalecimento (na Ásia), 376-7
autoritarismo, 338, 359, 363, 397, 422, 449
azandes (povo africano), 83, 122
Azpilcueta Navarro, Martín de, 301

Babbage, Charles, 456-7
Babilônia, 129
Bach, Johann Sebastian, 327
Bacon, Francis, 252, 262
Bacon, Roger, 221, 223
Báctria, reino de, 151
Bakunin, Mikhail, 357
Barry, James, 297, 331-2
Basílides (líder gnóstico), 210
Basílio, São, 197
batlokwas (povo africano), 97-8
Beauvoir, Simone de, 318
Beethoven, Ludwig van, 328, 331
behaviorismo, 31, 464
bem, o, 59, 83, 88, 152, 166, 186, 188, 207, 210, 223, 294, 299, 308, 339-41, 393, 405, 451, 477

bem comum, o, 118, 124, 277, 303, 306, 342, 365, 420
bem-estar social, 394, 449-53
Bentham, Jeremy, 339-42
Bergson, Henri, 397-403, 405, 407-8
Berkeley, George, 350
Berlin, Isaiah, 472-3
Bernardo, São, 236
Beveridge, William, 452
Bianco, Carlo, 358
Bíblia, 149, 160, 162, 196, 214, 237, 252, 257, 395, 466-8; Antigo Testamento, 123, 160, 162-3, 165, 196, 202; e escrituras hebraicas, 97, 129, 162; Novo Testamento, 200
Big Bang, teoria do, 159
binarismo, 52, 118-20, 152, 156, 472
Binet, Alfred, 461
biologia, 284, 332, 384, 439, 459, 463
biota, 87, 244-5, 255, 335, 460
Bismarck, Otto von, 353
Bizâncio, 215, 250
Blake, William, 333
Blanc, Louis, 345, 357
Blombos, caverna (África do Sul), 69-70, 83
Boas, Franz, 408, 425-6, 470
Boccaccio, 252-3
Bodidarma, 227
Bodin, Jean, 275, 302
Boécio, 208-9, 217, 221
Bohr, Niels, 405, 426, 445
bolcheviques, 271, 314-5
Bolívar, Simón, 354, 367
bombas atômicas, 387, 431
Bonaparte, Luís Napoleão, 353
Bonaparte, Napoleão, 315, 354, 385, 392
Bonifácio VIII, papa, 229-30
Boole, George, 456
Borges, Jorge Luis, 26
Botero, Fernando, 133
Bougainville, Louis-Antoine de, 270
Boyle, Robert, 260
Bradshaw, John, 361
Brama (divindade hindu), 121, 142-3, 156, 159-60, 168-9
Braque, Georges, 416-7

Índice remissivo

Bronowski, Jacob, 46

Brouwer, L. E. J., 428

Browning, Elizabeth Barrett, 469

Bruckner, Anton, 395

Bryce, James, 321

Buda, 150, 153-4, 156, 165, 167-8, 186, 201, 356

budismo, 141, 147, 149-50, 154, 165, 167, 183, 194-5, 198-9, 226-7, 238, 242, 280, 441, 469; zen, 226-8

Bulliet, Richard W., 241

Bulwer-Lytton, E., 5

Burckhardt, Jacob, 353

Burke, Edmund, 292, 320, 338-9, 454

Burnett, Frances Hodgson, 344

Butler, Samuel, 164

Byron, Lord, 331, 457

cabala, 260-1

Cabet, Étienne, 270

caça, 40-1, 43-4, 67-8, 72, 92, 104, 113, 117, 134, 215, 381, 441; e caçadores-coletores, 66, 68

cães, 17-9, 30-1, 40, 47, 60, 72, 107, 108, 448

calendário, 94-5, 394

Camerer, Colin, 34

Campanella, Tommaso: A cidade do sol, 270

Camper, Petrus, 389

canibalismo, 54-5, 310, 410, 473

caos, teoria do, 402, 437, 443

capitalismo, 100, 189, 231, 246, 302-4, 342, 345-8, 358, 364, 374-5, 392, 406, 420, 431, 446, 449-51

Carlos v (sacro imperador romano), 274

Carlyle, Thomas, 340, 352-3

Carson, Rachel, 441

cartografia ver mapas

casamento, 48, 134-6, 212, 242, 378, 388

casas de ossos (paleolítico), 67

Çatalhüyük (Turquia), 116, 133

Catalunha, 362, 473

Catarina, a Grande (imperatriz da Rússia), 295

catolicismo, 296, 364-5, 372, 437, 469; ver também Igreja, a

cavalaria, 236-7, 384

Celebes (Indonésia), 103

cérebro, 13, 17, 21-5, 27-8, 36-7, 41, 52-3, 66, 73-4, 80, 181, 358, 398, 413, 456, 459-60, 464-5, 471, 476

ceticismo, 73, 169, 177, 185, 394, 435, 438, 440, 465

céu e movimento celeste, 94

Chardin, Pierre Teilhard de, 441

Chauvet, caverna de (França), 102-3

Chauvet, Jean-Marie, 102

"chefia", conceito de, 116-7

Chesterton, G. K., 356

Chikafusa, Kitabatake, 280

chimpanzés, 31-5, 39, 43-4, 50-1, 55, 83, 112, 462

China, 106, 114, 119, 121-3, 125-7, 130, 144, 146, 148, 151, 154, 162, 168-9, 171, 174, 176, 178-80, 182, 185, 188, 198, 217, 220, 226-7, 237, 239, 246-7, 251-4, 256, 258-9, 265, 271, 277-81, 289-91, 300, 305-6, 308-9, 334-5, 348, 350, 375-7, 379, 386, 415, 445-6, 448-9, 453, 471; e autofortalecimento, 377; e Cem Escolas, 168; e ciência, 131, 180, 445; e comunismo, 453; e escrita, 127-8; e Grande Revolução Cultural Proletária (anos 1960), 449; e igualdade, 415; e invenções, 446; e legalistas, 188; e leis, 130; e oráculos, 122; e Rebelião de Taiping, 377, 386; e reis, 123, 125; e Revolução Chinesa (1949), 415; ver também taoismo

Chomsky, Noam, 464-5

Chuang Tsu, 132

chukchis (povo siberiano), 79

Churchill, Winston, 138

Cícero, 36, 196, 240, 255

cidades, 90, 111, 115-7, 145, 189, 191, 196, 229, 232, 235, 242, 252, 276, 328, 330, 335, 372, 385, 429, 441

ciência, 13, 49, 65, 73-4, 81, 142, 146, 174, 177-9, 184, 195, 200, 218, 221-6, 258-61, 279, 288-90, 321, 323, 326, 378, 394-408, 415-6, 419, 426, 431, 433-4, 438-9, 445, 467, 471; e crise, 438-9; e desencanto, 438; e fundamentalismo, 467; e magia, 82; e partículas subatômicas, 426, 445; e Revolução Científica, 244, 246-7, 257-61, 286, 437; ver também Iluminismo classicismo, 252, 330

Clausewitz, Carl von, 385

codificação de leis, 129-30

códigos de direito, 129

Cole, Thomas, 331

Coleridge, Samuel Taylor, 330

Colombo, Cristóvão, 237, 254-7, 269, 270

comércio, 97-101, 138, 145, 150, 152, 189, 218, 240, 246, 273, 289, 294, 297, 301, 304, 310-1, 389; livre mercado, 316, 455

computadores, 128, 271, 424, 457-8

Comte, Auguste, 339, 380, 382, 394

comunismo, 189, 231, 270, 312, 319, 348, 360, 362, 364-5, 374, 392, 397, 415, 418, 420, 431, 448, 466

Concílio de Niceia, 203

Concílio Vaticano II, 437

Condorcet, marquês de, 297, 317-9, 336

Confúcio, 11, 147, 153, 167, 173, 178, 187-8, 190

conservadorismo, 103, 110, 144, 187, 294, 337-9, 341, 377, 453-4, 461, 464, 466, 469

Constantino (imperador romano), 203, 230

consumo/consumismo, 26, 290, 423, 441, 450

Conway, Moncure, 394

Copérnico, Nicolau, 258-9, 265-7

Corão, 149, 195, 215, 238, 380, 467-8

Corbett, Elizabeth, 270

Córdoba, Gonzalo de, 273

cosmologia(s), 118-20, 265

criação, a, 106, 142-3, 157, 159-60, 164, 166, 195, 210, 216, 219, 221

crianças, 57, 92, 97-8, 113, 136, 162, 192, 221, 239, 310-1, 316, 342-4, 413-4, 461, 464; ferais/selvagens, 310-1

criatividade, 19-20, 27-8, 64, 67, 69, 143, 246

Crick, Francis, 459

crimes e criminalidade, 123, 207, 317, 331, 383, 429, 448

cristianismo, 76, 119, 121, 133, 147, 155, 163, 186, 194-203, 205-6, 209-13, 217, 219, 223, 230, 232, 235, 241, 243, 257, 267, 284, 295-6, 312, 326, 355, 364, 378, 391, 393, 407, 421, 460; e adoração de imagens, 214-6; e antissemitismo, 391-2, 419; e cristandade, 126, 138, 163, 198, 213, 215-6, 218, 230, 232, 234-5, 237,

239, 242, 249-51, 254, 257, 259, 282; e Cruzadas, 142, 230, 239, 242; e ecumenismo, 469; e estoicismo, 186; e evangelização, 217, 242; e fundamentalismo, 224, 466-8; e gnósticos, 142, 210-1; e iluminação, 225-6; e o Novo Mundo, 257, 276; e política, 362-4; e primórdios, 200, 207, 211, 364; e reavivamento, 296, 326, 365; ver também catolicismo; Igreja, a; protestantismo

Cristo ver Jesus Cristo

Cruzadas, 142, 230, 239, 242

Cuba, 453, 470

Culto do Ser Supremo (França), 296, 393

cultura, 9, 14, 27, 41, 44, 51, 64, 68, 195, 218, 228, 242-3, 252, 278, 292, 297, 330, 374, 410-2, 414, 417, 426, 432, 436, 464, 470, 477; e multiculturalismo, 367, 471, 473

dakotas (povo nativo americano), 76

Dalí, Salvador: A persistência da memória (tela), 36

Dario I, rei da Pérsia, 150

Darwin, Charles, 11, 23, 61, 108, 179, 262, 285, 380-4, 387-8, 390, 394-5, 398, 408, 458

darwinismo social, 359, 381

Davi, rei de Israel, 237

Dawkins, Richard, 22

De Gaulle, Charles, 374

De Gouges, Olympe, 317

De Waal, Frans, 50

democracia, 130, 187, 189-90, 233-4, 278, 293, 306, 318-21, 330, 354, 357, 360-1, 364, 372-3, 380, 397, 415, 420, 472

Demócrito de Abdera, 74, 184

demografia, 334, 475

Derain, André, 417

Derrida, Jacques, 435-8

desastres naturais, 179

Descartes, René, 18, 30, 227, 263-4, 448

Deschamps, Eliette, 102

desobediência civil, 360-1

despotismo, 114, 308-9, 320, 362, 452

destino, o, 137-8, 184, 356; "destino manifesto", 125, 371

determinismo, 108, 264, 337, 344, 399-400, 432, 455, 460

Índice remissivo

Deus, 19-20, 32, 44, 65, 73, 86, 95, 101, 105, 119, 121, 124, 129-30, 133, 138, 141, 149, 154, 156-7, 159-66, 168, 173, 176, 179, 182-3, 187, 191-2, 195-7, 199-203, 205-14, 216, 218-25, 228-9, 231-5, 238, 241, 243, 249, 260, 264-6, 268-9, 271, 282, 288, 296, 299, 310, 312, 324, 326-8, 344, 350, 355, 361, 364, 367, 369-70, 373, 386, 393-5, 399, 407, 412, 432, 440, 466, 475; e cosmologia, 119; e monoteísmo, 161, 200

deuses, 53, 55, 73, 76-9, 84, 89-90, 104-5, 109-10, 118, 120, 122-5, 127, 131, 137-8, 140, 143, 148-9, 153, 157, 161, 166-7, 172, 178, 182-3, 186, 193, 197, 201-2, 320, 324, 469; e deusas, 71, 79, 132-3, 281

diabo, 84, 134, 210-2, 223, 260, 272

Diderot, Denis, 74, 294-5, 309, 319

diferenças, detecção de, 464

Diógenes, 11, 182

Dionísio, papa, 203

direito internacional, 278, 386

direitos humanos, 214, 285-6, 315-7, 340, 455, 469

ditaduras, 357

DNA, 245, 458-9; ver também genética

doenças, 48, 110, 121, 131, 156, 180-1, 245, 270, 289, 304, 311, 325, 335, 388, 413, 459-60

Douglas, Mary, 97

dualismo ver binarismo

Duchamp, Marcel, 416

duração, conceito de, 400-2; ver também tempo, o

ecologia, 144, 440-2

economia, 88, 97, 99-100, 121, 244, 300-1, 303-5, 332, 345-7, 372, 376, 447, 449-51, 453, 455, 475

ecumenismo, 468, 469

educação, 136, 146, 168, 189, 196-7, 200, 226, 260, 270, 272, 305, 310, 316, 365, 386, 398, 413, 430, 447, 456, 461, 466

Edwards, Jonathan, 326

Egito antigo, 114, 117, 124-5, 129, 138, 143-6, 159, 162, 260-1; e cosmologia, 143, 159; e criação, 143; e destino, 138; e faraós, 124, 129, 139-40, 201, 260; e grande pirâmide

de Quéops, 139; e o Estado, 117, 146; e teologia menfita, 143

Einstein, Albert, 11, 74, 95, 397, 401-5, 408, 416

elã vital, 399

eletricidade, 323, 332, 415, 457

Empédocles, 156

empirismo, 179-80, 220, 223, 261, 268, 322-3, 446

Encyclopédie, 293-5, 298, 313

Eneida (Virgílio), 78-9

enterros e sepultamentos, 57-8

Epicteto, 186

Epicuro, 11, 184

epilepsia, 181

epistemologia, 13, 186, 263

Era do Gelo, 64, 67, 69-72, 75, 78-9, 83, 88, 90, 92, 100-3, 115, 119, 142, 245, 247, 289; e arte, 72, 78, 102, 119

Eratóstenes, 256

Escandinávia, 69, 292, 453

Escher, M. C., 427, 445

escravidão, 192-3, 281, 355, 360, 363, 383, 470

escrita, 47, 62-4, 127-8, 149, 207, 253, 257, 401; origens da, 127-8

escrituras hebraicas, 97, 129, 162

Espanha, 54, 57, 85, 92, 103, 245, 249-50, 274, 302, 309, 341, 368, 473; guerra civil espanhola (1936-9), 359

Espinosa, Baruch, 264

espíritos, 55, 73, 75, 77-81, 89-90, 101, 104-5, 122, 140, 178-80, 184, 287

Estado, o, 116-8, 134, 136-7, 146, 186-91, 228, 230, 232-4, 271, 275, 281, 295-6, 300, 306, 309, 312-6, 321, 338, 340, 347-9, 351-2, 355-7, 360, 362, 364-5, 369, 375, 384, 388, 418, 449, 451-3, 455; e bem-estar social, 394, 449-53; e estado de direito, 191, 308, 316, 319, 454

Estados Unidos, 85, 191, 270, 273, 281, 283, 296, 304-5, 312, 315-6, 319-21, 335, 341, 348-9, 360-1, 370-5, 383, 387-8, 394, 405, 408, 422, 433, 442, 447, 450-1, 453, 461, 469-70; antiamericanismo, 374-5; Declaração de Independência dos, 315; e "destino manifesto", 371; e democracia, 320; e eugenia, 388; e New Deal, 450; Grande Deserto

Americano, 371; Revolução Americana (1776), 163, 273, 384, 424

estoicismo, 186

Estrabão, 291-3

eternidade, a, 20, 159, 265

ética, 60, 67, 114, 147, 156-7, 165, 178, 185-6, 188, 195, 206, 216, 355, 358, 384, 432, 468; Sociedades Éticas, 394

Etzler, John Adolphus, 270

eugenia, 98, 189, 386-8, 419, 460-1

Eugênio II, papa, 236

Eurásia, 12, 69-70, 79, 126, 148-9, 151-2, 166, 169, 179-80, 186, 218, 244-5, 247, 254, 259, 290, 379

Europa, 84, 119, 198, 219, 229, 237, 240, 246-7, 249, 253-4, 256, 258, 264, 268, 274-7, 283, 289-92, 295-6, 306, 312, 319-21, 328-31, 334, 344, 347, 352, 354, 357, 359, 367-8, 378, 385-6, 388, 391-2, 419, 447, 470, 477; Ocidental, 219, 229, 253, 256, 289, 446, 477; Oriental, 240-1, 453

Evangelho de São João, 201

Evans-Pritchard, E. E., 83

evolução, 9, 21-3, 29, 37, 41-2, 44, 48, 52, 61, 87, 106, 179, 244, 286, 289, 298, 381-3, 387, 393-5, 399, 426, 429, 444, 458, 460, 463-4, 476; seleção natural, 106, 381, 384, 388, 390

excepcionalismo, 372, 374

exércitos, 111, 125, 248, 272-3, 349, 363, 376, 385, 430, 446

existencialismo, 425, 431-2

Êxodo, Livro do, 129

explorações, 242, 255, 257, 269, 328-9; ver também Novo Mundo

fascismo, 189, 315, 319, 397, 418, 420-1, 468

feitiçaria, 73, 81, 83-6, 156

feminismo, 40, 46, 132, 136, 270, 317-8, 413, 436

ferramentas, 19-20, 23, 39-40, 42, 46, 50, 57-8, 72-3, 114, 139-40, 146, 148, 175, 206, 471

Ferraris, Antonio de, 240

Fichte, Johann Gottlieb, 368

Ficino, Marsilio, 252, 260-1

filosofia, 75, 79, 87, 125, 147, 159-60, 175, 197, 202, 221, 223, 250, 252, 255, 299, 303, 306,

322-3, 340-1, 350, 354-5, 380, 382, 394, 397-8, 406-8, 414, 416, 431, 433-4, 448, 464, 472

Flores, ilha (Indonésia), 23

forrageadores, 62, 66, 107-8, 110-1, 113, 117-8, 131

Fourier, Charles, 270, 345

França, 55, 57, 64, 71-2, 89, 102-3, 191, 248-9, 252, 275, 287, 291, 293, 295, 302, 315, 317-9, 366, 368-9, 386, 391, 393, 410, 416, 425, 451; e direitos humanos, 315-6; e Era do Gelo, 71-2, 102-3; e monarquia, 191; e philosophes, 293, 295-6, 309-10; Revolução Francesa (1789), 163, 311, 319, 331, 338, 384

Francisco I, rei da França, 235

Francisco, São, 197, 221-2, 249

Franklin, Benjamin, 323, 361

Franklin, Rosalind, 459

Frazer, sir James, 201, 393

Frederico II (sacro imperador romano), 220

Frederico, o Grande (rei da Prússia), 327, 394

Freud, Sigmund, 410-4, 464

fundamentalismo, 224, 425, 466-8

futurismo, 386, 417-8

Galileu Galilei, 267-8, 323

Galton, Francis, 388

Galvani, Luigi, 323

Gandhi, Mahatma, 360-1

Gauguin, Paul, 417

Gelásio, papa, 230

Gênesis, Livro do, 59, 65, 124, 162, 166, 187

genética, 27, 91, 98, 387-90, 439, 458-60, 463, 469, 475-6; e genes, 22, 41, 53, 389, 439, 458-9, 463-4; ver também DNA; hereditariedade

Gengis Khan, 126

genocídio, 112, 392, 430, 436; Holocausto, 429-30

geocentrismo, 265, 267

germes, teoria dos, 324-5

Gerson, Jean, 233-4

Gibbon, Edward: Declínio e queda do Império Romano, 291-3

Gilgamesh (epopeia mesopotâmica), 131

gnosticismo, 142, 210-1

Gobineau, Arthur de, 390

Índice remissivo

Gödel, Kurt, 427-9, 435
Godwin, William, 357
Goldenweiser, Alexander, 425
Golding, William, 112, 440
Goldman, Emma, 360
Gongsun Long, 170
González de Cellorigo, Martín, 302
gorilas, 32, 43, 314
Grã-Bretanha, 237, 275, 297, 327, 335-6, 340-1, 369-70, 377, 379, 415, 469; *ver também* Inglaterra
Grande Deserto Americano, 371
gravidade, força da, 268, 323, 444
Grécia antiga, 62, 121, 130, 145-6, 148, 158-60, 168, 171, 173, 175-6, 180, 184, 186, 190, 248, 252, 265, 297, 350; e Atenas, 64, 119, 147, 150, 175, 182, 191; e Esparta, 384; e estoicismo, 186; e leis, 130; e medicina, 180; e mitos gregos antigos, 137-8
Greenfield, Susan, 476
Gregório Magno, papa, 197
Griffin, David, 440
Grotius, Hugo, 282-3, 385
Gruev, Damjan, 358
guerras, 111-2, 117, 125, 134, 146, 163, 177, 237-8, 241, 248, 273-5, 293, 301, 308, 317, 328, 336, 347, 349, 355-6, 359, 367, 371, 376, 384, 398, 418-9, 424, 429, 439-40, 447, 451; *ver também* Primeira Guerra Mundial; Segunda Guerra Mundial
Guthrie, Walter, 175

Haendel, Georg Friedrich, 327
Hamurabi (governante babilônio), 129, 134
Han Fei, 188
Hassan, Ihab, 437
Hayek, F. A., 454-5
hebraicas, escrituras, 97, 129, 162
Hecker, Isaac, padre, 372
Hegel, G. W. F., 347, 349-52, 354, 365-6, 368, 384, 386
Heidegger, Martin, 431-2
heliocentrismo, 258, 266-7
Henrique, infante dom, 237
Herder, Johann Gottfried, 330, 366

hereditariedade, 9, 90-3, 101, 382, 387, 462-3, 465
Hermes (deus grego), 101, 261
Heródoto, 56, 139
heróis, 11, 137, 201, 237, 297, 333, 352-4, 373
Herrnstein, Richard J., 462
Hesburgh, Ted, padre, 224
Hideyoshi (ditador japonês), 280
hierarquia(s), 127, 132, 155, 167, 239, 295, 320, 347, 397, 427
Hillaire, Christian, 102
hinduísmo, 121, 141, 147, 161, 183, 198, 201, 211, 431, 441, 468
Hipócrates, 181
Hirohito (imperador do Japão), 281
Hirst, Francis, 304
Hitler, Adolf, 355-6, 383, 388, 452
Hobbes, Thomas, 306-7, 448; *Leviatã*, 307
Hobsbawm, Eric, 447
Hodge, Charles, 395
Hodgskin, Thomas, 345
Hofmannsthal, Hugo von, 426
holismo, 121
Holocausto, 429-30
Home, Henry, 390
"homem comum", 0, 277, 309-11, 319, 331
hominídeos, 11, 41, 54, 56, 66, 88, 95, 286, 441, 471
hominínios, 11, 39, 42, 54, 74, 88
Homo sapiens, 11, 23, 43, 50, 57, 61-2, 66, 68-9, 74, 88
homoousion ("consubstancialidade" de Deus Pai e Filho), 203
Hooke, Robert, 323
"hotentotes", 390
Huang Zongxi, 277
huaris (povo amazônico), 56
Hubert, Henri, 82
Hugo de Payens, 236
Hui Shi, 120, 174-5
humanidade, 12-3, 51, 58, 69, 104, 112, 164-6, 202-3, 210, 212, 224, 283-6, 289, 291, 293-5, 304, 306, 313, 336, 343-4, 359, 374, 382-3, 388-92, 394, 418, 439, 441, 454, 470-1, 473, 476; e natureza humana, 137, 147, 186-7, 191, 209-10, 308, 339, 357, 378, 386, 432, 459

534   *Uma história da imaginação*

humanismo, 241, 249, 257, 382, 394-5

Humboldt, Alexander von, 329-30

Hume, David, 325

Hungria, 150, 240, 292

hurons (povo nativo americano), 310-1

Idade Média, 198, 211, 217-8, 220, 224, 230-1, 235, 237, 239, 242, 248, 250-1, 253, 260, 271, 274, 277, 279, 300, 306, 362, 391

idealismo, 139, 170, 350-1, 359, 365

Igreja, a, 136, 149, 170, 200, 202, 205-7, 210, 212, 216-7, 224, 226, 229-31, 233, 235-6, 249, 266, 274, 276, 295, 327, 349, 352, 362-3, 365, 373, 415, 419, 437; Concílio de Niceia, 203; e Concílio Vaticano II, 437; e o Estado, 136, 230; e política, 362-4; Teologia da Libertação, 231; teoria social católica, 365

igualdade, ideia de, 131-2, 270, 306-7, 311-3, 315, 317-8, 321, 346, 415, 464, 466, 470

iluminação, 150, 154, 201, 225-7

Iluminismo, 253, 286, 288, 293-7, 300, 309, 313, 315, 318-21, 326, 328, 331-3, 391, 396

ilusão, 9, 27, 76, 122, 142, 169, 210, 264, 267, 332, 393

imaginação, 10, 15, 20-2, 28-9, 36-42, 44-8, 57, 67, 74-5, 82-3, 85, 95, 111, 115, 143, 157, 269-71, 284, 323, 329, 408, 417, 443, 475; *ver também* linguagem; memória

Imo (macaca-japonesa), 49, 108

imortalidade, 58, 78, 88, 137, 139, 141, 156-7, 185, 211, 476; *ver também* vida após a morte

imperialismo, 125, 246, 276, 334, 356, 379, 383-4, 410, 415, 471

Império Romano *ver* Roma

impérios, 126, 146, 170, 235, 238, 269, 283-4, 286, 293, 301, 306, 367-8, 371, 374, 408, 410, 415, 419, 470, 472

impostos e tributos, 127, 191-2, 196, 228-9, 233, 275-6, 279-80, 303, 342, 349, 360, 362, 452

incesto, 96, 98-9, 212, 410

Índia, 77, 96, 121, 126, 143, 146-8, 151-3, 169, 176, 184, 198, 226, 246, 253-4, 280, 300, 335, 343, 350, 361, 375, 377-9, 387, 419, 446; e Nyaya (escola filosófica indiana), 147, 169, 176

Índico, oceano, 150

indígenas, 133, 246, 302, 310, 371

Indo, vale do, 106, 114, 125, 128, 134, 145

Indonésia, 23, 103, 368, 473

indução, 225, 262

industrialização, 114, 298, 323, 330, 332-5, 343, 364, 376, 379, 423, 441-2

Inglaterra, 130, 191, 235, 249, 262, 268, 275, 290-1, 296-7, 320, 326, 345-6, 381, 392, 394, 413, 449, 459; e Revolução Gloriosa (1688-9), 275; *ver também* Grã-Bretanha

Inocêncio III, papa, 230

inteligência artificial, 73, 456-7, 476

inteligência, a, 18, 413, 457-8, 461

internet, 128, 283, 365, 457, 475

Irã, 152, 215, 241, 387, 455

Iraque, 57, 368, 469

Irineu, Santo, 210

Isidoro de Sevilha, Santo, 217

islamismo/islã, 105, 121, 126, 138, 147, 155-6, 163, 194-9, 205-6, 209, 212-5, 218, 220, 235, 237-9, 241, 246, 251, 254, 259, 379, 466-7; e adoração de imagens, 214; e divisões, 201; e Estado Islâmico, 469; e fatalismo, 138; e fundamentalismo, 466-8; e *jihad* ("guerra santa"), 238-9; e modernização, 374, 380; e primórdios, 196, 214; e sunitas, 469; e xiitas, 201, 209, 469; *sharia* (lei islâmica), 213-4; *ver também* muçulmanos; Maomé, profeta

Itália, 101, 167, 172, 174, 245, 248, 252-3, 272, 273, 349, 368, 415

Jacobs, Jane, 437

jainismo, 147, 153, 183, 441

James, William, 405, 407-8, 433, 435

Jan de Leiden, 312

Japão, 49, 198, 228, 253, 280-1, 321, 335, 349, 375, 377, 379, 383, 415, 430-1

Jencks, Charles, 438

Jencks, Christopher, 461

Jensen, Arthur, 461

Jericó (Palestina), 105, 115

Jerônimo, São, 196-7

jesuítas, 224, 247, 255, 259, 265, 267, 279, 282, 290, 295, 308, 441

Índice remissivo

Jesus Cristo, 11, 149, 155-6, 163, 165-6, 191-2, 195-7, 199-207, 210, 212-3, 215-7, 223, 228-30, 232-3, 235-6, 239, 242, 274, 285, 291, 296, 327, 372, 391, 394; e devoção ao Sagrado Coração, 296, 327; *ver também* cristianismo; Igreja, a

jihad ("guerra santa" no islã), 238-9

João Paulo II, papa, 231, 362

João XXIII, papa, 365

João, o Bom, rei da França, 235

Johanson, Donald, 471

Joken, Nishikawa, 280

Juan, Jorge, 329

judaísmo, 105, 119, 121, 147, 155, 163, 195, 241; cabala, 260-1; e adoração de imagens, 214; e antissemitismo, 391-2, 419; e escrituras hebraicas, 97, 129, 162

judeus, 62, 155, 161-5, 191, 195-6, 204, 210, 214, 238, 241, 260, 369, 388, 391-2, 419, 429-30; Holocausto, 429-30

Juliano (imperador romano), 217

jurisprudência, 38, 130, 213, 299, 321

Kandinsky, Wassily, 416-7

Kant, Immanuel, 314, 320, 325, 332, 402, 428, 460

Keats, John, 329

Kepler, Johannes, 261, 266, 268

Kesakambala, Ajita, 183

Keynes, John Maynard, 449-50, 452-3

Khomeini, aiatolá, 374

King, Martin Luther, 360-1

Kipling, Rudyard, 377

Kropótkin, Pyotr, 359

Kuhn, Thomas, 437, 443

Kurosawa, Akira, 38

Lafitau, Joseph-François, 310

Lahontan, Louis-Armand de, 310

lakotas (povo nativo americano), 93

Lao-Tsé, 156-7, 210

Laplace, Pierre-Simon, 268, 393

Las Casas, Bartolomeu de, 284

Lavoisier, Antoine, 323

Leach, Edmund, 201

Leakey, Louis e Mary, 471

Leão III, imperador bizantino, 215

Leão XIII, papa, 363, 365, 372

legalistas, 188-90

Leibniz, Gottfried Wilhelm, 259, 261, 264, 290, 299-300

leis, 85, 95, 117, 129-30, 135, 137, 140, 174, 182, 187-8, 191, 195, 214, 234, 239, 273, 275-7, 281-2, 308-9, 315, 317, 340, 352, 357, 362, 382, 384, 455, 460, 469; e Lei das Nações, 281-2

Lévi-Strauss, Claude, 99

Lévy-Bruhl, Lucien, 63

liberalismo, 187, 304, 337-8, 340, 342, 378

liberdade, a, 78, 132, 166, 187, 206, 209, 233-4, 264, 289, 299, 306, 315, 321, 340-1, 346, 355, 358-9, 361, 365, 373, 399-400, 457, 463

liderança, 88-90, 109, 116, 207

Liezi, 182, 269

Lineu, Carl, 311

linguagem, 45-8, 59, 61, 174, 221, 252, 255, 401, 407-8, 430, 435-6, 438, 464-5; e Chomsky, 464-5

linguística, 299, 369, 397, 407-8, 414, 435-6, 464-5

Lipit-Ishtar (rei sumério), 129

literatura, 35-6, 84, 122, 128, 146, 197, 219, 237, 250, 280, 370, 376, 378-9, 427, 438

Lituânia, 275, 292

livre mercado, 316, 455

Locke, John, 294-5, 322-3, 325, 350

lógica, 176-7, 198, 225, 394, 427-9

Lombroso, Cesare, 383

Long, Edward, 390

longitude e latitude, 265

Lorenz, Konrad, 462

Lovelace, Ada, 457

Lowie, Robert, 426

Lü Liuliang, 277

Lucas, São, 215

"Lucy" (hominídea), 471

Luís XIV, rei da França, 275, 290

Lúlio, Raimundo, 242

Lushi Chunqiu (enciclopédia chinesa), 177-8

luz, 65, 76, 119, 125, 152, 161, 170, 265, 268, 323, 329, 353, 404-5; e arco-íris, 161, 323

Lyotard, Jean-François, 437

Macabeu, Judas, 237
Macaulay, Thomas Babington, 369-70, 379
maçonaria, 295, 327, 380
Maduro, Nicolás, 361
magia, 58, 72-3, 81-3, 85, 88, 117, 123, 127, 156-7, 179-80, 221, 223, 260-2
magnetismo, 77, 332
Mahabharata (épico hindu), 143
Mahabharata (epopeia hindu), 132
Mahavira, 153, 167-8
maias, 90
mal, o, 59, 83-4, 152, 166, 183, 186-7, 210, 220, 223, 238, 298-9, 389, 393, 405, 431, 477
Malinówski, Bronislaw, 81
Malthus, Thomas, 336-7, 339, 393
mana, conceito de, 73, 81-2, 86, 88, 101
maniqueístas, 212
Mao Zedong, 447-9
Maomé, profeta, 138, 155-6, 163, 195-7, 199-200, 213-5, 238-9, 380; *ver também* islamismo/islã; muçulmanos
maoris (povo nativo neozelandês), 76, 415
mapas, 223, 258, 264, 279, 281
Maquiavel, Nicolau, 271-4
Marduk (deus sumério), 137
Marinetti, Filippo Tommaso, 417-8
Marsílio de Pádua, 232
Martin-Ordas, Gema, 34
Marx, Karl, 124, 183, 345, 347-9, 420, 448
marxismo, 53, 131, 163, 348, 431, 438, 448
massacres, 112-3, 283, 383, 429, 472
matemática, 146, 158, 172, 176, 251, 259, 261, 299, 328, 333, 397-8, 427-9, 434, 457; e números, 120, 171-3, 427-8
materialismo, 73-8, 97, 141, 169, 177, 182-4, 321, 327, 337, 350, 374, 380, 401, 431
Matsuzawa, Tetsuro, 34
Maupertuis, Pierre Louis Moreau de, 287-8, 326, 329
Mauss, Marcel, 82
Mazzini, Giuseppe, 367
mecânica quântica, 408, 417, 444-5
medicina, 178-81, 224, 259, 289, 305, 406, 439, 445-6; alternativa, 87, 156, 445; popular, 181; *ver também* saúde

memória, 21-2, 29-31, 33-41, 43-5, 48, 52, 65, 94-5, 127-8, 131, 145, 173, 225-6, 266, 398, 400-1, 408, 430, 458; e animais, 33-5; falsa, 38; mnemônica, 36, 255
Mendel, Gregor, 390, 458
Mendoza, Antonio de, 255
menfita, teologia, 143
mente, 19, 52, 63, 69, 73, 76, 80, 82, 115, 136, 155, 158, 172, 175, 177, 200, 221, 227, 265-6, 268, 322, 359, 398, 400-1, 404, 435, 456, 457-8, 475-6; e mente humana, 40, 67, 115, 404, 457, 464, 476; e mentes não humanas, 31; e mentes primitivas, 68
Mercader, Julio, 50
Mercado, Tomás de, 300
mercantilismo, 300-1, 303
Mersenne, Marin, 323
Mesmer, Franz, 323
Mesopotâmia, 84, 90, 114, 116-7, 122-3, 125, 128-9, 131, 145; e deuses, 90, 122, 133, 324; e escrita, 128; e reis, 90, 117
metafísica, 28, 74, 106, 168, 252, 294, 350, 398, 433-4
meteorologia, 265, 443
México, 90, 255, 348, 360, 371
Mianmar, 469
Michelet, Jules, 247-8
micróbios, 9, 244, 289, 323-4, 332
migração, 241, 369
Mill, John Stuart, 341-2
Milton, John, 209, 270, 299, 455
missionários, 86, 152, 242, 310
misticismo, 142, 190, 197, 224-6, 355, 367, 406, 431, 440
mitos, 59, 63, 65, 109, 119, 127, 132, 137, 155, 159, 269, 278, 393, 419
mnemônica, 36, 255
"modelo de objeto e designação", 435
modernismo, 417, 436
Moisés (líder hebreu), 129, 213-4
monarquia, 190-1, 233, 272; *ver também* reis
Mondrian, Piet, 416
monismo, 118, 120-1, 125, 351, 472
Monod, Jacques, 438
monoteísmo, 161, 200

Montaigne, Michel de, 310

Montesquieu, barão de, 308-9; *O espírito das leis*, 308

Moody, Dwight L., 395

Moore, Edward, 383

moralidade, 60, 188, 212, 271, 302, 305, 320, 333, 354, 466

More, Thomas: *Utopia*, 270-1

Morgan, T. H., 458

morte, 56-8, 101, 104, 113, 135, 137, 139, 147, 153-4, 157, 183, 189, 194, 200-1, 209, 213, 238-9, 249, 254, 258, 266, 270, 288, 296, 298, 317, 325, 328, 354, 375, 381-2, 395, 417, 424, 429, 431, 439; *ver também* vida após a morte; enterros e sepultamentos

Most, Johann, 358

movimento celeste, 94

Mozart, Wolfgang Amadeus, 208, 295, 327-8

Mozi, 153, 165, 185

muçulmanos, 138, 163, 195, 197-8, 205-6, 210, 213-8, 221, 238-9, 250, 254, 259, 380, 469; *ver também* islamismo/islã; Maomé, profeta

mudanças climáticas, 70, 103, 105-6; e frio, 103

mulheres, 13, 46, 51, 55, 72, 79, 92, 99, 112-4, 132-7, 171, 195-6, 215, 239, 270, 317-8, 343-4, 355, 415; e deusas, 71, 79, 132-3, 281; e incesto, 99; e sexismo, 134

multiculturalismo, 367, 471, 473

Murray, Charles, 462

música, 44-5, 141, 208, 214, 251, 269, 297, 327-8, 330-1, 366, 416, 471

Mussolini, Benito, 356, 386, 421

nacionalismo, 333, 348, 366-70, 372, 429

nada, o, 157-9

Nagarjuna, 226

não humanos, seres, 25, 27, 30, 32, 35, 39-40, 42, 60, 78

natureza, 67, 71, 79, 82-3, 86, 115, 141, 157, 161, 179-80, 220-3, 249, 252, 261, 269, 328-9, 339, 381, 388, 395, 399, 402, 440-1, 444; e desastres naturais, 179; *ver também* ambientalismo; ecologia

nazismo, 163, 271, 315, 319, 355, 375, 388, 392, 421, 429-30, 432, 441, 462, 473

neandertais, 23, 57-60, 112, 286

Needham, Joseph, 131, 445

negros, 25, 257, 285, 295, 316, 360, 383, 389-91, 422, 461-2, 470

neurônios, 23-4, 41

Newton, sir Isaac, 258, 260-1, 268-9, 287, 288, 323, 402-4, 444, 456

Nietzsche, Friedrich, 133, 354-6, 391

Nobel, Alfred, 386-7

nobreza, 235, 239-41, 275, 344, 386

nomeação das criaturas vivas, 65

nominalismo, 171

Nova Guiné, 55, 100, 106, 113

Novalis, 329

Novo Mundo, 69, 244, 256-7, 276, 302, 328; *ver também* Américas

nueres (povo africano), 93, 162

números *ver* matemática

Nyaya (escola filosófica indiana), 147, 169, 176

Ockham, Guilherme de, 223

Oppenheimer, J. Robert, 431, 445

oráculos, 122, 123

oralidade/tradição oral, 63

Oresme, Nicole d', 266

Organização Revolucionária Interna da Macedônia, 358

Orígenes, 229

Ortiz, Fernando, 470

otimismo, 187, 288-9, 298-300, 313, 344, 475

Ouyang Xiu, 278

Ovídio, 132

oxigênio, 323

pacifismo, 154, 386

paganismo, 84-6, 205, 217, 421, 441

Paine, Thomas, 315

Paleolítico, 11, 23, 67, 111, 114, 123, 127, 132, 172

"pansofia", 261

Paracelso, 84

Paraguai, Guerra do, 386

Paraíso perdido (Milton), 209, 270, 299

Parmênides, 120, 174-5

partículas subatômicas, 426, 445

Partido Conservador Britânico, 338

Paulo, São (apóstolo), 192, 196, 200, 204, 206-8, 226, 231, 243

Pavlov, Ivan, 18, 31

Peacock, Thomas Love: *Headlong Hall*, 392

Pedro, São, 230

Peel, Robert, 338

Pellizza, Giuseppe, 344

pensamento social, 130, 235, 334, 342

perseguição, 85, 123, 205, 267, 316

Pérsia, 126, 129, 146, 151, 379

pessimismo, 187-8, 338, 475

pestes, 244-6, 289, 297, 336

philosophes (intelectuais iluministas da França), 293, 295-6, 309-10

Piaget, Jean, 413-4, 464

Picasso, Pablo, 72, 416-7

Pigou, Arthur, 452

Pinter, Harold, 375

pinturas rupestres, 57, 64, 72, 89, 96, 119

Pio ix, papa, 363

Pirro de Elis, 184-5

Pitágoras, 156, 167, 172-3, 259, 427

Platão, 19, 76, 94, 128, 148, 159, 168-71, 174-5, 177-8, 186, 189-90, 210, 216, 226, 250-1, 269, 320, 350, 379, 384, 387-8, 427-8, 433, 476; *A república*, 189

Plínio, 250, 284, 300

pluralismo, 367, 437, 465, 467-70, 472-3

Poincaré, Henri, 397, 402-5, 408, 428, 435, 443

política, 67, 88, 123, 186, 191-2, 229, 233, 239, 267, 269, 275, 283, 296, 307, 327, 337, 344-5, 348, 351, 359, 364, 375, 386, 417, 419, 438, 450, 466, 469; e a Igreja, 362-4; e economia, 99; e pensamento político, 13, 88-9, 95, 101, 186, 228, 233, 235, 269, 280, 284, 300, 309, 337, 357, 384, 425; e pluralidade, 126; *ver também* comunismo; democracia; Estado, o; fascismo; nacionalismo; socialismo

Polônia, 311, 362, 391

Portugal, 295

positivismo, 433-4

pós-modernismo, 425, 431, 436-8

presentes, troca de, 99, 105

presságios, 122

Primeira Guerra Mundial, 304, 333, 367, 396-7, 415, 418, 425, 427, 461

príncipe, O (Maquiavel), 271-2

progresso, 63, 88, 127, 145, 187, 246, 289, 296-300, 313, 328, 331-95, 418, 422, 429, 430, 444, 449, 476

propósito da vida, 182, 207, 356

Protágoras, 171, 182

protestantismo, 105, 114, 312, 319, 394, 469; *ver também* Reforma Protestante

Proudhon, Pierre-Joseph, 357

Prússia, 295, 327, 347, 377, 386

psicanálise, 181, 411-3

psicologia, 43, 397, 408, 410-1, 413, 415

Ptolomeu, 257, 264-5

Punch (revista), 5, 52

Putin, Vladimir, 422

Qa'it Bey (sultão), 254

QI, conceito de ("inteligência geral"), 461

Quéops, grande pirâmide de (Egito), 139

Quesnay, François, 309

Quine, "Van", 433-4

racionalismo, 120, 168, 174, 177, 183, 261, 288, 327, 378

racismo, 193, 389-91, 410, 439, 471

Rawls, John, 361

Raynal, abade, 309

razão, a, 132, 174-6, 185, 200-1, 213, 218, 222-4, 226, 240, 263, 289, 294, 314, 319, 326, 328, 331-2, 406, 420, 467

Reagan, Ronald, 469

realismo, 168, 215, 222, 252, 271

Reforma Protestante, 149, 205, 207, 224, 233, 242, 244, 274, 292, 362

reis, 90, 111, 117, 122-5, 127, 170-1, 189, 191, 201, 215, 230, 232-3, 235, 275, 310, 327, 370; *ver também* monarquia

relatividade, teoria da, 397, 404

relativismo, 12, 168-9, 171, 397, 405, 408, 410, 425, 433, 468, 470, 473

religião, 13, 29, 67, 73, 75, 82, 105, 109-10, 141-2, 147, 149, 152-7, 159, 163, 167, 183, 194-5, 198-

Índice remissivo   539

201, 204, 211-2, 216, 224, 228, 236, 238, 266-7, 305, 326-7, 346, 380, 393-5, 421, 438, 466-72; e fundamentalismo, 224, 425, 466-8; e guerras, 469; e pluralismo religioso, 468-70; e sacrifícios, 72, 104-5, 109, 163, 212; *ver também* ateísmo; budismo; cristianismo; hinduísmo; islamismo/islã; jainismo; judaísmo; secularismo; taoismo; xamãs; zoroastrismo

relógios, 36, 247, 265

Renascença, 223, 244, 246-9, 251, 253-5, 257-8, 260, 268-9, 284, 286, 353

república, A (Platão), 189

republicanismo, 191, 278, 363

Revolução Americana (1776), 163, 273, 384, 424

Revolução Chinesa (1949), 415

Revolução Científica, 244, 246-7, 257-61, 286, 437

Revolução Francesa (1789), 163, 311, 319, 331, 338, 384

Revolução Gloriosa (Inglaterra, 1688-9), 275

Revolução Industrial, 289, 303, 323, 446

revoluções, 51, 89, 95, 123, 127, 132, 162-3, 278, 298, 309, 339, 342, 348, 370, 414-6, 419, 443, 448, 451, 466

Rhodes, Cecil, 370

Ricardo, David, 235, 345-8

Ricci, Matteo, 255, 279

Riefenstahl, Leni, 356

Rig Veda (hinos hindus), 142

rituais, 38, 57, 72, 81, 96, 100, 105, 109, 132, 157, 205, 237

Robespierre, Maximilien de, 319

Rodolfo II (sacro imperador romano), 261

Roma, 84, 122, 126, 186, 191, 196, 232, 248-9, 254, 274, 280, 300, 363, 421; e Império Romano, 196-8, 209, 217, 229, 235, 250, 274, 291-2, 334, 369-70

romantismo, 216, 328-30, 332, 340

Romênia, 127

Roosevelt, Franklin D., 450, 452

Roosevelt, Theodore, 399, 441

Rousseau, Jean-Jacques, 131, 313-5, 320, 352, 365

Roy, Raja Ram Mohan, 378

Royal Society (Londres), 297, 331

Ruskin, John, 345

Russell, Bertrand, 173, 350, 427-8, 434

Rússia, 67, 305, 348-9, 388, 391, 415, 431

Rust, Alfred, 104-5

Rutherford, Ernest, 405, 416

sabedoria oriental, 440, 445

sacrifícios (rituais), 72, 104-5, 109, 163, 212

Salamanca, Escola de, 301, 303

Salazar, inquisidor, 84

Salomão, ilhas, 75

Sargon (rei da Acádia), 472

Sartre, Jean-Paul, 318, 432, 464

saúde, 97, 116, 180-1, 211, 272, 305, 316, 365, 384, 406, 440, 447, 452-3

Saussure, Ferdinand de, 401, 407-8, 435

Schacter, Daniel, 37

Schoenberg, Arnold, 416

Schopenhauer, Arthur, 355-6, 365

Schrödinger, Erwin, 458-9

Scruton, Roger, 171

secularismo, 142, 394, 467-8

Segunda Guerra Mundial, 231, 281, 283, 374, 422, 429, 432-3, 445, 452, 462

seleção natural, 106, 381, 384, 388, 390

sentidos, os, 20, 36, 46, 73-8, 82, 142, 169, 172, 173, 177, 288, 322-3, 325, 398, 401

sexismo, 134

sexo, 13, 25, 46, 86, 97, 99, 101, 136, 211-2, 316-7, 396, 411, 462

Sexto Empírico, 183

Shanidar (Iraque), 57, 59-60

sharia (lei islâmica), 213-4

Shenxu, 178

Sidarta Gautama *ver* Buda

Sigério de Brabante, 221

Síria, 93, 145, 368, 469

Smith, Adam, 101, 303-5, 394

soberania, 233-4, 275-7, 280, 282, 311, 320, 349, 362, 364-5

sobrenatural, o, 73, 141, 178, 222-3

socialismo, 187, 312, 330, 337, 340, 342, 344-6, 357-8, 360, 363-5, 406, 420-1, 429, 450

540   *Uma história da imaginação*

Sociedades Éticas, 394
sociobiologia, 462-3
sociologia, 339, 380, 382
Sócrates, 171, 176, 182-3
sonhos, 40, 75, 88, 141, 197, 288
Soto, Domingo de, 301
Spallanzani, Lazzaro, 324, 326
Spencer, Herbert, 353, 382-3, 406
Suárez, Francisco, 282
sufrágio universal, 318-9
Suméria, 129
Sunghir (Rússia), 91
super-homens, 148, 190, 340, 352-3, 356
superstição, 63, 178, 221, 295, 378

tabus, 87, 93, 96-9, 101
Tales de Mileto, 77
Tao dos Mestres de Huainan, O (tratado clássico chinês), 185
taoismo, 119, 147, 156, 179-80, 441
Tarxien (Malta), 133
tecnologia(s), 26, 42, 68, 83, 106-7, 111, 113, 115, 126-8, 180, 222, 246-7, 253-5, 264-5, 276, 294, 297, 326, 332, 349, 376, 393, 396, 415, 418, 422, 424, 431, 436, 439, 442, 446, 456-7, 460, 476
tempo, o, 93-4, 162-3, 208, 265, 338, 353, 400-2, 404
teologia, 143, 199, 201-2, 205-6, 221, 252, 299, 324, 394, 427; menfita, 143; Teologia da Libertação, 231
teoria atômica, 184, 416
Terra, 9, 59, 84, 115, 126, 132, 160, 191, 204, 216, 233, 237, 241, 256, 264-6, 287-8, 294, 303, 309, 325, 329, 333, 351, 371, 380, 391, 439, 441, 463
terrorismo, 149, 214, 238-9, 357-9, 375, 387, 422, 468
Theuth, 128
Thoreau, Henry David, 360-1
Tiago, São, 207
"Tigres Asiáticos", 377
tirania, 111, 188, 190, 275, 298, 314-5, 319, 321, 355, 362, 410, 461
Tocqueville, Alexis de, 320-1
Tomás de Aquino, São, 219-20, 223, 281, 361

Toshimichi, Okubo, 377
totalitarismo, 314, 422, 449
totemismo, 78, 86-8
Toynbee, Arnold, 246
trabalho, 343, 345-8, 365; e proletariado, 345, 348
tradição oral, 63
travessias marítimas, 150
tributação *ver* impostos e tributos
troca de presentes, 99, 105
Trump, Donald, 422
Turing, Alan, 457-6
Turquia, 116

Ugarit, 145
Ulloa, Antonio de, 329
União Soviética, 368, 387
unitarismo, 394
universalismo, 126
Upanishades (escrituras hindus), 120-1, 142-3, 148-9, 158, 168-9
Urbano VIII, papa, 267
utilitarismo, 340-1
utopias, 270, 312, 332, 436, 453

Van Leeuwenhoek, Antonie, 323-4
Vaticano, 363, 437
Vattel, Emer de, 282, 384
Venezuela, 361
verdade, a, 63, 66, 75, 84, 142, 149, 168, 171, 173-4, 176-7, 183, 197, 216, 294, 329, 339, 368, 406-8, 428, 433-4
Vicestonice (República Tcheca), 72
vida após a morte, 53, 56, 58-9, 140; *ver também* imortalidade
Vidyasagar, Isvar Chandra, 378-9
Visconti, Gian Galeazzo, 240
Vishnu (deus hindu), 201
"visualização de cenários", 39
Vitória, Francisco de, 282
Vitrúvio, 255
Vivekananda, Swami, 379, 468
Voltaire, 124, 295, 299, 308-10, 313, 327-8, 378
vontade geral, 314, 318, 352, 365

Índice remissivo

Wang Chong, 182
Watson, James, 459
Watt, James, 323
Watts, Isaac, 325, 327
Wei Mu-ting, 376
Wellington, duque de, 353
Werböczy, István, 241
Wesley, Charles, 296, 327
Wesley, John, 326-7
Weyer, Johann, 84
White, Charles, 390
Whitehead, Alfred North, 427-8
Whitfield, George, 327
Wilson, Edward O., 462-3
Wilson, Harold, 423
Winckelmann, J. J., 252
winnebagos (povo nativo americano), 160
Wittgenstein, Ludwig, 350, 434-5
Wollstonecraft, Mary, 317, 357
Wordsworth, William, 330

Wright, Joseph, 294
Wunderkammern (gabinetes de curiosidades), 258, 261
Wynne, Clive, 31

xamãs, 38, 45, 78-9, 89, 123, 156, 201
Xunzi (estudioso confucionista), 167, 180, 187

yin e yang, 445

Zangwill, Israel, 370
zen budismo, 226-8
Zenão de Eleia, 175, 400
Zeng Guofan, 377
Zhang Qian, 151
Zhou Kangyuan, 269
Zhuangzi (taoista lendário), 120, 169, 171
Zinzendorf, conde von (Nikolaus Ludwig), 326
zoroastrismo, 147, 152-3
Zoroastro, 152, 210

ESTA OBRA FOI COMPOSTA POR MARI TABOADA EM DANTE PRO E
IMPRESSA EM OFSETE PELA GEOGRÁFICA SOBRE PAPEL PÓLEN NATURAL
DA SUZANO S.A. PARA A EDITORA SCHWARCZ EM SETEMBRO DE 2023

A marca FSC® é a garantia de que a madeira utilizada na fabricação do papel deste livro provém de florestas que foram gerenciadas de maneira ambientalmente correta, socialmente justa e economicamente viável, além de outras fontes de origem controlada.